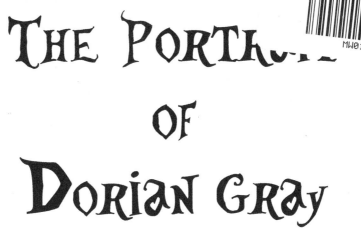

THE PORTRAIT
OF
DORIAN GRAY

LE PORTRAIT
DE
DORIAN GRAY

Originally written by Oscar Wilde. Translation by Albert Savine.

Authored by MostUsedWords
Dictionary by MostUsedWords

First Printing, 2018

Jolie Laide LTD
12/F, 67 Percival Street, Hong Kong

www.MostUsedWords.com

Tabel of Contents

About This Vook

Hello. Thank you for your purchase! We at MostUsedWords value each and every customer.

You probably already know the value of reading when it comes to expanding your vocabulary in a language you're learning. If not, we give you some short pointers in the next chapter.

We made this book to help you improve your French. This is Oscar Wilde´s original version of the story, aligned with its official translation by Albert Savine. This is a great book for intermediate beginners to advanced students.

As you can see from the numbers below, this book contains just 4894 different lemmas. A lemma is the dictionary form of a word.

Lexical Information (French version)

Number of characters (including spaces) :	458946
Number of characters (without spaces) :	358336
Number of words :	84179
Number of lemma's :	4894
Lexical density :	11.6490
Number of sentences :	6064
Number of syllables :	122680

Caveats

The text is not a direct, 1-1 translation of the original English version. Translators try to capture the feeling and dialogue of a story, in lieu of translating it directly. This is fine in the context of language learning. You can see the differences in how one language tends to word things versus how a sentence would likely be formed in the other.

Very rarely you may see a sentence on one side, without it's counterpart in the other language. This is (most likely) not an error in alignment, but the translator's artistic liberty.

Conclusion

We hope this book brings you much value and helps you in your journey of learning French.

If you have read this book, please let us know your feedback by leaving us a review on Amazon or any other online retailer, our website store.mostusedwords.com or you can send an e-mail to contact@mostusedwords.com. Customer feedback helps us to improve our products. Only through your feedback we can discover our strong points, and areas where we can improve.

Thank you in advance & enjoy this classic novel,

Edmond @ MostUsedWords.com

On Bilingual Books

A tried and tested method, bilingual books, also known as parallel text books or dual language books, have been used to assist language learning for hundreds of years.

There are several benefits to be gained by reading bilingual books.

You will naturally broaden your vocabulary.

The best-known benefit of reading is that you broaden your vocabulary quickly. We know that a single exposure to a word does not let you learn that piece of vocabulary. Experts in language learning believe that you need to encounter a word or phrase in different contexts between 15 and 20 times to have a high possibility of remembering the word or phrase.

You will become a better reader

The more language students read, the better readers they become. A big part of this is learning new vocabulary. But several studies have shown that reading also significantly helps to increase other crucial language skills.

You will improve your writing skills

If you spend a lot of time reading French texts, your proficiency in written French will improve. (Elley and Mangubhai 1981, and Hafiz and Tudor 1989). This is probably because as you encounter more language, more frequently, through extensive reading, your language acquisition mechanism is ready to reproduce what you learned by reading in writing.

You will become better at listening and speaking

Research shows that if you read a lot, you improve your listening and speaking skills. For example, Cho and Krashen (1994) reported that their four adult ESL learners increased competence in both listening and speaking abilities through reading extensively. Extensive reading benefits all language skills, not only reading and writing.

You will be more motivated to read.

The one-to-one sentence correspondence will save you from reaching for the dictionary to look up the meaning of a word. You can read a more complex text without feeling lost in translation.

You can also discover how the grammar rules of your target language compare with your own, thanks to this layout. You'll be able to take advantage of the similarities, and be aware of the differences between English and French.

Learn anytime, anywhere, on your own schedule.

Language students can read anywhere and at any time. Reading helps them become more independent learners. You should decide what, when, where and how often you read. By sitting down and reading, you're going to get yourself farther, faster. Invest in yourself now, and get this book.

Preface

Preface

The artist is the creator of beautiful things.
To reveal art and conceal the artist is art's aim.

The critic is he who can translate into another manner or a new material his impression of beautiful things. The highest as the lowest form of criticism is a mode of autobiography.

Those who find ugly meanings in beautiful things are corrupt without being charming. This is a fault. Those who find beautiful meanings in beautiful things are the cultivated. For these there is hope.

They are the elect to whom beautiful things mean only beauty.

There is no such thing as a moral or an immoral book. Books are well written, or badly written. That is all.

The nineteenth century dislike of realism is the rage of Caliban seeing his own face in a glass.

The nineteenth century dislike of romanticism is the rage of Caliban not seeing his own face in a glass.

The moral life of man forms part of the subject-matter of the artist, but the morality of art consists in the perfect use of an imperfect medium. No artist desires to prove anything. Even things that are true can be proved.

No artist has ethical sympathies. An ethical sympathy in an artist is an unpardonable mannerism of style.

No artist is ever morbid. The artist can express everything.

Thought and language are to the artist instruments of an art.

Un artiste est un créateur de belles choses.
Révéler l'Art en cachant l'artiste, tel est le but de l'Art.

Le critique est celui qui peut traduire dans une autre manière ou avec de nouveaux pro-cédés l'impression que lui laissèrent de belles choses. L'autobiographie est à la fois la plus haute et la plus basse des formes de la critique.

Ceux qui trouvent de laides intentions en de belles choses sont corrompus sans être sé-duisants. Et c'est une faute. Ceux qui trouvent de belles intentions dans les belles choses sont les cultivés. Il reste à ceux-ci l'espérance.

Ce sont les élus pour qui les belles choses signifient simplement la Beauté.

Un livre n'est point moral ou immoral. Il est bien ou mal écrit. C'est tout.

Le dédain du XIXe siècle pour le réalisme est tout pareil à la rage de Caliban aperce-vant sa face dans un miroir.

Le dédain du XIXe siècle pour le Romantisme est semblable à la rage de Caliban n'apercevant pas sa face dans un miroir.

La vie morale de l'homme forme une part du sujet de l'artiste, mais la moralité de l'art consiste dans l'usage parfait d'un moyen imparfait. L'artiste ne désire prouver quoi que ce soit. Même les choses vraies peuvent être prou-vées.

L'artiste n'a point de sympathies éthiques. Une sympathie morale dans un artiste amène un maniérisme impardonnable du style.

L'artiste n'est jamais pris au dépourvu. Il peut exprimer toute chose.

Pour l'artiste, la pensée et le langage sont les instruments d'un art.

Vice and virtue are to the artist materials for an art. From the point of view of form, the type of all the arts is the art of the musician. From the point of view of feeling, the actor's craft is the type.

All art is at once surface and symbol.

Those who go beneath the surface do so at their peril.

Those who read the symbol do so at their peril.

It is the spectator, and not life, that art really mirrors.

Diversity of opinion about a work of art shows that the work is new, complex, and vital. When critics disagree, the artist is in accord with himself.

We can forgive a man for making a useful thing as long as he does not admire it. The only excuse for making a useless thing is that one admires it intensely.

All art is quite useless.

Le vice et la vertu en sont les matériaux. Au point de vue de la forme, le type de tous les arts est la musique. Au point de vue de la sensation, c'est le métier de comédien.

Tout art est à la fois surface et symbole.

Ceux qui cherchent sous la surface le font à leurs risques et périls.

Ceux-là aussi qui tentent de pénétrer le symbole.

C'est le spectateur, et non la vie, que l'Art reflète réellement.

Les diversités d'opinion sur une œuvre d'art montrent que cette œuvre est nouvelle, complexe et viable. Alors que les critiques diffèrent, l'artiste est en accord avec lui-même.

Nous pouvons pardonner à un homme d'avoir fait une chose utile aussi longtemps qu'il ne l'admire pas. La seule excuse d'avoir fait une chose inutile est de l'admirer intensément.

L'Art est tout à fait inutile.

Chapter 1

The studio was filled with the rich odour of roses, and when the light summer wind stirred amidst the trees of the garden, there came through the open door the heavy scent of the lilac, or the more delicate perfume of the pink-flowering thorn.

From the corner of the divan of Persian saddle-bags on which he was lying, smoking, as was his custom, innumerable cigarettes, Lord Henry Wotton could just catch the gleam of the honey-sweet and honey-coloured blossoms of a laburnum, whose tremulous branches seemed hardly able to bear the burden of a beauty so flamelike as theirs; and now and then the fantastic shadows of birds in flight flitted across the long tussore-silk curtains that were stretched in front of the huge window, producing a kind of momentary Japanese effect, and making him think of those pallid, jade-faced painters of Tokio who, through the medium of an art that is necessarily immobile, seek to convey the sense of swiftness and motion.

The sullen murmur of the bees shouldering their way through the long unmown grass, or circling with monotonous insistence round the dusty gilt horns of the straggling woodbine, seemed to make the stillness more oppressive. The dim roar of London was like the bourdon note of a distant organ.

In the centre of the room, clamped to an upright easel, stood the full-length portrait of a young man of extraordinary personal beauty, and in front of it, some little distance away, was sitting the artist himself, Basil Hallward, whose sudden disappearance some years ago caused, at the time, such public excitement and gave rise to so many strange conjectures.

Chapitre I

L'atelier était plein de l'odeur puissante des roses, et quand une légère brise d'été souf-fla parmi les arbres du jardin, il vint par la porte ouverte, la senteur lourde des lilas et le parfum plus subtil des églantiers.

D'un coin du divan fait de sacs persans sur lequel il était étendu, fumant, selon sa cou-tume, d'innombrables cigarettes, lord Henry Wotton pouvait tout juste apercevoir le rayon-nement des douces fleurs couleur de miel d'un aubour dont les tremblantes branches sem-blaient à peine pouvoir supporter le poids d'une aussi flamboyante splendeur; et de temps à autre, les ombres fantastiques des oiseaux fuyants passaient sur les longs rideaux de tussor tendus devant la large fenêtre, produisant une sorte d'effet japonais momentané, le faisant penser à ces peintres de Tokyo à la figure de jade pallide, qui, par le moyen d'un art nécessai-rement immobile, tentent d'exprimer le sens de la vitesse et du mouvement.

Le murmure monotone des abeilles cherchant leur chemin dans les longues herbes non fauchées ou volti-geant autour des poudreuses baies dorées d'un chèvrefeuille isolé, faisait plus oppressant encore ce grand calme. Le sourd grondement de Londres semblait comme la note bourdon-nante d'un orgue éloigné.

Au milieu de la chambre sur un chevalet droit, s'érigeait le portrait grandeur naturelle d'un jeune homme d'une extraordinaire beauté, et en face, était assis, un peu plus loin, le peintre lui-même, Basil Hallward, dont la disparition soudaine quelques années auparavant, avait causé un grand émoi public et donné naissance à tant de conjectures.

As the painter looked at the gracious and comely form he had so skilfully mirrored in his art, a smile of pleasure passed across his face, and seemed about to linger there. But he suddenly started up, and closing his eyes, placed his fingers upon the lids, as though he sought to imprison within his brain some curious dream from which he feared he might awake.

"It is your best work, Basil, the best thing you have ever done," said Lord Henry languidly. "You must certainly send it next year to the Grosvenor. The Academy is too large and too vulgar. Whenever I have gone there, there have been either so many people that I have not been able to see the pictures, which was dreadful, or so many pictures that I have not been able to see the people, which was worse. The Grosvenor is really the only place."

"I don't think I shall send it anywhere," he answered, tossing his head back in that odd way that used to make his friends laugh at him at Oxford.

"No, I won't send it anywhere."
Lord Henry elevated his eyebrows and looked at him in amazement through the thin blue wreaths of smoke that curled up in such fanciful whorls from his heavy, opium-tainted cigarette. "Not send it anywhere? My dear fellow, why? Have you any reason? What odd chaps you painters are! You do anything in the world to gain a reputation. As soon as you have one, you seem to want to throw it away. It is silly of you, for there is only one thing in the world worse than being talked about, and that is not being talked about. A portrait like this would set you far above all the young men in England, and make the old men quite jealous, if old men are ever capable of any emotion."

"I know you will laugh at me," he replied, "but I really can't exhibit it. I have put too much of myself into it."

Lord Henry stretched himself out on the divan and laughed.

Comme le peintre regardait la gracieuse et charmante figure que son art avait si subti-lement reproduite, un sourire de plaisir passa sur sa face et parut s'y attarder. Mais il tressaillit soudain, et fermant les yeux, mit les doigts sur ses paupières comme s'il eût voulu emprisonner dans son cerveau quelque étrange rêve dont il eût craint de se réveiller.

– Ceci est votre meilleure œuvre, Basil, la meilleure chose que vous ayez jamais faite, dit lord Henry languissamment. Il faut l'envoyer l'année prochaine à l'exposition Grosvenor. L'Académie est trop grande et trop vulgaire. Chaque fois que j'y suis allé, il y avait là tant de monde qu'il m'a été impossible de voir les tableaux, ce qui était épouvantable, ou tant de tableaux que je n'ai pu y voir le monde, ce qui était encore plus horrible. Grosvenor est encore le seul endroit convenable...

– Je ne crois pas que j'enverrai ceci quelque part, répondit le peintre en rejetant la tête de cette singulière façon qui faisait se moquer de lui ses amis d'Oxford.

Non, je n'enverrai ceci nulle part.
Lord Henry leva les yeux, le regardant avec étonnement à travers les minces spirales de fumée bleue qui s'entrelaçaient fantaisistement au bout de sa cigarette opiacée. – Vous n'enverrez cela nulle part? Et pourquoi mon cher ami? Quelle raison donnez-vous? Quels singuliers bonshommes vous êtes, vous autres peintres? Vous remuez le monde pour acquérir de la réputation; aussitôt que vous l'avez, vous semblez vouloir vous en débar-rasser. C'est ridicule de votre part, car s'il n'y a qu'une chose au monde pire que la renommée, c'est de n'en pas avoir. Un portrait comme celui-ci vous mettrait au-dessus de tous les jeunes gens de l'Angleterre, et rendrait les vieux jaloux, si les vieux pouvaient encore ressentir quelque émotion.

– Je sais que vous rirez de moi, répliqua-t-il, mais je ne puis réellement l'exposer. J'ai mis trop de moi-même là-dedans.

Lord Henry s'étendit sur le divan en riant...

"Yes, I knew you would; but it is quite true, all the same."

"Too much of yourself in it! Upon my word, Basil, I didn't know you were so vain; and I really can't see any resemblance between you, with your rugged strong face and your coal-black hair, and this young Adonis, who looks as if he was made out of ivory and rose-leaves. Why, my dear Basil, he is a Narcissus, and you-- well, of course you have an intellectual expression and all that. But beauty, real beauty, ends where an intellectual expression begins. Intellect is in itself a mode of exaggeration, and destroys the harmony of any face. The moment one sits down to think, one becomes all nose, or all forehead, or something horrid. Look at the successful men in any of the learned professions. How perfectly hideous they are! Except, of course, in the Church. But then in the Church they don't think. A bishop keeps on saying at the age of eighty what he was told to say when he was a boy of eighteen, and as a natural consequence he always looks absolutely delightful.

Your mysterious young friend, whose name you have never told me, but whose picture really fascinates me, never thinks. I feel quite sure of that. He is some brainless beautiful creature who should be always here in winter when we have no flowers to look at, and always here in summer when we want something to chill our intelligence. Don't flatter yourself, Basil: you are not in the least like him."

– Je savais que vous ririez, mais c'est tout à fait la même chose.

– Trop de vous-même!... Sur ma parole, Basil, je ne vous savais pas si vain; je ne vois vraiment pas de ressemblance entre vous, avec votre rude et forte figure, votre chevelure noire comme du charbon et ce jeune Adonis qui a l'air fait d'ivoire et de feuilles de roses. Car, mon cher, c'est Narcisse lui-même, tandis que vous!... Il est évident que votre face respire l'intelligence et le reste... Mais la beauté, la réelle beauté finit où commence l'expression intellectuelle. L'intellectualité est en elle-même un mode d'exagération, et détruit l'harmonie de n'importe quelle face. Au moment où l'on s'assoit pour penser, on devient tout nez, ou tout front, ou quelque chose d'horrible. Voyez les hommes ayant réussi dans une profession sa-vante, combien ils sont parfaitement hideux! Excepté, naturellement, dans l'Église. Mais dans l'Église, ils ne pensent point. Un évêque dit à l'âge de quatre-vingts ans ce qu'on lui apprit à dire à dix-huit et la conséquence naturelle en est qu'il a toujours l'air charmant.

Votre mystérieux jeune ami dont vous ne m'avez jamais dit le nom, mais dont le portrait me fascine réellement, n'a jamais pensé. Je suis sûr de cela. C'est une admirable créature sans cervelle qui pourrait toujours ici nous remplacer en hiver les fleurs absentes, et nous rafraîchir l'intelligence en été. Ne vous flattez pas, Basil: vous ne lui ressemblez pas le moins du monde.

"You don't understand me, Harry," answered the artist. "Of course I am not like him. I know that perfectly well. Indeed, I should be sorry to look like him. You shrug your shoulders? I am telling you the truth. There is a fatality about all physical and intellectual distinction, the sort of fatality that seems to dog through history the faltering steps of kings. It is better not to be different from one's fellows. The ugly and the stupid have the best of it in this world. They can sit at their ease and gape at the play. If they know nothing of victory, they are at least spared the knowledge of defeat. They live as we all should live--undisturbed, indifferent, and without disquiet. They neither bring ruin upon others, nor ever receive it from alien hands. Your rank and wealth, Harry; my brains, such as they are--my art, whatever it may be worth; Dorian Gray's good looks--we shall all suffer for what the gods have given us, suffer terribly."

"Dorian Gray? Is that his name?" asked Lord Henry, walking across the studio towards Basil Hallward.

"Yes, that is his name. I didn't intend to tell it to you."

"But why not?"

"Oh, I can't explain. When I like people immensely, I never tell their names to any one. It is like surrendering a part of them. I have grown to love secrecy. It seems to be the one thing that can make modern life mysterious or marvellous to us. The commonest thing is delightful if one only hides it. When I leave town now I never tell my people where I am going. If I did, I would lose all my pleasure. It is a silly habit, I dare say, but somehow it seems to bring a great deal of romance into one's life. I suppose you think me awfully foolish about it?"

– Vous ne me comprenez point, Harry, répondit l'artiste. Je sais bien que je ne lui res-semble pas; je le sais parfaitement bien. Je serais même fâché de lui ressembler. Vous levez les épaules?... Je vous dis la vérité. Une fatalité pèse sur les distinctions physiques et intellec-tuelles, cette sorte de fatalité qui suit à la piste à travers l'histoire les faux pas des rois. Il vaut mieux ne pas être différent de ses contemporains. Les laids et les sots sont les mieux partagés sous ce rapport dans ce monde. Ils peuvent s'asseoir à leur aise et bâiller au spectacle. S'ils ne savent rien de la victoire, la connaissance de la défaite leur est épargnée. Ils vivent comme nous voudrions vivre, sans être troublés, indifférents et tranquilles. Ils n'importunent personne, ni ne sont importunés. Mais vous, avec votre rang et votre fortune, Harry, moi, avec mon cerveau tel qu'il est, mon art aussi imparfait qu'il puisse être, Dorian Gray avec sa beauté, nous souffrirons tous pour ce que les dieux nous ont donné, nous souffrirons terriblement...

– Dorian Gray? Est-ce son nom, demanda lord Henry, en allant vers Basil Hallward.

– Oui, c'est son nom. Je n'avais pas l'intention de vous le dire.

– Et pourquoi?

– Oh! je ne puis vous l'expliquer. Quand j'aime quelqu'un intensément, je ne dis son nom à personne. C'est presque une trahison. J'ai appris à aimer le secret. Il me semble que c'est la seule chose qui puisse nous faire la vie moderne mystérieuse ou merveilleuse. La plus commune des choses nous paraît exquise si quelqu'un nous la cache. Quand je quitte cette ville, je ne dis à personne où je vais: en le faisant, je perdrais tout mon plaisir. C'est une mauvaise habitude, je l'avoue, mais en quelque sorte, elle apporte dans la vie une part de romanesque... Je suis sûr que vous devez me croire fou à m'entendre parler ainsi?...

"Not at all," answered Lord Henry, "not at all, my dear Basil. You seem to forget that I am married, and the one charm of marriage is that it makes a life of deception absolutely necessary for both parties. I never know where my wife is, and my wife never knows what I am doing. When we meet--we do meet occasionally, when we dine out together, or go down to the Duke's--we tell each other the most absurd stories with the most serious faces. My wife is very good at it--much better, in fact, than I am. She never gets confused over her dates, and I always do. But when she does find me out, she makes no row at all. I sometimes wish she would; but she merely laughs at me."

"I hate the way you talk about your married life, Harry," said Basil Hallward, strolling towards the door that led into the garden. "I believe that you are really a very good husband, but that you are thoroughly ashamed of your own virtues. You are an extraordinary fellow. You never say a moral thing, and you never do a wrong thing. Your cynicism is simply a pose."

"Being natural is simply a pose, and the most irritating pose I know," cried Lord Henry, laughing; and the two young men went out into the garden together and ensconced themselves on a long bamboo seat that stood in the shade of a tall laurel bush. The sunlight slipped over the polished leaves. In the grass, white daisies were tremulous.

After a pause, Lord Henry pulled out his watch. "I am afraid I must be going, Basil," he murmured, "and before I go, I insist on your answering a question I put to you some time ago."

"What is that?" said the painter, keeping his eyes fixed on the ground.

"You know quite well."

"I do not, Harry."

– Pas du tout, répondit lord Henry, pas du tout, mon cher Basil. Vous semblez oublier que je suis marié et que le seul charme du mariage est qu'il fait une vie de déception absolu-ment nécessaire aux deux parties. Je ne sais jamais où est ma femme, et ma femme ne sait jamais ce que je fais. Quand nous nous rencontrons – et nous nous rencontrons, de temps à autre, quand nous dînons ensemble dehors, ou que nous allons chez le duc – nous nous con-tons les plus absurdes histoires de l'air le plus sérieux du monde. Dans cet ordre d'idées, ma femme m'est supérieure. Elle n'est jamais embarrassée pour les dates, et je le suis toujours; quand elle s'en rend compte, elle ne me fait point de scène; parfois je désirerais qu'elle m'en fît; mais elle se contente de me rire au nez.

– Je n'aime pas cette façon de parler de votre vie conjugale, Harry, dit Basil Hallward en allant vers la porte conduisant au jardin. Je vous crois un très bon mari honteux de ses propres vertus. Vous êtes un être vraiment extraordinaire. Vous ne dites jamais une chose morale, et jamais vous ne faites une chose mauvaise. Votre cynisme est simplement une pose.

– Être naturel est aussi une pose, et la plus irritante que je connaisse, s'exclama en riant lord Henry. Les deux jeunes gens s'en allèrent ensemble dans le jardin et s'assirent sur un long siège de bambou posé à l'ombre d'un buisson de lauriers. Le soleil glissait sur les feuilles polies; de blanches marguerites tremblaient sur le gazon.

Après un silence, lord Henry tira sa montre. – Je dois m'en aller, Basil, murmura-t-il, mais avant de partir, j'aimerais avoir une ré-ponse à la question que je vous ai posée tout à l'heure.

– Quelle question? dit le peintre, restant les yeux fixés à terre.

– Vous la savez...

– Mais non, Harry.

"Well, I will tell you what it is. I want you to explain to me why you won't exhibit Dorian Gray's picture. I want the real reason."

"I told you the real reason."

"No, you did not. You said it was because there was too much of yourself in it. Now, that is childish."

"Harry," said Basil Hallward, looking him straight in the face, "every portrait that is painted with feeling is a portrait of the artist, not of the sitter. The sitter is merely the accident, the occasion. It is not he who is revealed by the painter; it is rather the painter who, on the coloured canvas, reveals himself. The reason I will not exhibit this picture is that I am afraid that I have shown in it the secret of my own soul."

Lord Henry laughed. "And what is that?" he asked.

"I will tell you," said Hallward; but an expression of perplexity came over his face.

"I am all expectation, Basil," continued his companion, glancing at him.

"Oh, there is really very little to tell, Harry," answered the painter; "and I am afraid you will hardly understand it. Perhaps you will hardly believe it."

Lord Henry smiled, and leaning down, plucked a pink-petalled daisy from the grass and examined it. "I am quite sure I shall understand it," he replied, gazing intently at the little golden, white-feathered disk, "and as for believing things, I can believe anything, provided that it is quite incredible."

— Bien, je vais vous la redire. J'ai besoin que vous m'expliquiez pourquoi vous ne vou-lez pas exposer le portrait de Dorian Gray. Je désire en connaître la vraie raison.

— Je vous l'ai dite.

— Non pas. Vous m'avez dit que c'était parce qu'il y avait beaucoup trop de vous-même dans ce portrait. Cela est enfantin...

— Harry, dit Basil Hallward, le regardant droit dans les yeux, tout portrait peint com-préhensivement est un portrait de l'artiste, non du modèle. Le modèle est purement l'accident, l'occasion. Ce n'est pas lui qui est révélé par le peintre; c'est plutôt le peintre qui, sur la toile colorée, se révèle lui-même. La raison pour laquelle je n'exhiberai pas ce portrait consiste dans la terreur que j'ai de montrer par lui le secret de mon âme!

Lord Henry se mit à rire... — Et quel est-il?

— Je vous le dirai, répondit Hallward, la figure assombrie.

— Je suis tout oreilles, Basil, continua son compagnon.

— Oh! c'est vraiment peu de chose, Harry, repartit le peintre et je crois bien que vous ne le comprendrez point. Peut-être à peine le croirez-vous...

Lord Henry sourit; se baissant, il cueillit dans le gazon une marguerite aux pétales rosés et l'examinant: — Je suis tout à fait sûr que je comprendrai cela, dit-il, en regardant attentivement le pe-tit disque doré, aux pétales blancs, et quant à croire aux choses, je les crois toutes, pourvu qu'elles soient incroyables.

The wind shook some blossoms from the trees, and the heavy lilac-blooms, with their clustering stars, moved to and fro in the languid air. A grasshopper began to chirrup by the wall, and like a blue thread a long thin dragon-fly floated past on its brown gauze wings. Lord Henry felt as if he could hear Basil Hallward's heart beating, and wondered what was coming.

"The story is simply this," said the painter after some time. "Two months ago I went to a crush at Lady Brandon's. You know we poor artists have to show ourselves in society from time to time, just to remind the public that we are not savages. With an evening coat and a white tie, as you told me once, anybody, even a stock-broker, can gain a reputation for being civilized.

Well, after I had been in the room about ten minutes, talking to huge overdressed dowagers and tedious academicians, I suddenly became conscious that some one was looking at me. I turned half-way round and saw Dorian Gray for the first time. When our eyes met, I felt that I was growing pale. A curious sensation of terror came over me. I knew that I had come face to face with some one whose mere personality was so fascinating that, if I allowed it to do so, it would absorb my whole nature, my whole soul, my very art itself. I did not want any external influence in my life. You know yourself, Harry, how independent I am by nature. I have always been my own master; had at least always been so, till I met Dorian Gray.

Then--but I don't know how to explain it to you. Something seemed to tell me that I was on the verge of a terrible crisis in my life. I had a strange feeling that fate had in store for me exquisite joys and exquisite sorrows. I grew afraid and turned to quit the room. It was not conscience that made me do so: it was a sort of cowardice. I take no credit to myself for trying to escape."

Le vent détacha quelques fleurs des arbustes et les lourdes grappes de lilas se balancè-rent dans l'air languide. Une cigale stridula près du mur, et, comme un fil bleu, passa une longue et mince libellule dont on entendit frémir les brunes ailes de gaze. Lord Henry restait silencieux comme s'il avait voulu percevoir les battements du cœur de Basil Hallward, se demandant ce qui allait se passer.

– Voici l'histoire, dit le peintre après un temps. Il y a deux mois, j'allais en soirée chez Lady Brandon. Vous savez que nous autres, pauvres artistes, nous avons à nous montrer dans le monde de temps à autre, juste assez pour prouver que nous ne sommes pas des sauvages. Avec un habit et une cravate blanche, tout le monde, même un agent de change, peut en arri-ver à avoir la réputation d'un être civilisé.

J'étais donc dans le salon depuis une dizaine de minutes, causant avec des douairières lourdement parées ou de fastidieux académiciens, quand soudain je perçus obscurément que quelqu'un m'observait. Je me tournai à demi et pour la première loi, je vis Dorian Gray. Nos yeux se rencontrèrent et je me sentis pâlir. Une singulière terreur me poignit... Je compris que j'étais en face de quelqu'un dont la simple personnalité était si fascinante que, si je me laissais faire, elle m'absorberait en entier, moi, ma nature, mon âme et mon talent même. Je ne veux aucune ingérence extérieure dans mon existence. Vous savez, Harry, combien ma vie est indépendante. J'ai toujours été mon maître, je l'avais, tout au moins toujours été, jusqu'au jour de ma rencontre avec Dorian Gray.

Alors... mais je ne sais comment vous expliquer ceci... Quelque chose semblait me dire que ma vie allait traverser une crise terrible. J'eus l'étrange sensation que le destin me réservait d'exquises joies et des chagrins exquis. Je m'effrayai et me disposai à quitter le salon. Ce n'est pas ma conscience qui me faisait agir ainsi, il y avait une sorte de lâcheté dans mon action. Je ne vis point d'autre issue pour m'échapper.

"Conscience and cowardice are really the same things, Basil. Conscience is the trade-name of the firm. That is all."

"I don't believe that, Harry, and I don't believe you do either. However, whatever was my motive--and it may have been pride, for I used to be very proud--I certainly struggled to the door. There, of course, I stumbled against Lady Brandon. 'You are not going to run away so soon, Mr. Hallward?' she screamed out. You know her curiously shrill voice?"

"Yes; she is a peacock in everything but beauty," said Lord Henry, pulling the daisy to bits with his long nervous fingers.

"I could not get rid of her. She brought me up to royalties, and people with stars and garters, and elderly ladies with gigantic tiaras and parrot noses. She spoke of me as her dearest friend. I had only met her once before, but she took it into her head to lionize me. I believe some picture of mine had made a great success at the time, at least had been chattered about in the penny newspapers, which is the nineteenth-century standard of immortality.

Suddenly I found myself face to face with the young man whose personality had so strangely stirred me. We were quite close, almost touching. Our eyes met again. It was reckless of me, but I asked Lady Brandon to introduce me to him. Perhaps it was not so reckless, after all. It was simply inevitable. We would have spoken to each other without any introduction. I am sure of that. Dorian told me so afterwards. He, too, felt that we were destined to know each other."

– La conscience et la lâcheté sont réellement les mêmes choses, Basil. La conscience est le surnom de la fermeté. C'est tout.

– Je ne crois pas cela, Harry, et je pense que vous ne le croyez pas non plus. Cependant, quel qu'en fut alors le motif – c'était peut-être l'orgueil, car je suis très orgueilleux – je me précipitai vers la porte. Là, naturellement, je me heurtai contre lady Brandon. « Vous n'avez pas l'intention de partir si vite, Mr Hallward » s'écria-t-elle... Vous connaissez le timbre aigu de sa voix?...

– Oui, elle me fait l'effet d'être un paon en toutes choses, excepté en beauté, dit lord Henry, effeuillant la marguerite de ses longs doigts nerveux...

– Je ne pus me débarrasser d'elle. Elle me présenta à des Altesses, et à des personnes portant Étoiles et Jarretières, à des dames mûres, affublées de tiares gigantesques et de nez de perroquets... Elle parla de moi comme de son meilleur ami. Je l'avais seulement rencontrée une fois auparavant, mais elle s'était mise en tête de me lancer. Je crois que l'un de mes tableaux avait alors un grand succès et qu'on en parlait dans les journaux de deux sous qui sont, comme vous le savez, les étendards d'immortalité du dix-neuvième siècle.

Soudain, je me trouvai face à face avec le jeune homme dont la personnalité m'avait si singulièrement intrigué; nous nous touchions presque; de nouveau nos regards se rencontrèrent. Ce fut indépendant de ma volonté, mais je demandai à Lady Brandon de nous présenter l'un à l'autre. Peut-être après tout, n'était-ce pas si téméraire, mais simplement inévitable. Il est certain que nous nous serions parlé sans présentation préalable; j'en suis sûr pour ma part, et Dorian plus tard me dit la même chose; il avait senti, lui aussi, que nous étions destinés à nous connaître.

"And how did Lady Brandon describe this wonderful young man?" asked his companion. "I know she goes in for giving a rapid precis of all her guests. I remember her bringing me up to a truculent and red-faced old gentleman covered all over with orders and ribbons, and hissing into my ear, in a tragic whisper which must have been perfectly audible to everybody in the room, the most astounding details. I simply fled. I like to find out people for myself. But Lady Brandon treats her guests exactly as an auctioneer treats his goods. She either explains them entirely away, or tells one everything about them except what one wants to know."

"Poor Lady Brandon! You are hard on her, Harry!" said Hallward listlessly.

"My dear fellow, she tried to found a salon, and only succeeded in opening a restaurant. How could I admire her? But tell me, what did she say about Mr. Dorian Gray?"

"Oh, something like, 'Charming boy--poor dear mother and I absolutely inseparable. Quite forget what he does--afraid he-- doesn't do anything--oh, yes, plays the piano--or is it the violin, dear Mr. Gray?' Neither of us could help laughing, and we became friends at once."

"Laughter is not at all a bad beginning for a friendship, and it is far the best ending for one," said the young lord, plucking another daisy.

Hallward shook his head. "You don't understand what friendship is, Harry," he murmured--"or what enmity is, for that matter. You like every one; that is to say, you are indifferent to every one."

– Et comment lady Brandon vous parla-t-elle de ce merveilleux jeune homme, demanda l'ami. Je sais qu'elle a la marotte de donner un précis rapide de chacun de ses invités. Je me souviens qu'elle me présenta une fois à un apoplectique et truculent gentleman, couvert d'ordres et de rubans et sur lui, me souffla à l'oreille, sur un mode tragique, les plus abasour-dissants détails, qui durent être perçus de chaque personne alors dans le salon. Cela me mit en fuite; j'aime connaître les gens par moi-même... Lady Brandon traite exactement ses invités comme un commissaire-priseur ses marchandises. Elle explique les manies et coutumes de chacun, mais oublie naturellement tout ce qui pourrait vous intéresser au personnage.

– Pauvre lady Brandon! Vous êtes dur pour elle, observa nonchalamment Hallward.

– Mon cher ami, elle essaya de fonder un salon et elle ne réussit qu'à ouvrir un restau-rant. Comment pourrais-je l'admirer?... Mais, dites-moi, que vous confia-t-elle sur Mr Dorian Gray?

– Oh! quelque chose de très vague dans ce genre: « Charmant garçon! Sa pauvre chère mère et moi, étions inséparables. Tout à fait oublié ce qu'il fait, ou plutôt, je crains... qu'il ne fasse rien! Ah! si, il joue du piano... Ne serait-ce pas plutôt du violon, mon cher Mr Gray? » Nous ne pûmes tous deux nous empêcher de rire et du coup nous devînmes amis.

– L'hilarité n'est pas du tout un mauvais commencement d'amitié, et c'est loin d'en être une mauvaise fin, dit le jeune lord en cueillant une autre marguerite.

Hallward secoua la tête... – Vous ne pouvez comprendre, Harry, murmura-t-il, quelle sorte d'amitié ou quelle sorte de haine cela peut devenir, dans ce cas particulier. Vous n'aimez personne, ou, si vous le préférez, personne ne vous intéresse.

"How horribly unjust of you!" cried Lord Henry, tilting his hat back and looking up at the little clouds that, like ravelled skeins of glossy white silk, were drifting across the hollowed turquoise of the summer sky.

"Yes; horribly unjust of you. I make a great difference between people. I choose my friends for their good looks, my acquaintances for their good characters, and my enemies for their good intellects. A man cannot be too careful in the choice of his enemies. I have not got one who is a fool. They are all men of some intellectual power, and consequently they all appreciate me. Is that very vain of me? I think it is rather vain."

"I should think it was, Harry. But according to your category I must be merely an acquaintance."

"My dear old Basil, you are much more than an acquaintance."

"And much less than a friend. A sort of brother, I suppose?"

"Oh, brothers! I don't care for brothers. My elder brother won't die, and my younger brothers seem never to do anything else."

"Harry!" exclaimed Hallward, frowning.

— Comme vous êtes injuste! s'écria lord Henry, mettant en arrière son chapeau et re-gardant au ciel les petits nuages, qui, comme les floches d'écheveau d'une blanche soie lui-sante, fuyaient dans le bleu profond de turquoise de ce ciel d'été. «

Oui, horriblement injuste!... J'établis une grande différence entre les gens. Je choisis mes amis pour leur bonne mine, mes simples camarades pour leur caractère, et mes ennemis pour leur intelligence; un homme ne saurait trop attacher d'importance au choix de ses en-nemis; je n'en ai point un seul qui soit un sot; ce sont tous hommes d'une certaine puissance intellectuelle et, par conséquent, ils m'apprécient. Est-ce très vain de ma part d'agir ainsi! Je crois que c'est plutôt... vain.

— Je pense que ça l'est aussi Harry. Mais m'en référant à votre manière de sélection, je dois être pour vous un simple camarade.

— Mon bon et cher Basil, vous m'êtes mieux qu'un camarade...

— Et moins qu'un ami: Une sorte de... frère, je suppose!

— Un frère!... Je me moque pas mal des frères!... Mon frère aîné ne veut pas mourir, et mes plus jeunes semblent vouloir l'imiter.

— Harry! protesta Hallward sur un ton chagrin.

"My dear fellow, I am not quite serious. But I can't help detesting my relations. I suppose it comes from the fact that none of us can stand other people having the same faults as ourselves. I quite sympathize with the rage of the English democracy against what they call the vices of the upper orders. The masses feel that drunkenness, stupidity, and immorality should be their own special property, and that if any one of us makes an ass of himself, he is poaching on their preserves. When poor Southwark got into the divorce court, their indignation was quite magnificent. And yet I don't suppose that ten per cent of the proletariat live correctly."

"I don't agree with a single word that you have said, and, what is more, Harry, I feel sure you don't either."

Lord Henry stroked his pointed brown beard and tapped the toe of his patent-leather boot with a tasselled ebony cane.

"How English you are Basil! That is the second time you have made that observation. If one puts forward an idea to a true Englishman--always a rash thing to do--he never dreams of considering whether the idea is right or wrong. The only thing he considers of any importance is whether one believes it oneself. Now, the value of an idea has nothing whatsoever to do with the sincerity of the man who expresses it. Indeed, the probabilities are that the more insincere the man is, the more purely intellectual will the idea be, as in that case it will not be coloured by either his wants, his desires, or his prejudices. However, I don't propose to discuss politics, sociology, or metaphysics with you. I like persons better than principles, and I like persons with no principles better than anything else in the world. Tell me more about Mr. Dorian Gray. How often do you see him?"

– Mon bon, je ne suis pas tout à fait sérieux. Mais je ne puis m'empêcher de détester mes parents; je suppose que cela vient de ce que chacun de nous ne peut supporter de voir d'autres personnes ayant les mêmes défauts que soi-même. Je sympathise tout à fait avec la démocratie anglaise dans sa rage contre ce qu'elle appelle les vices du grand monde. La masse sent que l'ivrognerie, la stupidité et l'immoralité sont sa propriété, et si quelqu'un d'entre nous assume l'un de ces défauts, il paraît braconner sur ses chasses... Quand ce pauvre Southwark vint devant la « Cour du Divorce » l'indignation de cette même masse fut absolument magnifique, et je suis parfaitement convaincu que le dixième du peuple ne vit pas comme il conviendrait.

– Je n'approuve pas une seule des paroles que vous venez de prononcer, et, je sens, Harry, que vous ne les approuvez pas plus que moi.

Lord Henry caressa sa longue barbe brune taillée en pointe, et tapotant avec sa canne d'ébène ornée de glands sa bottine de cuir fin:

– Comme vous êtes bien anglais Basil! Voici la seconde fois que vous me faites cette observation. Si l'on fait part d'une idée à un véritable Anglais – ce qui est toujours une chose téméraire – il ne cherche jamais à savoir si l'idée est bonne ou mauvaise; la seule chose à laquelle il attache quelque importance est de découvrir ce que l'on en pense soi-même. D'ailleurs la valeur d'une idée n'a rien à voir avec la sincérité de l'homme qui l'exprime. À la vérité, il y a de fortes chances pour que l'idée soit intéressante en proportion directe du carac-tère insincère du personnage, car, dans ce cas elle ne sera colorée par aucun des besoins, des désirs ou des préjugés de ce dernier. Cependant, je ne me propose pas d'aborder les questions politiques, sociologiques ou métaphysiques avec vous. J'aime mieux les personnes que leurs principes, et j'aime encore mieux les personnes sans principes que n'importe quoi au monde. Parlons encore de Mr Dorian Gray. L'avez-vous vu souvent?

"Every day. I couldn't be happy if I didn't see him every day. He is absolutely necessary to me."

"How extraordinary! I thought you would never care for anything but your art."

"He is all my art to me now," said the painter gravely. "I sometimes think, Harry, that there are only two eras of any importance in the world's history. The first is the appearance of a new medium for art, and the second is the appearance of a new personality for art also. What the invention of oil-painting was to the Venetians, the face of Antinous was to late Greek sculpture, and the face of Dorian Gray will some day be to me. It is not merely that I paint from him, draw from him, sketch from him. Of course, I have done all that. But he is much more to me than a model or a sitter.

— Tous les jours. Je ne saurais être heureux si je ne le voyais chaque jour. Il m'est ab-solument nécessaire.

— Vraiment curieux! Je pensais que vous ne vous souciez d'autre chose que de votre art...

— Il est tout mon art, maintenant, répliqua le peintre, gravement; je pense quelquefois, Harry, qu'il n'y a que deux ères de quelque importance dans l'histoire du monde. La première est l'apparition d'un nouveau moyen d'art, et la seconde l'avènement d'une nouvelle person-nalité artistique. Ce que la découverte de la peinture fut pour les Vénitiens, la face d'Antinoüs pour l'art grec antique, Dorian Gray me le sera quelque jour. Ce n'est pas simplement parce que je le peins, que je le dessine ou que j'en prends des esquisses; j'ai fait tout cela d'abord. Il m'est beaucoup plus qu'un modèle.

I won't tell you that I am dissatisfied with what I have done of him, or that his beauty is such that art cannot express it. There is nothing that art cannot express, and I know that the work I have done, since I met Dorian Gray, is good work, is the best work of my life. But in some curious way--I wonder will you understand me?--his personality has suggested to me an entirely new manner in art, an entirely new mode of style. I see things differently, I think of them differently. I can now recreate life in a way that was hidden from me before. 'A dream of form in days of thought'--who is it who says that? I forget; but it is what Dorian Gray has been to me. The merely visible presence of this lad--for he seems to me little more than a lad, though he is really over twenty-- his merely visible presence--ah! I wonder can you realize all that that means? Unconsciously he defines for me the lines of a fresh school, a school that is to have in it all the passion of the romantic spirit, all the perfection of the spirit that is Greek. The harmony of soul and body-- how much that is! We in our madness have separated the two, and have invented a realism that is vulgar, an ideality that is void. Harry! if you only knew what Dorian Gray is to me! You remember that landscape of mine, for which Agnew offered me such a huge price but which I would not part with? It is one of the best things I have ever done. And why is it so? Because, while I was painting it, Dorian Gray sat beside me. Some subtle influence passed from him to me, and for the first time in my life I saw in the plain woodland the wonder I had always looked for and always missed."

"Basil, this is extraordinary! I must see Dorian Gray."

Hallward got up from the seat and walked up and down the garden. After some time he came back. "Harry," he said, "Dorian Gray is to me simply a motive in art. You might see nothing in him. I see everything in him. He is never more present in my work than when no image of him is there. He is a suggestion, as I have said, of a new manner. I find him in the curves of certain lines, in the loveliness and subtleties of certain colours. That is all."

Cela ne veut point dire que je sois peu satisfait de ce que j'ai fait d'après lui ou que sa beauté soit telle que l'Art ne la puisse rendre. Il n'est rien que l'Art ne puisse rendre, et je sais fort bien que l'œuvre que j'ai faite depuis ma rencontre avec Dorian Gray est une belle œuvre, la meilleure de ma vie. Mais, d'une manière indécise et curieuse – je m'étonnerais que vous puissiez me comprendre – sa personne m'a suggéré une manière d'art entièrement nouvelle, un mode d'expression entièrement nouveau. Je vois les choses différemment; je les pense différemment. Je puis maintenant vivre une existence qui m'était cachée auparavant. « Une forme rêvée en des jours de pensée » qui a dit cela? Je ne m'en souviens plus; mais c'est exactement ce que Dorian Gray m'a été. La simple présence visible de cet adolescent – car il ne me semble guère qu'un adolescent, bien qu'il ait plus de vingt ans – la simple présence visible de cet adolescent!... Ah! je m'étonnerais que vous puissiez vous rendre compte de ce que cela signifie! Inconsciemment, il définit pour moi les lignes d'une école nouvelle, d'une école qui unirait la passion de l'esprit romantique à la perfection de l'esprit grec. L'harmonie du corps et de l'âme, quel rêve!... Nous, dans notre aveuglement, nous avons séparé ces deux choses et avons inventé un réalisme qui est vulgaire, une idéalité qui est vide! Harry! Ah! si vous pouviez savoir ce que m'est Dorian Gray!... Vous vous souvenez de ce paysage, pour lequel Agnew m'offrit une somme si considérable, mais dont je ne voulus me séparer. C'est une des meilleures choses que j'aie jamais faites. Et savez-vous pourquoi? Parce que, tandis que je le peignais, Dorian Gray était assis à côté de moi. Quelque subtile influence passa de lui en moi-même, et pour la première fois de ma vie, je surpris dans le paysage ce je ne sais quoi que j'avais toujours cherché... et toujours manqué.
– Basil, cela est stupéfiant! Il faut que je voie ce Dorian Gray!...

Hallward se leva de son siège et marcha de long en large dans le jardin... Il revint un instant après... – Harry, dit-il, Dorian Gray m'est simplement un motif d'art; vous, vous ne verriez rien en lui; moi, j'y vois tout. Il n'est jamais plus présent dans ma pensée que quand je ne vois rien de lui me le rappelant. Il est une suggestion comme je vous l'ai dit, d'une nouvelle manière. Je le trouve dans les courbes de certaines lignes, dans l'adorable et le subtil de certaines nuances. C'est tout.

"Then why won't you exhibit his portrait?" asked Lord Henry.

"Because, without intending it, I have put into it some expression of all this curious artistic idolatry, of which, of course, I have never cared to speak to him. He knows nothing about it. He shall never know anything about it. But the world might guess it, and I will not bare my soul to their shallow prying eyes. My heart shall never be put under their microscope. There is too much of myself in the thing, Harry--too much of myself!"

"Poets are not so scrupulous as you are. They know how useful passion is for publication. Nowadays a broken heart will run to many editions."

"I hate them for it," cried Hallward. "An artist should create beautiful things, but should put nothing of his own life into them. We live in an age when men treat art as if it were meant to be a form of autobiography. We have lost the abstract sense of beauty. Some day I will show the world what it is; and for that reason the world shall never see my portrait of Dorian Gray."

"I think you are wrong, Basil, but I won't argue with you. It is only the intellectually lost who ever argue. Tell me, is Dorian Gray very fond of you?"

The painter considered for a few moments. "He likes me," he answered after a pause; "I know he likes me. Of course I flatter him dreadfully. I find a strange pleasure in saying things to him that I know I shall be sorry for having said. As a rule, he is charming to me, and we sit in the studio and talk of a thousand things. Now and then, however, he is horribly thoughtless, and seems to take a real delight in giving me pain. Then I feel, Harry, that I have given away my whole soul to some one who treats it as if it were a flower to put in his coat, a bit of decoration to charm his vanity, an ornament for a summer's day."

— Alors, pourquoi ne voulez-vous point exposer son portrait, demanda de nouveau lord Henry.

— Parce que, sans le vouloir, j'ai mis dans cela quelque expression de toute cette étrange idolâtrie artistique dont je ne lui ai jamais parlé. Il n'en sait rien; il l'ignorera toujours. Mais le monde peut la deviner, et je ne veux découvrir mon âme aux bas regards quêteurs; mon cœur ne sera jamais mis sous un microscope... Il y a trop de moi-même dans cette chose, Harry, trop de moi-même!...

— Les poètes ne sont pas aussi scrupuleux que vous l'êtes; Ils savent combien la passion utilement divulguée aide à la vente. Aujourd'hui un cœur brisé se tire à plusieurs éditions.

— Je les hais pour cela, clama Hallward... Un artiste doit créer de belles choses, mais ne doit rien mettre de lui-même en elles. Nous vivons dans un âge où les hommes ne voient l'art que sous un aspect autobiographique. Nous avons perdu le sens abstrait de la beauté. Quelque jour je montrerai au monde ce que c'est et pour cette raison le monde ne verra jamais mon portrait de Dorian Gray.

— Je pense que vous avez tort, Basil, mais je ne veux pas discuter avec vous. Je ne m'occupe que de la perte intellectuelle... Dites-moi, Dorian Gray vous aime-t-il?...

Le peintre sembla réfléchir quelques instants. — Il m'aime, répondit-il après une pause, je sais qu'il m'aime... Je le flatte beaucoup, cela se comprend. Je trouve un étrange plaisir à lui dire des choses que certes je serais désolé d'avoir dites. D'ordinaire, il est tout à fait charmant avec moi, et nous passons des journées dans l'atelier à parler de mille choses. De temps à autre, il est horriblement étourdi et semble trouver un réel plaisir à me faire de la peine. Je sens, Harry, que j'ai donné mon âme entière à un être qui la traite comme une fleur à mettre à son habit, comme un bout de ruban pour sa vanité, comme la parure d'un jour d'été...

"Days in summer, Basil, are apt to linger," murmured Lord Henry. "Perhaps you will tire sooner than he will. It is a sad thing to think of, but there is no doubt that genius lasts longer than beauty. That accounts for the fact that we all take such pains to over-educate ourselves. In the wild struggle for existence, we want to have something that endures, and so we fill our minds with rubbish and facts, in the silly hope of keeping our place. The thoroughly well-informed man--that is the modern ideal. And the mind of the thoroughly well-informed man is a dreadful thing. It is like a bric-a-brac shop, all monsters and dust, with everything priced above its proper value.

I think you will tire first, all the same. Some day you will look at your friend, and he will seem to you to be a little out of drawing, or you won't like his tone of colour, or something. You will bitterly reproach him in your own heart, and seriously think that he has behaved very badly to you. The next time he calls, you will be perfectly cold and indifferent. It will be a great pity, for it will alter you. What you have told me is quite a romance, a romance of art one might call it, and the worst of having a romance of any kind is that it leaves one so unromantic."

"Harry, don't talk like that. As long as I live, the personality of Dorian Gray will dominate me. You can't feel what I feel. You change too often."

"Ah, my dear Basil, that is exactly why I can feel it. Those who are faithful know only the trivial side of love: it is the faithless who know love's tragedies." And Lord Henry struck a light on a dainty silver case and began to smoke a cigarette with a self-conscious and satisfied air, as if he had summed up the world in a phrase.

– Les jours d'été sont bien longs, souffla lord Henry... Peut-être vous fatiguerez-vous de lui plutôt qu'il ne le voudra. C'est une triste chose à penser, mais on ne saurait douter que l'esprit dure plus longtemps que la beauté. Cela explique pourquoi nous prenons tant de peine à nous instruire. Nous avons besoin, pour la lutte effrayante de la vie, de quelque chose qui demeure, et nous nous emplissons l'esprit de ruines et de faits, dans l'espérance niaise de garder notre place. L'homme bien informé: voilà le moderne idéal... Le cerveau de cet homme bien informé est une chose étonnante. C'est comme la boutique d'un bric-à-brac, où l'on trouverait des monstres et... de la poussière, et toute chose cotée au-dessus de sa réelle valeur. «

Je pense que vous vous fatiguerez le premier, tout de même... Quelque jour, vous re-garderez votre ami et il vous semblera que « ça n'est plus ça »; vous n'aimerez plus son teint, ou toute autre chose... Vous le lui reprocherez au fond de vous-même et finirez par penser qu'il s'est mal conduit envers vous. Le jour suivant, vous serez parfaitement calme et indiffé-rent. C'est regrettable, car cela vous changera... Ce que vous m'avez dit est tout à fait un roman, un roman d'art, l'appellerai-je, et le désolant de cette manière de roman est qu'il vous laisse un souvenir peu romanesque...

– Harry, ne parlez pas comme cela. Aussi longtemps que Dorian Gray existera, je serai dominé par sa personnalité. Vous ne pouvez sentir de la même façon que moi. Vous changez trop souvent.

– Eh mon cher Basil, c'est justement à cause de cela que je sens. Ceux qui sont fidèles connaissent seulement le côté trivial de l'amour; c'est la trahison qui en connaît les tragédies. Et lord Henry frottant une allumette sur une jolie boîte d'argent, commença à fumer avec la placidité d'une conscience tranquille et un air satisfait, comme s'il avait défini le monde en une phrase.

There was a rustle of chirruping sparrows in the green lacquer leaves of the ivy, and the blue cloud-shadows chased themselves across the grass like swallows. How pleasant it was in the garden! And how delightful other people's emotions were!-- much more delightful than their ideas, it seemed to him. One's own soul, and the passions of one's friends-- those were the fascinating things in life. He pictured to himself with silent amusement the tedious luncheon that he had missed by staying so long with Basil Hallward.

Had he gone to his aunt's, he would have been sure to have met Lord Goodbody there, and the whole conversation would have been about the feeding of the poor and the necessity for model lodging-houses. Each class would have preached the importance of those virtues, for whose exercise there was no necessity in their own lives. The rich would have spoken on the value of thrift, and the idle grown eloquent over the dignity of labour. It was charming to have escaped all that! As he thought of his aunt, an idea seemed to strike him. He turned to Hallward and said, "My dear fellow, I have just remembered."

"Remembered what, Harry?"
"Where I heard the name of Dorian Gray."
"Where was it?" asked Hallward, with a slight frown.

Un vol piaillant de passereaux s'abattit dans le vert profond des lierres... Comme une troupe d'hirondelles, l'ombre bleue des nuages passa sur le gazon... Quel charme s'émanait de ce jardin! Combien, pensait lord Henry, étaient délicieuses les émotions des autres! beaucoup plus délicieuses que leurs idées, lui semblait-il. Le soin de sa propre âme et les passions de ses amis, telles lui paraissaient être les choses notables de la vie. Il se représentait, en s'amusant à cette pensée, le lunch assommant que lui avait évité sa visite chez Hallward;

s'il était allé chez sa tante, il eût été sûr d'y rencontrer lord Goodbody, et la conversation entière aurait roulé sur l'entretien des pauvres, et la nécessité d'établir des maisons de secours modèles. Il aurait entendu chaque classe prêcher l'importance des différentes vertus, dont, bien entendu, l'exercice ne s'imposait point à elles-mêmes. Le riche aurait parlé sur la nécessité de l'épargne, et le fainéant éloquemment vaticiné sur la dignité du travail... Quel inappréciable bonheur d'avoir échappé à tout cela! Soudain, comme il pensait à sa tante, une idée lui vint. Il se tourna vers Hallward... – Mon cher ami, je me souviens.

– Vous vous souvenez de quoi, Harry?
– Où j'entendis le nom de Dorian Gray.
– Où était-ce? demanda Hallward, avec un léger froncement de sourcils...

"Don't look so angry, Basil. It was at my aunt, Lady Agatha's. She told me she had discovered a wonderful young man who was going to help her in the East End, and that his name was Dorian Gray. I am bound to state that she never told me he was good-looking. Women have no appreciation of good looks; at least, good women have not. She said that he was very earnest and had a beautiful nature. I at once pictured to myself a creature with spectacles and lank hair, horribly freckled, and tramping about on huge feet. I wish I had known it was your friend."

"I am very glad you didn't, Harry."
"Why?"
"I don't want you to meet him."
"You don't want me to meet him?"
"No."
"Mr. Dorian Gray is in the studio, sir," said the butler, coming into the garden.

"You must introduce me now," cried Lord Henry, laughing.

The painter turned to his servant, who stood blinking in the sunlight. "Ask Mr. Gray to wait, Parker: I shall be in in a few moments." The man bowed and went up the walk.

Then he looked at Lord Henry. "Dorian Gray is my dearest friend," he said. "He has a simple and a beautiful nature. Your aunt was quite right in what she said of him. Don't spoil him. Don't try to influence him. Your influence would be bad. The world is wide, and has many marvellous people in it. Don't take away from me the one person who gives to my art whatever charm it possesses: my life as an artist depends on him. Mind, Harry, I trust you." He spoke very slowly, and the words seemed wrung out of him almost against his will.

– Ne me regardez pas d'un air si furieux, Basil... C'était chez ma tante, Lady Agathe. Elle me dit qu'elle avait fait la connaissance d'un « merveilleux jeune homme qui voulait bien l'accompagner dans le East End et qu'il s'appelait Dorian Gray ». Je puis assurer qu'elle ne me parla jamais de lui comme d'un beau jeune homme. Les femmes ne se rendent pas un compte exact de ce que peut être un beau jeune homme; les braves femmes tout au moins... Elle me dit qu'il était très sérieux et qu'il avait un bon caractère. Je m'étais du coup représenté un individu avec des lunettes et des cheveux plats, des taches de rousseur, se dandinant sur d'énormes pieds... J'aurais aimé savoir que c'était votre ami.

– Je suis heureux que vous ne l'ayez point su.
– Et pourquoi?
– Je ne désire pas que vous le connaissiez.
– Vous ne désirez pas que je le connaisse?...
– Non...
– Mr Dorian Gray est dans l'atelier, monsieur, dit le majordome en entrant dans le jar-din.

– Vous allez bien être forcé de me le présenter, maintenant, s'écria en riant lord Henry.

Le peintre se tourna vers le serviteur qui restait au soleil, les yeux clignotants: – Dites à Mr Gray d'attendre, Parker; je suis à lui dans un moment.

L'homme s'inclina et retourna sur ses pas. Hallward regarda lord Henry... – Dorian Gray est mon plus cher ami, dit-il. C'est une simple et belle nature. Votre tante a eu parfaitement raison de dire de lui ce que vous m'avez rapporté... Ne me le gâtez pas; n'essayez point de l'influencer; votre influence lui serait pernicieuse. Le monde est grand et ne manque pas de gens intéressants. Ne m'enlevez pas la seule personne qui donne à mon art le charme qu'il peut posséder; ma vie d'artiste dépend de lui. Faites attention, Harry, je vous en conjure... Il parlait à voix basse et les mots semblaient jaillir de ses lèvres malgré sa volonté...

"What nonsense you talk!" said Lord Henry, smiling, and taking Hallward by the arm, he almost led him into the house.

— Quelle bêtise me dites-vous, dit lord Henry souriant, et prenant Hallward par le bras, il le conduisit presque malgré lui dans la maison.

Chapter 2

As they entered they saw Dorian Gray. He was seated at the piano, with his back to them, turning over the pages of a volume of Schumann's "Forest Scenes." "You must lend me these, Basil," he cried. "I want to learn them. They are perfectly charming."

"That entirely depends on how you sit to-day, Dorian."

"Oh, I am tired of sitting, and I don't want a life-sized portrait of myself," answered the lad, swinging round on the music-stool in a wilful, petulant manner. When he caught sight of Lord Henry, a faint blush coloured his cheeks for a moment, and he started up. "I beg your pardon, Basil, but I didn't know you had any one with you."

"This is Lord Henry Wotton, Dorian, an old Oxford friend of mine. I have just been telling him what a capital sitter you were, and now you have spoiled everything."

"You have not spoiled my pleasure in meeting you, Mr. Gray," said Lord Henry, stepping forward and extending his hand. "My aunt has often spoken to me about you. You are one of her favourites, and, I am afraid, one of her victims also."

"I am in Lady Agatha's black books at present," answered Dorian with a funny look of penitence. "I promised to go to a club in Whitechapel with her last Tuesday, and I really forgot all about it. We were to have played a duet together--three duets, I believe. I don't know what she will say to me. I am far too frightened to call."

En entrant, ils aperçurent Dorian Gray. Il était assis au piano, leur tournant le dos, feuilletant les pages d'un volume des « Scènes de la Forêt » de Schumann. – Vous allez me les prêter, Basil, cria-t-il... Il faut que je les apprenne. C'est tout à fait charmant.

– Cela dépend comment vous poserez aujourd'hui, Dorian...

– Oh! Je suis fatigué de poser, et je n'ai pas besoin d'un portrait grandeur naturelle, riposta l'adolescent en évoluant sur le tabouret du piano d'une manière pétulante et volon-taire... Une légère rougeur colora ses joues quand il aperçut lord Henry, et il s'arrêta court... – Je vous demande pardon, Basil, mais je ne savais pas que vous étiez avec quelqu'un...

– C'est lord Henry Wotton, Dorian, un de mes vieux amis d'Oxford. Je lui disais jus-tement quel admirable modèle vous étiez, et vous venez de tout gâter...

– Mais mon plaisir n'est pas gâté de vous rencontrer, Mr Gray, dit lord Henry en s'avançant et lui tendant la main. Ma tante m'a parlé souvent de vous. Vous êtes un de ses favoris, et, je le crains, peut-être aussi... une de ses victimes...

– Hélas! Je suis à présent dans ses mauvais papiers, répliqua Dorian avec une moue drôle de repentir. Mardi dernier, je lui avais promis de l'accompagner à un club de Whitecha-pel et j'ai parfaitement oublié ma promesse. Nous devions jouer ensemble un duo...; un duo, trois duos, plutôt!... Je ne sais pas ce qu'elle va me dire; je suis épouvanté à la seule pensée d'aller la voir.

"Oh, I will make your peace with my aunt. She is quite devoted to you. And I don't think it really matters about your not being there. The audience probably thought it was a duet. When Aunt Agatha sits down to the piano, she makes quite enough noise for two people."

"That is very horrid to her, and not very nice to me," answered Dorian, laughing.

Lord Henry looked at him. Yes, he was certainly wonderfully handsome, with his finely curved scarlet lips, his frank blue eyes, his crisp gold hair. There was something in his face that made one trust him at once. All the candour of youth was there, as well as all youth's passionate purity. One felt that he had kept himself unspotted from the world. No wonder Basil Hallward worshipped him.

"You are too charming to go in for philanthropy, Mr. Gray--far too charming." And Lord Henry flung himself down on the divan and opened his cigarette-case.

The painter had been busy mixing his colours and getting his brushes ready. He was looking worried, and when he heard Lord Henry's last remark, he glanced at him, hesitated for a moment, and then said, "Harry, I want to finish this picture to-day. Would you think it awfully rude of me if I asked you to go away?"

Lord Henry smiled and looked at Dorian Gray. "Am I to go, Mr. Gray?" he asked.

"Oh, please don't, Lord Henry. I see that Basil is in one of his sulky moods, and I can't bear him when he sulks. Besides, I want you to tell me why I should not go in for philanthropy."

"I don't know that I shall tell you that, Mr. Gray. It is so tedious a subject that one would have to talk seriously about it. But I certainly shall not run away, now that you have asked me to stop. You don't really mind, Basil, do you? You have often told me that you liked your sitters to have some one to chat to."

– Oh! Je vous raccommoderai avec ma tante. Elle vous est toute dévouée, et je ne crois pas qu'il y ait réellement matière à fâcherie. L'auditoire comptait sur un duo; quant ma tante Agathe se met au piano, elle fait du bruit pour deux...

– C'est méchant pour elle... et pas très gentil pour moi, dit Dorian en éclatant de rire...

Lord Henry l'observait... Certes, il était merveilleusement beau avec ses lèvres écarlates finement dessinées, ses clairs yeux bleus, sa chevelure aux boucles dorées. Tout dans sa face attirait la confiance; on y trouvait la candeur de la jeunesse jointe à la pureté ardente de l'adolescence. On sentait que le monde ne l'avait pas encore souillé. Comment s'étonner que Basil Hallward l'estimât pareillement?...

– Vous êtes vraiment trop charmant pour vous occuper de philanthropie, Mr Gray, trop charmant... Et lord Henry, s'étendant sur le divan, ouvrit son étui à cigarettes.

Le peintre s'occupait fiévreusement de préparer sa palette et ses pinceaux... Il avait l'air ennuyé; quand il entendit la dernière remarque de lord Henry il le fixa... Il hésita un moment, puis se décidant: – Harry, dit-il, j'ai besoin de finir ce portrait aujourd'hui. M'en voudriez-vous si je vous demandais de partir...?

Lord Henry sourit et regarda Dorian Gray. – Dois-je m'en aller, Mr Gray? interrogea-t-il.

– Oh! non, je vous en prie, lord Henry. Je vois que Basil est dans de mauvaises dispo-sitions et je ne puis le supporter quand il fait la tête... D'abord, j'ai besoin de vous demander pourquoi je ne devrais pas m'occuper de philanthropie.

– Je ne sais ce que je dois vous répondre, Mr Gray. C'est un sujet si assommant qu'on ne peut en parler que sérieusement... Mais je ne m'en irai certainement pas, puisque vous me demandez de rester. Vous ne tenez pas absolument à ce que je m'en aille, Basil, n'est-ce pas? Ne m'avez-vous dit souvent que vous aimiez avoir quelqu'un pour bavarder avec vos mo-dèles?

Hallward bit his lip. "If Dorian wishes it, of course you must stay. Dorian's whims are laws to everybody, except himself."

Lord Henry took up his hat and gloves. "You are very pressing, Basil, but I am afraid I must go. I have promised to meet a man at the Orleans. Good-bye, Mr. Gray. Come and see me some afternoon in Curzon Street. I am nearly always at home at five o'clock. Write to me when you are coming. I should be sorry to miss you."

"Basil," cried Dorian Gray, "if Lord Henry Wotton goes, I shall go, too. You never open your lips while you are painting, and it is horribly dull standing on a platform and trying to look pleasant. Ask him to stay. I insist upon it."

"Stay, Harry, to oblige Dorian, and to oblige me," said Hallward, gazing intently at his picture. "It is quite true, I never talk when I am working, and never listen either, and it must be dreadfully tedious for my unfortunate sitters. I beg you to stay."

"But what about my man at the Orleans?"

The painter laughed. "I don't think there will be any difficulty about that. Sit down again, Harry. And now, Dorian, get up on the platform, and don't move about too much, or pay any attention to what Lord Henry says. He has a very bad influence over all his friends, with the single exception of myself."

Dorian Gray stepped up on the dais with the air of a young Greek martyr, and made a little moue of discontent to Lord Henry, to whom he had rather taken a fancy. He was so unlike Basil. They made a delightful contrast. And he had such a beautiful voice. After a few moments he said to him, "Have you really a very bad influence, Lord Henry? As bad as Basil says?"

Hallward se mordit les lèvres... – Puisque Dorian le désire, vous pouvez rester. Ses caprices sont des lois pour chacun, excepté pour lui.

Lord Henry prit son chapeau et ses gants. – Vous êtes trop bon, Basil, mais je dois m'en aller. J'ai un rendez-vous avec quelqu'un à l'« Orléans » ... adieu, Mr Gray. Venez me voir une de ces après-midi à Curzon Street. Je suis presque toujours chez moi vers cinq heures. Écrivez-moi quand vous viendrez: je serais désolé de ne pas vous rencontrer.

– Basil, s'écria Dorian Gray, si lord Henry Wotton s'en va, je m'en vais aussi. Vous n'ouvrez jamais la bouche quand vous peignez et c'est horriblement ennuyeux de rester planté sur une plate-forme et d'avoir l'air aimable. Demandez-lui de rester. J'insiste pour qu'il reste.

– Restez donc, Harry, pour satisfaire Dorian et pour me satisfaire, dit Hallward regar-dant attentivement le tableau. C'est vrai, d'ailleurs, je ne parle jamais quand je travaille, et n'écoute davantage, et je comprends que ce soit agaçant pour mes infortunés modèles. Je vous prie de rester.

– Mais que va penser la personne qui m'attend à l'« Orléans »?

Le peintre se mit à rire. – Je pense que cela s'arrangera tout seul... Asseyez-vous, Harry... Et maintenant, Do-rian, montez sur la plate-forme; ne bougez pas trop et tâchez de n'apporter aucune attention à ce que vous dira lord Henry. Son influence est mauvaise pour tout le monde, sauf pour lui-même...

Dorian Gray gravit la plate-forme avec l'air d'un jeune martyr grec, en faisant une pe-tite moue de mécontentement à lord Henry qu'il avait déjà pris en affection; il était si diffé-rent de Basil, tous deux ils formaient un délicieux contraste... et lord Henry avait une voix si belle... Au bout de quelques instants, il lui dit: – Est-ce vrai que votre influence soit aussi mauvaise que Basil veut bien le dire?

"There is no such thing as a good influence, Mr. Gray. All influence is immoral--immoral from the scientific point of view."

"Why?"
"Because to influence a person is to give him one's own soul. He does not think his natural thoughts, or burn with his natural passions. His virtues are not real to him. His sins, if there are such things as sins, are borrowed. He becomes an echo of some one else's music, an actor of a part that has not been written for him. The aim of life is self-development. To realize one's nature perfectly--that is what each of us is here for.

People are afraid of themselves, nowadays. They have forgotten the highest of all duties, the duty that one owes to one's self. Of course, they are charitable. They feed the hungry and clothe the beggar. But their own souls starve, and are naked. Courage has gone out of our race. Perhaps we never really had it. The terror of society, which is the basis of morals, the terror of God, which is the secret of religion--these are the two things that govern us. And yet--"

"Just turn your head a little more to the right, Dorian, like a good boy," said the painter, deep in his work and conscious only that a look had come into the lad's face that he had never seen there before.

— J'ignore ce que les gens entendent par une bonne influence, Mr Gray. Toute influence est immorale... immorale, au point de vue scientifique...

— Et pourquoi?
— Parce que je considère qu'influencer une personne, c'est lui donner un peu de sa propre âme. Elle ne pense plus avec ses pensées naturelles, elle ne brûle plus avec ses passions naturelles. Ses vertus ne sont plus siennes. Ses péchés, s'il y a quelque chose de semblable à des péchés, sont empruntés. Elle devient l'écho d'une musique étrangère, l'acteur d'une pièce qui ne fut point écrite pour elle. Le but de la vie est le développement de la personnalité. Réaliser sa propre nature: c'est ce que nous tâchons tous de faire.

Les hommes sont effrayés d'eux-mêmes aujourd'hui. Ils ont oublié le plus haut de tous les devoirs, le devoir que l'on se doit à soi-même. Naturellement ils sont charitables. Ils nourrissent le pauvre et vêtent le loque-teux; mais ils laissent crever de faim leurs âmes et vont nus. Le courage nous a quittés; peut-être n'en eûmes-nous jamais! La terreur de la Société, qui est la base de toute morale, la terreur de Dieu, qui est le secret de la religion: voilà les deux choses qui nous gouvernent. Et encore...

— Tournez votre tête un peu plus à droite, Dorian, comme un bon petit garçon, dit le peintre enfoncé dans son œuvre, venant de surprendre dans la physionomie de l'adolescent un air qu'il ne lui avait jamais vu.

"And yet," continued Lord Henry, in his low, musical voice, and with that graceful wave of the hand that was always so characteristic of him, and that he had even in his Eton days, "I believe that if one man were to live out his life fully and completely, were to give form to every feeling, expression to every thought, reality to every dream--I believe that the world would gain such a fresh impulse of joy that we would forget all the maladies of mediaevalism, and return to the Hellenic ideal-- to something finer, richer than the Hellenic ideal, it may be. But the bravest man amongst us is afraid of himself. The mutilation of the savage has its tragic survival in the self-denial that mars our lives. We are punished for our refusals.

Every impulse that we strive to strangle broods in the mind and poisons us. The body sins once, and has done with its sin, for action is a mode of purification. Nothing remains then but the recollection of a pleasure, or the luxury of a regret. The only way to get rid of a temptation is to yield to it. Resist it, and your soul grows sick with longing for the things it has forbidden to itself, with desire for what its monstrous laws have made monstrous and unlawful. It has been said that the great events of the world take place in the brain. It is in the brain, and the brain only, that the great sins of the world take place also.

You, Mr. Gray, you yourself, with your rose-red youth and your rose-white boyhood, you have had passions that have made you afraid, thoughts that have fined you with terror, day-dreams and sleeping dreams whose mere memory might stain your cheek with shame--"

"Stop!" faltered Dorian Gray, "stop! you bewilder me. I don't know what to say. There is some answer to you, but I cannot find it. Don't speak. Let me think. Or, rather, let me try not to think."

– Et encore, continua la voix musicale de lord Henry sur un mode bas, avec cette gra-cieuse flexion de la main qui lui était particulièrement caractéristique et qu'il avait déjà au collège d'Eton, je crois que si un homme voulait vivre sa vie pleinement et complètement, voulait donner une forme à chaque sentiment, une expression à chaque pensée, une réalité à chaque rêve, je crois que le monde subirait une telle poussée nouvelle de joie que nous en oublierions toutes les maladies médiévales pour nous en retourner vers l'idéal grec, peut-être même à quelque chose de plus beau, de plus riche que cet idéal! Mais le plus brave d'entre nous est épouvanté de lui-même. Le reniement de nos vies est tragiquement semblable à la mutilation des fanatiques. Nous sommes punis pour nos refus.

Chaque impulsion que nous essayons d'anéantir, germe en nous et nous empoisonne. Le corps pèche d'abord, et se satisfait avec son péché, car l'action est un mode de purification. Rien ne nous reste que le souvenir d'un plaisir ou la volupté d'un regret. Le seul moyen de se débarrasser d'une tentation est d'y céder. Essayez de lui résister, et votre âme aspire maladivement aux choses qu'elle s'est défendues; avec, en plus, le désir pour ce que des lois monstrueuses ont fait illégal et mons-trueux. « Ceci a été dit que les grands événements du monde prennent place dans la cervelle. C'est dans la cervelle, et là, seulement, que prennent aussi place les grands péchés du monde.

Vous, Mr Gray, vous-même avec votre jeunesse rose-rouge, et votre enfance rose-blanche, vous avez eu des passions qui vous ont effrayé, des pensées qui vous rempli de terreur, des jours de rêve et des nuits de rêve dont le simple rappel colorerait de honte vos joues...

– Arrêtez, dit Dorian Gray hésitant, arrêtez! vous m'embarrassez. Je ne sais que vous répondre. J'ai une réponse à vous faire que je ne puis trouver. Ne parlez pas! Laissez-moi penser! Par grâce! Laissez-moi essayer de penser!

For nearly ten minutes he stood there, motionless, with parted lips and eyes strangely bright. He was dimly conscious that entirely fresh influences were at work within him. Yet they seemed to him to have come really from himself. The few words that Basil's friend had said to him--words spoken by chance, no doubt, and with wilful paradox in them-- had touched some secret chord that had never been touched before, but that he felt was now vibrating and throbbing to curious pulses.

Music had stirred him like that. Music had troubled him many times. But music was not articulate. It was not a new world, but rather another chaos, that it created in us. Words! Mere words! How terrible they were! How clear, and vivid, and cruel! One could not escape from them. And yet what a subtle magic there was in them! They seemed to be able to give a plastic form to formless things, and to have a music of their own as sweet as that of viol or of lute. Mere words! Was there anything so real as words?

Yes; there had been things in his boyhood that he had not understood. He understood them now. Life suddenly became fiery-coloured to him. It seemed to him that he had been walking in fire. Why had he not known it?

With his subtle smile, Lord Henry watched him. He knew the precise psychological moment when to say nothing. He felt intensely interested. He was amazed at the sudden impression that his words had produced, and, remembering a book that he had read when he was sixteen, a book which had revealed to him much that he had not known before, he wondered whether Dorian Gray was passing through a similar experience. He had merely shot an arrow into the air. Had it hit the mark? How fascinating the lad was!

Pendant presque dix minutes, il demeura sans faire un mouvement, les lèvres entr'ouvertes et les yeux étrangement brillants. Il semblait avoir obscurément conscience que le travaillaient des influences tout à fait nouvelles, mais elles lui paraissaient venir entièrement de lui-même. Les quelques mots que l'ami de Basil lui avait dits – mots dits sans doute par hasard et chargés de paradoxes voulus – avaient touché quelque corde secrète qui n'avait jamais été touchée auparavant mais qu'il sentait maintenant palpitante et vibrante en lui.

La musique l'avait ainsi remué déjà; elle l'avait troublé bien des fois. Ce n'est pas un nouveau monde, mais bien plutôt un nouveau chaos qu'elle crée en nous... Les mots! Les simples mots! Combien ils sont terribles! Combien limpides, éclatants ou cruels! On voudrait leur échapper. Quelle subtile magie est donc en eux?... On dirait qu'ils donnent une forme plastique aux choses informes, et qu'ils ont une musique propre à eux-mêmes aussi douce que celle du luth ou du violon! Les simples mots! Est-il quelque chose de plus réel que les mots?

Oui, il y avait eu des choses dans son enfance qu'il n'avait point comprises; il les comprenait maintenant. La vie lui apparut soudain ardemment colorée. Il pensa qu'il avait jusqu'alors marché à travers les flammes! Pourquoi ne s'était-il jamais douté de cela?

Lord Henry le guettait, son mystérieux sourire aux lèvres. Il connaissait le moment psychologique du silence... Il se sentait vivement intéressé. Il s'étonnait de l'impression subite que ses paroles avaient produite; se souvenant d'un livre qu'il avait lu quand il avait seize ans et qui lui avait révélé ce qu'il avait toujours ignoré, il s'émerveilla de voir Dorian Gray passer par une semblable expérience. Il avait simplement lancé une flèche en l'air. Avait-elle touché le but?... Ce garçon était vraiment intéressant.

Hallward painted away with that marvellous bold touch of his, that had the true refinement and perfect delicacy that in art, at any rate comes only from strength. He was unconscious of the silence.

"Basil, I am tired of standing," cried Dorian Gray suddenly. "I must go out and sit in the garden. The air is stifling here."

"My dear fellow, I am so sorry. When I am painting, I can't think of anything else. But you never sat better. You were perfectly still. And I have caught the effect I wanted-- the half-parted lips and the bright look in the eyes. I don't know what Harry has been saying to you, but he has certainly made you have the most wonderful expression. I suppose he has been paying you compliments. You mustn't believe a word that he says."

"He has certainly not been paying me compliments. Perhaps that is the reason that I don't believe anything he has told me."

"You know you believe it all," said Lord Henry, looking at him with his dreamy languorous eyes. "I will go out to the garden with you. It is horribly hot in the studio. Basil, let us have something iced to drink, something with strawberries in it."

"Certainly, Harry. Just touch the bell, and when Parker comes I will tell him what you want. I have got to work up this background, so I will join you later on. Don't keep Dorian too long. I have never been in better form for painting than I am to-day. This is going to be my masterpiece. It is my masterpiece as it stands."

Lord Henry went out to the garden and found Dorian Gray burying his face in the great cool lilac-blossoms, feverishly drinking in their perfume as if it had been wine. He came close to him and put his hand upon his shoulder. "You are quite right to do that," he murmured. "Nothing can cure the soul but the senses, just as nothing can cure the senses but the soul."

Hallward peignait avec cette remarquable sûreté de main, qui le caractérisait; il possé-dait cette élégance, cette délicatesse parfaite qui, en art, proviennent toujours de la vraie force. Il ne faisait pas attention au long silence planant dans l'atelier.

– Basil, je suis fatigué de poser, cria tout à coup Dorian Gray. J'ai besoin de sortir et d'aller dans le jardin. L'air ici est suffocant...

– Mon cher ami, j'en suis désolé. Mais quand je peins, je ne pense à rien autre chose. Vous n'avez jamais mieux posé. Vous étiez parfaitement immobile, et j'ai saisi l'effet que je cherchais: les lèvres demi-ouvertes et l'éclair des yeux... Je ne sais pas ce que Harry a pu vous dire, mais c'est à lui certainement que vous devez cette merveilleuse expression. Je suppose qu'il vous a complimenté. Il ne faut pas croire un mot de ce qu'il dit.

– Il ne m'a certainement pas complimenté. Peut-être est-ce la raison pour laquelle je ne veux rien croire de ce qu'il m'a raconté.

– Bah!... Vous savez bien que vous croyez tout ce que je vous ai dit, riposta Lord Henry, le regardant avec ses yeux langoureux et rêveurs. Je vous accompagnerai au jardin. Il fait une chaleur impossible dans cet atelier... Basil, faites-nous donc servir quelque chose de glacé, une boisson quelconque aux fraises.

– Comme il vous conviendra, Harry... Sonnez Parker; quand il viendra, je lui dirai ce que vous désirez... J'ai encore à travailler le fond du portrait, je vous rejoindrai bientôt. Ne me gardez pas Dorian trop longtemps. Je n'ai jamais été pareillement disposé à peindre. Ce sera sûrement mon chef-d'œuvre... et ce l'est déjà.

Lord Henry, en pénétrant dans le jardin, trouva Dorian Gray la face ensevelie dans un frais bouquet de lilas en aspirant ardemment le parfum comme un vin précieux... Il s'approcha de lui et mit la main sur son épaule... – Très bien, lui dit-il; rien ne peut mieux guérir l'âme que les sens, comme rien ne saurait mieux que l'âme guérir les sens.

The lad started and drew back. He was bareheaded, and the leaves had tossed his rebellious curls and tangled all their gilded threads. There was a look of fear in his eyes, such as people have when they are suddenly awakened. His finely chiselled nostrils quivered, and some hidden nerve shook the scarlet of his lips and left them trembling.

"Yes," continued Lord Henry, "that is one of the great secrets of life-- to cure the soul by means of the senses, and the senses by means of the soul. You are a wonderful creation. You know more than you think you know, just as you know less than you want to know."

Dorian Gray frowned and turned his head away. He could not help liking the tall, graceful young man who was standing by him. His romantic, olive-coloured face and worn expression interested him. There was something in his low languid voice that was absolutely fascinating. His cool, white, flowerlike hands, even, had a curious charm. They moved, as he spoke, like music, and seemed to have a language of their own.

But he felt afraid of him, and ashamed of being afraid. Why had it been left for a stranger to reveal him to himself? He had known Basil Hallward for months, but the friendship between them had never altered him. Suddenly there had come some one across his life who seemed to have disclosed to him life's mystery. And, yet, what was there to be afraid of? He was not a schoolboy or a girl. It was absurd to be frightened.

"Let us go and sit in the shade," said Lord Henry. "Parker has brought out the drinks, and if you stay any longer in this glare, you will be quite spoiled, and Basil will never paint you again. You really must not allow yourself to become sunburnt. It would be unbecoming."

"What can it matter?" cried Dorian Gray, laughing, as he sat down on the seat at the end of the garden.

"It should matter everything to you, Mr. Gray."

L'adolescent tressaillit et se retourna... Il était tête nue, et les feuilles avaient dérangé ses boucles rebelles, emmêlé leurs fils dorés. Dans ses yeux nageait comme de la crainte, cette crainte que l'on trouve dans les yeux des gens éveillés en sursaut... Ses narines finement dessinées palpitaient, et quelque trouble caché aviva le carmin de ses lèvres frissonnantes.

– Oui, continua lord Henry, c'est un des grands secrets de la vie, guérir l'âme au moyen des sens, et les sens au moyen de l'âme. Vous êtes une admirable créature. Vous savez plus que vous ne pensez savoir, tout ainsi que vous pensez connaître moins que vous ne connaissez.

Dorian Gray prit un air chagrin et tourna la tête. Certes, il ne pouvait s'empêcher d'aimer le beau et gracieux jeune homme qu'il avait en face de lui. Sa figure olivâtre et roma-nesque, à l'expression fatiguée, l'intéressait. Il y avait quelque chose d'absolument fascinant dans sa voix languide et basse. Ses mains mêmes, ses mains fraîches et blanches, pareilles à des fleurs, possédaient un charme curieux.

Ainsi que sa voix elles semblaient musicales, elles semblaient avoir un langage à elles. Il lui faisait peur, et il était honteux d'avoir peur... Il avait fallu que cet étranger vint pour le révéler à lui-même. Depuis des mois, il connaissait Basil Hallward et son amitié ne l'avait pas changé; quelqu'un avait passé dans son existence qui lui avait découvert le mystère de la vie. Qu'y avait-il donc qui l'effrayait ainsi. Il n'était ni une petite fille, ni un collégien; c'était ridicule, vraiment...

– Allons nous asseoir à l'ombre, dit lord Henry. Parker nous a servi à boire, et si vous restez plus longtemps au soleil vous pourriez vous abîmer le teint et Basil ne voudrait plus vous peindre. Ne risquez pas d'attraper un coup de soleil, ce ne serait pas le moment.

– Qu'est-ce que cela peut faire, s'écria Dorian Gray en riant comme il s'asseyait au fond du jardin.

– C'est pour vous de toute importance, Mr Gray.

"Why?"

"Because you have the most marvellous youth, and youth is the one thing worth having."

"I don't feel that, Lord Henry."

"No, you don't feel it now. Some day, when you are old and wrinkled and ugly, when thought has seared your forehead with its lines, and passion branded your lips with its hideous fires, you will feel it, you will feel it terribly. Now, wherever you go, you charm the world. Will it always be so? . . . You have a wonderfully beautiful face, Mr. Gray. Don't frown. You have. And beauty is a form of genius-- is higher, indeed, than genius, as it needs no explanation. It is of the great facts of the world, like sunlight, or spring-time, or the reflection in dark waters of that silver shell we call the moon. It cannot be questioned. It has its divine right of sovereignty. It makes princes of those who have it.

You smile? Ah! when you have lost it you won't smile. . . .People say sometimes that beauty is only superficial. That may be so, but at least it is not so superficial as thought is. To me, beauty is the wonder of wonders. It is only shallow people who do not judge by appearances. The true mystery of the world is the visible, not the invisible. . . . Yes, Mr. Gray, the gods have been good to you. But what the gods give they quickly take away. You have only a few years in which to live really, perfectly, and fully. When your youth goes, your beauty will go with it, and then you will suddenly discover that there are no triumphs left for you, or have to content yourself with those mean triumphs that the memory of your past will make more bitter than defeats. Every month as it wanes brings you nearer to something dreadful. Time is jealous of you, and wars against your lilies and your roses.

– Tiens, et pourquoi?

– Parce que vous possédez une admirable jeunesse et que la jeunesse est la seule chose désirable.

– Je ne m'en soucie pas.

– Vous ne vous en souciez pas... maintenant. Un jour viendra, quand vous serez vieux, ridé, laid, quand la pensée aura marqué votre front de sa griffe, et la passion flétri vos lèvres de stigmates hideux, un jour viendra, dis-je, où vous vous en soucierez amèrement. Où que vous alliez actuellement, vous charmez. En sera-t-il toujours ainsi? Vous avez une figure adorablement belle, Mr Gray... Ne vous fâchez point, vous l'avez... Et la Beauté est une des formes du Génie, la plus haute même, car elle n'a pas besoin d'être expliquée; c'est un des faits absolus du monde, comme le soleil, le printemps, ou le reflet dans les eaux sombres de cette coquille d'argent que nous appelons la lune; cela ne peut être discuté; c'est une souve-raineté de droit divin, elle fait des princes de ceux qui la possèdent...

vous souriez?... Ah! vous ne sourirez plus quand vous l'aurez perdue... On dit parfois que la beauté n'est que superficielle, cela peut être, mais tout au moins elle est moins superficielle que la Pensée. Pour moi, la Beauté est la merveille des merveilles. Il n'y a que les gens bornés qui ne jugent pas sur l'apparence. Le vrai mystère du monde est le visible, non l'invisible... Oui, Mr Gray, les Dieux vous furent bons. Mais ce que les Dieux donnent, ils le reprennent vite. Vous n'avez que peu d'années à vivre réellement, parfaitement, pleinement; votre beauté s'évanouira avec votre jeunesse, et vous découvrirez tout à coup qu'il n'est plus de triomphes pour vous et qu'il vous faudra vivre désormais sur ces menus triomphes que la mémoire du passé rendra plus amers que des défaites. Chaque mois vécu vous approche de quelque chose de terrible. Le temps est jaloux de vous, et guerroie contre vos lys et vos roses.

You will become sallow, and hollow-cheeked, and dull-eyed. You will suffer horribly.... Ah! realize your youth while you have it. Don't squander the gold of your days, listening to the tedious, trying to improve the hopeless failure, or giving away your life to the ignorant, the common, and the vulgar. These are the sickly aims, the false ideals, of our age. Live! Live the wonderful life that is in you! Let nothing be lost upon you. Be always searching for new sensations. Be afraid of nothing. . . . A new Hedonism-- that is what our century wants. You might be its visible symbol. With your personality there is nothing you could not do. The world belongs to you for a season. . . .

The moment I met you I saw that you were quite unconscious of what you really are, of what you really might be. There was so much in you that charmed me that I felt I must tell you something about yourself. I thought how tragic it would be if you were wasted. For there is such a little time that your youth will last--such a little time. The common hill-flowers wither, but they blossom again. The laburnum will be as yellow next June as it is now. In a month there will be purple stars on the clematis, and year after year the green night of its leaves will hold its purple stars. But we never get back our youth. The pulse of joy that beats in us at twenty becomes sluggish. Our limbs fail, our senses rot. We degenerate into hideous puppets, haunted by the memory of the passions of which we were too much afraid, and the exquisite temptations that we had not the courage to yield to. Youth! Youth! There is absolutely nothing in the world but youth!"

« Vous blêmirez, vos joues se creuseront et vos regards se faneront. Vous souffrirez horriblement... Ah! réalisez votre jeunesse pendant que vous l'avez!...
« Ne gaspillez pas l'or de vos jours, en écoutant les sots essayant d'arrêter l'inéluctable défaite et gardez-vous de l'ignorant, du commun et du vulgaire... C'est le but maladif, l'idéal faux de notre âge. Vivez! vivez la merveilleuse vie qui est en vous! N'en laissez rien perdre! Cherchez de nouvelles sensations, toujours! Que rien ne vous effraie... Un nouvel Hédonisme, voilà ce que le siècle demande. Vous pouvez en être le tangible symbole. Il n'est rien avec votre personnalité que vous ne puissiez faire. Le monde vous appartient pour un temps!

« Alors que je vous rencontrai, je vis que vous n'aviez point conscience de ce que vous étiez, de ce que vous pouviez être... Il y avait en vous quelque chose de si particulièrement attirant que je sentis qu'il me fallait vous révéler à vous-même, dans la crainte tragique de vous voir vous gâcher... car votre jeunesse a si peu de temps à vivre... si peu!... Les fleurs se dessèchent, mais elles refleurissent... Cet aubour sera aussi florissant au mois de juin de l'année prochaine qu'il l'est à présent. Dans un mois, cette clématite portera des fleurs pour-prées, et d'année en année, ses fleurs de pourpre illumineront le vert de ses feuilles... Mais nous, nous ne revivrons jamais notre jeunesse. Le pouls de la joie qui bat en nous à vingt ans, va s'affaiblissant, nos membres se fatiguent et s'alourdissent nos sens!... Tous, nous devien-drons d'odieux polichinelles, hantés par la mémoire de ce dont nous fûmes effrayés, par les exquises tentations que nous n'avons pas eu le courage de satisfaire... Jeunesse! Jeunesse! Rien n'est au monde que la jeunesse!...

Dorian Gray listened, open-eyed and wondering. The spray of lilac fell from his hand upon the gravel. A furry bee came and buzzed round it for a moment. Then it began to scramble all over the oval stellated globe of the tiny blossoms. He watched it with that strange interest in trivial things that we try to develop when things of high import make us afraid, or when we are stirred by some new emotion for which we cannot find expression, or when some thought that terrifies us lays sudden siege to the brain and calls on us to yield. After a time the bee flew away. He saw it creeping into the stained trumpet of a Tyrian convolvulus. The flower seemed to quiver, and then swayed gently to and fro.

Suddenly the painter appeared at the door of the studio and made staccato signs for them to come in. They turned to each other and smiled.

"I am waiting," he cried. "Do come in. The light is quite perfect, and you can bring your drinks."

They rose up and sauntered down the walk together. Two green-and-white butterflies fluttered past them, and in the pear-tree at the corner of the garden a thrush began to sing.

"You are glad you have met me, Mr. Gray," said Lord Henry, looking at him.

"Yes, I am glad now. I wonder shall I always be glad?"

"Always! That is a dreadful word. It makes me shudder when I hear it. Women are so fond of using it. They spoil every romance by trying to make it last for ever. It is a meaningless word, too. The only difference between a caprice and a lifelong passion is that the caprice lasts a little longer."

As they entered the studio, Dorian Gray put his hand upon Lord Henry's arm. "In that case, let our friendship be a caprice," he murmured, flushing at his own boldness, then stepped up on the platform and resumed his pose.

Les yeux grands ouverts, Dorian Gray écoutait, s'émerveillant... La branche de lilas tomba de sa main à terre. Une abeille se précipita, tourna autour un moment, bourdonnante, et ce fut un frisson général des globes étoilés des mignonnes fleurs. Il regardait cela avec cet étrange intérêt que nous prenons aux choses menues quand nous sommes préoccupés de problèmes qui nous effraient, quand nous sommes ennuyés par une nouvelle sensation pour laquelle nous ne pouvons trouver d'expression, ou terrifiés par une obsédante pensée à qui nous nous sentons forcés de céder... Bientôt l'abeille prit son vol. Il l'aperçut se posant sur le calice tacheté d'un convolvulus tyrien. La fleur s'inclina et se balança dans le vide, douce-ment...

Soudain, le peintre apparut à la porte de l'atelier et leur fit des signes réitérés... Ils se tournèrent l'un vers l'autre en souriant...

– Je vous attends. Rentrez donc. La lumière est très bonne en ce moment et vous pou-vez apporter vos boissons.

Ils se levèrent et paresseusement, marchèrent le long du mur. Deux papillons verts et blancs voltigeaient devant eux, et dans un poirier situé au coin du mur, une grive se mit à chanter.

– Vous êtes content, Mr Gray, de m'avoir rencontré?... demanda lord Henry le regar-dant.

– Oui, j'en suis content, maintenant; j'imagine que je le serai toujours!...

– Toujours!... C'est un mot terrible qui me fait frémir quand je l'entends: les femmes l'emploient tellement. Elles abîment tous les romans en essayant de les faire s'éterniser. C'est un mot sans signification, désormais. La seule différence qui existe entre un caprice et une éternelle passion est que le caprice... dure plus longtemps...

Comme ils entraient dans l'atelier, Dorian Gray mit sa main sur le bras de lord Harry: – Dans ce cas, que notre amitié ne soit qu'un caprice, murmura-t-il, rougissant de sa propre audace... Il monta sur la plate-forme et reprit sa pose...

Lord Henry flung himself into a large wicker arm-chair and watched him. The sweep and dash of the brush on the canvas made the only sound that broke the stillness, except when, now and then, Hallward stepped back to look at his work from a distance. In the slanting beams that streamed through the open doorway the dust danced and was golden. The heavy scent of the roses seemed to brood over everything.

After about a quarter of an hour Hallward stopped painting, looked for a long time at Dorian Gray, and then for a long time at the picture, biting the end of one of his huge brushes and frowning. "It is quite finished," he cried at last, and stooping down he wrote his name in long vermilion letters on the left-hand corner of the canvas. Lord Henry came over and examined the picture. It was certainly a wonderful work of art, and a wonderful likeness as well.

"My dear fellow, I congratulate you most warmly," he said. "It is the finest portrait of modern times. Mr. Gray, come over and look at yourself."

The lad started, as if awakened from some dream.

"Is it really finished?" he murmured, stepping down from the platform.

"Quite finished," said the painter. "And you have sat splendidly to-day. I am awfully obliged to you."

"That is entirely due to me," broke in Lord Henry. "Isn't it, Mr. Gray?"

Dorian made no answer, but passed listlessly in front of his picture and turned towards it. When he saw it he drew back, and his cheeks flushed for a moment with pleasure. A look of joy came into his eyes, as if he had recognized himself for the first time. He stood there motionless and in wonder, dimly conscious that Hallward was speaking to him, but not catching the meaning of his words. The sense of his own beauty came on him like a revelation. He had never felt it before.

Lord Harry s'était étendu dans un large fauteuil d'osier et l'observait... Le va et vient du pinceau sur la toile et les allées et venues de Hallward se reculant pour juger de l'effet, brisaient seuls le silence... Dans les rayons obliques venant de la porte entr'ouverte, une pous-sière dorée dansait. La senteur lourde des roses semblait peser sur toute chose.

Au bout d'un quart d'heure, Hallward s'arrêta de travailler, en regardant alternative-ment longtemps Dorian Gray et le portrait, mordillant le bout de l'un de ses gros pinceaux, les sourcils crispés... – Fini! cria-t-il, et se baissant, il écrivit son nom en hautes lettres de vermillon sur le coin gauche de la toile. Lord Henry vint regarder le tableau. C'était une admirable œuvre d'art d'une ressem-blance merveilleuse.

– Mon cher ami, permettez-moi de vous féliciter chaudement, dit-il. C'est le plus beau portrait des temps modernes. Mr Gray, venez-vous regarder.

L'adolescent tressaillit comme éveillé de quelque rêve.

– Est-ce réellement fini? murmura-t-il en descendant de la plate-forme.

– Tout à fait fini, dit le peintre. Et vous avez aujourd'hui posé comme un ange. Je vous suis on ne peut plus obligé.

– Cela m'est entièrement dû, reprit lord Henry. N'est-ce pas, Mr Gray?

Dorian ne répondit pas; il arriva nonchalamment vers son portrait et se tourna vers lui... Quand il l'aperçut, il sursauta et ses joues rougirent un moment de plaisir. Un éclair de joie passa dans ses yeux, car il se reconnut pour la première fois. Il demeura quelque temps immobile, admirant, se doutant que Hallward lui parlait, sans comprendre la signification de ses paroles. Le sens de sa propre beauté surgit en lui comme une révélation. Il ne l'avait jus-qu'alors jamais perçu.

Basil Hallward's compliments had seemed to him to be merely the charming exaggeration of friendship. He had listened to them, laughed at them, forgotten them. They had not influenced his nature. Then had come Lord Henry Wotton with his strange panegyric on youth, his terrible warning of its brevity. That had stirred him at the time, and now, as he stood gazing at the shadow of his own loveliness, the full reality of the description flashed across him. Yes, there would be a day when his face would be wrinkled and wizen, his eyes dim and colourless, the grace of his figure broken and deformed. The scarlet would pass away from his lips and the gold steal from his hair. The life that was to make his soul would mar his body. He would become dreadful, hideous, and uncouth. As he thought of it, a sharp pang of pain struck through him like a knife and made each delicate fibre of his nature quiver. His eyes deepened into amethyst, and across them came a mist of tears. He felt as if a hand of ice had been laid upon his heart.

"Don't you like it?" cried Hallward at last, stung a little by the lad's silence, not understanding what it meant.

"Of course he likes it," said Lord Henry. "Who wouldn't like it? It is one of the greatest things in modern art. I will give you anything you like to ask for it. I must have it."

"It is not my property, Harry."
"Whose property is it?"
"Dorian's, of course," answered the painter.
"He is a very lucky fellow."

Les compliments de Basil Hallward lui avait semblé être simplement des exagérations charmantes d'amitié. Il les avait écoutés en riant, et vite oubliés... son caractère n'avait point été influencé par eux. Lord Henry Wotton était venu avec son étrange pané-gyrique de la jeunesse, l'avertissement terrible de sa brièveté. Il en avait été frappé à point nommé, et à présent, en face de l'ombre de sa propre beauté, il en sentait la pleine réalité s'épandre en lui. Oui, un jour viendrait où sa face serait ridée et plissée, ses yeux creusés et sans couleur, la grâce de sa figure brisée et déformée. L'écarlate de ses lèvres passerait, comme se ternirait l'or de sa chevelure. La vie qui devait façonner son âme abîmerait son corps; il deviendrait horrible, hideux, baroque... Comme il pensait à tout cela, une sensation aiguë de douleur le traversa comme une dague, et fit frissonner chacune des délicates fibres de son être... L'améthyste de ses yeux se fonça; un brouillard de larmes les obscurcit... Il sentit qu'une main de glace se posait sur son cœur...

— Aimez-vous cela, cria enfin Hallward, quelque peu étonné du silence de l'adolescent, qu'il ne comprenait pas...

— Naturellement, il l'aime, dit lord Henry. Pourquoi ne l'aimerait-il pas. C'est une des plus nobles choses de l'art contemporain. Je vous donnerai ce que vous voudrez pour cela. Il faut que je l'aie!...

— Ce n'est pas ma propriété, Harry.
— À qui est-ce donc alors?
— À Dorian, pardieu! répondit le peintre.
— Il est bien heureux...

"How sad it is!" murmured Dorian Gray with his eyes still fixed upon his own portrait. "How sad it is! I shall grow old, and horrible, and dreadful. But this picture will remain always young. It will never be older than this particular day of June. . . . If it were only the other way! If it were I who was to be always young, and the picture that was to grow old! For that--for that--I would give everything! Yes, there is nothing in the whole world I would not give! I would give my soul for that!"

"You would hardly care for such an arrangement, Basil," cried Lord Henry, laughing. "It would be rather hard lines on your work."

"I should object very strongly, Harry," said Hallward.

Dorian Gray turned and looked at him. "I believe you would, Basil. You like your art better than your friends. I am no more to you than a green bronze figure. Hardly as much, I dare say."

The painter stared in amazement. It was so unlike Dorian to speak like that. What had happened? He seemed quite angry. His face was flushed and his cheeks burning.

"Yes," he continued, "I am less to you than your ivory Hermes or your silver Faun. You will like them always. How long will you like me? Till I have my first wrinkle, I suppose. I know, now, that when one loses one's good looks, whatever they may be, one loses everything. Your picture has taught me that. Lord Henry Wotton is perfectly right. Youth is the only thing worth having. When I find that I am growing old, I shall kill myself."

Hallward turned pale and caught his hand. "Dorian! Dorian!" he cried, "don't talk like that. I have never had such a friend as you, and I shall never have such another. You are not jealous of material things, are you?-- you who are finer than any of them!"

– Quelle chose profondément triste, murmurait Dorian, les yeux encore fixés sur son portrait. Oh! oui, profondément triste!... Je deviendrai vieux, horrible, affreux!... Mais cette peinture restera toujours jeune. Elle ne sera jamais plus vieille que ce jour même de juin... Ah! si cela pouvait changer; si c'était moi qui toujours devais rester jeune, et si cette peinture pouvait vieillir!... Pour cela, pour cela je donnerais tout!... Il n'est rien dans le monde que je ne donnerais... Mon âme, même!...

– Vous trouveriez difficilement un pareil arrangement, cria lord Henry, en éclatant de rire...

– Eh! eh! je m'y opposerais d'ailleurs, dit le peintre.

Dorian Gray se tourna vers lui. – Je le crois, Basil... Vous aimez votre art mieux que vos amis. Je ne vous suis ni plus ni moins qu'une de vos figures de bronze vert. À peine autant, plutôt...

Le peintre le regarda avec étonnement. Il était si peu habitué à entendre Dorian s'exprimer ainsi. Qu'était il donc arrivé? C'est vrai qu'il semblait désolé; sa face était toute rouge et ses joues allumées.

– Oui, continua-t-il. Je vous suis moins que votre Hermès d'ivoire ou que votre Faune d'argent. Vous les aimerez toujours, eux. Combien de temps m'aimerez-vous? Jusqu'à ma première ride, sans doute... Je sais maintenant que quand on perd ses charmes, quels qu'ils puissent être, on perd tout. Votre œuvre m'a appris cela! Oui, lord Henry Wotton a raison tout à fait. La jeunesse est la seule chose qui vaille. Quand je m'apercevrai que je vieillis, je me tuerai!

Hallward pâlit et prit sa main. – Dorian! Dorian, cria-t-il, ne parlez pas ainsi! Je n'eus jamais un ami tel que vous et jamais je n'en aurai un autre! Vous ne pouvez être jaloux des choses matérielles, n'est-ce pas? N'êtes-vous pas plus beau qu'aucune d'elles?

"I am jealous of everything whose beauty does not die. I am jealous of the portrait you have painted of me. Why should it keep what I must lose? Every moment that passes takes something from me and gives something to it. Oh, if it were only the other way! If the picture could change, and I could be always what I am now! Why did you paint it? It will mock me some day--mock me horribly!" The hot tears welled into his eyes; he tore his hand away and, flinging himself on the divan, he buried his face in the cushions, as though he was praying.

"This is your doing, Harry," said the painter bitterly.

Lord Henry shrugged his shoulders. "It is the real Dorian Gray-- that is all."

"It is not."

"If it is not, what have I to do with it?"

"You should have gone away when I asked you," he muttered.

"I stayed when you asked me," was Lord Henry's answer.

"Harry, I can't quarrel with my two best friends at once, but between you both you have made me hate the finest piece of work I have ever done, and I will destroy it. What is it but canvas and colour? I will not let it come across our three lives and mar them."

Dorian Gray lifted his golden head from the pillow, and with pallid face and tear-stained eyes, looked at him as he walked over to the deal painting-table that was set beneath the high curtained window. What was he doing there? His fingers were straying about among the litter of tin tubes and dry brushes, seeking for something. Yes, it was for the long palette-knife, with its thin blade of lithe steel. He had found it at last. He was going to rip up the canvas. With a stifled sob the lad leaped from the couch, and, rushing over to Hallward, tore the knife out of his hand, and flung it to the end of the studio.

– Je suis jaloux de toute chose dont la beauté ne meurt pas. Je suis jaloux de mon por-trait!... Pourquoi gardera-t-il ce que moi je perdrai. Chaque moment qui passe me prend quelque chose, et embellit ceci. Oh! si cela pouvait changer! Si ce portrait pouvait vieillir! Si je pouvais rester tel que je suis!... Pourquoi avez-vous peint cela? Quelle ironie, un jour! Quelle terrible ironie! Des larmes brûlantes emplissaient ses yeux... Il se tordait les mains. Soudain il se pré-cipita sur le divan et ensevelit sa face dans les coussins, à genoux comme s'il priait...

– Voilà votre œuvre, Harry, dit le peintre amèrement.

Lord Henry leva les épaules. – Voilà le vrai Dorian Gray vous voulez dire!...

– Ce n'est pas...

– Si ce n'est pas, comment cela me regarde-t-il alors?...

– Vous auriez dû vous en aller quand je vous le demandais, souffla-t-il.

– Je suis resté parce que vous me l'avez demandé, riposta lord Henry.

– Harry, je ne veux pas me quereller maintenant avec mes deux meilleurs amis, mais par votre faute à tous les deux, vous me faites détester ce que j'ai jamais fait de mieux et je vais l'anéantir. Qu'est-ce après tout qu'une toile et des couleurs? Je ne veux point que ceci puisse abîmer nos trois vies.

Dorian Gray leva sa tête dorée de l'amas des coussins et, sa face pâle baignée de larmes, il regarda le peintre marchant vers une table située sous les grands rideaux de la fe-nêtre. Qu'allait-il faire? Ses doigts, parmi le fouillis des tubes d'étain et des pinceaux secs, cherchaient quelque chose... Cette lame mince d'acier flexible, le couteau à palette... Il l'avait trouvée! Il allait anéantir la toile... Suffoquant de sanglots, le jeune homme bondit du divan, et se précipitant vers Hallward, arracha le couteau de sa main, et le lança à l'autre bout de l'atelier.

"Don't, Basil, don't!" he cried. "It would be murder!"

"I am glad you appreciate my work at last, Dorian," said the painter coldly when he had recovered from his surprise. "I never thought you would."

"Appreciate it? I am in love with it, Basil. It is part of myself. I feel that."

"Well, as soon as you are dry, you shall be varnished, and framed, and sent home. Then you can do what you like with yourself." And he walked across the room and rang the bell for tea. "You will have tea, of course, Dorian? And so will you, Harry? Or do you object to such simple pleasures?"

"I adore simple pleasures," said Lord Henry. "They are the last refuge of the complex. But I don't like scenes, except on the stage. What absurd fellows you are, both of you! I wonder who it was defined man as a rational animal. It was the most premature definition ever given. Man is many things, but he is not rational. I am glad he is not, after all-- though I wish you chaps would not squabble over the picture. You had much better let me have it, Basil. This silly boy doesn't really want it, and I really do."

"If you let any one have it but me, Basil, I shall never forgive you!" cried Dorian Gray; "and I don't allow people to call me a silly boy."

"You know the picture is yours, Dorian. I gave it to you before it existed."

"And you know you have been a little silly, Mr. Gray, and that you don't really object to being reminded that you are extremely young."

"I should have objected very strongly this morning, Lord Henry."

"Ah! this morning! You have lived since then."

– Basil, je vous en prie!... Ce serait un meurtre!

– Je suis charmé de vous voir apprécier enfin mon œuvre, dit le peintre froidement, en reprenant son calme. Je n'aurais jamais attendu cela de vous...

– L'apprécier?... Je l'adore, Basil. Je sens que c'est un peu de moi-même.

– Alors bien! Aussitôt que « vous » serez sec, « vous » serez verni, encadré, et expédié chez « vous ». Alors, vous ferez ce que vous jugerez bon de « vous-même ». Il traversa la chambre et sonna pour le thé. – Vous voulez du thé, Dorian? Et vous aussi, Harry? ou bien présentez-vous quelque objection à ces plaisirs simples.

– J'adore les plaisirs simples, dit lord Henry. Ce sont les derniers refuges des êtres complexes. Mais je n'aime pas les... scènes, excepté sur les planches. Quels drôles de corps vous êtes, tous deux! Je m'étonne qu'on ait défini l'homme un animal raisonnable; pour prématurée, cette définition l'est. L'homme est bien des choses, mais il n'est pas raisonnable... Je suis charmé qu'il ne le soit pas après tout... Je désire surtout que vous ne vous querelliez pas à propos de ce portrait; tenez Basil, vous auriez mieux fait de me l'abandonner. Ce méchant garçon n'en a pas aussi réellement besoin que moi...

– Si vous le donniez à un autre qu'à moi, Basil, je ne vous le pardonnerais jamais, s'écria Dorian Gray; et je ne permets à personne de m'appeler un méchant garçon...

– Vous savez que ce tableau vous appartient, Dorian. Je vous le donnai avant qu'il ne fût fait.

– Et vous savez aussi que vous avez été un petit peu méchant, Mr Gray, et que vous ne pouvez vous révolter quand on vous fait souvenir que vous êtes extrêmement jeune.

– Je me serais carrément révolté ce matin, lord Henry.

– Ah! ce matin!... Vous avez vécu depuis...

There came a knock at the door, and the butler entered with a laden tea-tray and set it down upon a small Japanese table. There was a rattle of cups and saucers and the hissing of a fluted Georgian urn. Two globe-shaped china dishes were brought in by a page. Dorian Gray went over and poured out the tea. The two men sauntered languidly to the table and examined what was under the covers.

"Let us go to the theatre to-night," said Lord Henry. "There is sure to be something on, somewhere. I have promised to dine at White's, but it is only with an old friend, so I can send him a wire to say that I am ill, or that I am prevented from coming in consequence of a subsequent engagement. I think that would be a rather nice excuse: it would have all the surprise of candour."

"It is such a bore putting on one's dress-clothes," muttered Hallward. "And, when one has them on, they are so horrid."

"Yes," answered Lord Henry dreamily, "the costume of the nineteenth century is detestable. It is so sombre, so depressing. Sin is the only real colour-element left in modern life."

"You really must not say things like that before Dorian, Harry."

"Before which Dorian? The one who is pouring out tea for us, or the one in the picture?"

"Before either."

"I should like to come to the theatre with you, Lord Henry," said the lad.

"Then you shall come; and you will come, too, Basil, won't you?"

"I can't, really. I would sooner not. I have a lot of work to do."

"Well, then, you and I will go alone, Mr. Gray."

"I should like that awfully."

The painter bit his lip and walked over, cup in hand, to the picture. "I shall stay with the real Dorian," he said, sadly.

On frappa à la porte, et le majordome entra portant un service à thé qu'il disposa sur une petite table japonaise. Il y eut un bruit de tasses et de soucoupes et la chanson d'une bouillotte cannelée de Géorgie... Deux plats chinois en forme de globe furent apportés par un valet. Dorian Gray se leva et servit le thé. Les deux hommes s'acheminèrent paresseusement vers la table, et examinèrent ce qui était sous les couvercles des plats.

– Allons au théâtre ce soir, dit lord Henry. Il doit y avoir du nouveau quelque part. – J'ai promis de dîner chez White, mais comme c'est un vieil ami, je puis lui envoyer un télégramme pour lui dire que je suis indisposé, ou que je suis empêché de venir par suite d'un engagement postérieur. Je pense que cela serait plutôt une jolie excuse; elle aurait tout le charme de la candeur.

– C'est assommant de passer un habit, ajouta Hallward; et quand on l'a mis, on est parfaitement horrible.

– Oui, répondit lord Henry, rêveusement, le costume du XIXe siècle est détestable. C'est sombre, déprimant... Le péché est réellement le seul élément de quelque couleur dans la vie moderne.

– Vous ne devriez pas dire de telles choses devant Dorian, Henry.

– Devant quel Dorian?... Celui qui nous verse du thé ou celui du portrait?...

– Devant les deux.

– J'aimerais aller au théâtre avec vous, lord Henry, dit le jeune homme.

– Eh bien, venez, et vous aussi, n'est-ce pas, Basil.

– Je ne puis pas, vraiment... Je préfère rester, j'ai un tas de choses à faire.

– Bien donc; vous et moi, Mr Gray, nous sortirons ensemble.

– Je le désire beaucoup...

Le peintre se mordit les lèvres et, la tasse à la main, il se dirigea vers le portrait. – Je resterai avec le réel Dorian Gray, dit-il tristement.

"Is it the real Dorian?" cried the original of the portrait, strolling across to him. "Am I really like that?"

"Yes; you are just like that."

"How wonderful, Basil!"

"At least you are like it in appearance. But it will never alter," sighed Hallward. "That is something."

"What a fuss people make about fidelity!" exclaimed Lord Henry. "Why, even in love it is purely a question for physiology. It has nothing to do with our own will. Young men want to be faithful, and are not; old men want to be faithless, and cannot: that is all one can say."

"Don't go to the theatre to-night, Dorian," said Hallward. "Stop and dine with me."

"I can't, Basil."

"Why?"

"Because I have promised Lord Henry Wotton to go with him."

"He won't like you the better for keeping your promises. He always breaks his own. I beg you not to go."

Dorian Gray laughed and shook his head.

"I entreat you."

The lad hesitated, and looked over at Lord Henry, who was watching them from the tea-table with an amused smile.

"I must go, Basil," he answered.

"Very well," said Hallward, and he went over and laid down his cup on the tray. "It is rather late, and, as you have to dress, you had better lose no time. Good-bye, Harry. Good-bye, Dorian. Come and see me soon. Come to-morrow."

"Certainly."

"You won't forget?"

"No, of course not," cried Dorian.

"And ... Harry!"

"Yes, Basil?"

"Remember what I asked you, when we were in the garden this morning."

— Est-ce là le réel Dorian Gray, cria l'original du portrait, s'avançant vers lui. Suis-je réellement comme cela?

— Oui, vous êtes comme cela.

— C'est vraiment merveilleux, Basil.

— Au moins, vous l'êtes en apparence... Mais cela ne changera jamais, ajouta Hallward... C'est quelque chose.

— Voici bien des affaires à propos de fidélité! s'écria lord Henry. Même en amour, c'est purement une question de tempérament, cela n'a rien à faire avec notre propre volonté. Les jeunes gens veulent être fidèles et ne le sont point; les vieux veulent être infidèles et ne le peuvent; voilà tout ce qu'on en sait.

— N'allez pas au théâtre ce soir, Dorian, dit Hallward... Restez dîner avec moi.

— Je ne le puis, Basil.

— Pourquoi?

— Parce que j'ai promis à lord Henry Wotton d'aller avec lui.

— Il ne vous en voudra pas beaucoup de manquer à votre parole; il manque assez sou-vent à la sienne. Je vous demande de n'y pas aller.

Dorian Gray se mit à rire en secouant la tête...

— Je vous en conjure...

Le jeune homme hésitait, et jeta un regard vers lord Henry qui les guettait de la table où il prenait le thé, avec un sourire amusé.

— Je veux sortir, Basil, décida-t-il.

— Très bien, répartit Hallward, et il alla remettre sa tasse sur le plateau. Il est tard, et comme vous devez vous habiller, vous feriez bien de ne pas perdre de temps. Au revoir, Harry. Au revoir, Dorian. Venez me voir bientôt, demain si possible.

— Certainement...

— Vous n'oublierez pas...

— Naturellement...

— Et... Harry?

— Moi non plus, Basil.

— Souvenez-vous de ce que je vous ai demandé, quand nous étions dans le jardin ce matin...

"I have forgotten it."

"I trust you."

"I wish I could trust myself," said Lord Henry, laughing. "Come, Mr. Gray, my hansom is outside, and I can drop you at your own place. Good-bye, Basil. It has been a most interesting afternoon."

As the door closed behind them, the painter flung himself down on a sofa, and a look of pain came into his face.

– Je l'ai oublié...

– Je compte sur vous.

– Je voudrais bien pouvoir compter sur moi-même, dit en riant lord Henry... Venez, Mr Gray, mon cabriolet est en bas et je vous déposerai chez vous. Adieu, Basil! Merci pour votre charmante après-midi.

Comme la porte se fermait derrière eux, le peintre s'écroula sur un sofa, et une expres-sion de douleur se peignit sur sa face.

Chapter 3

Chapitre III

At half-past twelve next day Lord Henry Wotton strolled from Curzon Street over to the Albany to call on his uncle, Lord Fermor, a genial if somewhat rough-mannered old bachelor, whom the outside world called selfish because it derived no particular benefit from him, but who was considered generous by Society as he fed the people who amused him. His father had been our ambassador at Madrid when Isabella was young and Prim unthought of, but had retired from the diplomatic service in a capricious moment of annoyance on not being offered the Embassy at Paris, a post to which he considered that he was fully entitled by reason of his birth, his indolence, the good English of his dispatches, and his inordinate passion for pleasure.

Le lendemain, à midi et demi, lord Henry Wotton se dirigeait de Curzon Street vers Albany pour aller voir son oncle, lord Fermor, un vieux garçon bon vivant, quoique de rudes manières, qualifié d'égoïste par les étrangers qui n'en pouvaient rien tirer, mais considéré comme généreux par la Société, car il nourrissait ceux qui savaient l'amuser. Son père avait été notre ambassadeur à Madrid, au temps où la reine Isabelle était jeune et Prim inconnu. Mais il avait quitté la diplomatie par un caprice, dans un moment de contrariété venu de ce qu'on ne lui offrit point l'ambassade de Paris, poste pour lequel il se considérait comme particulièrement désigné en raison de sa naissance, de son indolence, du bon anglais de ses dépêches et de sa passion peu ordinaire pour le plaisir.

The son, who had been his father's secretary, had resigned along with his chief, somewhat foolishly as was thought at the time, and on succeeding some months later to the title, had set himself to the serious study of the great aristocratic art of doing absolutely nothing. He had two large town houses, but preferred to live in chambers as it was less trouble, and took most of his meals at his club. He paid some attention to the management of his collieries in the Midland counties, excusing himself for this taint of industry on the ground that the one advantage of having coal was that it enabled a gentleman to afford the decency of burning wood on his own hearth.

Le fils, qui avait été le secrétaire de son père, avait démissionné en même temps que celui-ci, un peu légèrement avait-on pensé alors, et quelques mois après être devenu chef de sa maison il se mettait sérieusement à l'étude de l'art très aristocratique de ne faire absolument rien. Il possédait deux grandes maisons en ville, mais préférait vivre à l'hôtel pour avoir moins d'embarras, et prenait la plupart de ses repas au club. Il s'occupait de l'exploitation de ses mines de charbon des comtés du centre, mais il s'excusait de cette teinte d'industrialisme en disant que le fait de posséder du charbon avait pour avantage de permettre à un gentleman de brûler décemment du bois dans sa propre cheminée.

In politics he was a Tory, except when the Tories were in office, during which period he roundly abused them for being a pack of Radicals. He was a hero to his valet, who bullied him, and a terror to most of his relations, whom he bullied in turn. Only England could have produced him, and he always said that the country was going to the dogs. His principles were out of date, but there was a good deal to be said for his prejudices.

When Lord Henry entered the room, he found his uncle sitting in a rough shooting-coat, smoking a cheroot and grumbling over The Times. "Well, Harry," said the old gentleman, "what brings you out so early? I thought you dandies never got up till two, and were not visible till five."

"Pure family affection, I assure you, Uncle George. I want to get something out of you."

"Money, I suppose," said Lord Fermor, making a wry face. "Well, sit down and tell me all about it. Young people, nowadays, imagine that money is everything."

"Yes," murmured Lord Henry, settling his button-hole in his coat; "and when they grow older they know it. But I don't want money. It is only people who pay their bills who want that, Uncle George, and I never pay mine. Credit is the capital of a younger son, and one lives charmingly upon it. Besides, I always deal with Dartmoor's tradesmen, and consequently they never bother me. What I want is information: not useful information, of course; useless information."

En politique, il était Tory, excepté lorsque les Tories étaient au pouvoir; à ces moments-là, il ne manquait jamais de les accuser d'être un « tas de radicaux ». Il était un héros pour son domestique qui le tyrannisait, et la terreur de ses amis qu'il tyrannisait à son tour. L'Angleterre seule avait pu produire un tel homme, et il disait toujours que le pays « allait aux chiens ». Ses principes étaient démodés, mais il y avait beaucoup à dire en faveur de ses préjugés.

Quand lord Henry entra dans la chambre, il trouva son oncle, assis, habillé d'un épais veston de chasse, fumant un cigare et grommelant sur un numéro du Times. – Eh bien! Harry, dit le vieux gentleman, qui vous amène de si bonne heure? Je croyais que vous autres dandies n'étiez jamais levés avant deux heures, et visibles avant cinq.

– Pure affection familiale, je vous assure, oncle Georges, j'ai besoin de vous demander quelque chose.

– De l'argent, je suppose, dit lord Fermor en faisant la grimace. Enfin, asseyez-vous et dites-moi de quoi il s'agit. Les jeunes gens, aujourd'hui, s'imaginent que l'argent est tout.

– Oui, murmura lord Henry, en boutonnant son pardessus; et quand ils deviennent vieux ils le savent, mais je n'ai pas besoin d'argent. Il n'y a que ceux qui paient leurs dettes qui en ont besoin, oncle Georges, et je ne paie jamais les miennes. Le crédit est le capital d'un jeune homme et on en vit d'une façon charmante. De plus, j'ai toujours affaire aux fournisseurs de Dartmoor et ils ne m'inquiètent jamais. J'ai besoin d'un renseignement, non pas d'un renseignement utile bien sûr, mais d'un renseignement inutile.

"Well, I can tell you anything that is in an English Blue Book, Harry, although those fellows nowadays write a lot of nonsense. When I was in the Diplomatic, things were much better. But I hear they let them in now by examination. What can you expect? Examinations, sir, are pure humbug from beginning to end. If a man is a gentleman, he knows quite enough, and if he is not a gentleman, whatever he knows is bad for him."

"Mr. Dorian Gray does not belong to Blue Books, Uncle George," said Lord Henry languidly.

"Mr. Dorian Gray? Who is he?" asked Lord Fermor, knitting his bushy white eyebrows.

"That is what I have come to learn, Uncle George. Or rather, I know who he is. He is the last Lord Kelso's grandson. His mother was a Devereux, Lady Margaret Devereaux. I want you to tell me about his mother. What was she like? Whom did she marry? You have known nearly everybody in your time, so you might have known her. I am very much interested in Mr. Gray at present. I have only just met him."

"Kelso's grandson!" echoed the old gentleman. "Kelso's grandson! ... Of course.... I knew his mother intimately. I believe I was at her christening. She was an extraordinarily beautiful girl, Margaret Devereux, and made all the men frantic by running away with a penniless young fellow-- a mere nobody, sir, a subaltern in a foot regiment, or something of that kind. Certainly. I remember the whole thing as if it happened yesterday. The poor chap was killed in a duel at Spa a few months after the marriage. There was an ugly story about it.

– Bien! je puis vous dire tout ce que contient un Livre-Bleu anglais, Harry, quoique aujourd'hui tous ces gens-là n'écrivent que des bêtises. Quand j'étais diplomate, les choses allaient bien mieux. Mais j'ai entendu dire qu'on les choisissait aujourd'hui après des examens. Que voulez-vous? Les examens, monsieur, sont une pure fumisterie d'un bout à l'autre. Si un homme est un gentleman, il en sait bien assez, et s'il n'est pas un gentleman, tout ce qu'il apprendra sera mauvais pour lui!

– Mr Dorian Gray n'appartient pas au Livre-Bleu, oncle Georges, dit lord Henry, lan-guide.

– Mr Dorian Gray? Qui est-ce? demanda lord Fermor en fronçant ses sourcils blancs et broussailleux.

– Voilà ce que je viens apprendre, oncle Georges. Ou plutôt, je sais qui il est. C'est le dernier petit-fils de lord Kelso. Sa mère était une Devereux, Lady Margaret Devereux; je voudrais que vous me parliez de sa mère. Comment était elle? à qui fut-elle mariée? Vous avez connu presque tout le monde dans votre temps, aussi pourriez-vous l'avoir connue. Je m'intéresse beaucoup à Mr Gray en ce moment. Je viens seulement de faire sa connaissance.

– Le petit-fils de Kelso! répéta le vieux gentleman. Le petit-fils de Kelso... bien sûr... j'ai connu intimement sa mère. Je crois bien que j'étais à son baptême. C'était une extraordi-nairement belle fille, cette Margaret Devereux. Elle affola tous les hommes en se sauvant avec un jeune garçon sans le sou, un rien du tout, monsieur, subalterne dans un régiment d'infanterie ou quelque chose de semblable. Certainement, je me rappelle la chose comme si elle était arrivée hier. Le pauvre diable fut tué en duel à Spa quelques mois après leur mariage. Il y eut une vilaine histoire là-dessus.

They said Kelso got some rascally adventurer, some Belgian brute, to insult his son- in-law in public--paid him, sir, to do it, paid him-- and that the fellow spitted his man as if he had been a pigeon. The thing was hushed up, but, egad, Kelso ate his chop alone at the club for some time afterwards. He brought his daughter back with him, I was told, and she never spoke to him again. Oh, yes; it was a bad business. The girl died, too, died within a year. So she left a son, did she? I had forgotten that. What sort of boy is he? If he is like his mother, he must be a good-looking chap."

"He is very good-looking," assented Lord Henry.

"I hope he will fall into proper hands," continued the old man. "He should have a pot of money waiting for him if Kelso did the right thing by him. His mother had money, too. All the Selby property came to her, through her grandfather. Her grandfather hated Kelso, thought him a mean dog. He was, too. Came to Madrid once when I was there. Egad, I was ashamed of him. The Queen used to ask me about the English noble who was always quarrelling with the cabmen about their fares. They made quite a story of it. I didn't dare show my face at Court for a month. I hope he treated his grandson better than he did the jarvies."

"I don't know," answered Lord Henry. "I fancy that the boy will be well off. He is not of age yet. He has Selby, I know. He told me so. And . . . his mother was very beautiful?"

– Il est très beau, affirma lord Henry.

– J'espère qu'il tombera dans de bonnes mains, continua le vieux gentleman. Il doit avoir une jolie somme qui l'attend, si Kelso a bien fait les choses à son égard. Sa mère avait aussi de la fortune. Toutes les propriétés de Selby lui sont revenues, par son grand-père. Celui-ci haïssait Kelso, le jugeant un horrible Harpagon. Et il l'était bien! Il vint une fois à Madrid lorsque j'y étais... Ma foi! j'en fus honteux. La reine me demandait quel était ce gentilhomme Anglais qui se querellait sans cesse avec les cochers pour les payer. Ce fut toute une histoire. Un mois durant je n'osais me montrer à la Cour. J'espère qu'il a mieux traité son petit-fils que ces drôles.

– Je ne sais, répondit lord Henry. Je suppose que le jeune homme sera très bien. Il n'est pas majeur. Je sais qu'il possède Selby. Il me l'a dit. Et... sa mère était vraiment belle!

"Margaret Devereux was one of the loveliest creatures I ever saw, Harry. What on earth induced her to behave as she did, I never could understand. She could have married anybody she chose. Carlington was mad after her. She was romantic, though. All the women of that family were. The men were a poor lot, but, egad! the women were wonderful. Carlington went on his knees to her. Told me so himself. She laughed at him, and there wasn't a girl in London at the time who wasn't after him. And by the way, Harry, talking about silly marriages, what is this humbug your father tells me about Dartmoor wanting to marry an American? Ain't English girls good enough for him?"

"It is rather fashionable to marry Americans just now, Uncle George."

"I'll back English women against the world, Harry," said Lord Fermor, striking the table with his fist.

"The betting is on the Americans."

"They don't last, I am told," muttered his uncle. "A long engagement exhausts them, but they are capital at a steeplechase. They take things flying. I don't think Dartmoor has a chance."

"Who are her people?" grumbled the old gentleman. "Has she got any?"

Lord Henry shook his head. "American girls are as clever at concealing their parents, as English women are at concealing their past," he said, rising to go.

"They are pork-packers, I suppose?"

"I hope so, Uncle George, for Dartmoor's sake. I am told that pork-packing is the most lucrative profession in America, after politics."

"Is she pretty?"

"She behaves as if she was beautiful. Most American women do. It is the secret of their charm."

– Margaret Devereux était une des plus adorables créatures que j'aie vues, Harry. Je n'ai jamais compris comment elle a pu agir comme elle l'a fait. Elle aurait pu épouser n'importe qui, Carlington en était fou: elle était romanesque, sans doute. Toutes les femmes de cette famille le furent. Les hommes étaient bien peu de chose, mais les femmes, merveilleuses! – Carlington se traînait à ses genoux; il me l'a dit lui-même. Elle lui rit au nez, et ce-pendant, pas une fille de Londres qui ne courût après lui. Et à propos, Harry, pendant que nous causons de mariages ridicules, quelle est donc cette farce que m'a contée votre père au sujet de Dartmoor qui veut épouser une Américaine. Il n'y a donc plus de jeunes Anglaises assez bonnes pour lui?

– C'est assez élégant en ce moment d'épouser des Américaines, oncle Georges.

– Je soutiendrai les Anglaises contre le monde entier! Harry, fit lord Fermor en frap-pant du point sur la table.

– Les paris sont pour les Américaines.

– Elles n'ont point de résistance m'a-t-on dit, grommela l'oncle. – Une longue course les épuise, mais elles sont supérieures au steeple-chase. Elles prennent les choses au vol; je crois que Dartmoor n'a guère de chances.

– Quel est son monde? répartit le vieux gentleman, a-t-elle beaucoup d'argent!

Lord Henry secoua la tête. – Les Américaines sont aussi habiles à cacher leurs parents que les Anglais à dissimuler leur passé, dit-il en se levant pour partir.

– Ce sont des marchands de cochons, je suppose?

– Je l'espère, oncle Georges, pour le bonheur de Dartmoor. J'ai entendu dire que vendre des cochons était en Amérique, la profession la plus lucrative, après la politique.

– Est-elle jolie?

– Elle se conduit comme si elle l'était. Beaucoup d'Américaines agissent de la sorte. C'est le secret de leurs charmes.

"Why can't these American women stay in their own country? They are always telling us that it is the paradise for women."

"It is. That is the reason why, like Eve, they are so excessively anxious to get out of it," said Lord Henry. "Good-bye, Uncle George. I shall be late for lunch, if I stop any longer. Thanks for giving me the information I wanted. I always like to know everything about my new friends, and nothing about my old ones."

"Where are you lunching, Harry?"

"At Aunt Agatha's. I have asked myself and Mr. Gray. He is her latest protégée."

"Humph! tell your Aunt Agatha, Harry, not to bother me any more with her charity appeals. I am sick of them. Why, the good woman thinks that I have nothing to do but to write cheques for her silly fads."

"All right, Uncle George, I'll tell her, but it won't have any effect. Philanthropic people lose all sense of humanity. It is their distinguishing characteristic."

The old gentleman growled approvingly and rang the bell for his servant. Lord Henry passed up the low arcade into Burlington Street and turned his steps in the direction of Berkeley Square.

So that was the story of Dorian Gray's parentage. Crudely as it had been told to him, it had yet stirred him by its suggestion of a strange, almost modern romance. A beautiful woman risking everything for a mad passion. A few wild weeks of happiness cut short by a hideous, treacherous crime. Months of voiceless agony, and then a child born in pain. The mother snatched away by death, the boy left to solitude and the tyranny of an old and loveless man.

– Pourquoi ces Américaines ne restent-elles pas dans leurs pays. Elles nous chantent sans cesse que c'est un paradis pour les femmes.

– Et c'est vrai, mais c'est la raison pour laquelle, comme Ève, elles sont si empressées d'en sortir, dit lord Henry. Au revoir, oncle Georges, je serais en retard pour déjeuner si je tardais plus longtemps; merci pour vos bons renseignements. J'aime toujours à connaître tout ce qui concerne mes nouveaux amis, mais je ne demande rien sur les anciens.

– Où déjeunez-vous Harry?

– Chez tante Agathe. Je me suis invité avec Mr Gray, c'est son dernier protégé.

– Bah! dites donc à votre tante Agathe, Harry, de ne plus m'assommer avec ses œuvres de charité. J'en suis excédé. La bonne femme croit-elle donc que je n'aie rien de mieux à faire que de signer des chèques en faveur de ses vilains drôles.

– Très bien, oncle Georges, je le lui dirai, mais cela n'aura aucun effet. Les philan-thropes ont perdu toute notion d'humanité. C'est leur caractère distinctif.

Le vieux gentleman murmura une vague approbation et sonna son domestique. Lord Henry prit par l'arcade basse de Burlington Street et se dirigea dans la direction de Berkeley square.

Telle était en effet, l'histoire des parents de Dorian Gray. Ainsi crûment racontée, elle avait tout à fait bouleversé lord Henry comme un étrange quoique moderne roman. Une très belle femme risquant tout pour une folle passion. Quelques semaines d'un bonheur solitaire, tout à coup brisé par un crime hideux et perfide. Des mois d'agonie muette, et enfin un enfant né dans les larmes. La mère enlevée par la mort et l'enfant abandonné tout seul à la tyrannie d'un vieillard sans cœur.

Yes; it was an interesting background. It posed the lad, made him more perfect, as it were. Behind every exquisite thing that existed, there was something tragic. Worlds had to be in travail, that the meanest flower might blow. . . . And how charming he had been at dinner the night before, as with startled eyes and lips parted in frightened pleasure he had sat opposite to him at the club, the red candleshades staining to a richer rose the wakening wonder of his face. Talking to him was like playing upon an exquisite violin. He answered to every touch and thrill of the bow. . . .

There was something terribly enthralling in the exercise of influence. No other activity was like it. To project one's soul into some gracious form, and let it tarry there for a moment; to hear one's own intellectual views echoed back to one with all the added music of passion and youth; to convey one's temperament into another as though it were a subtle fluid or a strange perfume: there was a real joy in that--perhaps the most satisfying joy left to us in an age so limited and vulgar as our own, an age grossly carnal in its pleasures, and grossly common in its aims....

He was a marvellous type, too, this lad, whom by so curious a chance he had met in Basil's studio, or could be fashioned into a marvellous type, at any rate. Grace was his, and the white purity of boyhood, and beauty such as old Greek marbles kept for us. There was nothing that one could not do with him. He could be made a Titan or a toy. What a pity it was that such beauty was destined to fade! . . .

Oui, c'était un bien curieux fond de tableau. Il encadrait le jeune homme, le faisant plus intéressant, meilleur qu'il n'était réellement. Derrière tout ce qui est exquis, on trouve ainsi quelque chose de tragique. La terre est en travail pour donner naissance à la plus humble fleur... Comme il avait été charmant au dîner de la veille, lorsqu'avec ses beaux yeux et ses lèvres frémissantes de plaisir et de crainte, il s'était assis en face de lui au club, les bougies pourprées mettant une roseur sur son beau visage ravi. Lui parler était comme si l'on eût joué sur un violon exquis. Il répondait à tout, vibrait à chaque trait…

Il y avait quelque chose de terriblement séducteur dans l'action de cette influence; aucun exercice qui y fut comparable. Projeter son âme dans une forme gracieuse, l'y laisser un instant reposer et entendre ensuite ses idées répétées comme par un écho, avec en plus toute la musique de la passion et de la jeunesse, transporter son tempérament dans un autre, ainsi qu'un fluide subtil ou un étrange parfum: c'était là, une véritable jouissance, peut être la plus parfaite de nos jouissances dans un temps aussi borné et aussi vulgaire que le nôtre, dans un temps grossièrement charnel en ses plaisirs, commun et bas en ses aspirations…

C'est qu'il était un merveilleux échantillon d'humanité, cet adolescent que par un si étrange hasard, il avait rencontré dans l'atelier de Basil; on en pouvait faire un absolu type de beauté. Il incarnait la grâce, et la blanche pureté de l'adolescence, et toute la splendeur que nous ont conservée les marbres grecs. Il n'est rien qu'on n'en eût pu tirer. Il eût pu être un Titan aussi bien qu'un joujou. Quel malheur qu'une telle beauté fût destinée à se faner!

And Basil? From a psychological point of view, how interesting he was! The new manner in art, the fresh mode of looking at life, suggested so strangely by the merely visible presence of one who was unconscious of it all; the silent spirit that dwelt in dim woodland, and walked unseen in open field, suddenly showing herself, Dryadlike and not afraid, because in his soul who sought for her there had been wakened that wonderful vision to which alone are wonderful things revealed; the mere shapes and patterns of things becoming, as it were, refined, and gaining a kind of symbolical value, as though they were themselves patterns of some other and more perfect form whose shadow they made real: how strange it all was!

He remembered something like it in history. Was it not Plato, that artist in thought, who had first analyzed it? Was it not Buonarotti who had carved it in the coloured marbles of a sonnet-sequence? But in our own century it was strange. . . . Yes; he would try to be to Dorian Gray what, without knowing it, the lad was to the painter who had fashioned the wonderful portrait. He would seek to dominate him-- had already, indeed, half done so. He would make that wonderful spirit his own. There was something fascinating in this son of love and death.

Suddenly he stopped and glanced up at the houses. He found that he had passed his aunt's some distance, and, smiling to himself, turned back. When he entered the somewhat sombre hall, the butler told him that they had gone in to lunch. He gave one of the footmen his hat and stick and passed into the dining-room.

"Late as usual, Harry," cried his aunt, shaking her head at him.

Et Basil, comme il était intéressant, au point de vue du psychologue! Un art nouveau, une façon inédite de regarder l'existence suggérée par la simple présence d'un être inconscient de tout cela; c'était l'esprit silencieux qui vit au fond des bois et court dans les plaines, se montrant tout à coup, Dryade non apeurée, parce qu'en l'âme qui le recherchait avait été évoquée la merveilleuse vision par laquelle sont seules révélées les choses merveilleuses; les simples apparences des choses se magnifiant jusqu'au symbole, comme si elles n'étaient que l'ombre d'autres formes plus parfaites qu'elles rendraient palpables et visibles... Comme tout cela était étrange!

Il se rappelait quelque chose d'analogue dans l'histoire. N'était-ce pas Platon, cet artiste en pensées, qui l'avait le premier analysé? N'était-ce pas Buonarotti qui l'avait ciselé dans le marbre polychrome d'une série de sonnets? Mais dans notre siècle, cela était extraordinaire... Oui, il essaierait d'être à Dorian Gray, ce que, sans le savoir, l'adolescent était au peintre qui avait tracé son splendide portrait. Il essaierait de le dominer, il l'avait même déjà fait. Il ferait sien cet être merveilleux. Il y avait quelque chose de fascinant dans ce fils de l'Amour et de la Mort.

Soudain il s'arrêta, et regarda les façades. Il s'aperçut qu'il avait dépassé la maison de sa tante, et souriant en lui-même, il revint sur ses pas. En entrant dans le vestibule assombri, le majordome lui dit qu'on était à table. Il donna son chapeau et sa canne au valet de pied et pénétra dans la salle à manger.

– En retard, comme d'habitude, Harry! lui cria sa tante en secouant la tête.

He invented a facile excuse, and having taken the vacant seat next to her, looked round to see who was there. Dorian bowed to him shyly from the end of the table, a flush of pleasure stealing into his cheek. Opposite was the Duchess of Harley, a lady of admirable good-nature and good temper, much liked by every one who knew her, and of those ample architectural proportions that in women who are not duchesses are described by contemporary historians as stoutness. Next to her sat, on her right, Sir Thomas Burdon, a Radical member of Parliament, who followed his leader in public life and in private life followed the best cooks, dining with the Tories and thinking with the Liberals, in accordance with a wise and well-known rule.

The post on her left was occupied by Mr. Erskine of Treadley, an old gentleman of considerable charm and culture, who had fallen, however, into bad habits of silence, having, as he explained once to Lady Agatha, said everything that he had to say before he was thirty. His own neighbour was Mrs. Vandeleur, one of his aunt's oldest friends, a perfect saint amongst women, but so dreadfully dowdy that she reminded one of a badly bound hymn-book. Fortunately for him she had on the other side Lord Faudel, a most intelligent middle-aged mediocrity, as bald as a ministerial statement in the House of Commons, with whom she was conversing in that intensely earnest manner which is the one unpardonable error, as he remarked once himself, that all really good people fall into, and from which none of them ever quite escape.

"We are talking about poor Dartmoor, Lord Henry," cried the duchess, nodding pleasantly to him across the table. "Do you think he will really marry this fascinating young person?"

"I believe she has made up her mind to propose to him, Duchess."

"How dreadful!" exclaimed Lady Agatha. "Really, some one should interfere."

Il inventa une excuse quelconque, et s'étant assis sur la chaise restée vide auprès d'elle, il regarda les convives. Dorian, au bout de la table, s'inclina vers lui timidement, une roseur de plaisir aux joues. En face était la duchesse de Harley, femme d'un naturel admirable et d'un excellent caractère, aimée de tous ceux qui la connaissaient, ayant ces proportions amples et architecturales que nos historiens contemporains appellent obésité, lorsqu'il ne s'agit pas d'une duchesse. Elle avait à sa droite, sir Thomas Burdon, membre radical du Parlement, qui cherchait sa voie dans la vie publique, et dans la vie privée s'inquiétait des meilleures cuisines, dînant avec les Tories et opinant avec les Libéraux, selon une règle très sage et très connue.

La place de gauche était occupée par Mr Erskine de Treadley, un vieux gentilhomme de beaucoup de charme et très cultivé qui avait pris toutefois une fâcheuse habitude de silence, ayant, ainsi qu'il le disait un jour à lady Agathe, dit tout ce qu'il avait à dire avant l'âge de trente ans. La voisine de lord Henry était Mme Vandeleur, une des vieilles amies de sa tante, une sainte parmi les femmes, mais si terriblement fagotée qu'elle faisait penser à un livre de prières mal relié. Heureusement pour lui elle avait de l'autre côté lord Faudel, médiocrité intelligente et entre deux âges, aussi chauve qu'un exposé ministériel à la Chambre les Communes, avec qui elle conversait de cette façon intensément sérieuse qui est, il l'avait souvent remarqué, l'impardonnable erreur où tombent les gens excellents et à laquelle aucun d'eux ne peut échapper.

— Nous parlions de ce jeune Dartmoor, lord Henry, s'écria la duchesse, lui faisant gaiement des signes par-dessus la table. Pensez-vous qu'il épousera réellement cette séduisante jeune personne?

— Je pense qu'elle a bien l'intention de le lui proposer, Duchesse.

— Quelle horreur! s'exclama lady Agathe, mais quelqu'un interviendra.

"I am told, on excellent authority, that her father keeps an American dry-goods store," said Sir Thomas Burdon, looking supercilious.

"My uncle has already suggested pork-packing Sir Thomas."

"Dry-goods! What are American dry-goods?" asked the duchess, raising her large hands in wonder and accentuating the verb.

"American novels," answered Lord Henry, helping himself to some quail.

The duchess looked puzzled.

"Don't mind him, my dear," whispered Lady Agatha. "He never means anything that he says."

"When America was discovered," said the Radical member-- and he began to give some wearisome facts. Like all people who try to exhaust a subject, he exhausted his listeners. The duchess sighed and exercised her privilege of interruption.

"I wish to goodness it never had been discovered at all!" she exclaimed. "Really, our girls have no chance nowadays. It is most unfair."

"Perhaps, after all, America never has been discovered," said Mr. Erskine; "I myself would say that it had merely been detected."

"Oh! but I have seen specimens of the inhabitants," answered the duchess vaguely. "I must confess that most of them are extremely pretty. And they dress well, too. They get all their dresses in Paris. I wish I could afford to do the same."

"They say that when good Americans die they go to Paris," chuckled Sir Thomas, who had a large wardrobe of Humour's cast-off clothes.

"Really! And where do bad Americans go to when they die?" inquired the duchess.

"They go to America," murmured Lord Henry.

Sir Thomas frowned. "I am afraid that your nephew is prejudiced against that great country," he said to Lady Agatha. "I have travelled all over it in cars provided by the directors, who, in such matters, are extremely civil. I assure you that it is an education to visit it."

― Je sais de bonne source que son père tient un magasin de nouveautés en Amérique, dit sir Thomas Burdon avec dédain.

― Mon oncle les croyait marchand de cochons, sir Thomas.

― Des nouveautés! Qu'est-ce que c'est que les nouveautés américaines? demanda la duchesse, avec un geste d'étonnement de sa grosse main levée.

― Des romans américains! répondit lord Henry en prenant un peu de caille.

La duchesse parut embarrassée.

― Ne faites pas attention à lui, ma chère, murmura lady Agathe, il ne sait jamais ce qu'il dit.

― Quand l'Amérique fût découverte..., dit le radical, et il commença une fastidieuse dissertation. Comme tous ceux qui essayent d'épuiser un sujet, il épuisait ses auditeurs. La duchesse soupira et profita de son droit d'interrompre.

― Plût à Dieu qu'on ne l'eut jamais découverte! s'exclama-t-elle; vraiment nos filles n'ont pas de chances aujourd'hui, c'est tout à fait injuste!

― Peut-être après tout, l'Amérique n'a-t-elle jamais été découverte, dit Mr Erskine. Pour ma part, je dirai volontiers qu'elle est à peine connue.

― Oh! nous avons cependant, vu des spécimens de ses habitantes, répondit la duchesse d'un ton vague. Je dois confesser que la plupart sont très jolies. Et leurs toilettes aussi. Elles s'habillent toutes à Paris. Je voudrais pouvoir en faire autant.

― On dit que lorsque les bons Américains meurent, ils vont à Paris, chuchota sir Tho-mas, qui avait une ample réserve de mots hors d'usage.

― Vraiment! et où vont les mauvais Américains qui meurent? demanda la duchesse.

― Ils vont en Amérique, dit lord Henry.

Sir Thomas se renfrogna. ― J'ai peur que votre neveu ne soit prévenu contre ce grand pays, dit-il à lady Agathe, je l'ai parcouru dans des trains fournis par les gouvernants qui, en pareil cas, sont extrêmement civils, je vous assure que c'est un enseignement que cette visite.

"But must we really see Chicago in order to be educated?" asked Mr. Erskine plaintively. "I don't feel up to the journey."

Sir Thomas waved his hand. "Mr. Erskine of Treadley has the world on his shelves. We practical men like to see things, not to read about them. The Americans are an extremely interesting people. They are absolutely reasonable. I think that is their distinguishing characteristic. Yes, Mr. Erskine, an absolutely reasonable people. I assure you there is no nonsense about the Americans."

"How dreadful!" cried Lord Henry. "I can stand brute force, but brute reason is quite unbearable. There is something unfair about its use. It is hitting below the intellect."

"I do not understand you," said Sir Thomas, growing rather red.

"I do, Lord Henry," murmured Mr. Erskine, with a smile.

"Paradoxes are all very well in their way... ." rejoined the baronet.

"Was that a paradox?" asked Mr. Erskine. "I did not think so. Perhaps it was. Well, the way of paradoxes is the way of truth. To test reality we must see it on the tight rope. When the verities become acrobats, we can judge them."

"Dear me!" said Lady Agatha, "how you men argue! I am sure I never can make out what you are talking about. Oh! Harry, I am quite vexed with you. Why do you try to persuade our nice Mr. Dorian Gray to give up the East End? I assure you he would be quite invaluable. They would love his playing."

"I want him to play to me," cried Lord Henry, smiling, and he looked down the table and caught a bright answering glance.

"But they are so unhappy in Whitechapel," continued Lady Agatha.

– Mais faut-il donc que nous visitions Chicago pour notre éducation, demanda plainti-vement Mr Erskine... J'augure peu du voyage.

Sir Thomas leva les mains. – Mr Erskine de Treadley se soucie peu du monde. Nous autres, hommes pratiques, nous aimons à voir les choses par nous-mêmes, au lieu de lire ce qu'on en rapporte. Les Amé-ricains sont un peuple extrêmement intéressant. Ils sont tout à fait raisonnables. Je crois que c'est la leur caractère distinctif. Oui, Mr Erskine, un peuple absolument raisonnable, je vous assure qu'il n'y a pas de niaiseries chez les Américains.

– Quelle horreur! s'écria lord Henry, je peux admettre la force brutale, mais la raison brutale est insupportable. Il y a quelque chose d'injuste dans son empire. Cela confond l'intelligence.

– Je ne vous comprends pas, dit sir Thomas, le visage empourpré.

– Moi, je comprends, murmura Mr Erskine avec un sourire.

– Les paradoxes vont bien... remarqua le baronet.

– Était-ce un paradoxe, demanda Mr Erskine. Je ne le crois pas. C'est possible, mais le chemin du paradoxe est celui de la vérité. Pour éprouver la réalité il faut la voir sur la corde raide. Quand les vérités deviennent des acrobates nous pouvons les juger.

– Mon Dieu! dit lady Agathe, comme vous parlez, vous autres hommes!... Je suis sûre que je ne pourrai jamais vous comprendre. Oh! Harry, je suis tout à fait fâchée contre vous. Pourquoi essayez-vous de persuader à notre charmant Mr Dorian Gray d'abandonner l'East End. Je vous assure qu'il y serait apprécié. On aimerait beaucoup son talent.

– Je veux qu'il joue pour moi seul, s'écria lord Henry souriant, et regardant vers le bas de la table il saisit un coup d'œil brillant qui lui répondait.

– Mais ils sont si malheureux à Whitechapel, continua Lady Agathe.

"I can sympathize with everything except suffering," said Lord Henry, shrugging his shoulders. "I cannot sympathize with that. It is too ugly, too horrible, too distressing. There is something terribly morbid in the modern sympathy with pain. One should sympathize with the colour, the beauty, the joy of life. The less said about life's sores, the better."

"Still, the East End is a very important problem," remarked Sir Thomas with a grave shake of the head.

"Quite so," answered the young lord. "It is the problem of slavery, and we try to solve it by amusing the slaves."

The politician looked at him keenly. "What change do you propose, then?" he asked.

Lord Henry laughed. "I don't desire to change anything in England except the weather," he answered. "I am quite content with philosophic contemplation. But, as the nineteenth century has gone bankrupt through an over-expenditure of sympathy, I would suggest that we should appeal to science to put us straight. The advantage of the emotions is that they lead us astray, and the advantage of science is that it is not emotional."

"But we have such grave responsibilities," ventured Mrs. Vandeleur timidly.

"Terribly grave," echoed Lady Agatha.

Lord Henry looked over at Mr. Erskine. "Humanity takes itself too seriously. It is the world's original sin. If the caveman had known how to laugh, history would have been different."

"You are really very comforting," warbled the duchess. "I have always felt rather guilty when I came to see your dear aunt, for I take no interest at all in the East End. For the future I shall be able to look her in the face without a blush."

"A blush is very becoming, Duchess," remarked Lord Henry.

– Je puis sympathiser avec n'importe quoi, excepté avec la souffrance, dit lord Henry en haussant les épaules. Je ne puis sympathiser avec cela. C'est trop laid, trop horrible, trop affligeant. Il y a quelque chose de terriblement maladif dans la pitié moderne. On peut s'émouvoir des couleurs, de la beauté, de la joie de vivre. Moins on parle des plaies sociales, mieux cela vaut.

– Cependant, l'East End soulève un important problème, dit gravement sir Thomas avec un hochement de tête.

– Tout à fait, répondit le jeune lord. C'est le problème de l'esclavage et nous essayons de le résoudre en amusant les esclaves.

Le politicien le regarda avec anxiété. – Quels changements proposez-vous, alors? demanda-t-il.

Lord Henry se mit à rire. – Je ne désire rien changer en Angleterre excepté la température, répondit-il, je suis parfaitement satisfait de la contemplation philosophique. Mais comme le dix-neuvième siècle va à la banqueroute, avec sa dépense exagérée de sympathie, je proposerais d'en appeler à la science pour nous remettre dans le droit chemin. Le mérite des émotions est de nous égarer, et le mérite de la science est de n'être pas émouvant.

–Mais nous avons de telles responsabilités, hasarda timidement Mme Vandeleur.

– Terriblement graves! répéta lady Agathe.

Lord Henry regarda Mr Erskine. – L'humanité se prend beaucoup trop au sérieux; c'est le péché originel du monde. Si les hommes des cavernes avaient su rire, l'Histoire serait bien différente.

– Vous êtes vraiment consolant, murmura la duchesse, je me sentais toujours un peu coupable lorsque je venais voir votre chère tante, car je ne trouve aucun intérêt dans l'East End. Désormais je serai capable de la regarder en face sans rougir.

– Rougir est très bien porté, duchesse, remarqua lord Henry.

"Only when one is young," she answered. "When an old woman like myself blushes, it is a very bad sign. Ah! Lord Henry, I wish you would tell me how to become young again."

He thought for a moment. "Can you remember any great error that you committed in your early days, Duchess?" he asked, looking at her across the table.

"A great many, I fear," she cried.

"Then commit them over again," he said gravely. "To get back one's youth, one has merely to repeat one's follies."

"A delightful theory!" she exclaimed. "I must put it into practice."

"A dangerous theory!" came from Sir Thomas's tight lips. Lady Agatha shook her head, but could not help being amused. Mr. Erskine listened.

"Yes," he continued, "that is one of the great secrets of life. Nowadays most people die of a sort of creeping common sense, and discover when it is too late that the only things one never regrets are one's mistakes."

A laugh ran round the table.

He played with the idea and grew wilful; tossed it into the air and transformed it; let it escape and recaptured it; made it iridescent with fancy and winged it with paradox. The praise of folly, as he went on, soared into a philosophy, and philosophy herself became young, and catching the mad music of pleasure, wearing, one might fancy, her wine-stained robe and wreath of ivy, danced like a Bacchante over the hills of life, and mocked the slow Silenus for being sober. Facts fled before her like frightened forest things. Her white feet trod the huge press at which wise Omar sits, till the seething grape-juice rose round her bare limbs in waves of purple bubbles, or crawled in red foam over the vat's black, dripping, sloping sides. It was an extraordinary improvisation.

– Seulement lorsqu'on est jeune, répondit-elle, mais quand une vieille lemme comme moi rougit, c'est bien mauvais signe. Ah! Lord Henry, je voudrais bien que vous m'appreniez à redevenir jeune!

Il réfléchit un moment. – Pouvez-vous vous rappeler un gros péché que vous auriez commis dans vos premières années, demanda-t-il, la regardant par-dessus la table.

– D'un grand nombre, je le crains, s'écria-t-elle.

–Eh bien! commettez-les encore, dit-il gravement. Pour redevenir jeune on n'a guère qu'à recommencer ses folies. – C'est une délicieuse théorie. Il faudra que je la mette en pratique.

– Une dangereuse théorie prononça sir Thomas, les lèvres pincées.

Lady Agathe secoua la tête, mais ne put arriver à paraître amusée. Mr Erskine écoutait.

– Oui! continua lord Henry, c'est un des grands secrets de la vie. Aujourd'hui beau-coup de gens meurent d'un bon sens terre à terre et s'aperçoivent trop tard que les seules choses qu'ils regrettent sont leurs propres erreurs.

Un rire courut autour de la table...

Il jouait avec l'idée, la lançait, la transformait, la laissait échapper pour la rattraper au vol; il l'irisait de son imagination, l'ailant de paradoxes. L'éloge de la folie s'éleva jusqu'à la philosophie, une philosophie rajeunie, empruntant la folle musique du plaisir, vêtue de fantai-sie, la robe tachée de vin et enguirlandée de lierres, dansant comme une bacchante par-dessus les collines de la vie et se moquant du lourd Silène pour sa sobriété. Les faits fuyaient devant elle comme des nymphes effrayées. Ses pieds blancs foulaient l'énorme pressoir où le sage Omar est assis; un flot pourpre et bouillonnant inondait ses membres nus, se répandant comme une lave écumante sur les flancs noirs de la cuve. Ce fut une improvisation extraordinaire.

He felt that the eyes of Dorian Gray were fixed on him, and the consciousness that amongst his audience there was one whose temperament he wished to fascinate seemed to give his wit keenness and to lend colour to his imagination. He was brilliant, fantastic, irresponsible. He charmed his listeners out of themselves, and they followed his pipe, laughing. Dorian Gray never took his gaze off him, but sat like one under a spell, smiles chasing each other over his lips and wonder growing grave in his darkening eyes.

At last, liveried in the costume of the age, reality entered the room in the shape of a servant to tell the duchess that her carriage was waiting. She wrung her hands in mock despair. "How annoying!" she cried. "I must go. I have to call for my husband at the club, to take him to some absurd meeting at Willis's Rooms, where he is going to be in the chair. If I am late he is sure to be furious, and I couldn't have a scene in this bonnet. It is far too fragile. A harsh word would ruin it. No, I must go, dear Agatha. Good- bye, Lord Henry, you are quite delightful and dreadfully demoralizing. I am sure I don't know what to say about your views. You must come and dine with us some night. Tuesday? Are you disengaged Tuesday?"

"For you I would throw over anybody, Duchess," said Lord Henry with a bow.

"Ah! that is very nice, and very wrong of you," she cried; "so mind you come"; and she swept out of the room, followed by Lady Agatha and the other ladies. When Lord Henry had sat down again, Mr. Erskine moved round, and taking a chair close to him, placed his hand upon his arm.

"You talk books away," he said; "why don't you write one?"

Il sentit que les regards de Dorian Gray étaient fixés sur lui, et la conscience que parmi son auditoire se trouvait un être qu'il voulait fasciner, semblait aiguiser son esprit et prêter plus de couleurs encore à son imagination. Il fut brillant, fantastique, inspiré. Il ravit ses auditeurs à eux-mêmes; ils écoutèrent jusqu'au bout ce joyeux air de flûte. Dorian Gray ne l'avait pas quitté des yeux, comme sous le charme, les sourires se succédaient sur ses lèvres et l'étonnement devenait plus grave dans ses yeux sombres.

Enfin, la réalité en livrée moderne fit son entrée dans la salle à manger, sous la forme d'un domestique qui vint annoncer à la duchesse que sa voiture l'attendait. Elle se tordit les bras dans un désespoir comique. – Que c'est ennuyeux! s'écria-t-elle. Il faut que je parte; je dois rejoindre mon mari au club pour aller à un absurde meeting, qu'il doit présider aux Willis's Rooms. Si je suis en retard il sera sûrement furieux, et je ne puis avoir une scène avec ce chapeau. Il est beaucoup trop fragile. Le moindre mot le mettrait en pièces. Non, il faut que je parte, chère Agathe. Au revoir, lord Henry, vous êtes tout à fait délicieux et terriblement démoralisant. Je ne sais que dire de vos idées. Il faut que vous veniez dîner chez nous. Mardi par exemple, êtes-vous libre mardi?

– Pour vous j'abandonnerais tout le monde, duchesse, dit lord Henry avec une révé-rence.

– Ah! c'est charmant, mais très mal de votre part, donc, pensez à venir! et elle sortit majestueusement suivie de Lady Agathe et des autres dames. Quand lord Henry se fut rassis, Mr Erskine tourna autour de la table et prenant près de lui une chaise, lui mit la main sur le bras.

– Vous parlez comme un livre, dit-il, pourquoi n'en écrivez-vous pas?

"I am too fond of reading books to care to write them, Mr. Erskine. I should like to write a novel certainly, a novel that would be as lovely as a Persian carpet and as unreal. But there is no literary public in England for anything except newspapers, primers, and encyclopaedias. Of all people in the world the English have the least sense of the beauty of literature."

"I fear you are right," answered Mr. Erskine. "I myself used to have literary ambitions, but I gave them up long ago. And now, my dear young friend, if you will allow me to call you so, may I ask if you really meant all that you said to us at lunch?"

"I quite forget what I said," smiled Lord Henry. "Was it all very bad?"

"Very bad indeed. In fact I consider you extremely dangerous, and if anything happens to our good duchess, we shall all look on you as being primarily responsible. But I should like to talk to you about life. The generation into which I was born was tedious. Some day, when you are tired of London, come down to Treadley and expound to me your philosophy of pleasure over some admirable Burgundy I am fortunate enough to possess."

"I shall be charmed. A visit to Treadley would be a great privilege. It has a perfect host, and a perfect library."

"You will complete it," answered the old gentleman with a courteous bow. "And now I must bid good-bye to your excellent aunt. I am due at the Athenaeum. It is the hour when we sleep there."

"All of you, Mr. Erskine?"

"Forty of us, in forty arm-chairs. We are practising for an English Academy of Letters."

Lord Henry laughed and rose. "I am going to the park," he cried.

– J'aime trop à lire ceux des autres pour songer à en écrire moi-même, monsieur Ers-kine. J'aimerais à écrire un roman, en effet, mais un roman qui serait aussi adorable qu'un tapis de Perse et aussi irréel. Malheureusement, il n'y a pas en Angleterre de public littéraire excepté pour les journaux, les bibles et les encyclopédies; moins que tous les peuples du monde, les Anglais ont le sens de la beauté littéraire.

– J'ai peur que vous n'ayez raison, répondit Mr Erskine; j'ai eu moi-même une ambi-tion littéraire, mais je l'ai abandonnée il y a longtemps. Et maintenant, mon cher et jeune ami, si vous me permettez de vous appeler ainsi, puis-je vous demander si vous pensiez réellement tout ce que vous nous avez dit en déjeunant.

– J'ai complétement oublié ce que j'ai dit, repartit lord Henry en souriant. Était-ce tout à fait mal?

– Très mal, certainement; je vous considère comme extrêmement dangereux, et si quelque chose arrivait à notre bonne duchesse, nous vous regarderions tous comme primor-dialement responsable. Oui, j'aimerais à causer de la vie avec vous. La génération à laquelle j'appartiens est ennuyeuse. Quelque jour que vous serez fatigué de la vie de Londres, venez donc à Treadley, vous m'exposerez votre philosophie du plaisir en buvant d'un admirable Bourgogne que j'ai le bonheur de posséder.

– J'en serai charmé; une visite à Treadley est une grande faveur. L'hôte en est parfait et la bibliothèque aussi parfaite.

– Vous compléterez l'ensemble, répondit le vieux gentleman avec un salut courtois. Et maintenant il faut que je prenne congé de votre excellente tante. Je suis attendu à l'Athenæum. C'est l'heure où nous y dormons.

– Vous tous, Mr Erskine?

– Quarante d'entre nous dans quarante fauteuils. Nous travaillons à une académie litté-raire anglaise.

Lord Henry sourit et se leva. – Je vais au Parc, dit-il.

As he was passing out of the door, Dorian Gray touched him on the arm. "Let me come with you," he murmured.

"But I thought you had promised Basil Hallward to go and see him," answered Lord Henry.

"I would sooner come with you; yes, I feel I must come with you. Do let me. And you will promise to talk to me all the time? No one talks so wonderfully as you do."

"Ah! I have talked quite enough for to-day," said Lord Henry, smiling. "All I want now is to look at life. You may come and look at it with me, if you care to."

Comme il sortait, Dorian Gray lui toucha le bras. – Laissez-moi aller avec vous, murmura-t-il.

– Mais je pensais que vous aviez promis à Basil Hallward d'aller le voir.

– Je voudrais d'abord aller avec vous; oui, je sens qu'il faut que j'aille avec vous. Voulez-vous?... Et promettez-moi de me parler tout le temps. Personne ne parle aussi mer-veilleusement que vous.

– Ah! j'ai bien assez parlé aujourd'hui, dit lord Henry en souriant. Tout ce que je désire maintenant, c'est d'observer. Vous pouvez venir avec moi, nous observerons, ensemble, si vous le désirez.

Chapter 4

One afternoon, a month later, Dorian Gray was reclining in a luxurious arm-chair, in the little library of Lord Henry's house in Mayfair. It was, in its way, a very charming room, with its high panelled wainscoting of olive-stained oak, its cream-coloured frieze and ceiling of raised plasterwork, and its brickdust felt carpet strewn with silk, long-fringed Persian rugs. On a tiny satinwood table stood a statuette by Clodion, and beside it lay a copy of Les Cent Nouvelles, bound for Margaret of Valois by Clovis Eve and powdered with the gilt daisies that Queen had selected for her device. Some large blue china jars and parrot- tulips were ranged on the mantelshelf, and through the small leaded panes of the window streamed the apricot-coloured light of a summer day in London.

Lord Henry had not yet come in. He was always late on principle, his principle being that punctuality is the thief of time. So the lad was looking rather sulky, as with listless fingers he turned over the pages of an elaborately illustrated edition of Manon Lescaut that he had found in one of the book-cases. The formal monotonous ticking of the Louis Quatorze clock annoyed him. Once or twice he thought of going away.

At last he heard a step outside, and the door opened. "How late you are, Harry!" he murmured.

"I am afraid it is not Harry, Mr. Gray," answered a shrill voice.

He glanced quickly round and rose to his feet. "I beg your pardon. I thought--"

"You thought it was my husband. It is only his wife. You must let me introduce myself. I know you quite well by your photographs. I think my husband has got seventeen of them."

"Not seventeen, Lady Henry?"

Chapitre IV

Une après-midi, un mois après, Dorian Gray était allongé en un luxueux fauteuil, dans la petite bibliothèque de la maison de lord Henry à Mayfair. C'était, en son genre, un charmant réduit, avec ses hauts lambris de chêne olivâtre, sa frise et son plafond crème rehaussé de moulure, et son tapis de Perse couleur brique aux longues franges de soie. Sur une mignonne table de bois satiné, une statuette de Clodion à côté d'un exemplaire des « Cent Nouvelles » relié pour Marguerite de Valois par Clovis Ève, et semé des pâquerettes d'or que cette reine avait choisies pour emblème. Dans de grands vases bleus de Chine, des tulipes panachées étaient rangées sur le manteau de la cheminée. La vive lumière abricot d'un jour d'été londonien entrait à flots à travers les petits losanges de plombs des fenêtres.

Lord Henry n'était pas encore rentré. Il était toujours en retard par principe, son opi-nion étant que la ponctualité était un vol sur le temps. Aussi l'adolescent semblait-il maussade, feuilletant d'un doigt nonchalant une édition illustrée de Manon Lescaut qu'il avait trouvée sur un des rayons de la bibliothèque. Le tic-tac monotone de l'horloge Louis XIV l'agaçait. Une fois ou deux il avait voulu partir...

Enfin il perçut un bruit de pas dehors et la porte s'ouvrit. – Comme vous êtes en retard, Harry, murmura-t-il.

– J'ai peur que ce ne soit point Harry, Mr Gray, répondit une voix claire.

Il leva vivement les yeux et se dressa... – Je vous demande pardon. Je croyais...

– Vous pensiez que c'était mon mari. Ce n'est que sa femme. Il faut que je me présente moi-même. Je vous connais fort bien par vos photographies. Je pense que mon mari en a au moins dix-sept.

– Non, pas dix-sept, lady Henry?

"Well, eighteen, then. And I saw you with him the other night at the opera." She laughed nervously as she spoke, and watched him with her vague forget-me-not eyes. She was a curious woman, whose dresses always looked as if they had been designed in a rage and put on in a tempest. She was usually in love with somebody, and, as her passion was never returned, she had kept all her illusions. She tried to look picturesque, but only succeeded in being untidy. Her name was Victoria, and she had a perfect mania for going to church.

"That was at Lohengrin, Lady Henry, I think?"

"Yes; it was at dear Lohengrin. I like Wagner's music better than anybody's. It is so loud that one can talk the whole time without other people hearing what one says. That is a great advantage, don't you think so, Mr. Gray?"

The same nervous staccato laugh broke from her thin lips, and her fingers began to play with a long tortoise-shell paper-knife.

Dorian smiled and shook his head: "I am afraid I don't think so, Lady Henry. I never talk during music--at least, during good music. If one hears bad music, it is one's duty to drown it in conversation."

"Ah! that is one of Harry's views, isn't it, Mr. Gray? I always hear Harry's views from his friends. It is the only way I get to know of them. But you must not think I don't like good music. I adore it, but I am afraid of it. It makes me too romantic. I have simply worshipped pianists-- two at a time, sometimes, Harry tells me. I don't know what it is about them. Perhaps it is that they are foreigners. They all are, ain't they? Even those that are born in England become foreigners after a time, don't they? It is so clever of them, and such a compliment to art. Makes it quite cosmopolitan, doesn't it?

– Bon, dix-huit alors. Et je vous ai vu avec lui à l'Opéra la nuit dernière. Elle riait nerveusement en lui parlant et le regardait de ses yeux de myosotis. C'était une curieuse femme dont les toilettes semblaient toujours conçues dans un accès de rage et mises dans une tempête. Elle était toujours en intrigue avec quelqu'un et, comme son amour n'était jamais payé de retour, elle avait gardé toutes ses illusions. Elle essayait d'être pittoresque, mais ne réussis-sait qu'à être désordonnée. Elle s'appelait Victoria et avait la manie invétérée d'aller à l'église.

– C'était à Lohengrin, lady Henry, je crois?

– Oui, c'était à ce cher Lohengrin. J'aime Wagner mieux que personne. Cela est si bruyant qu'on peut causer tout le temps sans être entendu. C'est un grand avantage. Ne trou-vez-vous pas, Mr Gray?...

Le même rire nerveux et saccadé tomba de ses lèvres fines, et elle se mit à jouer avec un long coupe-papier d'écaille.

Dorian sourit en secouant la tête. – Je crains de n'être pas de cet avis, lady Henry, je ne parle jamais pendant la musique, du moins pendant la bonne musique. Si l'on en entend de mauvaise, c'est un devoir de la couvrir par le bruit d'une conversation.

– Ah! voilà une idée d'Harry, n'est-ce pas, Mr Gray. J'apprends toujours ses opinions par ses amis, c'est même le seul moyen que j'aie de les connaître. Mais ne croyez pas que je n'aime pas la bonne musique. Je l'adore; mais elle me fait peur. Elle me rend par trop roma-nesque. J'ai un culte pour les pianistes simplement. J'en adorais deux à la fois, ainsi que me le disait Harry. Je ne sais ce qu'ils étaient. Peut-être des étrangers. Ils le sont tous, et même ceux qui sont nés en Angleterre le deviennent bientôt, n'est-il pas vrai? C'est très habile de leur part ct c'est un hommage rendu à l'art de le rendre cosmopolite.

You have never been to any of my parties, have you, Mr. Gray? You must come. I can't afford orchids, but I share no expense in foreigners. They make one's rooms look so picturesque. But here is Harry! Harry, I came in to look for you, to ask you something-- I forget what it was--and I found Mr. Gray here. We have had such a pleasant chat about music. We have quite the same ideas. No; I think our ideas are quite different. But he has been most pleasant. I am so glad I've seen him."

"I am charmed, my love, quite charmed," said Lord Henry, elevating his dark, crescent-shaped eyebrows and looking at them both with an amused smile. "So sorry I am late, Dorian. I went to look after a piece of old brocade in Wardour Street and had to bargain for hours for it. Nowadays people know the price of everything and the value of nothing."

"I am afraid I must be going," exclaimed Lady Henry, breaking an awkward silence with her silly sudden laugh. "I have promised to drive with the duchess. Good-bye, Mr. Gray. Good-bye, Harry. You are dining out, I suppose? So am I. Perhaps I shall see you at Lady Thornbury's."

"I dare say, my dear," said Lord Henry, shutting the door behind her as, looking like a bird of paradise that had been out all night in the rain, she flitted out of the room, leaving a faint odour of frangipanni. Then he lit a cigarette and flung himself down on the sofa.

"Never marry a woman with straw-coloured hair, Dorian," he said after a few puffs.

"Why, Harry?"

"Because they are so sentimental."

"But I like sentimental people."

"Never marry at all, Dorian. Men marry because they are tired; women, because they are curious: both are disappointed."

– Je suis ravi, ma chérie, tout à fait ravi, dit lord Henry élevant ses sourcils noirs et ar-qués et les regardant tous deux avec un sourire amusé. Je suis vraiment fâché d'être si en retard, Dorian; j'ai été à Wardour Street chercher un morceau de vieux brocard et j'ai dû marchander des heures; aujourd'hui, chacun sait le prix de toutes choses, et nul ne connaît la valeur de quoi que ce soit.

– Je vais être obligé de partir, s'exclama lady Henry, rompant le silence d'un intempes-tif éclat de rire. J'ai promis à la Duchesse de l'accompagner en voiture. Au revoir, Mr Gray, au revoir Harry. Vous dînez dehors, je suppose? Moi aussi. Peut-être vous retrouverai-je chez Lady Thornbury.

– Je le crois, ma chère amie, dit lord Henry en fermant la porte derrière elle. Semblable à un oiseau de paradis qui aurait passé la nuit dehors sous la pluie, elle s'envola, laissant une subtile odeur de frangipane. Alors, il alluma une cigarette et se jeta sur le canapé.

– N'épousez jamais une femme aux cheveux paille, Dorian, dit-il après quelques bouf-fées.

– Pourquoi, Harry?

– Parce qu'elles sont trop sentimentales.

– Mais j'aime les personnes sentimentales.

– Ne vous mariez jamais, Dorian. Les hommes se marient par fatigue, les femmes par curiosité: tous sont désappointés.

"I don't think I am likely to marry, Harry. I am too much in love. That is one of your aphorisms. I am putting it into practice, as I do everything that you say."

"Who are you in love with?" asked Lord Henry after a pause.

"With an actress," said Dorian Gray, blushing. Lord Henry shrugged his shoulders.

"That is a rather commonplace début."

"You would not say so if you saw her, Harry."

"Who is she?"

"Her name is Sibyl Vane."

"Never heard of her."

"No one has. People will some day, however. She is a genius."

"My dear boy, no woman is a genius. Women are a decorative sex. They never have anything to say, but they say it charmingly. Women represent the triumph of matter over mind, just as men represent the triumph of mind over morals."

"Harry, how can you?"

"My dear Dorian, it is quite true. I am analysing women at present, so I ought to know. The subject is not so abstruse as I thought it was. I find that, ultimately, there are only two kinds of women, the plain and the coloured. The plain women are very useful. If you want to gain a reputation for respectability, you have merely to take them down to supper. The other women are very charming. They commit one mistake, however. They paint in order to try and look young. Our grandmothers painted in order to try and talk brilliantly. Rouge and esprit used to go together. That is all over now. As long as a woman can look ten years younger than her own daughter, she is perfectly satisfied.

– Je ne crois pas que je sois en train de me marier, Harry. Je suis trop amoureux. Voilà un de vos aphorismes, je le mets en pratique, comme tout ce que vous dites.

– De qui êtes-vous amoureux? demanda lord Henry après une pause.

– D'une actrice, dit Dorian Gray rougissant. Lord Henry leva les épaules:

– C'est un début plutôt commun.

– Vous ne diriez pas cela si vous l'aviez vue, Harry.

– Qui est-ce?

– Elle s'appelle Sibyl Vane.

– Je n'en ai jamais entendu parler.

– Ni personne. Mais on parlera d'elle un jour. Elle est géniale.

– Mon cher enfant, aucune femme n'est géniale. Les femmes sont un sexe décoratif. Elles n'ont jamais rien à dire, mais elles le disent d'une façon charmante. Les femmes repré-sentent le triomphe de la matière sur l'intelligence, de même que les hommes représentent le triomphe de l'intelligence sur les mœurs.

– Harry, pouvez-vous dire?

– Mon cher Dorian, cela est absolument vrai. J'analyse la femme en ce moment, aussi dois-je la connaître. Le sujet est moins abstrait que je ne croyais. Je trouve en somme qu'il n'y a que deux sortes de femmes, les naturelles, et les fardées. Les femmes naturelles sont très utiles; si vous voulez acquérir une réputation de respectabilité, vous n'avez guère qu'à les conduire souper. Les autres femmes sont tout à fait agréables. Elles commettent une faute, toutefois. Elles se fardent pour essayer de se rajeunir. Nos grand-mères se fardaient pour paraître plus brillantes. Le « Rouge » et l'Esprit allaient ensemble. Tout cela est fini. Tant qu'une femme peut paraître dix ans plus jeune que sa propre fille, elle est parfaitement satis-faite.

As for conversation, there are only five women in London worth talking to, and two of these can't be admitted into decent society. However, tell me about your genius. How long have you known her?"

"Ah! Harry, your views terrify me.
"Never mind that. How long have you known her?"

"About three weeks."
"And where did you come across her?"

"I will tell you, Harry, but you mustn't be unsympathetic about it. After all, it never would have happened if I had not met you. You filled me with a wild desire to know everything about life. For days after I met you, something seemed to throb in my veins. As I lounged in the park, or strolled down Piccadilly, I used to look at every one who passed me and wonder, with a mad curiosity, what sort of lives they led. Some of them fascinated me. Others filled me with terror. There was an exquisite poison in the air. I had a passion for sensations. . . .

Well, one evening about seven o'clock, I determined to go out in search of some adventure. I felt that this grey monstrous London of ours, with its myriads of people, its sordid sinners, and its splendid sins, as you once phrased it, must have something in store for me. I fancied a thousand things. The mere danger gave me a sense of delight. I remembered what you had said to me on that wonderful evening when we first dined together, about the search for beauty being the real secret of life.

Quant à la conversation, il n'y a que cinq femmes dans Londres qui vaillent la peine qu'on leur parle, et deux d'entre elles ne peuvent être reçues dans une société qui se respecte. À propos, parlez-moi de votre génie. Depuis quand la connaissez-vous?

– Ah! Harry, vos idées me terrifient.
– Ne faites pas attention. Depuis quand la connaissez-vous?

– Depuis trois semaines.
– Et comment l'avez-vous rencontrée?

– Je vous le dirai, Harry; mais il ne faut pas vous moquer de moi... Après tout, cela ne serait jamais arrivé, si je ne vous avais rencontré. Vous m'aviez rempli d'un ardent désir de tout savoir de la vie. Pendant des jours après notre rencontre quelque chose de nouveau sem-blait battre dans mes veines. Lorsque je flânais dans Hyde Park ou que je descendais Piccadil-ly, je regardais tous les passants, imaginant avec une curiosité folle quelle sorte d'existence ils pouvaient mener. Quelques-uns me fascinaient. D'autres me remplissaient de terreur. Il y avait comme un exquis poison dans l'air. J'avais la passion de ces sensations...

Eh bien, un soir, vers sept heures, je résolus de sortir en quête de quelque aventure. Je sentais que notre gris et monstrueux Londres, avec ses millions d'habitants, ses sordides pécheurs et ses péchés splendides, comme vous disiez, devait avoir pour moi quelque chose en réserve. J'imaginais mille choses. Le simple danger me donnait une sorte de joie. Je me rappelais tout ce que vous m'aviez dit durant cette merveilleuse soirée où nous dînâmes ensemble pour la première fois, à propos de la recherche de la Beauté qui est le vrai secret de l'existence.

I don't know what I expected, but I went out and wandered eastward, soon losing my way in a labyrinth of grimy streets and black grassless squares. About half-past eight I passed by an absurd little theatre, with great flaring gas-jets and gaudy play-bills. A hideous Jew, in the most amazing waistcoat I ever beheld in my life, was standing at the entrance, smoking a vile cigar. He had greasy ringlets, and an enormous diamond blazed in the centre of a soiled shirt.'Have a box, my Lord?' he said, when he saw me, and he took off his hat with an air of gorgeous servility.

There was something about him, Harry, that amused me. He was such a monster. You will laugh at me, I know, but I really went in and paid a whole guinea for the stage-box. To the present day I can't make out why I did so; and yet if I hadn't-- my dear Harry, if I hadn't--I should have missed the greatest romance of my life. I see you are laughing. It is horrid of you!"

"I am not laughing, Dorian; at least I am not laughing at you. But you should not say the greatest romance of your life. You should say the first romance of your life. You will always be loved, and you will always be in love with love. A grande passion is the privilege of people who have nothing to do. That is the one use of the idle classes of a country. Don't be afraid. There are exquisite things in store for you. This is merely the beginning."

"Do you think my nature so shallow?" cried Dorian Gray angrily.

"No; I think your nature so deep."

"How do you mean?"

Je ne sais trop ce que j'attendais, mais je me dirigeai vers l'Est et me perdis bientôt dans un labyrinthe de ruelles noires et farouches et de squares aux gazons pelés. Vers huit heures et demie, je passai devant un absurde petit théâtre tout flamboyant de ses rampes de gaz et de ses affiches multicolores. Un hideux juif portant le plus étonnant gilet que j'aie vu de ma vie, se tenait à l'entrée, fumant un ignoble cigare. Il avait des boucles graisseuses et un énorme diamant brillait sur le plastron taché de sa chemise. « Voulez-vous une loge, mylord? me dit-il dès qu'il m'aperçut en ôtant son chapeau avec une servilité importante.

Il y avait quelque chose en lui, Harry, qui m'amusa. C'était un vrai monstre. Vous rirez de moi, je le sais, mais en vérité j'entrai et je payai cette loge une guinée. Aujourd'hui, je ne pourrais dire comment cela se fit, et pourtant si ce n'eût été, mon cher Harry, si ce n'eût été, j'aurais manqué le plus magnifique roman de toute ma vie... Je vois que vous riez. C'est mal à vous.

– Je ne ris pas, Dorian; tout au moins je ne ris pas de vous, mais il ne faut pas dire: le plus magnifique roman de toute votre vie. Il faut dire le premier roman de votre vie. Vous serez toujours aimé, et vous serez toujours amoureux. Une grande passion est le lot de ceux qui n'ont rien à faire. C'est la seule utilité des classes désœuvrées dans un pays. N'ayez crainte. Des joies exquises vous attendent. Ceci n'en est que le commencement.

– Me croyez-vous d'une nature si futile, s'écria Dorian Gray, maussade.

– Non, je la crois profonde.

– Que voulez-vous dire?

"My dear boy, the people who love only once in their lives are really the shallow people. What they call their loyalty, and their fidelity, I call either the lethargy of custom or their lack of imagination. Faithfulness is to the emotional life what consistency is to the life of the intellect--simply a confession of failure. Faithfulness! I must analyse it some day. The passion for property is in it. There are many things that we would throw away if we were not afraid that others might pick them up. But I don't want to interrupt you. Go on with your story."

"Well, I found myself seated in a horrid little private box, with a vulgar drop-scene staring me in the face. I looked out from behind the curtain and surveyed the house. It was a tawdry affair, all Cupids and cornucopias, like a third-rate wedding-cake. The gallery and pit were fairly full, but the two rows of dingy stalls were quite empty, and there was hardly a person in what I suppose they called the dress-circle. Women went about with oranges and ginger-beer, and there was a terrible consumption of nuts going on."

"It must have been just like the palmy days of the British drama."

"Just like, I should fancy, and very depressing. I began to wonder what on earth I should do when I caught sight of the play-bill. What do you think the play was, Harry?"

"I should think The Idiot Boy, or Dumb but Innocent. Our fathers used to like that sort of piece, I believe. The longer I live, Dorian, the more keenly I feel that whatever was good enough for our fathers is not good enough for us. In art, as in politics, les grandpères ont toujours tort."

— Mon cher enfant, ceux qui n'aiment qu'une fois dans leur vie sont les véritables fu-tiles. Ce qu'ils appellent leur loyauté et leur fidélité, je l'appelle ou le sommeil de l'habitude ou leur défaut d'imagination. La fidélité est à la vie sentimentale ce que la stabilité est à la vie intellectuelle, simplement un aveu d'impuissance. La fidélité! je l'analyserai un jour. La passion de la propriété est en elle. Il y a bien des choses que nous abandonnerions si nous n'avions peur que d'autres puissent les ramasser. Mais je ne veux pas vous interrompre. Con-tinuez votre récit.

— Bien. Je me trouvais donc assis dans une affreuse petite loge, face à face avec un très vulgaire rideau d'entracte. Je me mis à contempler la salle. C'était une clinquante décoration de cornes d'abondance et d'amours; on eut dit une pièce montée pour un mariage de troi-sième classe. Les galeries et le parterre étaient tout à fait bondés de spectateurs, mais les deux rangs de fauteuils sales étaient absolument vides et il y avait tout juste une personne dans ce que je supposais qu'ils devaient appeler le balcon. Des femmes circulaient avec des oranges et de la bière au gingembre; il se faisait une terrible consommation de noix.

— Ça devait être comme aux jours glorieux du drame anglais.

— Tout à fait, j'imagine, et fort décourageant. Je commençais à me demander ce que je pourrais bien faire, lorsque je jetai les yeux sur le programme. Que pensez-vous qu'on jouât, Harry?

— Je suppose « L'idiot, ou le muet innocent ». Nos pères aimaient assez ces sortes de pièces. Plus je vis, Dorian, plus je sens vivement que ce qui était bon pour nos pères, n'est pas bon pour nous. En art, comme en politique, les grands-pères ont toujours tort.

"This play was good enough for us, Harry. It was Romeo and Juliet. I must admit that I was rather annoyed at the idea of seeing Shakespeare done in such a wretched hole of a place. Still, I felt interested, in a sort of way. At any rate, I determined to wait for the first act. There was a dreadful orchestra, presided over by a young Hebrew who sat at a cracked piano, that nearly drove me away, but at last the drop-scene was drawn up and the play began.

Romeo was a stout elderly gentleman, with corked eyebrows, a husky tragedy voice, and a figure like a beer-barrel. Mercutio was almost as bad. He was played by the low-comedian, who had introduced gags of his own and was on most friendly terms with the pit. They were both as grotesque as the scenery, and that looked as if it had come out of a country-booth.

But Juliet! Harry, imagine a girl, hardly seventeen years of age, with a little, flowerlike face, a small Greek head with plaited coils of dark-brown hair, eyes that were violet wells of passion, lips that were like the petals of a rose. She was the loveliest thing I had ever seen in my life. You said to me once that pathos left you unmoved, but that beauty, mere beauty, could fill your eyes with tears. I tell you, Harry, I could hardly see this girl for the mist of tears that came across me.

– Ce spectacle était assez bon pour nous, Harry. C'était « Roméo et Juliette »; Je dois avouer que je fus un peu contrarié à l'idée de voir jouer Shakespeare dans un pareil bouiboui. Cependant, j'étais en quelque sorte intrigué. À tout hasard je me décidai à attendre le premier acte. Il y avait un maudit orchestre, dirigé par un jeune Hébreu assis devant un piano en ruines qui me donnait l'envie de m'en aller, mais le rideau se leva, la pièce commença.

Roméo était un gros gentleman assez âgé, avec des sourcils noircis au bouchon, une voix rauque de tragédie et une figure comme un baril à bière. Mercutio était à peu près aussi laid. Il jouait comme ces comédiens de bas étage qui ajoutent leurs insanités à leurs rôles et semblait être dans les termes les plus amicaux avec le parterre. Ils étaient tous deux aussi grotesques que les décors; on eut pu se croire dans une baraque foraine.

Mais Juliette! Harry, imaginez une jeune fille de dix-sept ans à peine, avec une figure comme une fleur, une petite tête grecque avec des nattes roulées châtain foncé, des yeux de passion aux profondeurs violettes et des lèvres comme des pétales de rose. C'était la plus adorable créature que j'aie vue de ma vie. Vous m'avez dit une fois que le pathétique vous laissait insensible. Mais cette beauté, cette simple, beauté eut rempli vos yeux de larmes. Je vous assure. Harry, je ne pus à peine voir cette jeune fille qu'à travers la buée de larmes qui me monta aux paupières.

And her voice--I never heard such a voice. It was very low at first, with deep mellow notes that seemed to fall singly upon one's ear. Then it became a little louder, and sounded like a flute or a distant hautboy. In the garden-scene it had all the tremulous ecstasy that one hears just before dawn when nightingales are singing. There were moments, later on, when it had the wild passion of violins. You know how a voice can stir one. Your voice and the voice of Sibyl Vane are two things that I shall never forget. When I close my eyes, I hear them, and each of them says something different. I don't know which to follow.

Why should I not love her? Harry, I do love her. She is everything to me in life. Night after night I go to see her play. One evening she is Rosalind, and the next evening she is Imogen. I have seen her die in the gloom of an Italian tomb, sucking the poison from her lover's lips. I have watched her wandering through the forest of Arden, disguised as a pretty boy in hose and doublet and dainty cap. She has been mad, and has come into the presence of a guilty king, and given him rue to wear and bitter herbs to taste of. She has been innocent, and the black hands of jealousy have crushed her reedlike throat. I have seen her in every age and in every costume.

Ordinary women never appeal to one's imagination. They are limited to their century. No glamour ever transfigures them. One knows their minds as easily as one knows their bonnets. One can always find them. There is no mystery in any of them. They ride in the park in the morning and chatter at tea-parties in the afternoon. They have their stereotyped smile and their fashionable manner. They are quite obvious. But an actress! How different an actress is! Harry! why didn't you tell me that the only thing worth loving is an actress?"

Et sa voix! jamais je n'ai entendu une pareille voix. Elle parlait très bas tout d'abord, avec des notes profondes et mélodieuses: comme si sa parole ne devait tomber que dans une oreille, puis ce fut un peu plus haut et le son ressemblait à celui d'une flûte ou d'un hautbois lointain. Dans la scène du jardin, il avait la tremblante extase que l'on perçoit avant l'aube lorsque chantent les rossignols. Il y avait des moments, un peu après, où cette voix empruntait la passion sauvage des violons. Vous savez combien une voix peut émouvoir. Votre voix et celle de Sibyl Vane sont deux musiques que je n'oublierai jamais. Quand je ferme les yeux, je les entends, et chacune d'elle dit une chose différente. Je ne sais laquelle suivre.

Pourquoi ne l'aimerai-je pas, Harry? Je l'aime. Elle est tout pour moi dans la vie. Tous les soirs je vais la voir jouer. Un jour elle est Rosalinde et le jour suivant, Imogène. Je l'ai vue mourir dans l'horreur sombre d'un tombeau italien, aspirant le poison aux lèvres de son amant. Je l'ai suivie, errant dans la forêt d'Ardennes, déguisée en joli garçon, vêtue du pourpoint et des chausses, coiffée d'un mignon chaperon. Elle était folle et se trouvait en face d'un roi coupable à qui elle donnait à porter de la rue et faisait prendre des herbes amères. Elle était innocente et les mains noires de la jalousie étreignaient sa gorge frêle comme un roseau. Je l'ai vue dans tous les temps et dans tous les costumes.

Les femmes ordinaires ne frappent point nos imaginations. Elles sont limitées à leur époque. Aucune magie ne peut jamais les transfigurer. On connaît leur cœur comme on connaît leurs chapeaux. On peut toujours les pénétrer. Il n'y a de mystère dans aucune d'elles. Elles conduisent dans le parc le matin et babillent aux thés de l'après-midi. Elles ont leurs sourires stéréotypés et leurs manières à la mode. Elles sont parfaitement limpides. Mais une actrice! Combien différente est une actrice! Harry! pourquoi ne m'avez-vous pas dit que le seul être digne d'amour est une actrice.

"Because I have loved so many of them, Dorian."

"Oh, yes, horrid people with dyed hair and painted faces."

"Don't run down dyed hair and painted faces. There is an extraordinary charm in them, sometimes," said Lord Henry.

"I wish now I had not told you about Sibyl Vane."

"You could not have helped telling me, Dorian. All through your life you will tell me everything you do."

"Yes, Harry, I believe that is true. I cannot help telling you things. You have a curious influence over me. If I ever did a crime, I would come and confess it to you. You would understand me."

"People like you--the wilful sunbeams of life--don't commit crimes, Dorian. But I am much obliged for the compliment, all the same. And now tell me-- reach me the matches, like a good boy--thanks--what are your actual relations with Sibyl Vane?"

Dorian Gray leaped to his feet, with flushed cheeks and burning eyes. "Harry! Sibyl Vane is sacred!"

"It is only the sacred things that are worth touching, Dorian," said Lord Henry, with a strange touch of pathos in his voice. "But why should you be annoyed? I suppose she will belong to you some day. When one is in love, one always begins by deceiving one's self, and one always ends by deceiving others. That is what the world calls a romance. You know her, at any rate, I suppose?"

– Parce que j'en ai tant aimé, Dorian.

– Oh oui. d'affreuses créatures avec des cheveux teints et des figures peintes.

– Ne méprisez pas les cheveux teints et les figures peintes; cela à quelquefois un charme extraordinaire, dit lord Henry.

– Je voudrais maintenant ne vous avoir point parlé de Sibyl Vane.

– Vous n'auriez pu faire autrement, Dorian. Toute votre vie, désormais, vous me direz ce que vous ferez.

– Oui, Harry, je crois que cela est vrai. Je ne puis m'empêcher de tout vous dire. Vous avez sur moi une singulière influence. Si jamais je commettais un crime j'accourrais vous le confesser. Vous me comprendriez.

– Les gens comme vous, fatidiques rayons de soleil de l'existence, ne commettent point de crimes, Dorian. Mais je vous suis tout de même très obligé du compliment. Et maintenant, dites-moi – passez-moi les allumettes comme un gentil garçon... merci – où en sont vos relations avec Sibyl Vane.

Dorian Gray bondit sur ses pieds, les joues empourprées, l'œil en feu: – Harry! Sibyl Vane est sacrée.

– Il n'y a que les choses sacrées qui méritent d'être recherchées, Dorian, dit lord Harry d'une voix étrangement pénétrante. Mais pourquoi vous inquiéter? Je suppose qu'elle sera à vous quelque jour. Quand on est amoureux, on s'abuse d'abord soi-même et on finit toujours par abuser les autres. C'est ce que le monde appelle un roman. Vous la connaissez, en tout cas, j'imagine?

"Of course I know her. On the first night I was at the theatre, the horrid old Jew came round to the box after the performance was over and offered to take me behind the scenes and introduce me to her. I was furious with him, and told him that Juliet had been dead for hundreds of years and that her body was lying in a marble tomb in Verona. I think, from his blank look of amazement, that he was under the impression that I had taken too much champagne, or something."

"I am not surprised."

"Then he asked me if I wrote for any of the newspapers. I told him I never even read them. He seemed terribly disappointed at that, and confided to me that all the dramatic critics were in a conspiracy against him, and that they were every one of them to be bought."

"I should not wonder if he was quite right there. But, on the other hand, judging from their appearance, most of them cannot be at all expensive."

"Well, he seemed to think they were beyond his means," laughed Dorian. "By this time, however, the lights were being put out in the theatre, and I had to go. He wanted me to try some cigars that he strongly recommended. I declined. The next night, of course, I arrived at the place again. When he saw me, he made me a low bow and assured me that I was a munificent patron of art. He was a most offensive brute, though he had an extraordinary passion for Shakespeare. He told me once, with an air of pride, that his five bankruptcies were entirely due to 'The Bard,' as he insisted on calling him. He seemed to think it a distinction."

"It was a distinction, my dear Dorian--a great distinction. Most people become bankrupt through having invested too heavily in the prose of life. To have ruined one's self over poetry is an honour. But when did you first speak to Miss Sibyl Vane?"

– Certes, je la connais. Dès la première soirée que je fus à ce théâtre, le vilain juif vint tourner autour de ma loge à la fin du spectacle et m'offrit de me conduire derrière la toile pour me présenter à elle. Je m'emportai contre lui, et lui dit que Juliette était morte depuis des siècles et que son corps reposait dons un tombeau de marbre à Vérone. Je compris à son regard de morne stupeur qu'il eut l'impression que j'avais bu trop de Champagne ou d'autre chose.

– Je n'en suis pas surpris.

– Alors il me demanda si j'écrivais dans quelque feuille. Je lui répondis que je n'en li-sais jamais aucune. Il en parut terriblement désappointé, puis il me confia que tous les critiques dramatiques étaient ligués contre lui et qu'ils étaient tous à vendre.

– Je ne puis rien dire du premier point, mais pour le second, à en juger par les appa-rences, ils ne doivent pas coûter bien cher.

– Oui, mais il paraissait croire qu'ils étaient au-dessus de ses moyens, dit Dorian en riant. À ce moment, on éteignit les lumières du théâtre et je dus me retirer. Il voulut me faire goûter des cigares qu'il recommandait fortement; je déclinais l'offre. Le lendemain soir, naturellement, je revins. Dès qu'il me vit, il me fit une profonde révérence et m'assura que j'étais un magnifique protecteur des arts. C'était une redoutable brute, bien qu'il eût une passion extraordinaire pour Shakespeare. Il me dit une fois, avec orgueil, que ses cinq ban-queroutes étaient entièrement dues au « Barde » comme il l'appelait avec insistance. Il sem-blait y voir un titre de gloire.

– C'en était un, mon cher Dorian, un véritable. Beaucoup de gens font faillite pour avoir trop osé dans cette ère de prose. Se ruiner pour la poésie est un honneur. Mais quand avez-vous parlé pour la première fois à Miss Sibyl Vane?

"The third night. She had been playing Rosalind. I could not help going round. I had thrown her some flowers, and she had looked at me--at least I fancied that she had. The old Jew was persistent. He seemed determined to take me behind, so I consented. It was curious my not wanting to know her, wasn't it?"

"No; I don't think so."

"My dear Harry, why?"

"I will tell you some other time. Now I want to know about the girl."

"Sibyl? Oh, she was so shy and so gentle. There is something of a child about her. Her eyes opened wide in exquisite wonder when I told her what I thought of her performance, and she seemed quite unconscious of her power. I think we were both rather nervous. The old Jew stood grinning at the doorway of the dusty greenroom, making elaborate speeches about us both, while we stood looking at each other like children. He would insist on calling me 'My Lord,' so I had to assure Sibyl that I was not anything of the kind. She said quite simply to me, 'You look more like a prince. I must call you Prince Charming.'"

"Upon my word, Dorian, Miss Sibyl knows how to pay compliments."

"You don't understand her, Harry. She regarded me merely as a person in a play. She knows nothing of life. She lives with her mother, a faded tired woman who played Lady Capulet in a sort of magenta dressing-wrapper on the first night, and looks as if she had seen better days."

"I know that look. It depresses me," murmured Lord Henry, examining his rings.

"The Jew wanted to tell me her history, but I said it did not interest me."

"You were quite right. There is always something infinitely mean about other people's tragedies."

– Le troisième soir. Elle avait joué Rosalinde. Je ne pouvais m'y décider. Je lui avais jeté des fleurs et elle m'avait regardé, du moins je me le figurais. Le vieux juif insistait. Il se montra résolu à me conduire sur le théâtre, si bien que je consentis. C'est curieux, n'est-ce pas, ce désir de ne pas faire sa connaissance?

– Non, je ne trouve pas.

– Mon cher Harry, pourquoi donc?

– Je vous le dirai une autre fois. Pour le moment je voudrais savoir ce qu'il advint de la petite?

– Sibyl? Oh! elle était si timide, si charmante. Elle est comme une enfant; ses yeux s'ouvraient tout grands d'étonnement lorsque je lui parlais de son talent; elle semble tout à fait inconsciente de son pouvoir. Je crois que nous étions un peu énervés. Le vieux juif grima-çait dans le couloir du foyer poussiéreux, pérorant sur notre compte, tandis que nous restions à nous regarder comme des enfants. Il s'obstinait à m'appeler « my lord » et je fus obligé d'assurer à Sibyl que je n'étais rien de tel. Elle me dit simplement: « Vous avez bien plutôt l'air d'un prince, je veux vous appeler le prince Charmant. »

– Ma parole, Dorian, miss Sibyl sait tourner un compliment!

– Vous ne la comprenez pas, Harry. Elle me considérait comme un héros de théâtre. Elle ne sait rien de la vie. Elle vit avec sa mère, une vieille femme flétrie qui jouait le premier soir Lady Capulet dans une sorte de peignoir rouge magenta, et semblait avoir connu des jours meilleurs.

– Je connais cet air-là. Il me décourage, murmura lord Harry, en examinant ses bagues.

– Le juif voulait me raconter son histoire, mais je lui dis qu'elle ne m'intéressait pas.

– Vous avez eu raison. Il y a quelque chose d'infiniment mesquin dans les tragédies des autres.

"Sibyl is the only thing I care about. What is it to me where she came from? From her little head to her little feet, she is absolutely and entirely divine. Every night of my life I go to see her act, and every night she is more marvellous."

"That is the reason, I suppose, that you never dine with me now. I thought you must have some curious romance on hand. You have; but it is not quite what I expected."

"My dear Harry, we either lunch or sup together every day, and I have been to the opera with you several times," said Dorian, opening his blue eyes in wonder.

"You always come dreadfully late."

"Well, I can't help going to see Sibyl play," he cried, "even if it is only for a single act. I get hungry for her presence; and when I think of the wonderful soul that is hidden away in that little ivory body, I am filled with awe."

"You can dine with me to-night, Dorian, can't you?"

He shook his head. "To-night she is Imogen," he answered, "and to-morrow night she will be Juliet."

"When is she Sibyl Vane?"

"Never."

"I congratulate you."

"How horrid you are! She is all the great heroines of the world in one. She is more than an individual. You laugh, but I tell you she has genius. I love her, and I must make her love me. You, who know all the secrets of life, tell me how to charm Sibyl Vane to love me! I want to make Romeo jealous. I want the dead lovers of the world to hear our laughter and grow sad. I want a breath of our passion to stir their dust into consciousness, to wake their ashes into pain. My God, Harry, how I worship her!" He was walking up and down the room as he spoke. Hectic spots of red burned on his cheeks. He was terribly excited.

– Sibyl est le seul être qui m'intéresse. Que m'importe d'où elle vient? De sa petite tête à son pied mignon, elle est divine, absolument. Chaque soir de ma vie, je vais la voir jouer et chaque soir elle est plus merveilleuse.

– Voilà pourquoi, sans doute, vous ne dînez plus jamais avec moi. Je pensais bien que vous aviez quelque roman en train; je ne me trompais pas, mais ça n'est pas tout à fait ce que j'attendais.

– Mon cher Harry, nous déjeunons ou nous soupons tous les jours ensemble, et j'ai été à l'Opéra avec vous plusieurs fois, dit Dorian ouvrant ses yeux bleus étonnés.

– Vous venez toujours si horriblement tard.

– Mais je ne puis m'empêcher d'aller voir jouer Sibyl, s'écria-t-il, même pour un seul acte. J'ai faim de sa présence; et quand je songe à l'âme merveilleuse qui se cache dans ce petit corps d'ivoire, je suis rempli d'angoisse!

– Vous pouvez dîner avec moi ce soir, Dorian, n'est-ce pas?

Il secoua la tête. – Ce soir elle est Imogène, répondit-il, et demain elle sera Juliette.

– Quand est-elle Sibyl Vane?

– Jamais.

– Je vous en félicite.

– Comme vous êtes méchant! Elle est toutes les grandes héroïnes du monde en une seule personne. Elle est plus qu'une individualité. Vous riez, je vous ai dit qu'elle avait du génie. Je l'aime; il faut que je me fasse aimer d'elle. Vous qui connaissez tous les secrets de la vie, dites-moi comment faire pour que Sibyl Vane m'aime! Je veux rendre Roméo jaloux! Je veux que tous les amants de jadis nous entendent rire et en deviennent tristes! Je veux qu'un souffle de notre passion ranime leurs cendres, le réveille dans leur peine! Mon Dieu! Harry, comme je l'adore! Il allait et venait dans la pièce en marchant; des taches rouges de fièvre enflammaient ses joues. Il était terriblement surexcité.

Lord Henry watched him with a subtle sense of pleasure. How different he was now from the shy frightened boy he had met in Basil Hallward's studio! His nature had developed like a flower, had borne blossoms of scarlet flame. Out of its secret hiding-place had crept his soul, and desire had come to meet it on the way.

"And what do you propose to do?" said Lord Henry at last.

"I want you and Basil to come with me some night and see her act. I have not the slightest fear of the result. You are certain to acknowledge her genius. Then we must get her out of the Jew's hands. She is bound to him for three years--at least for two years and eight months-- from the present time. I shall have to pay him something, of course. When all that is settled, I shall take a West End theatre and bring her out properly. She will make the world as mad as she has made me."

"That would be impossible, my dear boy."

"Yes, she will. She has not merely art, consummate art-instinct, in her, but she has personality also; and you have often told me that it is personalities, not principles, that move the age."

"Well, what night shall we go?"

"Let me see. To-day is Tuesday. Let us fix to-morrow. She plays Juliet to-morrow."

"All right. The Bristol at eight o'clock; and I will get Basil."

"Not eight, Harry, please. Half-past six. We must be there before the curtain rises. You must see her in the first act, where she meets Romeo."

"Half-past six! What an hour! It will be like having a meat-tea, or reading an English novel. It must be seven. No gentleman dines before seven. Shall you see Basil between this and then? Or shall I write to him?"

Lord Henry le regardait avec un subtil sentiment du plaisir. Comme il était différent, maintenant, du jeune garçon timide, apeuré, qu'il avait rencontré dans l'atelier de Basil Hall-ward. Son naturel s'était développé comme une fleur, épanoui en ombelles d'écarlate. Son âme était sortie de sa retraite cachée, et le désir l'avait rencontrée.

– Et que vous proposez-vous de faire, dit lord Henry, enfin.

– Je voudrais que vous et Basil veniez avec moi la voir jouer un de ces soirs. Je n'ai pas le plus léger doute du résultat. Vous reconnaîtrez certainement son talent. Alors nous la retire-rons des mains du juif. Elle est engagée avec lui pour trois ans, au moins pour deux ans et huit mois à présent. J'aurai quelque chose a payer, sans doute. Quand cela sera fait, je prendrai un théâtre du West-End et je la produirai convenablement. Elle rendra le monde aussi fou que moi.

– Cela serait impossible, mon cher enfant.

– Oui, elle le fera. Elle n'a pas que du talent, que l'instinct consommé de l'art, elle a aussi une vraie personnalité et vous m'avez dit souvent que c'étaient les personnalités et non les talents qui remuaient leur époque.

– Bien, quand irons-nous?

– Voyons, nous sommes mardi aujourd'hui. Demain! Elle joue Juliette demain.

– Très bien, au Bristol à huit heures. J'amènerai Basil.

– Non, pas huit heures, Harry, s'il vous plaît. Six heures et demie. Il faut que nous soyons là avant le lever du rideau. Nous devons la voir dans le premier acte, quand elle ren-contre Roméo.

– Six heures et demie! En voilà une heure! Ce sera comme pour un thé ou une lecture de roman anglais. Mettons sept heures. Aucun gentleman ne dîne avant sept heures. Verrez-vous Basil ou dois-je lui écrire?

"Dear Basil! I have not laid eyes on him for a week. It is rather horrid of me, as he has sent me my portrait in the most wonderful frame, specially designed by himself, and, though I am a little jealous of the picture for being a whole month younger than I am, I must admit that I delight in it. Perhaps you had better write to him. I don't want to see him alone. He says things that annoy me. He gives me good advice."

Lord Henry smiled. "People are very fond of giving away what they need most themselves. It is what I call the depth of generosity."

"Oh, Basil is the best of fellows, but he seems to me to be just a bit of a Philistine. Since I have known you, Harry, I have discovered that."

"Basil, my dear boy, puts everything that is charming in him into his work. The consequence is that he has nothing left for life but his prejudices, his principles, and his common sense. The only artists I have ever known who are personally delightful are bad artists. Good artists exist simply in what they make, and consequently are perfectly uninteresting in what they are. A great poet, a really great poet, is the most unpoetical of all creatures. But inferior poets are absolutely fascinating. The worse their rhymes are, the more picturesque they look. The mere fact of having published a book of second-rate sonnets makes a man quite irresistible. He lives the poetry that he cannot write. The others write the poetry that they dare not realize."

"I wonder is that really so, Harry?" said Dorian Gray, putting some perfume on his handkerchief out of a large, gold-topped bottle that stood on the table. "It must be, if you say it. And now I am off. Imogen is waiting for me. Don't forget about to-morrow. Good-bye."

– Cher Basil! je ne l'ai pas vu depuis une semaine. C'est vraiment mal à moi, car il m'a envoyé mon portrait dans un merveilleux cadre, spécialement dessiné par lui, et quoique je sois un peu jaloux de la peinture qui est d'un mois plus jeune que moi, je dois reconnaître que je m'en délecte. Peut-être vaudrait-il mieux que vous lui écriviez, je ne voudrais pas le voir seul. Il me dit des choses qui m'ennuient, il me donne de bons conseils.

Lord Henry sourit: – On aime beaucoup à se débarrasser de ce dont on a le plus besoin. C'est ce que j'appelle l'abîme de la générosité.

– Oh! Basil est le meilleur de mes camarades, mais il me semble un peu philistin. De-puis que je vous connais, Harry, j'ai découvert cela.

– Basil, mon cher enfant, met tout ce qu'il y a de charmant en lui, dans ses œuvres. La conséquence en est qu'il ne garde pour sa vie que ses préjugés, ses principes et son sens commun. Les seuls artistes que j'aie connus et qui étaient personnellement délicieux étaient de mauvais artistes. Les vrais artistes n'existent que dans ce qu'ils font et ne présentent par suite aucun intérêt en eux-mêmes. Un grand poète, un vrai grand poète, est le plus prosaïque des êtres. Mais les poètes inférieurs sont les plus charmeurs des hommes. Plus ils riment mal, plus ils sont pittoresques. Le simple fait d'avoir publié un livre de sonnets de second ordre, rend un homme parfaitement irrésistible. Il vit le poème qu'il ne peut écrire; les autres écrivent le poème qu'ils n'osent réaliser.

– Je crois que c'est vraiment ainsi, Harry? dit Dorian Gray parfumant son mouchoir à un gros flacon au bouchon d'or qui se trouvait sur la table. Cela doit être puisque vous le dites. Et maintenant je m'en vais. Imogène m'attend, n'oubliez pas pour demain... Au revoir.

As he left the room, Lord Henry's heavy eyelids drooped, and he began to think. Certainly few people had ever interested him so much as Dorian Gray, and yet the lad's mad adoration of some one else caused him not the slightest pang of annoyance or jealousy. He was pleased by it. It made him a more interesting study. He had been always enthralled by the methods of natural science, but the ordinary subject-matter of that science had seemed to him trivial and of no import.

And so he had begun by vivisecting himself, as he had ended by vivisecting others. Human life--that appeared to him the one thing worth investigating. Compared to it there was nothing else of any value. It was true that as one watched life in its curious crucible of pain and pleasure, one could not wear over one's face a mask of glass, nor keep the sulphurous fumes from troubling the brain and making the imagination turbid with monstrous fancies and misshapen dreams. There were poisons so subtle that to know their properties one had to sicken of them. There were maladies so strange that one had to pass through them if one sought to understand their nature. And, yet, what a great reward one received! How wonderful the whole world became to one! To note the curious hard logic of passion, and the emotional coloured life of the intellect--to observe where they met, and where they separated, at what point they were in unison, and at what point they were at discord--there was a delight in that! What matter what the cost was? One could never pay too high a price for any sensation.

Dès qu'il fut parti, les lourdes paupières de lord Henry se baissèrent et il se mit il à ré-fléchir. Certes, peu d'êtres l'avaient jamais intéressé au même point que Dorian Gray et même la passion de l'adolescent pour quelque autre lui causait une affre légère d'ennui ou de jalou-sie. Il en était content. Il se devenait à lui-même ainsi un plus intéressant sujet d'études. Il avait toujours été dominé par le goût des sciences, mais les sujets ordinaires des sciences naturelles lui avaient paru vulgaires et sans intérêt.

De sorte qu'il avait commencé à s'analyser lui-même et finissait par analyser les autres. La vie humaine, voilà ce qui paraissait la seule chose digne d'investigation. Nulle autre chose par comparaison, n'avait la moindre valeur. C'était vrai que quiconque regardait la vie et son étrange creuset de douleurs et de joies, ne pouvait supporter sur sa face le masque de verre du chimiste, ni empêcher les vapeurs sulfu-reuses de troubler son cerveau et d'embuer son imagination de monstrueuses fantaisies et de rêves difformes. Il y avait des poisons si subtils que pour connaître leurs propriétés, il fallait les éprouver soi-même. Il y avait des maladies si étranges qu'il fallait les avoir supportées pour en arriver à comprendre leur nature. Et alors, quelle récompense! Combien merveilleux devenait le monde entier! Noter l'âpre et étrange logique des passions, la vie d'émotions et de couleurs de l'intelligence, observer où elles se rencontrent et où elles se séparent, comment elles vinrent à l'unisson et comment elles discordent, il y avait à cela une véritable jouissance! Qu'en importait le prix? On ne pouvait jamais payer trop cher de telles sensations.

He was conscious--and the thought brought a gleam of pleasure into his brown agate eyes--that it was through certain words of his, musical words said with musical utterance, that Dorian Gray's soul had turned to this white girl and bowed in worship before her. To a large extent the lad was his own creation. He had made him premature. That was something. Ordinary people waited till life disclosed to them its secrets, but to the few, to the elect, the mysteries of life were revealed before the veil was drawn away. Sometimes this was the effect of art, and chiefly of the art of literature, which dealt immediately with the passions and the intellect. But now and then a complex personality took the place and assumed the office of art, was indeed, in its way, a real work of art, life having its elaborate masterpieces, just as poetry has, or sculpture, or painting.

Yes, the lad was premature. He was gathering his harvest while it was yet spring. The pulse and passion of youth were in him, but he was becoming self-conscious. It was delightful to watch him. With his beautiful face, and his beautiful soul, he was a thing to wonder at. It was no matter how it all ended, or was destined to end. He was like one of those gracious figures in a pageant or a play, whose joys seem to be remote from one, but whose sorrows stir one's sense of beauty, and whose wounds are like red roses.

Il avait conscience – et cette pensée faisait étinceler de plaisir ses yeux d'agate brune – que c'était à cause de certains mots de lui, des mots musicaux, dits sur un ton musical que l'âme de Dorian Gray s'était tournée vers cette blanche jeune fille et était tombée en adoration devant elle. L'adolescent était en quelque sorte sa propre création. Il l'avait fait s'ouvrir pré-maturément à la vie. Cela était bien quelque chose. Les gens ordinaires attendent que la vie leur découvre elle-même ses secrets, mais au petit nombre, à l'élite, ses mystères étaient révélés avant que le voile en fût arraché. Quelquefois c'était un effet de l'art, et particulièrement de la littérature qui s'adresse directement aux passions et à l'intelligence. Mais de temps en temps, une personnalité complexe prenait la place de l'art, devenait vraiment ainsi en son genre une véritable œuvre d'art, la vie ayant ses chefs-d'œuvre, tout comme la poésie, la sculpture ou la peinture.

Oui, l'adolescent était précoce. Il moissonnait au printemps. La poussée de la passion et de la jeunesse était en lui, mais il devenait peu à peu conscient de lui-même. C'était une joie de l'observer. Avec sa belle figure et sa belle âme, il devait faire rêver. Pourquoi s'inquiéter de la façon dont cela finirait, ou si cela, même devait avoir une fin!... Il était comme une de ses gracieuses figures d'un spectacle, dont les joies nous sont étrangères, mais dont les chagrin nous éveillent au sentiment de la beauté, et dont les blessures sont comme des roses rouges.

Soul and body, body and soul--how mysterious they were! There was animalism in the soul, and the body had its moments of spirituality. The senses could refine, and the intellect could degrade. Who could say where the fleshly impulse ceased, or the psychical impulse began? How shallow were the arbitrary definitions of ordinary psychologists! And yet how difficult to decide between the claims of the various schools! Was the soul a shadow seated in the house of sin? Or was the body really in the soul, as Giordano Bruno thought? The separation of spirit from matter was a mystery, and the union of spirit with matter was a mystery also.

He began to wonder whether we could ever make psychology so absolute a science that each little spring of life would be revealed to us. As it was, we always misunderstood ourselves and rarely understood others. Experience was of no ethical value. It was merely the name men gave to their mistakes. Moralists had, as a rule, regarded it as a mode of warning, had claimed for it a certain ethical efficacy in the formation of character, had praised it as something that taught us what to follow and showed us what to avoid. But there was no motive power in experience. It was as little of an active cause as conscience itself. All that it really demonstrated was that our future would be the same as our past, and that the sin we had done once, and with loathing, we would do many times, and with joy.

L'âme et le corps, le corps et l'âme, quels mystères! Il y a de l'animalité dans l'âme, et le corps a ses moments de spiritualité. Les sens peuvent s'affiner et l'intelligence se dégrader. Qui pourrait dire où cessent les impulsions de la chair et où commencent les suggestions psychiques. Combien sont bornées les arbitraires définitions des psychologues! Et quelle difficulté de décider entre les prétentions des diverses écoles! L'âme était-elle une ombre recluse dans la maison du péché! Ou bien le corps ne faisait-il réellement qu'un avec l'âme, comme le pensait Giordano Bruno. La séparation de l'esprit et de la matière était un mystère et c'était un mystère aussi que l'union de la matière et de l'esprit.

Il se demandait comment nous tentions de faire de la psychologie une science si abso-lue qu'elle pût nous révéler les moindres ressorts de la vie... À la vérité, nous nous trompons constamment nous-mêmes et nous comprenons rarement les autres. L'expérience n'a pas de valeur éthique. C'est seulement le nom que les hommes donnent à leurs erreurs. Les moralistes l'ont regardée d'ordinaire comme une manière d'avertissement, ont réclamé pour elle une efficacité éthique dans la formation des caractères, l'ont vantée comme quelque chose qui nous apprenait ce qu'il fallait suivre, et nous montrait ce que nous devions éviter. Mais il n'y a aucun pouvoir actif dans l'expérience. Elle est aussi peu de chose comme mobile que la conscience elle-même. Tout ce qui est vraiment démontré, c'est que notre avenir pourra être ce que fut notre passé et que le péché où nous sommes tombés une fois avec dégoût, nous le commettrons encore bien des fois, et avec plaisir.

It was clear to him that the experimental method was the only method by which one could arrive at any scientific analysis of the passions; and certainly Dorian Gray was a subject made to his hand, and seemed to promise rich and fruitful results. His sudden mad love for Sibyl Vane was a psychological phenomenon of no small interest. There was no doubt that curiosity had much to do with it, curiosity and the desire for new experiences, yet it was not a simple, but rather a very complex passion. What there was in it of the purely sensuous instinct of boyhood had been transformed by the workings of the imagination, changed into something that seemed to the lad himself to be remote from sense, and was for that very reason all the more dangerous. It was the passions about whose origin we deceived ourselves that tyrannized most strongly over us. Our weakest motives were those of whose nature we were conscious. It often happened that when we thought we were experimenting on others we were really experimenting on ourselves.

While Lord Henry sat dreaming on these things, a knock came to the door, and his valet entered and reminded him it was time to dress for dinner. He got up and looked out into the street. The sunset had smitten into scarlet gold the upper windows of the houses opposite. The panes glowed like plates of heated metal. The sky above was like a faded rose. He thought of his friend's young fiery-coloured life and wondered how it was all going to end.

When he arrived home, about half-past twelve o'clock, he saw a telegram lying on the hall table. He opened it and found it was from Dorian Gray. It was to tell him that he was engaged to be married to Sibyl Vane.

Il demeurait évident pour lui que la méthode expérimentale était la seule par laquelle on put arriver à quelque analyse scientifique des passions; et Dorian Gray était certainement un sujet fait pour lui et qui semblait promettre de riches et fructueux résultats. Sa passion soudaine pour Sibyl Vane n'était pas un phénomène psychologique de mince intérêt. Sans doute la curiosité y entrait pour une grande part, la curiosité et le désir d'acquérir une nouvelle expérience; cependant ce n'était pas une passion simple mais plutôt une complexe. Ce qu'elle contenait de pur instinct sensuel de puberté avait été transformé par le travail de l'imagination, et changé en quelque chose qui semblait à l'adolescent étranger aux sens et n'en était pour cela que plus dangereux. Les passions sur l'origine desquelles nous nous trompons, nous tyrannisent plus fortement que toutes les autres. Nos plus faibles mobiles sont ceux de la nature desquels nous sommes conscients. Il arrive souvent que lorsque nous pensons faire une expérience sur les autres, nous en faisons une sur nous-mêmes.

Pendant que Lord Henry, assis, rêvait sur ces choses, on frappa à la porte et son do-mestique entra et lui rappela qu'il était temps de s'habiller pour dîner. Il se leva et jeta un coup d'œil dans la rue. Le soleil couchant enflammait de pourpre et d'or les fenêtres hautes des maisons d'en face. Les carreaux étincelaient comme des plaques de métal ardent. Au-dessus, le ciel semblait une rose fanée. Il pensa à la vitalité impétueuse de son jeune ami et se demanda comment tout cela finirait.

Lorsqu'il rentra chez lui, vers minuit et demie, il trouva un télé-gramme sur sa table. Il l'ouvrit et s'aperçut qu'il était de Dorian Gray. Il lui faisait savoir qu'il avait promis le mariage à Sibyl Vane.

Chapter 5

"Mother, Mother, I am so happy!" whispered the girl, burying her face in the lap of the faded, tired-looking woman who, with back turned to the shrill intrusive light, was sitting in the one arm-chair that their dingy sitting-room contained. "I am so happy!" she repeated, "and you must be happy, too!"

Mrs. Vane winced and put her thin, bismuth-whitened hands on her daughter's head. "Happy!" she echoed, "I am only happy, Sibyl, when I see you act. You must not think of anything but your acting. Mr. Isaacs has been very good to us, and we owe him money."

The girl looked up and pouted. "Money, Mother?" she cried, "what does money matter? Love is more than money."

"Mr. Isaacs has advanced us fifty pounds to pay off our debts and to get a proper outfit for James. You must not forget that, Sibyl. Fifty pounds is a very large sum. Mr. Isaacs has been most considerate."

"He is not a gentleman, Mother, and I hate the way he talks to me," said the girl, rising to her feet and going over to the window.

"I don't know how we could manage without him," answered the elder woman querulously.

Sibyl Vane tossed her head and laughed. "We don't want him any more, Mother. Prince Charming rules life for us now." Then she paused. A rose shook in her blood and shadowed her cheeks. Quick breath parted the petals of her lips. They trembled. Some southern wind of passion swept over her and stirred the dainty folds of her dress. "I love him," she said simply.

Chapitre V

– Mère, mère, que je suis contente! soupirait la jeune fille, ensevelissant sa figure dans le tablier de la vieille femme aux traits fatigués et flétris qui, le dos tourné à la claire lumière des fenêtres, était assise dans l'unique fauteuil du petit salon pauvre. Je suis si contente! répétait-elle, il faut que vous soyez contente aussi!

Mme Vane tressaillit et posa ses mains maigres et blanchies au bismuth sur la tête de sa fille. – Contente! répéta-t-elle, je ne suis contente, Sibyl, que lorsque je vous vois jouer. Vous ne devez pas penser à autre chose. Mr Isaacs a été très bon pour nous et nous lui devons de l'argent. La jeune fille leva une tête boudeuse.

– De l'argent! mère, s'écria-t-elle, qu'est-ce que ça veut dire? L'amour vaut mieux que l'argent.

– Mr Isaacs nous a avancé cinquante livres pour payer nos dettes et pour acheter un costume convenable à James. Vous ne devez pas oublier cela, Sibyl. Cinquante livres font une grosse somme. Mr Isaacs a été très aimable.

– Ce n'est pas un gentleman, mère, et je déteste la manière dont il me parle, dit la jeune fille, se levant et se dirigeant vers la fenêtre.

– Je ne sais pas comment nous nous en serions tirés sans lui, répliqua la vieille femme en gémissant.

Sibyl Vane secoua la tête et se mit à rire. – Nous n'aurons plus besoin de lui désormais, mère. Le Prince Charmant s'occupe de nous. Elle s'arrêta; une rougeur secoua son sang et enflamma ses joues. Une respiration ha-letante entr'ouvrit les pétales de ses lèvres tremblantes. Un vent chaud de passion sembla l'envelopper et agiter les plis gracieux de sa robe. – Je l'aime! dit-elle simplement.

"Foolish child! foolish child!" was the parrot-phrase flung in answer. The waving of crooked, false-jewelled fingers gave grotesqueness to the words.

The girl laughed again. The joy of a caged bird was in her voice. Her eyes caught the melody and echoed it in radiance, then closed for a moment, as though to hide their secret. When they opened, the mist of a dream had passed across them.

Thin-lipped wisdom spoke at her from the worn chair, hinted at prudence, quoted from that book of cowardice whose author apes the name of common sense. She did not listen. She was free in her prison of passion. Her prince, Prince Charming, was with her. She had called on memory to remake him. She had sent her soul to search for him, and it had brought him back. His kiss burned again upon her mouth. Her eyelids were warm with his breath.

Then wisdom altered its method and spoke of espial and discovery. This young man might be rich. If so, marriage should be thought of. Against the shell of her ear broke the waves of worldly cunning. The arrows of craft shot by her. She saw the thin lips moving, and smiled.

Suddenly she felt the need to speak. The wordy silence troubled her. "Mother, Mother," she cried, "why does he love me so much? I know why I love him. I love him because he is like what love himself should be. But what does he see in me? I am not worthy of him. And yet--why, I cannot tell--though I feel so much beneath him, I don't feel humble. I feel proud, terribly proud. Mother, did you love my father as I love Prince Charming?"

— Folle enfant! folle enfant! fut la réponse accentuée d'un geste grotesque des doigts recourbés et chargés de faux bijoux de la vieille.

L'enfant rit encore. La joie d'un oiseau en cage était dans sa voix. Ses yeux saisissaient la mélodie et la répercutaient par leur éclat; puis ils se fermaient un instant comme pour garder leur secret. Quand ils s'ouvrirent de nouveau, la brume d'un rêve avait passé sur eux.

La Sagesse aux lèvres minces lui parlait dans le vieux fauteuil, lui soufflant cette prudence inscrite au livre de couardise sous le nom de sens commun. Elle n'écoutait pas. Elle était libre dans la prison de sa passion. Son prince, le Prince Charmant était avec elle. Elle avait recouru à la Mémoire pour le reconstituer. Elle avait envoyé son âme à sa recherche et il était venu. Ses baisers brûlaient ses lèvres. Ses paupières étaient chaudes de son souffle.

Alors la Sagesse changea de méthode et parla d'enquête et d'espionnage. Le jeune homme pouvait être riche, et dans ce cas on pourrait songer au mariage. Contre la coquille de son oreille se mouraient les vagues de la ruse humaine. Les traits astucieux la criblaient. Elle s'aperçut que les lèvres fines remuaient, et elle sourit...

Soudain elle éprouva le besoin de parler. Le monologue de la vieille la gênait. — Mère, mère, s'écria-t-elle, pourquoi m'aime-t-il tant? Moi, je sais pourquoi je l'aime. C'est parce qu'il est tel que pourrait être l'Amour lui-même. Mais que voit-il en moi? Je ne suis pas digne de lui. Et cependant je ne saurais dire pourquoi, tout en me trouvant fort inférieure à lui, je ne me sens pas humble. Je suis fière, extrêmement fière... Mère, aimiez-vous mon père comme j'aime le prince Charmant?

The elder woman grew pale beneath the coarse powder that daubed her cheeks, and her dry lips twitched with a spasm of pain. Sybil rushed to her, flung her arms round her neck, and kissed her. "Forgive me, Mother. I know it pains you to talk about our father. But it only pains you because you loved him so much. Don't look so sad. I am as happy to-day as you were twenty years ago. Ah! let me be happy for ever!"

"My child, you are far too young to think of falling in love. Besides, what do you know of this young man? You don't even know his name. The whole thing is most inconvenient, and really, when James is going away to Australia, and I have so much to think of, I must say that you should have shown more consideration. However, as I said before, if he is rich . . ."

"Ah! Mother, Mother, let me be happy!"

Mrs. Vane glanced at her, and with one of those false theatrical gestures that so often become a mode of second nature to a stage-player, clasped her in her arms. At this moment, the door opened and a young lad with rough brown hair came into the room. He was thick-set of figure, and his hands and feet were large and somewhat clumsy in movement. He was not so finely bred as his sister. One would hardly have guessed the close relationship that existed between them. Mrs. Vane fixed her eyes on him and intensified her smile. She mentally elevated her son to the dignity of an audience. She felt sure that the tableau was interesting.

"You might keep some of your kisses for me, Sibyl, I think," said the lad with a good-natured grumble.

"Ah! but you don't like being kissed, Jim," she cried. "You are a dreadful old bear." And she ran across the room and hugged him.

James Vane looked into his sister's face with tenderness. "I want you to come out with me for a walk, Sibyl. I don't suppose I shall ever see this horrid London again. I am sure I don't want to."

La vieille femme pâlit sous la couche de poudre qui couvrait ses joues, et ses lèvres desséchées se tordirent dans un effort douloureux. Sibyl courut à elle, entoura son cou de ses bras et l'embrassa. – Pardon, mère, je sais que cela vous peine de parler de notre père. Mais ce n'est que parce que vous l'aimiez trop. Ne soyez pas si triste. Je suis aussi heureuse aujourd'hui que vous l'étiez il y a vingt ans. Ah! puissé-je être toujours heureuse!

– Mon enfant, vous êtes beaucoup trop jeune pour songer à l'amour. Et puis, que savez-vous de ce jeune homme? Vous ignorez même son nom. Tout cela est bien fâcheux et vraiment, au moment où James va partir en Australie et où j'ai tant de soucis, je trouve que vous devriez vous montrer moins inconsidérée. Cependant, comme je l'ai déjà dit, s'il est riche...

– Ah! mère, mère! laissez-moi être heureuse!

Mme Vane la regarda et avec un de ses faux gestes scéniques qui deviennent si souvent comme une seconde nature chez les acteurs, elle serra sa fille entre ses bras. À ce moment, la porte s'ouvrit et un jeune garçon aux cheveux bruns hérissés entra dans la chambre. Il avait la figure pleine, de grands pieds et de grandes mains et quelque chose de brutal dans ses mou-vements. Il n'avait pas la distinction de sa sœur. On eût eu peine à croire à la proche parenté qui les unissait. Mme Vane fixa les yeux sur lui et accentua son sourire. Elle élevait mentalement son fils à la dignité d'un auditoire. Elle était certaine que ce tableau devait être touchant.

– Vous devriez garder un peu de vos baisers pour moi, Sibyl, dit le jeune homme avec un grognement amical.

– Ah! mais vous n'aimez pas qu'on vous embrasse, Jim, s'écria-t-elle; vous êtes un vilain vieil ours. Et elle se mit à courir dans la chambre et à le pincer.

James Vane regarda sa sœur avec tendresse. – Je voudrais que vous veniez vous promener avec moi, Sibyl. Je crois bien que je ne reverrai plus jamais ce vilain Londres et certes je n'y tiens pas.

"My son, don't say such dreadful things," murmured Mrs. Vane, taking up a tawdry theatrical dress, with a sigh, and beginning to patch it. She felt a little disappointed that he had not joined the group. It would have increased the theatrical picturesqueness of the situation.

"Why not, Mother? I mean it."

"You pain me, my son. I trust you will return from Australia in a position of affluence. I believe there is no society of any kind in the Colonies-- nothing that I would call society--so when you have made your fortune, you must come back and assert yourself in London."

"Society!" muttered the lad. "I don't want to know anything about that. I should like to make some money to take you and Sibyl off the stage. I hate it."

"Oh, Jim!" said Sibyl, laughing, "how unkind of you! But are you really going for a walk with me? That will be nice! I was afraid you were going to say good-bye to some of your friends-- to Tom Hardy, who gave you that hideous pipe, or Ned Langton, who makes fun of you for smoking it. It is very sweet of you to let me have your last afternoon. Where shall we go? Let us go to the park."

"I am too shabby," he answered, frowning. "Only swell people go to the park."

"Nonsense, Jim," she whispered, stroking the sleeve of his coat.

He hesitated for a moment. "Very well," he said at last, "but don't be too long dressing." She danced out of the door. One could hear her singing as she ran upstairs. Her little feet pattered overhead.

He walked up and down the room two or three times. Then he turned to the still figure in the chair. "Mother, are my things ready?" he asked.

— Mon fils, ne dites pas d'aussi tristes choses, murmura Mme Vane, ramassant en sou-pirant un prétentieux costume de théâtre et en se mettant à le raccommoder. Elle était un peu désappointée de ce qu'il était arrivé trop tard pour se joindre au groupe de tout à l'heure. Il aurait augmenté le pathétique de la situation.

— Pourquoi pas, mère, je le pense.

— Vous me peinez, mon fils. J'espère que vous reviendrez d'Australie avec une belle position. Je crois qu'il n'y a aucune société dans les colonies ou rien de ce qu'on peut appeler une société, aussi quand vous aurez fait fortune, reviendrez-vous prendre votre place à Londres.

— La société, murmura le jeune homme... Je ne veux rien en connaître. Je voudrais ga-gner assez d'argent pour vous faire quitter le théâtre, vous et Sibyl. Je le hais.

— Oh! Jim! dit Sibyl en riant, que vous êtes peu aimable! Mais venez-vous réellement promener avec moi. Ce serait gentil! Je craignais que vous n'alliez dire au revoir à quelques-uns de vos amis, à Tom Hard, qui vous a donné cette horrible pipe, ou à Ned Langton qui se moque de vous quand vous la fumez. C'est très aimable de votre part de m'avoir conservé votre dernière après-midi. Où irons-nous? Si nous allions au Parc!

— Je suis trop râpé, répliqua-t-il en se renfrognant. Il n'y a que les gens chics qui vont au Parc.

— Quelle bêtise, Jim, soupira-t-elle en passant la main sur la manche de son veston.

Il hésita un moment. — Je veux bien, dit-il enfin, mais ne soyez pas trop longtemps à votre toilette. Elle sortit en dansant... On put l'entendre chanter en montant l'escalier et ses petits pieds trottinèrent au-dessus...

Il parcourut la chambre deux ou trois fois. Puis se tournant vers la vieille, immobile dans son fauteuil: — Mère, mes affaires sont-elles préparées? demanda-t-il.

"Quite ready, James," she answered, keeping her eyes on her work. For some months past she had felt ill at ease when she was alone with this rough stern son of hers. Her shallow secret nature was troubled when their eyes met. She used to wonder if he suspected anything. The silence, for he made no other observation, became intolerable to her. She began to complain. Women defend themselves by attacking, just as they attack by sudden and strange surrenders. "I hope you will be contented, James, with your sea-faring life," she said. "You must remember that it is your own choice. You might have entered a solicitor's office. Solicitors are a very respectable class, and in the country often dine with the best families."

"I hate offices, and I hate clerks," he replied. "But you are quite right. I have chosen my own life. All I say is, watch over Sibyl. Don't let her come to any harm. Mother, you must watch over her."

"James, you really talk very strangely. Of course I watch over Sibyl."

"I hear a gentleman comes every night to the theatre and goes behind to talk to her. Is that right? What about that?"

"You are speaking about things you don't understand, James. In the profession we are accustomed to receive a great deal of most gratifying attention. I myself used to receive many bouquets at one time. That was when acting was really understood. As for Sibyl, I do not know at present whether her attachment is serious or not. But there is no doubt that the young man in question is a perfect gentleman. He is always most polite to me. Besides, he has the appearance of being rich, and the flowers he sends are lovely."

"You don't know his name, though," said the lad harshly.

– Tout est prêt, James, répondit-elle, les yeux sur son ouvrage. Pendant des mois elle s'était sentie mal à l'aise lorsqu'elle se trouvait seule avec ce fils, dur et sévère. Sa légèreté naturelle se troublait lorsque leurs yeux se rencontraient. Elle se demandait toujours s'il ne soupçonnait rien. Comme il ne faisait aucune observation, le silence lui devint intolérable. Elle commença à geindre. Les femmes se défendent en attaquant, de même qu'elles attaquent par d'étranges et soudaines défaites. – J'espère que vous serez satisfait de votre existence d'outre-mer, James, dit-elle. Il faut vous souvenir que vous l'avez choisie vous-même. Vous auriez pu entrer dans l'étude d'un avoué. Les avoués sont une classe très respectable et souvent, à la campagne, ils dî-nent dans les meilleures familles.

– Je hais les bureaux et je hais les employés, répliqua-t-il. Mais vous avez tout à fait raison. J'ai choisi moi-même mon genre de vie. Tout ce que je puis vous dire, c'est de veiller sur Sibyl. Ne permettez pas qu'il lui arrive malheur. Mère, il faut que vous veilliez sur elle.

– James, vous parlez étrangement. Sans doute, je veille sur Sibyl.

– J'ai entendu dire qu'un monsieur venait chaque soir au théâtre et passait dans la cou-lisse pour lui parler. Est-ce bien? Qu'est-ce que cela veut dire?

– Vous parlez de choses que vous ne comprenez pas, James. Dans notre profession, nous sommes habituées à recevoir beaucoup d'hommages. Moi-même, dans le temps, j'ai reçu bien des fleurs. C'était lorsque notre art était vraiment compris. Quant à Sibyl, je ne puis encore savoir si son attachement est sérieux ou non. Mais il n'est pas douteux que le jeune homme en question ne soit un parfait gentleman. Il est toujours extrêmement poli avec moi. De plus, il a l'air d'être riche et les fleurs qu'il envoie sont délicieuses.

– Vous ne savez pas son nom pourtant? dit-il âprement.

"No," answered his mother with a placid expression in her face. "He has not yet revealed his real name. I think it is quite romantic of him. He is probably a member of the aristocracy."

James Vane bit his lip. "Watch over Sibyl, Mother," he cried, "watch over her."

"My son, you distress me very much. Sibyl is always under my special care. Of course, if this gentleman is wealthy, there is no reason why she should not contract an alliance with him. I trust he is one of the aristocracy. He has all the appearance of it, I must say. It might be a most brilliant marriage for Sibyl. They would make a charming couple. His good looks are really quite remarkable; everybody notices them."

The lad muttered something to himself and drummed on the window-pane with his coarse fingers. He had just turned round to say something when the door opened and Sibyl ran in.

"How serious you both are!" she cried. "What is the matter?"

"Nothing," he answered. "I suppose one must be serious sometimes. Good-bye, Mother; I will have my dinner at five o'clock. Everything is packed, except my shirts, so you need not trouble."

"Good-bye, my son," she answered with a bow of strained stateliness.

She was extremely annoyed at the tone he had adopted with her, and there was something in his look that had made her feel afraid.

"Kiss me, Mother," said the girl. Her flowerlike lips touched the withered cheek and warmed its frost.

"My child! my child!" cried Mrs. Vane, looking up to the ceiling in search of an imaginary gallery.

"Come, Sibyl," said her brother impatiently. He hated his mother's affectations.

– Non, répondit placidement sa mère. Il n'a pas encore révélé son nom. Je crois que c'est très romanesque de sa part. C'est probablement un membre de l'aristocratie.

James Vane se mordit la lèvre... – Veillez sur Sibyl, mère, s'écria-t-il, veillez sur elle!

– Mon fils, vous me désespérez. Sibyl est toujours sous ma surveillance particulière. Sûrement, si ce gentleman est riche, il n'y a aucune raison pour qu'elle ne contracte pas une alliance avec lui. Je pense que c'est un aristocrate. il en a toutes les apparences, je dois dire. Cela pourrait être un très brillant mariage pour Sibyl. Ils feraient un charmant couple. Ses allures sont tout à fait à son avantage. Tout le monde les a remarquées.

Le jeune homme grommela quelques mots et se mit à tambouriner sur les vitres avec ses doigts épais. Il se retournait pour dire quelque chose lorsque Sibyl entra en courant...

– Comme vous êtes sérieux tous les deux! dit-elle. Qu'y a-t-il?

– Rien, répondit-il, je crois qu'on doit être sérieux quelquefois. Au revoir, mère, je dî-nerai à cinq heures. Tout est emballé excepté mes chemises; aussi ne vous inquiétez pas.

– Au revoir, mon fils, dit-elle avec un salut théâtral.

Elle était très ennuyée du ton qu'il avait pris avec elle et quelque chose dans son regard l'avait effrayée.

– Embrassez-moi, mère, dit la jeune fille. Ses lèvres en fleurs se posèrent sur les joues flétries de la vieille et les ranimèrent.

– Mon enfant! mon enfant! s'écria Mme Vane, les yeux au plafond cherchant une ga-lerie imaginaire.

– Venez, Sibyl, dit le frère impatienté. Il détestait les affectations maternelles.

They went out into the flickering, wind-blown sunlight and strolled down the dreary Euston Road. The passersby glanced in wonder at the sullen heavy youth who, in coarse, ill-fitting clothes, was in the company of such a graceful, refined-looking girl. He was like a common gardener walking with a rose.

Jim frowned from time to time when he caught the inquisitive glance of some stranger. He had that dislike of being stared at, which comes on geniuses late in life and never leaves the commonplace. Sibyl, however, was quite unconscious of the effect she was producing. Her love was trembling in laughter on her lips. She was thinking of Prince Charming, and, that she might think of him all the more, she did not talk of him, but prattled on about the ship in which Jim was going to sail, about the gold he was certain to find, about the wonderful heiress whose life he was to save from the wicked, red-shirted bushrangers. For he was not to remain a sailor, or a supercargo, or whatever he was going to be. Oh, no! A sailor's existence was dreadful. Fancy being cooped up in a horrid ship, with the hoarse, hump-backed waves trying to get in, and a black wind blowing the masts down and tearing the sails into long screaming ribands!

Ils sortirent et descendirent la triste Euston Road. Une légère brise s'élevait; le soleil brillait gaiement. Les passants avaient l'air étonnés de voir ce lourdaud vêtu d'habits râpés en compagnie d'une aussi gracieuse et distinguée jeune fille. C'était comme un jardinier rustaud marchant une rose à la main.

Jim fronçait les sourcils de temps en temps lorsqu'il saisissait le regard inquisiteur de quelque passant. Il éprouvait cette aversion d'être regardé qui ne vient que tard dans la vie aux hommes célèbres et qui ne quitte jamais le vulgaire. Sibyl, cependant était parfaitement in-consciente de l'effet qu'elle produisait. Son amour épanouissait ses lèvres en sourires. Elle pensait au Prince Charmant et pour pouvoir d'autant plus y rêver, elle n'en parlait pas, mais babillait, parlant du bateau où Jim allait s'embarquer, de l'or qu'il découvrirait sûrement et de la merveilleuse héritière à qui il sauverait la vie en l'arrachant aux méchants bushrangers aux chemises rouges. Car il ne serait pas toujours marin, ou commis maritime ou rien de ce qu'il allait bientôt être. Oh non! L'existence d'un marin est trop triste. Être claquemuré dans un affreux bateau, avec les vagues bossues et rauques qui cherchent à vous envahir, et un vilain vent noir qui renverse les mâts et déchire les voiles en longues et sifflantes lanières!

He was to leave the vessel at Melbourne, bid a polite good-bye to the captain, and go off at once to the gold-fields. Before a week was over he was to come across a large nugget of pure gold, the largest nugget that had ever been discovered, and bring it down to the coast in a waggon guarded by six mounted policemen. The bushrangers were to attack them three times, and be defeated with immense slaughter. Or, no. He was not to go to the gold-fields at all. They were horrid places, where men got intoxicated, and shot each other in bar-rooms, and used bad language. He was to be a nice sheep-farmer, and one evening, as he was riding home, he was to see the beautiful heiress being carried off by a robber on a black horse, and give chase, and rescue her. Of course, she would fall in love with him, and he with her, and they would get married, and come home, and live in an immense house in London. Yes, there were delightful things in store for him. But he must be very good, and not lose his temper, or spend his money foolishly. She was only a year older than he was, but she knew so much more of life. He must be sure, also, to write to her by every mail, and to say his prayers each night before he went to sleep. God was very good, and would watch over him. She would pray for him, too, and in a few years he would come back quite rich and happy.

The lad listened sulkily to her and made no answer. He was heart-sick at leaving home.

Il quitte-rait le navire à Melbourne, saluerait poliment le capitaine et irait d'abord aux placers. Avant une semaine il trouverait une grosse pépite d'or, la plus grosse qu'on ait découverte et l'apporterait à la côte dans une voiture gardée par six policemen à cheval. Les bushrangers les attaqueraient trois fois et seraient battus avec un grand carnage... Ou bien, non, il n'irait pas du tout aux placers. C'étaient de vilains endroits où les hommes s'enivrent et se tuent dans les bars, et parlent si mal! Il serait un superbe éleveur, et un soir qu'il rentrerait chez lui dans sa voiture, il rencontrerait la belle héritière qu'un voleur serait en train d'enlever sur un cheval noir; il lui donnerait la chasse et la sauverait. Elle deviendrait sûrement amoureuse de lui; ils se marieraient et reviendraient à Londres où ils habiteraient une maison magnifique. Oui, il aurait des aventures charmantes. Mais il faudrait qu'il se conduisît bien, n'usât point sa santé et ne dépensât pas follement son argent. Elle n'avait qu'un an de plus que lui, mais elle con-naissait tant la vie! Il faudrait aussi qu'il lui écrivît à chaque courrier et qu'il dît ses prières tous les soirs avant de se coucher. Dieu était très bon et veillerait sur lui. Elle prierait aussi pour lui, et dans quelques années il reviendrait parfaitement riche et heureux.

Le jeune homme l'écoutait avec maussaderie, et ne répondait rien. Il était plein de la tristesse de quitter son home.

Yet it was not this alone that made him gloomy and morose. Inexperienced though he was, he had still a strong sense of the danger of Sibyl's position. This young dandy who was making love to her could mean her no good. He was a gentleman, and he hated him for that, hated him through some curious race-instinct for which he could not account, and which for that reason was all the more dominant within him. He was conscious also of the shallowness and vanity of his mother's nature, and in that saw infinite peril for Sibyl and Sibyl's happiness. Children begin by loving their parents; as they grow older they judge them; sometimes they forgive them.

His mother! He had something on his mind to ask of her, something that he had brooded on for many months of silence. A chance phrase that he had heard at the theatre, a whispered sneer that had reached his ears one night as he waited at the stage-door, had set loose a train of horrible thoughts. He remembered it as if it had been the lash of a hunting-crop across his face. His brows knit together into a wedgelike furrow, and with a twitch of pain he bit his underlip.

"You are not listening to a word I am saying, Jim," cried Sibyl, "and I am making the most delightful plans for your future. Do say something."

"What do you want me to say?"

"Oh! that you will be a good boy and not forget us," she answered, smiling at him.

He shrugged his shoulders. "You are more likely to forget me than I am to forget you, Sibyl."

She flushed. "What do you mean, Jim?" she asked.

"You have a new friend, I hear. Who is he? Why have you not told me about him? He means you no good."

"Stop, Jim!" she exclaimed. "You must not say anything against him. I love him."

"Why, you don't even know his name," answered the lad. "Who is he? I have a right to know."

Encore n'était-ce pas tout cela qui le rendait soucieux et morose. Tout inexpérimenté qu'il fut, il avait un vif sentiment des dangers de la position de Sibyl. Le jeune dandy qui lui fait la cour ne lui disait rien de bon. C'était un gentleman et il le détestait pour cela, par un curieux instinct de race dont il ne pouvant lui-même se rendre compte, et qui pour cette raison le dominait d'autant plus. Il connaissait aussi la futilité et la vanité de sa mère et il y voyait un péril pour Sibyl et pour le bonheur de celle-ci. Les enfants commencent par aimer leurs pa-rents; en vieillissant ils les jugent; quelquefois ils les oublient.

Sa mère! Il avait en lui-même une question à résoudre à propos d'elle, une question qu'il couvait depuis des mois de silence. Une phrase hasardée qu'il avait entendue au théâtre, un ricanement étouffé qu'il avait saisi un soir en attendant à la porte des coulisses, lui avaient suggéré d'horribles pensées. Tout cela lui revenait à l'esprit comme un coup de fouet en pleine figure. Ses sourcils se rejoignirent dans une contraction involontaire, et dans un spasme douloureux, il se mordit la lèvre inférieure.

– Vous n'écoutez pas un mot de ce que je dis, Jim, s'écria Sibyl, et je fais les plans les plus magnifiques sur votre avenir. Dites-donc quelque chose...

– Que voulez-vous que je vous dise?

– Oh! que vous serez un bon garçon et que vous ne nous oublierez pas, répondit-elle en lui souriant.

Il haussa les épaules. – Vous êtes bien plus capable de m'oublier que moi de vous oublier, Sibyl.

Elle rougit... – Que voulez-vous dire, Jim?

– Vous avez un nouvel ami, m'a-t-on dit. Qui est-il? Pourquoi ne m'en avez-vous pas encore parlé? Il ne vous veut pas de bien.

– Arrêtez, Jim! s'écria-t-elle; il ne faut rien dire contre lui. Je l'aime!

– Comment, vous ne savez même pas son nom, répondit le jeune homme. Qui est-il? j'ai le droit de le savoir.

"He is called Prince Charming. Don't you like the name. Oh! you silly boy! you should never forget it. If you only saw him, you would think him the most wonderful person in the world. Some day you will meet him--when you come back from Australia. You will like him so much. Everybody likes him, and I ... love him. I wish you could come to the theatre to-night. He is going to be there, and I am to play Juliet. Oh! how I shall play it! Fancy, Jim, to be in love and play Juliet! To have him sitting there! To play for his delight! I am afraid I may frighten the company, frighten or enthrall them. To be in love is to surpass one's self. Poor dreadful Mr. Isaacs will be shouting 'genius' to his loafers at the bar. He has preached me as a dogma; to-night he will announce me as a revelation. I feel it. And it is all his, his only, Prince Charming, my wonderful lover, my god of graces. But I am poor beside him. Poor? What does that matter? When poverty creeps in at the door, love flies in through the window. Our proverbs want rewriting. They were made in winter, and it is summer now; spring-time for me, I think, a very dance of blossoms in blue skies."

"He is a gentleman," said the lad sullenly.

"A prince!" she cried musically. "What more do you want?"

"He wants to enslave you."

"I shudder at the thought of being free."

"I want you to beware of him."

"To see him is to worship him; to know him is to trust him."

"Sibyl, you are mad about him."

— Il s'appelle le Prince Charmant. N'aimez-vous pas ce nom. Méchant garçon, ne l'oubliez jamais. Si vous l'aviez seulement vu, vous l'auriez jugé l'être le plus merveilleux du monde. Un jour vous le rencontrerez quand vous reviendrez d'Australie. Vous l'aimerez beaucoup. Tout le monde l'aime, et moi... je l'adore! Je voudrais que vous puissiez venir au théâtre ce soir. Il y sera et je jouerai Juliette. Oh! comme je jouerai! Pensez donc, Jim! être amoureuse et jouer Juliette! Et le voir assis en face de moi! Jouer pour son seul plaisir! J'ai peur d'effrayer le public, de l'effrayer ou de le subjuguer. Être amoureuse, c'est se surpasser. Ce pauvre Mr Isaacs criera au génie à tous ses fainéants du bar. Il me prêchait comme un dogme; ce soir, il m'annoncera comme une révélation, je le sens. Et c'est son œuvre à lui seul, au Prince Charmant, mon merveilleux amoureux, mon Dieu de grâces. Mais je suis pauvre auprès de lui. Pauvre? Qu'est-ce que ça fait? Quand la pauvreté entre sournoisement par la porte, l'amour s'introduit par la fenêtre. On devrait refaire nos proverbes. Ils ont été inventés en hiver et maintenant voici l'été, c'est le printemps pour moi, je pense, une vraie ronde de fleurs dans le ciel bleu.

— C'est un gentleman, dit le frère revêche.

— Un prince! cria-t-elle musicalement, que voulez-vous de plus?

— Il veut faire de vous une esclave!

— Je frémis à l'idée d'être libre!

— Il faut vous méfier de lui.

— Quand on le voit, on l'estime; quand on le connaît, on le croit.

— Sibyl, vous êtes folle!

She laughed and took his arm. "You dear old Jim, you talk as if you were a hundred. Some day you will be in love yourself. Then you will know what it is. Don't look so sulky. Surely you should be glad to think that, though you are going away, you leave me happier than I have ever been before. Life has been hard for us both, terribly hard and difficult. But it will be different now. You are going to a new world, and I have found one. Here are two chairs; let us sit down and see the smart people go by."

They took their seats amidst a crowd of watchers. The tulip-beds across the road flamed like throbbing rings of fire. A white dust-- tremulous cloud of orris-root it seemed--hung in the panting air. The brightly coloured parasols danced and dipped like monstrous butterflies.

She made her brother talk of himself, his hopes, his prospects. He spoke slowly and with effort. They passed words to each other as players at a game pass counters. Sibyl felt oppressed. She could not communicate her joy. A faint smile curving that sullen mouth was all the echo she could win. After some time she became silent. Suddenly she caught a glimpse of golden hair and laughing lips, and in an open carriage with two ladies Dorian Gray drove past.

She started to her feet. "There he is!" she cried.
"Who?" said Jim Vane.
"Prince Charming," she answered, looking after the victoria.

He jumped up and seized her roughly by the arm. "Show him to me. Which is he? Point him out. I must see him!" he exclaimed; but at that moment the Duke of Berwick's four-in-hand came between, and when it had left the space clear, the carriage had swept out of the park.

"He is gone," murmured Sibyl sadly. "I wish you had seen him."

Elle se mit à rire et lui prit le bras. – Cher vieux Jim, vous parlez comme si vous étiez centenaire. Un jour, vous serez amoureux vous-même, alors vous saurez ce que c'est. N'ayez pas l'air si maussade. Vous devriez sûrement être content de penser que, bien que vous partiez, vous me laissez plus heureuse que je n'ai jamais été. La vie a été dure pour nous, terriblement dure et difficile. Maintenant ce sera différent. Vous allez vers un nouveau monde, et moi j'en ai découvert un!... Voici deux chaises, asseyons-nous et regardons passer tout ce beau monde.

Ils s'assirent au milieu d'un groupe de badauds. Les plants de tulipes semblaient de vi-brantes bagues de feu. Une poussière blanche comme un nuage tremblant d'iris se balançait dans l'air embrasé. Les ombrelles aux couleurs vives allaient et venaient comme de gigan-tesques papillons.

Elle fit parler son frère de lui-même, de ses espérances et de ses projets. Il parlait dou-cement avec effort. Ils échangèrent les paroles comme des joueurs se passent les jetons. Sibyl était oppressée, ne pouvant communiquer sa joie. Un faible sourire ébauché sur des lèvres moroses était tout l'écho qu'elle parvenait à éveiller. Après quelque temps, elle devint silen-cieuse. Soudain elle saisit au passage la vision d'une chevelure dorée et d'une bouche riante, et dans une voiture découverte, Dorian Gray passa en compagnie de deux dames.

Elle bondit sur ses pieds. – Le voici! cria-t-elle.
– Qui? dit Jim Vane.
– Le Prince Charmant! répondit-elle regardant la victoria.

Il se leva vivement et la prenant rudement par le bras:
– Montrez-le moi avec votre doigt! Lequel est-ce? je veux le voir! s'écria-t-il; mais au même moment le mail du duc de Berwick passa devant eux, et lorsque la place fut libre de nouveau, la victoria avait disparu du Parc.

– Il est parti, murmura tristement Sibyl, j'aurais voulu vous le montrer.

"I wish I had, for as sure as there is a God in heaven, if he ever does you any wrong, I shall kill him."

She looked at him in horror. He repeated his words. They cut the air like a dagger. The people round began to gape. A lady standing close to her tittered.

"Come away, Jim; come away," she whispered. He followed her doggedly as she passed through the crowd. He felt glad at what he had said.

When they reached the Achilles Statue, she turned round. There was pity in her eyes that became laughter on her lips. She shook her head at him. "You are foolish, Jim, utterly foolish; a bad-tempered boy, that is all. How can you say such horrible things? You don't know what you are talking about. You are simply jealous and unkind. Ah! I wish you would fall in love. Love makes people good, and what you said was wicked."

"I am sixteen," he answered, "and I know what I am about. Mother is no help to you. She doesn't understand how to look after you. I wish now that I was not going to Australia at all. I have a great mind to chuck the whole thing up. I would, if my articles hadn't been signed."

"Oh, don't be so serious, Jim. You are like one of the heroes of those silly melodramas Mother used to be so fond of acting in. I am not going to quarrel with you. I have seen him, and oh! to see him is perfect happiness. We won't quarrel. I know you would never harm any one I love, would you?"

"Not as long as you love him, I suppose," was the sullen answer.

"I shall love him for ever!" she cried.

"And he?"

"For ever, too!"

"He had better."

She shrank from him. Then she laughed and put her hand on his arm. He was merely a boy.

– Je l'aurais voulu également, car, aussi vrai qu'il y a un Dieu au ciel, s'il vous fait quelque tort, je le tuerai!...

Elle le regarda avec horreur! Il répéta ces paroles qui coupaient l'air comme un poi-gnard... Les passants commençaient à s'amasser. Une dame tout près d'eux ricanait.

– Venez, Jim, venez, souffla-t-elle. Et il la suivit comme un chien à travers la foule. Il semblait satisfait de ce qu'il avait dit.

Arrivés à la statue d'Achille, ils tournèrent autour du monument. La tristesse qui em-plissait ses yeux se changea en un sourire. Elle secoua la tête. – Vous êtes fou, Jim, tout à fait fou!... Vous avez un mauvais caractère, voilà tout. Comment pouvez-vous dire d'aussi vilaines choses? Vous ne savez pas de quoi vous parlez. Vous êtes simplement jaloux ou malveillant. Ah! je voudrais que vous fussiez amoureux. L'amour rend meilleur et tout ce que vous dites est très mal.

– J'ai seize ans, répondit-il, et je sais ce que je suis. Mère ne vous sert à rien. Elle ne sait pas comment il faut vous surveiller; je voudrais maintenant ne plus aller en Australie. J'ai une grande envie d'envoyer tout promener. Je le ferais si mon engagement n'était pas signé.

– Oh! ne soyez pas aussi sérieux, Jim! Vous ressemblez à un des héros de ces absurdes mélodrames dans lesquelles mère aime tant à jouer. Je ne veux pas me quereller avec vous. Je l'ai vu, et le voir est le parfait bonheur. Ne nous querellons pas; je sais bien que vous ne ferez jamais de mal à ceux que j'aime, n'est-ce pas?

– Non, tant que vous l'aimerez, fut sa menaçante réponse.

– Je l'aimerai toujours, s'écria-t-elle.

– Et lui?

– Lui aussi, toujours!

– Il fera bien!

Elle recula, puis avec un bon rire, elle lui prit le bras. Ce n'était après tout qu'un en-fant...

At the Marble Arch they hailed an omnibus, which left them close to their shabby home in the Euston Road. It was after five o'clock, and Sibyl had to lie down for a couple of hours before acting. Jim insisted that she should do so. He said that he would sooner part with her when their mother was not present. She would be sure to make a scene, and he detested scenes of every kind.

In Sybil's own room they parted. There was jealousy in the lad's heart, and a fierce murderous hatred of the stranger who, as it seemed to him, had come between them. Yet, when her arms were flung round his neck, and her fingers strayed through his hair, he softened and kissed her with real affection. There were tears in his eyes as he went downstairs.

His mother was waiting for him below. She grumbled at his unpunctuality, as he entered. He made no answer, but sat down to his meagre meal. The flies buzzed round the table and crawled over the stained cloth. Through the rumble of omnibuses, and the clatter of street-cabs, he could hear the droning voice devouring each minute that was left to him.

After some time, he thrust away his plate and put his head in his hands. He felt that he had a right to know. It should have been told to him before, if it was as he suspected. Leaden with fear, his mother watched him. Words dropped mechanically from her lips. A tattered lace handkerchief twitched in her fingers. When the clock struck six, he got up and went to the door. Then he turned back and looked at her. Their eyes met. In hers he saw a wild appeal for mercy. It enraged him.

"Mother, I have something to ask you," he said. Her eyes wandered vaguely about the room. She made no answer. "Tell me the truth. I have a right to know. Were you married to my father?"

À l'Arche de Marbre, ils hélèrent un omnibus qui les déposa tout près de leur misérable logis de Euston Road. Il était plus de cinq heures, et Sibyl devait dormir une heure ou deux avant de jouer. Jim insista pour qu'elle n'y manquât pas. Il voulut de suite lui faire ses adieux pendant que leur mère était absente; car elle ferait une scène et il détestait les scènes quelles qu'elles fussent.

Ils se séparèrent dans la chambre de Sibyl. Le cœur du jeune homme était plein de ja-lousie, et d'une haine ardente et meurtrière contre cet étranger qui, lui semblait-il, venait se placer entre eux. Cependant lorsqu'elle lui mit les bras autour du cou et que ses doigts lui caressèrent les cheveux, il s'attendrit et l'embrassa avec une réelle affection. Ses yeux étaient pleins de larmes lorsqu'il descendit.

Sa mère l'attendait en bas. Elle bougonna sur son retard lorsqu'il entra. Il ne répondit rien, et s'assit devant son maigre repas. Les mouches voletaient autour de la table et se pro-menaient sur la nappe tachée. À travers le bruit des omnibus et des voitures qui montait de la rue, il percevait le bourdonnement qui dévorait chacune des minutes lui restant à vivre là...

Après un moment, il écarta son assiette et cacha sa tête dans ses mains. Il lui semblait qu'il avait le droit de savoir. On le lui aurait déjà dit si c'était ce qu'il pensait. Sa mère le regardait, pénétrée de crainte. Les mots tombaient de ses lèvres, machinalement. Un mouchoir de dentelle déchiré s'enroulait à ses doigts. Lorsque six heures sonnèrent, il se leva et alla vers la porte. Il se retourna et la regarda. Leurs yeux se rencontrèrent. Elle semblait demander pardon. Cela l'enragea...

— Mère, j'ai quelque chose à vous demander, dit-il. Elle ne répondit pas et ses yeux vaguèrent par la chambre. — Dites-moi la vérité, j'ai besoin de la connaître. Étiez-vous mariée avec mon père?

She heaved a deep sigh. It was a sigh of relief. The terrible moment, the moment that night and day, for weeks and months, she had dreaded, had come at last, and yet she felt no terror. Indeed, in some measure it was a disappointment to her. The vulgar directness of the question called for a direct answer. The situation had not been gradually led up to. It was crude. It reminded her of a bad rehearsal.

"No," she answered, wondering at the harsh simplicity of life.

"My father was a scoundrel then!" cried the lad, clenching his fists.

She shook her head. "I knew he was not free. We loved each other very much. If he had lived, he would have made provision for us. Don't speak against him, my son. He was your father, and a gentleman. Indeed, he was highly connected."

An oath broke from his lips. "I don't care for myself," he exclaimed, "but don't let Sibyl. . . . It is a gentleman, isn't it, who is in love with her, or says he is? Highly connected, too, I suppose."

For a moment a hideous sense of humiliation came over the woman. Her head drooped. She wiped her eyes with shaking hands. "Sibyl has a mother," she murmured; "I had none."

The lad was touched. He went towards her, and stooping down, he kissed her. "I am sorry if I have pained you by asking about my father," he said, "but I could not help it. I must go now. Good-bye. Don't forget that you will have only one child now to look after, and believe me that if this man wrongs my sister, I will find out who he is, track him down, and kill him like a dog. I swear it."

Elle poussa un profond soupir. C'était un soupir de soulagement. Le moment terrible, ce moment que jour et nuit, pendant des semaines et des mois, elle attendait craintivement était enfin venu et elle ne se sentait pas effrayée. C'était vraiment pour elle comme un désap-pointement. La question ainsi vulgairement posée demandait une réponse directe. La situation n'avait pas été amenée graduellement. C'était cru. Cela lui semblait comme une mauvaise répétition.

– Non, répondit-elle, étonnée de la brutale simplicité de la vie.

– Mon père était un gredin, alors! cria le jeune homme en serrant les poings.

Elle secoua la tête: – Je savais qu'il n'était pas libre. Nous nous aimions beaucoup tous deux. S'il avait vécu, il aurait amassé pour nous. Ne parlez pas contre lui, mon fils. C'était votre père, et c'était un gentleman; il avait de hautes relations.

Un juron s'échappa de ses lèvres: – Pour moi, ça m'est égal, s'écria-t-il, mais ne laissez pas Sibyl... C'est un gentleman, n'est-ce pas, qui est son amoureux, du moins il le dit. Il a aussi de belles relations sans doute, lui!

Une hideuse expression d'humiliation passa sur la figure de la vieille femme. Sa tête se baissa, elle essuya ses yeux du revers de ses mains. – Sibyl a une mère, murmura-t-elle. Je n'en avais pas.

Le jeune homme s'attendrit. Il vint vers elle, se baissa et l'embrassa. – Je suis fâché de vous avoir fait de la peine en vous parlant de mon père, dit-il, mais je n'en pouvais plus. Il faut que je parte maintenant. Au revoir! N'oubliez pas que vous n'avez plus qu'un enfant à surveiller désormais, et croyez-moi, si cet homme fait du tort à ma sœur, je saurai qui il est, je le poursuivrai et le tuerai comme un chien. Je le jure!...

The exaggerated folly of the threat, the passionate gesture that accompanied it, the mad melodramatic words, made life seem more vivid to her. She was familiar with the atmosphere. She breathed more freely, and for the first time for many months she really admired her son. She would have liked to have continued the scene on the same emotional scale, but he cut her short. Trunks had to be carried down and mufflers looked for. The lodging-house drudge bustled in and out. There was the bargaining with the cabman. The moment was lost in vulgar details.

It was with a renewed feeling of disappointment that she waved the tattered lace handkerchief from the window, as her son drove away. She was conscious that a great opportunity had been wasted. She consoled herself by telling Sibyl how desolate she felt her life would be, now that she had only one child to look after. She remembered the phrase. It had pleased her. Of the threat she said nothing. It was vividly and dramatically expressed. She felt that they would all laugh at it some day.

La folle exagération de la menace, le geste passionné qui l'accompagnait et son ex-pression mélodramatique, rendirent la vie plus intéressante aux yeux de la mère. Elle était familiarisée avec ce ton. Elle respira plus librement, et pour la première fois depuis des mois, elle admira réellement son fils. Elle aurait aimé à poursuivre cette scène dans cette note émouvante, mais il coupa court. On avait descendu les malles et préparé les couvertures. La bonne de la logeuse allait et venait, il fallut marchander le cocher. Les instants étaient absorbés par de vulgaires détails.

Ce fut avec un nouveau désappointement qu'elle agita le mouchoir de dentelle par la fenêtre quand son fils partit en voiture. Elle sentait qu'une magnifique occasion était perdue. Elle se consola en disant à Sibyl la désolation qui serait désormais, dans sa vie, maintenant qu'elle n'aurait plus qu'un enfant à surveiller. Elle se rappelait cette phrase qui lui avait plu; elle ne dit rien de la menace; elle avait été vivement et dramatiquement exprimée. Elle sentait bien qu'un jour ils en riraient tous ensemble.

Chapter 6

I suppose you have heard the news, Basil?" said Lord Henry that evening as Hallward was shown into a little private room at the Bristol where dinner had been laid for three.

"No, Harry," answered the artist, giving his hat and coat to the bowing waiter. "What is it? Nothing about politics, I hope! They don't interest me. There is hardly a single person in the House of Commons worth painting, though many of them would be the better for a little whitewashing."

"Dorian Gray is engaged to be married," said Lord Henry, watching him as he spoke.

Hallward started and then frowned. "Dorian engaged to be married!" he cried. "Impossible!"

"It is perfectly true."
"To whom?"
"To some little actress or other."

"I can't believe it. Dorian is far too sensible."
"Dorian is far too wise not to do foolish things now and then, my dear Basil."

"Marriage is hardly a thing that one can do now and then, Harry."

"Except in America," rejoined Lord Henry languidly. "But I didn't say he was married. I said he was engaged to be married. There is a great difference. I have a distinct remembrance of being married, but I have no recollection at all of being engaged. I am inclined to think that I never was engaged."

"But think of Dorian's birth, and position, and wealth. It would be absurd for him to marry so much beneath him."

Chapitre VI

– Vous connaissez la nouvelle, Basil, dit lord Henry, un soir que Hallward venait d'arriver dans un petit salon particulier de l'hôtel Bristol, où un dîner pour trois personnes avait été commandé.

– Non, répondit l'artiste en remettant son chapeau et son pardessus au domestique in-cliné. Quoi de nouveau? Ce n'est pas sur la politique, j'espère; elle ne m'intéresse d'ailleurs pas. Il n'y a sûrement point une seule personne à la Chambre des Communes digne d'être peinte, bien que beaucoup de nos honorables aient grand besoin d'être reblanchis.

– Dorian Gray se marie, dit lord Henry, guettant l'effet de sa réponse.

Hallward sursauta en fronçant les sourcils... – Dorian Gray se marie, cria-t-il... Impossible!

– C'est ce qu'il y a de plus vrai.
– Avec qui?
– Avec une petite actrice ou quelque chose de pareil.

– Je ne puis le croire... Lui, si raisonnable!... – Dorian est trop sage, effectivement, pour ne pas faire de sottes choses de temps à autre, mon cher Basil.

– Le mariage est une chose qu'on ne peut faire de temps à autre, Harry.

– Excepté en Amérique, riposta lord Henry rêveusement. Mais je n'ai pas dit qu'il était marié. J'ai dit qu'il allait se marier. Il y a là une grande différence. Je me souviens parfaitement d'avoir été marié, mais je ne me rappelle plus d'avoir été fiancé. Je crois plutôt que je n'ai jamais été fiancé.

– Mais, je vous en prie, pensez à la naissance de Dorian, à sa position, à sa fortune... Ce serait absurde de sa part d'épouser une personne pareillement au-dessous de lui.

"If you want to make him marry this girl, tell him that, Basil. He is sure to do it, then. Whenever a man does a thoroughly stupid thing, it is always from the noblest motives."

"I hope the girl is good, Harry. I don't want to see Dorian tied to some vile creature, who might degrade his nature and ruin his intellect."

"Oh, she is better than good--she is beautiful," murmured Lord Henry, sipping a glass of vermouth and orange-bitters. "Dorian says she is beautiful, and he is not often wrong about things of that kind. Your portrait of him has quickened his appreciation of the personal appearance of other people. It has had that excellent effect, amongst others. We are to see her to-night, if that boy doesn't forget his appointment."

"Are you serious?"

"Quite serious, Basil. I should be miserable if I thought I should ever be more serious than I am at the present moment."

"But do you approve of it, Harry?" asked the painter, walking up and down the room and biting his lip. "You can't approve of it, possibly. It is some silly infatuation."

– Si vous désirez qu'il épouse cette fille, Basil, vous n'avez qu'à lui dire ça. Du coup, il est sûr qu'il le fera. Chaque fois qu'un homme fait une chose manifestement stupide, il est certainement poussé à la faire pour les plus nobles motifs.

– J'espère pour lui, Harry, que c'est une bonne fille. Je n'aimerais pas voir Dorian lié à quelque vile créature, qui dégraderait sa nature et ruinerait son intelligence.

– Oh! elle est mieux que bonne, elle est belle, murmura lord Henry, sirotant un verre de vermouth aux oranges amères. Dorian dit qu'elle est belle, et il ne se trompe pas sur ces choses. Son portrait par vous a singulièrement hâté son appréciation sur l'apparence physique des gens; oui, il a eu, entre autres, cet excellent effet. Nous devons la voir ce soir, si notre ami ne manque pas au rendez-vous.

– Vous êtes sérieux?

– Tout à fait, Basil. Je ne l'ai jamais été plus qu'en ce moment.

– Mais approuvez-vous cela, Harry? demanda le peintre, marchant de long en large dans la chambre, et mordant ses lèvres. Vous ne pouvez l'approuver! Il y a là un paradoxe de votre part.

"I never approve, or disapprove, of anything now. It is an absurd attitude to take towards life. We are not sent into the world to air our moral prejudices. I never take any notice of what common people say, and I never interfere with what charming people do. If a personality fascinates me, whatever mode of expression that personality selects is absolutely delightful to me. Dorian Gray falls in love with a beautiful girl who acts Juliet, and proposes to marry her. Why not? If he wedded Messalina, he would be none the less interesting. You know I am not a champion of marriage. The real drawback to marriage is that it makes one unselfish. And unselfish people are colourless. They lack individuality.

Still, there are certain temperaments that marriage makes more complex. They retain their egotism, and add to it many other egos. They are forced to have more than one life. They become more highly organized, and to be highly organized is, I should fancy, the object of man's existence. Besides, every experience is of value, and whatever one may say against marriage, it is certainly an experience. I hope that Dorian Gray will make this girl his wife, passionately adore her for six months, and then suddenly become fascinated by some one else. He would be a wonderful study."

"You don't mean a single word of all that, Harry; you know you don't. If Dorian Gray's life were spoiled, no one would be sorrier than yourself. You are much better than you pretend to be."

– Je n'approuve jamais quoi que ce soit, et ne désapprouve davantage. C'est prendre dans la vie une attitude absurde. Nous ne sommes pas mis au monde pour combattre nos préjugés moraux. Je ne fais pas attention à ce que disent les gens vulgaires, et je n'interviens jamais dans ce que peuvent faire les gens charmants. Si une personnalité m'attire, quel que soit le mode d'expression que cette personnalité puisse choisir, je le trouve tout à fait charmant. Dorian Gray tombe amoureux d'une belle fille qui joue Juliette et se propose de l'épouser. Pourquoi pas?... Croyez-vous que s'il épousait Messaline, il en serait moins intéressant? Vous savez que je ne suis pas un champion du mariage. Le seul mécompte du mariage est qu'il fait celui qui le consomme un altruiste; et les altruistes sont sans couleur; ils manquent d'individualité.

Cependant, il est certains tempéraments que le mariage rend plus complexes. Ils gardent leur égoïsme et y ajoutent encore. Ils sont forcés d'avoir plus qu'une seule vie. Ils deviennent plus hautement organisés, et être plus hautement organisé, je m'imagine, est l'objet de l'existence de l'homme. En plus, aucune expérience n'est à mépriser, et quoi que l'on puisse dire contre le mariage, ce n'est point une expérience dédaignable. J'espère que Dorian Gray fera de cette jeune fille sa femme, l'adorera passionnément pendant six mois, et se laissera ensuite séduire par quelque autre. Cela nous va être une merveilleuse étude.

– Vous savez bien que vous ne pensez pas un mot de ce que vous dites, Harry; vous le savez mieux que moi. Si la vie de Dorian Gray était gâtée, personne n'en serait plus désolé que vous. Vous êtes meilleur que vous ne prétendez l'être.

Lord Henry laughed. "The reason we all like to think so well of others is that we are all afraid for ourselves. The basis of optimism is sheer terror. We think that we are generous because we credit our neighbour with the possession of those virtues that are likely to be a benefit to us. We praise the banker that we may overdraw our account, and find good qualities in the highwayman in the hope that he may spare our pockets.

I mean everything that I have said. I have the greatest contempt for optimism. As for a spoiled life, no life is spoiled but one whose growth is arrested. If you want to mar a nature, you have merely to reform it. As for marriage, of course that would be silly, but there are other and more interesting bonds between men and women. I will certainly encourage them. They have the charm of being fashionable. But here is Dorian himself. He will tell you more than I can."

"My dear Harry, my dear Basil, you must both congratulate me!" said the lad, throwing off his evening cape with its satin-lined wings and shaking each of his friends by the hand in turn. "I have never been so happy. Of course, it is sudden-- all really delightful things are. And yet it seems to me to be the one thing I have been looking for all my life." He was flushed with excitement and pleasure, and looked extraordinarily handsome.

"I hope you will always be very happy, Dorian," said Hallward, "but I don't quite forgive you for not having let me know of your engagement. You let Harry know."

"And I don't forgive you for being late for dinner," broke in Lord Henry, putting his hand on the lad's shoulder and smiling as he spoke. "Come, let us sit down and try what the new chef here is like, and then you will tell us how it all came about."

Lord Henry se mit à rire. – La raison pour laquelle nous pensons du bien des autres, est que nous sommes ef-frayés pour nous-mêmes. La base de l'optimisme est la terreur, tout simplement. Nous pensons être généreux parce que nous gratifions le voisin de la possession de vertus qui nous sont un bénéfice. Nous estimons notre banquier dans l'espérance qu'il saura faire fructifier les fonds à lui confiés, et nous trouvons de sérieuses qualités au voleur de grands chemins qui épargnera nos poches.

Je pense tout ce que je dis. J'ai le plus grand mépris pour l'optimisme. Aucune vie n'est gâtée, si ce n'est celle dont la croissance est arrêtée. Si vous voulez gâter un caractère, vous n'avez qu'à tenter de le réformer; quant au mariage, ce serait idiot, car il y a d'autres et de plus intéressantes liaisons entre les hommes et les femmes; elles ont le charme d'être élégantes... Mais voici Dorian lui-même. Il vous en dira plus que moi.

– Mon cher Harry, mon cher Basil, j'attends vos félicitations, dit l'adolescent en se dé-barrassant de son mac-farlane doublé de soie, et serrant les mains de ses amis. Je n'ai jamais été si heureux! Comme tout ce qui est réellement délicieux, mon bonheur est soudain, et cependant il m'apparaît comme la seule chose que j'aie cherchée dans ma vie. Il était tout rose d'excitation et de plaisir et paraissait extraordinairement beau.

– J'espère que vous serez toujours très heureux, Dorian, dit Hallward, mais je vous en veux de m'avoir laissé ignorer vos fiançailles. Harry les connaissait.

– Et je vous en veux d'arriver en retard, interrompit lord Henry en mettant sa main sur l'épaule du jeune homme et souriant à ce qu'il disait. Allons, asseyons-nous et voyons ce que vaut le nouveau chef; vous nous raconterez comment cela est arrivé.

"There is really not much to tell," cried Dorian as they took their seats at the small round table. "What happened was simply this. After I left you yesterday evening, Harry, I dressed, had some dinner at that little Italian restaurant in Rupert Street you introduced me to, and went down at eight o'clock to the theatre. Sibyl was playing Rosalind. Of course, the scenery was dreadful and the Orlando absurd. But Sibyl! You should have seen her! When she came on in her boy's clothes, she was perfectly wonderful. She wore a moss-coloured velvet jerkin with cinnamon sleeves, slim, brown, cross-gartered hose, a dainty little green cap with a hawk's feather caught in a jewel, and a hooded cloak lined with dull red. She had never seemed to me more exquisite. She had all the delicate grace of that Tanagra figurine that you have in your studio, Basil. Her hair clustered round her face like dark leaves round a pale rose. As for her acting--well, you shall see her to-night. She is simply a born artist.

– Je n'ai vraiment rien à vous raconter, s'écria Dorian, comme ils prenaient place autour de la table. Voici simplement ce qui arrive. En vous quittant hier soir, Harry, je m'habillai et j'allai dîner à ce petit restaurant italien de Rupert Street où vous m'avez conduit, puis me dirigeai vers les huit heures au théâtre. Sibyl jouait Rosalinde. Naturellement les décors étaient ignobles et Orlando absurde. Mais Sibyl!... Ah! si vous l'aviez vue! Quand elle vint habillée dans ses habits de garçon, elle était parfaitement adorable. Elle portait un pourpoint de velours mousse avec des manches de nuance cannelle, des hauts-de-chausses marron clair aux lacets croisés, un joli petit chapeau vert surmonté d'une plume de faucon tenue par un diamant et un capuchon doublé de rouge foncé. Elle ne me sembla jamais plus exquise. Elle avait toute la grâce de cette figurine de Tanagra que vous avez dans votre atelier, Basil. Ses cheveux autour de sa face lui donnaient l'air d'une pâle rose entourée de feuilles sombres. Quant à son jeu!... vous la verrez ce soir!... Elle est née artiste.

I sat in the dingy box absolutely enthralled. I forgot that I was in London and in the nineteenth century. I was away with my love in a forest that no man had ever seen. After the performance was over, I went behind and spoke to her. As we were sitting together, suddenly there came into her eyes a look that I had never seen there before. My lips moved towards hers. We kissed each other. I can't describe to you what I felt at that moment. It seemed to me that all my life had been narrowed to one perfect point of rose-coloured joy. She trembled all over and shook like a white narcissus. Then she flung herself on her knees and kissed my hands. I feel that I should not tell you all this, but I can't help it. Of course, our engagement is a dead secret. She has not even told her own mother. I don't know what my guardians will say. Lord Radley is sure to be furious. I don't care. I shall be of age in less than a year, and then I can do what I like. I have been right, Basil, haven't I, to take my love out of poetry and to find my wife in Shakespeare's plays? Lips that Shakespeare taught to speak have whispered their secret in my ear. I have had the arms of Rosalind around me, and kissed Juliet on the mouth."

"Yes, Dorian, I suppose you were right," said Hallward slowly.

"Have you seen her to-day?" asked Lord Henry.

Dorian Gray shook his head. "I left her in the forest of Arden; I shall find her in an orchard in Verona."

Lord Henry sipped his champagne in a meditative manner. "At what particular point did you mention the word marriage, Dorian? And what did she say in answer? Perhaps you forgot all about it."

Je restais dans la loge obscure, absolument sous le charme... J'oubliais que j'étais à Londres, au XIXe siècle. J'étais bien loin avec mon amour dans une forêt que jamais homme ne vit. Le rideau tombé, j'allais dans les coulisses et lui parlai. Comme nous étions assis l'un à côté de l'autre, un regard brilla soudain dans ses yeux que je n'avais encore surpris. Je lui tendis mes lèvres. Nous nous embrassâmes. Je ne puis vous rapporter ce qu'alors je ressentis. Il me sembla que toute ma vie était centralisée dans un point de joie couleur de rose. Elle fut prise d'un tremblement et vacillait comme un blanc narcisse; elle tomba à mes genoux et me baisa les mains... Je sens que je ne devrais vous dire cela, mais je ne puis m'en empêcher. Naturellement notre engagement est un secret; elle ne l'a même pas dit à sa mère. Je ne sais pas ce que diront mes tuteurs; lord Radley sera certainement furieux. Ça m'est égal! J'aurai ma majorité avant un an et je ferai ce qu'il me plaira. J'ai eu raison, n'est-ce pas, Basil, de prendre mon amour dans la poésie et de trouver ma femme dans les drames de Shakespeare. Les lèvres auxquelles Shakespeare apprit à parler ont soufflé leur secret à mon oreille. J'ai eu les bras de Rosalinde autour de mon cou et Juliette m'a embrassé sur la bouche.

– Oui, Dorian, je crois que vous avez eu raison, dit Hallward lentement.

– L'avez-vous vue aujourd'hui? demanda lord Henry.

Dorian Gray secoua la tête. – Je l'ai laissée dans la forêt d'Ardennes, je la retrouverai dans un verger à Vérone.

Lord Henry sirotait son champagne d'un air méditatif. – À quel moment exact avez-vous prononcé le mot mariage, Dorian? Et que vous répondit-elle?... Peut-être l'avez-vous oublié!...

"My dear Harry, I did not treat it as a business transaction, and I did not make any formal proposal. I told her that I loved her, and she said she was not worthy to be my wife. Not worthy! Why, the whole world is nothing to me compared with her."

"Women are wonderfully practical," murmured Lord Henry, "much more practical than we are. In situations of that kind we often forget to say anything about marriage, and they always remind us."

Hallward laid his hand upon his arm. "Don't, Harry. You have annoyed Dorian. He is not like other men. He would never bring misery upon any one. His nature is too fine for that."

Lord Henry looked across the table. "Dorian is never annoyed with me," he answered. "I asked the question for the best reason possible, for the only reason, indeed, that excuses one for asking any question-- simple curiosity. I have a theory that it is always the women who propose to us, and not we who propose to the women. Except, of course, in middle-class life. But then the middle classes are not modern."

– Mon cher Harry, je n'ai pas traité cela comme une affaire, et je ne lui ai fait aucune proposition formelle. Je lui dis que je l'aimais, et elle me répondit qu'elle était indigne d'être ma femme. Indigne!... Le monde entier n'est rien, comparé à elle.

– Les femmes sont merveilleusement pratiques, murmura lord Henry, beaucoup plus pratiques que nous. Nous oublions souvent de parler mariage dans de semblables situations et elles nous en font toujours souvenir.

Hallward lui mit la main sur le bras. – Finissez, Harry... Vous désobligez Dorian. Il n'est pas comme les autres et ne ferait de peine à personne; sa nature est trop délicate pour cela.

Lord Henry regarda par dessus la table. – Je n'ennuie jamais Dorian, répondit-il. Je lui ai fait cette question pour la meilleure raison possible, pour la seule raison même qui excuse toute question, la curiosité. Ma théorie est que ce sont toujours les femmes qui se proposent à nous et non nous, qui nous proposons aux femmes... excepté dans la classe populaire, mais la classe populaire n'est pas moderne.

Dorian Gray laughed, and tossed his head. "You are quite incorrigible, Harry; but I don't mind. It is impossible to be angry with you. When you see Sibyl Vane, you will feel that the man who could wrong her would be a beast, a beast without a heart. I cannot understand how any one can wish to shame the thing he loves. I love Sibyl Vane. I want to place her on a pedestal of gold and to see the world worship the woman who is mine. What is marriage? An irrevocable vow. You mock at it for that. Ah! don't mock. It is an irrevocable vow that I want to take. Her trust makes me faithful, her belief makes me good. When I am with her, I regret all that you have taught me. I become different from what you have known me to be. I am changed, and the mere touch of Sibyl Vane's hand makes me forget you and all your wrong, fascinating, poisonous, delightful theories."

"And those are ... ?" asked Lord Henry, helping himself to some salad.

"Oh, your theories about life, your theories about love, your theories about pleasure. All your theories, in fact, Harry."

"Pleasure is the only thing worth having a theory about," he answered in his slow melodious voice. "But I am afraid I cannot claim my theory as my own. It belongs to Nature, not to me. Pleasure is Nature's test, her sign of approval. When we are happy, we are always good, but when we are good, we are not always happy."

"Ah! but what do you mean by good?" cried Basil Hallward.

"Yes," echoed Dorian, leaning back in his chair and looking at Lord Henry over the heavy clusters of purple-lipped irises that stood in the centre of the table, "what do you mean by good, Harry?"

Dorian Gray sourit et remua la tête. – Vous êtes tout à fait incorrigible, Harry, mais je n'y fais pas attention. Il est impos-sible de se fâcher avec vous... Quand vous verrez Sibyl Vane, vous comprendrez que l'homme qui lui ferait de la peine serait une brute, une brute sans cœur. Je ne puis comprendre comment quelqu'un peut humilier l'être qu'il aime. J'aime Sibyl Vane. J'ai besoin de l'élever sur un piédestal d'or, et de voir le monde estimer la femme qui est mienne. Qu'est-ce que c'est que le mariage? Un vœu irrévocable. Vous vous moquez?... Ah! ne vous moquez pas! C'est un vœu irrévocable que j'ai besoin de faire. Sa confiance me fera fidèle, sa foi me fera bon. Quand je suis avec elle, je regrette tout ce que vous m'avez appris. Je deviens différent de ce que vous m'avez connu. Je suis transformé, et le simple attouchement des mains de Sibyl Vane me fait vous oublier, vous et toutes vos fausses, fascinantes, empoisonnées et cependant délicieuses théories.

– Et quelles sont-elles? demanda lord Henry en se servant de la salade.

– Eh! vos théories sur la vie, vos théories sur l'amour, celles sur le plaisir. Toutes vos théories, en un mot, Harry...

– Le plaisir est la seule chose digne d'avoir une théorie, répondit-il de sa lente voix mélodieuse. Je crois que je ne puis la revendiquer comme mienne. Elle appartient à la Nature, et non pas à moi. Le plaisir est le caractère distinctif de la Nature, son signe d'approbation... Quand nous sommes heureux, nous sommes toujours bons, mais quand nous sommes bons, nous ne sommes pas toujours heureux.

– Ah! qu'entendez-vous par être bon, s'écria Basil Hallward.

– Oui, reprit Dorian, s'appuyant au dossier de sa chaise, et regardant lord Henry par dessus l'énorme gerbe d'iris aux pétales pourprés qui reposait au milieu de la table, qu'entendez-vous par être bon, Harry?

"To be good is to be in harmony with one's self," he replied, touching the thin stem of his glass with his pale, fine-pointed fingers. "Discord is to be forced to be in harmony with others. One's own life--that is the important thing. As for the lives of one's neighbours, if one wishes to be a prig or a Puritan, one can flaunt one's moral views about them, but they are not one's concern. Besides, individualism has really the higher aim. Modern morality consists in accepting the standard of one's age. I consider that for any man of culture to accept the standard of his age is a form of the grossest immorality."

"But, surely, if one lives merely for one's self, Harry, one pays a terrible price for doing so?" suggested the painter.

"Yes, we are overcharged for everything nowadays. I should fancy that the real tragedy of the poor is that they can afford nothing but self-denial. Beautiful sins, like beautiful things, are the privilege of the rich."

"One has to pay in other ways but money."
"What sort of ways, Basil?"
"Oh! I should fancy in remorse, in suffering, in . . . well, in the consciousness of degradation."

Lord Henry shrugged his shoulders. "My dear fellow, mediaeval art is charming, but mediaeval emotions are out of date. One can use them in fiction, of course. But then the only things that one can use in fiction are the things that one has ceased to use in fact. Believe me, no civilized man ever regrets a pleasure, and no uncivilized man ever knows what a pleasure is."

"I know what pleasure is," cried Dorian Gray. "It is to adore some one."

– Être bon, c'est être en harmonie avec soi-même, répliqua-t-il en caressant de ses fins doigts pâles la tige frêle de son verre, comme être mauvais c'est être en harmonie avec les autres. Sa propre vie, voilà la seule chose importante. Pour les vies de nos semblables, si on désire être un faquin ou un puritain, on peut étendre ses vues morales sur elles, mais elles ne nous concernent pas. En vérité, l'Individualisme est réellement le plus haut but. La moralité moderne consiste à se ranger sous le drapeau de son temps. Je considère que le fait par un homme cultivé, de se ranger sous le drapeau de son temps, est une action de la plus scanda-leuse immoralité.

– Mais, parfois, Harry, on paie très cher le fait de vivre uniquement pour soi, fit remar-quer le peintre.

– Bah! Nous sommes imposés pour tout, aujourd'hui... Je m'imagine que le côté vraiment tragique de la vie des pauvres est qu'ils ne peuvent offrir autre chose que le renon-cement d'eux-mêmes... Les beaux péchés, comme toutes les choses belles, sont le privilège des riches.

– On paie souvent d'autre manière qu'en argent...
– De quelle autre manière, Basil?
– Mais en remords, je crois, en souffrances, en... ayant la conscience de sa propre in-famie...

Lord Henry leva ses épaules... – Mon cher ami, l'art du moyen âge est charmant, mais les médiévales émotions sont périmées... Elles peuvent servir à la fiction, j'en conviens... Les seules choses dont peut user la fiction sont, en fait, les choses qui ne peuvent plus nous servir... Croyez-moi, un homme civilisé ne regrette jamais un plaisir, et jamais une brute ne saura ce que peut être un plaisir.

– Je sais ce que c'est que le plaisir! cria Dorian Gray. C'est d'adorer quelqu'un.

"That is certainly better than being adored," he answered, toying with some fruits. "Being adored is a nuisance. Women treat us just as humanity treats its gods. They worship us, and are always bothering us to do something for them."

"I should have said that whatever they ask for they had first given to us," murmured the lad gravely. "They create love in our natures. They have a right to demand it back."

"That is quite true, Dorian," cried Hallward.
"Nothing is ever quite true," said Lord Henry.

"This is," interrupted Dorian. "You must admit, Harry, that women give to men the very gold of their lives."

"Possibly," he sighed, "but they invariably want it back in such very small change. That is the worry. Women, as some witty Frenchman once put it, inspire us with the desire to do masterpieces and always prevent us from carrying them out."

"Harry, you are dreadful! I don't know why I like you so much."

"You will always like me, Dorian," he replied. "Will you have some coffee, you fellows? Waiter, bring coffee, and fine-champagne, and some cigarettes. No, don't mind the cigarettes--I have some. Basil, I can't allow you to smoke cigars. You must have a cigarette. A cigarette is the perfect type of a perfect pleasure. It is exquisite, and it leaves one unsatisfied. What more can one want? Yes, Dorian, you will always be fond of me. I represent to you all the sins you have never had the courage to commit."

"What nonsense you talk, Harry!" cried the lad, taking a light from a fire-breathing silver dragon that the waiter had placed on the table. "Let us go down to the theatre. When Sibyl comes on the stage you will have a new ideal of life. She will represent something to you that you have never known."

– Cela vaut certainement mieux que d'être adoré, répondit-il, jouant avec les fruits. Être adoré est un ennui. Les femmes nous traitent exactement comme l'Humanité traite ses dieux. Elles nous adorent, mais sont toujours à nous demander quelque chose.

– Je répondrai que, quoi que ce soit qu'elles nous demandent, elles nous l'ont d'abord donné, murmura l'adolescent, gravement; elles ont créé l'amour en nous; elles ont droit de le redemander.

– Tout à fait vrai, Dorian, s'écria Hallward.
– Rien n'est jamais tout à fait vrai, riposta lord Henry.

– Si, interrompit Dorian; vous admettez, Harry, que les femmes donnent aux hommes l'or même de leurs vies.

– Possible, ajouta-t-il, mais elles exigent invariablement en retour un petit change. Là est l'ennui. Les femmes comme quelque spirituel Français l'a dit, nous inspirent le désir de faire des chefs-d'œuvre, mais nous empêchent toujours d'en venir à bout.

– Quel terrible homme vous êtes, Harry! Je ne sais pourquoi je vous aime autant.

– Vous m'aimerez toujours, Dorian, répliqua-t-il... Un peu de café, hein, amis!... Gar-çon, apportez du café, de la fine-champagne, et des cigarettes... Non, pas de cigarettes, j'en ai... Basil, je ne vous permets pas de fumer des cigares... Vous vous contenterez de cigarettes. La cigarette est le type parfait du parfait plaisir. C'est exquis, et ça vous laisse insatisfait. Que désirez-vous de plus? Oui, Dorian, vous m'aimerez toujours. Je vous représente tous les péchés que vous n'avez eu le courage de commettre.

– Quelle sottise me dites-vous, Harry? dit le jeune homme en allumant sa cigarette au dragon d'argent vomissant du feu que le domestique avait placé sur la table. Allons au théâtre. Quand Sibyl apparaîtra, vous concevrez un nouvel idéal de vie. Elle vous représentera ce que vous n'avez jamais connu.

"I have known everything," said Lord Henry, with a tired look in his eyes, "but I am always ready for a new emotion. I am afraid, however, that, for me at any rate, there is no such thing. Still, your wonderful girl may thrill me. I love acting. It is so much more real than life. Let us go. Dorian, you will come with me. I am so sorry, Basil, but there is only room for two in the brougham. You must follow us in a hansom."

They got up and put on their coats, sipping their coffee standing. The painter was silent and preoccupied. There was a gloom over him. He could not bear this marriage, and yet it seemed to him to be better than many other things that might have happened. After a few minutes, they all passed downstairs. He drove off by himself, as had been arranged, and watched the flashing lights of the little brougham in front of him. A strange sense of loss came over him. He felt that Dorian Gray would never again be to him all that he had been in the past. Life had come between them.... His eyes darkened, and the crowded flaring streets became blurred to his eyes. When the cab drew up at the theatre, it seemed to him that he had grown years older.

– J'ai tout connu, dit lord Henry avec un regard fatigué, mais toute nouvelle émotion me trouve prêt. Hélas! Je crains qu'il n'y en ait plus pour moi. Cependant, votre merveilleuse jeune fille peut m'émouvoir. J'adore le théâtre. C'est tellement plus réel que la vie. Allons-nous-en... Dorian, vous monterez avec moi... Je suis désolé, Basil, mais il n'y a seulement place que pour deux dans mon brougham. Vous nous suivrez dans un hansom.

Ils se levèrent et endossèrent leurs pardessus, en buvant debout leurs cafés. Le peintre demeurait silencieux et préoccupé; un lourd ennui semblait peser sur lui. Il ne pouvait ap-prouver ce mariage, et cependant cela lui semblait préférable à d'autres choses qui auraient pu arriver... Quelques minutes après, ils étaient en bas. Il conduisit lui-même, comme c'était convenu, guettant les lanternes brillantes du petit brougham qui marchait devant lui. Une étrange sensation de désastre l'envahit. Il sentait que Dorian Gray ne serait jamais à lui comme par le passé. La vie était survenue entre eux... Ses yeux s'embrumèrent, et ils ne virent plus les rues populeuses étincelantes de lu-mière... Quand la voiture s'arrêta devant le théâtre, il lui sembla qu'il était plus vieux d'années...

Chapter 7

For some reason or other, the house was crowded that night, and the fat Jew manager who met them at the door was beaming from ear to ear with an oily tremulous smile. He escorted them to their box with a sort of pompous humility, waving his fat jewelled hands and talking at the top of his voice. Dorian Gray loathed him more than ever. He felt as if he had come to look for Miranda and had been met by Caliban. Lord Henry, upon the other hand, rather liked him. At least he declared he did, and insisted on shaking him by the hand and assuring him that he was proud to meet a man who had discovered a real genius and gone bankrupt over a poet.

Hallward amused himself with watching the faces in the pit. The heat was terribly oppressive, and the huge sunlight flamed like a monstrous dahlia with petals of yellow fire. The youths in the gallery had taken off their coats and waistcoats and hung them over the side. They talked to each other across the theatre and shared their oranges with the tawdry girls who sat beside them. Some women were laughing in the pit. Their voices were horribly shrill and discordant. The sound of the popping of corks came from the bar.

"What a place to find one's divinity in!" said Lord Henry.

Chapitre VII

Par hasard, il se trouva que la salle, ce soir-là, était pleine de monde, et le gras manager juif, qui les reçut à la porte du théâtre rayonnait d'une oreille à l'autre d'un onctueux et trem-blotant sourire. Il les escorta jusqu'à leur loge avec une sorte d'humilité pompeuse, en agitant ses grasses mains chargées de bijoux et parlant de sa voix la plus aiguë. Dorian Gray se sentit pour lui une aversion plus prononcée que jamais; il venait voir Miranda, pensait-il, et il rencontrait Caliban... Il paraissait, d'un autre côté, plaire à lord Henry; ce dernier même se décida à lui té-moigner sa sympathie d'une façon formelle en lui serrant la main et l'affirmant qu'il était heureux d'avoir rencontré un homme qui avait découvert un réel talent et faisait banqueroute pour un poète.

Hallward s'amusa à observer les personnes du parterre... La chaleur était suffocante et le lustre énorme avait l'air, tout flambant, d'un monstrueux dahlia aux pétales de feu jaune. Les jeunes gens des galeries avaient retiré leurs jaquettes et leurs gilets et se penchaient sur les balustrades. Ils échangeaient des paroles d'un bout à l'autre du théâtre et partageaient des oranges avec des filles habillées de couleurs voyantes, assises à côté d'eux. Quelques femmes riaient au parterre. Leurs voix étaient horriblement perçantes et discordantes. Un bruit de bouchons sautant arrivait du bar.

– Quel endroit pour y rencontrer sa divinité, dit lord Henry.

"Yes!" answered Dorian Gray. "It was here I found her, and she is divine beyond all living things. When she acts, you will forget everything. These common rough people, with their coarse faces and brutal gestures, become quite different when she is on the stage. They sit silently and watch her. They weep and laugh as she wills them to do. She makes them as responsive as a violin. She spiritualizes them, and one feels that they are of the same flesh and blood as one's self."

"The same flesh and blood as one's self! Oh, I hope not!" exclaimed Lord Henry, who was scanning the occupants of the gallery through his opera-glass.

"Don't pay any attention to him, Dorian," said the painter. "I understand what you mean, and I believe in this girl. Any one you love must be marvellous, and any girl who has the effect you describe must be fine and noble. To spiritualize one's age--that is something worth doing. If this girl can give a soul to those who have lived without one, if she can create the sense of beauty in people whose lives have been sordid and ugly, if she can strip them of their selfishness and lend them tears for sorrows that are not their own, she is worthy of all your adoration, worthy of the adoration of the world. This marriage is quite right. I did not think so at first, but I admit it now. The gods made Sibyl Vane for you. Without her you would have been incomplete."

"Thanks, Basil," answered Dorian Gray, pressing his hand. "I knew that you would understand me. Harry is so cynical, he terrifies me. But here is the orchestra. It is quite dreadful, but it only lasts for about five minutes. Then the curtain rises, and you will see the girl to whom I am going to give all my life, to whom I have given everything that is good in me."

– Oui, répondit Dorian Gray. C'est ici que je la rencontrai, et elle est divine au-delà de tout ce qu'on peut concevoir. Vous oublierez toute chose quand elle jouera. On ne fait plus attention à cette populace rude et commune, aux figures grossières et aux gestes brutaux dès qu'elle entre en scène; ces gens demeurent silencieux et la regardent; ils pleurent, et rient comme elle le veut; elle joue sur eux comme sur un violon; elle les spiritualise, en quelque sorte, et l'on sent qu'ils ont la même chair et le même sang que soi-même.

– La même chair et le même sang que soi-même! Oh! je ne crois pas, s'exclama lord Henry qui passait en revue les spectateurs de la galerie avec sa lorgnette.

– Ne faites pas attention à lui, Dorian, dit le peintre. Je sais, moi, ce que vous voulez dire et je crois en cette jeune fille. Quiconque vous aimez doit le mériter et la personne qui a produit sur vous l'effet que vous nous avez décrit doit être noble et intelligente. Spiritualiser ses contemporains, c'est quelque chose d'appréciable... Si cette jeune fille peut donner une âme à ceux qui jusqu'alors ont vécu sans en avoir une, si elle peut révéler le sens de la Beauté aux gens dont les vies furent sordides et laides, si elle peut les dépouiller de leur égoïsme, leur prêter des larmes de tristesse qui ne sont pas leurs, elle est digne de toute votre admiration, digne de l'adoration du monde. Ce mariage est normal; je ne le pensai pas d'abord, mais maintenant je l'admets. Les dieux ont fait Sibyl Vane pour vous; sans elle vous auriez été incomplet.

– Merci, Basil, répondit Dorian Gray en lui pressant la main. Je savais que vous me comprendriez. Harry est tellement cynique qu'il me terrifie parfois... Ah! voici l'orchestre; il est épouvantable, mais ça ne dure que cinq minutes. Alors le rideau se lèvera et vous verrez la jeune fille à laquelle je vais donner ma vie, à laquelle j'ai donné tout ce qu'il y a de bon en moi...

A quarter of an hour afterwards, amidst an extraordinary turmoil of applause, Sibyl Vane stepped on to the stage. Yes, she was certainly lovely to look at-- one of the loveliest creatures, Lord Henry thought, that he had ever seen. There was something of the fawn in her shy grace and startled eyes. A faint blush, like the shadow of a rose in a mirror of silver, came to her cheeks as she glanced at the crowded enthusiastic house. She stepped back a few paces and her lips seemed to tremble. Basil Hallward leaped to his feet and began to applaud. Motionless, and as one in a dream, sat Dorian Gray, gazing at her. Lord Henry peered through his glasses, murmuring, "Charming! charming!"

The scene was the hall of Capulet's house, and Romeo in his pilgrim's dress had entered with Mercutio and his other friends. The band, such as it was, struck up a few bars of music, and the dance began. Through the crowd of ungainly, shabbily dressed actors, Sibyl Vane moved like a creature from a finer world. Her body swayed, while she danced, as a plant sways in the water. The curves of her throat were the curves of a white lily. Her hands seemed to be made of cool ivory.

Yet she was curiously listless. She showed no sign of joy when her eyes rested on Romeo. The few words she had to speak—

Good pilgrim, you do wrong your hand too much, Which mannerly devotion shows in this; For saints have hands that pilgrims' hands do touch, And palm to palm is holy palmers' kiss--

with the brief dialogue that follows, were spoken in a thoroughly artificial manner. The voice was exquisite, but from the point of view of tone it was absolutely false. It was wrong in colour. It took away all the life from the verse. It made the passion unreal.

Un quart d'heure après, parmi une tempête extraordinaire d'applaudissements, Sibyl Vane s'avança sur la scène... Certes, elle était adorable à voir, une des plus adorables créatures même, pensait lord Henry, qu'il eut jamais vues. Il y avait quelque chose d'animal dans sa grâce farouche et ses yeux frémissants. Un sourire abattu, comme l'ombre d'une rose dans un miroir d'argent, vint à ses lèvres en regardant la foule enthousiaste emplissant le théâtre. Elle recula de quelques pas, et ses lèvres semblèrent trembler. Basil Hallward se dressa et commença à l'applaudir. Sans mouvement, comme dans un rêve, Dorian Gray la regardait; Lord Henry la lorgnant à l'aide de sa jumelle murmurait: « Charmante! Charmante! »

La scène représentait la salle du palais de Capulet, et Roméo, dans ses habits de pèlerin, entrait avec Mercutio et ses autres amis. L'orchestre attaqua quelques mesures de musique, et la danse commença... Au milieu de la foule des figurants gauches aux costumes râpés, Sibyl Vane se mouvait comme un être d'essence supérieure. Son corps s'inclinait, pendant qu'elle dansait, comme dans l'eau s'incline un roseau. Les courbes de sa poitrine semblaient les courbes d'un blanc lys. Ses mains étaient faites d'un pur ivoire.

Cependant, elle était curieusement insouciante; elle ne montrait aucun signe de joie quand ses yeux se posaient sur Roméo. Le peu de mots qu'elle avait à dire:

Good pilgrim, you de wrong your hand too much Which mannerly dévotion shows in this; For saints have bands that pilgrims' hands de touch And palm to palm is holy palmers' kiss...

et le bref dialogue qui suit, furent dits d'une manière plutôt artificielle... Sa voix était exquise, mais au point de vue de l'intonation, c'était absolument faux. La couleur n'y était pas. Toute la vie du vers était enlevée; on n'y sentait pas la réalité de la passion.

Dorian Gray grew pale as he watched her. He was puzzled and anxious. Neither of his friends dared to say anything to him. She seemed to them to be absolutely incompetent. They were horribly disappointed.

Yet they felt that the true test of any Juliet is the balcony scene of the second act. They waited for that. If she failed there, there was nothing in her.

She looked charming as she came out in the moonlight. That could not be denied. But the staginess of her acting was unbearable, and grew worse as she went on. Her gestures became absurdly artificial. She overemphasized everything that she had to say. The beautiful passage--

Thou knowest the mask of night is on my face, Else would a maiden blush bepaint my cheek For that which thou hast heard me speak to-night--

was declaimed with the painful precision of a schoolgirl who has been taught to recite by some second- rate professor of elocution. When she leaned over the balcony and came to those wonderful lines--

Although I joy in thee, I have no joy of this contract to-night: It is too rash, too unadvised, too sudden; Too like the lightning, which doth cease to be Ere one can say, "It lightens." Sweet, good-night! This bud of love by summer's ripening breath May prove a beauteous flower when next we meet--

she spoke the words as though they conveyed no meaning to her. It was not nervousness. Indeed, so far from being nervous, she was absolutely self-contained. It was simply bad art. She was a complete failure.

Even the common uneducated audience of the pit and gallery lost their interest in the play. They got restless, and began to talk loudly and to whistle. The Jew manager, who was standing at the back of the dress-circle, stamped and swore with rage. The only person unmoved was the girl herself.

Dorian pâlit en l'observant, étonné, anxieux... Aucun de ses amis n'osait lui parler; elle leur semblait sans aucun talent; ils étaient tout à fait désappointés.

Ils savaient que la scène du balcon du second acte était l'épreuve décisive des actrices abordant le rôle de Juliette; ils l'attendaient tous deux; si elle y échouait, elle n'était bonne à rien.

Elle fut vraiment charmante quand elle surgit dans le clair de lune; c'était vrai; mais l'hésitation de son jeu était insupportable et il devenait de plus en plus mauvais à mesure qu'elle avançait dans son rôle. Ses gestes étaient absurdement artificiels. Elle emphatisait au-delà des limites permises ce qu'elle avait à dire. Le beau passage:

Thou knowest tho mask of night is on my face, Else would a maiden blush bepaint my cheek For' that which thou hast heard me speak to-night...

fut déclamé avec la pitoyable précision d'une écolière instruite dans la récitation par un professeur de deuxième ordre. Quand elle s'inclina sur le balcon et qu'elle eut à dire les admi-rables vers:

Although I joy in thee, I have no joy of this contract to-night: It is too rash, too unadvised, too sudden; Too like the lightning, which doth cease to be Eve one can say: « It lightens! Sweet, good-night! This bud of love by summer's ripening breath May prove a beauteous flower when nest we meet...

Elle les dit comme s'ils ne comportaient pour elle aucune espèce de signification; ce n'était pas nervosité, bien au contraire; elle paraissait absolument consciente de ce qu'elle faisait. C'était simplement du mauvais art; l'échec était parfait.

Même les auditeurs vulgaires et dépourvus de toute éducation, du parterre et des gale-ries, perdaient tout intérêt à la pièce. Ils commencèrent à s'agiter, à parler haut, à siffler... Le manager israélite, debout au fond du parterre, frappait du pied et jurait de rage. L'on eût dit que la seule personne calme était la jeune fille.

When the second act was over, there came a storm of hisses, and Lord Henry got up from his chair and put on his coat. "She is quite beautiful, Dorian," he said, "but she can't act. Let us go."

"I am going to see the play through," answered the lad, in a hard bitter voice. "I am awfully sorry that I have made you waste an evening, Harry. I apologize to you both."

"My dear Dorian, I should think Miss Vane was ill," interrupted Hallward. "We will come some other night."

"I wish she were ill," he rejoined. "But she seems to me to be simply callous and cold. She has entirely altered. Last night she was a great artist. This evening she is merely a commonplace mediocre actress."

"Don't talk like that about any one you love, Dorian. Love is a more wonderful thing than art."

"They are both simply forms of imitation," remarked Lord Henry. "But do let us go. Dorian, you must not stay here any longer. It is not good for one's morals to see bad acting. Besides, I don't suppose you will want your wife to act, so what does it matter if she plays Juliet like a wooden doll? She is very lovely, and if she knows as little about life as she does about acting, she will be a delightful experience. There are only two kinds of people who are really fascinating--people who know absolutely everything, and people who know absolutely nothing. Good heavens, my dear boy, don't look so tragic! The secret of remaining young is never to have an emotion that is unbecoming. Come to the club with Basil and myself. We will smoke cigarettes and drink to the beauty of Sibyl Vane. She is beautiful. What more can you want?"

Un tonnerre de sifflets suivit la chute du rideau... Lord Henry se leva et mit son par-dessus... – Elle est très belle, Dorian, dit-il, mais elle ne sait pas jouer. Allons-nous-en...

– Je veux voir entièrement la pièce, répondit le jeune homme d'une voix rauque et amère. Je suis désespéré de vous avoir fait perdre votre soirée, Harry. Je vous fais mes excuses à tous deux.

– Mon cher Dorian, miss Vane devait être indisposée. Nous viendrons la voir quelque autre soir.

– Je désire qu'elle l'ait été, continua-t-il; mais elle me semble, à moi, insensible et froide. Elle est entièrement changée. Hier, ce fut une grande artiste; ce soir, c'est une actrice médiocre et commune.

– Ne parlez pas ainsi de ce que vous aimez, Dorian. L'amour est une plus merveilleuse chose que l'art.

– Ce sont tous deux de simples formes d'imitation, remarqua lord Henry... Mais allons-nous-en!... Dorian, vous ne pouvez rester ici davantage. Ce n'est pas bon pour l'esprit de voir jouer mal. D'ailleurs, je suppose que vous ne désirez point que votre femme joue; par conséquent, qu'est-ce que cela peut vous faire qu'elle joue Juliette comme une poupée de bois... Elle est vraiment adorable, et si elle connaît aussi peu la vie que... l'art, elle fera le sujet d'une expérience délicieuse. Il n'y a que deux sortes de gens vraiment intéressants: ceux qui savent absolument tout et ceux qui ne savent absolument rien... Par le ciel! mon cher ami, n'ayez pas l'air si tragique! Le secret de rester jeune est de ne jamais avoir une émotion malséante. Venez au club avec Basil et moi, nous fumerons des cigarettes en buvant à la beauté de Sibyl Vane; elle est certainement belle: que désirez-vous de plus?

"Go away, Harry," cried the lad. "I want to be alone. Basil, you must go. Ah! can't you see that my heart is breaking?" The hot tears came to his eyes. His lips trembled, and rushing to the back of the box, he leaned up against the wall, hiding his face in his hands.

"Let us go, Basil," said Lord Henry with a strange tenderness in his voice, and the two young men passed out together.

A few moments afterwards the footlights flared up and the curtain rose on the third act. Dorian Gray went back to his seat. He looked pale, and proud, and indifferent. The play dragged on, and seemed interminable. Half of the audience went out, tramping in heavy boots and laughing. The whole thing was a fiasco. The last act was played to almost empty benches. The curtain went down on a titter and some groans.

As soon as it was over, Dorian Gray rushed behind the scenes into the greenroom. The girl was standing there alone, with a look of triumph on her face. Her eyes were lit with an exquisite fire. There was a radiance about her. Her parted lips were smiling over some secret of their own.

When he entered, she looked at him, and an expression of infinite joy came over her. "How badly I acted to-night, Dorian!" she cried.

"Horribly!" he answered, gazing at her in amazement. "Horribly! It was dreadful. Are you ill? You have no idea what it was. You have no idea what I suffered."

The girl smiled. "Dorian," she answered, lingering over his name with long-drawn music in her voice, as though it were sweeter than honey to the red petals of her mouth. "Dorian, you should have understood. But you understand now, don't you?"

"Understand what?" he asked, angrily.

— Allez-vous-en, Harry! cria l'enfant. J'ai besoin d'être seul. Basil, vous aussi, allez-vous-en! Ah! ne voyez-vous que mon cœur éclate! Des larmes brûlantes lui emplirent les yeux; ses lèvres tremblèrent et se précipitant au fond de la loge, il s'appuya contre la cloison et cacha sa face dans ses mains...

— Allons-nous-en, Basil, dit lord Henry d'une voix étrangement tendre. Et les deux jeunes gens sortirent ensemble.

Quelques instants plus tard, la rampe s'illumina, et le rideau se leva sur le troisième acte. Dorian Gray reprit son siège; il était pâle, mais dédaigneux et indifférent. L'action se traînait, interminable. La moitié de l'auditoire était sortie, en faisant un bruit grossier de lourds souliers, et en riant. Le fiasco était complet. Le dernier acte fut joué devant les banquettes. Le rideau s'abaissa sur des murmures ou des grognements.

Aussitôt que ce fut fini, Dorian Gray se précipita par les coulisses vers le foyer... Il y trouva la jeune fille seule; un regard de triomphe éclairait sa face. Dans ses yeux brillait une flamme exquise; une sorte de rayonnement semblait l'entourer. Ses lèvres demi ouvertes souriaient à quelque mystérieux secret connu d'elle seule.

Quand il entra, elle le regarda, et sembla soudainement possédée d'une joie infinie. — Ai-je assez mal joué, ce soir, Dorian? cria-t-elle.

— Horriblement! répondit-il, la considérant avec stupéfaction... Horriblement! Ce fut affreux! Vous étiez malade, n'est-ce pas? Vous ne vous doutez point de ce que cela fut!... Vous n'avez pas idée de ce que j'ai souffert!

La jeune fille sourit... — Dorian, répondit-elle, appuyant sur son prénom d'une voix traînante et musicale, comme s'il eût été plus doux que miel aux rouges pétales de sa bouche, Dorian, vous auriez dû comprendre, mais vous comprenez maintenant, n'est-ce pas?

— Comprendre quoi? demanda-t-il, rageur...

"Why I was so bad to-night. Why I shall always be bad. Why I shall never act well again."

He shrugged his shoulders. "You are ill, I suppose. When you are ill you shouldn't act. You make yourself ridiculous. My friends were bored. I was bored."

She seemed not to listen to him. She was transfigured with joy. An ecstasy of happiness dominated her. "Dorian, Dorian," she cried, "before I knew you, acting was the one reality of my life. It was only in the theatre that I lived. I thought that it was all true. I was Rosalind one night and Portia the other. The joy of Beatrice was my joy, and the sorrows of Cordelia were mine also. I believed in everything. The common people who acted with me seemed to me to be godlike. The painted scenes were my world. I knew nothing but shadows, and I thought them real.

You came--oh, my beautiful love!-- and you freed my soul from prison. You taught me what reality really is. To-night, for the first time in my life, I saw through the hollowness, the sham, the silliness of the empty pageant in which I had always played. To-night, for the first time, I became conscious that the Romeo was hideous, and old, and painted, that the moonlight in the orchard was false, that the scenery was vulgar, and that the words I had to speak were unreal, were not my words, were not what I wanted to say. You had brought me something higher, something of which all art is but a reflection. You had made me understand what love really is. My love! My love! Prince Charming! Prince of life!

– Pourquoi je fus si mauvaise ce soir! Pourquoi je serai toujours mauvaise!... Pourquoi je ne jouerai plus jamais bien!...

Il leva les épaules. – Vous êtes malade, je crois; quand vous êtes malade, vous ne pouvez jouer: vous paraissez absolument ridicule. Vous nous avez navrés, mes amis et moi.

Elle ne semblait plus l'écouter; transfigurée de joie, elle paraissait en proie à une extase de bonheur!... – Dorian! Dorian, s'écria-t-elle, avant de vous connaître, je croyais que la seule réalité de la vie était le théâtre: c'était seulement pour le théâtre que je vivais; je pensais que tout cela était vrai; j'étais une nuit Rosalinde, et l'autre, Portia: la joie de Béatrice était ma joie, et les tristesses de Cordelia furent miennes!... Je croyais en tout!... Les gens grossiers qui jouaient avec moi me semblaient pareils à des dieux! J'errais parmi les décors comme dans un monde à moi: je ne connaissais que des ombres, et je les croyais réelles!

Vous vîntes, ô mon bel amour! et vous délivrâtes mon âme emprisonnée... Vous m'avez appris ce qu'était réelle-ment la réalité! Ce soir, pour la première fois de ma vie, je perçus le vide, la honte, la vilenie de ce que j'avais joué jusqu'alors. Ce soir, pour la première fois, j'eus la conscience que Roméo était hideux, et vieux, et grimé, que faux était le clair de lune du verger, que les décors étaient odieux, que les mots que je devais dire étaient menteurs, qu'ils n'étaient pas mes mots, que ce n'était pas ce que je devais dire!... Vous m'avez élevée dans quelque chose de plus haut, dans quelque chose dont tout l'art n'est qu'une réflexion. Vous m'avez fait comprendre ce qu'était véritablement l'amour! Mon amour! Mon amour! Prince Charmant! Prince de ma vie!

I have grown sick of shadows. You are more to me than all art can ever be. What have I to do with the puppets of a play? When I came on to-night, I could not understand how it was that everything had gone from me. I thought that I was going to be wonderful. I found that I could do nothing. Suddenly it dawned on my soul what it all meant. The knowledge was exquisite to me. I heard them hissing, and I smiled. What could they know of love such as ours? Take me away, Dorian--take me away with you, where we can be quite alone. I hate the stage. I might mimic a passion that I do not feel, but I cannot mimic one that burns me like fire. Oh, Dorian, Dorian, you understand now what it signifies? Even if I could do it, it would be profanation for me to play at being in love. You have made me see that."

He flung himself down on the sofa and turned away his face. "You have killed my love," he muttered.

She looked at him in wonder and laughed. He made no answer. She came across to him, and with her little fingers stroked his hair. She knelt down and pressed his hands to her lips. He drew them away, and a shudder ran through him.

Je suis écœurée des ombres! Vous m'êtes plus que tout ce que l'art pourra jamais être! Que puis-je avoir de commun avec les fantoches d'un drame? Quand j'arrivai ce soir, je ne pus comprendre comment cela m'avait quittée. Je pensais que j'allais être merveilleuse et je m'aperçus que je ne pouvais rien faire. Soudain, la lumière se fit en moi, et la connaissance m'en fut exquise... Je les entendis siffler, et je me mis à sourire... Pourraient-ils comprendre un amour tel que le nôtre? Emmène-moi, Dorian, emmène-moi, quelque part où nous puissions être seuls. Je hais la scène! Je puis mimer une passion que je ne ressens pas, mais je ne puis mimer ce quelque chose qui me brûle comme le feu! Oh! Dorian! Dorian, tu comprends maintenant ce que cela signifie. Même si je parvenais à le faire, ce serait une profanation, car pour moi, désormais, jouer, c'est d'être amoureuse! Voilà ce que tu m'as faite!...

Il tomba sur le sofa et détourna la tête. – Vous avez tué mon amour! murmura-t-il.

Elle le regarda avec admiration et se mit à rire... Il ne dit rien. Elle vint près de lui et de ses petits doigts lui caressa les cheveux. Elle s'agenouilla, lui baisant les mains... Il les retira, pris d'un frémissement. Il se dressa soudain et marcha vers la porte.

Then he leaped up and went to the door. "Yes," he cried, "you have killed my love. You used to stir my imagination. Now you don't even stir my curiosity. You simply produce no effect. I loved you because you were marvellous, because you had genius and intellect, because you realized the dreams of great poets and gave shape and substance to the shadows of art. You have thrown it all away. You are shallow and stupid. My God! how mad I was to love you! What a fool I have been! You are nothing to me now. I will never see you again. I will never think of you. I will never mention your name. You don't know what you were to me, once. Why, once . . . Oh, I can't bear to think of it! I wish I had never laid eyes upon you! You have spoiled the romance of my life. How little you can know of love, if you say it mars your art! Without your art, you are nothing. I would have made you famous, splendid, magnificent. The world would have worshipped you, and you would have borne my name. What are you now? A third- rate actress with a pretty face."

– Oui, clama-t-il, vous avez tué mon amour! Vous avez dérouté mon esprit! Mainte-nant vous ne pouvez même exciter ma curiosité! Vous n'avez plus aucun effet sur moi! Je vous aimais parce que vous étiez admirable, parce que vous étiez intelligente et géniale, parce que vous réalisiez les rêves des grands poètes et que vous donniez une forme, un corps, aux ombres de l'Art! Vous avez jeté tout cela! vous êtes stupide et bornée!... Mon Dieu! Com-bien je fus fou de vous aimer! Quel insensé je fus!... Vous ne m'êtes plus rien! Je ne veux plus vous voir! Je ne veux plus penser à vous! Je ne veux plus me rappeler votre nom! Vous ne pouvez vous douter ce que vous étiez pour moi, autrefois... Autrefois!... Ah! je ne veux plus penser à cela! Je désirerais ne vous avoir jamais vue... Vous avez brisé le roman de ma vie! Comme vous connaissez peu l'amour, pour penser qu'il eût pu gâter votre art!... Vous n'êtes rien sans votre art... Je vous aurais faite splendide, fameuse, magnifique! le monde vous aurait admirée et vous eussiez porté mon nom!... Qu'êtes-vous maintenant?... Une jolie actrice de troisième ordre!

The girl grew white, and trembled. She clenched her hands together, and her voice seemed to catch in her throat. "You are not serious, Dorian?" she murmured. "You are acting."

La jeune fille pâlissait et tremblait. Elle joignit les mains, et d'une voix qui s'arrêta dans la gorge: – Vous n'êtes pas sérieux, Dorian, murmura-t-elle; vous jouez!...

"Acting! I leave that to you. You do it so well," he answered bitterly.

– Je joue!... C'est bon pour vous, cela; vous y réussissez si bien, répondit-il amère-ment.

She rose from her knees and, with a piteous expression of pain in her face, came across the room to him. She put her hand upon his arm and looked into his eyes. He thrust her back.

Elle se releva, et une expression pitoyable de douleur sur la figure, elle traversa le foyer et vint vers lui. Elle mit la main sur son bras et le regarda dans les yeux. Il l'éloigna...

"Don't touch me!" he cried.

– Ne me touchez pas, cria-t-il.

A low moan broke from her, and she flung herself at his feet and lay there like a trampled flower. "Dorian, Dorian, don't leave me!" she whispered. "I am so sorry I didn't act well. I was thinking of you all the time. But I will try--indeed, I will try. It came so suddenly across me, my love for you. I think I should never have known it if you had not kissed me-- if we had not kissed each other. Kiss me again, my love. Don't go away from me. I couldn't bear it. Oh! don't go away from me.

My brother . . . No; never mind. He didn't mean it. He was in jest. . . . But you, oh! can't you forgive me for to-night? I will work so hard and try to improve. Don't be cruel to me, because I love you better than anything in the world. After all, it is only once that I have not pleased you. But you are quite right, Dorian. I should have shown myself more of an artist. It was foolish of me, and yet I couldn't help it. Oh, don't leave me, don't leave me." A fit of passionate sobbing choked her. She crouched on the floor like a wounded thing, and Dorian Gray, with his beautiful eyes, looked down at her, and his chiselled lips curled in exquisite disdain. There is always something ridiculous about the emotions of people whom one has ceased to love. Sibyl Vane seemed to him to be absurdly melodramatic. Her tears and sobs annoyed him.

"I am going," he said at last in his calm clear voice. "I don't wish to be unkind, but I can't see you again. You have disappointed me."

She wept silently, and made no answer, but crept nearer. Her little hands stretched blindly out, and appeared to be seeking for him. He turned on his heel and left the room. In a few moments he was out of the theatre.

Elle poussa un gémissement triste, et s'écroulant à ses pieds, elle resta sans mouvement, comme une fleur piétinée. – Dorian, Dorian, ne m'abandonnez pas, souffla-t-elle. Je suis désolée d'avoir si mal joué; je pensais à vous tout le temps; mais j'essaierai... oui, j'essaierai... Cela me vint si vite, cet amour pour vous... Je pense que je l'eusse toujours ignoré si vous ne m'aviez pas embras-sé... Si nous ne nous étions pas embrassés... Embrasse-moi encore, mon amour... Ne t'en va pas! Je ne pourrais le supporter! Oh! ne t'en va pas!...

Mon frère... Non, ça ne fait rien! Il ne voulait pas dire cela... il plaisantait!... Mais vous, pouvez-vous m'oublier à cause de ce soir? Je veux tant travailler et essayer de faire des progrès. Ne me sois pas cruel parce que je t'aime mieux que tout au monde! Après tout, c'est la seule fois que je t'ai déplu... Tu as raison. Dorian... J'aurais dû me montrer mieux qu'une artiste... C'était fou de ma part... et cependant, je n'ai pu faire autrement... Oh! ne me quitte pas! ne m'abandonne pas!... Une rafale de sanglots passionnés la courba... Elle s'écrasa sur le plancher comme une chose blessée. Dorian Gray la regardait à terre, ses lèvres fines retroussées en un suprême dédain. Il y a toujours quelque chose de ridicule dans les émotions des personnes que l'on a cessé d'aimer; Sibyl Vane lui semblait absurdement mélodramatique. Ses larmes et ses san-glots l'ennuyaient...

– Je m'en vais, dit-il, d'une calme voix claire. Je ne veux pas être cruel davantage, mais je ne puis vous revoir. Vous m'avez dépouillé de toutes mes illusions...

Elle pleurait silencieusement, et ne fit point de réponse; rampante, elle se rapprocha; ses petites mains se tendirent comme celles d'un aveugle et semblèrent le chercher... Il tourna sur ses talons et quitta le foyer. Quelques instants après, il était dehors...

Where he went to he hardly knew. He remembered wandering through dimly lit streets, past gaunt, black-shadowed archways and evil-looking houses. Women with hoarse voices and harsh laughter had called after him. Drunkards had reeled by, cursing and chattering to themselves like monstrous apes. He had seen grotesque children huddled upon door-steps, and heard shrieks and oaths from gloomy courts.

As the dawn was just breaking, he found himself close to Covent Garden. The darkness lifted, and, flushed with faint fires, the sky hollowed itself into a perfect pearl. Huge carts filled with nodding lilies rumbled slowly down the polished empty street. The air was heavy with the perfume of the flowers, and their beauty seemed to bring him an anodyne for his pain. He followed into the market and watched the men unloading their waggons. A white-smocked carter offered him some cherries. He thanked him, wondered why he refused to accept any money for them, and began to eat them listlessly. They had been plucked at midnight, and the coldness of the moon had entered into them.

A long line of boys carrying crates of striped tulips, and of yellow and red roses, defiled in front of him, threading their way through the huge, jade-green piles of vegetables. Under the portico, with its grey, sun-bleached pillars, loitered a troop of draggled bareheaded girls, waiting for the auction to be over. Others crowded round the swinging doors of the coffee-house in the piazza. The heavy cart-horses slipped and stamped upon the rough stones, shaking their bells and trappings. Some of the drivers were lying asleep on a pile of sacks. Iris-necked and pink-footed, the pigeons ran about picking up seeds.

Où il alla?... il ne s'en souvint. Il se rappela vaguement avoir vagabondé par des rues mal éclairées, passé sous des voûtes sombres et devant des maisons aux façades hostiles... Des femmes, avec des voix enrouées et des rires éraillés l'avaient appelé. Il avait rencontré de chancelants ivrognes jurant, se grommelant à eux-mêmes des choses comme des singes mons-trueux. Des enfants grotesques se pressaient devant des seuils; des cris, des jurons, partaient des cours obscures.

À l'aube, il se trouva devant Covent Garden... Les ténèbres se dissipaient, et coloré de feux affaiblis, le ciel prit des teintes perlées... De lourdes charrettes remplies de lys vacillants roulèrent doucement sur les pavés des rues désertes... L'air était plein du parfum des fleurs, et leur beauté sembla apporter un réconfort à sa peine. Il entra dans un marché et observa les hommes déchargeant les voitures... Un charretier en blouse blanche lui offrit des cerises; il le remercia, s'étonnant qu'il ne voulût accepter aucun argent, et les mangea distraitement. Elles avaient été cueillies dans la nuit; et la fraîcheur de la lune les avaient pénétrées.

Une bande de garçons portant des corbeilles de tulipes rayées, de jaunes et rouges roses, défila devant lui, à travers les monceaux de légumes d'un vert de jade. Sous le portique aux piliers grisâtres, musait une troupe de filles têtes nues attendant la fin des enchères... D'autres, s'ébattaient aux alentours des portes sans cesse ouvertes des bars de la Piazza. Les énormes chevaux de ca-mions glissaient ou frappaient du pied sur les pavés raboteux, faisant sonner leurs cloches et leurs harnais... Quelques conducteurs gisaient endormis sur des piles de sacs. Des pigeons, aux cous irisés, aux pattes rosés, voltigeaient, picorant des graines...

After a little while, he hailed a hansom and drove home. For a few moments he loitered upon the doorstep, looking round at the silent square, with its blank, close-shuttered windows and its staring blinds. The sky was pure opal now, and the roofs of the houses glistened like silver against it. From some chimney opposite a thin wreath of smoke was rising. It curled, a violet riband, through the nacre-coloured air.

In the huge gilt Venetian lantern, spoil of some Doge's barge, that hung from the ceiling of the great, oak-panelled hall of entrance, lights were still burning from three flickering jets: thin blue petals of flame they seemed, rimmed with white fire. He turned them out and, having thrown his hat and cape on the table, passed through the library towards the door of his bedroom, a large octagonal chamber on the ground floor that, in his new-born feeling for luxury, he had just had decorated for himself and hung with some curious Renaissance tapestries that had been discovered stored in a disused attic at Selby Royal. As he was turning the handle of the door, his eye fell upon the portrait Basil Hallward had painted of him. He started back as if in surprise. Then he went on into his own room, looking somewhat puzzled. After he had taken the button-hole out of his coat, he seemed to hesitate. Finally, he came back, went over to the picture, and examined it. In the dim arrested light that struggled through the cream-coloured silk blinds, the face appeared to him to be a little changed. The expression looked different. One would have said that there was a touch of cruelty in the mouth. It was certainly strange.

Au bout de quelques instants, il héla un hansom et se fit conduire chez lui... Un mo-ment, il s'attarda sur le seuil, regardant devant lui le square silencieux, les fenêtres fermées, les persiennes claires... Le ciel s'opalisait maintenant, et les toits des maisons luisaient comme de l'argent... D'une cheminée en face, un fin filet de fumée s'élevait; il ondula, comme un ruban violet à travers l'atmosphère couleur de nacre...

Dans la grosse lanterne dorée vénitienne, dépouille de quelque gondole dogale, qui pendait au plafond du grand hall d'entrée aux panneaux de chêne, trois jets vacillants de lumière brillaient encore; ils semblaient de minces pétales de flamme, bleus et blancs. Il les éteignit, et après avoir jeté son chapeau et son manteau sur une table, traversant la biblio-thèque, il poussa la porte de sa chambre à coucher, une grande pièce octogone située au rez-de-chaussée que, dans son goût naissant de luxe, il avait fait décorer et garnir de curieuses tapisseries Renaissance qu'il avait découvertes dans une mansarde délabrée de Selby Royal où elles s'étaient conservées. Comme il tournait la poignée de la porte, ses yeux tombèrent sur son portrait peint par Basil Hallward; il tressaillit d'étonnement!... Il entra dans sa chambre, vaguement surpris... Après avoir défait le premier bouton de sa redingote, il parut hésiter; finalement il revint sur ses pas, s'arrêta devant le portrait et l'examina... Dans le peu de lumière traversant les rideaux de soie crème, la face lui parut un peu changée... L'expression semblait différente. On eût dit qu'il y avait comme une touche de cruauté dans la bouche... C'était vraiment étrange!...

He turned round and, walking to the window, drew up the blind. The bright dawn flooded the room and swept the fantastic shadows into dusky corners, where they lay shuddering. But the strange expression that he had noticed in the face of the portrait seemed to linger there, to be more intensified even. The quivering ardent sunlight showed him the lines of cruelty round the mouth as clearly as if he had been looking into a mirror after he had done some dreadful thing.

He winced and, taking up from the table an oval glass framed in ivory Cupids, one of Lord Henry's many presents to him, glanced hurriedly into its polished depths. No line like that warped his red lips. What did it mean?

He rubbed his eyes, and came close to the picture, and examined it again. There were no signs of any change when he looked into the actual painting, and yet there was no doubt that the whole expression had altered. It was not a mere fancy of his own. The thing was horribly apparent.

He threw himself into a chair and began to think. Suddenly there flashed across his mind what he had said in Basil Hallward's studio the day the picture had been finished. Yes, he remembered it perfectly. He had uttered a mad wish that he himself might remain young, and the portrait grow old; that his own beauty might be untarnished, and the face on the canvas bear the burden of his passions and his sins; that the painted image might be seared with the lines of suffering and thought, and that he might keep all the delicate bloom and loveliness of his then just conscious boyhood. Surely his wish had not been fulfilled? Such things were impossible. It seemed monstrous even to think of them. And, yet, there was the picture before him, with the touch of cruelty in the mouth.

Il se tourna, et, marchant vers la fenêtre, tira les rideaux... Une brillante clarté emplit la chambre et balaya les ombres fantastiques des coins obscurs où elles flottaient. L'étrange expression qu'il avait surprise dans la face y demeurait, plus perceptible encore... La palpitante lumière montrait des lignes de cruauté autour de la bouche comme si lui-même, après avoir fait quelque horrible chose, les surprenait sur sa face dans un miroir.

Il recula, et prenant sur la table une glace ovale entourée de petits amours d'ivoire, un des nombreux présents de lord Henry, se hâta de se regarder dans ses profondeurs polies... Nulle ligne comme celle-là ne tourmentait l'écarlate de ses lèvres... Qu'est-ce que cela voulait dire?

Il frotta ses yeux, s'approcha plus encore du tableau et l'examina de nouveau... Per-sonne n'y avait touché, certes, et cependant, il était hors de doute que quelque chose y avait été changé... Il ne rêvait pas! La chose était horriblement apparente...

Il se jeta dans un fauteuil et rappela ses esprits... Soudainement, lui revint ce qu'il avait dit dans l'atelier de Basil le jour même où le portrait avait été terminé. Oui, il s'en souvenait parfaitement. Il avait énoncé le désir fou de rester jeune alors que vieillirait ce tableau... Ah! si sa beauté pouvait ne pas se ternir et qu'il fut donné à ce portrait peint sur cette toile de porter le poids de ses passions, de ses péchés!... Cette peinture ne pouvait-elle donc être marquée des lignes de souffrance et de doute, alors que lui-même garderait l'épanouissement délicat et la joliesse de son adolescence! Son vœu, pardieu! ne pouvait être exaucé! De telles choses sont impossibles! C'était même monstrueux de les évoquer... Et, cependant, le portrait était devant lui portant à la bouche une moue de cruauté!

Cruelty! Had he been cruel? It was the girl's fault, not his. He had dreamed of her as a great artist, had given his love to her because he had thought her great. Then she had disappointed him. She had been shallow and unworthy. And, yet, a feeling of infinite regret came over him, as he thought of her lying at his feet sobbing like a little child. He remembered with what callousness he had watched her. Why had he been made like that? Why had such a soul been given to him? But he had suffered also. During the three terrible hours that the play had lasted, he had lived centuries of pain, aeon upon aeon of torture. His life was well worth hers. She had marred him for a moment, if he had wounded her for an age. Besides, women were better suited to bear sorrow than men. They lived on their emotions. They only thought of their emotions. When they took lovers, it was merely to have some one with whom they could have scenes. Lord Henry had told him that, and Lord Henry knew what women were. Why should he trouble about Sibyl Vane? She was nothing to him now.

But the picture? What was he to say of that? It held the secret of his life, and told his story. It had taught him to love his own beauty. Would it teach him to loathe his own soul? Would he ever look at it again?

No; it was merely an illusion wrought on the troubled senses. The horrible night that he had passed had left phantoms behind it. Suddenly there had fallen upon his brain that tiny scarlet speck that makes men mad. The picture had not changed. It was folly to think so.

Cruauté! Avait-il été cruel? C'était la faute de cette enfant, non la sienne... Il l'avait rêvée une grande artiste, lui avait donné son amour parce qu'il l'avait crue géniale... Elle l'avait désappointé. Elle s'était montrée quelconque, indigne... Tout de même, un sentiment de regret infini l'envahit, en la revoyant dans son esprit, prostrée à ses pieds, sanglotant comme un petit enfant!... Il se rappela avec quelle insensibilité il l'avait regardée alors... Pourquoi avait-il été fait ainsi? Pourquoi une pareille âme lui avait-elle été donnée? Mais n'avait-il pas souffert aussi? Pendant les trois heures qu'avait duré la pièce, il avait vécu des siècles de douleur, des éternités sur des éternités de torture!... Sa vie valait bien la sienne... S'il l'avait blessée, n'avait-elle pas, de son côté, enlaidi son existence?... D'ailleurs, les femmes sont mieux organisées que les hommes pour supporter les chagrins... Elles vivent d'émotions; elles ne pensent qu'à cela... Quand elles prennent des amants, c'est simplement pour avoir quelqu'un à qui elles puissent faire des scènes. Lord Henry le lui avait dit et lord Henry connaissait les femmes. Pourquoi s'inquiéterait-il de Sibyl Vane? Elle ne lui était rien.

Mais le portrait?... Que dire de cela? Il possédait le secret de sa vie, en révélait l'histoire; il lui avait appris à aimer sa propre beauté. Lui apprendrait-il à haïr son âme?... Devait-il le regarder encore?

Non! c'était purement une illusion de ses sens troublés; l'horrible nuit qu'il venait de passer avait suscité des fantômes!... Tout d'un coup, cette même tache écarlate qui rend les hommes déments s'était étendue dans son esprit... Le portrait n'avait pas changé. C'était folie d'y songer...

Yet it was watching him, with its beautiful marred face and its cruel smile. Its bright hair gleamed in the early sunlight. Its blue eyes met his own. A sense of infinite pity, not for himself, but for the painted image of himself, came over him. It had altered already, and would alter more. Its gold would wither into grey. Its red and white roses would die. For every sin that he committed, a stain would fleck and wreck its fairness. But he would not sin. The picture, changed or unchanged, would be to him the visible emblem of conscience. He would resist temptation. He would not see Lord Henry any more--would not, at any rate, listen to those subtle poisonous theories that in Basil Hallward's garden had first stirred within him the passion for impossible things. He would go back to Sibyl Vane, make her amends, marry her, try to love her again. Yes, it was his duty to do so. She must have suffered more than he had. Poor child! He had been selfish and cruel to her. The fascination that she had exercised over him would return. They would be happy together. His life with her would be beautiful and pure.

He got up from his chair and drew a large screen right in front of the portrait, shuddering as he glanced at it. "How horrible!" he murmured to himself, and he walked across to the window and opened it. When he stepped out on to the grass, he drew a deep breath. The fresh morning air seemed to drive away all his sombre passions. He thought only of Sibyl. A faint echo of his love came back to him. He repeated her name over and over again. The birds that were singing in the dew-drenched garden seemed to be telling the flowers about her.

Cependant, il le regardait avec sa belle figure ravagée, son cruel sourire... Sa brillante chevelure rayonnait dans le soleil du matin. Ses yeux d'azur rencontrèrent les siens. Un sen-timent d'infinie pitié, non pour lui-même, mais pour son image peinte, le saisit. Elle était déjà changée, et elle s'altérerait encore. L'or se ternirait... Les rouges et blanches roses de son teint se flétriraient. Pour chaque péché qu'il commettrait, une tache s'ajouterait aux autres taches, recouvrant peu à peu sa beauté... Mais il ne pécherait pas!... Le portrait, changé ou non, lui serait le visible emblème de sa conscience. Il résisterait aux tentations. Il ne verrait jamais plus lord Henry, il n'écouterait plus, de toute façon, les subtiles théories empoisonnées qui avaient, pour la première fois, dans le jardin de Basil, insufflé en lui la passion d'impossibles choses. Il retournerait à Sibyl Vane, lui présenterait ses repentirs, l'épouserait, essaierait de l'aimer encore. Oui, c'était son devoir. Elle avait souffert plus que lui. Pauvre enfant! Il avait été égoïste et cruel envers elle. Elle reprendrait sur lui la fascination de jadis; ils seraient heureux ensemble. La vie, à côté d'elle, serait belle et pure.

Il se leva du fauteuil, tira un haut et large paravent devant le portrait, frissonnant en-core pendant qu'il le regardait... « Quelle horreur! » pensait-il, en allant ouvrir la porte-fenêtre... Quand il fut sur le gazon, il poussa un profond soupir. L'air frais du matin parut dissiper toutes ses noires pensées, il songeait seulement à Sibyl. Un écho affaibli de son amour lui revint. Il répéta son nom, et le répéta encore. Les oiseaux qui chantaient dans le jardin plein de rosée, semblaient parler d'elle aux fleurs...

Chapter 8

It was long past noon when he awoke. His valet had crept several times on tiptoe into the room to see if he was stirring, and had wondered what made his young master sleep so late. Finally his bell sounded, and Victor came in softly with a cup of tea, and a pile of letters, on a small tray of old Sevres china, and drew back the olive-satin curtains, with their shimmering blue lining, that hung in front of the three tall windows.

"Monsieur has well slept this morning," he said, smiling.

"What o'clock is it, Victor?" asked Dorian Gray drowsily.

"One hour and a quarter, Monsieur."

How late it was! He sat up, and having sipped some tea, turned over his letters. One of them was from Lord Henry, and had been brought by hand that morning. He hesitated for a moment, and then put it aside. The others he opened listlessly. They contained the usual collection of cards, invitations to dinner, tickets for private views, programmes of charity concerts, and the like that are showered on fashionable young men every morning during the season. There was a rather heavy bill for a chased silver Louis- Quinze toilet-set that he had not yet had the courage to send on to his guardians, who were extremely old-fashioned people and did not realize that we live in an age when unnecessary things are our only necessities; and there were several very courteously worded communications from Jermyn Street money- lenders offering to advance any sum of money at a moment's notice and at the most reasonable rates of interest.

Chapitre VIII

Midi avait sonné depuis longtemps, quand il s'éveilla. Son valet était venu plusieurs fois sur la pointe du pied dans la chambre voir s'il dormait encore, et s'était demandé ce qui pouvait bien retenir si tard au lit son jeune maître. Finalement, Victor entendit retentir le timbre et il arriva doucement, portant une tasse de thé et un paquet de lettres sur un petit plateau de vieux Sèvres chinois; il tira les rideaux de satin olive, aux dessins bleus, tendus devant les trois grandes fenêtres...

– Monsieur a bien dormi ce matin, remarqua-t-il souriant.

– Quelle heure est-il, Victor, demanda Dorian Gray, paresseusement.

– Une heure un quart, Monsieur.

Si tard!... Il s'assit dans son lit, et après avoir bu un peu de thé, se mit à regarder les lettres; l'une d'elles était de lord Henry, et avait été apportée le matin même. Il hésita un moment et la mit de côté. Il ouvrit les autres, nonchalamment. Elles contenaient la collection ordinaire de cartes, d'invitations à dîner, de billets pour des expositions privées, des pro-grammes de concerts de charité, et tout ce que peut recevoir un jeune homme à la mode chaque matin, durant la saison. Il trouva une lourde facture, pour un nécessaire de toilette Louis XV en argent ciselé, qu'il n'avait pas encore eu le courage d'envoyer à ses tuteurs, gens de jadis qui ne comprenaient point que nous vivons dans un temps où les choses inutiles sont les seules choses nécessaires; il parcourut encore quelques courtoises propositions de prêteurs d'argent de Jermyn Street, qui s'offraient à lui avancer n'importe quelle somme aussitôt qu'il le jugerait bon et aux taux les plus raisonnables.

After about ten minutes he got up, and throwing on an elaborate dressing-gown of silk-embroidered cashmere wool, passed into the onyx-paved bathroom. The cool water refreshed him after his long sleep. He seemed to have forgotten all that he had gone through. A dim sense of having taken part in some strange tragedy came to him once or twice, but there was the unreality of a dream about it.

As soon as he was dressed, he went into the library and sat down to a light French breakfast that had been laid out for him on a small round table close to the open window. It was an exquisite day. The warm air seemed laden with spices. A bee flew in and buzzed round the blue-dragon bowl that, filled with sulphur-yellow roses, stood before him. He felt perfectly happy.

Suddenly his eye fell on the screen that he had placed in front of the portrait, and he started.

"Too cold for Monsieur?" asked his valet, putting an omelette on the table. "I shut the window?"

Dorian shook his head. "I am not cold," he murmured.

Was it all true? Had the portrait really changed? Or had it been simply his own imagination that had made him see a look of evil where there had been a look of joy? Surely a painted canvas could not alter? The thing was absurd. It would serve as a tale to tell Basil some day. It would make him smile.

Dix minutes après, il se leva, mit une robe de chambre en cachemire brodée de soie et passa dans la salle de bains, pavée en onyx. L'eau froide le ranima après ce long sommeil; il sembla avoir oublié tout ce par quoi il venait de passer... Une obscure sensation d'avoir pris part à quelque étrange tragédie, lui traversa l'esprit une fois ou deux, mais comme entourée de l'irréalité d'un rêve...

Aussitôt qu'il fut habillé, il entra dans la bibliothèque et s'assit devant un léger déjeu-ner à la française, servi sur une petite table mise près de la fenêtre ouverte. Il faisait un temps délicieux; l'air chaud paraissait chargé d'épices... Une abeille entra et bourdonna autour du bol bleu-dragon, rempli de roses d'un jaune de soufre qui était posé devant lui. Il se sentit parfaitement heureux.

Ses regards tout à coup, tombèrent sur le paravent qu'il avait placé devant le portrait et il tressaillit...

– Monsieur a froid, demanda le valet en servant une omelette. Je vais fermer la fe-nêtre...

Dorian secoua la tête. – Je n'ai pas froid, murmura-t-il.

Était-ce vrai? Le portrait avait-il réellement changé? Ou était-ce simplement un effet de sa propre imagination qui lui avait montré une expression de cruauté, là où avait été peinte une expression de joie. Sûrement, une toile peinte ne pouvait ainsi s'altérer? Cette pensée était absurde. Ça serait un jour une bonne histoire à raconter à Basil; elle l'amuserait.

And, yet, how vivid was his recollection of the whole thing! First in the dim twilight, and then in the bright dawn, he had seen the touch of cruelty round the warped lips. He almost dreaded his valet leaving the room. He knew that when he was alone he would have to examine the portrait. He was afraid of certainty. When the coffee and cigarettes had been brought and the man turned to go, he felt a wild desire to tell him to remain. As the door was closing behind him, he called him back. The man stood waiting for his orders. Dorian looked at him for a moment. "I am not at home to any one, Victor," he said with a sigh. The man bowed and retired.

Then he rose from the table, lit a cigarette, and flung himself down on a luxuriously cushioned couch that stood facing the screen. The screen was an old one, of gilt Spanish leather, stamped and wrought with a rather florid Louis-Quatorze pattern. He scanned it curiously, wondering if ever before it had concealed the secret of a man's life.

Should he move it aside, after all? Why not let it stay there? What was the use of knowing? If the thing was true, it was terrible. If it was not true, why trouble about it? But what if, by some fate or deadlier chance, eyes other than his spied behind and saw the horrible change? What should he do if Basil Hallward came and asked to look at his own picture? Basil would be sure to do that. No; the thing had to be examined, and at once. Anything would be better than this dreadful state of doubt.

He got up and locked both doors. At least he would be alone when he looked upon the mask of his shame. Then he drew the screen aside and saw himself face to face. It was perfectly true. The portrait had altered.

Cependant, le souvenir lui en était encore présent… D'abord, dans la pénombre, ensuite dans la pleine clarté, il l'avait vue, cette touche de cruauté autour de ses lèvres tourmentées… Il craignit presque que le valet quittât la chambre, car il savait, il savait qu'il courrait encore contempler le portrait, sitôt seul… Il en était sûr. Quand le domestique, après avoir servi le café et les cigarettes, se dirigea vers la porte, il se sentit un violent désir de lui dire de rester. Comme la porte se fermait derrière lui, il le rappela… Le domestique demeurait immobile, attendant les ordres… Dorian le regarda. – Je n'y suis pour personne, Victor, dit-il avec un soupir.

L'homme s'inclina et disparut… Alors, il se leva de table, alluma une cigarette, et s'étendit sur un divan aux luxueux coussins placé en face du paravent; il observait curieuse-ment cet objet, ce paravent vétuste, fait de cuir de Cordoue doré, frappé et ouvré sur un mo-dèle fleuri, datant de Louis XIV, se demandant s'il lui était jamais arrivé encore de cacher le secret de la vie d'un homme.

Enlèverait-il le portrait après tout? Pourquoi pas le laisser là? À quoi bon savoir? Si c'était vrai, c'était terrible?… Sinon, cela ne valait la peine que l'on s'en occupât… Mais si, par un hasard malheureux, d'autres yeux que les siens découvraient le portrait et en constataient l'horrible changement?… Que ferait-il, si Basil Hallward venait et deman-dait à revoir son propre tableau. Basil le ferait sûrement. Il lui fallait examiner à nouveau la toile… Tout, plutôt que cet infernal état de doute!…

Il se leva et alla fermer les deux portes. Au moins, il serait seul à contempler le masque de sa honte… Alors il tira le paravent et face à face se regarda… Oui, c'était vrai! le portrait avait changé!…

As he often remembered afterwards, and always with no small wonder, he found himself at first gazing at the portrait with a feeling of almost scientific interest. That such a change should have taken place was incredible to him. And yet it was a fact. Was there some subtle affinity between the chemical atoms that shaped themselves into form and colour on the canvas and the soul that was within him? Could it be that what that soul thought, they realized?--that what it dreamed, they made true? Or was there some other, more terrible reason? He shuddered, and felt afraid, and, going back to the couch, lay there, gazing at the picture in sickened horror.

One thing, however, he felt that it had done for him. It had made him conscious how unjust, how cruel, he had been to Sibyl Vane. It was not too late to make reparation for that. She could still be his wife. His unreal and selfish love would yield to some higher influence, would be transformed into some nobler passion, and the portrait that Basil Hallward had painted of him would be a guide to him through life, would be to him what holiness is to some, and conscience to others, and the fear of God to us all. There were opiates for remorse, drugs that could lull the moral sense to sleep. But here was a visible symbol of the degradation of sin. Here was an ever-present sign of the ruin men brought upon their souls.

Comme souvent il se le rappela plus tard, et toujours non sans étonnement, il se trouva qu'il examinait le portrait avec un sentiment indéfinissable d'intérêt scientifique. Qu'un pareil changement fut arrivé, cela lui semblait impossible... et cependant cela était!... Y avait-il quelques subtiles affinités entre les atomes chimiques mêlés en formes et en couleurs sur la toile, et l'âme qu'elle renfermait? Se pouvait-il qu'ils l'eussent réalisé, ce que cette âme avait pensé; que ce qu'elle rêva, ils l'eussent fait vrai? N'y avait-il dans cela quelque autre et... terrible raison? Il frissonna, effrayé... Retournant vers le divan, il s'y laissa tomber, regardant, hagard, le portrait en frémissant d'horreur!...

Cette chose avait eu, toutefois, un effet sur lui... Il devenait conscient de son injustice et de sa cruauté envers Sibyl Vane... Il n'était pas trop tard pour réparer ses torts. Elle pouvait encore devenir sa femme. Son égoïste amour irréel céderait à quelque plus haute influence, se transformerait en une plus noble passion, et son portrait par Basil Hallward lui serait un guide à travers la vie, lui serait ce qu'est la sainteté à certains, la conscience à d'autres et la crainte de Dieu à tous... Il y a des opiums pour les remords, des narcotiques moraux pour l'esprit. Oui, cela était un symbole visible, de la dégradation qu'amenait le péché!... C'était un signe avertisseur des désastres prochains que les hommes préparent à leurs âmes!

Three o'clock struck, and four, and the half-hour rang its double chime, but Dorian Gray did not stir. He was trying to gather up the scarlet threads of life and to weave them into a pattern; to find his way through the sanguine labyrinth of passion through which he was wandering. He did not know what to do, or what to think. Finally, he went over to the table and wrote a passionate letter to the girl he had loved, imploring her forgiveness and accusing himself of madness. He covered page after page with wild words of sorrow and wilder words of pain. There is a luxury in self-reproach. When we blame ourselves, we feel that no one else has a right to blame us. It is the confession, not the priest, that gives us absolution. When Dorian had finished the letter, he felt that he had been forgiven.

Suddenly there came a knock to the door, and he heard Lord Henry's voice outside. "My dear boy, I must see you. Let me in at once. I can't bear your shutting yourself up like this."

He made no answer at first, but remained quite still. The knocking still continued and grew louder. Yes, it was better to let Lord Henry in, and to explain to him the new life he was going to lead, to quarrel with him if it became necessary to quarrel, to part if parting was inevitable. He jumped up, drew the screen hastily across the picture, and unlocked the door.

"I am so sorry for it all, Dorian," said Lord Henry as he entered. "But you must not think too much about it."

"Do you mean about Sibyl Vane?" asked the lad.

"Yes, of course," answered Lord Henry, sinking into a chair and slowly pulling off his yellow gloves. "It is dreadful, from one point of view, but it was not your fault. Tell me, did you go behind and see her, after the play was over?"

"Yes."
"I felt sure you had. Did you make a scene with her?"

Trois heures sonnèrent, puis quatre. La demie tinta son double carillon... Dorian Gray ne bougeait pas. Il essayait de réunir les fils vermeils de sa vie et de les tresser ensemble; il tentait de trouver son chemin à travers le labyrinthe d'ardente passion dans lequel il errait. Il ne savait quoi faire, quoi penser?... Enfin, il se dirigea vers la table et rédigea une lettre passionnée à la jeune fille qu'il avait aimée, implorant son pardon, et s'accusant de démence. Il couvrit des pages de mots de chagrin furieux, suivis de plus furieux cris de douleur... Il y a une sorte de volupté à se faire des reproches... Quand nous nous blâmons, nous pensons que personne autre n'a le droit de nous blâmer. C'est la confession, non le prêtre, qui nous donne l'absolution. Quand Dorian eût terminé sa lettre, il se sentit pardonné.

On frappa tout à coup à la porte et il entendit en dehors la voix de lord Henry: – Mon cher ami, il faut que je vous parle. Laissez-moi entrer. Je ne puis supporter de vous voir ainsi barricadé...

Il ne répondit pas et resta sans faire aucun mouvement. On cogna à nouveau, puis très fort... Ne valait-il pas mieux laisser entrer lord Henry et lui expliquer le nouveau genre de vie qu'il allait mener, se quereller avec lui si cela devenait nécessaire, le quitter, si cet inévitable parti s'imposait. Il se dressa, alla en hâte tirer le paravent sur le portrait, et ôta le verrou de la porte.

– Je suis vraiment fâché de mon insistance, Dorian, dit lord Henry en entrant. Mais vous ne devez pas trop songer à cela.

– À Sibyl Vane, voulez-vous dire, interrogea le jeune homme.

– Naturellement, répondit lord Henry s'asseyant dans un fauteuil, en retirant lentement ses gants jaunes... C'est terrible, à un certain point de vue mais ce n'est pas votre faute. Dites-moi, est-ce que vous êtes allé dans les coulisses après la pièce?

– Oui...
– J'en étais sûr. Vous lui fîtes une scène?

"I was brutal, Harry--perfectly brutal. But it is all right now. I am not sorry for anything that has happened. It has taught me to know myself better."

"Ah, Dorian, I am so glad you take it in that way! I was afraid I would find you plunged in remorse and tearing that nice curly hair of yours."

"I have got through all that," said Dorian, shaking his head and smiling. "I am perfectly happy now. I know what conscience is, to begin with. It is not what you told me it was. It is the divinest thing in us. Don't sneer at it, Harry, any more--at least not before me. I want to be good. I can't bear the idea of my soul being hideous."

"A very charming artistic basis for ethics, Dorian! I congratulate you on it. But how are you going to begin?"

"By marrying Sibyl Vane."

"Marrying Sibyl Vane!" cried Lord Henry, standing up and looking at him in perplexed amazement. "But, my dear Dorian--"

"Yes, Harry, I know what you are going to say. Something dreadful about marriage. Don't say it. Don't ever say things of that kind to me again. Two days ago I asked Sibyl to marry me. I am not going to break my word to her. She is to be my wife."

"Your wife! Dorian! . . . Didn't you get my letter? I wrote to you this morning, and sent the note down by my own man."

"Your letter? Oh, yes, I remember. I have not read it yet, Harry. I was afraid there might be something in it that I wouldn't like. You cut life to pieces with your epigrams."

"You know nothing then?"

"What do you mean?"

Lord Henry walked across the room, and sitting down by Dorian Gray, took both his hands in his own and held them tightly. "Dorian," he said, "my letter--don't be frightened--was to tell you that Sibyl Vane is dead."

– Je fus brutal, Harry, parfaitement brutal. Mais c'est fini maintenant. Je ne suis pas fâché que cela soit arrivé. Cela m'a appris à me mieux connaître.

– Ah! Dorian, je suis content que vous preniez ça de cette façon. J'avais peur de vous voir plongé dans le remords, et vous arrachant vos beaux cheveux bouclés...

– Ah, non, j'en ai fini!... dit Dorian, secouant la tête en souriant... Je suis à présent parfaitement heureux... Je sais ce qu'est la conscience, pour commencer; ce n'est pas ce que vous m'aviez dit; c'est la plus divine chose qui soit en nous... Ne vous en moquez plus, Harry, au moins devant moi. J'ai besoin d'être bon... Je ne puis me faire à l'idée d'avoir une vilaine âme...

– Une charmante base artistique pour la morale, Dorian. Je vous en félicite, mais par quoi allez-vous commencer.

– Mais, par épouser Sibyl Vane...

– Épouser Sibyl Vane! s'écria lord Henry, sursautant et le regardant avec un étonne-ment perplexe. Mais, mon cher Dorian...

– Oui, Harry. Je sais ce que vous m'allez dire: un éreintement du mariage; ne le déve-loppez pas. Ne me dites plus rien de nouveau là-dessus. J'ai offert, il y a deux jours, à Sibyl Vane de l'épouser; je ne veux point lui manquer de parole: elle sera ma femme...

– Votre femme, Dorian!... N'avez-vous donc pas reçu ma lettre?... Je vous ai écrit ce matin et vous ai fait tenir la lettre par mon domestique.

– Votre lettre?... Ah! oui, je me souviens! Je ne l'ai pas encore lue, Harry. Je craignais d'y trouver quelque chose qui me ferait de la peine. Vous m'empoisonnez la vie avec vos épigrammes.

– Vous ne connaissez donc rien?...

– Que voulez-vous dire?...

Lord Henry traversa la chambre, et s'asseyant à côté de Dorian Gray, lui prit les deux mains dans les siennes, et les lui serrant étroitement: – Dorian, lui dit-il, ma lettre – ne vous effrayez pas! – vous informait de la mort de Sibyl Vane!...

A cry of pain broke from the lad's lips, and he leaped to his feet, tearing his hands away from Lord Henry's grasp.

"Dead! Sibyl dead! It is not true! It is a horrible lie! How dare you say it?"

"It is quite true, Dorian," said Lord Henry, gravely. "It is in all the morning papers. I wrote down to you to ask you not to see any one till I came. There will have to be an inquest, of course, and you must not be mixed up in it. Things like that make a man fashionable in Paris. But in London people are so prejudiced. Here, one should never make one's début with a scandal. One should reserve that to give an interest to one's old age. I suppose they don't know your name at the theatre? If they don't, it is all right. Did any one see you going round to her room? That is an important point."

Dorian did not answer for a few moments. He was dazed with horror. Finally he stammered, in a stifled voice, "Harry, did you say an inquest? What did you mean by that? Did Sibyl--? Oh, Harry, I can't bear it! But be quick. Tell me everything at once."

"I have no doubt it was not an accident, Dorian, though it must be put in that way to the public. It seems that as she was leaving the theatre with her mother, about half-past twelve or so, she said she had forgotten something upstairs. They waited some time for her, but she did not come down again. They ultimately found her lying dead on the floor of her dressing-room. She had swallowed something by mistake, some dreadful thing they use at theatres. I don't know what it was, but it had either prussic acid or white lead in it. I should fancy it was prussic acid, as she seems to have died instantaneously."

"Harry, Harry, it is terrible!" cried the lad.

Un cri de douleur jaillit des lèvres de l'adolescent; il bondit sur ses pieds, s'arrachant de l'étreinte de lord Henry:

– Morte!... Sibyl morte!... Ce n'est pas vrai!... C'est un horrible mensonge! Comment osez-vous dire cela?

– C'est parfaitement vrai, Dorian, dit gravement lord Henry. C'est dans les journaux de ce matin. Je vous écrivais pour vous dire de ne recevoir personne jusqu'à mon arrivée. Il y aura une enquête dans laquelle il ne faut pas que vous soyez mêlé. Des choses comme celles-là, mettent un homme à la mode à Paris, mais à Londres on a tant de préjugés... Ici, on ne débute jamais avec un scandale; on réserve cela pour donner un intérêt à ses vieux jours. J'aime à croire qu'on ne connaît pas votre nom au théâtre; s'il en est ainsi, tout va bien. Personne ne vous vit aux alentours de sa loge? Ceci est de toute importance?

Dorian ne répondit point pendant quelques instants. Il était terrassé d'épouvante... Il balbutia enfin d'une voix étouffée: – Harry, vous parlez d'enquête? Que voulez-vous dire? Sibyl aurait-elle?... Oh! Har-ry, je ne veux pas y penser! Mais parlez vite! Dites-moi tout!...

– Je n'ai aucun doute; ce n'est pas un accident, Dorian, quoique le public puisse le croire. Il paraîtrait que lorsqu'elle allait quitter le théâtre avec sa mère, vers minuit et demie environ, elle dit qu'elle avait oublié quelque chose chez elle... On l'attendit quelque temps, mais elle ne redescendait point. On monta et on la trouva morte sur le plancher de sa loge. Elle avait avalé quelque chose par erreur, quelque chose de terrible dont on fait usage dans les théâtres. Je ne sais ce que c'était, mais il devait y avoir de l'acide prussique ou du blanc de céruse là-dedans. Je croirais volontiers à de l'acide prussique, car elle semble être morte instan-tanément...

– Harry, Harry, c'est terrible! cria le jeune homme.

"Yes; it is very tragic, of course, but you must not get yourself mixed up in it. I see by The Standard that she was seventeen. I should have thought she was almost younger than that. She looked such a child, and seemed to know so little about acting. Dorian, you mustn't let this thing get on your nerves. You must come and dine with me, and afterwards we will look in at the opera. It is a Patti night, and everybody will be there. You can come to my sister's box. She has got some smart women with her."

"So I have murdered Sibyl Vane," said Dorian Gray, half to himself, "murdered her as surely as if I had cut her little throat with a knife. Yet the roses are not less lovely for all that. The birds sing just as happily in my garden. And to-night I am to dine with you, and then go on to the opera, and sup somewhere, I suppose, afterwards. How extraordinarily dramatic life is! If I had read all this in a book, Harry, I think I would have wept over it. Somehow, now that it has happened actually, and to me, it seems far too wonderful for tears. Here is the first passionate love-letter I have ever written in my life. Strange, that my first passionate love-letter should have been addressed to a dead girl. Can they feel, I wonder, those white silent people we call the dead? Sibyl! Can she feel, or know, or listen? Oh, Harry, how I loved her once! It seems years ago to me now. She was everything to me.

– Oui, c'est vraiment tragique, c'est sûr, mais il ne faut pas que vous y soyez mêlé. J'ai vu dans le Standard qu'elle avait dix-sept ans; j'aurais cru qu'elle était plus jeune, elle avait l'air d'une enfant et savait si peu jouer... Dorian, ne vous frappez pas!... Venez dîner avec moi, et après nous irons à l'Opéra. La Patti joue ce soir, et tout le monde sera là. Vous viendrez dans la loge de ma sœur; il s'y trouvera quelques jolies femmes...

– Ainsi, j'ai tué Sibyl Vane, murmurait Dorian, je l'ai tuée aussi sûrement que si j'avais coupé sa petite gorge avec un couteau... et cependant les roses pour cela n'en sont pas moins belles... les oiseaux n'en chanteront pas moins dans mon jardin... Et ce soir, je vais aller dîner avec vous: j'irai de là à l'Opéra, et, sans doute, j'irai souper quelque part ensuite... Combien la vie est puissamment dramatique!... Si j'avais lu cela dans un livre, Harry, je pense que j'en aurais pleuré... Maintenant que cela arrive, et à moi, cela me semble beaucoup trop stupéfiant pour en pleurer!... Tenez, voici la première lettre d'amour passionnée que j'ai jamais écrite de ma vie; ne trouvez-vous pas étrange que cette première lettre d'amour soit adressée à une fille morte!... Peuvent-elles sentir, ces choses blanches et silencieuses que nous appelons les morts? Sibyl! Peut-elle sentir, savoir, écouter? Oh! Harry, comme je l'aimais! Il me semble qu'il y a des années!... « Elle m'était tout...

Then came that dreadful night--was it really only last night?-- when she played so badly, and my heart almost broke. She explained it all to me. It was terribly pathetic. But I was not moved a bit. I thought her shallow. Suddenly something happened that made me afraid. I can't tell you what it was, but it was terrible. I said I would go back to her. I felt I had done wrong. And now she is dead. My God! My God! Harry, what shall I do? You don't know the danger I am in, and there is nothing to keep me straight. She would have done that for me. She had no right to kill herself. It was selfish of her."

"My dear Dorian," answered Lord Henry, taking a cigarette from his case and producing a gold-latten matchbox, "the only way a woman can ever reform a man is by boring him so completely that he loses all possible interest in life. If you had married this girl, you would have been wretched. Of course, you would have treated her kindly. One can always be kind to people about whom one cares nothing. But she would have soon found out that you were absolutely indifferent to her. And when a woman finds that out about her husband, she either becomes dreadfully dowdy, or wears very smart bonnets that some other woman's husband has to pay for. I say nothing about the social mistake, which would have been abject--which, of course, I would not have allowed-- but I assure you that in any case the whole thing would have been an absolute failure."

"I suppose it would," muttered the lad, walking up and down the room and looking horribly pale. "But I thought it was my duty. It is not my fault that this terrible tragedy has prevented my doing what was right. I remember your saying once that there is a fatality about good resolutions--that they are always made too late. Mine certainly were."

Vint cet affreux soir – était-ce la nuit dernière? – où elle joua si mal, et mon cœur se brisa! Elle m'expliqua pourquoi? Ce fut horriblement touchant! Je ne fus pas ému: je la croyais sotte!... Quelque chose arriva soudain qui m'épouvanta! Je ne puis vous dire ce que ce fut, mais ce fut terrible... Je voulus retourner à elle; je sentis que je m'étais mal conduit... et maintenant elle est morte! Mon Dieu! Mon Dieu! Harry, que dois-je faire? Vous savez dans quel danger je suis, et rien n'est là pour m'en garder! Elle aurait fait cela pour moi! Elle n'avait point le droit de se tuer... Ce fut égoïste de sa part.

– Mon cher Dorian, répondit lord Henry, prenant une cigarette et tirant de sa poche une boîte d'allumettes dorée, la seule manière dont une femme puisse réformer un homme est de l'importuner de telle sorte qu'il perd tout intérêt possible à l'existence. Si vous aviez épousé cette jeune fille, vous auriez été malheureux; vous l'auriez traitée gentiment; on peut toujours être bon envers les personnes desquelles on attend rien. Mais elle aurait bientôt découvert que vous lui étiez absolument indifférent, et quand une femme a découvert cela de son mari, ou elle se fagote terriblement, ou bien elle porte de pimpants chapeaux que paie le mari... d'une autre femme. Je ne dis rien de l'adultère, qui aurait pu être abject, qu'en somme je n'aurais pas permis, mais je vous assure en tous les cas, que tout cela eut été un parfait malentendu.

– C'est possible, murmura le jeune homme horriblement pâle, en marchant de long en large dans la chambre; mais je pensais que cela était de mon devoir; ce n'est point ma faute si ce drame terrible m'a empêché de faire ce que je croyais juste. Je me souviens que vous m'avez dit une fois, qu'il pesait une fatalité sur les bonnes résolutions, qu'on les prenait toujours trop tard. La mienne en est un exemple...

"Good resolutions are useless attempts to interfere with scientific laws. Their origin is pure vanity. Their result is absolutely nil. They give us, now and then, some of those luxurious sterile emotions that have a certain charm for the weak. That is all that can be said for them. They are simply cheques that men draw on a bank where they have no account."

"Harry," cried Dorian Gray, coming over and sitting down beside him, "why is it that I cannot feel this tragedy as much as I want to? I don't think I am heartless. Do you?"

"You have done too many foolish things during the last fortnight to be entitled to give yourself that name, Dorian," answered Lord Henry with his sweet melancholy smile.

The lad frowned. "I don't like that explanation, Harry," he rejoined, "but I am glad you don't think I am heartless. I am nothing of the kind. I know I am not. And yet I must admit that this thing that has happened does not affect me as it should. It seems to me to be simply like a wonderful ending to a wonderful play. It has all the terrible beauty of a Greek tragedy, a tragedy in which I took a great part, but by which I have not been wounded."

– Les bonnes résolutions ne peuvent qu'inutilement intervenir contre les lois scienti-fiques. Leur origine est de pure vanité et leur résultat est nul. De temps à autre, elles nous donnent quelques luxueuses émotions stériles qui possèdent, pour les faibles, un certain charme. Voilà ce que l'on peut en déduire. On peut les comparer à des chèques qu'un homme tirerait sur une banque où il n'aurait point de compte ouvert.

– Harry, s'écria Dorian Gray venant s'asseoir près de lui, pourquoi est-ce que je ne puis sentir cette tragédie comme je voudrais le faire; je ne suis pas sans cœur, n'est-ce pas?

– Vous avez fait trop de folies durant la dernière quinzaine pour qu'il vous soit permis de vous croire ainsi, Dorian, répondit lord Henry avec son doux et mélancolique sourire.

Le jeune homme fronça les sourcils. – Je n'aime point cette explication, Harry, reprit-il, mais cela me fait plaisir d'apprendre que vous ne me croyez pas sans cœur; je ne le suis vraiment pas, je le sais... Et cependant je me rends compte que je ne suis affecté par cette chose comme je le devrais être; elle me semble simplement être le merveilleux épilogue d'un merveilleux drame. Cela a toute la beauté terrible d'une tragédie grecque, une tragédie dans laquelle j'ai pris une grande part, mais dans laquelle je ne fus point blessé.

"It is an interesting question," said Lord Henry, who found an exquisite pleasure in playing on the lad's unconscious egotism, "an extremely interesting question. I fancy that the true explanation is this: It often happens that the real tragedies of life occur in such an inartistic manner that they hurt us by their crude violence, their absolute incoherence, their absurd want of meaning, their entire lack of style. They affect us just as vulgarity affects us. They give us an impression of sheer brute force, and we revolt against that. Sometimes, however, a tragedy that possesses artistic elements of beauty crosses our lives. If these elements of beauty are real, the whole thing simply appeals to our sense of dramatic effect. Suddenly we find that we are no longer the actors, but the spectators of the play. Or rather we are both. We watch ourselves, and the mere wonder of the spectacle enthralls us.

In the present case, what is it that has really happened? Some one has killed herself for love of you. I wish that I had ever had such an experience. It would have made me in love with love for the rest of my life. The people who have adored me--there have not been very many, but there have been some--have always insisted on living on, long after I had ceased to care for them, or they to care for me. They have become stout and tedious, and when I meet them, they go in at once for reminiscences. That awful memory of woman! What a fearful thing it is! And what an utter intellectual stagnation it reveals! One should absorb the colour of life, but one should never remember its details. Details are always vulgar."

"I must sow poppies in my garden," sighed Dorian.

– Oui, en vérité, c'est une question intéressante, dit lord Henry qui trouvait un plaisir exquis à jouer sur l'égoïsme inconscient de l'adolescent, une question extrêmement intéres-sante... Je m'imagine que la seule explication en est celle-ci. Il arrive souvent que les véritables tragédies de la vie se passent d'une manière si peu artistique qu'elles nous blessent par leur violence crue, leur incohérence absolue, leur absurde besoin de signifier quelque chose, leur entier manque de style. Elles nous affectent tout ainsi que la vulgarité; elles nous donnent une impression de la pure force brutale et nous nous révoltons contre cela. Parfois, cependant, une tragédie possédant des éléments artistiques de beauté, traverse notre vie; si ces éléments de beauté sont réels, elle en appelle à nos sens de l'effet dramatique. Nous nous trouvons tout à coup, non plus les acteurs, mais les spectateurs de la pièce, ou plutôt nous sommes les deux. Nous nous surveillons nous mêmes et le simple intérêt du spectacle nous séduit.

« Qu'est-il réellement arrivé dans le cas qui nous occupe? Une femme s'est tuée par amour pour vous. Je suis ravi que pareille chose ne me soit jamais arrivée; cela m'aurait fait aimer l'amour pour le restant de mes jours. Les femmes qui m'ont adoré – elles n'ont pas été nombreuses, mais il y en a eu – ont voulu continuer, alors que depuis longtemps j'avais cessé d'y prêter attention, ou elles de faire attention à moi. Elles sont devenues grasses et assom-mantes et quand je les rencontre, elles entament le chapitre des réminiscences... Oh! la terrible mémoire des femmes! Quelle chose effrayante! Quelle parfaite stagnation intellectuelle cela révèle! On peut garder dans sa mémoire la couleur de la vie, mais on ne peut se souvenir des détails, toujours vulgaires...

– Je sèmerai des pavots dans mon jardin, soupira Dorian.

"There is no necessity," rejoined his companion. "Life has always poppies in her hands. Of course, now and then things linger. I once wore nothing but violets all through one season, as a form of artistic mourning for a romance that would not die. Ultimately, however, it did die. I forget what killed it. I think it was her proposing to sacrifice the whole world for me. That is always a dreadful moment. It fills one with the terror of eternity. Well--would you believe it?--a week ago, at Lady Hampshire's, I found myself seated at dinner next the lady in question, and she insisted on going over the whole thing again, and digging up the past, and raking up the future. I had buried my romance in a bed of asphodel. She dragged it out again and assured me that I had spoiled her life.

I am bound to state that she ate an enormous dinner, so I did not feel any anxiety. But what a lack of taste she showed! The one charm of the past is that it is the past. But women never know when the curtain has fallen. They always want a sixth act, and as soon as the interest of the play is entirely over, they propose to continue it. If they were allowed their own way, every comedy would have a tragic ending, and every tragedy would culminate in a farce. They are charmingly artificial, but they have no sense of art. You are more fortunate than I am. I assure you, Dorian, that not one of the women I have known would have done for me what Sibyl Vane did for you.

– Je n'en vois pas la nécessité, répliqua son compagnon. La vie a toujours des pavots dans les mains. Certes, de temps à autre, les choses durent. Une fois, je ne portais que des violettes toute une saison, comme manière artistique de porter le deuil d'une passion qui ne voulait mourir. Enfin, elle mourut, je ne sais ce qui la tua. Je pense que ce fut la proposition de sacrifier le monde entier pour moi; c'est toujours un moment ennuyeux: cela vous remplit de la terreur de l'éternité. Eh bien! le croyez-vous, il y a une semaine, je me trouvai chez lady Hampshire, assis au dîner près de la dame en question et elle insista pour recommencer de nouveau, en déblayant le passé et ratissant le futur. J'avais enterré mon roman dans un lit d'asphodèles; elle prétendait l'exhumer et m'assurait que je n'avais pas gâté sa vie.

Je suis autorisé à croire qu'elle mangea énormément; aussi ne ressentis-je aucune anxiété… Mais quel manque de goût elle montra! « Le seul charme du passé est que c'est le passé, et les femmes ne savent jamais quand la toile est tombée; elles réclament toujours un sixième acte, et proposent de continuer le spectacle quand l'intérêt s'en est allé… Si on leur permettait d'en faire à leur gré, toute comé-die aurait une fin tragique, et toute tragédie finirait en farce. Elles sont délicieusement artifi-cielles, mais elles n'ont aucun sens de l'art. « Vous êtes plus heureux que moi. Je vous assure Dorian, qu'aucune des femmes que j'ai connues n'aurait fait pour moi ce que Sibyl Vane a fait pour vous.

Ordinary women always console themselves. Some of them do it by going in for sentimental colours. Never trust a woman who wears mauve, whatever her age may be, or a woman over thirty-five who is fond of pink ribbons. It always means that they have a history. Others find a great consolation in suddenly discovering the good qualities of their husbands. They flaunt their conjugal felicity in one's face, as if it were the most fascinating of sins. Religion consoles some. Its mysteries have all the charm of a flirtation, a woman once told me, and I can quite understand it. Besides, nothing makes one so vain as being told that one is a sinner. Conscience makes egotists of us all. Yes; there is really no end to the consolations that women find in modern life. Indeed, I have not mentioned the most important one."

"What is that, Harry?" said the lad listlessly.

"Oh, the obvious consolation. Taking some one else's admirer when one loses one's own. In good society that always whitewashes a woman. But really, Dorian, how different Sibyl Vane must have been from all the women one meets! There is something to me quite beautiful about her death. I am glad I am living in a century when such wonders happen. They make one believe in the reality of the things we all play with, such as romance, passion, and love."

"I was terribly cruel to her. You forget that."

Les femmes ordinaires se consolent toujours, quelques-unes en portant des couleurs sentimentales. Ne placez jamais votre confiance en une femme qui porte du mauve, quelque soit son âge, ou dans une femme de trente-cinq ans affectionnant les rubans roses; cela veut toujours dire qu'elles ont eu des histoires. D'autres trouvent une grande consolation à la découverte inopinée des bonnes quali-tés de leurs maris. Elles font parade de leur félicité conjugale, comme si c'était le plus fasci-nant des péchés. La religion en console d'autres encore. Ses mystères ont tout le charme d'un flirt, me dit un jour une femme, et je puis le comprendre. En plus, rien ne vous fait si vain que de vous dire que vous êtes un pêcheur. La conscience fait de nous des égoïstes... Oui, il n'y a réellement pas de fin aux consolations que les femmes trouvent dans la vie moderne, et je n'ai point encore mentionné la plus importante.

– Quelle est-elle, Harry? demanda indifféremment le jeune homme.

– La consolation évidente: prendre un nouvel adorateur quand on en perd un. Dans la bonne société, cela vous rajeunit toujours une femme... Mais réellement, Dorian, combien Sibyl Vane devait être dissemblable des femmes que nous rencontrons. Il y a quelque chose d'absolument beau dans sa mort. – Je suis heureux de vivre dans un siècle où de pareils miracles se produisent. Ils nous font croire à la réalité des choses avec lesquelles nous jouons, comme le roman, la passion, l'amour...

– Je fus bien cruel envers elle, vous l'oubliez...

"I am afraid that women appreciate cruelty, downright cruelty, more than anything else. They have wonderfully primitive instincts. We have emancipated them, but they remain slaves looking for their masters, all the same. They love being dominated. I am sure you were splendid. I have never seen you really and absolutely angry, but I can fancy how delightful you looked. And, after all, you said something to me the day before yesterday that seemed to me at the time to be merely fanciful, but that I see now was absolutely true, and it holds the key to everything."

"What was that, Harry?"

"You said to me that Sibyl Vane represented to you all the heroines of romance--that she was Desdemona one night, and Ophelia the other; that if she died as Juliet, she came to life as Imogen."

"She will never come to life again now," muttered the lad, burying his face in his hands.

"No, she will never come to life. She has played her last part. But you must think of that lonely death in the tawdry dressing-room simply as a strange lurid fragment from some Jacobean tragedy, as a wonderful scene from Webster, or Ford, or Cyril Tourneur. The girl never really lived, and so she has never really died. To you at least she was always a dream, a phantom that flitted through Shakespeare's plays and left them lovelier for its presence, a reed through which Shakespeare's music sounded richer and more full of joy. The moment she touched actual life, she marred it, and it marred her, and so she passed away. Mourn for Ophelia, if you like. Put ashes on your head because Cordelia was strangled. Cry out against Heaven because the daughter of Brabantio died. But don't waste your tears over Sibyl Vane. She was less real than they are."

— Je suis certain que les femmes apprécient la cruauté, la vraie cruauté, plus que n'importe quoi. Elles ont d'admirables instincts primitifs. Nous les avons émancipées, mais elles n'en sont pas moins restées des esclaves cherchant leurs maîtres; elles aiment être do-minées. Je suis sûr que vous fûtes splendide!... Je ne vous ai jamais vu dans une véritable colère, mais je m'imagine combien vous devez être charmant. Et d'ailleurs, vous m'avez dit quelque chose avant-hier, qui me parut alors quelque peu fantaisiste, mais que je sens mainte-nant parfaitement vrai, et qui me donne la clef de tout...

— Qu'était-ce, Harry?

— Vous m'avez dit que Sibyl Vane vous représentait toutes les héroïnes de roman, qu'elle était un soir Desdémone, et un autre, Ophélie, qu'elle mourait comme Juliette, et ressuscitait comme Imogène!

— Elle ne ressuscitera plus jamais, maintenant, dit le jeune homme, la face dans ses mains.

— Non, elle ne ressuscitera plus; elle a joué son dernier rôle... Mais il vous faut penser à cette mort solitaire dans cette loge clinquante comme si c'était un étrange fragment lugubre de quelque tragédie jacobine, comme à une scène surprenante de Webster, de Ford ou de Cyril Tourneur. Cette jeune fille n'a jamais vécu, à la réalité, et elle n'est jamais morte... Elle vous fut toujours comme un songe..., comme ce fantôme qui apparaît dans les drames de Shakes-peare, les rendant plus adorables par sa présence, comme un roseau à travers lequel passe la musique de Shakespeare, enrichie de joie et de sonorité. « Elle gâta sa vie au moment où elle y entra, et la vie la gâta; elle en mourut... Pleurez pour Ophélie, si vous voulez; couvrez-vous le front de cendres parce que Cordélie a été étranglée; invectivez le ciel parce que la fille de Brabantio est trépassée, mais ne gaspillez pas vos larmes sur le cadavre de Sibyl Vane; celle-ci était moins réelle que celles-là...

There was a silence. The evening darkened in the room. Noiselessly, and with silver feet, the shadows crept in from the garden. The colours faded wearily out of things.

After some time Dorian Gray looked up. "You have explained me to myself, Harry," he murmured with something of a sigh of relief. "I felt all that you have said, but somehow I was afraid of it, and I could not express it to myself. How well you know me! But we will not talk again of what has happened. It has been a marvellous experience. That is all. I wonder if life has still in store for me anything as marvellous."

"Life has everything in store for you, Dorian. There is nothing that you, with your extraordinary good looks, will not be able to do."

"But suppose, Harry, I became haggard, and old, and wrinkled? What then?"

"Ah, then," said Lord Henry, rising to go, "then, my dear Dorian, you would have to fight for your victories. As it is, they are brought to you. No, you must keep your good looks. We live in an age that reads too much to be wise, and that thinks too much to be beautiful. We cannot spare you. And now you had better dress and drive down to the club. We are rather late, as it is."

"I think I shall join you at the opera, Harry. I feel too tired to eat anything. What is the number of your sister's box?"

"Twenty-seven, I believe. It is on the grand tier. You will see her name on the door. But I am sorry you won't come and dine."

"I don't feel up to it," said Dorian listlessly. "But I am awfully obliged to you for all that you have said to me. You are certainly my best friend. No one has ever understood me as you have."

Un silence suivit. Le crépuscule assombrissait la chambre; sans bruit, à pas de velours, les ombres se glissaient dans le jardin. Les couleurs des objets s'évanouissaient paresseuse-ment.

Après quelques minutes, Dorian Gray releva la tête...
– Vous m'avez expliqué à moi-même, Harry, murmura-t-il avec un soupir de soulage-ment. Je sentais tout ce que vous m'avez dit, mais en quelque sorte, j'en étais effrayé et je n'osais me l'exprimer à moi-même. Comme vous me connaissez bien!... Mais nous ne parle-rons plus de ce qui est arrivé; ce fut une merveilleuse expérience, c'est tout. Je ne crois pas que la vie me réserve encore quelque chose d'aussi merveilleux.

– La vie a tout en réserve pour vous, Dorian. Il n'est rien, avec votre extraordinaire beauté, que vous ne soyez capable de faire.

– Mais songez, Harry, que je deviendrai grotesque, vieux, ridé!... Alors?...

– Alors, reprit lord Henry en se levant, alors, mon cher Dorian, vous aurez à combattre pour vos victoires; actuellement, elles vous sont apportées. Il faut que vous gardiez votre beauté. Nous vivons dans un siècle qui lit trop pour être sage et qui pense trop pour être beau. Vous ne pouvons nous passer de vous... Maintenant, ce que vous avez de mieux à faire, c'est d'aller vous habiller et de descendre au club. Nous sommes plutôt en retard comme vous le voyez.

– Je pense que je vous rejoindrai à l'Opéra, Harry. Je suis trop fatigué pour manger quoi que ce soit. Quel est le numéro de la loge de votre sœur?

– Vingt-sept, je crois. C'est au premier rang; vous verrez son nom sur la porte. Je suis désolé que vous ne veniez dîner.

– Ça ne m'est point possible, dit Dorian nonchalamment... Je vous suis bien obligé pour tout ce que vous m'avez dit; vous êtes certainement mon meilleur ami; personne ne m'a compris comme vous.

"We are only at the beginning of our friendship, Dorian," answered Lord Henry, shaking him by the hand. "Good-bye. I shall see you before nine-thirty, I hope. Remember, Patti is singing."

As he closed the door behind him, Dorian Gray touched the bell, and in a few minutes Victor appeared with the lamps and drew the blinds down. He waited impatiently for him to go. The man seemed to take an interminable time over everything.

As soon as he had left, he rushed to the screen and drew it back. No; there was no further change in the picture. It had received the news of Sibyl Vane's death before he had known of it himself. It was conscious of the events of life as they occurred. The vicious cruelty that marred the fine lines of the mouth had, no doubt, appeared at the very moment that the girl had drunk the poison, whatever it was. Or was it indifferent to results? Did it merely take cognizance of what passed within the soul? He wondered, and hoped that some day he would see the change taking place before his very eyes, shuddering as he hoped it.

Poor Sibyl! What a romance it had all been! She had often mimicked death on the stage. Then Death himself had touched her and taken her with him. How had she played that dreadful last scene? Had she cursed him, as she died? No; she had died for love of him, and love would always be a sacrament to him now. She had atoned for everything by the sacrifice she had made of her life. He would not think any more of what she had made him go through, on that horrible night at the theatre. When he thought of her, it would be as a wonderful tragic figure sent on to the world's stage to show the supreme reality of love. A wonderful tragic figure? Tears came to his eyes as he remembered her childlike look, and winsome fanciful ways, and shy tremulous grace. He brushed them away hastily and looked again at the picture.

– Nous sommes seulement au commencement de notre amitié, Dorian, répondit lord Henry, en lui serrant la main. Adieu. Je vous verrai avant neuf heures et demie, j'espère. Sou-venez-vous que la Patti chante...

Comme il fermait la porte derrière lui, Dorian Gray sonna, et au bout d'un instant, Vic-tor apparut avec les lampes et tira les jalousies. Dorian s'impatientait, voulant déjà être parti, et il lui semblait que Victor n'en finissait pas...

Aussitôt qu'il fut sorti, il se précipita vers le paravent et découvrit la peinture. Non! Rien n'était changé de nouveau dans le portrait; il avait su la mort de Sibyl Vane avant lui; il savait les événements de la vie alors qu'ils arrivaient. La cruauté méchante qui gâtait les fines lignes de la bouche, avait apparu, sans doute, au moment même où la jeune fille avait bu le poison... Ou bien était-il indifférent aux événements? Connaissait-il simplement ce qui se passait dans l'âme. Il s'étonnait, espérant que quelque jour, il verrait le changement se produire devant ses yeux et cette pensée le fit frémir.

Pauvre Sibyl! Quel roman cela avait été! Elle avait souvent mimé la mort au théâtre. La mort l'avait touchée et prise avec elle. Comment avait-elle joué cette ultime scène terri-fiante? L'avait-elle maudit en mourant? Non! elle était morte par amour pour lui, et l'amour, désormais, lui serait un sacrement. Elle avait tout racheté par le sacrifice qu'elle avait fait de sa vie. Il ne voulait plus songer à ce qu'elle lui avait fait éprouver pendant cette terrible soirée, au théâtre... Quand il penserait à elle, ce serait comme à une prestigieuse figure tragique envoyée sur la scène du monde pour y montrer la réalité suprême de l'Amour. Une prestigieuse figure tragique! Des larmes lui montèrent aux yeux, en se souvenant de son air enfantin, de ses manières douces et capricieuses, de sa farouche et tremblante grâce. Il les refoula en hâte, et regarda de nouveau le portrait.

He felt that the time had really come for making his choice. Or had his choice already been made? Yes, life had decided that for him--life, and his own infinite curiosity about life. Eternal youth, infinite passion, pleasures subtle and secret, wild joys and wilder sins--he was to have all these things. The portrait was to bear the burden of his shame: that was all.

A feeling of pain crept over him as he thought of the desecration that was in store for the fair face on the canvas. Once, in boyish mockery of Narcissus, he had kissed, or feigned to kiss, those painted lips that now smiled so cruelly at him. Morning after morning he had sat before the portrait wondering at its beauty, almost enamoured of it, as it seemed to him at times. Was it to alter now with every mood to which he yielded? Was it to become a monstrous and loathsome thing, to be hidden away in a locked room, to be shut out from the sunlight that had so often touched to brighter gold the waving wonder of its hair? The pity of it! the pity of it!

Il sentit que le temps était venu, cette fois, de faire son choix. Son choix n'avait-il été déjà fait? Oui, la vie avait décidé pour lui... la vie, et aussi l'âpre curiosité qu'il en avait... L'éternelle jeunesse, l'infinie passion, les plaisirs subtils et secrets, les joies ardentes et les péchés plus ardents encore, toutes ces choses il devait les connaître. Le portrait assumerait le poids de sa honte, voilà tout!...

Une sensation de douleur le poignit en pensant à la désagrégation que subirait sa belle face peinte sur la toile. Une fois, moquerie gamine de Narcisse, il avait baisé, ou feint de baiser ces lèvres peintes, qui, maintenant, lui souriaient si cruellement. Des jours et des jours, il s'était assis devant son portrait, s'émerveillant de sa beauté, presque énamouré d'elle comme il lui sembla maintes fois... Devait-elle s'altérer, à présent, à chaque péché auquel il céderait? Cela deviendrait-il un monstrueux et dégoûtant objet à cacher dans quelque chambre cadenassée, loin de la lumière du soleil qui avait si souvent léché l'or éclatant de sa chevelure ondée? Quelle dérision sans mesure!

For a moment, he thought of praying that the horrible sympathy that existed between him and the picture might cease. It had changed in answer to a prayer; perhaps in answer to a prayer it might remain unchanged. And yet, who, that knew anything about life, would surrender the chance of remaining always young, however fantastic that chance might be, or with what fateful consequences it might be fraught? Besides, was it really under his control? Had it indeed been prayer that had produced the substitution? Might there not be some curious scientific reason for it all? If thought could exercise its influence upon a living organism, might not thought exercise an influence upon dead and inorganic things? Nay, without thought or conscious desire, might not things external to ourselves vibrate in unison with our moods and passions, atom calling to atom in secret love or strange affinity? But the reason was of no importance. He would never again tempt by a prayer any terrible power. If the picture was to alter, it was to alter. That was all. Why inquire too closely into it?

For there would be a real pleasure in watching it. He would be able to follow his mind into its secret places. This portrait would be to him the most magical of mirrors. As it had revealed to him his own body, so it would reveal to him his own soul. And when winter came upon it, he would still be standing where spring trembles on the verge of summer. When the blood crept from its face, and left behind a pallid mask of chalk with leaden eyes, he would keep the glamour of boyhood. Not one blossom of his loveliness would ever fade. Not one pulse of his life would ever weaken. Like the gods of the Greeks, he would be strong, and fleet, and joyous. What did it matter what happened to the coloured image on the canvas? He would be safe. That was everything.

Un instant, il songea à prier pour que cessât l'horrible sympathie existant entre lui et le portrait. Une prière l'avait faite; peut-être une prière la pouvait-elle détruire?... Cependant, qui, connaissant la vie, hésiterait pour garder la chance de rester toujours jeune, quelque fantastique que cette chance pût paraître, à tenter les conséquences que ce choix pouvait entraîner?... D'ailleurs cela dépendait-il de sa volonté?... Était-ce vraiment la prière qui avait produit cette substitution? Quelque raison scientifique ne pouvait-elle l'expliquer? Si la pensée pouvait exercer une influence sur un organisme vivant, cette influence ne pouvait-elle s'exercer sur les choses mortes ou inorganiques? Ne pouvaient-elles, les choses extérieures à nous-mêmes, sans pensée ou désir conscients, vibrer à l'unisson de nos humeurs ou de nos passions, l'atome appelant l'atome dans un amour secret ou une étrange affinité. Mais la raison était sans importance. Il ne tenterait plus par la prière un si terrible pouvoir. Si la peinture devait s'altérer, rien ne pouvait l'empêcher. C'était clair. Pourquoi approfondir cela?

Car il y aurait un véritable plaisir à guetter ce changement? Il pourrait suivre son esprit dans ses pensées secrètes; ce portrait lui serait le plus magique des miroirs. Comme il lui avait révélé son propre corps, il lui révélerait sa propre âme. Et quand l'hiver de la vie viendrait, sur le portrait, lui, resterait sur la lisière frissonnante du printemps et de l'été. Quand le sang lui viendrait à la face, laissant derrière un masque pallide de craie aux yeux plombés, il garderait la splendeur de l'adolescence. Aucune floraison de sa jeunesse ne se flétrirait; le pouls de sa vie ne s'affaiblirait point. Comme les dieux de la Grèce, il serait fort, et léger et joyeux. Que pouvait lui faire ce qui arriverait à l'image peinte sur la toile? Il serait sauf: tout était là!...

138

He drew the screen back into its former place in front of the picture, smiling as he did so, and passed into his bedroom, where his valet was already waiting for him. An hour later he was at the opera, and Lord Henry was leaning over his chair.

Souriant, il replaça le paravent dans la position qu'il occupait devant le portrait, et passa dans la chambre où l'attendait son valet. Une heure plus tard, il était à l'Opéra, et lord Henry s'appuyait sur le dos de son fauteuil.

Chapter 9

As he was sitting at breakfast next morning, Basil Hallward was shown into the room.

"I am so glad I have found you, Dorian," he said gravely. "I called last night, and they told me you were at the opera. Of course, I knew that was impossible. But I wish you had left word where you had really gone to. I passed a dreadful evening, half afraid that one tragedy might be followed by another. I think you might have telegraphed for me when you heard of it first. I read of it quite by chance in a late edition of The Globe that I picked up at the club. I came here at once and was miserable at not finding you. I can't tell you how heart-broken I am about the whole thing. I know what you must suffer. But where were you? Did you go down and see the girl's mother? For a moment I thought of following you there. They gave the address in the paper. Somewhere in the Euston Road, isn't it? But I was afraid of intruding upon a sorrow that I could not lighten. Poor woman! What a state she must be in! And her only child, too! What did she say about it all?"

Chapitre IX

Le lendemain matin, tandis qu'il déjeunait, Basil Hallward entra.

— Je suis bien heureux de vous trouver, Dorian, dit-il gravement. Je suis venu hier soir et on m'a dit que vous étiez à l'Opéra. Je savais que c'était impossible. Mais j'aurais voulu que vous m'eussiez laissé un mot, me disant où vous étiez allé. J'ai passé une bien triste soirée, craignant qu'une première tragédie soit suivie d'une autre. Vous auriez dû me télégraphier dès que vous en avez entendu parler. Je l'ai lu par hasard dans la dernière édition du Globe au club. Je vins aussitôt ici et je fus vraiment désolé de ne pas vous trouver. Je ne saurais vous dire combien j'ai eu le cœur brisé par tout cela. Je sais ce que vous devez souffrir. Mais où étiez-vous? Êtes-vous allé voir la mère de la pauvre fille? Un instant, J'avais songé à vous y chercher. On avait mis l'adresse dans le journal. Quelque part dans Euston Road, n'est-ce pas? Mais j'eus peur d'importuner une douleur que je ne pouvais consoler. Pauvre femme! Dans quel état elle devait être! Son unique enfant!... Que disait-elle?

"My dear Basil, how do I know?" murmured Dorian Gray, sipping some pale-yellow wine from a delicate, gold-beaded bubble of Venetian glass and looking dreadfully bored. "I was at the opera. You should have come on there. I met Lady Gwendolen, Harry's sister, for the first time. We were in her box. She is perfectly charming; and Patti sang divinely. Don't talk about horrid subjects. If one doesn't talk about a thing, it has never happened. It is simply expression, as Harry says, that gives reality to things. I may mention that she was not the woman's only child. There is a son, a charming fellow, I believe. But he is not on the stage. He is a sailor, or something. And now, tell me about yourself and what you are painting."

"You went to the opera?" said Hallward, speaking very slowly and with a strained touch of pain in his voice. "You went to the opera while Sibyl Vane was lying dead in some sordid lodging? You can talk to me of other women being charming, and of Patti singing divinely, before the girl you loved has even the quiet of a grave to sleep in? Why, man, there are horrors in store for that little white body of hers!"

"Stop, Basil! I won't hear it!" cried Dorian, leaping to his feet. "You must not tell me about things. What is done is done. What is past is past."

"You call yesterday the past?"
"What has the actual lapse of time got to do with it? It is only shallow people who require years to get rid of an emotion. A man who is master of himself can end a sorrow as easily as he can invent a pleasure. I don't want to be at the mercy of my emotions. I want to use them, to enjoy them, and to dominate them."

— Mon cher Basil, que sais-je? murmura Dorian Gray en buvant à petits coups d'un vin jaune pâle dans un verre de Venise, délicatement contourné et doré, en paraissant profon-dément ennuyé. J'étais à l'Opéra, vous auriez dû y venir. J'ai rencontré pour la première lois lady Gwendoline, la sœur d'Harry. Nous étions dans sa loge. Elle est tout à fait charmante et la Patti a chanté divinement. Ne parlez pas de choses horribles. Si l'on ne parlait jamais d'une chose, ce serait comme si elle n'était jamais arrivée. C'est seulement l'expression, comme dit Harry, qui donne une réalité aux choses. Je dois dire que ce n'était pas l'unique enfant de la pauvre femme. Il y a un fils, un charmant garçon je crois. Mais il n'est pas au théâtre. C'est un marin, ou quelque chose comme cela. Et maintenant parlez-moi de vous et de ce que vous êtes en train de peindre?

— Vous avez été à l'Opéra? dit lentement Hallward avec une vibration de tristesse dans la voix. Vous avez été à l'Opéra pendant que Sibyl Vane reposait dans la mort en un sordide logis? Vous pouvez me parler d'autres femmes charmantes et de la Patti qui chantait divine-ment, avant que la jeune fille que vous aimiez ait même la quiétude d'un tombeau pour y dormir?... Vous ne songez donc pas aux horreurs réservées à ce petit corps lilial!

— Arrêtez-vous, Basil, je ne veux pas les entendre! s'écria Dorian en se levant. Ne me parlez pas de ces choses. Ce qui est fait est fait. Le passé est le passé.

— Vous appelez hier le passé?
— Ce qui se passe dans l'instant actuel va lui appartenir. Il n'y a que les gens superficiels qui veulent des années pour s'affranchir d'une émotion. Un homme maître de lui-même, peut mettre fin à un chagrin aussi facilement qu'il peut inventer un plaisir. Je ne veux pas être à la merci de mes émotions. Je veux en user, les rendre agréable et les dominer.

"Dorian, this is horrible! Something has changed you completely. You look exactly the same wonderful boy who, day after day, used to come down to my studio to sit for his picture. But you were simple, natural, and affectionate then. You were the most unspoiled creature in the whole world. Now, I don't know what has come over you. You talk as if you had no heart, no pity in you. It is all Harry's influence. I see that."

The lad flushed up and, going to the window, looked out for a few moments on the green, flickering, sun-lashed garden. "I owe a great deal to Harry, Basil," he said at last, "more than I owe to you. You only taught me to be vain."

"Well, I am punished for that, Dorian--or shall be some day."

"I don't know what you mean, Basil," he exclaimed, turning round. "I don't know what you want. What do you want?"

"I want the Dorian Gray I used to paint," said the artist sadly.

"Basil," said the lad, going over to him and putting his hand on his shoulder, "you have come too late. Yesterday, when I heard that Sibyl Vane had killed herself--"

"Killed herself! Good heavens! is there no doubt about that?" cried Hallward, looking up at him with an expression of horror.

"My dear Basil! Surely you don't think it was a vulgar accident? Of course she killed herself."

The elder man buried his face in his hands. "How fearful," he muttered, and a shudder ran through him.

– Dorian, ceci est horrible!... Quelque chose vous a changé complètement. Vous avez toujours les apparences de ce merveilleux jeune homme qui venait chaque jour à mon atelier poser pour son portrait. Mais alors vous étiez simple, naturel et tendre. Vous étiez la moins souillée des créatures. Maintenant je ne sais ce qui a passé sur vous. Vous parlez comme si vous n'aviez ni cœur ni pitié. C'est l'influence d'Harry qui a fait cela, je le vois bien...

Le jeune homme rougit et allant à la fenêtre, resta quelques instants à considérer la pe-louse fleurie et ensoleillée. – Je dois beaucoup à Harry, Basil, dit-il enfin, plus que je ne vous dois. Vous ne m'avez appris qu'à être vain.

– Parfait?... aussi en suis-je puni, Dorian, ou le serai-je quelque jour.

– Je ne sais ce que vous voulez dire, Basil, s'écria-t-il en se retournant. Je ne sais ce que vous voulez! Que voulez-vous?

– Je voudrais retrouver le Dorian Gray que j'ai peint, dit l'artiste, tristement.

– Basil, fit l'adolescent, allant à lui et lui mettant la main sur l'épaule, vous êtes venu trop tard. Hier lorsque j'appris que Sibyl Vane s'était suicidée...

– Suicidée, mon Dieu! est-ce bien certain? s'écria Hallward le regardant avec une ex-pression d'horreur...

– Mon cher Basil! Vous ne pensiez sûrement pas que ce fut un vulgaire accident. Cer-tainement, elle s'est suicidée.

L'autre enfonça sa tête dans ses mains. – C'est effrayant, murmura-t-il, tandis qu'un frisson le parcourait.

"No," said Dorian Gray, "there is nothing fearful about it. It is one of the great romantic tragedies of the age. As a rule, people who act lead the most commonplace lives. They are good husbands, or faithful wives, or something tedious. You know what I mean--middle-class virtue and all that kind of thing. How different Sibyl was! She lived her finest tragedy. She was always a heroine. The last night she played-- the night you saw her--she acted badly because she had known the reality of love. When she knew its unreality, she died, as Juliet might have died. She passed again into the sphere of art. There is something of the martyr about her. Her death has all the pathetic uselessness of martyrdom, all its wasted beauty.

But, as I was saying, you must not think I have not suffered. If you had come in yesterday at a particular moment-- about half-past five, perhaps, or a quarter to six-- you would have found me in tears. Even Harry, who was here, who brought me the news, in fact, had no idea what I was going through. I suffered immensely. Then it passed away. I cannot repeat an emotion. No one can, except sentimentalists. And you are awfully unjust, Basil. You come down here to console me. That is charming of you. You find me consoled, and you are furious. How like a sympathetic person! You remind me of a story Harry told me about a certain philanthropist who spent twenty years of his life in trying to get some grievance redressed, or some unjust law altered--I forget exactly what it was. Finally he succeeded, and nothing could exceed his disappointment. He had absolutely nothing to do, almost died of ennui, and became a confirmed misanthrope.

– Non, dit Dorian Gray, cela n'a rien d'effrayant. C'est une des plus grandes tragédies romantiques de notre temps. À l'ordinaire, les acteurs ont l'existence la plus banale. Ils sont bons maris, femmes fidèles, quelque chose d'ennuyeux; vous comprenez, une vertu moyenne et tout ce qui s'en suit. Comme Sibyl était différente! Elle a vécu sa plus belle tragédie. Elle fut constamment une héroïne. La dernière nuit qu'elle joua, la nuit où vous la vîtes, elle joua mal parce qu'elle avait compris la réalité de l'amour. Quand elle connut ses déceptions, elle mourut comme Juliette eût pu mourir. Elle appartint encore en cela au domaine d'art. Elle a quelque chose d'une martyre. Sa mort a toute l'inutilité pathétique du martyre, toute une beauté de désolation.

Mais comme je vous le disais, ne croyez pas que je n'aie pas souffert. Si vous étiez venu hier, à un certain moment – vers cinq heures et demie peut-être ou six heures moins le quart – vous m'auriez trouvé en larmes... Même Harry qui était ici et qui, au fait, m'apporta la nouvelle, se demandait où j'allais en venir. Je souffris intensément. Puis cela passa. Je ne puis répéter une émotion. Personne d'ailleurs ne le peut, excepté les sentimentaux. Et vous êtes cruellement injuste, Basil: vous venez ici pour me consoler, ce qui est charmant de votre part; vous me trouvez tout consolé et vous êtes furieux!... Tout comme une personne sympathique! Vous me rappelez une histoire qu'Harry m'a racontée à propos d'un certain philanthrope qui dépensa vingt ans de sa vie à essayer de redresser quelque tort, ou de modifier une loi injuste, je ne sais plus exactement. Enfin il y réussit, et rien ne put surpasser son désespoir. Il n'avait absolument plus rien à faire, sinon à mourir d'ennui et il devint un misanthrope résolu.

And besides, my dear old Basil, if you really want to console me, teach me rather to forget what has happened, or to see it from a proper artistic point of view. Was it not Gautier who used to write about la consolation des arts? I remember picking up a little vellum-covered book in your studio one day and chancing on that delightful phrase. Well, I am not like that young man you told me of when we were down at Marlow together, the young man who used to say that yellow satin could console one for all the miseries of life. I love beautiful things that one can touch and handle. Old brocades, green bronzes, lacquer-work, carved ivories, exquisite surroundings, luxury, pomp--there is much to be got from all these. But the artistic temperament that they create, or at any rate reveal, is still more to me.

To become the spectator of one's own life, as Harry says, is to escape the suffering of life. I know you are surprised at my talking to you like this. You have not realized how I have developed. I was a schoolboy when you knew me. I am a man now. I have new passions, new thoughts, new ideas. I am different, but you must not like me less. I am changed, but you must always be my friend. Of course, I am very fond of Harry. But I know that you are better than he is. You are not stronger-- you are too much afraid of life--but you are better. And how happy we used to be together! Don't leave me, Basil, and don't quarrel with me. I am what I am. There is nothing more to be said."

The painter felt strangely moved. The lad was infinitely dear to him, and his personality had been the great turning point in his art. He could not bear the idea of reproaching him any more. After all, his indifference was probably merely a mood that would pass away. There was so much in him that was good, so much in him that was noble.

Maintenant, mon cher Basil, si vraiment vous voulez me consoler, apprenez-moi à oublier ce qui est arrivé ou à le considérer à un point de vue assez artistique. N'est-ce pas Gautier qui écrivait sur la « Consolation des arts »? Je me rappelle avoir trouvé un jour dans votre atelier un petit volume relié en vélin, où je cueillis ce mot délicieux. Encore ne suis-je pas comme ce jeune homme dont vous me parliez lorsque nous fûmes ensemble à Marlow, ce jeune homme qui disait que le satin jaune pouvait nous consoler de toutes les misères de l'existence. J'aime les belles choses que l'on peut toucher et tenir: les vieux brocarts, les bronzes verts, les laques, les ivoires, exquisément travaillés, ornés, parés; il y a beaucoup à tirer de ces choses. Mais le tempérament artistique qu'elles créent ou du moins révèlent est plus encore pour moi.

Devenir le spectateur de sa propre vie, comme dit Harry, c'est échapper aux souffrances terrestres. Je sais bien que je vous étonne en vous parlant ainsi. Vous n'avez pas compris comment je me suis développé. J'étais un écolier lorsque vous me connûtes. Je suis un homme maintenant, j'ai de nouvelles passions, de nouvelles pensées, des idées nouvelles. Je suis différent, mais vous ne devez pas m'en aimer moins. Je suis changé, mais vous serez toujours mon ami. Certes, j'aime beaucoup Harry; je sais bien que vous êtes meilleur que lui... Vous n'êtes pas plus fort, vous avez trop peur de la vie, mais vous êtes meilleur. Comme nous étions heureux ensemble! Ne m'abandonnez pas, Basil, et ne me que-rellez pas, je suis ce que je suis. Il n'y a rien de plus à dire!

Le peintre semblait singulièrement ému. Le jeune homme lui était très cher, et sa per-sonnalité avait marqué le tournant de son art. Il ne put supporter l'idée de lui faire plus long-temps des reproches. Après tout, son indifférence pouvait n'être qu'une humeur passagère; il y avait en lui tant de bonté et tant de noblesse.

"Well, Dorian," he said at length, with a sad smile, "I won't speak to you again about this horrible thing, after to-day. I only trust your name won't be mentioned in connection with it. The inquest is to take place this afternoon. Have they summoned you?"

Dorian shook his head, and a look of annoyance passed over his face at the mention of the word "inquest." There was something so crude and vulgar about everything of the kind. "They don't know my name," he answered.

"But surely she did?"

"Only my Christian name, and that I am quite sure she never mentioned to any one. She told me once that they were all rather curious to learn who I was, and that she invariably told them my name was Prince Charming. It was pretty of her. You must do me a drawing of Sibyl, Basil. I should like to have something more of her than the memory of a few kisses and some broken pathetic words."

"I will try and do something, Dorian, if it would please you. But you must come and sit to me yourself again. I can't get on without you."

"I can never sit to you again, Basil. It is impossible!" he exclaimed, starting back.

The painter stared at him. "My dear boy, what nonsense!" he cried. "Do you mean to say you don't like what I did of you? Where is it? Why have you pulled the screen in front of it? Let me look at it. It is the best thing I have ever done. Do take the screen away, Dorian. It is simply disgraceful of your servant hiding my work like that. I felt the room looked different as I came in."

"My servant has nothing to do with it, Basil. You don't imagine I let him arrange my room for me? He settles my flowers for me sometimes-- that is all. No; I did it myself. The light was too strong on the portrait."

– Bien, Dorian, dit-il enfin, avec un sourire attristé; je ne vous parlerai plus de cette horrible affaire désormais. J'espère seulement que votre nom n'y sera pas mêlé. L'enquête doit avoir lieu cette après-midi. Vous a-t-on convoqué?

Dorian secoua la tête et une expression d'ennui passa sur ses traits à ce mot d' « en-quête ». Il y avait dans ce mot quelque chose de si brutal et de si vulgaire! – Ils ne connaissent pas son nom, répondit-il.

– Mais elle, le connaissait certainement?

– Mon prénom seulement et je suis certain qu'elle ne l'a jamais dit à personne. Elle m'a dit une fois qu'ils étaient tous très curieux de savoir qui j'étais et qu'elle leur répondait invariablement que je m'appelais le « Prince Charmant. » C'était gentil de sa part. Il faudra que vous me fassiez un croquis de Sibyl, Basil. Je voudrais avoir d'elle quelque chose de plus que le souvenir de quelques baisers et de quelques lambeaux de phrases pathétiques.

– J'essaierai de faire quelque chose, Dorian, si cela vous fait plaisir. Mais il faudra que vous veniez encore me poser. Je ne puis me passer de vous.

– Je ne peux plus poser pour vous, Basil. C'est tout à fait impossible! s'écria-t-il en se reculant.

Le peintre le regarda en face... – Mon cher enfant, quelle bêtise! Voudriez-vous dire que ce que j'ai fait de vous ne vous plaît pas? Où est-ce, à propos?... Pourquoi avez-vous poussé le paravent devant votre portrait? Laissez-moi le regarder. C'est la meilleure chose que j'aie jamais faite. Ôtez ce paravent, Dorian. C'est vraiment désobligeant de la part de votre domestique de cacher ainsi mon œuvre. Il me semblait que quelque chose était changé ici quand je suis entré.

– Mon domestique n'y est pour rien, Basil. Vous n'imaginez pas que je lui laisse ar-ranger mon appartement. Il dispose mes fleurs, quelquefois, et c'est tout. Non, j'ai fait cela moi-même. La lumière tombait trop crûment sur le portrait.

"Too strong! Surely not, my dear fellow? It is an admirable place for it. Let me see it." And Hallward walked towards the corner of the room.

A cry of terror broke from Dorian Gray's lips, and he rushed between the painter and the screen. "Basil," he said, looking very pale, "you must not look at it. I don't wish you to."

"Not look at my own work! You are not serious. Why shouldn't I look at it?" exclaimed Hallward, laughing.

"If you try to look at it, Basil, on my word of honour I will never speak to you again as long as I live. I am quite serious. I don't offer any explanation, and you are not to ask for any. But, remember, if you touch this screen, everything is over between us."

Hallward was thunderstruck. He looked at Dorian Gray in absolute amazement. He had never seen him like this before. The lad was actually pallid with rage. His hands were clenched, and the pupils of his eyes were like disks of blue fire. He was trembling all over.

"Dorian!"
"Don't speak!"
"But what is the matter? Of course I won't look at it if you don't want me to," he said, rather coldly, turning on his heel and going over towards the window. "But, really, it seems rather absurd that I shouldn't see my own work, especially as I am going to exhibit it in Paris in the autumn. I shall probably have to give it another coat of varnish before that, so I must see it some day, and why not to-day?"

"To exhibit it! You want to exhibit it?" exclaimed Dorian Gray, a strange sense of terror creeping over him. Was the world going to be shown his secret? Were people to gape at the mystery of his life? That was impossible. Something--he did not know what-- had to be done at once.

– Trop crûment, mais pas du tout, cher ami. L'exposition est admirable. Laissez-moi voir... Et Hallward se dirigea vers le coin de la pièce.

Un cri de terreur s'échappa des lèvres de Dorian Gray. Il s'élança entre le peintre et le paravent. – Basil, dit-il, en pâlissant vous ne regarderez pas cela, je ne le veux pas.

– Ne pas regarder ma propre œuvre! Vous n'êtes pas sérieux. Pourquoi ne la regarde-rais-je pas? s'exclama Hallward en riant.

– Si vous essayez de la voir, Basil, je vous donne ma parole d'honneur que je ne vous parlerai plus de toute ma vie!... Je suis tout à fait sérieux, je ne vous offre aucune explication et il ne faut pas m'en demander. Mais, songez-y, si vous touchez au paravent, tout est fini entre nous!...

Hallward était comme foudroyé. Il regardait Dorian avec une profonde stupéfaction. Il ne l'avait jamais vu ainsi. Le jeune homme était blême de colère. Ses mains se crispaient et les pupilles de ses yeux semblaient deux flammes bleues. Un tremblement le parcourait...

– Dorian!
– Ne parlez pas!
– Mais qu'y-a-t-il? Certainement je ne le regarderai pas si vous ne le voulez pas, dit-il un peu froidement, tournant sur ses talons et allant vers la fenêtre, mais il me semble plutôt absurde que je ne puisse voir mon œuvre, surtout lorsque je vais l'exposer à Paris cet automne. Il faudra sans doute que je lui donne une nouvelle couche de vernis d'ici-là; ainsi, devrai-je l'avoir quelque jour; pourquoi pas maintenant?

– L'exposer!... Vous voulez l'exposer? s'exclama Dorian Gray envahi d'un étrange effroi. Le monde verrait donc son secret? On viendrait bâiller devant le mystère de sa vie? Cela était impossible! Quelque chose – il ne savait quoi – se passerait avant...

"Yes; I don't suppose you will object to that. Georges Petit is going to collect all my best pictures for a special exhibition in the Rue de Seze, which will open the first week in October. The portrait will only be away a month. I should think you could easily spare it for that time. In fact, you are sure to be out of town. And if you keep it always behind a screen, you can't care much about it."

Dorian Gray passed his hand over his forehead. There were beads of perspiration there. He felt that he was on the brink of a horrible danger. "You told me a month ago that you would never exhibit it," he cried. "Why have you changed your mind? You people who go in for being consistent have just as many moods as others have. The only difference is that your moods are rather meaningless. You can't have forgotten that you assured me most solemnly that nothing in the world would induce you to send it to any exhibition. You told Harry exactly the same thing." He stopped suddenly, and a gleam of light came into his eyes. He remembered that Lord Henry had said to him once, half seriously and half in jest, "If you want to have a strange quarter of an hour, get Basil to tell you why he won't exhibit your picture. He told me why he wouldn't, and it was a revelation to me." Yes, perhaps Basil, too, had his secret. He would ask him and try.

"Basil," he said, coming over quite close and looking him straight in the face, "we have each of us a secret. Let me know yours, and I shall tell you mine. What was your reason for refusing to exhibit my picture?"

— Oui, je ne suppose pas que vous ayez quelque chose à objecter. Georges Petit va réu-nir mes meilleures toiles pour une exposition spéciale qui ouvrira rue de Sèze dans la première semaine d'octobre. Le portrait ne sera hors d'ici que pour un mois; je pense que vous pouvez facilement vous en séparer ce laps de temps. D'ailleurs vous serez sûrement absent de la ville. Et si vous le laissez toujours derrière un paravent, vous n'avez guère à vous en soucier.

Dorian passa sa main sur son front emperlé de sueur. Il lui semblait qu'il courait un horrible danger. — Vous m'avez dit, il y a un mois, que vous ne l'exposeriez jamais, s'écria-t-il. Pourquoi avez-vous changé d'avis. Vous autres qui passez pour constants vous avez autant de caprices que les autres. La seule différence, c'est que vos caprices sont sans aucune signification. Vous ne pouvez avoir oublié que vous m'avez solennellement assuré que rien au monde ne pourrait vous amener à l'exposer. Vous avez dit exactement la même chose à Harry. Il s'arrêta soudain; un éclair passa dans ses yeux. Il se souvint que lord Henry lui avait dit un jour à moitié sérieusement, à moitié en riant: « Si vous voulez passer un curieux quart d'heure, demandez à Basil pourquoi il ne veut pas exposer votre portrait. Il me l'a dit, et cela a été pour moi une révélation ». Oui, Basil aussi, peut-être, avait son secret. Il essaierait de le connaître...

— Basil, dit-il en se rapprochant tout contre lui et le regardant droit dans les yeux, nous avons chacun un secret. Faites-moi connaître le vôtre, je vous dirai le mien. Pour quelle raison refusiez-vous d'exposer mon portrait?

The painter shuddered in spite of himself. "Dorian, if I told you, you might like me less than you do, and you would certainly laugh at me. I could not bear your doing either of those two things. If you wish me never to look at your picture again, I am content. I have always you to look at. If you wish the best work I have ever done to be hidden from the world, I am satisfied. Your friendship is dearer to me than any fame or reputation."

"No, Basil, you must tell me," insisted Dorian Gray. "I think I have a right to know." His feeling of terror had passed away, and curiosity had taken its place. He was determined to find out Basil Hallward's mystery.

"Let us sit down, Dorian," said the painter, looking troubled. "Let us sit down. And just answer me one question. Have you noticed in the picture something curious?--something that probably at first did not strike you, but that revealed itself to you suddenly?"

"Basil!" cried the lad, clutching the arms of his chair with trembling hands and gazing at him with wild startled eyes.

Le peintre frissonna malgré lui. – Dorian, si je vous le disais, vous pourriez m'en aimer moins et vous ririez sûrement de moi; je ne pourrai supporter ni l'une ni l'autre de ces choses. Si vous voulez que je ne regarde plus votre portrait, c'est bien... Je pourrai, du moins, toujours vous regarder, vous... Si vous voulez que la meilleure de mes œuvres soit à jamais cachée au monde, j'accepte... Votre amitié m'est plus chère que toute gloire ou toute renommée.

– Non, Basil, il faut me le dire, insista Dorian Gray, je crois avoir le droit de le savoir. Son impression de terreur avait disparu et la curiosité l'avait remplacée. Il était résolu à connaître le secret de Basil Hallward.

– Asseyons-nous. Dorian, dit le peintre troublé, asseyons-nous; et répondez à ma question. Avez-vous remarqué dans le portrait une chose curieuse? Une chose qui probable-ment ne vous a pas frappé tout d'abord, mais qui s'est révélée à vous soudainement?

– Basil! s'écria le jeune homme étreignant les bras de son fauteuil de ses mains trem-blantes et le regardant avec des yeux ardents et effrayés.

"I see you did. Don't speak. Wait till you hear what I have to say. Dorian, from the moment I met you, your personality had the most extraordinary influence over me. I was dominated, soul, brain, and power, by you. You became to me the visible incarnation of that unseen ideal whose memory haunts us artists like an exquisite dream. I worshipped you. I grew jealous of every one to whom you spoke. I wanted to have you all to myself. I was only happy when I was with you. When you were away from me, you were still present in my art.... Of course, I never let you know anything about this. It would have been impossible. You would not have understood it. I hardly understood it myself. I only knew that I had seen perfection face to face, and that the world had become wonderful to my eyes-- too wonderful, perhaps, for in such mad worships there is peril, the peril of losing them, no less than the peril of keeping them.... Weeks and weeks went on, and I grew more and more absorbed in you.

– Je vois que vous l'avez remarqué... Ne parlez pas! Attendez d'avoir entendu ce que j'ai à dire. Dorian, du jour où je vous rencontrai, votre personnalité eut sur moi une influence extraordinaire. Je fus dominé, âme, cerveau et talent, par vous. Vous deveniez pour moi la visible incarnation de cet idéal jamais vu, dont la pensée nous hante, nous autres artistes, comme un rêve exquis. Je vous aimai; je devins jaloux de tous ceux à qui vous parliez, je voulais vous avoir à moi seul, je n'étais heureux que lorsque j'étais avec vous. Quant vous étiez loin de moi, vous étiez encore présent dans mon art... « Certes, je ne vous laissai jamais rien connaître de tout cela. C'eût été impossible. Vous n'auriez pas compris; Je le comprends à peine moi-même. Je connus seulement que j'avais vu la perfection face à face et le monde devint merveilleux à mes yeux, trop merveil-leux peut-être, car il y a un péril dans de telles adorations, le péril de les perdre, non moindre que celui de les conserver... Les semaines passaient et je m'absorbais en vous de plus en plus.

Then came a new development. I had drawn you as Paris in dainty armour, and as Adonis with huntsman's cloak and polished boar- spear. Crowned with heavy lotus-blossoms you had sat on the prow of Adrian's barge, gazing across the green turbid Nile. You had leaned over the still pool of some Greek woodland and seen in the water's silent silver the marvel of your own face. And it had all been what art should be--unconscious, ideal, and remote. One day, a fatal day I sometimes think, I determined to paint a wonderful portrait of you as you actually are, not in the costume of dead ages, but in your own dress and in your own time. Whether it was the realism of the method, or the mere wonder of your own personality, thus directly presented to me without mist or veil, I cannot tell. But I know that as I worked at it, every flake and film of colour seemed to me to reveal my secret.

I grew afraid that others would know of my idolatry. I felt, Dorian, that I had told too much, that I had put too much of myself into it. Then it was that I resolved never to allow the picture to be exhibited. You were a little annoyed; but then you did not realize all that it meant to me. Harry, to whom I talked about it, laughed at me. But I did not mind that. When the picture was finished, and I sat alone with it, I felt that I was right.... Well, after a few days the thing left my studio, and as soon as I had got rid of the intolerable fascination of its presence, it seemed to me that I had been foolish in imagining that I had seen anything in it, more than that you were extremely good-looking and that I could paint.

Alors commença une phase nouvelle. Je vous avais dessiné en berger Paris, revêtu d'une délicate armure, en Adonis armé d'un épieu poli et en costume de chasseur. Couronné de lourdes fleurs de lotus, vous aviez posé sur la proue de la trirème d'Adrien, regardant au-delà du Nil vert et bourbeux. Vous vous étiez penché sur l'étang limpide d'un paysage grec, mirant dans l'argent des eaux silencieuses, la merveille de votre propre visage. Et tout cela avait été ce que l'art pouvait être, de l'inconscience, de l'idéal, de l'à-peu-près. Un jour, jour fatal, auquel je pense quelquefois, je résolus de peindre un splendide portrait de vous tel que vous êtes maintenant, non dans les costumes des temps révolus, mais dans vos propres vêtements et dans votre époque. Fût-ce le réalisme du sujet ou la simple idée de votre propre personnalité, se présentant ainsi à moi sans entours et sans voile, je ne puis le dire. Mais je sais que pendant que j'y travaillais, chaque coup de pinceau, chaque touche de couleur me semblaient révéler mon secret.

Je m'effrayais que chacun pût connaître mon idolâtrie. Je sentis, Dorian, que j'avais trop dit, mis trop de moi-même dans cette œuvre. C'est alors que je résolus de ne jamais permettre que ce portrait fût exposé. Vous en fûtes un peu ennuyé. Mais alors vous ne vous rendiez pas compte de ce que tout cela signifiait pour moi. Harry, à qui j'en parlai, se moqua de moi, je ne m'en souciais pas. Quand le tableau fut terminé et que je m'assis tout seul en face de lui, je sentis que j'avais raison... Mais quelques jours après qu'il eût quitté mon atelier, dès que je fus débarrassé de l'intolérable fascination de sa présence, il me sembla que j'avais été fou en imaginant y avoir vu autre chose que votre beauté et plus de choses que je n'en pouvais peindre.

Even now I cannot help feeling that it is a mistake to think that the passion one feels in creation is ever really shown in the work one creates. Art is always more abstract than we fancy. Form and colour tell us of form and colour--that is all. It often seems to me that art conceals the artist far more completely than it ever reveals him. And so when I got this offer from Paris, I determined to make your portrait the principal thing in my exhibition. It never occurred to me that you would refuse. I see now that you were right. The picture cannot be shown. You must not be angry with me, Dorian, for what I have told you. As I said to Harry, once, you are made to be worshipped."

Dorian Gray drew a long breath. The colour came back to his cheeks, and a smile played about his lips. The peril was over. He was safe for the time. Yet he could not help feeling infinite pity for the painter who had just made this strange confession to him, and wondered if he himself would ever be so dominated by the personality of a friend. Lord Henry had the charm of being very dangerous. But that was all. He was too clever and too cynical to be really fond of. Would there ever be some one who would fill him with a strange idolatry? Was that one of the things that life had in store?

"It is extraordinary to me, Dorian," said Hallward, "that you should have seen this in the portrait. Did you really see it?"

"I saw something in it," he answered, "something that seemed to me very curious."

"Well, you don't mind my looking at the thing now?"

Dorian shook his head. "You must not ask me that, Basil. I could not possibly let you stand in front of that picture."

"You will some day, surely?"
"Never."

Et même maintenant je ne puis m'empêcher de sentir l'erreur qu'il y a à croire que la passion éprouvée dans la création puisse jamais se montrer dans l'œuvre créée. L'art est toujours plus abstrait que nous ne l'imaginons. La forme et la couleur nous parlent de forme et de couleur, voilà tout. Il me semble souvent que l'œuvre cache l'artiste bien plus qu'il ne le révèle. Aussi lorsque je reçus cette offre de Paris, je résolus de faire de votre portrait le clou de mon exposition. Je ne soupçonnais jamais que vous pourriez me le refuser. Je vois maintenant que vous aviez raison. Ce portrait ne peut être montré. Il ne faut pas m'en vouloir, Dorian, de tout ce que je viens de vous dire. Comme je le disais une fois à Harry, vous êtes fait pour être aimé...

Dorian Gray poussa un long soupir. Ses joues se colorèrent de nouveau et un sourire se joua sur ses lèvres. Le péril était passé. Il était sauvé pour l'instant. Il ne pouvait toutefois se défendre d'une infinie pitié pour le peintre qui venait de lui faire une si étrange confession, et il se demandait si lui-même pourrait jamais être ainsi dominé par la personnalité d'un ami. Lord Henry avait ce charme d'être très dangereux, mais c'était tout. Il était trop habile et trop cynique pour qu'on pût vraiment l'aimer. Pourrait-il jamais exister quelqu'un qui le remplirait d'une aussi étrange idolâtrie? Était-ce là une de ces choses que la vie lui réservait?...

– Cela me paraît extraordinaire, Dorian, dit Hallward que vous ayez réellement vu cela dans le portrait. L'avez-vous réellement vu?

– J'y voyais quelque chose, répondit-il, quelque chose qui me semblait très curieux.

– Bien, admettez-vous maintenant que je le regarde?

Dorian secoua la tête. – Il ne faut pas me demander cela, Basil, je ne puis vraiment vous laisser face à face avec ce tableau.

– Vous y arriverez un jour?
– Jamais!

"Well, perhaps you are right. And now good-bye, Dorian. You have been the one person in my life who has really influenced my art. Whatever I have done that is good, I owe to you. Ah! you don't know what it cost me to tell you all that I have told you."

"My dear Basil," said Dorian, "what have you told me? Simply that you felt that you admired me too much. That is not even a compliment."

"It was not intended as a compliment. It was a confession. Now that I have made it, something seems to have gone out of me. Perhaps one should never put one's worship into words."

"It was a very disappointing confession."
"Why, what did you expect, Dorian? You didn't see anything else in the picture, did you? There was nothing else to see?"

"No; there was nothing else to see. Why do you ask? But you mustn't talk about worship. It is foolish. You and I are friends, Basil, and we must always remain so."

"You have got Harry," said the painter sadly.
"Oh, Harry!" cried the lad, with a ripple of laughter. "Harry spends his days in saying what is incredible and his evenings in doing what is improbable. Just the sort of life I would like to lead. But still I don't think I would go to Harry if I were in trouble. I would sooner go to you, Basil."

"You will sit to me again?"
"Impossible!"
"You spoil my life as an artist by refusing, Dorian. No man comes across two ideal things. Few come across one."

"I can't explain it to you, Basil, but I must never sit to you again. There is something fatal about a portrait. It has a life of its own. I will come and have tea with you. That will be just as pleasant."

– Peut-être avez-vous raison. Et maintenant, au revoir, Dorian. Vous avez été la seule personne dans ma vie qui ait vraiment influencé mon talent. Tout ce que j'ai fait de bon, je vous le dois. Ah! vous ne savez pas ce qu'il m'en coûte de vous dire tout cela!...

– Mon cher Basil, dit Dorian, que m'avez-vous dit? Simplement que vous sentiez m'admirer trop... Ce n'est pas même un compliment.

– Ce ne pouvait être un compliment. C'était une confession; maintenant que je l'ai faite, il me semble que quelque chose de moi s'en est allé. Peut-être ne doit-on pas exprimer son adoration par des mots.

– C'était une confession très désappointante.
– Qu'attendiez-vous donc, Dorian? Vous n'aviez rien vu d'autre dans le tableau? Il n'y avait pas autre chose à voir...

– Non, il n'y avait rien de plus à y voir. Pourquoi le demander? Mais il ne faut pas parler d'adoration. C'est une folie. Vous et moi sommes deux amis; nous devons nous en tenir là...

– Il vous reste Harry! dit le peintre tristement.
– Oh! Harry! s'écria l'adolescent avec un éclat de rire; Harry passe ses journées à dire des choses incroyables et ses soirées à faire des choses invraisemblables. Tout à fait le genre de vie que j'aimerais. Mais je ne crois pas que j'irai vers Harry dans un moment d'embarras; je viendrai à vous aussitôt, Basil.

– Vous poserez encore pour moi?
– Impossible!
– Vous gâtez ma vie d'artiste en refusant, Dorian. Aucun homme ne rencontre deux fois son idéal; très peu ont une seule fois cette chance.

– Je ne puis vous donner d'explications, Basil; je ne dois plus poser pour vous. Il y a quelque chose de fatal dans un portrait. Il a sa vie propre... Je viendrai prendre le thé avec vous. Ce sera tout aussi agréable.

"Pleasanter for you, I am afraid," murmured Hallward regretfully. "And now good-bye. I am sorry you won't let me look at the picture once again. But that can't be helped. I quite understand what you feel about it."

As he left the room, Dorian Gray smiled to himself. Poor Basil! How little he knew of the true reason! And how strange it was that, instead of having been forced to reveal his own secret, he had succeeded, almost by chance, in wresting a secret from his friend! How much that strange confession explained to him! The painter's absurd fits of jealousy, his wild devotion, his extravagant panegyrics, his curious reticences-- he understood them all now, and he felt sorry. There seemed to him to be something tragic in a friendship so coloured by romance.

He sighed and touched the bell. The portrait must be hidden away at all costs. He could not run such a risk of discovery again. It had been mad of him to have allowed the thing to remain, even for an hour, in a room to which any of his friends had access.

— Plus agréable pour vous, je le crains, murmura Hallward avec tristesse. Et maintenant au revoir. Je suis fâché que vous ne vouliez pas me laisser regarder encore une fois le tableau. Mais nous n'y pouvons rien. Je comprends parfaitement ce que vous éprouvez.

Lorsqu'il fut parti, Dorian se sourit à lui-même. Pauvre Basil! Comme il connaissait peu la véritable raison! Et comme cela était étrange qu'au lieu d'avoir été forcé de révéler son propre secret, il avait réussi presque par hasard, à arracher le secret de son ami! Comme cette étonnante confession l'expliquait à ses yeux! Les absurdes accès de jalousie du peintre, sa dévotion farouche, ses panégyriques extravagants, ses curieuses réticences, il comprenait tout maintenant et il en éprouva une contrariété. Il lui semblait qu'il pouvait y avoir quelque chose de tragique dans une amitié aussi empreinte de romanesque.

Il soupira, puis il sonna. Le portrait devait être caché à tout prix. Il ne pouvait courir plus longtemps le risque de le découvrir aux regards. Ç'avait été de sa part une vraie folie que de le laisser, même une heure, dans une chambre où tous ses amis avaient libre accès.

Chapter 10

When his servant entered, be looked at him steadfastly and wondered if he had thought of peering behind the screen. The man was quite impassive and waited for his orders. Dorian lit a cigarette and walked over to the glass and glanced into it. He could see the reflection of Victor's face perfectly. It was like a placid mask of servility. There was nothing to be afraid of, there. Yet he thought it best to be on his guard.

Speaking very slowly, he told him to tell the house-keeper that he wanted to see her, and then to go to the frame-maker and ask him to send two of his men round at once. It seemed to him that as the man left the room his eyes wandered in the direction of the screen. Or was that merely his own fancy?

After a few moments, in her black silk dress, with old-fashioned thread mittens on her wrinkled hands, Mrs. Leaf bustled into the library. He asked her for the key of the schoolroom.

"The old schoolroom, Mr. Dorian?" she exclaimed. "Why, it is full of dust. I must get it arranged and put straight before you go into it. It is not fit for you to see, sir. It is not, indeed."

"I don't want it put straight, Leaf. I only want the key."

"Well, sir, you'll be covered with cobwebs if you go into it. Why, it hasn't been opened for nearly five years--not since his lordship died."

He winced at the mention of his grandfather. He had hateful memories of him. "That does not matter," he answered. "I simply want to see the place-- that is all. Give me the key."

Quand le domestique entra, il l'observa attentivement, se demandant si cet homme avait eu la curiosité de regarder derrière le paravent. Le valet était parfaitement impassible et attendait ses ordres. Dorian alluma une cigarette et marcha vers la glace dans laquelle il re-garda. Il y pouvait voir parfaitement la face de Victor qui s'y reflétait. C'était un masque placide de servilisme. Il n'y avait rien à craindre de ce côté. Cependant, il pensa qu'il était bon de se tenir sur ses gardes.

Il lui dit, d'un ton très bas, de demander à la gouvernante de venir lui parler et d'aller ensuite chez l'encadreur le prier de lui envoyer immédiatement deux de ses hommes. Il lui sembla, lorsque le valet sortit, que ses yeux se dirigeaient vers le paravent. Ou peut-être était-ce un simple effet de son imagination?

Quelques instants après Mme Leaf, vêtue de sa robe de soie noire, ses mains ridées couvertes de mitaines à l'ancienne mode, entrait dans la bibliothèque. Il lui demanda la clef de la salle d'étude.

– La vieille salle d'étude Mr Dorian? s'exclama-t-elle, mais elle est toute pleine de poussière! Il faut que je la fasse mettre en ordre et nettoyer avant que vous y alliez. Elle n'est pas présentable pour vous, monsieur, pas du tout présentable.

– Je n'ai pas besoin qu'elle soit en ordre, Leaf. Il me faut la clef, simplement...

– Mais, monsieur, vous serez couvert de toiles d'araignées si vous y allez. Comment! On ne l'a pas ouverte depuis cinq ans, depuis que Sa Seigneurie est morte.

Il tressaillit à cette mention de son grand-père. Il en avait gardé un souvenir détestable. – Ça ne fait rien, dit-il, j'ai seulement besoin de voir cette pièce, et c'est tout. Donnez-moi la clef.

"And here is the key, sir," said the old lady, going over the contents of her bunch with tremulously uncertain hands. "Here is the key. I'll have it off the bunch in a moment. But you don't think of living up there, sir, and you so comfortable here?"

"No, no," he cried petulantly. "Thank you, Leaf. That will do."

She lingered for a few moments, and was garrulous over some detail of the household. He sighed and told her to manage things as she thought best. She left the room, wreathed in smiles.

As the door closed, Dorian put the key in his pocket and looked round the room. His eye fell on a large, purple satin coverlet heavily embroidered with gold, a splendid piece of late seventeenth-century Venetian work that his grandfather had found in a convent near Bologna. Yes, that would serve to wrap the dreadful thing in. It had perhaps served often as a pall for the dead. Now it was to hide something that had a corruption of its own, worse than the corruption of death itself-- something that would breed horrors and yet would never die. What the worm was to the corpse, his sins would be to the painted image on the canvas. They would mar its beauty and eat away its grace. They would defile it and make it shameful. And yet the thing would still live on. It would be always alive.

– Voici la clef, monsieur, dit la vieille dame cherchant dans son trousseau d'une main fiévreuse. Voici la clef. Je vais tout de suite l'avoir retirée du trousseau. Mais je ne pense pas que vous vous proposez d'habiter là-haut, monsieur, vous êtes ici si confortablement.

– Non, non, s'écria-t-il avec impatience... Merci, Leaf. C'est très bien.

Elle s'attarda un moment, très loquace sur quelques détails du ménage. Il soupira et lui dit de faire pour le mieux suivant son idée. Elle se retira en minaudant.

Lorsque la porte se fut refermée, Dorian mit la clef dans sa poche et regarda autour de lui. Ses regards s'arrêtèrent sur un grand couvre-lit de satin pourpre, chargé de lourdes brode-ries d'or, un splendide travail vénitien du dix-septième siècle que son grand-père avait trouvé dans un couvent, près de Bologne. Oui, cela pourrait servir à envelopper l'horrible objet. Peut-être cette étoffe avait-elle déjà servi de drap mortuaire. Il s'agissait maintenant d'en couvrir une chose qui avait sa propre corruption, pire même que la corruption de la mort, une chose capable d'engendrer l'horreur et qui cependant, ne mourrait jamais. Ce que les vers sont au cadavre, ses péchés le seraient à l'image peinte sur la toile. Ils détruiraient sa beauté, et rongeraient sa grâce. Ils la souilleraient, la couvriraient de honte... Et cependant l'image durerait; elle serait toujours vivante.

He shuddered, and for a moment he regretted that he had not told Basil the true reason why he had wished to hide the picture away. Basil would have helped him to resist Lord Henry's influence, and the still more poisonous influences that came from his own temperament. The love that he bore him--for it was really love-- had nothing in it that was not noble and intellectual. It was not that mere physical admiration of beauty that is born of the senses and that dies when the senses tire. It was such love as Michelangelo had known, and Montaigne, and Winckelmann, and Shakespeare himself. Yes, Basil could have saved him. But it was too late now. The past could always be annihilated. Regret, denial, or forgetfulness could do that. But the future was inevitable. There were passions in him that would find their terrible outlet, dreams that would make the shadow of their evil real.

He took up from the couch the great purple-and-gold texture that covered it, and, holding it in his hands, passed behind the screen. Was the face on the canvas viler than before? It seemed to him that it was unchanged, and yet his loathing of it was intensified. Gold hair, blue eyes, and rose-red lips--they all were there. It was simply the expression that had altered. That was horrible in its cruelty. Compared to what he saw in it of censure or rebuke, how shallow Basil's reproaches about Sibyl Vane had been!-- how shallow, and of what little account! His own soul was looking out at him from the canvas and calling him to judgement. A look of pain came across him, and he flung the rich pall over the picture. As he did so, a knock came to the door. He passed out as his servant entered.

"The persons are here, Monsieur."

Il rougit et regretta un moment de n'avoir pas dit à Basil la véritable raison pour la-quelle il désirait cacher le tableau. Basil l'eût aidé à résister à l'influence de lord Henry et aux influences encore plus empoisonnées de son propre tempérament. L'amour qu'il lui portait – car c'était réellement de l'amour – n'avait rien que de noble et d'intellectuel. Ce n'était pas cette simple admiration physique de la beauté qui naît des sens et qui meurt avec la fatigue des sens. C'était un tel amour qu'avaient connu Michel Ange, et Montaigne, et Winckelmann, et Shakespeare lui-même. Oui, Basil eût pu le sauver. Mais il était trop tard, maintenant. Le passé pouvait être anéanti. Les regrets, les reniements, ou l'oubli pourrait faire cela. Mais le futur était inévitable. Il y avait en lui des passions qui trouveraient leur terrible issue, des rêves qui projetteraient sur lui l'ombre de leur perverse réalité.

Il prit sur le lit de repos la grande draperie de soie et d'or qui le couvrait et la jetant sur son bras, passa derrière le paravent. Le portrait était-il plus affreux qu'avant? Il lui sembla qu'il n'avait pas changé et son aversion pour lui en fut encore augmentée. Les cheveux d'or, les yeux bleus, et les roses rouges des lèvres, tout s'y trouvait. L'expression seulement était autre. Cela était horrible dans sa cruauté. En comparaison de tout ce qu'il y voyait de re-proches et de censures, comme les remontrances de Basil à propos de Sibyl Vane, lui sem-blaient futiles! Combien futiles et de peu d'intérêt! Sa propre âme le regardait de cette toile et le jugeait. Une expression de douleur couvrit ses traits et il jeta le riche linceul sur le tableau. Au même instant on frappa à la porte, il passait de l'autre côté du paravent au moment où son domestique entra.

– Les encadreurs sont là, monsieur.

He felt that the man must be got rid of at once. He must not be allowed to know where the picture was being taken to. There was something sly about him, and he had thoughtful, treacherous eyes. Sitting down at the writing-table he scribbled a note to Lord Henry, asking him to send him round something to read and reminding him that they were to meet at eight-fifteen that evening.

"Wait for an answer," he said, handing it to him, "and show the men in here."

In two or three minutes there was another knock, and Mr. Hubbard himself, the celebrated frame-maker of South Audley Street, came in with a somewhat rough-looking young assistant. Mr. Hubbard was a florid, red-whiskered little man, whose admiration for art was considerably tempered by the inveterate impecuniosity of most of the artists who dealt with him. As a rule, he never left his shop. He waited for people to come to him. But he always made an exception in favour of Dorian Gray. There was something about Dorian that charmed everybody. It was a pleasure even to see him.

"What can I do for you, Mr. Gray?" he said, rubbing his fat freckled hands. "I thought I would do myself the honour of coming round in person. I have just got a beauty of a frame, sir. Picked it up at a sale. Old Florentine. Came from Fonthill, I believe. Admirably suited for a religious subject, Mr. Gray."

"I am so sorry you have given yourself the trouble of coming round, Mr. Hubbard. I shall certainly drop in and look at the frame-- though I don't go in much at present for religious art--but to-day I only want a picture carried to the top of the house for me. It is rather heavy, so I thought I would ask you to lend me a couple of your men."

"No trouble at all, Mr. Gray. I am delighted to be of any service to you. Which is the work of art, sir?"

Il lui sembla qu'il devait d'abord écarter cet homme. Il ne fallait pas qu'il sût où la peinture serait cachée. Il y avait en lui quelque chose de dissimulé, ses yeux étaient inquiets et perfides. S'asseyant à sa table il écrivit un mot à lord Henry, lui demandant de lui envoyer quelque chose à lire et lui rappelant qu'ils devaient se retrouver à huit heures un quart le soir.

— Attendez la réponse, dit-il en tendant le billet au domestique, et faites entrer ces hommes.

Deux minutes après, on frappa de nouveau à la porte et Mr Hubbard lui-même, le cé-lèbre encadreur de South Audley Street, entra avec un jeune aide à l'aspect rébarbatif. Mr Hubbard était un petit homme florissant aux favoris roux, dont l'admiration pour l'art était fortement atténuée par l'insuffisance pécuniaire des artistes qui avaient affaire à lui. D'habitude il ne quittait point sa boutique. Il attendait qu'on vînt à lui. Mais il faisait toujours une exception en faveur de Dorian Gray. Il y avait en Dorian quelque chose qui charmait tout le monde. Rien que le voir était une joie.

— Que puis-je faire pour vous, Mr Gray? dit-il en frottant ses mains charnues et mar-quées de taches de rousseur; j'ai cru devoir prendre pour moi l'honneur de vous le demander en personne; j'ai justement un cadre de toute beauté, monsieur, une trouvaille faite dans une vente. Du vieux florentin. Cela vient je crois de Fonthill... Conviendrait admirablement à un sujet religieux, Mr Gray.

— Je suis fâché que vous vous soyez donné le dérangement de monter, Mr Hubbard, j'irai voir le cadre, certainement, quoique je ne sois guère en ce moment amateur d'art reli-gieux, mais aujourd'hui je voulais seulement faire monter un tableau tout en haut de la maison. Il est assez lourd et je pensais à vous demander de me prêter deux de vos hommes.

— Aucun dérangement, Mr Gray. Toujours heureux de vous être agréable. Quelle est cette œuvre d'art?

"This," replied Dorian, moving the screen back. "Can you move it, covering and all, just as it is? I don't want it to get scratched going upstairs."

"There will be no difficulty, sir," said the genial frame-maker, beginning, with the aid of his assistant, to unhook the picture from the long brass chains by which it was suspended. "And, now, where shall we carry it to, Mr. Gray?"

"I will show you the way, Mr. Hubbard, if you will kindly follow me. Or perhaps you had better go in front. I am afraid it is right at the top of the house. We will go up by the front staircase, as it is wider."

He held the door open for them, and they passed out into the hall and began the ascent. The elaborate character of the frame had made the picture extremely bulky, and now and then, in spite of the obsequious protests of Mr. Hubbard, who had the true tradesman's spirited dislike of seeing a gentleman doing anything useful, Dorian put his hand to it so as to help them.

"Something of a load to carry, sir," gasped the little man when they reached the top landing. And he wiped his shiny forehead.

"I am afraid it is rather heavy," murmured Dorian as he unlocked the door that opened into the room that was to keep for him the curious secret of his life and hide his soul from the eyes of men.

– La voici, répondit Dorian en repliant le paravent. Pouvez-vous la transporter telle qu'elle est là, avec sa couverture. Je désire qu'elle ne soit pas abîmée en montant.

– Cela est très facile, monsieur, dit l'illustre encadreur se mettant, avec l'aide de son apprenti, à détacher le tableau des longues chaînes de cuivre auxquelles il était suspendu. Et où devons-nous le porter, Mr Gray?

– Je vais vous montrer le chemin, Mr Hubbard, si vous voulez bien me suivre. Ou peut-être feriez-vous mieux d'aller en avant. Je crains que ce ne soit bien haut, nous passerons par l'escalier du devant qui est plus large.

Il leur ouvrit la porte, ils traversèrent le hall et ils commencèrent à monter. Les orne-ments du cadre rendaient le tableau très volumineux et de temps en temps, en dépit des obsé-quieuses protestations de Mr Hubbard, qui éprouvait comme tous les marchands un vif déplai-sir à voir un homme du monde faire quelque chose d'utile, Dorian leur donnait un coup de main.

– C'est une vraie charge à monter, monsieur, dit le petit homme, haletant, lorsqu'ils ar-rivèrent au dernier palier. Il épongeait son front dénudé.

– Je crois que c'est en effet très lourd, murmura Dorian, ouvrant la porte de la chambre qui devait receler l'étrange secret de sa vie et dissimuler son âme aux yeux des hommes.

He had not entered the place for more than four years--not, indeed, since he had used it first as a play-room when he was a child, and then as a study when he grew somewhat older. It was a large, well-proportioned room, which had been specially built by the last Lord Kelso for the use of the little grandson whom, for his strange likeness to his mother, and also for other reasons, he had always hated and desired to keep at a distance. It appeared to Dorian to have but little changed. There was the huge Italian cassone, with its fantastically painted panels and its tarnished gilt mouldings, in which he had so often hidden himself as a boy. There the satinwood book-case filled with his dog-eared schoolbooks. On the wall behind it was hanging the same ragged Flemish tapestry where a faded king and queen were playing chess in a garden, while a company of hawkers rode by, carrying hooded birds on their gauntleted wrists. How well he remembered it all! Every moment of his lonely childhood came back to him as he looked round. He recalled the stainless purity of his boyish life, and it seemed horrible to him that it was here the fatal portrait was to be hidden away. How little he had thought, in those dead days, of all that was in store for him!

Il n'était pas entré dans cette pièce depuis plus de quatre ans, non, vraiment pas depuis qu'elle lui servait de salle de jeu lorsqu'il était enfant, et de salle d'étude un peu plus tard. C'était une grande pièce, bien proportionnée, que lord Kelso avait fait bâtir spécialement pour son petit-fils, pour cet enfant que sa grande ressemblance avec sa mère, et d'autres raisons lui avaient toujours fait haïr et tenir à distance. Il sembla à Dorian qu'elle avait peu changé. C'était bien la, la vaste cassone italienne avec ses moulures dorées et ternies, ses panneaux aux peintures fantastiques, dans laquelle il s'était si souvent caché étant enfant. C'étaient encore les rayons de bois vernis remplis des livres de classe aux pages cornées. Derrière, était tendue au mur la même tapisserie flamande déchirée, où un roi et une reine fanés jouaient aux échecs dans un jardin, tandis qu'une compagnie de fauconniers cavalcadaient au fond, tenant leurs oiseaux chaperonnés au bout de leurs poings gantés. Comme tout cela revenait à sa mémoire! Tous les instants de son enfance solitaire s'évoquait pendant qu'il regardait autour de lui. Il se rappela la pureté sans tache de sa vie d'enfant et il lui sembla horrible que le fatal portrait dût être caché dans ce lieu. Combien peu il eût imaginé, dans ces jours lointains, tout ce que sa vie lui réservait!

But there was no other place in the house so secure from prying eyes as this. He had the key, and no one else could enter it. Beneath its purple pall, the face painted on the canvas could grow bestial, sodden, and unclean. What did it matter? No one could see it. He himself would not see it. Why should he watch the hideous corruption of his soul? He kept his youth-- that was enough. And, besides, might not his nature grow finer, after all? There was no reason that the future should be so full of shame. Some love might come across his life, and purify him, and shield him from those sins that seemed to be already stirring in spirit and in flesh-- those curious unpictured sins whose very mystery lent them their subtlety and their charm. Perhaps, some day, the cruel look would have passed away from the scarlet sensitive mouth, and he might show to the world Basil Hallward's masterpiece.

No; that was impossible. Hour by hour, and week by week, the thing upon the canvas was growing old. It might escape the hideousness of sin, but the hideousness of age was in store for it. The cheeks would become hollow or flaccid. Yellow crow's feet would creep round the fading eyes and make them horrible. The hair would lose its brightness, the mouth would gape or droop, would be foolish or gross, as the mouths of old men are. There would be the wrinkled throat, the cold, blue-veined hands, the twisted body, that he remembered in the grandfather who had been so stern to him in his boyhood. The picture had to be concealed. There was no help for it.

"Bring it in, Mr. Hubbard, please," he said, wearily, turning round. "I am sorry I kept you so long. I was thinking of something else."

"Always glad to have a rest, Mr. Gray," answered the frame-maker, who was still gasping for breath. "Where shall we put it, sir?"

"Oh, anywhere. Here: this will do. I don't want to have it hung up. Just lean it against the wall. Thanks."

"Might one look at the work of art, sir?"

Mais il n'y avait pas dans la maison d'autre pièce aussi éloignée des regards indiscrets. Il en avait la clef, nul autre que lui n'y pourrait pénétrer. Sous son linceul de soie la face peinte sur la toile pourrait devenir bestiale, boursouflée, immonde. Qu'importait? Nul ne la verrait. Lui-même ne voudrait pas la regarder... Pourquoi surveillerait-il la corruption hideuse de son âme? Il conserverait sa jeunesse, c'était assez, Et, en somme, son caractère ne pouvait-il s'embellir? Il n'y avait aucune raison pour que le futur fût aussi plein de honte... Quelque amour pouvait traverser sa vie, la purifier et la délivrer de ces péchés rampant déjà autour de lui en esprit et en chair, de ces péchés étranges et non décrits auxquels le mystère prête leur charme et leur subtilité. Peut-être un jour l'expression cruelle abandonnerait la bouche écarlate et sensitive, et il pourrait alors montrer au monde le chef-d'œuvre de Basil Hallward.

Mais non, cela était impossible. Heure par heure, et semaine par semaine, l'image peinte vieillirait: elle pourrait échapper à la hideur du vice, mais la hideur de l'âge la guettait. Les joues deviendraient creuses et flasques. Des pattes d'oies jaunes cercleraient les yeux flétris, les marquant d'un stigmate horrible. Les cheveux perdraient leur brillant; la bouche affaissée et entr'ouverte aurait cette expression grossière ou ridicule qu'ont les bouches des vieux. Elle aurait le cou ridé, les mains aux grosses veines bleues, le corps déjeté de ce grand-père qui avait été si dur pour lui, dans son enfance. Le tableau devait être caché aux regards. Il ne pouvait en être autrement.

– Faites-le rentrer, s'il vous plaît, Mr Hubbard, dit-il avec peine en se retournant, je re-grette de vous tenir si longtemps, je pensais à autre chose.

– Toujours heureux de se reposer, Mr Gray, dit l'encadreur qui soufflait encore; où le mettrons-nous?

– Oh! n'importe où, ici... cela ira. Je n'ai pas besoin qu'il soit accroché. Posez-le sim-plement contre le mur; merci.

– Peut-on regarder cette œuvre d'art, monsieur?

Dorian started. "It would not interest you, Mr. Hubbard," he said, keeping his eye on the man. He felt ready to leap upon him and fling him to the ground if he dared to lift the gorgeous hanging that concealed the secret of his life. "I shan't trouble you any more now. I am much obliged for your kindness in coming round."

"Not at all, not at all, Mr. Gray. Ever ready to do anything for you, sir." And Mr. Hubbard tramped downstairs, followed by the assistant, who glanced back at Dorian with a look of shy wonder in his rough uncomely face. He had never seen any one so marvellous.

When the sound of their footsteps had died away, Dorian locked the door and put the key in his pocket. He felt safe now. No one would ever look upon the horrible thing. No eye but his would ever see his shame. On reaching the library, he found that it was just after five o'clock and that the tea had been already brought up. On a little table of dark perfumed wood thickly incrusted with nacre, a present from Lady Radley, his guardian's wife, a pretty professional invalid who had spent the preceding winter in Cairo, was lying a note from Lord Henry, and beside it was a book bound in yellow paper, the cover slightly torn and the edges soiled. A copy of the third edition of The St. James's Gazette had been placed on the tea-tray. It was evident that Victor had returned.

Dorian tressaillit... – Cela ne vous intéresserait pas, Mr Hubbard, dit-il ne le quittant pas des yeux. Il était prêt à bondir sur lui et à le terrasser s'il avait essayé de soulever le voile somp-tueux qui cachait le secret de sa vie. – Je ne veux pas vous déranger plus longtemps. Je vous suis très obligé de la bonté que vous avez eue de venir ici.

– Pas du tout, pas du tout, Mr Gray. Toujours prêt à vous servir! Et Mr Hubbard descendit vivement les escaliers, suivi de son aide qui regardait Dorian avec un étonnement craintif répandu sur ses traits grossiers et disgracieux. Jamais il n'avait vu personne d'aussi merveilleusement beau.

Lorsque le bruit de leurs pas se fut éteint, Dorian ferma la porte et mit la clef dans sa poche. Il était sauvé. Personne ne pourrait regarder l'horrible peinture. Nul œil que le sien ne pourrait voir sa honte. En regagnant sa bibliothèque il s'aperçut qu'il était cinq heures passées et que le thé était déjà servi. Sur une petite table de bois noir parfumé, délicatement incrustée de nacre – un cadeau de lady Radley, la femme de son tuteur, charmante malade professionnelle qui passait tous les hivers au Caire – se trouvait un mot de lord Henry avec un livre relié de jaune, à la couverture légèrement déchirée et aux tranches salies. Un numéro de la troisième édition de la St-James-Gazette était déposé sur le plateau à thé. Victor était évidemment revenu.

He wondered if he had met the men in the hall as they were leaving the house and had wormed out of them what they had been doing. He would be sure to miss the picture--had no doubt missed it already, while he had been laying the tea-things. The screen had not been set back, and a blank space was visible on the wall. Perhaps some night he might find him creeping upstairs and trying to force the door of the room. It was a horrible thing to have a spy in one's house. He had heard of rich men who had been blackmailed all their lives by some servant who had read a letter, or overheard a conversation, or picked up a card with an address, or found beneath a pillow a withered flower or a shred of crumpled lace.

He sighed, and having poured himself out some tea, opened Lord Henry's note. It was simply to say that he sent him round the evening paper, and a book that might interest him, and that he would be at the club at eight-fifteen. He opened The St. James's languidly, and looked through it. A red pencil-mark on the fifth page caught his eye. It drew attention to the following paragraph:

INQUEST ON AN ACTRESS.--An inquest was held this morning at the Bell Tavern, Hoxton Road, by Mr. Danby, the District Coroner, on the body of Sibyl Vane, a young actress recently engaged at the Royal Theatre, Holborn. A verdict of death by misadventure was returned. Considerable sympathy was expressed for the mother of the deceased, who was greatly affected during the giving of her own evidence, and that of Dr. Birrell, who had made the post-mortem examination of the deceased.

Il se de-manda s'il n'avait pas rencontré les hommes dans le hall alors qu'ils quittaient la maison et s'il ne s'était pas enquis auprès d'eux de ce qu'ils avaient fait. Il remarquerait sûrement l'absence du tableau, l'avait même sans doute déjà remarquée en apportant le thé. Le paravent n'était pas encore replacé et une place vide se montrait au mur. Peut-être le surprendrait-il une nuit se glissant en haut de la maison et tâchant de forcer la porte de la chambre. Il était horrible d'avoir un espion dans sa propre maison. Il avait entendu parler de personnes riches exploitées toute leur vie par un domestique qui avait lu une lettre, surpris une conversation, ramassé une carte avec une adresse, ou trouvé sous un oreiller une fleur fanée ou un lambeau de dentelle.

Il soupira et s'étant versé du thé, ouvrit la lettre de lord Henry. Celui-ci lui disait sim-plement qu'il lui envoyait le journal et un livre qui pourrait l'intéresser, et qu'il serait au club à huit heures un quart. Il ouvrit négligemment la St-James-Gazette et la parcourut. Une marque au crayon rouge frappa son regard à la cinquième page. Il lut attentivement le paragraphe suivant:

« ENQUÊTE SUR UNE ACTRICE – Une enquête a été faite ce matin à Bell-Tavern, Hoxton Road, par Mr Danby, le Coroner du District, sur le décès de Sibyl Vane, une jeune actrice récemment engagée au Théâtre Royal, Holborn. On a conclu à la mort par accident. Une grande sympathie a été témoignée à la mère de la défunte qui se montra très affectée pendant qu'elle rendait son témoignage, et pourtant celui du Dr Birrell qui a dressé le bulletin de décès de la jeune fille... »

He frowned, and tearing the paper in two, went across the room and flung the pieces away. How ugly it all was! And how horribly real ugliness made things! He felt a little annoyed with Lord Henry for having sent him the report. And it was certainly stupid of him to have marked it with red pencil. Victor might have read it. The man knew more than enough English for that.

Perhaps he had read it and had begun to suspect something. And, yet, what did it matter? What had Dorian Gray to do with Sibyl Vane's death? There was nothing to fear. Dorian Gray had not killed her.

His eye fell on the yellow book that Lord Henry had sent him. What was it, he wondered. He went towards the little, pearl-coloured octagonal stand that had always looked to him like the work of some strange Egyptian bees that wrought in silver, and taking up the volume, flung himself into an arm-chair and began to turn over the leaves. After a few minutes he became absorbed. It was the strangest book that he had ever read. It seemed to him that in exquisite raiment, and to the delicate sound of flutes, the sins of the world were passing in dumb show before him. Things that he had dimly dreamed of were suddenly made real to him. Things of which he had never dreamed were gradually revealed.

Il s'assombrit et déchirant la feuille en deux, se mit à marcher dans la chambre en pié-tinant les morceaux du journal. Comme tout cela était affreux! Quelle horreur véritable créaient les choses! Il en voulut un peu à lord Henry de lui avoir envoyé ce reportage. C'était stupide de sa part de l'avoir marqué au crayon rouge. Victor pouvait avoir lu. Cet homme savait assez d'anglais pour cela.

Peut-être même l'avait-il lu et soupçonnait-il quelque chose? Après tout, qu'est-ce que cela pouvait faire? Quel rapport entre Dorian Gray et la mort de Sibyl Vane? Il n'y avait rien à craindre. Dorian Gray ne l'avait pas tuée.

Ses yeux tombèrent sur le livre jaune que lord Henry lui avait envoyé. Il se demanda ce que c'était. Il s'approcha du petit support octogonal aux tons de perle qui lui paraissait toujours être l'œuvre de quelques étranges abeilles d'Égypte travaillant dans de l'argent; et prenant le volume, il s'installa dans un fauteuil et commença à le feuilleter; au bout d'un instant, il s'y absorba. C'était le livre le plus étrange qu'il eut jamais lu. Il lui sembla qu'aux sons délicats de flûtes, exquisément vêtus, les pêchés du monde passaient devant lui en un muet cortège. Ce qu'il avait obscurément rêvé prenait corps à ses yeux; des choses qu'il n'avait jamais imaginées se révélaient à lui graduellement.

It was a novel without a plot and with only one character, being, indeed, simply a psychological study of a certain young Parisian who spent his life trying to realize in the nineteenth century all the passions and modes of thought that belonged to every century except his own, and to sum up, as it were, in himself the various moods through which the world-spirit had ever passed, loving for their mere artificiality those renunciations that men have unwisely called virtue, as much as those natural rebellions that wise men still call sin. The style in which it was written was that curious jewelled style, vivid and obscure at once, full of argot and of archaisms, of technical expressions and of elaborate paraphrases, that characterizes the work of some of the finest artists of the French school of Symbolistes. There were in it metaphors as monstrous as orchids and as subtle in colour. The life of the senses was described in the terms of mystical philosophy. One hardly knew at times whether one was reading the spiritual ecstasies of some mediaeval saint or the morbid confessions of a modern sinner.

It was a poisonous book. The heavy odour of incense seemed to cling about its pages and to trouble the brain. The mere cadence of the sentences, the subtle monotony of their music, so full as it was of complex refrains and movements elaborately repeated, produced in the mind of the lad, as he passed from chapter to chapter, a form of reverie, a malady of dreaming, that made him unconscious of the falling day and creeping shadows.

Cloudless, and pierced by one solitary star, a copper-green sky gleamed through the windows. He read on by its wan light till he could read no more. Then, after his valet had reminded him several times of the lateness of the hour, he got up, and going into the next room, placed the book on the little Florentine table that always stood at his bedside and began to dress for dinner.

C'était un roman sans intrigue, avec un seul personnage, la simple étude psychologique d'un jeune Parisien qui occupait sa vie en essayant de réaliser, au dix-neuvième siècle, toutes les passions et les modes de penser des autres siècles, et de résumer en lui les états d'esprit par lequel le monde avait passé, aimant pour leur simple artificialité ces renonciations que les hommes avaient follement appelées Vertus, aussi bien que ces révoltes naturelles que les hommes sages appellent encore Péchés. Le style en était curieusement ciselé, vivant et obscur tout à la fois, plein d'argot et d'archaïsmes, d'expressions techniques et de phrases travaillées, comme celui qui caractérise les ouvrages de ces fins artistes de l'école française: les Symbolistes. Il s'y trouvait des métaphores aussi monstrueuses que des orchidées et aussi subtiles de couleurs. La vie des sens y était décrite dans des termes de philosophie mystique. On ne savait plus par instants si on lisait les extases spirituelles d'un saint du moyen âge ou les confessions morbides d'un pécheur moderne.

C'était un livre empoisonné. De lourdes vapeurs d'encens se dégageaient de ses pages, obscurcissant le cerveau. La simple cadence des phrases, l'étrange monotonie de leur musique toute pleine de refrains compliqués et de mouvements savamment répétés, évoquaient dans l'esprit du jeune homme, à mesure que les chapitres se succédaient, une sorte de rêverie, un songe maladif, le rendant inconscient de la chute du jour et de l'envahissement des ombres.

Un ciel vert-de-grisé sans nuages, piqué d'une étoile solitaire, éclairait les fenêtres. Il lut à cette blême lumière tant qu'il lui fut possible de lire. Enfin, après que son domestique lui eut plusieurs fois rappelé l'heure tardive, il se leva, alla dans la chambre voisine déposer le livre sur la petite table florentine qu'il avait toujours près de son lit, et s'habilla pour dîner.

It was almost nine o'clock before he reached the club, where he found Lord Henry sitting alone, in the morning-room, looking very much bored.

"I am so sorry, Harry," he cried, "but really it is entirely your fault. That book you sent me so fascinated me that I forgot how the time was going."

"Yes, I thought you would like it," replied his host, rising from his chair.

"I didn't say I liked it, Harry. I said it fascinated me. There is a great difference."

"Ah, you have discovered that?" murmured Lord Henry. And they passed into the dining-room.

Il était près de neuf heures lorsqu'il arriva au club, où il trouva lord Henry assis tout seul, dans le salon, paraissant très ennuyé.

– J'en suis bien fâché, Harry! lui cria-t-il, mais c'est entièrement de votre faute. Le livre que vous m'avez envoyé m'a tellement intéressé que j'en ai oublié l'heure.

– Oui, je pensais qu'il vous aurait plu, répliqua son hôte en se levant.

– Je ne dis pas qu'il m'a plu, je dis qu'il m'a intéressé, il y a une grande différence.

– Ah! vous avez découvert cela! murmura lord Henry. Et ils passèrent dans la salle à manger.

Chapter 11

For years, Dorian Gray could not free himself from the influence of this book. Or perhaps it would be more accurate to say that he never sought to free himself from it. He procured from Paris no less than nine large-paper copies of the first edition, and had them bound in different colours, so that they might suit his various moods and the changing fancies of a nature over which he seemed, at times, to have almost entirely lost control. The hero, the wonderful young Parisian in whom the romantic and the scientific temperaments were so strangely blended, became to him a kind of prefiguring type of himself. And, indeed, the whole book seemed to him to contain the story of his own life, written before he had lived it.

In one point he was more fortunate than the novel's fantastic hero. He never knew--never, indeed, had any cause to know--that somewhat grotesque dread of mirrors, and polished metal surfaces, and still water which came upon the young Parisian so early in his life, and was occasioned by the sudden decay of a beau that had once, apparently, been so remarkable. It was with an almost cruel joy-- and perhaps in nearly every joy, as certainly in every pleasure, cruelty has its place--that he used to read the latter part of the book, with its really tragic, if somewhat overemphasized, account of the sorrow and despair of one who had himself lost what in others, and the world, he had most dearly valued.

Chapitre XI

Pendant des années, Dorian Gray ne put se libérer de l'influence de ce livre; il serait peut-être plus juste de dire qu'il ne songea jamais à s'en libérer. Il avait fait venir de Paris neuf exemplaires à grande marge de la première édition, et les avait fait relier de différentes couleurs, en sorte qu'ils pussent concorder avec ses humeurs variées et les fantaisies chan-geantes de son caractère, sur lequel, il semblait, par moments, avoir perdu tout contrôle. Le héros du livre, le jeune et prodigieux Parisien, en qui les influences romanesques et scientifiques s'étaient si étrangement confondues, lui devint une sorte de préfiguration de lui-même; et à la vérité, ce livre lui semblait être l'histoire de sa propre vie, écrite avant qu'il ne l'eût vécue.

À un certain point de vue, il était plus fortuné que le fantastique héros du roman. Il ne connut jamais — et jamais n'eut aucune raison de connaître — cette indéfinissable et grotesque horreur des miroirs, des surfaces de métal polies, des eaux tranquilles, qui survint de si bonne heure dans la vie du jeune Parisien à la suite du déclin prématuré d'une beauté qui avait été, jadis, si remarquable... C'était presque avec une joie cruelle — la cruauté ne trouve-t-elle sa place dans toute joie comme en tout plaisir? — qu'il lisait la dernière partie du volume, avec sa réellement tragique et quelque peu emphatique analyse de la tristesse et du désespoir de celui qui perd, lui-même, ce que dans les autres et dans le monde, il a le plus chèrement apprécié.

For the wonderful beauty that had so fascinated Basil Hallward, and many others besides him, seemed never to leave him. Even those who had heard the most evil things against him-- and from time to time strange rumours about his mode of life crept through London and became the chatter of the clubs-- could not believe anything to his dishonour when they saw him. He had always the look of one who had kept himself unspotted from the world. Men who talked grossly became silent when Dorian Gray entered the room. There was something in the purity of his face that rebuked them. His mere presence seemed to recall to them the memory of the innocence that they had tarnished. They wondered how one so charming and graceful as he was could have escaped the stain of an age that was at once sordid and sensual.

Often, on returning home from one of those mysterious and prolonged absences that gave rise to such strange conjecture among those who were his friends, or thought that they were so, he himself would creep upstairs to the locked room, open the door with the key that never left him now, and stand, with a mirror, in front of the portrait that Basil Hallward had painted of him, looking now at the evil and aging face on the canvas, and now at the fair young face that laughed back at him from the polished glass. The very sharpness of the contrast used to quicken his sense of pleasure. He grew more and more enamoured of his own beauty, more and more interested in the corruption of his own soul. He would examine with minute care, and sometimes with a monstrous and terrible delight, the hideous lines that seared the wrinkling forehead or crawled around the heavy sensual mouth, wondering sometimes which were the more horrible, the signs of sin or the signs of age. He would place his white hands beside the coarse bloated hands of the picture, and smile. He mocked the misshapen body and the failing limbs.

Car la merveilleuse beauté qui avait tant fasciné Basil Hallward, et bien d'autres avec lui, ne sembla jamais l'abandonner. Même ceux qui avaient entendu sur lui les plus insolites racontars, et quoique, de temps à autres, d'étranges rumeurs sur son mode d'existence courus-sent dans Londres, devenant le potin des clubs, ne pouvaient croire à son déshonneur quand ils le voyaient. Il avait toujours l'apparence d'un être que le monde n'aurait souillé. Les hommes qui parlaient grossièrement entre eux, faisaient silence quand ils l'apercevaient. Il y avait quelque chose dans la pureté de sa face qui les faisait se taire. Sa simple présence sem-blait leur rappeler la mémoire de l'innocence qu'ils avaient ternie. Ils s'émerveillaient de ce qu'un être aussi gracieux et charmant, eût pu échapper à la tare d'une époque à la fois aussi sordide et aussi sensuelle.

Souvent, en revenant à la maison d'une de ses absences mystérieuses et prolongées qui donneront naissance à tant de conjectures parmi ceux qui étaient ses amis, ou qui pensaient l'être, il montait à pas de loup là-haut, à la chambre fermée, en ouvrait la porte avec une clef qui ne le quittait jamais, et là, un miroir à la main, en face du tableau de Basil Hallward, il confrontait la face devenue vieillissante et mauvaise, peinte sur la toile avec sa propre face qui lui riait dans la glace... L'acuité du contraste augmentait son plaisir. Il devint de plus en plus énamouré de sa propre beauté, de plus en plus intéressé à la déliquescence de son âme. Il examinait avec un soin minutieux, et parfois, avec de terribles et monstrueuses dé-lices, les stigmates hideux qui déshonoraient ce front ridé ou se tordaient autour de la bouche épaisse et sensuelle, se demandant quels étaient les plus horribles, des signes du péché ou des marques de l'âge... Il plaçait ses blanches mains à côté des mains rudes et bouffies de la pein-ture, et souriait... Il se moquait du corps se déformant et des membres las.

There were moments, indeed, at night, when, lying sleepless in his own delicately scented chamber, or in the sordid room of the little ill-famed tavern near the docks which, under an assumed name and in disguise, it was his habit to frequent, he would think of the ruin he had brought upon his soul with a pity that was all the more poignant because it was purely selfish. But moments such as these were rare. That curiosity about life which Lord Henry had first stirred in him, as they sat together in the garden of their friend, seemed to increase with gratification. The more he knew, the more he desired to know. He had mad hungers that grew more ravenous as he fed them.

Yet he was not really reckless, at any rate in his relations to society. Once or twice every month during the winter, and on each Wednesday evening while the season lasted, he would throw open to the world his beautiful house and have the most celebrated musicians of the day to charm his guests with the wonders of their art. His little dinners, in the settling of which Lord Henry always assisted him, were noted as much for the careful selection and placing of those invited, as for the exquisite taste shown in the decoration of the table, with its subtle symphonic arrangements of exotic flowers, and embroidered cloths, and antique plate of gold and silver. Indeed, there were many, especially among the very young men, who saw, or fancied that they saw, in Dorian Gray the true realization of a type of which they had often dreamed in Eton or Oxford days, a type that was to combine something of the real culture of the scholar with all the grace and distinction and perfect manner of a citizen of the world. To them he seemed to be of the company of those whom Dante describes as having sought to "make themselves perfect by the worship of beauty." Like Gautier, he was one for whom "the visible world existed."

Des fois, cependant, le soir, reposant éveillé dans sa chambre imprégnée de délicats parfums, ou dans la mansarde sordide de la petite taverne mal famée située près des Docks, qu'il avait accoutumé de fréquenter, déguisé et sous un faux nom, il pensait à la ruine qu'il attirait sur son âme, avec un désespoir d'autant plus poignant qu'il était purement égoïste. Mais rares étaient ces moments. Cette curiosité de la vie que lord Henry avait insufflée le premier en lui, alors qu'ils étaient assis dans le jardin du peintre leur ami, semblait croître avec volupté. Plus il connaissait, plus il voulait connaître. Il avait des appétits dévorants, qui devenaient plus insatiables à mesure qu'il les satisfaisait.

Cependant, il n'abandonnait pas toutes relations avec le monde. Une fois ou deux par mois durant l'hiver, et chaque mercredi soir pendant la saison, il ouvrait aux invités sa maison splendide et avait les plus célèbres musiciens du moment pour charmer ses hôtes des merveilles de leur art. Ses petits dîners, dans la composition desquels lord Henry l'assistait, étaient remarqués, autant pour la sélection soigneuse et le rang de ceux qui y étaient invités, que pour le goût exquis montré dans la décoration de la table, avec ses subtils arrangements symphoniques de fleurs exotiques, ses nappes brodées, sa vaisselle antique d'argent et d'or. Il y en avait beaucoup, parmi les jeunes gens, qui virent ou crurent voir dans Dorian Gray, la vraie réalisation du type qu'ils avaient souvent rêvé jadis à Eton ou à Oxford, le type combinant quelque chose de la culture réelle de l'étudiant avec la grâce, la distinction ou les manières parfaites d'un homme du monde. Il leur semblait être de ceux dont parle le Dante, de ceux qui cherchent à se rendre « parfaits par le culte de la Beauté ». Comme Gautier, il était « celui pour qui le monde visible existe » ...

And, certainly, to him life itself was the first, the greatest, of the arts, and for it all the other arts seemed to be but a preparation. Fashion, by which what is really fantastic becomes for a moment universal, and dandyism, which, in its own way, is an attempt to assert the absolute modernity of beauty, had, of course, their fascination for him. His mode of dressing, and the particular styles that from time to time he affected, had their marked influence on the young exquisites of the Mayfair balls and Pall Mall club windows, who copied him in everything that he did, and tried to reproduce the accidental charm of his graceful, though to him only half-serious fopperies.

For, while he was but too ready to accept the position that was almost immediately offered to him on his coming of age, and found, indeed, a subtle pleasure in the thought that he might really become to the London of his own day what to imperial Neronian Rome the author of the Satyricon once had been, yet in his inmost heart he desired to be something more than a mere arbiter elegantiarum, to be consulted on the wearing of a jewel, or the knotting of a necktie, or the conduct of a cane. He sought to elaborate some new scheme of life that would have its reasoned philosophy and its ordered principles, and find in the spiritualizing of the senses its highest realization.

Et certainement, la Vie lui était le premier, le plus grand des arts, celui dont tous les autres ne paraissent que la préparation. La mode, par quoi ce qui est réellement fantastique devient un instant universel, et le Dandysme, qui, à sa manière, est une tentative proclamant la modernité absolue de la Beauté, avaient, naturellement, retenu son attention. Sa façon de s'habiller, les manières particulières que, de temps à autre, il affectait, avaient une influence marquée sur les jeunes mondains des bals de Mayfair ou des fenêtres de clubs de Pall Mail, qui le copiaient en toutes choses, et s'essayaient à reproduire le charme accidentel de sa grâce; cela lui paraissait d'ailleurs secondaire et niais.

Car, bien qu'il fût prêt à accepter la position qui lui était offerte à son entrée dans la vie, et qu'il trouvât, à la vérité, un plaisir curieux à la pensée qu'il pouvait devenir pour le Londres de nos jours, ce que dans l'impériale Rome de Néron, l'auteur du Satyricon avait été, encore, au fond de son cœur, désirait-il être plus qu'un simple Arbiter Elegantiarum, consulté sur le port d'un bijou, le nœud d'une cravate ou le maniement d'une canne. Il cherchait à élaborer quelque nouveau schéma de vie qui aurait sa philosophie rai-sonnée, ses principes ordonnés, et trouverait dans la spiritualisation des sens, sa plus haute réalisation.

The worship of the senses has often, and with much justice, been decried, men feeling a natural instinct of terror about passions and sensations that seem stronger than themselves, and that they are conscious of sharing with the less highly organized forms of existence. But it appeared to Dorian Gray that the true nature of the senses had never been understood, and that they had remained savage and animal merely because the world had sought to starve them into submission or to kill them by pain, instead of aiming at making them elements of a new spirituality, of which a fine instinct for beauty was to be the dominant characteristic.

As he looked back upon man moving through history, he was haunted by a feeling of loss. So much had been surrendered! and to such little purpose! There had been mad wilful rejections, monstrous forms of self-torture and self-denial, whose origin was fear and whose result was a degradation infinitely more terrible than that fancied degradation from which, in their ignorance, they had sought to escape; Nature, in her wonderful irony, driving out the anchorite to feed with the wild animals of the desert and giving to the hermit the beasts of the field as his companions.

Yes: there was to be, as Lord Henry had prophesied, a new Hedonism that was to recreate life and to save it from that harsh uncomely puritanism that is having, in our own day, its curious revival. It was to have its service of the intellect, certainly, yet it was never to accept any theory or system that would involve the sacrifice of any mode of passionate experience. Its aim, indeed, was to be experience itself, and not the fruits of experience, sweet or bitter as they might be. Of the asceticism that deadens the senses, as of the vulgar profligacy that dulls them, it was to know nothing. But it was to teach man to concentrate himself upon the moments of a life that is itself but a moment.

Le culte des sens a, souvent, et avec beaucoup de justice, été décrié, les hommes se sentant instinctivement terrifiés devant les passions et les sensations qui semblent plus fortes qu'eux, et qu'ils ont conscience d'affronter avec des formes d'existence moins hautement organisées. Mais il semblait à Dorian Gray que la vraie nature des sens n'avait jamais été comprise, que les hommes étaient restés brutes et sauvages parce que le monde avait cherché à les affamer par la soumission ou les anéantir par la douleur, au lieu d'aspirer à les faire des élé-ments d'une nouvelle spiritualité, dont un instinct subtil de Beauté était la dominante caracté-ristique.

Comme il se figurait l'homme se mouvant dans l'histoire, il fut hanté par un sentiment de défaite... Tant avaient été vaincus et pour un but si mesquin. Il y avait eu des défections volontaires et folles, des formes monstrueuses de torture par soi-même et de renoncement, dont l'origine était la peur, et dont le résultat avait été une dégradation infiniment plus terrible que cette dégradation imaginaire, qu'ils avaient, en leur ignorance, cherché à éviter, la Nature, dans son ironie merveilleuse, faisant se nourrir l'anachorète avec les animaux du désert, et donnant à l'ermite les bêtes de la plaine pour compagnons.

Certes, il pouvait y avoir, comme lord Harry l'avait prophétisé, un nouvel Hédonisme qui recréerait la vie, et la tirerait de ce grossier et déplaisant puritanisme revivant de nos jours. Ce serait l'affaire de l'intellectualité, certainement; il ne devait être accepté aucune théorie, aucun système impliquant le sacrifice d'un mode d'expérience passionnelle. Son but, vraiment, était l'expérience même, et non les fruits de l'expérience quels qu'ils fussent, doux ou amers. Il ne devait pas plus être tenu compte de l'ascétisme qui amène la mort des sens que du dérèglement vulgaire qui les émousse; mais il fallait apprendre à l'homme à concentrer sa volonté sur les instants d'une vie qui n'est elle-même qu'un instant.

There are few of us who have not sometimes wakened before dawn, either after one of those dreamless nights that make us almost enamoured of death, or one of those nights of horror and misshapen joy, when through the chambers of the brain sweep phantoms more terrible than reality itself, and instinct with that vivid life that lurks in all grotesques, and that lends to Gothic art its enduring vitality, this art being, one might fancy, especially the art of those whose minds have been troubled with the malady of reverie. Gradually white fingers creep through the curtains, and they appear to tremble. In black fantastic shapes, dumb shadows crawl into the corners of the room and crouch there. Outside, there is the stirring of birds among the leaves, or the sound of men going forth to their work, or the sigh and sob of the wind coming down from the hills and wandering round the silent house, as though it feared to wake the sleepers and yet must needs call forth sleep from her purple cave.

Il est peu d'entre nous qui ne se soient quelquefois éveillés avant l'aube, ou bien après l'une de ces nuits sans rêves qui nous rendent presque amoureux de la mort, ou après une de ces nuits d'horreur et de joie informe, alors qu'à travers les cellules du cerveau se glissent des fantômes plus terribles que la réalité elle-même, animés de cette vie ardente propre à tous les grotesques, et qui prête à l'art gothique son endurante vitalité, cet art étant, on peut croire, spécialement l'art de ceux dont l'esprit a été troublé par la maladie de la rêverie… Graduellement, des doigts blancs rampent par les rideaux qui semblent trembler… Sous de ténébreuses formes fantastiques, des ombres muettes se dissimulent dans les coins de la chambre et s'y tapissent… Au dehors, c'est l'éveil des oiseaux parmi les feuilles, le pas des ouvriers se rendant au travail, ou les soupirs et les sanglots du vent soufflant des collines, errant autour de la maison silencieuse, comme s'il craignait d'en éveiller les dormeurs, qui auraient alors à rappeler le sommeil de sa cave de pourpre.

Veil after veil of thin dusky gauze is lifted, and by degrees the forms and colours of things are restored to them, and we watch the dawn remaking the world in its antique pattern. The wan mirrors get back their mimic life. The flameless tapers stand where we had left them, and beside them lies the half-cut book that we had been studying, or the wired flower that we had worn at the ball, or the letter that we had been afraid to read, or that we had read too often. Nothing seems to us changed. Out of the unreal shadows of the night comes back the real life that we had known. We have to resume it where we had left off, and there steals over us a terrible sense of the necessity for the continuance of energy in the same wearisome round of stereotyped habits, or a wild longing, it may be, that our eyelids might open some morning upon a world that had been refashioned anew in the darkness for our pleasure, a world in which things would have fresh shapes and colours, and be changed, or have other secrets, a world in which the past would have little or no place, or survive, at any rate, in no conscious form of obligation or regret, the remembrance even of joy having its bitterness and the memories of pleasure their pain.

It was the creation of such worlds as these that seemed to Dorian Gray to be the true object, or amongst the true objects, of life; and in his search for sensations that would be at once new and delightful, and possess that element of strangeness that is so essential to romance, he would often adopt certain modes of thought that he knew to be really alien to his nature, abandon himself to their subtle influences, and then, having, as it were, caught their colour and satisfied his intellectual curiosity, leave them with that curious indifference that is not incompatible with a real ardour of temperament, and that, indeed, according to certain modern psychologists, is often a condition of it.

Des voiles et des voiles de fine gaze sombre se lèvent, et par degrés, les choses récupè-rent leurs formes et leurs couleurs, et nous guettons l'aurore refaisant à nouveau le monde. Les miroirs blêmes retrouvent leur vie mimique. Les bougies éteintes sont où nous les avons laissées, et à côté, gît le livre à demi-coupé que nous lisions, ou la fleur montée que nous portions au bal, ou la lettre que nous avions peur de lire ou que nous avons lue trop souvent... Rien ne nous semble changé. Hors des ombres irréelles de la nuit, resurgit la vie réelle que nous connûmes. Il nous faut nous souvenir où nous la laissâmes; et alors s'empare de nous un terrible sentiment de la continuité nécessaire de l'énergie dans quelque cercle fastidieux d'habitudes stéréotypées, ou un sauvage désir, peut-être, que nos paupières s'ouvrent quelque matin sur un monde qui aurait été refait à nouveau dans les ténèbres pour notre plaisir, un monde dans lequel les choses auraient de nouvelles formes et de nouvelles couleurs, qui serait changé, qui aurait d'autres secrets, un monde dans lequel le passé aurait peu ou point de place, aucune survivance, même sous forme consciente d'obligation ou de regret, la remembrance même des joies ayant son amertume, et la mémoire des plaisirs, ses douleurs.

C'était la création de pareils mondes qui semblait à Dorian Gray, l'un des seuls, le seul objet même de la vie; dans sa course aux sensations, ce serait nouveau et délicieux, et possé-derait cet élément d'étrangeté si essentiel au roman; il adapterait certains modes de pensée qu'il savait étrangers à sa nature, s'abandonnerait à leurs captieuses influences, et ayant, de cette façon, saisi leurs couleurs et satisfait sa curiosité intellectuelle, les laisserait avec cette sceptique indifférence qui n'est pas incompatible avec une réelle ardeur de tempérament et qui en est même, suivant certains psychologistes modernes, une nécessaire condition.

It was rumoured of him once that he was about to join the Roman Catholic communion, and certainly the Roman ritual had always a great attraction for him. The daily sacrifice, more awful really than all the sacrifices of the antique world, stirred him as much by its superb rejection of the evidence of the senses as by the primitive simplicity of its elements and the eternal pathos of the human tragedy that it sought to symbolize. He loved to kneel down on the cold marble pavement and watch the priest, in his stiff flowered dalmatic, slowly and with white hands moving aside the veil of the tabernacle, or raising aloft the jewelled, lantern-shaped monstrance with that pallid wafer that at times, one would fain think, is indeed the "panis caelestis," the bread of angels, or, robed in the garments of the Passion of Christ, breaking the Host into the chalice and smiting his breast for his sins. The fuming censers that the grave boys, in their lace and scarlet, tossed into the air like great gilt flowers had their subtle fascination for him. As he passed out, he used to look with wonder at the black confessionals and long to sit in the dim shadow of one of them and listen to men and women whispering through the worn grating the true story of their lives.

Le bruit courut quelque temps qu'il allait embrasser la communion catholique romaine; et certainement le rituel romain avait toujours eu pour lui un grand attrait. Le Sacrifice quotidien, plus terriblement réel que tous les sacrifices du monde antique, l'attirait autant par son superbe dédain de l'évidence des sens, que par la simplicité primitive de ses éléments et l'éternel pathétique de la Tragédie humaine qu'il cherche à symboliser. Il aimait à s'agenouiller sur les froids pavés de marbre, et à contempler le prêtre, dans sa rigide dalmatique fleurie, écartant lentement avec ses blanches mains le voile du tabernacle, ou élevant l'ostensoir serti de joyaux, contenant la pâle hostie qu'on croirait parfois être, en vérité, le panis cœtestis, le pain des anges, ou, revêtu des attributs de la Passion du Christ, brisant l'hostie dans le calice et frappant sa poitrine pour ses péchés. Les encensoirs fumants, que des enfants vêtus de dentelles et d'écarlate balançaient gravement dans l'air, comme de grandes fleurs d'or, le séduisaient infiniment. En s'en allant, il s'étonnait devant les confessionnaux obscurs, et s'attardait dans l'ombre de l'un d'eux, écoutant les hommes et les femmes souffler à travers la grille usée l'histoire véritable de leur vie.

But he never fell into the error of arresting his intellectual development by any formal acceptance of creed or system, or of mistaking, for a house in which to live, an inn that is but suitable for the sojourn of a night, or for a few hours of a night in which there are no stars and the moon is in travail. Mysticism, with its marvellous power of making common things strange to us, and the subtle antinomianism that always seems to accompany it, moved him for a season; and for a season he inclined to the materialistic doctrines of the Darwinismus movement in Germany, and found a curious pleasure in tracing the thoughts and passions of men to some pearly cell in the brain, or some white nerve in the body, delighting in the conception of the absolute dependence of the spirit on certain physical conditions, morbid or healthy, normal or diseased. Yet, as has been said of him before, no theory of life seemed to him to be of any importance compared with life itself. He felt keenly conscious of how barren all intellectual speculation is when separated from action and experiment. He knew that the senses, no less than the soul, have their spiritual mysteries to reveal.

Mais il ne tomba jamais dans l'erreur d'arrêter son développement intellectuel par l'acceptation formelle d'une croyance ou d'un système, et ne prit point pour demeure défini-tive, une auberge tout juste convenable au séjour d'une nuit ou de quelques heures d'une nuit sans étoiles et sans lune. Le mysticisme, avec le merveilleux pouvoir qui est en lui de parer d'étrangeté les choses vulgaires, et l'antinomie subtile qui semble toujours l'accompagner, l'émut pour un temps... Pour un temps aussi, il inclina vers les doctrines matérialistes du darwinisme allemand, et trouva un curieux plaisir à placer les pensées et les passions des hommes dans quelque cel-lule perlée du cerveau, ou dans quelque nerf blanc du corps, se complaisant à la conception de la dépendance absolue de l'esprit à certaines conditions physiques, morbides ou sanitaires, normales ou malades. Mais, comme il a été dit déjà, aucune théorie sur la vie ne lui sembla avoir d'importance comparée à la Vie elle-même. Il eût profondément conscience de la stérilité de la spéculation intellectuelle quand on la sépare de l'action et de l'expérience. Il perçut que les sens, non moins que l'âme, avaient aussi leurs mystères spirituels et révélés.

And so he would now study perfumes and the secrets of their manufacture, distilling heavily scented oils and burning odorous gums from the East. He saw that there was no mood of the mind that had not its counterpart in the sensuous life, and set himself to discover their true relations, wondering what there was in frankincense that made one mystical, and in ambergris that stirred one's passions, and in violets that woke the memory of dead romances, and in musk that troubled the brain, and in champak that stained the imagination; and seeking often to elaborate a real psychology of perfumes, and to estimate the several influences of sweet-smelling roots and scented, pollen-laden flowers; of aromatic balms and of dark and fragrant woods; of spikenard, that sickens; of hovenia, that makes men mad; and of aloes, that are said to be able to expel melancholy from the soul.

At another time he devoted himself entirely to music, and in a long latticed room, with a vermilion-and-gold ceiling and walls of olive-green lacquer, he used to give curious concerts in which mad gipsies tore wild music from little zithers, or grave, yellow-shawled Tunisians plucked at the strained strings of monstrous lutes, while grinning Negroes beat monotonously upon copper drums and, crouching upon scarlet mats, slim turbaned Indians blew through long pipes of reed or brass and charmed-- or feigned to charm--great hooded snakes and horrible horned adders. The harsh intervals and shrill discords of barbaric music stirred him at times when Schubert's grace, and Chopin's beautiful sorrows, and the mighty harmonies of Beethoven himself, fell unheeded on his ear.

Il se mit à étudier les parfums, et les secrets de leur confection, distillant lui-même des huiles puissamment parfumées, ou brûlant d'odorantes gommes venant de l'Orient. Il comprit qu'il n'y avait point de disposition d'esprit qui ne trouva sa contrepartie dans la vie sensorielle, et essaya de découvrir leurs relations véritables; ainsi l'encens lui sembla l'odeur des mystiques et l'ambre gris, celle des passionnés; la violette évoque la mémoire des amours défuntes, le musc rend dément et le champagne pervertit l'imagination. Il tenta souvent d'établir une psychologie des parfums, et d'estimer les diverses in-fluences des racines douces-odorantes, des fleurs chargées de pollen parfumé, des baumes aromatiques, des bois de senteur sombres, du nard indien qui rend malade, de l'hovenia qui affole les hommes, et de l'aloès dont il est dit qu'il chasse la mélancolie de l'âme.

D'autres fois, il se dévouait entièrement à la musique et dans une longue chambre treil-lissée, au plafond de vermillon et d'or, aux murs de laque vert olive, il donnait d'étranges concerts où de folles gipsies tiraient une ardente musique de petites cithares, où de graves Tunisiens aux tartans jaunes arrachaient des sons aux cordes tendues de monstrueux luths, pendant que des nègres ricaneurs battaient avec monotonie sur des tambours de cuivre, et qu'accroupis sur des nattes écarlates, de minces Indiens coiffés de turbans soufflaient dans de longues pipes de roseau ou d'airain, en charmant, ou feignant de charmer, d'énormes serpents à capuchon ou d'horribles vipères cornues. Les âpres intervalles et les discords aigus de cette musique barbare le réveillaient quand la grâce de Schubert, les tristesses belles de Chopin et les célestes harmonies de Beethoven ne pouvaient l'émouvoir.

175

He collected together from all parts of the world the strangest instruments that could be found, either in the tombs of dead nations or among the few savage tribes that have survived contact with Western civilizations, and loved to touch and try them. He had the mysterious juruparis of the Rio Negro Indians, that women are not allowed to look at and that even youths may not see till they have been subjected to fasting and scourging, and the earthen jars of the Peruvians that have the shrill cries of birds, and flutes of human bones such as Alfonso de Ovalle heard in Chile, and the sonorous green jaspers that are found near Cuzco and give forth a note of singular sweetness.

He had painted gourds filled with pebbles that rattled when they were shaken; the long clarin of the Mexicans, into which the performer does not blow, but through which he inhales the air; the harsh ture of the Amazon tribes, that is sounded by the sentinels who sit all day long in high trees, and can be heard, it is said, at a distance of three leagues; the teponaztli, that has two vibrating tongues of wood and is beaten with sticks that are smeared with an elastic gum obtained from the milky juice of plants; the yotl-bells of the Aztecs, that are hung in clusters like grapes; and a huge cylindrical drum, covered with the skins of great serpents, like the one that Bernal Diaz saw when he went with Cortes into the Mexican temple, and of whose doleful sound he has left us so vivid a description. The fantastic character of these instruments fascinated him, and he felt a curious delight in the thought that art, like Nature, has her monsters, things of bestial shape and with hideous voices. Yet, after some time, he wearied of them, and would sit in his box at the opera, either alone or with Lord Henry, listening in rapt pleasure to "Tannhäuser" and seeing in the prelude to that great work of art a presentation of the tragedy of his own soul.

Il recueillit de tous les coins du monde les plus étranges instruments qu'il fut possible de trouver, même dans les tombes des peuples morts ou parmi les quelques tribus sauvages qui ont survécu à la civilisation de l'Ouest, et il aimait à les toucher, à les essayer. Il possédait le mystérieux juruparis des Indiens du Rio Negro qu'il n'est pas permis aux femmes de voir, et que ne peuvent même contempler les jeunes gens que lorsqu'ils ont été soumis au jeûne et à la flagellation, les jarres de terre des Péruviens dont on tire des sons pareils à des cris perçants d'oiseaux, les flûtes faites d'ossements humains pareilles à celles qu'Alfonso de Olvalle entendit au Chili, et les verts jaspes sonores que l'on trouve près de Cuzco et qui donnent une note de douceur singulière.

Il avait des gourdes peintes remplies de cailloux, qui résonnaient quand on les secouait, le long clarin des Mexicains dans lequel un musicien ne doit pas souffler, mais en aspirer l'air, le ture rude des tribus de l'Amazone, dont sonnent les sentinelles perchées tout le jour dans de hauts arbres et que l'on peut entendre, dit-on, à trois lieues de distance; le teponaztli aux deux langues vibrantes de bois, que l'on bat avec des joncs enduits d'une gomme élastique obtenu du suc laiteux des plantes; des cloches d'Astèques, dites yolt, réunies en grappes, et un gros tambour cylindrique, couvert de peaux de grands serpents semblables à celui que vit Bernal Diaz quand il entra avec Cortez dans le temple mexicain, et dont il nous a laissé du son douloureux une si éclatante description. Le caractère fantastique de ces instruments le charmait, et il éprouva un étrange bon-heur à penser que l'art comme la nature, avait ses monstres, choses de formes bestiales aux voix hideuses. Cependant, au bout de quelque temps, ils l'ennuyèrent, et il allait dans sa loge à l'Opéra, seul ou avec lord Henry, écouter, extasié de bonheur, le Tannhauser, voyant dans l'ouverture du chef-d'œuvre comme le prélude de la tragédie de sa propre âme.

On one occasion he took up the study of jewels, and appeared at a costume ball as Anne de Joyeuse, Admiral of France, in a dress covered with five hundred and sixty pearls. This taste enthralled him for years, and, indeed, may be said never to have left him. He would often spend a whole day settling and resetting in their cases the various stones that be had collected, such as the olive-green chrysoberyl that turns red by lamplight, the cymophane with its wirelike line of silver, the pistachio-coloured peridot, rose-pink and wine-yellow topazes, carbuncles of fiery scarlet with tremulous, four-rayed stars, flame-red cinnamon-stones, orange and violet spinels, and amethysts with their alternate layers of ruby and sapphire. He loved the red gold of the sunstone, and the moonstone's pearly whiteness, and the broken rainbow of the milky opal. He procured from Amsterdam three emeralds of extraordinary size and richness of colour, and had a turquoise de la vieille roche that was the envy of all the connoisseurs.

La fantaisie des joyaux le prit, et il apparut un jour dans un bal déguisé en Anne de Joyeuse, amiral de France, portant un costume couvert de cinq cent soixante perles. Ce goût l'obséda pendant des années, et l'on peut croire qu'il ne le quitta jamais. Il passait souvent des journées entières, rangeant et dérangeant dans leurs boîtes les pierres variées qu'il avait réunies, par exemple, le chrysobéryl vert olive qui devient rouge à la lumière de la lampe, le cymophane aux fils d'argent, le péridot couleur pistache, les topazes rosés et jaunes, les escarboucles d'un fougueux écarlate aux étoiles tremblantes de quatre rais, les pierres de cinnamome d'un rouge de flamme, les spinelles oranges et violacées et les améthystes aux couches alternées de rubis et de saphir. Il aimait l'or rouge de la pierre solaire, la blancheur perlée de la pierre de lune, et l'arc-en-ciel brisé de l'opale laiteuse. Il fit venir d'Amsterdam trois émeraudes d'extraordinaire grandeur et d'une richesse incomparable de couleur, et il eut une turquoise de la vieille roche qui fit l'envie de tous les connaisseurs.

He discovered wonderful stories, also, about jewels. In Alphonso's Clericalis Disciplina a serpent was mentioned with eyes of real jacinth, and in the romantic history of Alexander, the Conqueror of Emathia was said to have found in the vale of Jordan snakes "with collars of real emeralds growing on their backs." There was a gem in the brain of the dragon, Philostratus told us, and "by the exhibition of golden letters and a scarlet robe" the monster could be thrown into a magical sleep and slain. According to the great alchemist, Pierre de Boniface, the diamond rendered a man invisible, and the agate of India made him eloquent. The cornelian appeased anger, and the hyacinth provoked sleep, and the amethyst drove away the fumes of wine. The garnet cast out demons, and the hydropicus deprived the moon of her colour. The selenite waxed and waned with the moon, and the meloceus, that discovers thieves, could be affected only by the blood of kids. Leonardus Camillus had seen a white stone taken from the brain of a newly killed toad, that was a certain antidote against poison. The bezoar, that was found in the heart of the Arabian deer, was a charm that could cure the plague. In the nests of Arabian birds was the aspilates, that, according to Democritus, kept the wearer from any danger by fire.

Il découvrit aussi de merveilleuses histoires de pierreries... Dans la « Cléricalis Disci-plina » d'Alphonse, il est parlé d'un serpent qui avait des yeux en vraie hyacinthe, et dans l'histoire romanesque d'Alexandro, il est dit que le conquérant d'Emathia trouva dans la vallée du Jourdain des serpents « portant sur leurs dos des colliers d'émeraude ». Philostrate raconte qu'il y avait une gemme dans la cervelle d'un dragon qui faisait que « par l'exhibition de lettres d'or et d'une robe de pourpre » on pouvait endormir le monstre et le tuer. Selon le grand alchimiste, Pierre de Boniface, le diamant rendait un homme invisible, et l'agate des Indes le faisait éloquent. La cornaline apaisait la colère, l'hyacinthe provoquait le sommeil et l'améthyste chassait les fumées de l'ivresse. Le grenat mettait en fuite les démons et l'hydropicus faisait changer la lune de couleur. La sélénite croissait et déclinait de couleur avec la lune, et le meloceus, qui fait découvrir les voleurs, ne pouvait être terni que par le sang d'un chevreau. Léonardus Camillus a vu une blanche pierre prise dans la cervelle d'un crapaud nou-vellement tué, qui était un antidote certain contre les poisons; le bezoard que l'on trouvait dans le cœur d'une antilope était un charme contre la peste; selon Democritus, les aspilates que l'on découvrait dans les nids des oiseaux d'Arabie, gardaient leurs porteurs de tout danger venant du feu.

The King of Ceilan rode through his city with a large ruby in his hand, as the ceremony of his coronation. The gates of the palace of John the Priest were "made of sardius, with the horn of the horned snake inwrought, so that no man might bring poison within." Over the gable were "two golden apples, in which were two carbuncles," so that the gold might shine by day and the carbuncles by night. In Lodge's strange romance A Margarite of America, it was stated that in the chamber of the queen one could behold "all the chaste ladies of the world, inchased out of silver, looking through fair mirrours of chrysolites, carbuncles, sapphires, and greene emeraults." Marco Polo had seen the inhabitants of Zipangu place rose-coloured pearls in the mouths of the dead. A sea-monster had been enamoured of the pearl that the diver brought to King Perozes, and had slain the thief, and mourned for seven moons over its loss. When the Huns lured the king into the great pit, he flung it away-- Procopius tells the story--nor was it ever found again, though the Emperor Anastasius offered five hundred-weight of gold pieces for it. The King of Malabar had shown to a certain Venetian a rosary of three hundred and four pearls, one for every god that he worshipped.

Le roi de Ceylan allait à cheval par la ville avec un gros rubis dans sa main, pour la cé-rémonie de son couronnement. Les portes du palais de Jean-le-Prêtre étaient faites de sar-doines, au milieu desquelles était incrustée la corne d'une vipère cornue, ce qui faisait que nul homme portant du poison ne pouvait entrer. Au fronton, l'on voyait deux pommes d'or dans lesquelles étaient enchâssées deux escarboucles de sorte que l'or luisait dans le jour et que les escarboucles éclairaient la nuit. Dans l'étrange roman de Lodge « Une perle d'Amérique » il est écrit que dans la chambre de la reine, on pouvait voir « toutes les chastes femmes du monde, vêtues d'argent, regardant à travers de beaux miroirs de chrysolithes, d'escarboucles, de saphirs et d'émeraudes vertes ». Marco Polo a vu les habitants du Zipango placer des perles roses dans la bouche des morts. Un monstre marin s'était énamouré de la perle qu'un plongeur rapportait au roi Perozes, avait tué le voleur, et pleuré sept lunes sur la perte du joyau. Quand les Huns attirèrent le roi dans une grande fosse, il s'envola, Procope nous raconte, et il ne fut jamais retrouvé bien que l'empereur Anastasius eut offert cinq cent tonnes de pièces d'or à qui le découvrirait... Le roi de Malabar montra à un certain Vénitien un rosaire de trois cent quatre perles, une pour chaque dieu qu'il adorait.

When the Duke de Valentinois, son of Alexander VI, visited Louis XII of France, his horse was loaded with gold leaves, according to Brantome, and his cap had double rows of rubies that threw out a great light. Charles of England had ridden in stirrups hung with four hundred and twenty-one diamonds. Richard II had a coat, valued at thirty thousand marks, which was covered with balas rubies. Hall described Henry VIII, on his way to the Tower previous to his coronation, as wearing "a jacket of raised gold, the placard embroidered with diamonds and other rich stones, and a great bauderike about his neck of large balasses." The favourites of James I wore ear-rings of emeralds set in gold filigrane. Edward II gave to Piers Gaveston a suit of red-gold armour studded with jacinths, a collar of gold roses set with turquoise- stones, and a skull-cap parsemé with pearls. Henry II wore jewelled gloves reaching to the elbow, and had a hawk-glove sewn with twelve rubies and fifty-two great orients. The ducal hat of Charles the Rash, the last Duke of Burgundy of his race, was hung with pear-shaped pearls and studded with sapphires.

How exquisite life had once been! How gorgeous in its pomp and decoration! Even to read of the luxury of the dead was wonderful.

Then he turned his attention to embroideries and to the tapestries that performed the office of frescoes in the chill rooms of the northern nations of Europe. As he investigated the subject-- and he always had an extraordinary faculty of becoming absolutely absorbed for the moment in whatever he took up--he was almost saddened by the reflection of the ruin that time brought on beautiful and wonderful things. He, at any rate, had escaped that. Summer followed summer, and the yellow jonquils bloomed and died many times, and nights of horror repeated the story of their shame, but he was unchanged. No winter marred his face or stained his flowerlike bloom.

Quand le duc de Valentinois, fils d'Alexandre VI, fit visite à Louis XII de France, son cheval était bardé de feuilles d'or, si l'on en croit Brantôme, et son chapeau portait un double rang de rubis qui répandaient une éclatante lumière. Charles d'Angleterre montait à cheval avec des étriers sertis de quatre cent vingt et un diamants. Richard II avait un costume, évalué à trente mille marks, couvert de rubis balais. Hall décrit Henry VIII allant à la Tour avant son couronnement, comme portant « un pourpoint rehaussé d'or, le plastron brodé de diamants et autres riches pierreries, et autour du cou, un grand baudrier enrichi d'énormes balais ». Les favoris de Jacques Ier portaient des boucles d'oreilles d'émeraudes retenues par des filigranes d'or. Édouard II donna à Piers Gaveston une armure d'or rouge semée d'hyacinthes, un collier de roses d'or serti de turquoises et un heaume emperlé... Henry II portait des gants enrichis de pierreries montant jusqu'au coude et avait un gant de fauconnerie cousu de vingt rubis et de cinquante-deux perles. Le chapeau ducal de Charles le Téméraire, dernier duc de Bourgogne, était chargé de perles piriformes et semé de saphirs.

Quelle exquise vie que celle de jadis! Quelle magnificence dans la pompe et la décoration! Cela semblait encore merveil-leux à lire, ces fastes luxueux des temps abolis!

Puis il tourna son attention vers les broderies, les tapisseries, qui tenaient lieu de fresques dans les salles glacées des nations du Nord. Comme il s'absorbait dans ce sujet – il avait toujours eu une extraordinaire faculté d'absorber totalement son esprit dans quoi qu'il entreprît – il s'assombrit à la pensée de la ruine que le temps apportait sur les belles et presti-gieuses choses. Lui, toutefois, y avait échappé... Les étés succédaient aux étés, et les jonquilles jaunes avaient fleuri et étaient mortes bien des fois, et des nuits d'horreur répétaient l'histoire de leur honte, et lui n'avait pas chan-gé!... Nul hiver n'abîma sa face, ne ternit sa pureté florale.

How different it was with material things! Where had they passed to? Where was the great crocus-coloured robe, on which the gods fought against the giants, that had been worked by brown girls for the pleasure of Athena? Where the huge velarium that Nero had stretched across the Colosseum at Rome, that Titan sail of purple on which was represented the starry sky, and Apollo driving a chariot drawn by white, gilt-reined steeds? He longed to see the curious table-napkins wrought for the Priest of the Sun, on which were displayed all the dainties and viands that could be wanted for a feast; the mortuary cloth of King Chilperic, with its three hundred golden bees; the fantastic robes that excited the indignation of the Bishop of Pontus and were figured with "lions, panthers, bears, dogs, forests, rocks, hunters--all, in fact, that a painter can copy from nature"; and the coat that Charles of Orleans once wore, on the sleeves of which were embroidered the verses of a song beginning "Madame, je suis tout joyeux," the musical accompaniment of the words being wrought in gold thread, and each note, of square shape in those days, formed with four pearls.

Quelle différence avec les choses matérielles! Où étaient-elles maintenant? Où était la belle robe couleur de crocus, pour laquelle les dieux avaient combattu les géants, que de brunes filles avaient tissé pour le plaisir d'Athénée?... Où, l'énorme velarium que Néron avait tendu devant le Colisée de Rome, cette voile titanesque de pourpre sur la-quelle étaient représentés les cieux étoilés et Apollon conduisant son quadrige de blancs coursiers aux rênes d'or?... Il s'attardait à regarder les curieuses nappes apportées pour le Prêtre du Soleil, sur les-quelles étaient déposées toutes les friandises et les viandes dont on avait besoin pour les fêtes, le drap mortuaire du roi Chilpéric brodé de trois cents abeilles d'or, les robes fantastiques qui excitèrent l'indignation de l'évêque de Pont, où étaient représentés « des lions, des panthères, des ours, des dogues, des forêts, des rochers, des chasseurs, en un mot tout ce qu'un peintre peut copier dans la nature » et le costume porté une fois par Charles d'Orléans dont les manches étaient adornées des vers d'une chanson commençant par: Madame, je suis tout joyeux... L'accompagnement musical des paroles était tissé en fils d'or, et chaque note ayant la forme carrée du temps, était faite de quatre perles...

He read of the room that was prepared at the palace at Rheims for the use of Queen Joan of Burgundy and was decorated with "thirteen hundred and twenty-one parrots, made in broidery, and blazoned with the king's arms, and five hundred and sixty-one butterflies, whose wings were similarly ornamented with the arms of the queen, the whole worked in gold." Catherine de Médicis had a mourning-bed made for her of black velvet powdered with crescents and suns. Its curtains were of damask, with leafy wreaths and garlands, figured upon a gold and silver ground, and fringed along the edges with broideries of pearls, and it stood in a room hung with rows of the queen's devices in cut black velvet upon cloth of silver. Louis XIV had gold embroidered caryatides fifteen feet high in his apartment. The state bed of Sobieski, King of Poland, was made of Smyrna gold brocade embroidered in turquoises with verses from the Koran. Its supports were of silver gilt, beautifully chased, and profusely set with enamelled and jewelled medallions. It had been taken from the Turkish camp before Vienna, and the standard of Mohammed had stood beneath the tremulous gilt of its canopy.

Il lut la description de l'ameublement de la chambre qui fut préparée à Reims pour la Reine Jeanne de Bourgogne; elle était décorée de treize cent vingt et un perroquets brodés et blasonnés aux armes du Roi, en plus de cinq cent soixante et un papillons dont les ailes por-taient les armes de la reine, le tout d'or. Catherine de Médicis avait un lit de deuil fait pour elle de noir velours parsemé de croissants de lune et de soleils. Les rideaux en étaient de damas; sur leur champ or et argent étaient brodés des couronnes de verdure et des guirlandes, les bords frangés de perles, et la chambre qui contenait ce lit était entourée de devises découpées dans un velours noir et pla-cées sur un fond d'argent. Louis XIV avait des cariatides vêtues d'or de quinze pieds de haut dans ses palais. Le lit de justice de Sobieski, roi de Pologne, était fait de brocard d'or de Smyrne cousu de turquoises, et dessus, les vers du Koran. Ses supports étaient d'argent doré, merveilleuse-ment travaillé, chargés à profusion de médaillons émaillés ou de pierreries. Il avait été pris près de Vienne dans un camp turc et l'étendard de Mahomet avait flotté sous les ors tremblants de son dais.

And so, for a whole year, he sought to accumulate the most exquisite specimens that he could find of textile and embroidered work, getting the dainty Delhi muslins, finely wrought with gold-thread palmates and stitched over with iridescent beetles' wings; the Dacca gauzes, that from their transparency are known in the East as "woven air," and "running water," and "evening dew"; strange figured cloths from Java; elaborate yellow Chinese hangings; books bound in tawny satins or fair blue silks and wrought with fleurs-de-lys, birds and images; veils of lacis worked in Hungary point; Sicilian brocades and stiff Spanish velvets; Georgian work, with its gilt coins, and Japanese Foukousas, with their green-toned golds and their marvellously plumaged birds.

He had a special passion, also, for ecclesiastical vestments, as indeed he had for everything connected with the service of the Church. In the long cedar chests that lined the west gallery of his house, he had stored away many rare and beautiful specimens of what is really the raiment of the Bride of Christ, who must wear purple and jewels and fine linen that she may hide the pallid macerated body that is worn by the suffering that she seeks for and wounded by self-inflicted pain. He possessed a gorgeous cope of crimson silk and gold-thread damask, figured with a repeating pattern of golden pomegranates set in six-petalled formal blossoms, beyond which on either side was the pine-apple device wrought in seed-pearls. The orphreys were divided into panels representing scenes from the life of the Virgin, and the coronation of the Virgin was figured in coloured silks upon the hood. This was Italian work of the fifteenth century.

Pendant toute une année, Dorian se passionna à accumuler les plus délicieux spécimens qu'il lui fut possible de découvrir de l'art textile et de la broderie; il se procura les adorables mousselines de Delhi finement tissées de palmes d'or et piquées d'ailes iridescentes de scarabées; les gazes du Dekkan, que leur transparence fait appeler en Orient air tissé, eau courante ou rosée du soir; d'étranges étoffes historiées de Java; de jaunes tapisseries chi-noises savamment travaillées; des livres reliés en satin fauve ou en soie d'un bleu prestigieux, portant sur leurs plats des fleurs de lys, des oiseaux, des figures; des dentelles au point de Hongrie, des brocards siciliens et de rigides velours espagnols; des broderies géorgiennes aux coins dorés et des Foukousas japonais aux tons d'or vert, pleins d'oiseaux aux plumages multicolores et fulgurants.

Il eut aussi une particulière passion pour les vêtements ecclésiastiques, comme il en eut d'ailleurs pour toute chose se rattachant au service de l'Église. Dans les longs coffres de cèdre qui bordaient la galerie ouest de sa maison, il avait re-cueilli de rares et merveilleux spécimens de ce qui est réellement les habillements de la « Fiancée du Christ » qui doit se vêtir de pourpre, de joyaux et de linges fins dont elle cache son corps anémié par les macérations, usé par les souffrances recherchées, blessé des plaies qu'elle s'infligea. Il possédait une chape somptueuse de soie cramoisie et d'or damassée, ornée d'un des-sin courant de grenades dorées posées sur des fleurs à six pétales cantonnées de pommes de pin incrustées de perles. Les orfrois représentaient des scènes de la vie de la Vierge, et son Couronnement était brodé au chef avec des soies de couleurs; c'était un ouvrage italien du XVe siècle.

Another cope was of green velvet, embroidered with heart-shaped groups of acanthus- leaves, from which spread long-stemmed white blossoms, the details of which were picked out with silver thread and coloured crystals. The morse bore a seraph's head in gold-thread raised work. The orphreys were woven in a diaper of red and gold silk, and were starred with medallions of many saints and martyrs, among whom was St. Sebastian. He had chasubles, also, of amber-coloured silk, and blue silk and gold brocade, and yellow silk damask and cloth of gold, figured with representations of the Passion and Crucifixion of Christ, and embroidered with lions and peacocks and other emblems; dalmatics of white satin and pink silk damask, decorated with tulips and dolphins and fleurs-de-lys; altar frontals of crimson velvet and blue linen; and many corporals, chalice-veils, and sudaria. In the mystic offices to which such things were put, there was something that quickened his imagination.

Une autre chape était en velours vert, brochée de feuilles d'acanthe cordées où se ratta-chaient de blanches fleurs à longue tige; les détails en étaient traités au fil d'argent et des cristaux colorés s'y rencontraient; une tête de Séraphin y figurait, travaillée au fil d'or; les orfrois étaient diaprés de soies rouges et or, et parsemés de médaillons de plusieurs saints et martyrs, parmi lesquels Saint-Sébastien. Il avait aussi des chasubles de soie couleur d'ambre, des brocards d'or et de soie bleue, des damas de soie jaune, des étoffes d'or, où était figurée la Passion et la Crucifixion, brodées de lions, de paons et d'autres emblèmes; des dalmatiques de satin blanc, et de damas de soie rosée, décorées de tulipes, de dauphins et de fleurs de lys; des nappes d'autel de velours écarlate et de lin bleu; des corporaux, des voiles de calice, des manipules... Quelque chose aiguisait son imagination de penser aux usages mystiques à quoi tout cela avait répondu.

For these treasures, and everything that he collected in his lovely house, were to be to him means of forgetfulness, modes by which he could escape, for a season, from the fear that seemed to him at times to be almost too great to be borne. Upon the walls of the lonely locked room where he had spent so much of his boyhood, he had hung with his own hands the terrible portrait whose changing features showed him the real degradation of his life, and in front of it had draped the purple-and-gold pall as a curtain. For weeks he would not go there, would forget the hideous painted thing, and get back his light heart, his wonderful joyousness, his passionate absorption in mere existence. Then, suddenly, some night he would creep out of the house, go down to dreadful places near Blue Gate Fields, and stay there, day after day, until he was driven away. On his return he would sit in front of the her times, with that pride of individualism that is half the fascination of sin, and smiling with secret pleasure at the misshapen shadow that had to bear the burden that should have been his own.

After a few years he could not endure to be long out of England, and gave up the villa that he had shared at Trouville with Lord Henry, as well as the little white walled-in house at Algiers where they had more than once spent the winter. He hated to be separated from the picture that was such a part of his life, and was also afraid that during his absence some one might gain access to the room, in spite of the elaborate bars that he had caused to be placed upon the door.

He was quite conscious that this would tell them nothing. It was true that the portrait still preserved, under all the foulness and ugliness of the face, its marked likeness to himself; but what could they learn from that? He would laugh at any one who tried to taunt him. He had not painted it. What was it to him how vile and full of shame it looked? Even if he told them, would they believe it?

Car ces trésors, toutes ces choses qu'il collectionnait dans son habitation ravissante, lui étaient un moyen d'oubli, lui étaient une manière d'échapper, pour un temps, à certaines ter-reurs qu'il ne pouvait supporter. Sur les murs de la solitaire chambre verrouillée où toute son enfance s'était passée, il avait pendu de ses mains, le terrible portrait dont les traits changeants lui démontraient la dégradation réelle de sa vie, et devant il avait posé en guise de rideau un pallium de pourpre et d'or. Pendant des semaines, il ne la visitait, tâchait d'oublier la hideuse chose peinte, et re-couvrant sa légèreté de cœur, sa joie insouciante, se replongeait passionnément dans l'existence. Puis, quelque nuit, il se glissait hors de chez lui, et se rendait aux environs horribles des Blue Gate Fields, et il y restait des jours, jusqu'à ce qu'il en fut chassé. À son retour, il s'asseyait en face du portrait, vomissant alternativement sa reproduction et lui-même, bien que rempli, d'autres fois, de cet orgueil de l'individualisme qui est une demie fascination du péché, et souriant, avec un secret plaisir, à l'ombre informe portant le fardeau qui aurait dû être sien.

Au bout de quelques années, il ne put rester longtemps hors d'Angleterre et vendit la villa qu'il partageait à Trouville avec lord Henry, de même que la petite maison aux murs blancs qu'il possédait à Alger où ils avaient demeuré plus d'un hiver. Il ne pouvait se faire à l'idée d'être séparé du tableau qui avait une telle part dans sa vie, et s'effrayait à penser que pendant son absence quelqu'un pût entrer dans la chambre, malgré les barres qu'il avait fait mettre à la porte.

Il sentait cependant que le portrait ne dirait rien à personne, bien qu'il conservât, sous la turpitude et la laideur des traits, une ressemblance marquée avec lui; mais que pourrait-il apprendre à celui qui le verrait? Il rirait à ceux qui tenteraient de le railler. Ce n'était pas lui qui l'avait peint, que pouvait lui faire cette vilenie et cette honte? Le croirait-on même s'il l'avouait?

Yet he was afraid. Sometimes when he was down at his great house in Nottinghamshire, entertaining the fashionable young men of his own rank who were his chief companions, and astounding the county by the wanton luxury and gorgeous splendour of his mode of life, he would suddenly leave his guests and rush back to town to see that the door had not been tampered with and that the picture was still there. What if it should be stolen? The mere thought made him cold with horror. Surely the world would know his secret then. Perhaps the world already suspected it.

For, while he fascinated many, there were not a few who distrusted him. He was very nearly blackballed at a West End club of which his birth and social position fully entitled him to become a member, and it was said that on one occasion, when he was brought by a friend into the smoking-room of the Churchill, the Duke of Berwick and another gentleman got up in a marked manner and went out. Curious stories became current about him after he had passed his twenty-fifth year. It was rumoured that he had been seen brawling with foreign sailors in a low den in the distant parts of Whitechapel, and that he consorted with thieves and coiners and knew the mysteries of their trade. His extraordinary absences became notorious, and, when he used to reappear again in society, men would whisper to each other in corners, or pass him with a sneer, or look at him with cold searching eyes, as though they were determined to discover his secret.

Il craignait quelque chose, malgré tout... Parfois quand il était dans sa maison de Not-tinghamshire, entouré des élégants jeunes gens de sa classe dont il était le chef reconnu, éton-nant le comté par son luxe déréglé et l'incroyable splendeur de son mode d'existence, il quit-tait soudainement ses hôtes, et courait subitement à la ville s'assurer que la porte n'avait été forcée et que le tableau s'y trouvait encore... S'il avait été volé? Cette pensée le remplissait d'horreur!... Le monde connaîtrait alors son secret... Ne le connaissait-il point déjà?

Car bien qu'il fascinât la plupart des gens, beaucoup le méprisaient. Il fut presque blackboulé dans un club de West-End dont sa naissance et sa position sociale lui permettaient de plein droit d'être membre, et l'on racontait qu'une fois, introduit dans un salon du Chur-chill, le duc de Berwick et un autre gentilhomme se levèrent et sortirent aussitôt d'une façon qui fut remarquée. De singulières histoires coururent sur son compte alors qu'il eût passé sa vingt-cinquième année. Il fut colporté qu'on l'avait vu se disputer avec des matelots étrangers dans une taverne louche des environs de Whitechapel, qu'il fréquentait des voleurs et des faux monnayeurs et connaissait les mystères de leur art. Notoires devinrent ses absences extraordinaires, et quand il reparaissait dans le monde, les hommes se parlaient l'un à l'autre dans les coins, ou passaient devant lui en ricanant, ou le regardaient avec des yeux quêteurs et froids comme s'ils étaient déterminés à connaître son secret.

Of such insolences and attempted slights he, of course, took no notice, and in the opinion of most people his frank debonair manner, his charming boyish smile, and the infinite grace of that wonderful youth that seemed never to leave him, were in themselves a sufficient answer to the calumnies, for so they termed them, that were circulated about him. It was remarked, however, that some of those who had been most intimate with him appeared, after a time, to shun him. Women who had wildly adored him, and for his sake had braved all social censure and set convention at defiance, were seen to grow pallid with shame or horror if Dorian Gray entered the room.

Yet these whispered scandals only increased in the eyes of many his strange and dangerous charm. His great wealth was a certain element of security. Society--civilized society, at least-- is never very ready to believe anything to the detriment of those who are both rich and fascinating. It feels instinctively that manners are of more importance than morals, and, in its opinion, the highest respectability is of much less value than the possession of a good chef. And, after all, it is a very poor consolation to be told that the man who has given one a bad dinner, or poor wine, is irreproachable in his private life. Even the cardinal virtues cannot atone for half-cold entrées, as Lord Henry remarked once, in a discussion on the subject, and there is possibly a good deal to be said for his view. For the canons of good society are, or should be, the same as the canons of art. Form is absolutely essential to it. It should have the dignity of a ceremony, as well as its unreality, and should combine the insincere character of a romantic play with the wit and beauty that make such plays delightful to us. Is insincerity such a terrible thing? I think not. It is merely a method by which we can multiply our personalities.

Il ne porta aucune attention à ces insolences et à ces manques d'égards; d'ailleurs, dans l'opinion de la plupart des gens, ses manières franches et débonnaires, son charmant sourire d'enfant, et l'infinie grâce de sa merveilleuse jeunesse, semblaient une réponse suffisante aux calomnies, comme ils disaient, qui circulaient sur lui... Il fut remarqué, toutefois, que ceux qui avaient paru ses plus intimes amis, semblaient le fuir maintenant. Les femmes qui l'avait farouchement adoré, et, pour lui, avaient bravé la censure sociale et défié les convenances, devenaient pâles de honte ou d'horreur quand il entrait dans la salle où elles se trouvaient.

Mais ces scandales soufflés à l'oreille accrurent pour certains, au contraire, son charme étrange et dangereux. Sa grande fortune lui fut un élément de sécurité. La société, la société civilisée tout au moins, croit difficilement du mal de ceux qui sont riches et beaux. Elle sent instinctivement que les manières sont de plus grande importance que la morale, et, à ses yeux, la plus haute respectabilité est de moindre valeur que la possession d'un bon chef. C'est vraiment une piètre consolation que de se dire d'un homme qui vous a fait mal dîner, ou boire un vin discutable, que sa vie privée est irréprochable. Même l'exercice des vertus cardinales ne peuvent racheter des entrées servies demi-froides, comme lord Henry, parlant un jour sur ce sujet, le fit remarquer, et il y a vraiment beaucoup à dire à ce propos, car les règles de la bonne société sont, ou pourraient être, les mêmes que celles de l'art. La forme y est absolument essentielle. Cela pourrait avoir la dignité d'un cérémonial, aussi bien que son irréalité, et pourrait combiner le caractère insincère d'une pièce romantique avec l'esprit et la beauté qui nous font délicieuses de semblables pièces. L'insincérité est-elle une si terrible chose? Je ne le pense pas. C'est simplement une méthode à l'aide de laquelle nous pouvons multiplier nos personnalités.

Such, at any rate, was Dorian Gray's opinion. He used to wonder at the shallow psychology of those who conceive the ego in man as a thing simple, permanent, reliable, and of one essence. To him, man was a being with myriad lives and myriad sensations, a complex multiform creature that bore within itself strange legacies of thought and passion, and whose very flesh was tainted with the monstrous maladies of the dead. He loved to stroll through the gaunt cold picture-gallery of his country house and look at the various portraits of those whose blood flowed in his veins. Here was Philip Herbert, described by Francis Osborne, in his Memoires on the Reigns of Queen Elizabeth and King James, as one who was "caressed by the Court for his handsome face, which kept him not long company." Was it young Herbert's life that he sometimes led? Had some strange poisonous germ crept from body to body till it had reached his own? Was it some dim sense of that ruined grace that had made him so suddenly, and almost without cause, give utterance, in Basil Hallward's studio, to the mad prayer that had so changed his life? Here, in gold-embroidered red doublet, jewelled surcoat, and gilt-edged ruff and wristbands, stood Sir Anthony Sherard, with his silver-and-black armour piled at his feet.

C'était du moins, l'opinion de Dorian Gray. Il s'étonnait de la psychologie superficielle qui consiste à concevoir le Moi dans l'homme comme une chose simple, permanente, digne de confiance, et d'une certaine essence. Pour lui, l'homme était un être composé de myriades de vies et de myriades de sensations, une complexe et multiforme créature qui portait en elle d'étranges héritages de doutes et de passions, et dont la chair même était infectée des monstrueuses maladies de la mort. Il aimait à flâner dans la froide et nue galerie de peinture de sa maison de campagne, contemplant les divers portraits de ceux dont le sang coulait en ses veines. Ici était Philip Herbert, dont Francis Osborne dit dans ses « Mémoires on the Reigns of Queen Elizabeth and Ring James » qu'il fut choyé par la cour pour sa belle figure qu'il ne conserva pas longtemps... Était-ce la vie du jeune Herbert qu'il continuait quelquefois?... Quelque étrange germe empoisonné ne s'était-il communiqué de génération en génération jusqu'à lui? N'était-ce pas quelque reste obscur de cette grâce flétrie qui l'avait fait si subi-tement et presque sans cause, proférer dans l'atelier de Basil Hallward cette prière folle qui avait changé sa vie?... Là, en pourpoint rouge brodé d'or, dans un manteau couvert de pierreries, la fraise et les poignets piqués d'or, s'érigeait sir Anthony Sherard, avec, à ses pieds, son armure d'argent et de sable.

What had this man's legacy been? Had the lover of Giovanna of Naples bequeathed him some inheritance of sin and shame? Were his own actions merely the dreams that the dead man had not dared to realize? Here, from the fading canvas, smiled Lady Elizabeth Devereux, in her gauze hood, pearl stomacher, and pink slashed sleeves. A flower was in her right hand, and her left clasped an enamelled collar of white and damask roses. On a table by her side lay a mandolin and an apple. There were large green rosettes upon her little pointed shoes. He knew her life, and the strange stories that were told about her lovers. Had he something of her temperament in him? These oval, heavy-lidded eyes seemed to look curiously at him.

Quel avait été le legs de cet homme? Lui avait-il laissé, cet amant de Giovanna de Naples, un héritage de péché et de honte? N'étaient-elles simplement, ses propres actions, les rêves que ce mort n'avait osé réaliser? Sur une toile éteinte, souriait lady Elizabeth Devereux, à la coiffe de gaze, au corsage de perles lacé, portant les manches aux crevés de satin rosé. Une fleur était dans sa main droite, et sa gauche étreignait un collier émaillé de blanches roses de Damas. Sur la table à côté d'elle, une pomme et une mandoline... Il y avait de larges rosettes vertes sur ses petits souliers pointus. Il connaissait sa vie et les étranges histoires que l'on savait de ses amants. Quelque chose de son tempérament était-il en lui? Ses yeux ovales aux lourdes paupières semblaient curieusement le regarder.

What of George Willoughby, with his powdered hair and fantastic patches? How evil he looked! The face was saturnine and swarthy, and the sensual lips seemed to be twisted with disdain. Delicate lace ruffles fell over the lean yellow hands that were so overladen with rings. He had been a macaroni of the eighteenth century, and the friend, in his youth, of Lord Ferrars. What of the second Lord Beckenham, the companion of the Prince Regent in his wildest days, and one of the witnesses at the secret marriage with Mrs. Fitzherbert? How proud and handsome he was, with his chestnut curls and insolent pose! What passions had he bequeathed? The world had looked upon him as infamous. He had led the orgies at Carlton House. The star of the Garter glittered upon his breast. Beside him hung the portrait of his wife, a pallid, thin-lipped woman in black. Her blood, also, stirred within him. How curious it all seemed! And his mother with her Lady Hamilton face and her moist, wine-dashed lips--he knew what he had got from her. He had got from her his beauty, and his passion for the beauty of others. She laughed at him in her loose Bacchante dress. There were vine leaves in her hair. The purple spilled from the cup she was holding. The carnations of the painting had withered, but the eyes were still wonderful in their depth and brilliancy of colour. They seemed to follow him wherever he went.

Yet one had ancestors in literature as well as in one's own race, nearer perhaps in type and temperament, many of them, and certainly with an influence of which one was more absolutely conscious. There were times when it appeared to Dorian Gray that the whole of history was merely the record of his own life, not as he had lived it in act and circumstance, but as his imagination had created it for him, as it had been in his brain and in his passions. He felt that he had known them all, those strange terrible figures that had passed across the stage of the world and made sin so marvellous and evil so full of subtlety. It seemed to him that in some mysterious way their lives had been his own.

Et ce Georges Willoughby, avec ses cheveux poudrés et ses mouches fantastiques!... Quel mauvais air il avait! Sa face était hâlée et saturnienne, et ses lèvres sensuelles se re-troussaient avec dédain. Sur ses mains jaunes et décharnées chargées de bagues, retombaient des manchettes de dentelle précieuse. Il avait été un des dandies du dix-huitième siècle et, dans sa jeunesse, l'ami de lord Kerrars. Que penser de ce second lord Beckenham, compagnon du Prince Régent dans ses plus fâcheux jours et l'un des témoins de son mariage secret avec madame Fitz-Herbert?... Comme il paraissait fier et beau, avec ses cheveux châtains et sa pose insolente! Quelles passions lui avait-il transmises? Le monde l'avait jugé infâme; il était des orgies de Carlton House. L'étoile de la Jarretière brillait à sa poitrine... À côté de lui était pendu le portrait de sa femme, pâle créature aux lèvres minces, vêtue de noir. Son sang, aussi, coulait en lui. Comme tout cela lui parut curieux! Et sa mère, qui ressemblait à lady Hamilton, sa mère aux lèvres humides, rouges comme vin!... Il savait ce qu'il tenait d'elle! Elle lui avait légué sa beauté, et sa passion pour la beauté des autres. Elle riait à lui dans une robe lâche de Bacchante; il y avait des feuilles de vigne dans sa chevelure, un flot de pourpre coulait de la coupe qu'elle tenait. Les carnations de la peinture étaient éteintes, mais les yeux restaient quand même merveilleux par leur profondeur et le brillant du coloris. Ils semblaient le suivre dans sa marche.

On a des ancêtres en littérature, aussi bien que dans sa propre race, plus proches peut-être encore comme type et tempérament, et beaucoup ont sur vous une influence dont vous êtes conscient. Il semblait parfois à Dorian Gray que l'histoire du monde n'était que celle de sa vie, non comme s'il l'avait vécue en actions et en faits, mais comme son imagination la lui avait créée, comme elle avait été dans son cerveau, dans ses passions. Il s'imaginait qu'il les avait connues toutes, ces étranges et terribles figures qui avaient passé sur la scène du monde, qui avaient fait si séduisant le péché, et le mal si subtil; il lui semblait que par de mystérieuses voies, leurs vies avaient été la sienne.

The hero of the wonderful novel that had so influenced his life had himself known this curious fancy. In the seventh chapter he tells how, crowned with laurel, lest lightning might strike him, he had sat, as Tiberius, in a garden at Capri, reading the shameful books of Elephantis, while dwarfs and peacocks strutted round him and the flute-player mocked the swinger of the censer; and, as Caligula, had caroused with the green-shirted jockeys in their stables and supped in an ivory manger with a jewel-frontleted horse; and, as Domitian, had wandered through a corridor lined with marble mirrors, looking round with haggard eyes for the reflection of the dagger that was to end his days, and sick with that ennui, that terrible taedium vitae, that comes on those to whom life denies nothing; and had peered through a clear emerald at the red shambles of the circus and then, in a litter of pearl and purple drawn by silver-shod mules, been carried through the Street of Pomegranates to a House of Gold and heard men cry on Nero Caesar as he passed by; and, as Elagabalus, had painted his face with colours, and plied the distaff among the women, and brought the Moon from Carthage and given her in mystic marriage to the Sun.

Le héros du merveilleux roman qui avait tant influencé sa vie, avait lui-même connu ces rêves étranges; il raconte dans le septième chapitre, comment, de lauriers couronné, pour que la foudre ne le frappât, il s'était assis comme Tibère, dans un jardin à Caprée, lisant les livres obscènes d'Eléphantine ce pendant que des nains et des paons se pavanaient autour de lui, et que le joueur de flûte raillait le balanceur d'encens... Comme Caligula, il avait riboté dans les écuries avec les palefreniers aux chemises vertes, et soupé dans une mangeoire d'ivoire avec un cheval au frontal de pierreries... Comme Domitien, il avait erré à travers des corridors bordés de miroirs de marbre, les yeux hagards à la pensée du couteau qui devait finir ses jours, malade de cet ennui, de ce terrible tedium vitœ, qui vient à ceux auxquels la vie n'a rien refusé. Il avait lorgné, à travers une claire émeraude, les rouges boucheries du Cirque, et, dans une litières de perles et de pourpre, que tiraient des mules ferrées d'argent, il avait été porté par la Via Pomegranates à la Maison-d'Or, et entendu, pendant qu'il passait, des hommes crier: Nero Caesar!...

Over and over again Dorian used to read this fantastic chapter, and the two chapters immediately following, in which, as in some curious tapestries or cunningly wrought enamels, were pictured the awful and beautiful forms of those whom vice and blood and weariness had made monstrous or mad: Filippo, Duke of Milan, who slew his wife and painted her lips with a scarlet poison that her lover might suck death from the dead thing he fondled; Pietro Barbi, the Venetian, known as Paul the Second, who sought in his vanity to assume the title of Formosus, and whose tiara, valued at two hundred thousand florins, was bought at the price of a terrible sin; Gian Maria Visconti, who used hounds to chase living men and whose murdered body was covered with roses by a harlot who had loved him; the Borgia on his white horse, with Fratricide riding beside him and his mantle stained with the blood of Perotto; Pietro Riario, the young Cardinal Archbishop of Florence, child and minion of Sixtus IV, whose beauty was equalled only by his debauchery, and who received Leonora of Aragon in a pavilion of white and crimson silk, filled with nymphs and centaurs, and gilded a boy that he might serve at the feast as Ganymede or Hylas; Ezzelin, whose melancholy could be cured only by the spectacle of death, and who had a passion for red blood, as other men have for red wine--the son of the Fiend, as was reported, and one who had cheated his father at dice when gambling with him for his own soul; Giambattista Cibo, who in mockery took the name of Innocent and into whose torpid veins the blood of three lads was infused by a Jewish doctor; Sigismondo Malatesta, the lover of Isotta and the lord of Rimini, whose effigy was burned at Rome as the enemy of God and man, who strangled Polyssena with a napkin, and gave poison to Ginevra d'Este in a cup of emerald, and in honour of a shameful passion built a pagan church for Christian worship; Charles VI, who had so wildly adored his brother's wife that a leper had warned him of the insanity that was coming on him, and who, when his brain had sickened and grown strange, could only be soothed by Saracen cards painted with the images of love and death and madness; and, in his trimmed jerkin and jewelled cap and acanthuslike curls, Grifonetto Baglioni, who slew Astorre with his bride, and Simonetto with his page, and whose comeliness was such that, as he lay dying in the yellow piazza of Perugia, those who had hated him could not choose but weep, and Atalanta, who had cursed him, blessed him.

Comme Héliogabale, il s'était fardé la face, et parmi des femmes, avait filé la que-nouille, et fait venir la Lune de Carthage, pour l'unir au Soleil dans un mariage mystique. Encore et encore, Dorian relisait ce chapitre fantastique, et les deux chapitres suivants, dans lesquels, comme en une curieuse tapisserie ou par des émaux adroitement incrustés, étaient peintes les figures terribles et belles de ceux que le Vice et le Sang et la Lassitude ont fait monstrueux et déments: Filippo, duc de Milan, qui tua sa femme et teignit ses lèvres d'un poison écarlate, de façon à ce que son amant suçât la mort en baisant la chose morte qu'il idolâtrait; Pietro Barbi, le Vénitien, que l'on nomme Paul II, qui voulut vaniteusement prendre le titre de Formosus, et dont la tiare, évaluée à deux cent mille florins, fut le prix d'un péché terrible; Gian Maria Visconti, qui se servait de lévriers pour chasser les hommes, et dont le cadavre meurtri fut couvert de roses par une prostituée qui l'avait aimé!... Et le Borgia sur son blanc cheval, le Fratricide galopant à côté de lui, son manteau teint du sang de Perotto; Pietro Riario, le jeune cardinal-archevêque de Florence, enfant et mignon de Sixte IV, dont la beauté ne fut égalée que par la débauche, et qui reçut Leonora d'Aragon sous un pavillon de soie blanche et cramoisie, rempli de nymphes et de centaures, en caressant un jeune garçon dont il se servait dans les fêtes comme de Ganymède ou de Hylas; Ezzelin, dont la mélancolie ne pouvait être guérie que par le spectacle de la mort, ayant une passion pour le sang, comme d'autres en ont pour le vin, Ezzelin, fils du démon, fut-il dit, qui trompa son père aux dés, alors qu'il lui jouait son âme!... Et Giambattista Ciho, qui prit par moquerie le nom d'Innocent, dans les torpides veines duquel fut infusé, par un docteur juif, le sang de trois adolescents; Sigismondo Malatesta, l'amant d'Isotta, et le seigneur de Rimini, dont l'effigie fut brûlée à Rome, comme ennemi de Dieu et des hommes, qui étrangla Polyssena avec une serviette, fit boire du poison à Ginevra d'Esté dans une coupe d'émeraude, et bâtit une église païenne pour l'adoration du Christ, en l'honneur d'une passion honteuse!... Et ce Charles VI, qui aima si sauvagement la femme de son frère qu'un lépreux avertit du crime qu'il allait commettre, ce Charles VI dont la passion démentielle ne put seulement être guérie que par des cartes sarrazines où étaient peintes les images de l'Amour, de la Mort et de la Folie! Et s'évoquait encore, dans son pourpoint orné, coiffé de son chapeau garni de joyaux, ses cheveux bouclés comme des acanthes, Griffonetto Baglione, qui tua Astorre et sa fiancée, Simonetto et son page, mais

There was a horrible fascination in them all. He saw them at night, and they troubled his imagination in the day. The Renaissance knew of strange manners of poisoning-- poisoning by a helmet and a lighted torch, by an embroidered glove and a jewelled fan, by a gilded pomander and by an amber chain. Dorian Gray had been poisoned by a book. There were moments when he looked on evil simply as a mode through which he could realize his conception of the beautiful.

dont la grâce était telle, que, lorsqu'on le trouva mourant sur la place jaune de Pérouse, ceux qui le haïssaient ne purent que pleurer, et qu'Atalanta qui l'avait maudit, le bénit!...

Une horrible fascination s'émanait d'eux tous! Il les vit la nuit, et le jour ils troublèrent son imagination. La Renaissance connut d'étranges façons d'empoisonner: par un casque ou une torche allumée, par un gant brodé ou un éventail endiamanté, par une boule de senteur dorée, ou par une chaîne d'ambre... Dorian Gray, lui, avait été empoisonné par un livre!... Il y avait des moments où il regardait simplement le Mal comme un mode nécessaire à la réalisation de son concept de la Beauté.

193

Chapter 12

It was on the ninth of November, the eve of his own thirty-eighth birthday, as he often remembered afterwards.

He was walking home about eleven o'clock from Lord Henry's, where he had been dining, and was wrapped in heavy furs, as the night was cold and foggy. At the corner of Grosvenor Square and South Audley Street, a man passed him in the mist, walking very fast and with the collar of his grey ulster turned up. He had a bag in his hand. Dorian recognized him. It was Basil Hallward. A strange sense of fear, for which he could not account, came over him. He made no sign of recognition and went on quickly in the direction of his own house.

But Hallward had seen him. Dorian heard him first stopping on the pavement and then hurrying after him. In a few moments, his hand was on his arm.

"Dorian! What an extraordinary piece of luck! I have been waiting for you in your library ever since nine o'clock. Finally I took pity on your tired servant and told him to go to bed, as he let me out. I am off to Paris by the midnight train, and I particularly wanted to see you before I left. I thought it was you, or rather your fur coat, as you passed me. But I wasn't quite sure. Didn't you recognize me?"

"In this fog, my dear Basil? Why, I can't even recognize Grosvenor Square. I believe my house is somewhere about here, but I don't feel at all certain about it. I am sorry you are going away, as I have not seen you for ages. But I suppose you will be back soon?"

Chapitre XII

C'était le neuf novembre, la veille de son trente-huitième anniversaire, comme il se le rappela souvent plus tard.

Il sortait vers onze heures de chez lord Henry où il avait dîné, et était enveloppé d'épaisses fourrures, la nuit étant très froide et brumeuse. Au coin de Grosvenor Square et de South Audley Street, un homme passa tout près de lui dans le brouillard, marchant très vite, le col de son ulster gris relevé. Il avait une valise à la main. Dorian le reconnut. C'était Basil Hallward. Un étrange sentiment de peur qu'il ne put s'expliquer l'envahit. Il ne fit aucun signe de reconnaissance et continua rapidement son chemin dans la direction de sa maison...

Mais Hallward l'avait vu. Dorian l'aperçut s'arrêtant sur le trottoir et l'appelant. Quelques instants après, sa main s'appuyait sur son bras.

– Dorian! quelle chance extraordinaire! Je vous ai attendu dans votre bibliothèque jusqu'à neuf heures. Finalement j'eus pitié de votre domestique fatigué et lui dit en partant d'aller se coucher. Je vais à Paris par le train de minuit et j'avais particulièrement besoin de vous voir avant mon départ. Il me semblait que c'était vous, ou du moins votre fourrure, lorsque nous nous sommes croisés. Mais je n'en étais pas sûr. Ne m'aviez-vous pas reconnu?

– Il y a du brouillard, mon cher Basil? je pouvais à peine reconnaître Grosvenor Square, je crois bien que ma maison est ici quelque part, mais je n'en suis pas certain du tout. Je regrette que vous partiez, car il y a des éternités que je ne vous ai vu. Mais je suppose que vous reviendrez bientôt.

"No: I am going to be out of England for six months. I intend to take a studio in Paris and shut myself up till I have finished a great picture I have in my head. However, it wasn't about myself I wanted to talk. Here we are at your door. Let me come in for a moment. I have something to say to you."

"I shall be charmed. But won't you miss your train?" said Dorian Gray languidly as he passed up the steps and opened the door with his latch-key.

The lamplight struggled out through the fog, and Hallward looked at his watch. "I have heaps of time," he answered. "The train doesn't go till twelve-fifteen, and it is only just eleven. In fact, I was on my way to the club to look for you, when I met you. You see, I shan't have any delay about luggage, as I have sent on my heavy things. All I have with me is in this bag, and I can easily get to Victoria in twenty minutes."

Dorian looked at him and smiled. "What a way for a fashionable painter to travel! A Gladstone bag and an ulster! Come in, or the fog will get into the house. And mind you don't talk about anything serious. Nothing is serious nowadays. At least nothing should be."

Hallward shook his head, as he entered, and followed Dorian into the library. There was a bright wood fire blazing in the large open hearth. The lamps were lit, and an open Dutch silver spirit-case stood, with some siphons of soda-water and large cut-glass tumblers, on a little marqueterie table.

"You see your servant made me quite at home, Dorian. He gave me everything I wanted, including your best gold-tipped cigarettes. He is a most hospitable creature. I like him much better than the Frenchman you used to have. What has become of the Frenchman, by the bye?"

– Non, je serai absent d'Angleterre pendant six mois; j'ai l'intention de prendre un atelier à Paris et de m'y retirer jusqu'à ce que j'aie achevé un grand tableau que j'ai dans la tête. Toutefois, ce n'était pas de moi que je voulais vous parler. Nous voici à votre porte. Laissez-moi entrer un moment; j'ai quelque chose à vous dire.

– J'en suis charmé. Mais ne manquerez-vous pas votre train? dit nonchalamment Do-rian Gray en montant les marches et ouvrant sa porte avec son passe-partout.

La lumière du réverbère luttait contre le brouillard; Hallward tira sa montre. – J'ai tout le temps, répondit-il. Le train ne part qu'à minuit quinze et il est à peine onze heures. D'ailleurs j'allais au club pour vous chercher quand je vous ai rencontré. Vous voyez, je n'attendrai pas pour mon bagage; je l'ai envoyé d'avance; je n'ai avec moi que cette valise et je peux aller aisément à Victoria en vingt minutes.

Dorian le regarda et sourit. – Quelle tenue de voyage pour un peintre élégant! Une valise gladstone et un ulster! Entrez, car le brouillard va envahir le vestibule. Et songez qu'il ne faut pas parler de choses sérieuses. Il n'y a plus rien de sérieux aujourd'hui, au moins rien ne peut plus l'être.

Hallward secoua la tête en entrant et suivit Dorian dans la bibliothèque. Un clair feu de bois brillait dans la grande cheminée. Les lampes étaient allumées et une cave à liqueurs hollandaise en argent tout ouverte, des siphons de soda et de grands verres de cristal taillé étaient disposés sur une petite table de marqueterie.

– Vous voyez que votre domestique m'avait installé comme chez moi, Dorian. Il m'a donné tout ce qu'il me fallait, y compris vos meilleures cigarettes à bouts dorés. C'est un être très hospitalier, que j'aime mieux que ce Français que vous aviez. Qu'est-il donc devenu ce Français, à propos?

Dorian shrugged his shoulders. "I believe he married Lady Radley's maid, and has established her in Paris as an English dressmaker. Anglomanie is very fashionable over there now, I hear. It seems silly of the French, doesn't it? But--do you know?--he was not at all a bad servant. I never liked him, but I had nothing to complain about. One often imagines things that are quite absurd. He was really very devoted to me and seemed quite sorry when he went away. Have another brandy-and-soda? Or would you like hock-and-seltzer? I always take hock-and-seltzer myself. There is sure to be some in the next room."

"Thanks, I won't have anything more," said the painter, taking his cap and coat off and throwing them on the bag that he had placed in the corner. "And now, my dear fellow, I want to speak to you seriously. Don't frown like that. You make it so much more difficult for me."

"What is it all about?" cried Dorian in his petulant way, flinging himself down on the sofa. "I hope it is not about myself. I am tired of myself to-night. I should like to be somebody else."

"It is about yourself," answered Hallward in his grave deep voice, "and I must say it to you. I shall only keep you half an hour."

Dorian sighed and lit a cigarette. "Half an hour!" he murmured.

"It is not much to ask of you, Dorian, and it is entirely for your own sake that I am speaking. I think it right that you should know that the most dreadful things are being said against you in London."

"I don't wish to know anything about them. I love scandals about other people, but scandals about myself don't interest me. They have not got the charm of novelty."

Dorian haussa les épaules. – Je crois qu'il a épousé la femme de chambre de lady Radley et l'a établie à Paris comme couturière anglaise. L'anglomanie est très à la mode là-bas, paraît-il. C'est bien idiot de la part des Français, n'est-ce pas? Mais, après tout, ce n'était pas un mauvais domestique. Il ne m'a jamais plu, mais je n'ai jamais eu à m'en plaindre. On imagine souvent des choses absurdes. Il m'était très dévoué et sembla très peiné quand il partit. Encore un brandy-and-soda? Préférez-vous du vin du Rhin à l'eau de seltz? J'en prends toujours. Il y en a certainement dans la chambre à côté.

– Merci, je ne veux plus rien, dit le peintre ôtant son chapeau et son manteau et les jetant sur la valise qu'il avait déposée dans un coin. Et maintenant, cher ami, je veux vous parler sérieusement. Ne vous renfrognez pas ainsi, vous me rendez la tâche plus difficile...

– Qu'y a-t-il donc? cria Dorian avec sa vivacité ordinaire, en se jetant sur le sofa. J'espère qu'il ne s'agit pas de moi. Je suis fatigué de moi-même ce soir. Je voudrais être dans la peau d'un autre.

– C'est à propos de vous-même, répondit Hallward d'une voix grave et pénétrée, il faut que je vous le dise. Je vous tiendrai seulement une demi-heure.

Dorian soupira, alluma une cigarette et murmura: – Une demi-heure!

– Ce n'est pas trop pour vous questionner, Dorian, et c'est absolument dans votre propre intérêt que je parle. Je pense qu'il est bon que vous sachiez les choses horribles que l'on dit dans Londres sur votre compte.

– Je ne désire pas les connaître. J'aime les scandales sur les autres, mais ceux qui me concernent ne m'intéressent point. Ils n'ont pas le mérite de la nouveauté.

"They must interest you, Dorian. Every gentleman is interested in his good name. You don't want people to talk of you as something vile and degraded. Of course, you have your position, and your wealth, and all that kind of thing. But position and wealth are not everything. Mind you, I don't believe these rumours at all. At least, I can't believe them when I see you. Sin is a thing that writes itself across a man's face. It cannot be concealed. People talk sometimes of secret vices. There are no such things. If a wretched man has a vice, it shows itself in the lines of his mouth, the droop of his eyelids, the moulding of his hands even.

Somebody--I won't mention his name, but you know him--came to me last year to have his portrait done. I had never seen him before, and had never heard anything about him at the time, though I have heard a good deal since. He offered an extravagant price. I refused him. There was something in the shape of his fingers that I hated. I know now that I was quite right in what I fancied about him. His life is dreadful. But you, Dorian, with your pure, bright, innocent face, and your marvellous untroubled youth-- I can't believe anything against you. And yet I see you very seldom, and you never come down to the studio now, and when I am away from you, and I hear all these hideous things that people are whispering about you, I don't know what to say.

– Ils doivent vous intéresser, Dorian. Tout gentleman est intéressé à son bon renom. Vous ne voulez pas qu'on parle de vous comme de quelqu'un de vil et de dégradé. Certes, vous avez votre situation, votre fortune et le reste. Mais la position et la fortune ne sont pas tout. Vous pensez bien que je ne crois pas à ces rumeurs. Et puis, je ne puis y croire lorsque je vous vois. Le vice s'inscrit lui-même sur la figure d'un homme. Il ne peut être caché. On parle quelquefois de vices secrets; il n'y a pas de vices secrets. Si un homme corrompu a un vice, il se montre de lui-même dans les lignes de sa bouche, l'abaissement de ses paupières, ou même dans la forme de ses mains.

Quelqu'un – je ne dirai pas son nom, mais vous le connaissez – vint l'année dernière me demander de faire son portrait. Je ne l'avais jamais vu et je n'avais rien entendu dire encore sur lui; j'en ai entendu parler depuis. Il m'offrit un prix extravagant, je refusai. Il y avait quelque chose dans le dessin de ses doigts que je haïssais. Je sais mainte-nant que j'avais parfaitement raison dans mes suppositions: sa vie est une horreur. Mais vous, Dorian, avec votre visage pur, éclatant, innocent, avec votre merveilleuse et inaltérée jeunesse, je ne puis rien croire contre vous. Et cependant je vous vois très rarement; vous ne venez plus jamais à mon atelier et quand je suis loin de vous, que j'entends ces hideux propos qu'on se murmure sur votre compte, je ne sais plus que dire.

Why is it, Dorian, that a man like the Duke of Berwick leaves the room of a club when you enter it? Why is it that so many gentlemen in London will neither go to your house or invite you to theirs? You used to be a friend of Lord Staveley. I met him at dinner last week. Your name happened to come up in conversation, in connection with the miniatures you have lent to the exhibition at the Dudley. Staveley curled his lip and said that you might have the most artistic tastes, but that you were a man whom no pure-minded girl should be allowed to know, and whom no chaste woman should sit in the same room with. I reminded him that I was a friend of yours, and asked him what he meant. He told me. He told me right out before everybody. It was horrible!

Why is your friendship so fatal to young men? There was that wretched boy in the Guards who committed suicide. You were his great friend. There was Sir Henry Ashton, who had to leave England with a tarnished name. You and he were inseparable. What about Adrian Singleton and his dreadful end? What about Lord Kent's only son and his career? I met his father yesterday in St. James's Street. He seemed broken with shame and sorrow. What about the young Duke of Perth? What sort of life has he got now? What gentleman would associate with him?"

Comment se fait-il Dorian, qu'un homme comme le duc de Berwick quitte le salon du club dès que vous y entrez? Pourquoi tant de personnes dans Londres ne veulent ni aller chez vous ni vous inviter chez elles? Vous étiez un ami de lord Staveley. Je l'ai rencontré à dîner la semaine dernière. Votre nom fut prononcé au cours de la conversation à propos de ces miniatures que vous avez prêtées à l'exposition du Dudley. Staveley eût une moue dédaigneuse et dit que vous pouviez peut-être avoir beaucoup de goût artistique, mais que vous étiez un homme qu'on ne pouvait permettre à aucune jeune fille pure de connaître et qu'on ne pouvait mettre en présence d'aucune femme chaste. Je lui rappelais que j'étais un de vos amis et lui demandai ce qu'il voulait dire. Il me le dit. Il me le dit en face devant tout le monde. C'était horrible!

Pourquoi votre amitié est-elle si fatale aux jeunes gens? Tenez... Ce pauvre garçon qui servait dans les Gardes et qui se suicida, vous étiez son grand ami. Et sir Henry Ashton qui dût quitter l'Angleterre avec un nom terni; vous et lui étiez inséparables. Que dire d'Adrien Singleton et de sa triste fin? Que dire du fils unique de lord Kent et de sa carrière compromise? J'ai rencontré son père hier dans St-James Street. Il me parut brisé de honte et de chagrin. Que dire encore du jeune duc de Porth? Quelle existence mène-t-il à présent? Quel gentleman en voudrait pour ami?

"Stop, Basil. You are talking about things of which you know nothing," said Dorian Gray, biting his lip, and with a note of infinite contempt in his voice. "You ask me why Berwick leaves a room when I enter it. It is because I know everything about his life, not because he knows anything about mine. With such blood as he has in his veins, how could his record be clean? You ask me about Henry Ashton and young Perth. Did I teach the one his vices, and the other his debauchery? If Kent's silly son takes his wife from the streets, what is that to me? If Adrian Singleton writes his friend's name across a bill, am I his keeper?

I know how people chatter in England. The middle classes air their moral prejudices over their gross dinner-tables, and whisper about what they call the profligacies of their betters in order to try and pretend that they are in smart society and on intimate terms with the people they slander. In this country, it is enough for a man to have distinction and brains for every common tongue to wag against him. And what sort of lives do these people, who pose as being moral, lead themselves? My dear fellow, you forget that we are in the native land of the hypocrite."

"Dorian," cried Hallward, "that is not the question. England is bad enough I know, and English society is all wrong. That is the reason why I want you to be fine. You have not been fine. One has a right to judge of a man by the effect he has over his friends. Yours seem to lose all sense of honour, of goodness, of purity. You have filled them with a madness for pleasure. They have gone down into the depths. You led them there. Yes: you led them there, and yet you can smile, as you are smiling now. And there is worse behind. I know you and Harry are inseparable. Surely for that reason, if for none other, you should not have made his sister's name a by-word."

— Arrêtez, Basil, vous parlez de choses auxquelles vous ne connaissez rien, dit Dorian Gray se mordant les lèvres. Et avec une nuance d'infini mépris dans la voix: — Vous me demandez pourquoi Berwick quitte un endroit où j'arrive? C'est parce que je connais toute sa vie et non parce qu'il connaît quelque chose de la mienne. Avec un sang comme celui qu'il a dans les veines, comment son récit pourrait-il être sincère? Vous me questionnez sur Henry Ashton et sur le jeune Perth. Ai-je appris à l'un ses vices et à l'autre ses débauches! Si le fils imbécile de Kent prend sa femme sur le trottoir, y suis-je pour quelque chose? Si Adrien Singleton signe du nom de ses amis ses billets, suis-je son gardien?

Je sais comment on bavarde en Angleterre. Les bourgeois font au dessert un étalage de leurs préjugés moraux, et se communiquent tout bas, ce qu'ils appellent le libertinage de leurs supérieurs, afin de laisser croire qu'ils sont du beau monde et dans les meilleurs termes avec ceux qu'ils calomnient. Dans ce pays, il suffit qu'un homme ait de la distinction et un cerveau, pour que n'importe quelle mauvaise langue s'acharne après lui. Et quelles sortes d'existences mènent ces gens qui posent pour la moralité? Mon cher ami, vous oubliez que nous sommes dans le pays natal dc l'hypocrisic.

— Dorian, s'écria Hallward, là n'est pas la question. L'Angleterre est assez vilaine, je le sais, et la société anglaise a tous les torts. C'est justement pour cette raison que j'ai besoin de vous savoir pur. Et vous ne l'avez pas été. On a le droit de juger un homme d'après l'influence qu'il a sur ses amis: les vôtres semblent perdre tout sentiment d'honneur, de bonté, de pureté. Vous les avez remplis d'une folie de plaisir. Ils ont roulé dans des abîmes; vous les y avez laissés. Oui, vous les y avez abandonnés et vous pouvez encore sourire, comme vous souriez en ce moment. Et il y a pire. Je sais que vous et Harry êtes inséparables; et pour cette raison, sinon pour une autre, vous n'auriez pas dû faire du nom de sa sœur une risée.

"Take care, Basil. You go too far."

"I must speak, and you must listen. You shall listen. When you met Lady Gwendolen, not a breath of scandal had ever touched her. Is there a single decent woman in London now who would drive with her in the park? Why, even her children are not allowed to live with her. Then there are other stories-- stories that you have been seen creeping at dawn out of dreadful houses and slinking in disguise into the foulest dens in London. Are they true? Can they be true? When I first heard them, I laughed. I hear them now, and they make me shudder. What about your country-house and the life that is led there? Dorian, you don't know what is said about you.

I won't tell you that I don't want to preach to you. I remember Harry saying once that every man who turned himself into an amateur curate for the moment always began by saying that, and then proceeded to break his word. I do want to preach to you. I want you to lead such a life as will make the world respect you. I want you to have a clean name and a fair record. I want you to get rid of the dreadful people you associate with. Don't shrug your shoulders like that. Don't be so indifferent. You have a wonderful influence. Let it be for good, not for evil. They say that you corrupt every one with whom you become intimate, and that it is quite sufficient for you to enter a house for shame of some kind to follow after. I don't know whether it is so or not. How should I know? But it is said of you. I am told things that it seems impossible to doubt.

– Prenez garde, Basil, vous allez trop loin!...

– Il faut que je parle et il faut que vous écoutiez! Vous écouterez!... Lorsque vous rencontrâtes lady Gwendoline, aucun souffle de scandale ne l'avait effleurée. Y a-t-il au-jourd'hui une seule femme respectable dans Londres qui voudrait se montrer en voiture avec elle dans le Parc? Quoi, ses enfants eux-mêmes ne peuvent vivre avec elle! Puis, il y a d'autres histoires: on raconte qu'on vous a vu à l'aube, vous glisser hors d'infâmes demeures et pénétrer furtivement, déguisé, dans les plus immondes repaires de Londres. Sont-elles vraies, peuvent-elles être vraies, ces histoires?... « Quand je les entendis la première fois, j'éclatai de rire. Je les entends maintenant et cela me fait frémir. Qu'est-ce que c'est que votre maison de campagne et la vie qu'on y mène?... Dorian, vous ne savez pas ce que l'on dit de vous.

Je n'ai nul besoin de vous dire que je ne veux pas vous sermonner. Je me souviens d'Harry disant une fois, que tout homme qui s'improvisait prédicateur, commençait toujours par dire cela et s'empressait aussitôt de manquer à sa parole. Moi je veux vous sermonner. Je voudrais vous voir mener une existence qui vous ferait respecter du monde. Je voudrais que vous ayez un nom sans tache et une répu-tation pure. Je voudrais que vous vous débarrassiez de ces gens horribles dont vous faites votre société. Ne haussez pas ainsi les épaules... Ne restez pas si indifférent... Votre influence est grande; employez-là au bien, non au mal. On dit que vous corrompez tous ceux qui de-viennent vos intimes et qu'il suffit que vous entriez dans une maison, pour que toutes les hontes vous y suivent. Je ne sais si c'est vrai ou non. Comment le saurais-je? Mais on le dit. On m'a donné des détails dont il semble impossible de douter.

Lord Gloucester was one of my greatest friends at Oxford. He showed me a letter that his wife had written to him when she was dying alone in her villa at Mentone. Your name was implicated in the most terrible confession I ever read. I told him that it was absurd--that I knew you thoroughly and that you were incapable of anything of the kind. Know you? I wonder do I know you? Before I could answer that, I should have to see your soul."

"To see my soul!" muttered Dorian Gray, starting up from the sofa and turning almost white from fear.

"Yes," answered Hallward gravely, and with deep-toned sorrow in his voice, "to see your soul. But only God can do that."

A bitter laugh of mockery broke from the lips of the younger man. "You shall see it yourself, to-night!" he cried, seizing a lamp from the table. "Come: it is your own handiwork. Why shouldn't you look at it? You can tell the world all about it afterwards, if you choose. Nobody would believe you. If they did believe you, they would like me all the better for it. I know the age better than you do, though you will prate about it so tediously. Come, I tell you. You have chattered enough about corruption. Now you shall look on it face to face."

There was the madness of pride in every word he uttered. He stamped his foot upon the ground in his boyish insolent manner. He felt a terrible joy at the thought that some one else was to share his secret, and that the man who had painted the portrait that was the origin of all his shame was to be burdened for the rest of his life with the hideous memory of what he had done.

"Yes," he continued, coming closer to him and looking steadfastly into his stern eyes, "I shall show you my soul. You shall see the thing that you fancy only God can see."

Lord Gloucester était un de mes plus grands amis à Oxford. Il me montra une lettre que sa femme lui avait écrite, mou-rante et isolée dans sa villa de Menton. Votre nom était mêlé à la plus terrible confession que je lus jamais. Je lui dis que c'était absurde, que je vous connaissais à fond et que vous étiez incapable de pareilles choses. Vous connaître! Je voudrais vous connaître? Mais avant de répondre cela, il aurait fallu que je voie votre âme.

– Voir mon âme! murmura Dorian Gray se dressant devant le sofa et pâlissant de ter-reur...

– Oui, répondit Hallward, gravement, avec une profonde émotion dans la voix, voir votre âme... Mais Dieu seul peut la voir!

Un rire d'amère raillerie tomba des lèvres du plus jeune des deux hommes. – Vous la verrez vous-même ce soir! cria-t-il, saisissant la lampe, venez, c'est l'œuvre propre de vos mains. Pourquoi ne la regarderiez-vous pas? Vous pourrez le raconter ensuite à tout le monde, si cela vous plaît. Personne ne vous croira. Et si on vous croit, on ne m'en aimera que plus. Je connais notre époque mieux que vous, quoique vous en bavardiez si fasti-dieusement. Venez, vous dis-je! Vous avez assez péroré sur la corruption. Maintenant, vous allez la voir face à face!...

Il y avait comme une folie d'orgueil dans chaque mot qu'il proférait. Il frappait le sol du pied selon son habituelle et puérile insolence. Il ressentit une effroyable joie à la pensée qu'un autre partagerait son secret et que l'homme qui avait peint le tableau, origine de sa honte, serait toute sa vie accablé du hideux souvenir de ce qu'il avait fait.

– Oui, continua-t-il, s'approchant de lui, et le regardant fixement dans ses yeux sévères. Je vais vous montrer mon âme! Vous allez voir cette chose qu'il est donné à Dieu seul de voir, selon vous!

Hallward started back. "This is blasphemy, Dorian!" he cried. "You must not say things like that. They are horrible, and they don't mean anything."

"You think so?" He laughed again.

"I know so. As for what I said to you to-night, I said it for your good. You know I have been always a stanch friend to you."

"Don't touch me. Finish what you have to say."

A twisted flash of pain shot across the painter's face. He paused for a moment, and a wild feeling of pity came over him. After all, what right had he to pry into the life of Dorian Gray? If he had done a tithe of what was rumoured about him, how much he must have suffered! Then he straightened himself up, and walked over to the fire-place, and stood there, looking at the burning logs with their frostlike ashes and their throbbing cores of flame.

"I am waiting, Basil," said the young man in a hard clear voice.

He turned round. "What I have to say is this," he cried. "You must give me some answer to these horrible charges that are made against you. If you tell me that they are absolutely untrue from beginning to end, I shall believe you. Deny them, Dorian, deny them! Can't you see what I am going through? My God! don't tell me that you are bad, and corrupt, and shameful."

Dorian Gray smiled. There was a curl of contempt in his lips. "Come upstairs, Basil," he said quietly. "I keep a diary of my life from day to day, and it never leaves the room in which it is written. I shall show it to you if you come with me."

"I shall come with you, Dorian, if you wish it. I see I have missed my train. That makes no matter. I can go to-morrow. But don't ask me to read anything to-night. All I want is a plain answer to my question."

Hallward recula... – Ceci est un blasphème, Dorian, s'écria-t-il. Il ne faut pas dire de telles choses! Elles sont horribles et ne signifient rien...

– Vous croyez?... Il rit de nouveau.

– J'en suis sûr. Quant à ce que je vous ai dit ce soir, c'est pour votre bien. Vous savez que j'ai toujours été pour vous un ami dévoué.

– Ne m'approchez pas!... Achevez ce que vous avez à dire...

Une contraction douloureuse altéra les traits du peintre. Il s'arrêta un instant, et une ar-dente compassion l'envahit. Quel droit avait-il, après tout, de s'immiscer dans la vie de Dorian Gray? S'il avait fait la dixième partie de ce qu'on disait de lui, comme il avait dû souffrir!... Alors il se redressa, marcha vers la cheminée, et se plaçant devant le feu, considéra les bûches embrasées aux cendres blanches comme givre et la palpitation des flammes.

– J'attends, Basil, dit le jeune homme d'une voix dure et haute.

Il se retourna... – Ce que j'ai à dire est ceci, s'écria-t-il. Il faut que vous me donniez une réponse aux horribles accusations portées contre vous. Si vous me dites qu'elles sont entièrement fausses du commencement à la fin, je vous croirai. Démentez-les, Dorian, démentez-les! Ne voyez-vous pas ce que je vais devenir? Mon Dieu! ne me dites pas que vous êtes méchant, et cor-rompu, et couvert de honte!...

Dorian Gray sourit; ses lèvres se plissaient dans un rictus de satisfaction. – Montez avec moi, Basil, dit-il tranquillement; je tiens un journal de ma vie jour par jour, et il ne sort jamais de la chambre où il est écrit; Je vous le montrerai si vous venez avec moi.

– J'irai avec vous si vous le désirez, Dorian... Je m'aperçois que j'ai manqué mon train... Cela n'a pas d'importance, je partirai demain. Mais ne me demandez pas de lire quelque chose ce soir. Tout ce qu'il me faut, c'est une réponse à ma question.

"That shall be given to you upstairs. I could not give it here. You will not have to read long."

– Elle vous sera donnée là-haut; je ne puis vous la donner ici. Ce n'est pas long à lire...

Chapter 13

He passed out of the room and began the ascent, Basil Hallward following close behind. They walked softly, as men do instinctively at night. The lamp cast fantastic shadows on the wall and staircase. A rising wind made some of the windows rattle.

When they reached the top landing, Dorian set the lamp down on the floor, and taking out the key, turned it in the lock. "You insist on knowing, Basil?" he asked in a low voice.

"Yes."

"I am delighted," he answered, smiling. Then he added, somewhat harshly, "You are the one man in the world who is entitled to know everything about me. You have had more to do with my life than you think"; and, taking up the lamp, he opened the door and went in. A cold current of air passed them, and the light shot up for a moment in a flame of murky orange. He shuddered. "Shut the door behind you," he whispered, as he placed the lamp on the table.

Hallward glanced round him with a puzzled expression. The room looked as if it had not been lived in for years. A faded Flemish tapestry, a curtained picture, an old Italian cassone, and an almost empty book-case--that was all that it seemed to contain, besides a chair and a table. As Dorian Gray was lighting a half-burned candle that was standing on the mantelshelf, he saw that the whole place was covered with dust and that the carpet was in holes. A mouse ran scuffling behind the wainscoting. There was a damp odour of mildew.

"So you think that it is only God who sees the soul, Basil? Draw that curtain back, and you will see mine."

The voice that spoke was cold and cruel.

Chapitre XIII

Il sortit de la chambre, et commença à monter, Basil Hallward le suivant de près. Ils marchaient doucement, comme on fait instinctivement la nuit. La lampe projetait des ombres fantastiques sur le mur et sur l'escalier. Un vent qui s'élevait fit claquer les fenêtres.

Lorsqu'ils atteignirent le palier supérieur, Dorian posa la lampe sur le plancher, et pre-nant sa clef, la tourna dans la serrure. – Vous insistez pour savoir, Basil? demanda-t-il d'une voix basse.

– Oui!

– J'en suis heureux, répondit-il souriant. Puis il ajouta un peu rudement: – Vous êtes le seul homme au monde qui ayez le droit de savoir tout ce qui me con-cerne. Vous avez tenu plus de place dans ma vie que vous ne le pensez. Et prenant la lampe il ouvrit la porte et entra. Un courant d'air froid les enveloppa et la flamme vacillant un instant prit une teinte orange foncé. Il tressaillit... – Fermez la porte derrière vous, souffla-t-il en posant la lampe sur la table.

Hallward regarda autour de lui, profondément étonné. La chambre paraissait n'avoir pas été habitée depuis des années. Une tapisserie flamande fanée, un tableau couvert d'un voile, une vieille cassone italienne et une grande bibliothèque vide en étaient tout l'ameublement avec une chaise et une table. Comme Dorian allumait une bougie à demi consumée posée sur la cheminée, il vit que tout était couvert de poussière dans la pièce et que le tapis était en lambeaux. Une souris s'enfuit effarée derrière les lambris. Il y avait une odeur humide de moisissure.

– Ainsi, vous croyez que Dieu seul peut voir l'âme, Basil? Écartez ce rideau, vous allez voir la mienne!...

Sa voix était froide et cruelle...

"You are mad, Dorian, or playing a part," muttered Hallward, frowning.

"You won't? Then I must do it myself," said the young man, and he tore the curtain from its rod and flung it on the ground.

An exclamation of horror broke from the painter's lips as he saw in the dim light the hideous face on the canvas grinning at him. There was something in its expression that filled him with disgust and loathing. Good heavens! it was Dorian Gray's own face that he was looking at! The horror, whatever it was, had not yet entirely spoiled that marvellous beauty. There was still some gold in the thinning hair and some scarlet on the sensual mouth. The sodden eyes had kept something of the loveliness of their blue, the noble curves had not yet completely passed away from chiselled nostrils and from plastic throat. Yes, it was Dorian himself. But who had done it? He seemed to recognize his own brushwork, and the frame was his own design. The idea was monstrous, yet he felt afraid.

He seized the lighted candle, and held it to the picture. In the left-hand corner was his own name, traced in long letters of bright vermilion.

It was some foul parody, some infamous ignoble satire. He had never done that. Still, it was his own picture. He knew it, and he felt as if his blood had changed in a moment from fire to sluggish ice. His own picture! What did it mean? Why had it altered? He turned and looked at Dorian Gray with the eyes of a sick man. His mouth twitched, and his parched tongue seemed unable to articulate. He passed his hand across his forehead. It was dank with clammy sweat.

– Vous êtes fou, Dorian, ou bien vous jouez une comédie? murmura le peintre en fronçant le sourcil.

– Vous n'osez pas? Je l'ôterai moi-même, dit le jeune homme, arrachant le rideau de sa tringle et le jetant sur le parquet…

Un cri d'épouvante jaillit des lèvres du peintre, lorsqu'il vit à la faible lueur de la lampe, la hideuse figure qui semblait grimacer sur la toile. Il y avait dans cette expression quelque chose qui le remplit de dégoût et d'effroi. Ciel! Cela pouvait-il être la face, la propre face de Dorian Gray? L'horreur, quelle qu'elle fut cependant, n'avait pas entièrement gâté cette beauté merveilleuse. De l'or demeurait dans la chevelure éclaircie et la bouche sensuelle avait encore de son écarlate. Les yeux boursouflés avaient gardé quelque chose de la pureté de leur azur, et les courbes élégantes des narines finement ciselées et du cou puissamment modelé n'avaient pas entièrement disparu. Oui, c'était bien Dorian lui-même. Mais qui avait fait cela? Il lui sembla reconnaîtra sa peinture, et le cadre était bien celui qu'il avait dessiné. L'idée était monstrueuse, il s'en effraya!…

Il saisit la bougie et l'approcha de la toile. Dans le coin gauche son nom était tracé en hautes lettres de vermillon pur…

C'était une odieuse parodie, une infâme, ignoble satire! Jamais il n'avait fait cela… Cependant, c'était bien là son propre tableau. Il le savait, et il lui sembla que son sang, tout à l'heure brûlant, se gelait tout à coup. Son propre tableau!… Qu'est-ce que cela voulait dire? Pourquoi cette transformation? Il se retourna, regardant Dorian avec les yeux d'un fou. Ses lèvres tremblaient et sa langue desséchée ne pouvait articuler un seul mot. Il passa sa main sur son front; il était tout humide d'une sueur froide.

The young man was leaning against the mantelshelf, watching him with that strange expression that one sees on the faces of those who are absorbed in a play when some great artist is acting. There was neither real sorrow in it nor real joy. There was simply the passion of the spectator, with perhaps a flicker of triumph in his eyes. He had taken the flower out of his coat, and was smelling it, or pretending to do so.

"What does this mean?" cried Hallward, at last. His own voice sounded shrill and curious in his ears.

"Years ago, when I was a boy," said Dorian Gray, crushing the flower in his hand, "you met me, flattered me, and taught me to be vain of my good looks. One day you introduced me to a friend of yours, who explained to me the wonder of youth, and you finished a portrait of me that revealed to me the wonder of beauty. In a mad moment that, even now, I don't know whether I regret or not, I made a wish, perhaps you would call it a prayer. . . ."

"I remember it! Oh, how well I remember it! No! the thing is impossible. The room is damp. Mildew has got into the canvas. The paints I used had some wretched mineral poison in them. I tell you the thing is impossible."

"Ah, what is impossible?" murmured the young man, going over to the window and leaning his forehead against the cold, mist-stained glass.

"You told me you had destroyed it."
"I was wrong. It has destroyed me."
"I don't believe it is my picture."
"Can't you see your ideal in it?" said Dorian bitterly.

"My ideal, as you call it. . ."
"As you called it."
"There was nothing evil in it, nothing shameful. You were to me such an ideal as I shall never meet again. This is the face of a satyr."

"It is the face of my soul."

Le jeune homme était appuyé contre le manteau de la cheminée, le regardant avec cette étrange expression qu'on voit sur la figure de ceux qui sont absorbés dans le spectacle, lorsque joue un grand artiste. Ce n'était ni un vrai chagrin, ni une joie véritable. C'était l'expression d'un spectateur avec, peut-être, une lueur de triomphe dans ses yeux. Il avait ôté la fleur de sa boutonnière et la respirait avec affectation.

– Que veut dire tout cela? s'écria enfin Hallward. Sa propre voix résonna avec un éclat inaccoutumé à ses oreilles.

– Il y a des années, lorsque j'étais un enfant, dit Dorian Gray, froissant la fleur dans sa main, vous m'avez rencontré, vous m'avez flatté et appris à être vain de ma beauté. Un jour, vous m'avez présenté à un de vos amis, qui m'expliqua le miracle de la jeunesse, et vous avez fait ce portrait qui me révéla le miracle de la beauté. Dans un moment de folie que, même maintenant, je ne sais si je regrette ou non, je fis un vœu, que vous appellerez peut-être une prière...

– Je m'en souviens! Oh! comme je m'en souviens! Non! C'est une chose impossible... Cette chambre est humide, la moisissure s'est mise sur la toile. Les couleurs que j'ai employées étaient de quelque mauvaise composition... Je vous dis que cette chose est impossible!

– Ah! qu'y a-t-il d'impossible? murmura le jeune homme, allant à la fenêtre et ap-puyant son front aux vitraux glacés.

– Vous m'aviez dit que vous l'aviez détruit?
– J'avais tort, c'est lui qui m'a détruit!
– Je ne puis croire que c'est là mon tableau.
– Ne pouvez-vous y voir votre idéal? dit Dorian amèrement.

– Mon idéal, comme vous l'appelez...
– Comme vous l'appeliez!...
– Il n'y avait rien de mauvais en lui, rien de honteux; vous étiez pour moi un idéal comme je n'en rencontrerai plus jamais... Et ceci est la face d'un satyre.

– C'est la face de mon âme!

"Christ! what a thing I must have worshipped! It has the eyes of a devil."

"Each of us has heaven and hell in him, Basil," cried Dorian with a wild gesture of despair. Hallward turned again to the portrait and gazed at it.

"My God! If it is true," he exclaimed, "and this is what you have done with your life, why, you must be worse even than those who talk against you fancy you to be!" He held the light up again to the canvas and examined it. The surface seemed to be quite undisturbed and as he had left it. It was from within, apparently, that the foulness and horror had come. Through some strange quickening of inner life the leprosies of sin were slowly eating the thing away. The rotting of a corpse in a watery grave was not so fearful.

His hand shook, and the candle fell from its socket on the floor and lay there sputtering. He placed his foot on it and put it out. Then he flung himself into the rickety chair that was standing by the table and buried his face in his hands.

"Good God, Dorian, what a lesson! What an awful lesson!" There was no answer, but he could hear the young man sobbing at the window. "Pray, Dorian, pray," he murmured. "What is it that one was taught to say in one's boyhood? 'Lead us not into temptation. Forgive us our sins. Wash away our iniquities.' Let us say that together. The prayer of your pride has been answered. The prayer of your repentance will be answered also. I worshipped you too much. I am punished for it. You worshipped yourself too much. We are both punished."

Dorian Gray turned slowly around and looked at him with tear-dimmed eyes. "It is too late, Basil," he faltered.

"It is never too late, Dorian. Let us kneel down and try if we cannot remember a prayer. Isn't there a verse somewhere, 'Though your sins be as scarlet, yet I will make them as white as snow'?"

– Seigneur! Quelle chose j'ai idolâtrée! Ce sont les yeux d'un démon!...

– Chacun de nous porte en lui le ciel et l'enfer, Basil, s'écria Dorian, avec un geste fa-rouche de désespoir... Hallward se retourna vers le portrait et le considéra.

– Mon Dieu! si c'est vrai, dit-il, et si c'est là ce que vous avez fait de votre vie, vous devez être encore plus corrompu que ne l'imaginent ceux qui parlent contre vous! Il approcha de nouveau la bougie pour mieux examiner la toile. La surface semblait n'avoir subi aucun changement, elle était telle qu'il l'avait laissée. C'était du dedans, appa-remment, que la honte et l'horreur étaient venues. Par le moyen de quelque étrange vie inté-rieure, la lèpre du péché semblait ronger cette face. La pourriture d'un corps au fond d'un tombeau humide était moins effrayante!...

Sa main eut un tremblement et la bougie tomba du chandelier sur le tapis où elle s'écrasa. Il posa le pied dessus la repoussant. Puis il se laissa tomber dans le fauteuil près de la table et ensevelit sa face dans ses mains.

– Bonté divine! Dorian, quelle leçon! quelle terrible leçon! Il n'y eut pas de réponse, mais il put entendre le jeune homme qui sanglotait à la fe-nêtre. – Prions! Dorian, prions! murmura t-il.... Que nous a-t-on appris à dire dans notre en-fance? « Ne nous laissez pas tomber dans la tentation. Pardonnez-nous nos pêchés, purifiez-nous de nos iniquités! » Redisons-le ensemble. La prière de votre orgueil a été entendue; la prière de votre repentir sera aussi entendue! Je vous ai trop adoré! J'en suis puni. Vous vous êtes trop aimé... Nous sommes tous deux punis!

Dorian Gray se retourna lentement et le regardant avec des yeux obscurcis de larmes. – Il est trop tard, Basil, balbutia t-il.

– Il n'est jamais trop tard, Dorian! Agenouillons-nous et essayons de nous rappeler une prière. N'y a-t-il pas un verset qui dit: « Quoique vos péchés soient comme l'écarlate, je les rendrai blancs comme la neige »?

"Those words mean nothing to me now."

"Hush! Don't say that. You have done enough evil in your life. My God! Don't you see that accursed thing leering at us?"

Dorian Gray glanced at the picture, and suddenly an uncontrollable feeling of hatred for Basil Hallward came over him, as though it had been suggested to him by the image on the canvas, whispered into his ear by those grinning lips. The mad passions of a hunted animal stirred within him, and he loathed the man who was seated at the table, more than in his whole life he had ever loathed anything. He glanced wildly around. Something glimmered on the top of the painted chest that faced him. His eye fell on it. He knew what it was. It was a knife that he had brought up, some days before, to cut a piece of cord, and had forgotten to take away with him. He moved slowly towards it, passing Hallward as he did so. As soon as he got behind him, he seized it and turned round. Hallward stirred in his chair as if he was going to rise. He rushed at him and dug the knife into the great vein that is behind the ear, crushing the man's head down on the table and stabbing again and again.

There was a stifled groan and the horrible sound of some one choking with blood. Three times the outstretched arms shot up convulsively, waving grotesque, stiff-fingered hands in the air. He stabbed him twice more, but the man did not move. Something began to trickle on the floor. He waited for a moment, still pressing the head down. Then he threw the knife on the table, and listened.

He could hear nothing, but the drip, drip on the threadbare carpet. He opened the door and went out on the landing. The house was absolutely quiet. No one was about. For a few seconds he stood bending over the balustrade and peering down into the black seething well of darkness. Then he took out the key and returned to the room, locking himself in as he did so.

– Ces mots n'ont plus de sens pour moi, maintenant!

– Ah! ne dites pas cela. Vous avez fait assez de mal dans votre vie. Mon Dieu! Ne voyez-vous pas cette maudite face qui nous regarde?

Dorian Gray regarda le portrait, et soudain, un indéfinissable sentiment de haine contre Basil Hallward s'empara de lui, comme s'il lui était suggéré par cette figure peinte sur la toile, soufflé dans son oreille par ces lèvres grimaçantes... Les sauvages instincts d'une bête traquée s'éveillaient en lui et il détesta cet homme assis à cette table plus qu'aucune chose dans sa vie!... Il regarda farouchement autour de lui... Un objet brillait sur le coffre peint en face de lui. Son œil s'y arrêta. Il se rappela ce que c'était: un couteau qu'il avait monté, quelques jours avant pour couper une corde et qu'il avait oublié de remporter. Il s'avança doucement, passant près d'Hallward. Arrivé derrière celui-ci, il prit le couteau et se retourna... Hallward fit un mouvement comme pour se lever de son fauteuil... Dorian bondit sur lui, lui enfonça le couteau derrière l'oreille, tranchant la carotide, écrasant la tête contre la table et frappant à coups furieux...

Il y eut un gémissement étouffé et l'horrible bruit du sang dans la gorge. Trois fois les deux bras s'élevèrent convulsivement, agitant grotesquement dans le vide deux mains aux doigts crispés... Il frappa deux fois encore, mais l'homme ne bougea plus. Quelque chose commença à ruisseler par terre. Il s'arrêta un instant appuyant toujours sur la tête... Puis il jeta le couteau sur la table et écouta.

Il n'entendit rien qu'un bruit de gouttelettes tombant doucement sur le tapis usé. Il ou-vrit la porte et sortit sur le palier. La maison était absolument tranquille. Il n'y avait personne. Quelques instants, il resta penché sur la rampe cherchant à percer l'obscurité profonde et silencieuse du vide. Puis il ôta la clef de la serrure, rentra et s'enferma dans la chambre...

The thing was still seated in the chair, straining over the table with bowed head, and humped back, and long fantastic arms. Had it not been for the red jagged tear in the neck and the clotted black pool that was slowly widening on the table, one would have said that the man was simply asleep.

How quickly it had all been done! He felt strangely calm, and walking over to the window, opened it and stepped out on the balcony. The wind had blown the fog away, and the sky was like a monstrous peacock's tail, starred with myriads of golden eyes. He looked down and saw the policeman going his rounds and flashing the long beam of his lantern on the doors of the silent houses. The crimson spot of a prowling hansom gleamed at the corner and then vanished. A woman in a fluttering shawl was creeping slowly by the railings, staggering as she went. Now and then she stopped and peered back. Once, she began to sing in a hoarse voice. The policeman strolled over and said something to her. She stumbled away, laughing. A bitter blast swept across the square. The gas-lamps flickered and became blue, and the leafless trees shook their black iron branches to and fro. He shivered and went back, closing the window behind him.

Having reached the door, he turned the key and opened it. He did not even glance at the murdered man. He felt that the secret of the whole thing was not to realize the situation. The friend who had painted the fatal portrait to which all his misery had been due had gone out of his life. That was enough.

L'homme était toujours assis dans le fauteuil, gisant contre la table, la tête penchée, le dos courbé, avec ses bras longs et fantastiques. N'eût été le trou rouge et béant du cou, et la petite mare de caillots noirs qui s'élargissait sur la table, on aurait pu croire que cet homme était simplement endormi.

Comme cela avait été vite fait!... Il se sentait étrangement calme, et allant vers la fe-nêtre, il l'ouvrit et s'avança sur le balcon. Le vent avait balayé le brouillard et le ciel était comme la queue monstrueuse d'un paon, étoilé de myriades d'yeux d'or. Il regarda dans la rue et vit un policeman qui faisait sa ronde, dardant les longs rais de lumière de sa lanterne sur les portes des maisons silencieuses. La lueur cramoisie d'un coupé qui rôdait éclaira le coin de la rue, puis disparut. Une femme enveloppée d'un châle flottant se glissa lentement le long des grilles du square; elle avançait en chancelant. De temps en temps, elle s'arrêtait pour regarder derrière elle; puis, elle entonna une chanson d'une voix éraillée. Le policeman courut à elle et lui parla. Elle s'en alla en trébuchant et en éclatant de rire... Une bise âpre passa sur le square. Les lumières des gaz vacillèrent, blêmissantes, et les arbres dénudés entrechoquèrent leurs branches rouillées. Il frissonna et rentra en fermant la fenêtre...

Arrivé à la porte, il tourna la clef dans la serrure et ouvrit. Il n'avait pas jeté les yeux sur l'homme assassiné. Il sentit que le secret de tout cela ne changerait pas sa situation. L'ami qui avait peint le fatal portrait auquel toute sa misère était due était sorti de sa vie. C'était assez...

Then he remembered the lamp. It was a rather curious one of Moorish workmanship, made of dull silver inlaid with arabesques of burnished steel, and studded with coarse turquoises. Perhaps it might be missed by his servant, and questions would be asked. He hesitated for a moment, then he turned back and took it from the table. He could not help seeing the dead thing. How still it was! How horribly white the long hands looked! It was like a dreadful wax image.

Having locked the door behind him, he crept quietly downstairs. The woodwork creaked and seemed to cry out as if in pain. He stopped several times and waited. No: everything was still. It was merely the sound of his own footsteps.

When he reached the library, he saw the bag and coat in the corner. They must be hidden away somewhere. He unlocked a secret press that was in the wainscoting, a press in which he kept his own curious disguises, and put them into it. He could easily burn them afterwards. Then he pulled out his watch. It was twenty minutes to two.

He sat down and began to think. Every year--every month, almost-- men were strangled in England for what he had done. There had been a madness of murder in the air. Some red star had come too close to the earth. . . . And yet, what evidence was there against him? Basil Hallward had left the house at eleven. No one had seen him come in again. Most of the servants were at Selby Royal. His valet had gone to bed.... Paris! Yes. It was to Paris that Basil had gone, and by the midnight train, as he had intended. With his curious reserved habits, it would be months before any suspicions would be roused. Months! Everything could be destroyed long before then.

Alors il se rappela la lampe. Elle était d'un curieux travail mauresque, faite d'argent massif incrustée d'arabesques d'acier bruni et ornée de grosses turquoises. Peut-être son domestique remarquerait-il son absence et des questions seraient posées... Il hésita un instant, puis rentra et la prit sur la table. Il ne put s'empêcher de regarder le mort. Comme il était tranquille! Comme ses longues mains étaient horriblement blanches! C'était une effrayante figure de cire...

Ayant fermé la porte derrière lui, il descendit l'escalier tranquillement. Les marches craquaient sous ses pieds comme si elles eussent poussé des gémissements. Il s'arrêta plusieurs fois et attendit... Non, tout était tranquille... Ce n'était que le bruit de ses pas...

Lorsqu'il fut dans la bibliothèque, il aperçut la valise et le pardessus dans un coin. Il fallait les cacher quelque part. Il ouvrit un placard secret dissimulé dans les boiseries où il gardait ses étranges déguisements; il y enferma les objets. Il pourrait facilement les brûler plus tard. Alors il tira sa montre. Il était deux heures moins vingt.

Il s'assit et se mit à réfléchir... Tous les ans, tous les mois presque, des hommes étaient pendus en Angleterre pour ce qu'il venait de faire... Il y avait comme une folie de meurtre dans l'air. Quelque rouge étoile s'était approchée trop près de la terre... Et puis, quelles preuves y aurait-il contre lui? Basil Hallward avait quitté sa maison à onze heures. Personne ne l'avait vu rentrer. La plupart des domestiques étaient à Selby Royal. Son valet était cou-ché... Paris! Oui. C'était à Paris que Basil était parti et par le train de minuit, comme il en avait l'intention. Avec ses habitudes particulières de réserve, il se passerait des mois avant que des soupçons pussent naître. Des mois! Tout pouvait être détruit bien avant...

A sudden thought struck him. He put on his fur coat and hat and went out into the hall. There he paused, hearing the slow heavy tread of the policeman on the pavement outside and seeing the flash of the bull's-eye reflected in the window. He waited and held his breath.

After a few moments he drew back the latch and slipped out, shutting the door very gently behind him. Then he began ringing the bell. In about five minutes his valet appeared, half-dressed and looking very drowsy.

"I am sorry to have had to wake you up, Francis," he said, stepping in; "but I had forgotten my latch-key. What time is it?"

"Ten minutes past two, sir," answered the man, looking at the clock and blinking.

"Ten minutes past two? How horribly late! You must wake me at nine to-morrow. I have some work to do."

"All right, sir."

"Did any one call this evening?"

"Mr. Hallward, sir. He stayed here till eleven, and then be went away to catch his train."

"Oh! I am sorry I didn't see him. Did he leave any message?"

"No, sir, except that he would write to you from Paris, if he did not find you at the club."

"That will do, Francis. Don't forget to call me at nine to-morrow."

"No, sir." The man shambled down the passage in his slippers.

Dorian Gray threw his hat and coat upon the table and passed into the library. For a quarter of an hour he walked up and down the room, biting his lip and thinking. Then he took down the Blue Book from one of the shelves and began to turn over the leaves. "Alan Campbell, 152, Hertford Street, Mayfair." Yes; that was the man he wanted.

Une idée subite lui traversa l'esprit. Il mit sa pelisse et son chapeau et sortit dans le vestibule. Là, il s'arrêta, écoutant le pas lourd et ralenti du policeman sur le trottoir en face et regardant la lumière de sa lanterne sourde qui se reflétait dans une fenêtre. Il attendit, retenant sa respiration...

Après quelques instants, il tira le loquet et se glissa dehors, fermant la porte tout dou-cement derrière lui. Puis il sonna... Au bout de cinq minutes environ, son domestique apparut, à moitié habillé, paraissant tout endormi.

— Je suis fâché de vous avoir réveillé, Francis, dit-il en entrant, mais j'avais oublié mon passe-partout. Quelle heure est-il?...

— Deux heures dix, monsieur, répondit l'homme regardant la pendule et clignotant des yeux.

— Deux heures dix! Je suis horriblement en retard! Il faudra m'éveiller demain à neuf heures, j'ai quelque chose à faire.

— Très bien, monsieur.

— Personne n'est venu ce soir?

— Mr Hallward, monsieur. Il est resté ici jusqu'à onze heures, et il est parti pour prendre le train.

— Oh! je suis fâché de ne pas l'avoir vu. A-t-il laissé un mot?

— Non, monsieur, il a dit qu'il vous écrirait de Paris, s'il ne vous retrouvait pas au club.

— Très bien, Francis. N'oubliez pas de m'appeler demain à neuf heures.

— Non, monsieur. L'homme disparut dans le couloir, en traînant ses savates.

Dorian Gray jeta son pardessus et son chapeau sur une table et entra dans la biblio-thèque. Il marcha de long en large pendant un quart d'heure, se mordant les lèvres, et réflé-chissant. Puis il prit sur un rayon le Blue Book et commença à tourner les pages... « Alan Campbell, 152, Hertford Street, Mayfair ». Oui, c'était là l'homme qu'il lui fallait...

Chapter 14

At nine o'clock the next morning his servant came in with a cup of chocolate on a tray and opened the shutters. Dorian was sleeping quite peacefully, lying on his right side, with one hand underneath his cheek. He looked like a boy who had been tired out with play, or study. The man had to touch him twice on the shoulder before he woke, and as he opened his eyes a faint smile passed across his lips, as though he had been lost in some delightful dream. Yet he had not dreamed at all. His night had been untroubled by any images of pleasure or of pain. But youth smiles without any reason. It is one of its chiefest charms.

He turned round, and leaning upon his elbow, began to sip his chocolate. The mellow November sun came streaming into the room. The sky was bright, and there was a genial warmth in the air. It was almost like a morning in May.

Gradually the events of the preceding night crept with silent, blood-stained feet into his brain and reconstructed themselves there with terrible distinctness. He winced at the memory of all that he had suffered, and for a moment the same curious feeling of loathing for Basil Hallward that had made him kill him as he sat in the chair came back to him, and he grew cold with passion. The dead man was still sitting there, too, and in the sunlight now. How horrible that was! Such hideous things were for the darkness, not for the day.

Chapitre XIV

Le lendemain matin à neuf heures, son domestique entra avec une tasse de chocolat sur un plateau et tira les jalousies. Dorian dormait paisiblement sur le côté droit, la joue appuyée sur une main. On eût dit un adolescent fatigué par le jeu ou l'étude. Le valet dut lui toucher deux fois l'épaule avant qu'il ne s'éveillât, et quand il ouvrit les yeux, un faible sourire parut sur ses lèvres, comme s'il sortait de quelque rêve délicieux. Cependant il n'avait nullement rêvé. Sa nuit n'avait été troublée par aucune image de plaisir ou de peine; mais la jeunesse sourit sans raisons: c'est le plus charmant de ses privilèges.

Il se retourna, et s'appuyant sur son coude, se mit à boire à petits coups son chocolat. Le pâle soleil de novembre inondait la chambre. Le ciel était pur et il y avait une douce chaleur dans l'air. C'était presque une matinée de mai.

Peu à peu les événements de la nuit précédente envahirent sa mémoire, marchant sans bruit de leurs pas ensanglantés!... Ils se reconstituèrent d'eux-mêmes avec une terrible précision. Il tressaillit au souvenir de tout ce qu'il avait souffert et un instant, le même étrange sentiment de haine contre Basil Hallward qui l'avait poussé à le tuer lorsqu'il était assis dans le fauteuil, l'envahit et le glaça d'un frisson. Le mort était encore là-haut lui aussi, et dans la pleine lumière du soleil, maintenant. Cela était horrible! D'aussi hideuses choses sont faites pour les ténèbres, non pour le grand jour...

He felt that if he brooded on what he had gone through he would sicken or grow mad. There were sins whose fascination was more in the memory than in the doing of them, strange triumphs that gratified the pride more than the passions, and gave to the intellect a quickened sense of joy, greater than any joy they brought, or could ever bring, to the senses. But this was not one of them. It was a thing to be driven out of the mind, to be drugged with poppies, to be strangled lest it might strangle one itself.

When the half-hour struck, he passed his hand across his forehead, and then got up hastily and dressed himself with even more than his usual care, giving a good deal of attention to the choice of his necktie and scarf-pin and changing his rings more than once. He spent a long time also over breakfast, tasting the various dishes, talking to his valet about some new liveries that he was thinking of getting made for the servants at Selby, and going through his correspondence. At some of the letters, he smiled. Three of them bored him. One he read several times over and then tore up with a slight look of annoyance in his face. "That awful thing, a woman's memory!" as Lord Henry had once said.

After he had drunk his cup of black coffee, he wiped his lips slowly with a napkin, motioned to his servant to wait, and going over to the table, sat down and wrote two letters. One he put in his pocket, the other he handed to the valet.

"Take this round to 152, Hertford Street, Francis, and if Mr. Campbell is out of town, get his address."

Il sentit que s'il poursuivait cette songerie, il en deviendrait malade ou fou. Il y avait des péchés dont le charme était plus grand par le souvenir que par l'acte lui-même, d'étranges triomphes qui récompensaient l'orgueil bien plus que les passions et donnaient à l'esprit un raffinement de joie bien plus grand que le plaisir qu'ils apportaient ou pouvaient jamais ap-porter aux sens. Mais celui-ci n'était pas de ceux-là. C'était un souvenir à chasser de son esprit; il fallait l'endormir de pavots, l'étrangler enfin de peur qu'il ne l'étranglât lui-même...

Quand la demie sonna, il passa sa main sur son front, et se leva en hâte; il s'habilla avec plus de soin encore que d'habitude, choisissant longuement sa cravate et son épingle et changeant plusieurs fois de bagues. Il mit aussi beaucoup de temps à déjeuner, goûtant aux divers plats, parlant à son domestique d'une nouvelle livrée qu'il voulait faire faire pour ses serviteurs à Selby, tout en décachetant son courrier. Une des lettres le fit sourire, trois autres l'ennuyèrent. Il relut plusieurs fois la même, puis la déchira avec une légère expression de lassitude: « Quelle terrible chose, qu'une mémoire de femme! comme dit lord Henry... » murmura-il...

Après qu'il eut bu sa tasse de café noir, il s'essuya les lèvres avec une serviette, fit signe à son domestique d'attendre et s'assit à sa table pour écrire deux lettres. Il en mit une dans sa poche et tendit l'autre au valet:

– Portez ceci 152, Hertford Street, Francis, et si Mr Campbell est absent de Londres, demandez son adresse.

As soon as he was alone, he lit a cigarette and began sketching upon a piece of paper, drawing first flowers and bits of architecture, and then human faces. Suddenly he remarked that every face that he drew seemed to have a fantastic likeness to Basil Hallward. He frowned, and getting up, went over to the book-case and took out a volume at hazard. He was determined that he would not think about what had happened until it became absolutely necessary that he should do so.

Dès qu'il fut seul, il alluma une cigarette et se mit à faire des croquis sur une feuille de papier, dessinant des fleurs, des motifs d'architecture, puis des figures humaines. Il remarqua tout à coup que chaque figure qu'il avait tracée avait une fantastique ressemblance avec Basil Hallward. Il tressaillit et se levant, alla à sa bibliothèque où il prit un volume au hasard. Il était déterminé à ne pas penser aux derniers événements tant que cela ne deviendrait pas absolument nécessaire.

When he had stretched himself on the sofa, he looked at the title-page of the book. It was Gautier's Emaux et Camees, Charpentier's Japanese-paper edition, with the Jacquemart etching. The binding was of citron-green leather, with a design of gilt trellis-work and dotted pomegranates. It had been given to him by Adrian Singleton. As he turned over the pages, his eye fell on the poem about the hand of Lacenaire, the cold yellow hand "du supplice encore mal lavé:e," with its downy red hairs and its "doigts de faune." He glanced at his own white taper fingers, shuddering slightly in spite of himself, and passed on, till he came to those lovely stanzas upon Venice:

Une fois allongé sur le divan, il regarda le titre du livre. C'était une édition Charpentier sur Japon des « Émaux et Camées » de Gautier, ornée d'une eau-forte de Jacquemart. La reliure était de cuir jaune citron, estampée d'un treillis d'or et d'un semis de grenades; ce livre lui avait été offert par Adrien Singleton. Comme il tournait les pages, ses yeux tombèrent sur le poème de la main de Lacenaire, la main froide et jaune « du supplice encore mal lavée » aux poils roux et aux « doigts de faune ». Il regarda ses propres doigts blancs et fuselés et fris-sonna légèrement malgré lui… Il continua à feuilleter le volume et s'arrêta à ces délicieuses stances sur Venise: Sur une gamme chromatique.

Sur une gamme chromatique, Le sein de peries ruisselant, La Vénus de l'Adriatique Sort de l'eau son corps rose et blanc.

Le sein de perles ruisselant, La Vénus de l'Adriatique Sort de l'eau son corps rosé et blanc.

Les dômes, sur l'azur des ondes Suivant la phrase au pur contour, S'enflent comme des gorges rondes Que soulève un soupir d'amour.

Les dômes, sur l'azur des ondes, Suivant la phrase au pur contour, S'enflent comme des gorges rondes Que soulève un soupir d'amour.

L'esquif aborde et me dépose, Jetant son amarre au pilier, Devant une façade rose, Sur le marbre d'un escalier.

L'esquif aborde et me dépose, Jetant son amarre au pilier, Devant une façade rose, Sur le marbre d'un escalier.

How exquisite they were! As one read them, one seemed to be floating down the green water-ways of the pink and pearl city, seated in a black gondola with silver prow and trailing curtains. The mere lines looked to him like those straight lines of turquoise-blue that follow one as one pushes out to the Lido. The sudden flashes of colour reminded him of the gleam of the opal-and-iris-throated birds that flutter round the tall honeycombed Campanile, or stalk, with such stately grace, through the dim, dust-stained arcades. Leaning back with half-closed eyes, he kept saying over and over to himself:

Devant une façade rose, Sur le marbre d'un escalier.

The whole of Venice was in those two lines. He remembered the autumn that he had passed there, and a wonderful love that had stirred him to mad delightful follies. There was romance in every place. But Venice, like Oxford, had kept the background for romance, and, to the true romantic, background was everything, or almost everything. Basil had been with him part of the time, and had gone wild over Tintoret. Poor Basil! What a horrible way for a man to die!

Comme cela était exquis! Il semblait en le lisant qu'on descendait les vertes lagunes de la cité couleur de rose et de perle, assis dans une gondole noire à la proue d'argent et aux rideaux traînants. Ces simples vers lui rappelaient ces longues bandes bleu turquoise se suc-cédant lentement à l'horizon du Lido. L'éclat soudain des couleurs évoquait ces oiseaux à la gorge d'iris et d'opale qui voltigent autour du haut campanile fouillé comme un rayon de miel, ou se promènent avec tant de grâce sous les sombres et poussiéreuses arcades. Il se renversa les yeux mi-clos, se répétant à lui même:

Devant une façade rose, Sur le marbre d'un escalier...

Toute Venise était dans ces deux vers... Il se remémora l'automne qu'il y avait vécu et le prestigieux amour qui l'avait poussé à de délicieuses et délirantes folies. Il y a des romans partout. Mais Venise, comme Oxford, était demeuré le véritable cadre de tout roman, et pour le vrai romantique, le cadre est tout ou presque tout. Basil l'avait accompagné une partie du temps et s'était féru du Tintoret. Pauvre Basil! quelle horrible mort!...

He sighed, and took up the volume again, and tried to forget. He read of the swallows that fly in and out of the little cafe at Smyrna where the Hadjis sit counting their amber beads and the turbaned merchants smoke their long tasselled pipes and talk gravely to each other; he read of the Obelisk in the Place de la Concorde that weeps tears of granite in its lonely sunless exile and longs to be back by the hot, lotus- covered Nile, where there are Sphinxes, and rose-red ibises, and white vultures with gilded claws, and crocodiles with small beryl eyes that crawl over the green steaming mud; he began to brood over those verses which, drawing music from kiss-stained marble, tell of that curious statue that Gautier compares to a contralto voice, the "monstre charmant" that couches in the porphyry-room of the Louvre.

But after a time the book fell from his hand. He grew nervous, and a horrible fit of terror came over him. What if Alan Campbell should be out of England? Days would elapse before he could come back. Perhaps he might refuse to come. What could he do then? Every moment was of vital importance. They had been great friends once, five years before-- almost inseparable, indeed. Then the intimacy had come suddenly to an end. When they met in society now, it was only Dorian Gray who smiled: Alan Campbell never did.

Il frissonna de nouveau et reprit le volume s'efforçant d'oublier. Il lut ces vers déli-cieux sur les hirondelles du petit café de Smyrne entrant et sortant, tandis que les Hadjis assis tout autour comptent les grains d'ambre de leurs chapelets et que les marchands enturbannés fument leurs longues pipes à glands, et se parlent gravement; ceux sur l'Obélisque de la place de la Concorde qui pleure des larmes de granit sur son exil sans soleil, languissant de ne pouvoir retourner près du Nil brûlant et couvert de lotus où sont des sphinx, et des ibis roses et rouges, des vautours blancs aux griffes d'or, des crocodiles aux petits yeux de béryl qui rampent dans la boue verte et fumeuse; il se mit à rêver sur ces vers, qui chantent un marbre souillé de baisers et nous parlent de cette curieuse statue que Gautier compare à une voix de contralto, le « monstre charmant couché dans la salle de porphyre du Louvre ».

Bientôt le livre lui tomba des mains... Il s'énervait, une terreur l'envahissait. Si Alan Campbell allait être absent d'Angleterre! Des jours passeraient avant son retour. Peut-être refuserait-il de venir. Que faire alors? Chaque moment avait une importance vitale. Ils avaient été grands amis, cinq ans auparavant, presque inséparables, en vérité. Puis leur intimité s'était tout à coup interrompue. Quand ils se rencontraient maintenant dans le monde, Dorian Gray seul souriait, mais jamais Alan Campbell.

He was an extremely clever young man, though he had no real appreciation of the visible arts, and whatever little sense of the beauty of poetry he possessed he had gained entirely from Dorian. His dominant intellectual passion was for science. At Cambridge he had spent a great deal of his time working in the laboratory, and had taken a good class in the Natural Science Tripos of his year. Indeed, he was still devoted to the study of chemistry, and had a laboratory of his own in which he used to shut himself up all day long, greatly to the annoyance of his mother, who had set her heart on his standing for Parliament and had a vague idea that a chemist was a person who made up prescriptions. He was an excellent musician, however, as well, and played both the violin and the piano better than most amateurs.

In fact, it was music that had first brought him and Dorian Gray together--music and that indefinable attraction that Dorian seemed to be able to exercise whenever he wished-- and, indeed, exercised often without being conscious of it. They had met at Lady Berkshire's the night that Rubinstein played there, and after that used to be always seen together at the opera and wherever good music was going on. For eighteen months their intimacy lasted. Campbell was always either at Selby Royal or in Grosvenor Square.

C'était un jeune homme très intelligent, quoiqu'il n'appréciât guère les arts plastiques malgré une certaine compréhension de la beauté poétique qu'il tenait entièrement de Dorian. Sa passion dominante était la science. À Cambridge, il avait dépensé la plus grande partie de son temps à travailler au Laboratoire, et conquis un bon rang de sortie pour les sciences natu-relles. Il était encore très adonné à l'étude de la chimie et avait un laboratoire à lui, dans lequel il s'enfermait tout le jour, au grand désespoir de sa mère qui avait rêvé pour lui un siège au Parlement et conservait une vague idée qu'un chimiste était un homme qui faisait des ordonnances. Il était très bon musicien, en outre, et jouait du violon et du piano, mieux que la plupart des amateurs.

En fait, c'était la musique qui les avait rapprochés, Dorian et lui; la musique, et aussi cette indéfinissable attraction que Dorian semblait pouvoir exercer chaque fois qu'il le voulait et qu'il exerçait souvent même inconsciemment. Ils s'étaient rencontrés chez lady Berkshire le soir où Rubinstein y avait joué et depuis on les avait toujours vus ensemble à l'Opéra et partout où l'on faisait de bonne musique. Cette intimité se continua pendant dix-huit mois. Campbell était constamment ou à Selby Royal ou à Grosvenor Square.

To him, as to many others, Dorian Gray was the type of everything that is wonderful and fascinating in life. Whether or not a quarrel had taken place between them no one ever knew. But suddenly people remarked that they scarcely spoke when they met and that Campbell seemed always to go away early from any party at which Dorian Gray was present. He had changed, too--was strangely melancholy at times, appeared almost to dislike hearing music, and would never himself play, giving as his excuse, when he was called upon, that he was so absorbed in science that he had no time left in which to practise. And this was certainly true. Every day he seemed to become more interested in biology, and his name appeared once or twice in some of the scientific reviews in connection with certain curious experiments.

This was the man Dorian Gray was waiting for. Every second he kept glancing at the clock. As the minutes went by he became horribly agitated. At last he got up and began to pace up and down the room, looking like a beautiful caged thing. He took long stealthy strides. His hands were curiously cold.

Pour lui, comme pour bien d'autres, Dorian Gray était le parangon de tout ce qui est merveil-leux et séduisant dans la vie. Une querelle était-elle survenue entre eux, nul ne le savait... Mais on remarqua tout à coup qu'ils se parlaient à peine lorsqu'ils se rencontraient, et que Campbell partait toujours de bonne heure des réunions où Dorian Gray était présent. De plus, il avait changé; il avait d'étranges mélancolies, semblait presque détester la musique, ne voulait plus jouer lui-même, alléguant pour excuse, quand on l'en priait, que ses études scientifiques l'absorbaient tellement qu'il ne lui restait plus le temps de s'exercer. Et cela était vrai. Chaque jour la biologie l'intéressait davantage et son nom fut prononcé plusieurs fois dans des revues de science à propos de curieuses expériences.

C'était là l'homme que Dorian Gray attendait. À tout moment il regardait la pendule. À mesure que les minutes s'écoulaient, il devenait horriblement agité. Enfin il se leva, arpenta la chambre comme un oiseau prisonnier; sa marche était saccadée, ses mains étrangement froides.

The suspense became unbearable. Time seemed to him to be crawling with feet of lead, while he by monstrous winds was being swept towards the jagged edge of some black cleft of precipice. He knew what was waiting for him there; saw it, indeed, and, shuddering, crushed with dank hands his burning lids as though he would have robbed the very brain of sight and driven the eyeballs back into their cave. It was useless. The brain had its own food on which it battened, and the imagination, made grotesque by terror, twisted and distorted as a living thing by pain, danced like some foul puppet on a stand and grinned through moving masks. Then, suddenly, time stopped for him. Yes: that blind, slow-breathing thing crawled no more, and horrible thoughts, time being dead, raced nimbly on in front, and dragged a hideous future from its grave, and showed it to him. He stared at it. Its very horror made him stone.

At last the door opened and his servant entered. He turned glazed eyes upon him.

"Mr. Campbell, sir," said the man.
A sigh of relief broke from his parched lips, and the colour came back to his cheeks.

"Ask him to come in at once, Francis." He felt that he was himself again. His mood of cowardice had passed away.

The man bowed and retired. In a few moments, Alan Campbell walked in, looking very stern and rather pale, his pallor being intensified by his coal-black hair and dark eyebrows.

"Alan! This is kind of you. I thank you for coming."

"I had intended never to enter your house again, Gray. But you said it was a matter of life and death." His voice was hard and cold. He spoke with slow deliberation. There was a look of contempt in the steady searching gaze that he turned on Dorian. He kept his hands in the pockets of his Astrakhan coat, and seemed not to have noticed the gesture with which he had been greeted.

L'attente devenait intolérable. Le temps lui semblait marcher avec des pieds de plomb, et lui, il se sentait emporter par une monstrueuse rafale au-dessus des bords de quelque préci-pice béant: il savait ce qui l'attendait, il le voyait, et frémissant, il pressait de ses mains moites ses paupières brûlantes comme pour anéantir sa vue, ou renfoncer à jamais dans leurs orbites les globes de ses yeux. C'était en vain... Son cerveau avait sa propre nourriture dont il se sustentait et la vision, rendue grotesque par la terreur, se déroulait en contorsions, défigurée douloureusement, dansant devant lui comme un mannequin immonde et grimaçant sous des masques changeants. Alors, soudain, le temps s'arrêta pour lui, et cette force aveugle, à la respiration lente, cessa son grouillement... D'horribles pensées, dans cette mort du temps, coururent devant lui, lui montrant un hideux avenir... L'ayant contemplé, l'horreur le pétrifia...

Enfin la porte s'ouvrit, et son domestique entra. Il tourna vers lui ses yeux effarés...

– Mr Campbell, monsieur, dit l'homme.
Un soupir de soulagement s'échappa de ses lèvres desséchées et la couleur revint à ses joues.

– Dites-lui d'entrer, Francis. Il sentit qu'il se ressaisissait. Son accès de lâcheté avait disparu.

L'homme s'inclina et sortit... Un instant après, Alan Campbell entra, pâle et sévère, sa pâleur augmentée par le noir accusé de ses cheveux et de ses sourcils.

– Alan! que c'est aimable à vous!... je vous remercie d'être venu.

– J'étais résolu à ne plus jamais mettre les pieds chez vous, Gray. Mais comme vous disiez que c'était une question de vie ou de mort... Sa voix était dure et froide. Il parlait lentement. Il y avait une nuance de mépris dans son regard assuré et scrutateur posé sur Dorian. Il gardait ses mains dans les poches de son pardessus d'astrakan et paraissait ne pas remarquer l'accueil qui lui était fait...

"Yes: it is a matter of life and death, Alan, and to more than one person. Sit down."

Campbell took a chair by the table, and Dorian sat opposite to him. The two men's eyes met. In Dorian's there was infinite pity. He knew that what he was going to do was dreadful.

After a strained moment of silence, he leaned across and said, very quietly, but watching the effect of each word upon the face of him he had sent for, "Alan, in a locked room at the top of this house, a room to which nobody but myself has access, a dead man is seated at a table. He has been dead ten hours now. Don't stir, and don't look at me like that. Who the man is, why he died, how he died, are matters that do not concern you. What you have to do is this--"

"Stop, Gray. I don't want to know anything further. Whether what you have told me is true or not true doesn't concern me. I entirely decline to be mixed up in your life. Keep your horrible secrets to yourself. They don't interest me any more."

"Alan, they will have to interest you. This one will have to interest you. I am awfully sorry for you, Alan. But I can't help myself. You are the one man who is able to save me. I am forced to bring you into the matter. I have no option. Alan, you are scientific. You know about chemistry and things of that kind. You have made experiments. What you have got to do is to destroy the thing that is upstairs-- to destroy it so that not a vestige of it will be left. Nobody saw this person come into the house. Indeed, at the present moment he is supposed to be in Paris. He will not be missed for months. When he is missed, there must be no trace of him found here. You, Alan, you must change him, and everything that belongs to him, into a handful of ashes that I may scatter in the air."

"You are mad, Dorian."

– Oui, c'est une question de vie ou de mort, Alan, et pour plus d'une personne. As-seyez-vous.

Campbell prit une chaise près de la table et Dorian s'assit en face de lui. Les yeux des deux hommes se rencontrèrent. Une infinie compassion se lisait dans ceux de Dorian. Il savait que ce qu'il allait faire était affreux!...

Après un pénible silence, il se pencha sur la table et dit tranquillement, épiant l'effet de chaque mot sur le visage de celui qu'il avait fait demander: – Alan, dans une chambre fermée à clef, tout en haut de cette maison, une chambre où nul autre que moi ne pénètre, un homme mort est assis près d'une table. Il est mort, il y a maintenant dix heures. Ne bronchez pas et ne me regardez pas ainsi... Qui est cet homme, pourquoi et comment il est mort, sont des choses qui ne vous concernent pas. Ce que vous avez à faire est ceci...

– Arrêtez, Gray!... Je ne veux rien savoir de plus... Que ce que vous venez de me dire soit vrai ou non, cela ne me regarde pas... Je refuse absolument d'être mêlé à votre vie. Gardez pour vous vos horribles secrets. Ils ne m'intéressent plus désormais...

– Alan, ils auront à vous intéresser... Celui-ci vous intéressera. J'en suis cruellement fâché pour vous, Alan. Mais je n'y puis rien moi-même. Vous êtes le seul homme qui puisse me sauver. Je suis forcé de vous mettre dans cette affaire; je n'ai pas à choisir... Alan, vous êtes un savant. Vous connaissez la chimie et tout ce qui s'y rapporte. Vous avez fait des expériences. Ce que vous avez à faire maintenant, c'est de détruire ce corps qui est là-haut, de le détruire pour qu'il n'en demeure aucun vestige. Personne n'a vu cet homme entrer dans ma maison. On le croit en ce moment à Paris. On ne remarquera pas son absence avant des mois. Lorsqu'on la remarquera, aucune trace ne restera de sa présence ici. Quant à vous, Alan, il faut que vous le transformiez, avec tout ce qui est à lui, en une poignée de cendres que je pourrai jeter au vent.

– Vous êtes fou, Dorian!

"Ah! I was waiting for you to call me Dorian."

"You are mad, I tell you--mad to imagine that I would raise a finger to help you, mad to make this monstrous confession. I will have nothing to do with this matter, whatever it is. Do you think I am going to peril my reputation for you? What is it to me what devil's work you are up to?"

"It was suicide, Alan."

"I am glad of that. But who drove him to it? You, I should fancy."

"Do you still refuse to do this for me?"

"Of course I refuse. I will have absolutely nothing to do with it. I don't care what shame comes on you. You deserve it all. I should not be sorry to see you disgraced, publicly disgraced. How dare you ask me, of all men in the world, to mix myself up in this horror? I should have thought you knew more about people's characters. Your friend Lord Henry Wotton can't have taught you much about psychology, whatever else he has taught you. Nothing will induce me to stir a step to help you. You have come to the wrong man. Go to some of your friends. Don't come to me."

"Alan, it was murder. I killed him. You don't know what he had made me suffer. Whatever my life is, he had more to do with the making or the marring of it than poor Harry has had. He may not have intended it, the result was the same."

"Murder! Good God, Dorian, is that what you have come to? I shall not inform upon you. It is not my business. Besides, without my stirring in the matter, you are certain to be arrested. Nobody ever commits a crime without doing something stupid. But I will have nothing to do with it."

– Ah! j'attendais que vous m'appeliez Dorian!

– Vous êtes fou, vous dis-je, fou d'imaginer que je puisse lever un doigt pour vous ai-der, fou de me faire une pareille confession!... Je ne veux rien avoir à démêler avec cette histoire quelle qu'elle soit. Croyez-vous que je veuille risquer ma réputation pour vous?... Que m'importe cette œuvre diabolique que vous faites?...

– Il s'est suicidé, Alan...

– J'aime mieux cela!...Mais qui l'a conduit là? Vous, j'imagine?

– Refusez-vous encore de faire cela pour moi?

– Certes, je refuse. Je ne veux absolument pas m'en occuper. Je ne me soucie guère de la honte qui vous attend. Vous les méritez toutes. Je ne serai pas fâché de vous voir compro-mis, publiquement compromis. Comment osez-vous me demander à moi, parmi tous les hommes, de me mêler à cette horreur? J'aurais cru que vous connaissiez mieux les caractères. Votre ami lord Henry Wotton aurait pu vous mieux instruire en psychologie, entre autre choses qu'il vous enseigna... Rien ne pourra me décider à faire un pas pour vous sauver. Vous vous êtes mal adressé. Voyez quelqu'autre de vos amis; ne vous adressez pas à moi...

– Alan, c'est un meurtre!... Je l'ai tué... Vous ne savez pas tout ce qu'il m'avait fait souffrir. Quelle qu'ait été mon existence, il a plus contribué à la faire ce qu'elle fut et à la perdre que ce pauvre Harry. Il se peut qu'il ne l'ait pas voulu, le résultat est le même.

– Un meurtre, juste ciel! Dorian, c'est à cela que vous en êtes venu? Je ne vous dé-noncerai pas, ça n'est pas mon affaire... Cependant, même sans mon intervention, vous serez sûrement arrêté. Nul ne commet un crime sans y joindre quelque maladresse. Mais je ne veux rien avoir à faire avec ceci...

"You must have something to do with it. Wait, wait a moment; listen to me. Only listen, Alan. All I ask of you is to perform a certain scientific experiment. You go to hospitals and dead-houses, and the horrors that you do there don't affect you. If in some hideous dissecting-room or fetid laboratory you found this man lying on a leaden table with red gutters scooped out in it for the blood to flow through, you would simply look upon him as an admirable subject. You would not turn a hair. You would not believe that you were doing anything wrong. On the contrary, you would probably feel that you were benefiting the human race, or increasing the sum of knowledge in the world, or gratifying intellectual curiosity, or something of that kind.

What I want you to do is merely what you have often done before. Indeed, to destroy a body must be far less horrible than what you are accustomed to work at. And, remember, it is the only piece of evidence against me. If it is discovered, I am lost; and it is sure to be discovered unless you help me."

"I have no desire to help you. You forget that. I am simply indifferent to the whole thing. It has nothing to do with me."

"Alan, I entreat you. Think of the position I am in. Just before you came I almost fainted with terror. You may know terror yourself some day. No! don't think of that. Look at the matter purely from the scientific point of view. You don't inquire where the dead things on which you experiment come from. Don't inquire now. I have told you too much as it is. But I beg of you to do this. We were friends once, Alan."

"Don't speak about those days, Dorian--they are dead."

— Il faut que vous ayez quelque chose à faire avec ceci... Attendez, attendez un mo-ment, écoutez-moi... Écoutez seulement, Alan... Tout ce que je vous demande, c'est de faire une expérience scientifique. Vous allez dans les hôpitaux et dans les morgues et les horreurs que vous y faites ne vous émeuvent point. Si dans un de ces laboratoires fétides ou une de ces salles de dissection, vous trouviez cet homme couché sur une table de plomb sillonnée de gouttières qui laissent couler le sang, vous le regarderiez simplement comme un admirable sujet. Pas un cheveu ne se dresserait sur votre tête. Vous ne croiriez pas faire quelque chose de mal. Au contraire, vous penseriez probablement travailler pour le bien de l'humanité, ou augmenter le trésor scientifique du monde, satisfaire une curiosité intellectuelle ou quelque chose de ce genre...

Ce que je vous demande, c'est ce que vous avez déjà fait souvent. En vérité, détruire un cadavre doit être beaucoup moins horrible que ce que vous êtes habitué à faire. Et, songez-y, ce cadavre est l'unique preuve qu'il y ait contre moi. S'il est découvert, je suis perdu; et il sera sûrement découvert si vous ne m'aidez pas!...

— Je n'ai aucun désir de vous aider. Vous oubliez cela. Je suis simplement indifférent à toute l'affaire. Elle ne m'intéresse pas...

— Alan, je vous en conjure! Songez quelle position est la mienne! Juste au moment où vous arriviez, je défaillais de terreur. Vous connaîtrez peut-être un jour vous-même cette terreur... Non! ne pensez pas à cela. Considérez la chose uniquement au point de vue scienti-fique. Vous ne vous informez point d'où viennent les cadavres qui servent à vos expé-riences?... Ne vous informez point de celui-ci. Je vous en ai trop dit là-dessus. Mais je vous supplie de faire cela. Nous fûmes amis, Alan!

— Ne parlez pas de ces jours-là, Dorian, ils sont morts.

"The dead linger sometimes. The man upstairs will not go away. He is sitting at the table with bowed head and outstretched arms. Alan! Alan! If you don't come to my assistance, I am ruined. Why, they will hang me, Alan! Don't you understand? They will hang me for what I have done."

"There is no good in prolonging this scene. I absolutely refuse to do anything in the matter. It is insane of you to ask me."

"You refuse?"

"Yes."

"I entreat you, Alan."

"It is useless."

The same look of pity came into Dorian Gray's eyes. Then he stretched out his hand, took a piece of paper, and wrote something on it. He read it over twice, folded it carefully, and pushed it across the table. Having done this, he got up and went over to the window.

Campbell looked at him in surprise, and then took up the paper, and opened it. As he read it, his face became ghastly pale and he fell back in his chair. A horrible sense of sickness came over him. He felt as if his heart was beating itself to death in some empty hollow.

After two or three minutes of terrible silence, Dorian turned round and came and stood behind him, putting his hand upon his shoulder.

"I am so sorry for you, Alan," he murmured, "but you leave me no alternative. I have a letter written already. Here it is. You see the address. If you don't help me, I must send it. If you don't help me, I will send it. You know what the result will be. But you are going to help me. It is impossible for you to refuse now. I tried to spare you. You will do me the justice to admit that. You were stern, harsh, offensive. You treated me as no man has ever dared to treat me--no living man, at any rate. I bore it all. Now it is for me to dictate terms."

– Les morts s'attardent quelquefois... L'homme qui est là-haut ne s'en ira pas. Il est as-sis contre la table, la tête inclinée et les bras étendus. Alan! Alan! si vous ne venez pas à mon secours, je suis perdu!... Quoi! mais ils me pendront, Alan! Ne comprenez-vous pas? Ils me pendront pour ce que j'ai fait!...

– Il est inutile de prolonger cette scène. Je refuse absolument de me mêler à tout cela. C'est de la folie de votre part de me le demander.

– Vous refusez?

– Oui.

– Je vous en supplie, Alan!

– C'est inutile.

Le même regard de compassion se montra dans les yeux de Dorian Gray. Il étendit la main, prit une feuille de papier et traça quelques mots. Il relut ce billet deux fois, le plia soi-gneusement et le poussa sur la table. Cela fait, il se leva et alla à la fenêtre.

Campbell le regarda avec surprise, puis il prit le papier et l'ouvrit. À mesure qu'il lisait, une pâleur affreuse décomposait ses traits, il se renversa sur sa chaise. Son cœur battait à se rompre.

Après deux ou trois minutes de terrible silence, Dorian se retourna et vint se poser der-rière lui, la main appuyée sur son épaule.

– Je le regrette pour vous, Alan, murmura-t-il, mais vous ne m'avez laissé aucune al-ternative. J'avais une lettre toute prête, la voici. Vous voyez l'adresse. Si vous ne m'aidez pas, il faudra que je l'envoie; si vous ne m'aidez pas, je l'enverrai... Vous savez ce qui en résulte-ra... Mais vous allez m'aider. Il est impossible que vous me refusiez maintenant. J'ai essayé de vous épargner. Vous me rendrez la justice de le reconnaître... Vous fûtes sévère, dur, of-fensant. Vous m'avez traité comme nul homme n'osa jamais le faire, nul homme vivant, tout au moins. J'ai tout supporté. Maintenant c'est à moi à dicter les conditions.

Campbell buried his face in his hands, and a shudder passed through him.

"Yes, it is my turn to dictate terms, Alan. You know what they are. The thing is quite simple. Come, don't work yourself into this fever. The thing has to be done. Face it, and do it."

A groan broke from Campbell's lips and he shivered all over. The ticking of the clock on the mantelpiece seemed to him to be dividing time into separate atoms of agony, each of which was too terrible to be borne. He felt as if an iron ring was being slowly tightened round his forehead, as if the disgrace with which he was threatened had already come upon him. The hand upon his shoulder weighed like a hand of lead. It was intolerable. It seemed to crush him.

"Come, Alan, you must decide at once."
"I cannot do it," he said, mechanically, as though words could alter things.

"You must. You have no choice. Don't delay."

He hesitated a moment. "Is there a fire in the room upstairs?" "Yes, there is a gas-fire with asbestos."

"I shall have to go home and get some things from the laboratory."

"No, Alan, you must not leave the house. Write out on a sheet of notepaper what you want and my servant will take a cab and bring the things back to you." Campbell scrawled a few lines, blotted them, and addressed an envelope to his assistant. Dorian took the note up and read it carefully. Then he rang the bell and gave it to his valet, with orders to return as soon as possible and to bring the things with him.

Campbell cacha sa tête entre ses mains; un frisson le parcourut...

– Oui, c'est à mon tour à dicter mes conditions, Alan. Vous les connaissez. La chose est très simple. Venez, ne vous mettez pas ainsi en fièvre. Il faut que la chose soit faite. Envi-sagez-la et faites-la...

Un gémissement sortit des lèvres de Campbell qui se mit à trembler de tout son corps. Le tic-tac de l'horloge sur la cheminée lui parut diviser le temps en atomes successifs d'agonie, dont chacun était trop lourd pour être porté. Il lui sembla qu'un cercle de fer enserrait lentement son front, et que la honte dont il était menacé l'avait atteint déjà. La main posée sur son épaule lui pesait comme une main de plomb, intolérablement. Elle semblait le broyer.

– Eh bien!... Alan! il faut vous décider.
– Je ne peux pas, dit-il machinalement, comme si ces mots avaient pu changer la situa-tion...

– Il le faut. Vous n'avez pas le choix... N'attendez plus.

Il hésita un instant. – Y a-t-il du feu dans cette chambre haute?

– Oui, il y a un appareil au gaz avec de l'amiante. – Il faut que j'aille chez moi prendre des instruments au laboratoire.

– Non, Alan, vous ne sortirez pas d'ici. Écrivez ce qu'il vous faut sur une feuille de papier et mon domestique prendra un cab, et ira vous le chercher. Campbell griffonna quelques lignes, y passa le buvard et écrivit sur une enveloppe l'adresse de son aide. Dorian prit le billet et le lut attentivement; puis il sonna et le donna à son domestique avec l'ordre de revenir aussitôt que possible et de rapporter les objets deman-dés.

As the hall door shut, Campbell started nervously, and having got up from the chair, went over to the chimney-piece. He was shivering with a kind of ague. For nearly twenty minutes, neither of the men spoke. A fly buzzed noisily about the room, and the ticking of the clock was like the beat of a hammer.

As the chime struck one, Campbell turned round, and looking at Dorian Gray, saw that his eyes were filled with tears. There was something in the purity and refinement of that sad face that seemed to enrage him. "You are infamous, absolutely infamous!" he muttered.

"Hush, Alan. You have saved my life," said Dorian.

"Your life? Good heavens! what a life that is! You have gone from corruption to corruption, and now you have culminated in crime. In doing what I am going to do--what you force me to do-- it is not of your life that I am thinking."

"Ah, Alan," murmured Dorian with a sigh, "I wish you had a thousandth part of the pity for me that I have for you." He turned away as he spoke and stood looking out at the garden. Campbell made no answer.

After about ten minutes a knock came to the door, and the servant entered, carrying a large mahogany chest of chemicals, with a long coil of steel and platinum wire and two rather curiously shaped iron clamps.

"Shall I leave the things here, sir?" he asked Campbell.

"Yes," said Dorian. "And I am afraid, Francis, that I have another errand for you. What is the name of the man at Richmond who supplies Selby with orchids?"

Quand la porte de la rue se fut refermée, Campbell se leva nerveusement et s'approcha de la cheminée. Il semblait grelotter d'une sorte de fièvre. Pendant près de vingt minutes aucun des deux hommes ne parla. Une mouche bourdonnait bruyamment dans la pièce et le tic-tac de l'horloge résonnait comme des coups de marteau...

Le timbre sonna une heure... Campbell se retourna et regardant Dorian, vit que ses yeux étaient baignés de larmes. Il y avait dans cette face désespérée une pureté et une distinction qui le mirent hors de lui. – Vous êtes infâme, absolument infâme, murmura-t-il.

– Fi! Alan, vous m'avez sauvé la vie, dit Dorian.

– Votre vie, juste ciel! quelle vie! Vous êtes allé de corruptions en corruptions jus-qu'au crime. En faisant ce que je vais faire, ce que vous me forcez à faire, ce n'est pas à votre vie que je songe...

– Ah! Alan! murmura Dorian avec un soupir. Je vous souhaite d'avoir pour moi la millième partie de la pitié que j'ai pour vous. Il lui tourna le dos en parlant ainsi et alla regarder à la fenêtre du jardin.

Campbell ne répondit rien... Après une dizaine de minutes, on frappa à la porte et le domestique entra, portant avec une grande boîte d'acajou pleine de drogues, un long rouleau de fil d'acier et de platine et deux crampons de fer d'une forme étrange.

– Faut-il laisser cela ici, monsieur, demanda-t-il à Campbell.

– Oui, dit Dorian. Je crois, Francis, que j'ai encore une commission à vous donner. Quel est le nom de cet homme de Richmond qui fournit les orchidées à Selby?

"Harden, sir." "Yes--Harden. You must go down to Richmond at once, see Harden personally, and tell him to send twice as many orchids as I ordered, and to have as few white ones as possible. In fact, I don't want any white ones. It is a lovely day, Francis, and Richmond is a very pretty place-- otherwise I wouldn't bother you about it."

"No trouble, sir. At what time shall I be back?"

Dorian looked at Campbell. "How long will your experiment take, Alan?" he said in a calm indifferent voice. The presence of a third person in the room seemed to give him extraordinary courage.

Campbell frowned and bit his lip. "It will take about five hours," he answered.

"It will be time enough, then, if you are back at half-past seven, Francis. Or stay: just leave my things out for dressing. You can have the evening to yourself. I am not dining at home, so I shall not want you."

"Thank you, sir," said the man, leaving the room. "Now, Alan, there is not a moment to be lost. How heavy this chest is! I'll take it for you. You bring the other things." He spoke rapidly and in an authoritative manner. Campbell felt dominated by him. They left the room together.

When they reached the top landing, Dorian took out the key and turned it in the lock. Then he stopped, and a troubled look came into his eyes. He shuddered. "I don't think I can go in, Alan," he murmured.

"It is nothing to me. I don't require you," said Campbell coldly.

Dorian half opened the door. As he did so, he saw the face of his portrait leering in the sunlight. On the floor in front of it the torn curtain was lying. He remembered that the night before he had forgotten, for the first time in his life, to hide the fatal canvas, and was about to rush forward, when he drew back with a shudder.

– Harden, monsieur. – Oui, Harden... Vous allez aller à Richmond voir Harden lui-même, et vous lui direz de m'envoyer deux fois plus d'orchidées que je n'en avais commandé, et d'en mettre aussi peu de blanches que possible... Non, pas de blanches du tout... Le temps est délicieux, Francis, et Richmond est un endroit charmant; autrement je ne voudrais pas vous ennuyer avec cela.

– Pas du tout, monsieur. À quelle heure faudra-t-il que je revienne?

Dorian regarda Campbell. – Combien de temps demandera votre expérience, Alan? dit-il d'une voix calme et in-différente, comme si la présence d'un tiers lui donnait un courage inattendu.

Campbell tressaillit et se mordit les lèvres... – Environ cinq heures, répondit-il.

– Il sera donc temps que vous rentriez vers sept heures et demie, Francis. Ou plutôt, at-tendez, préparez-moi ce qu'il faudra pour m'habiller. Vous aurez votre soirée pour vous. Je ne dîne pas ici, de sorte que je n'aurai plus besoin de vous.

– Merci, monsieur, répondit le valet en se retirant.
– Maintenant, Alan, ne perdons pas un instant... Comme cette caisse est lourde!... Je vais la monter, prenez les autres objets. Il parlait vite, d'un ton de commandement. Campbell se sentit dominé. Ils sortirent en-semble.

Arrivés au palier du dernier étage, Dorian sortit sa clef et la mit dans la serrure. Puis il s'arrêta, les yeux troublés, frissonnant... – Je crois que je ne pourrai pas entrer, Alan! murmura-t-il.

– Ça m'est égal, je n'ai pas besoin de vous, dit Campbell froidement.

Dorian entr'ouvrit la porte... À ce moment il aperçut en plein soleil les yeux du portrait qui semblaient le regarder. Devant lui, sur le parquet, le rideau déchiré était étendu. Il se rap-pela que la nuit précédente il avait oublié pour la première fois de sa vie, de cacher le tableau fatal; il eut envie de fuir, mais il se retint en frémissant.

What was that loathsome red dew that gleamed, wet and glistening, on one of the hands, as though the canvas had sweated blood? How horrible it was!-- more horrible, it seemed to him for the moment, than the silent thing that he knew was stretched across the table, the thing whose grotesque misshapen shadow on the spotted carpet showed him that it had not stirred, but was still there, as he had left it.

He heaved a deep breath, opened the door a little wider, and with half-closed eyes and averted head, walked quickly in, determined that he would not look even once upon the dead man. Then, stooping down and taking up the gold-and-purple hanging, he flung it right over the picture.

There he stopped, feeling afraid to turn round, and his eyes fixed themselves on the intricacies of the pattern before him. He heard Campbell bringing in the heavy chest, and the irons, and the other things that he had required for his dreadful work. He began to wonder if he and Basil Hallward had ever met, and, if so, what they had thought of each other.

"Leave me now," said a stern voice behind him.

He turned and hurried out, just conscious that the dead man had been thrust back into the chair and that Campbell was gazing into a glistening yellow face. As he was going downstairs, he heard the key being turned in the lock.

It was long after seven when Campbell came back into the library. He was pale, but absolutely calm. "I have done what you asked me to do," he muttered "And now, good-bye. Let us never see each other again."

"You have saved me from ruin, Alan. I cannot forget that," said Dorian simply.

As soon as Campbell had left, he went upstairs. There was a horrible smell of nitric acid in the room. But the thing that had been sitting at the table was gone.

Quelle était cette odieuse tache rouge, humide et brillante qu'il voyait sur une des mains comme si la toile eût suinté du sang? Quelle chose horrible, plus horrible, lui parut-il sur le moment, que ce paquet immobile et silencieux affaissé contre la table, cette masse informe et grotesque dont l'ombre se projetait sur le tapis souillé, lui montrant qu'elle n'avait pas bougé et était toujours la, telle qu'il l'avait laissée...

Il poussa un profond soupir, ouvrit la porte un peu plus grande et les yeux à demi fer-més, détournant la tête, il entra vivement, résolu à ne pas jeter même un regard vers le ca-davre... Puis, s'arrêtant et ramassant le rideau de pourpre et d'or, il le jeta sur le cadre...

Alors il resta immobile, craignant de se retourner, les yeux fixés sur les arabesques de la broderie qu'il avait devant lui. Il entendit Campbell qui rentrait la lourde caisse et les objets métalliques nécessaires à son horrible travail. Il se demanda si Campbell et Basil Hallward s'étaient jamais rencontrés, et dans ce cas ce qu'ils avaient pu penser l'un de l'autre.

– Laissez-moi maintenant, dit une voix dure derrière lui.

Il se retourna et sortit en hâte, ayant confusément entrevu le cadavre renversé sur le dos du fauteuil et Campbell contemplant sa face jaune et luisante. En descendant il entendit le bruit de la clef dans la serrure... Alan s'enfermait...

Il était beaucoup plus de sept heures lorsque Campbell rentra dans la bibliothèque. Il était pâle, mais parfaitement calme. – J'ai fait ce que vous m'avez demandé, murmura-t-il. Et maintenant, adieu! Ne nous revoyons plus jamais!

– Vous m'avez sauvé, Alan, je ne pourrai jamais l'oublier, dit Dorian, simplement.

Dès que Campbell fut sorti, il monta... Une odeur horrible d'acide nitrique emplissait la chambre. Mais la chose assise ce matin devant la table avait disparu...

227

Chapter 15

Chapitre XV

That evening, at eight-thirty, exquisitely dressed and wearing a large button-hole of Parma violets, Dorian Gray was ushered into Lady Narborough's drawing-room by bowing servants. His forehead was throbbing with maddened nerves, and he felt wildly excited, but his manner as he bent over his hostess's hand was as easy and graceful as ever. Perhaps one never seems so much at one's ease as when one has to play a part. Certainly no one looking at Dorian Gray that night could have believed that he had passed through a tragedy as horrible as any tragedy of our age. Those finely shaped fingers could never have clutched a knife for sin, nor those smiling lips have cried out on God and goodness. He himself could not help wondering at the calm of his demeanour, and for a moment felt keenly the terrible pleasure of a double life.

It was a small party, got up rather in a hurry by Lady Narborough, who was a very clever woman with what Lord Henry used to describe as the remains of really remarkable ugliness. She had proved an excellent wife to one of our most tedious ambassadors, and having buried her husband properly in a marble mausoleum, which she had herself designed, and married off her daughters to some rich, rather elderly men, she devoted herself now to the pleasures of French fiction, French cookery, and French esprit when she could get it.

Ce soir-là, à huit heures trente, exquisément vêtu, la boutonnière ornée d'un gros bou-quet de violettes de Parme, Dorian Gray était introduit dans le salon de lady Narborough par des domestiques inclinés. Les veines de ses tempes palpitaient fébrilement et il était dans un état de sauvage ex-citation, mais l'élégante révérence qu'il eut vers la main de la maîtresse de la maison fut aussi aisée et aussi gracieuse qu'à l'ordinaire. Peut-être n'est-on jamais plus à l'aise que lorsqu'on a quelque comédie à jouer. Certes, aucun de ceux qui virent Dorian Gray ce soir-là, n'eût pu imaginer qu'il venait de traverser un drame aussi horrible qu'aucun drame de notre époque. Ces doigts délicats ne pouvaient avoir tenu le couteau d'un assassin, ni ces lèvres souriantes blasphémé Dieu. Malgré lui il s'étonnait du calme de son esprit et pour un moment il ressentit profondément le terrible plaisir d'avoir une vie double.

C'était une réunion intime, bientôt transformée en confusion par lady Narborough, femme très intelligente dont lord Henry parlait comme d'une femme qui avait gardé de beaux restes d'une remarquable laideur. Elle s'était montrée l'excellente épouse d'un de nos plus ennuyeux ambassadeurs et ayant enterré son mari convenablement sous un mausolée de marbre, qu'elle avait elle-même dessiné, et marié ses filles à des hommes riches et mûrs, se consacrait maintenant aux plaisirs de l'art français, de la cuisine française et de l'esprit français quand elle pouvait l'atteindre...

Dorian was one of her especial favourites, and she always told him that she was extremely glad she had not met him in early life. "I know, my dear, I should have fallen madly in love with you," she used to say, "and thrown my bonnet right over the mills for your sake. It is most fortunate that you were not thought of at the time. As it was, our bonnets were so unbecoming, and the mills were so occupied in trying to raise the wind, that I never had even a flirtation with anybody. However, that was all Narborough's fault. He was dreadfully short-sighted, and there is no pleasure in taking in a husband who never sees anything."

Her guests this evening were rather tedious. The fact was, as she explained to Dorian, behind a very shabby fan, one of her married daughters had come up quite suddenly to stay with her, and, to make matters worse, had actually brought her husband with her. "I think it is most unkind of her, my dear," she whispered. "Of course I go and stay with them every summer after I come from Homburg, but then an old woman like me must have fresh air sometimes, and besides, I really wake them up. You don't know what an existence they lead down there. It is pure unadulterated country life. They get up early, because they have so much to do, and go to bed early, because they have so little to think about. There has not been a scandal in the neighbourhood since the time of Queen Elizabeth, and consequently they all fall asleep after dinner. You shan't sit next either of them. You shall sit by me and amuse me."

Dorian était un de ses grands favoris; elle lui disait toujours qu'elle était ravie de ne l'avoir pas connue dans sa jeunesse. – Car, mon cher ami, je suis sûre que je serai devenue follement amoureuse de vous, ajoutait-elle, j'aurais jeté pour vous mon bonnet par dessus les moulins! Heureusement que l'on ne pensait pas à vous alors! D'ailleurs nos bonnets étaient si déplaisants et les moulins si occupés à prendre le vent que je n'eus jamais de flirt avec personne. Et puis, ce fut de la faute de Narborough. Il était tellement myope qu'il n'y aurait eu aucun plaisir à tromper un mari qui n'y voyait jamais rien!...

Ses invités, ce soir-là, étaient plutôt ennuyeux... Ainsi qu'elle l'expliqua à Dorian, der-rière un éventail usé, une de ses filles mariées lui était tombée à l'improviste, et pour comble de malheur, avait amené son mari avec elle. – Je trouve cela bien désobligeant de sa part, mon cher, lui souffla-t-elle à l'oreille... Certes, je vais passer chaque été avec eux en revenant de Hambourg, mais il faut bien qu'une vieille femme comme moi aille quelquefois prendre un peu d'air frais. Au reste, je les réveille réellement. Vous n'imaginez pas l'existence qu'ils mènent. C'est la plus complète vie de cam-pagne. Ils se lèvent de bonne heure, car ils ont tant à faire, et se couchent tôt ayant si peu à penser. Il n'y a pas eu le moindre scandale dans tout le voisinage depuis le temps de la Reine Elizabeth, aussi s'endorment-ils tous après dîner. Il ne faut pas aller vous asseoir près d'eux. Vous resterez près de moi et vous me distrairez...

Dorian murmured a graceful compliment and looked round the room. Yes: it was certainly a tedious party. Two of the people he had never seen before, and the others consisted of Ernest Harrowden, one of those middle-aged mediocrities so common in London clubs who have no enemies, but are thoroughly disliked by their friends; Lady Ruxton, an overdressed woman of forty-seven, with a hooked nose, who was always trying to get herself compromised, but was so peculiarly plain that to her great disappointment no one would ever believe anything against her; Mrs. Erlynne, a pushing nobody, with a delightful lisp and Venetian-red hair; Lady Alice Chapman, his hostess's daughter, a dowdy dull girl, with one of those characteristic British faces that, once seen, are never remembered; and her husband, a red-cheeked, white-whiskered creature who, like so many of his class, was under the impression that inordinate joviality can atone for an entire lack of ideas.

He was rather sorry he had come, till Lady Narborough, looking at the great ormolu gilt clock that sprawled in gaudy curves on the mauve-draped mantelshelf, exclaimed: "How horrid of Henry Wotton to be so late! I sent round to him this morning on chance and he promised faithfully not to disappoint me."

It was some consolation that Harry was to be there, and when the door opened and he heard his slow musical voice lending charm to some insincere apology, he ceased to feel bored.

Dorian murmura un compliment aimable et regarda autour de lui. C'était certainement une fastidieuse réunion. Deux personnages lui étaient inconnus et les autres étaient: Ernest Harrowden, un de ces médiocres entre deux âges, si communs dans les clubs de Londres, qui n'ont pas d'ennemis, mais qui n'en sont pas moins détestés de leurs amis; Lady Ruxton, une femme de quarante-sept ans, à la toilette tapageuse, au nez recourbé, qui essayait toujours de se trouver compromise, mais était si parfaitement banale qu'à son grand désappointement, personne n'eut jamais voulu croire à aucune médisance sur son compte; Mme Erlynne, per-sonne aux cheveux roux vénitiens, très réservée, affectée d'un délicieux bégaiement; Lady Alice Chapman, la fille de l'hôtesse, triste et mal fagotée, lotie d'une de ces banales figures britanniques qu'on ne se rappelle jamais; et enfin son mari, un être aux joues rouges, aux favoris blancs, qui, comme beaucoup de ceux de son espèce, pensait qu'une excessive jovialité pouvait suppléer au manque absolu d'idées...

Dorian regrettait presque d'être venu, lorsque lady Narborough regardant la grande pendule qui étalait sur la cheminée drapée de mauve ses volutes prétentieuses de bronze doré, s'écria: – Comme c'est mal à Henry Wotton d'être si en retard! J'ai envoyé ce matin chez lui à tout hasard et il m'a promis de ne pas nous manquer.

Ce lui fut une consolation de savoir qu'Harry allait venir et quand la porte s'ouvrit et qu'il entendit sa voix douce et musicale, prêtant son charme à quelque insincère compliment, l'ennui le quitta.

But at dinner he could not eat anything. Plate after plate went away untasted. Lady Narborough kept scolding him for what she called "an insult to poor Adolphe, who invented the menu specially for you," and now and then Lord Henry looked across at him, wondering at his silence and abstracted manner. From time to time the butler filled his glass with champagne. He drank eagerly, and his thirst seemed to increase.

"Dorian," said Lord Henry at last, as the chaud-froid was being handed round, "what is the matter with you to-night? You are quite out of sorts."

"I believe he is in love," cried Lady Narborough, and that he is afraid to tell me for fear I should be jealous. He is quite right. I certainly should."

"Dear Lady Narborough," murmured Dorian, smiling, "I have not been in love for a whole week--not, in fact, since Madame de Ferrol left town."

"How you men can fall in love with that woman!" exclaimed the old lady. "I really cannot understand it."

"It is simply because she remembers you when you were a little girl, Lady Narborough," said Lord Henry. "She is the one link between us and your short frocks."

"She does not remember my short frocks at all, Lord Henry. But I remember her very well at Vienna thirty years ago, and how décolletée she was then."

"She is still décolletée," he answered, taking an olive in his long fingers; "and when she is in a very smart gown she looks like an édition de luxe of a bad French novel. She is really wonderful, and full of surprises. Her capacity for family affection is extraordinary. When her third husband died, her hair turned quite gold from grief."

"How can you, Harry!" cried Dorian.

Pourtant, à table, il ne put rien manger. Les mets se succédaient dans son assiette sans qu'il y goûtât. Lady Narborough ne cessait de le gronder pour ce qu'elle appelait: « une insulte à ce pauvre Adolphe qui a composé le menu exprès pour vous. » De temps en temps lord Henry le regardait, s'étonnant de son silence et de son air absorbé. Le sommelier remplissait sa coupe de champagne; il buvait avidement et sa soif semblait en augmenter.

– Dorian, dit enfin lord Henry, lorsqu'on servit le chaud-froid, qu'avez-vous donc ce soir?... Vous ne paraissez pas à votre aise?

– Il est amoureux, s'écria lady Narborough, et je crois qu'il a peur de me l'avouer, de crainte que je ne sois jalouse. Et il a raison, je le serais certainement...

– Chère lady Narborough, murmura Dorian en souriant, je n'ai pas été amoureux depuis une grande semaine, depuis que Mme de Ferrol a quitté Londres.

– Comment les hommes peuvent-ils être amoureux de cette femme, s'écria la vieille dame. Je ne puis vraiment le comprendre!

– C'est tout simplement parce qu'elle vous rappelle votre enfance, lady Narborough, dit lord Henry. Elle est le seul trait d'union entre nous et vos robes courtes.

– Elle ne me rappelle pas du tout mes robes courtes, lord Henry. Mais je me souviens très bien de l'avoir vue à Vienne il y a trente ans... Était-elle assez décolletée alors!

– Elle est encore décolletée, répondit-il, prenant une olive de ses longs doigts, et quand elle est en brillante toilette elle ressemble à une édition de luxe d'un mauvais roman français. Elle est vraiment extraordinaire et pleine de surprises. Son goût pour la famille est étonnant: lorsque son troisième mari mourut, ses cheveux devinrent parfaitement dorés de chagrin!

– Pouvez-vous dire, Harry!... s'écria Dorian.

"It is a most romantic explanation," laughed the hostess. "But her third husband, Lord Henry! You don't mean to say Ferrol is the fourth?"

"Certainly, Lady Narborough."

"I don't believe a word of it."

"Well, ask Mr. Gray. He is one of her most intimate friends."

"Is it true, Mr. Gray?"

"She assures me so, Lady Narborough," said Dorian. "I asked her whether, like Marguerite de Navarre, she had their hearts embalmed and hung at her girdle. She told me she didn't, because none of them had had any hearts at all."

"Four husbands! Upon my word that is trop de zèle."

"Trop d'audace, I tell her," said Dorian.

"Oh! she is audacious enough for anything, my dear. And what is Ferrol like? I don't know him."

"The husbands of very beautiful women belong to the criminal classes," said Lord Henry, sipping his wine. Lady Narborough hit him with her fan.

"Lord Henry, I am not at all surprised that the world says that you are extremely wicked." "But what world says that?" asked Lord Henry, elevating his eyebrows. "It can only be the next world. This world and I are on excellent terms."

"Everybody I know says you are very wicked," cried the old lady, shaking her head.

Lord Henry looked serious for some moments. "It is perfectly monstrous," he said, at last, "the way people go about nowadays saying things against one behind one's back that are absolutely and entirely true." "Isn't he incorrigible?" cried Dorian, leaning forward in his chair.

"I hope so," said his hostess, laughing. "But really, if you all worship Madame de Ferrol in this ridiculous way, I shall have to marry again so as to be in the fashion."

– C'est une explication romantique! s'exclama en riant l'hôtesse. Mais, vous dites son troisième mari, lord Henry... Vous ne voulez pas dire que Ferrol est le quatrième?

– Certainement, lady Narborough.

– Je n'en crois pas un mot.

– Demandez plutôt à Mr Gray, c'est un de ses plus intimes amis.

– Est-ce vrai, Mr Gray?

– Elle me l'a dit, lady Narborough, dit Dorian. Je lui ai demandé si comme Marguerite de Navarre, elle ne conservait pas leurs cœurs embaumés et pendus à sa ceinture. Elle me répondit que non, car aucun d'eux n'en avait.

– Quatre maris!... Ma parole c'est trop de zèle!... – Trop d'audace, lui ai-je dit, repartit Dorian.

– Oh! elle est assez audacieuse, mon cher, et comment est Ferrol?... Je ne le connais pas.

– Les maris des très belles femmes appartiennent à la classe des criminels, dit lord Henry en buvant à petits coups. Lady Narborough le frappa de son éventail.

– Lord Henry, je ne suis pas surprise que le monde vous trouve extrêmement mé-chant!... – Mais pourquoi le monde dit-il cela? demanda lord Henry en levant la tête. Ce ne peut être que le monde futur. Ce monde-ci et moi nous sommes en excellents termes.

– Tous les gens que je connais vous trouvent très méchant, s'écria la vieille dame, ho-chant la tête.

Lord Henry redevint sérieux un moment. – C'est tout à fait monstrueux, dit-il enfin, cette façon qu'on a aujourd'hui de dire der-rière le dos des gens ce qui est... absolument vrai!... – N'est-il pas incorrigible? s'écria Dorian, se renversant sur le dossier de sa chaise.

– Je l'espère bien! dit en riant l'hôtesse. Mais si en vérité, vous adorez tous aussi ridi-culement Mme de Ferrol, il faudra que je me remarie aussi, afin d'être à la mode.

"You will never marry again, Lady Narborough," broke in Lord Henry. "You were far too happy. When a woman marries again, it is because she detested her first husband. When a man marries again, it is because he adored his first wife. Women try their luck; men risk theirs."

"Narborough wasn't perfect," cried the old lady. "If he had been, you would not have loved him, my dear lady," was the rejoinder. "Women love us for our defects. If we have enough of them, they will forgive us everything, even our intellects. You will never ask me to dinner again after saying this, I am afraid, Lady Narborough, but it is quite true."

"Of course it is true, Lord Henry. If we women did not love you for your defects, where would you all be? Not one of you would ever be married. You would be a set of unfortunate bachelors. Not, however, that that would alter you much. Nowadays all the married men live like bachelors, and all the bachelors like married men."

"Fin de siècle," murmured Lord Henry. "Fin du globe," answered his hostess. "I wish it were fin du globe," said Dorian with a sigh. "Life is a great disappointment."

"Ah, my dear," cried Lady Narborough, putting on her gloves, "don't tell me that you have exhausted life. When a man says that one knows that life has exhausted him. Lord Henry is very wicked, and I sometimes wish that I had been; but you are made to be good-- you look so good. I must find you a nice wife. Lord Henry, don't you think that Mr. Gray should get married?"

"I am always telling him so, Lady Narborough," said Lord Henry with a bow.

"Well, we must look out for a suitable match for him. I shall go through Debrett carefully to-night and draw out a list of all the eligible young ladies."

– Vous ne vous remarierez jamais, lady Narborough, interrompit lord Henry. Vous fûtes beaucoup trop heureuse la première fois. Quand une femme se remarie c'est qu'elle détestait son premier époux. Quand un homme se remarie, c'est qu'il adorait sa première femme. Les femmes cherchent leur bonheur, les hommes risquent le leur.

– Narborough n'était pas parfait! s'écria la vieille dame. – S'il l'avait été, vous ne l'eussiez point adoré, fut la réponse. Les femmes nous aiment pour nos défauts. Si nous en avons pas mal, elles nous passeront tout, même notre intelli-gence... Vous ne m'inviterez plus, j'en ai peur, pour avoir dit cela, lady Narborough, mais c'est entièrement vrai.

– Certes, c'est vrai, lord Henry... Si nous autres femmes, ne vous aimions pas pour vos défauts, que deviendriez-vous? Aucun de vous ne pourrait se marier. Vous seriez un tas d'infortunés célibataires... Non pas cependant, que cela vous changerait beaucoup: au-jourd'hui, tous les hommes mariés vivent comme des garçons et tous les garçons comme des hommes mariés.

– « Fin de siècle!... », murmura lord Henry. – « Fin de globe!... », répondit l'hôtesse. – Je voudrais que ce fût la Fin du globe, dit Dorian avec un soupir. La vie est une grande désillusion.

– Ah, mon cher ami! s'écria lady Narborough mettant ses gants, ne me dites pas que vous avez épuisé la vie. Quand un homme dit cela, on comprend que c'est la vie qui l'a épuisé. Lord Henry est très méchant et je voudrais souvent l'avoir été moi-même; mais vous, vous êtes fait pour être bon, vous êtes si beau!... Je vous trouverai une jolie femme. Lord Henry, ne pensez-vous pas que Mr Gray devrait se marier?...

– C'est ce que je lui dis toujours, lady Narborough, acquiesça lord Henry en s'inclinant.

– Bien, il faudra que nous nous occupions d'un parti convenable pour lui. Je parcourrai ce soir le « Debrett » avec soin et dresserai une liste de toutes les jeunes filles à marier.

"With their ages, Lady Narborough?" asked Dorian.

"Of course, with their ages, slightly edited. But nothing must be done in a hurry. I want it to be what The Morning Post calls a suitable alliance, and I want you both to be happy."

"What nonsense people talk about happy marriages!" exclaimed Lord Henry. "A man can be happy with any woman, as long as he does not love her."

"Ah! what a cynic you are!" cried the old lady, pushing back her chair and nodding to Lady Ruxton. "You must come and dine with me soon again. You are really an admirable tonic, much better than what Sir Andrew prescribes for me. You must tell me what people you would like to meet, though. I want it to be a delightful gathering."

"I like men who have a future and women who have a past," he answered. "Or do you think that would make it a petticoat party?"

"I fear so," she said, laughing, as she stood up. "A thousand pardons, my dear Lady Ruxton," she added, "I didn't see you hadn't finished your cigarette."

"Never mind, Lady Narborough. I smoke a great deal too much. I am going to limit myself, for the future."

"Pray don't, Lady Ruxton," said Lord Henry. "Moderation is a fatal thing. Enough is as bad as a meal. More than enough is as good as a feast."

Lady Ruxton glanced at him curiously. "You must come and explain that to me some afternoon, Lord Henry. It sounds a fascinating theory," she murmured, as she swept out of the room.

"Now, mind you don't stay too long over your politics and scandal," cried Lady Narborough from the door. "If you do, we are sure to squabble upstairs."

– Avec leurs âges, lady Narborough? demanda Dorian.

– Certes, avec leurs âges, dûment reconnus... Mais il ne faut rien faire avec précipita-tion. Je veux que ce soit ce que le Morning Post appelle une union assortie, et je veux que vous soyez heureux!

– Que de bêtises on dit sur les mariages heureux! s'écria lord Henry. Un homme peut être heureux avec n'importe quelle femme aussi longtemps qu'il ne l'aime pas!...

– Ah! quel affreux cynique vous faites!... fit en se levant la vieille dame et en faisant un signe vers lady Ruxton. – Il faudra bientôt revenir dîner avec moi. Vous êtes vraiment un admirable tonique, bien meilleur que celui que Sir Andrew m'a proscrit. Il faudra aussi me dire quelles personnes vous aimeriez rencontrer. Je veux que ce soit un choix parfait.

– J'aime les hommes qui ont un avenir et les femmes qui ont un passé, répondit lord Henry. Ne croyez-vous pas que cela puisse faire une bonne compagnie?

– Je le crains, dit-elle riant, en se dirigeant vers la porte... Mille pardons, ma chère lady Ruxton, ajouta-t-elle, je n'avais pas vu que vous n'aviez pas fini votre cigarette.

– Ce n'est rien, lady Narborough, je fume beaucoup trop. Je me limiterai à l'avenir.

– N'en faites rien, lady Huxton, dit lord Henry. La modération est une chose fatale. Assez est aussi mauvais qu'un repas; plus qu'assez est aussi bon qu'une fête.

Lady Ruxton le regarda avec curiosité. – Il faudra venir m'expliquer cela une de ces après-midi, lord Henry; la théorie me pa-rait séduisante, murmura-t-elle en sortant majestueusement...

– Maintenant songez à ne pas trop parler de politique et de scandales, cria lady Narbo-rough de la porte. Autrement nous nous querellerons.

The men laughed, and Mr. Chapman got up solemnly from the foot of the table and came up to the top. Dorian Gray changed his seat and went and sat by Lord Henry. Mr. Chapman began to talk in a loud voice about the situation in the House of Commons. He guffawed at his adversaries. The word doctrinaire--word full of terror to the British mind--reappeared from time to time between his explosions. An alliterative prefix served as an ornament of oratory. He hoisted the Union Jack on the pinnacles of thought. The inherited stupidity of the race--sound English common sense he jovially termed it--was shown to be the proper bulwark for society.

A smile curved Lord Henry's lips, and he turned round and looked at Dorian.

"Are you better, my dear fellow?" he asked. "You seemed rather out of sorts at dinner."

"I am quite well, Harry. I am tired. That is all."

"You were charming last night. The little duchess is quite devoted to you. She tells me she is going down to Selby."

"She has promised to come on the twentieth." "Is Monmouth to be there, too?"

"Oh, yes, Harry."
"He bores me dreadfully, almost as much as he bores her. She is very clever, too clever for a woman. She lacks the indefinable charm of weakness. It is the feet of clay that make the gold of the image precious. Her feet are very pretty, but they are not feet of clay. White porcelain feet, if you like. They have been through the fire, and what fire does not destroy, it hardens. She has had experiences."

"How long has she been married?" asked Dorian.

"An eternity, she tells me. I believe, according to the peerage, it is ten years, but ten years with Monmouth must have been like eternity, with time thrown in. Who else is coming?"

Les hommes éclatèrent de rire et Mr Chapman remonta solennellement du bout de la table et vint s'asseoir à la place d'honneur. Dorian Gray alla se placer près de lord Henry. Mr Chapman se mit à parler très haut de la situation à la Chambre des Communes. Il avait de gros rires en nommant ses adversaires. Le mot doctrinaire – mot plein de terreurs pour l'esprit britannique – revenait de temps en temps dans sa conversation. Un préfixe allitéré est un ornement à l'art oratoire. Il élevait l' « Union Jack » sur le pinacle de la Pensée. La stupidité héréditaire de la race – qu'il dénommait jovialement le bon sens anglais – était, comme il le démontrait, le vrai rempart de la Société.

Un sourire vint aux lèvres de lord Henry qui se retourna vers Dorian.

– Êtes-vous mieux, cher ami? demanda-t-il... vous paraissiez mal à votre aise à table?

– Je suis très bien, Harry, un peu fatigué, voilà tout.

– Vous fûtes charmant hier soir. La petite duchesse est tout à fait folle de vous. Elle m'a dit qu'elle irait à Selby.

– Elle m'a promis de venir le vingt. – Est-ce que Monmouth y sera aussi?

– Oh! oui, Harry...
– Il m'ennuie terriblement, presque autant qu'il ennuie la duchesse. Elle est très intel-ligente, trop intelligente pour une femme. Elle manque de ce charme indéfinissable des faibles. Ce sont les pieds d'argile qui rendent précieux l'or de la statue. Ses pieds sont fort jolis, mais ils ne sont pas d'argile; des pieds de porcelaine blanche, si vous voulez. Ils ont passé au feu et ce que le feu ne détruit pas, il le durcit. Elle a eu des aventures...

– Depuis quand est-elle mariée? demanda Dorian.

– Depuis une éternité, m'a-t-elle dit. Je crois, d'après l'armorial, que ce doit être depuis dix ans, mais dix ans avec Monmouth peuvent compter pour une éternité. Qui viendra encore?

"Oh, the Willoughbys, Lord Rugby and his wife, our hostess, Geoffrey Clouston, the usual set. I have asked Lord Grotrian."

"I like him," said Lord Henry. "A great many people don't, but I find him charming. He atones for being occasionally somewhat overdressed by being always absolutely over-educated. He is a very modern type."

"I don't know if he will be able to come, Harry. He may have to go to Monte Carlo with his father."

"Ah! what a nuisance people's people are! Try and make him come. By the way, Dorian, you ran off very early last night. You left before eleven. What did you do afterwards? Did you go straight home?"

Dorian glanced at him hurriedly and frowned. "No, Harry," he said at last, "I did not get home till nearly three."

"Did you go to the club?"

"Yes," he answered. Then he bit his lip. "No, I don't mean that. I didn't go to the club. I walked about. I forget what I did. . . . How inquisitive you are, Harry! You always want to know what one has been doing. I always want to forget what I have been doing. I came in at half-past two, if you wish to know the exact time. I had left my latch-key at home, and my servant had to let me in. If you want any corroborative evidence on the subject, you can ask him."

Lord Henry shrugged his shoulders. "My dear fellow, as if I cared! Let us go up to the drawing-room. No sherry, thank you, Mr. Chapman. Something has happened to you, Dorian. Tell me what it is. You are not yourself to-night."

"Don't mind me, Harry. I am irritable, and out of temper. I shall come round and see you to-morrow, or next day. Make my excuses to Lady Narborough. I shan't go upstairs. I shall go home. I must go home."

"All right, Dorian. I dare say I shall see you to-morrow at tea-time. The duchess is coming."

– Oh! les Willoughbys, Lord Rugby et sa femme, notre hôtesse, Geoffrey Clouston, les habitués... J'ai invité Lord Grotrian.

– Il me plaît, dit lord Henry. Il ne plaît pas à tout le monde, mais je le trouve charmant. Il expie sa mise quelquefois exagérée et son éducation toujours trop parfaite. C'est une figure très moderne.

– Je ne sais s'il pourra venir, Harry. Il faudra peut-être qu'il aille à Monte-Carlo avec son père.

– Ah! quel peste que ces gens! Tâchez donc qu'il vienne. À propos, Dorian, vous êtes parti de bien bonne heure, hier soir. Il n'était pas encore onze heures. Qu'avez-vous fait?... Êtes-vous rentré tout droit chez vous?

Dorian le regarda brusquement. – Non, Harry, dit-il enfin. Je ne suis rentré chez moi que vers trois heures.

– Êtes-vous allé au club?

– Oui, répondit-il. Puis il se mordit les lèvres... Non, je veux dire, je ne suis pas allé au club... Je me suis promené. Je ne sais plus ce que j'ai fait... Comme vous êtes indiscret, Harry! Vous voulez toujours savoir ce qu'on fait; moi, j'ai toujours besoin d'oublier ce que j'ai fait... Je suis rentré à deux heures et demie, si vous tenez à savoir l'heure exacte; j'avais oublié ma clef et mon domestique a dû m'ouvrir. S'il vous faut des preuves, vous les lui demanderez.

Lord Henry haussa les épaules. – Comme si cela m'intéressait, mon cher ami! Montons au salon – Non, merci, Mr Chapman, pas de sherry... – Il vous est arrivé quelque chose, Dorian... Dites-moi ce que c'est. Vous n'êtes pas vous-même ce soir.

– Ne vous inquiétez pas de moi, Harry, je suis irritable, nerveux. J'irai vous voir demain ou après-demain. Faites mes excuses à lady Narborough. Je ne monterai pas. Je vais rentrer. Il faut que je rentre.

– Très bien, Dorian. J'espère que je vous verrai demain au thé; la Duchesse viendra.

"I will try to be there, Harry," he said, leaving the room. As he drove back to his own house, he was conscious that the sense of terror he thought he had strangled had come back to him. Lord Henry's casual questioning had made him lose his nerves for the moment, and he wanted his nerve still. Things that were dangerous had to be destroyed. He winced. He hated the idea of even touching them.

Yet it had to be done. He realized that, and when he had locked the door of his library, he opened the secret press into which he had thrust Basil Hallward's coat and bag. A huge fire was blazing. He piled another log on it. The smell of the singeing clothes and burning leather was horrible. It took him three-quarters of an hour to consume everything. At the end he felt faint and sick, and having lit some Algerian pastilles in a pierced copper brazier, he bathed his hands and forehead with a cool musk-scented vinegar.

– Je ferai mon possible, Harry, dit-il, en s'en allant. En rentrant chez lui il sentit que la terreur qu'il avait chassée l'envahissait de nouveau. Les questions imprévues de lord Henry, lui avaient fait perdre un instant tout son sang-froid, et il avait encore besoin de calme. Des objets dangereux restaient à détruire. Il se révoltait à l'idée de les toucher de ses mains.

Cependant il fallait que ce fût fait. Il se résigna et quand il eut fermé à clef la porte de sa bibliothèque il ouvrit le placard secret où il avait jeté le manteau et la valise de Basil Hall-ward. Un grand feu brûlait dans la cheminée; il y jeta encore une bûche. L'odeur de cuir roussi et du drap brûlé était insupportable. Il lui fallut trois quarts d'heure pour consumer le tout. À la fin, il se sentit faiblir, presque malade; et ayant allumé des pastilles d'Alger dans un brûle-parfums de cuivre ajouré, il se rafraîchit les mains et le front avec du vinaigre de toilette au musc.

Suddenly he started. His eyes grew strangely bright, and he gnawed nervously at his underlip. Between two of the windows stood a large Florentine cabinet, made out of ebony and inlaid with ivory and blue lapis. He watched it as though it were a thing that could fascinate and make afraid, as though it held something that he longed for and yet almost loathed. His breath quickened. A mad craving came over him. He lit a cigarette and then threw it away. His eyelids drooped till the long fringed lashes almost touched his cheek. But he still watched the cabinet. At last he got up from the sofa on which he had been lying, went over to it, and having unlocked it, touched some hidden spring. A triangular drawer passed slowly out. His fingers moved instinctively towards it, dipped in, and closed on something. It was a small Chinese box of black and gold-dust lacquer, elaborately wrought, the sides patterned with curved waves, and the silken cords hung with round crystals and tasselled in plaited metal threads. He opened it. Inside was a green paste, waxy in lustre, the odour curiously heavy and persistent.

He hesitated for some moments, with a strangely immobile smile upon his face. Then shivering, though the atmosphere of the room was terribly hot, he drew himself up and glanced at the clock. It was twenty minutes to twelve. He put the box back, shutting the cabinet doors as he did so, and went into his bedroom.

As midnight was striking bronze blows upon the dusky air, Dorian Gray, dressed commonly, and with a muffler wrapped round his throat, crept quietly out of his house. In Bond Street he found a hansom with a good horse. He hailed it and in a low voice gave the driver an address.

The man shook his head. "It is too far for me," he muttered.

"Here is a sovereign for you," said Dorian. "You shall have another if you drive fast."

Soudain il frissonna... Ses yeux brillaient étrangement, il mordillait fiévreusement sa lèvre inférieure. Entre deux fenêtres se trouvait un grand cabinet florentin, en ébène incrusté d'ivoire et de lapis. Il le regardait comme si c'eût été un objet capable de le ravir et de l'effrayer tout à la fois et comme s'il eût contenu quelque chose qu'il désirait et dont il avait peur. Sa respiration était haletante. Un désir fou s'empara de lui. Il alluma une cigarette, puis la jeta. Ses paupières s'abaissèrent, et les longues franges de ses cils faisaient une ombre sur ses joues. Il regarda encore le cabinet. Enfin, il se leva du divan où il était étendu, alla vers le meuble, l'ouvrit et pressa un bouton dissimulé dans un coin. Un tiroir triangulaire sortit len-tement. Ses doigts y plongèrent instinctivement et en retirèrent une petite boite de laque vieil or, délicatement travaillée; les côtés en étaient ornés de petites vagues en relief et de cordons de soie où pendaient des glands de fils métalliques et des perles de cristal. Il ouvrit la boîte. Elle contenait une pâte verte ayant l'aspect de la cire et une odeur forte et pénétrante...

Il hésita un instant, un étrange sourire aux lèvres... Il grelottait, quoique l'atmosphère de la pièce fût extraordinairement chaude, puis il s'étira, et regarda la pendule. Il était minuit moins vingt. Il remit la boîte, ferma la porte du meuble et rentra dans sa chambre.

Quand les douze coups de bronze de minuit retentirent dans la nuit épaisse, Dorian Gray, mal vêtu, le cou enveloppé d'un cache-nez, se glissait hors de sa maison. Dans Bond Street il rencontra un hansom attelé d'un bon cheval. Il le héla, et donna à voix basse une adresse au cocher.

L'homme secoua la tête. – C'est trop loin pour moi, murmura-t-il.

– Voilà un souverain pour vous, dit Dorian; vous en aurez un autre si vous allez vite.

"All right, sir," answered the man, "you will be there in an hour," and after his fare had got in he turned his horse round and drove rapidly towards the river.

– Très bien, monsieur, répondit l'homme, vous y serez dans une heure, et ayant mis son pourboire dans sa poche, il fit faire demi-tour à son cheval qui partit rapidement dans la direc-tion du fleuve.

Chapter 16

Chapitre XVI

A cold rain began to fall, and the blurred street-lamps looked ghastly in the dripping mist. The public-houses were just closing, and dim men and women were clustering in broken groups round their doors. From some of the bars came the sound of horrible laughter. In others, drunkards brawled and screamed.

Lying back in the hansom, with his hat pulled over his forehead, Dorian Gray watched with listless eyes the sordid shame of the great city, and now and then he repeated to himself the words that Lord Henry had said to him on the first day they had met, "To cure the soul by means of the senses, and the senses by means of the soul." Yes, that was the secret. He had often tried it, and would try it again now. There were opium dens where one could buy oblivion, dens of horror where the memory of old sins could be destroyed by the madness of sins that were new.

The moon hung low in the sky like a yellow skull. From time to time a huge misshapen cloud stretched a long arm across and hid it. The gas-lamps grew fewer, and the streets more narrow and gloomy. Once the man lost his way and had to drive back half a mile. A steam rose from the horse as it splashed up the puddles. The sidewindows of the hansom were clogged with a grey-flannel mist.

Une pluie froide commençait à tomber, et les réverbères luisaient fantomatiquement dans le brouillard humide. Les public-houses se fermaient et des groupes ténébreux d'hommes et de femmes se séparaient aux alentours. D'ignobles éclats de rire fusaient des bars; en d'autres, des ivrognes braillaient et criaient...

Étendu dans le hansom, son chapeau posé en arrière sur sa tête, Dorian Gray regardait avec des yeux indifférents la honte sordide de la grande ville; il se répétait à lui-même les mots que lord Henry lui avait dits le jour de leur première rencontre: « Guérir l'âme par le moyen des sens et les sens au moyen de l'âme... Oui, là était le secret; il l'avait souvent essayé et l'essaierait encore. Il y a des boutiques d'opium où l'on peut acheter l'oubli, des tanières d'horreur où la mémoire des vieux péchés s'abolit par la folie des péchés nouveaux.

La lune se levait basse dans le ciel, comme un crâne jaune... De temps à autre, un lourd nuage informe, comme un long bras, la cachait. Les réverbères devenaient de plus en plus rares, et les rues plus étroites et plus sombres... À un certain moment le cocher perdit son chemin et dut rétrograder d'un demi-mille; une vapeur enveloppait le cheval, trottant dans les flaques d'eau... Les vitres du hansom étaient ouatées d'une brume grise...

"To cure the soul by means of the senses, and the senses by means of the soul!" How the words rang in his ears! His soul, certainly, was sick to death. Was it true that the senses could cure it? Innocent blood had been spilled. What could atone for that? Ah! for that there was no atonement; but though forgiveness was impossible, forgetfulness was possible still, and he was determined to forget, to stamp the thing out, to crush it as one would crush the adder that had stung one. Indeed, what right had Basil to have spoken to him as he had done? Who had made him a judge over others? He had said things that were dreadful, horrible, not to be endured.

On and on plodded the hansom, going slower, it seemed to him, at each step. He thrust up the trap and called to the man to drive faster. The hideous hunger for opium began to gnaw at him. His throat burned and his delicate hands twitched nervously together. He struck at the horse madly with his stick. The driver laughed and whipped up. He laughed in answer, and the man was silent.

The way seemed interminable, and the streets like the black web of some sprawling spider. The monotony became unbearable, and as the mist thickened, he felt afraid.

Then they passed by lonely brickfields. The fog was lighter here, and he could see the strange, bottle-shaped kilns with their orange, fanlike tongues of fire. A dog barked as they went by, and far away in the darkness some wandering sea-gull screamed. The horse stumbled in a rut, then swerved aside and broke into a gallop.

« Guérir l'âme par le moyen des sens, et les sens au moyen de l'âme. » Ces mots son-naient singulièrement à son oreille... Oui, son âme était malade à la mort... Était-il vrai que les sens la pouvaient guérir?... Un sang innocent avait été versé... Comment racheter cela? Ah! il n'était point d'expiation!... Mais quoique le pardon fût impossible, possible encore était l'oubli, et il était déterminé à oublier cette chose, à en abolir pour jamais le souvenir, à l'écraser comme on écrase une vipère qui vous a mordu... Vraiment de quel droit Basil lui avait-il parlé ainsi? Qui l'avait autorisé à se poser en juge des autres? Il avait dit des choses qui étaient effroyables, horribles, impossibles à endurer...

Le hansom allait cahin-caha, de moins en moins vite, semblait-il... Il abaissa la trappe et dit à l'homme de se presser. Un hideux besoin d'opium commençait à le ronger. Sa gorge brûlait, et ses mains délicates se crispaient nerveusement; il frappa férocement le cheval avec sa canne. Le cocher ricana et fouetta sa bête... Il se mit à rire à son tour, et l'homme se tut...

La route était interminable, les rues lui semblaient comme la toile noire d'une invisible araignée. Cette monotonie devenait insupportable, et il s'effraya de voir le brouillard s'épaissir.

Ils passèrent près de solitaires briqueteries... Le brouillard se raréfiait, et il put voir les étranges fours en forme de bouteille d'où sortaient des langues de feu oranges en éventail. Un chien aboya comme ils passaient et dans le lointain cria quelque mouette errante. Le cheval trébucha dans une ornière, fit un écart et partit au galop...

After some time they left the clay road and rattled again over rough-paven streets. Most of the windows were dark, but now and then fantastic shadows were silhouetted against some lamplit blind. He watched them curiously. They moved like monstrous marionettes and made gestures like live things. He hated them. A dull rage was in his heart. As they turned a corner, a woman yelled something at them from an open door, and two men ran after the hansom for about a hundred yards. The driver beat at them with his whip.

It is said that passion makes one think in a circle. Certainly with hideous iteration the bitten lips of Dorian Gray shaped and reshaped those subtle words that dealt with soul and sense, till he had found in them the full expression, as it were, of his mood, and justified, by intellectual approval, passions that without such justification would still have dominated his temper. From cell to cell of his brain crept the one thought; and the wild desire to live, most terrible of all man's appetites, quickened into force each trembling nerve and fibre. Ugliness that had once been hateful to him because it made things real, became dear to him now for that very reason. Ugliness was the one reality. The coarse brawl, the loathsome den, the crude violence of disordered life, the very vileness of thief and outcast, were more vivid, in their intense actuality of impression, than all the gracious shapes of art, the dreamy shadows of song. They were what he needed for forgetfulness. In three days he would be free.

Suddenly the man drew up with a jerk at the top of a dark lane. Over the low roofs and jagged chimney-stacks of the houses rose the black masts of ships. Wreaths of white mist clung like ghostly sails to the yards. "Somewhere about here, sir, ain't it?" he asked huskily through the trap.

Au bout d'un instant, ils quittèrent le chemin glaiseux, et éveillèrent les échos des rues mal pavées... Les fenêtres n'étaient point éclairées, mais çà et là, des ombres fantastiques se silhouettaient contre des jalousies illuminées; il les observait curieusement. Elles se remuaient comme de monstrueuses marionnettes, qu'on eût dit vivantes; il les détesta... Une rage sombre était dans son cœur. Au coin d'une rue, une femme leur cria quelque chose d'une porte ouverte, et deux hommes coururent après la voiture l'espace de cent yards; le cocher les frappa de son fouet.

Il a été reconnu que la passion nous fait revenir aux mêmes pensées... Avec une hideuse réitération, les lèvres mordues de Dorian Gray répétaient et répétaient encore la phrase captieuse qui lui parlait d'âme et de sens, jusqu'à ce qu'il y eût trouvé la parfaite expression de son humeur, et justifié, par l'approbation intellectuelle, les sentiments qui le dominaient... D'une cellule à l'autre de son cerveau rampait la même pensée; et le sauvage désir de vivre, le plus terrible de tous les appétits humains, vivifiait chaque nerf et chaque fibre de son être. La laideur qu'il avait haïe parce qu'elle fait les choses réelles, lui devenait chère pour cette raison; la laideur était la seule réalité. Les abominables bagarres, l'exécrable taverne, la violence crue d'une vie désordonnée, la vilenie des voleurs et des déclassés, étaient plus vraies, dans leur intense actualité d'impression, que toutes les formes gracieuses d'art, que les ombres rêveuses du chant; c'était ce qu'il lui fallait pour l'oubli... Dans trois jours il serait libre...

Soudain, l'homme arrêta brusquement son cheval à l'entrée d'une sombre ruelle. Par-dessus les toits bas, et les souches dentelées des cheminées des maisons, s'élevaient des mâts noirs de vaisseaux; des guirlandes de blanche brume s'attachaient aux vergues ainsi que des voiles de rêve... – C'est quelque part par ici, n'est-ce pas, m'sieu? demanda la voix rauque du cocher par la trappe.

Dorian started and peered round. "This will do," he answered, and having got out hastily and given the driver the extra fare he had promised him, he walked quickly in the direction of the quay. Here and there a lantern gleamed at the stern of some huge merchantman. The light shook and splintered in the puddles. A red glare came from an outward-bound steamer that was coaling. The slimy pavement looked like a wet mackintosh.

He hurried on towards the left, glancing back now and then to see if he was being followed. In about seven or eight minutes he reached a small shabby house that was wedged in between two gaunt factories. In one of the top-windows stood a lamp. He stopped and gave a peculiar knock.

Dorian tressaillit et regarda autour de lui... – C'est bien comme cela, répondit-il; et après être sorti hâtivement du cab et avoir donné au cocher le pourboire qu'il lui avait promis, il marcha rapidement dans la direction du quai... De ci, de là, une lanterne luisait à la poupe d'un navire de commerce; la lumière dansait et se brisait dans les flots. Une rouge lueur venait d'un steamer au long cours qui faisait du charbon. Le pavé glissant avait l'air d'un mackintosh mouillé.

Il se hâta vers la gauche, regardant derrière lui de temps à autre pour voir s'il n'était pas suivi. Au bout de sept à huit minutes, il atteignit une petite maison basse, écrasée entre deux manufactures, misérables... Une lumière brillait à une fenêtre du haut. Il s'arrêta et frappa un coup particulier.

243

After a little time he heard steps in the passage and the chain being unhooked. The door opened quietly, and he went in without saying a word to the squat misshapen figure that flattened itself into the shadow as he passed. At the end of the hall hung a tattered green curtain that swayed and shook in the gusty wind which had followed him in from the street. He dragged it aside and entered a long low room which looked as if it had once been a third-rate dancing-saloon. Shrill flaring gas-jets, dulled and distorted in the fly-blown mirrors that faced them, were ranged round the walls. Greasy reflectors of ribbed tin backed them, making quivering disks of light. The floor was covered with ochre-coloured sawdust, trampled here and there into mud, and stained with dark rings of spilled liquor. Some Malays were crouching by a little charcoal stove, playing with bone counters and showing their white teeth as they chattered. In one corner, with his head buried in his arms, a sailor sprawled over a table, and by the tawdrily painted bar that ran across one complete side stood two haggard women, mocking an old man who was brushing the sleeves of his coat with an expression of disgust. "He thinks he's got red ants on him," laughed one of them, as Dorian passed by. The man looked at her in terror and began to whimper.

At the end of the room there was a little staircase, leading to a darkened chamber. As Dorian hurried up its three rickety steps, the heavy odour of opium met him. He heaved a deep breath, and his nostrils quivered with pleasure. When he entered, a young man with smooth yellow hair, who was bending over a lamp lighting a long thin pipe, looked up at him and nodded in a hesitating manner.

"You here, Adrian?" muttered Dorian.
"Where else should I be?" he answered, listlessly. "None of the chaps will speak to me now."

"I thought you had left England."

Quelques instants après, des pas se firent entendre dans le corridor, et il y eut un bruit de chaînes décrochées. La porte s'ouvrit doucement, et il entra, sans dire un mot à la vague forme humaine, qui s'effaça dans l'ombre comme il entrait. Au fond du corridor, pendait un rideau vert déchiré que souleva le vent venu de la rue. L'ayant écarté, il entra dans une longue chambre basse qui avait l'air d'un salon de danse de troisième ordre. Autour des murs, des becs de gaz répandaient une lumière éclatante qui se déformait dans les glaces pleines de chiures de mouches, situées en face. De graisseux réflecteurs d'étain à côtes se trouvaient derrière, frissonnants disques de lumière... Le plancher était couvert d'un sable jaune d'ocre, sali de boue, taché de liqueur renversée. Des Malais étaient accroupis près d'un petit fourneau à charbon de bois jouant avec des jetons d'os, et montrant en parlant des dents blanches. Dans un coin sur une table, la tête enfouie dans ses bras croisés était étendu un matelot, et devant le bar aux peintures criardes qui occupait tout un côté de la salle, deux femmes hagardes se moquaient d'un vieux qui brossait les manches de son paletot, avec une expression de dégoût... – Il croit qu'il a des fourmis rouges sur lui, dit l'une d'elles en riant, comme Dorian passait... L'homme les regardait avec terreur et se mit à geindre.

Au bout de la chambre, il y avait un petit escalier, menant à une chambre obscure. Alors que Dorian en franchit les trois marches détraquées, une lourde odeur d'opium le saisit. Il poussa un soupir profond, et ses narines palpitèrent de plaisir... En entrant, un jeune homme aux cheveux blonds et lisses, en train d'allumer à une lampe une longue pipe mince, le regarda et le salua avec hésitation.

– Vous ici, Adrien, murmura Dorian.
– Où pourrais-je être ailleurs, répondit-il insoucieusement. Personne ne veut plus me fréquenter à présent...

– Je croyais que vous aviez quitté l'Angleterre.

"Darlington is not going to do anything. My brother paid the bill at last. George doesn't speak to me either. . . . I don't care," he added with a sigh. "As long as one has this stuff, one doesn't want friends. I think I have had too many friends."

Dorian winced and looked round at the grotesque things that lay in such fantastic postures on the ragged mattresses. The twisted limbs, the gaping mouths, the staring lustreless eyes, fascinated him. He knew in what strange heavens they were suffering, and what dull hells were teaching them the secret of some new joy. They were better off than he was. He was prisoned in thought. Memory, like a horrible malady, was eating his soul away. From time to time he seemed to see the eyes of Basil Hallward looking at him. Yet he felt he could not stay. The presence of Adrian Singleton troubled him. He wanted to be where no one would know who he was. He wanted to escape from himself.

"I am going on to the other place," he said after a pause.

"On the wharf?"

"Yes."

"That mad-cat is sure to be there. They won't have her in this place now."

Dorian shrugged his shoulders. "I am sick of women who love one. Women who hate one are much more interesting. Besides, the stuff is better."

"Much the same."

"I like it better. Come and have something to drink. I must have something."

"I don't want anything," murmured the young man.

"Never mind."

– Darlington ne veut rien faire... Mon frère a enfin payé la note... Georges ne veut pas me parler non plus. Ça m'est égal, ajouta-t-il avec un soupir... Tant qu'on a cette drogue, on n'a pas besoin d'amis. Je pense que j'en ai eu de trop...

Dorian recula, et regarda autour de lui les gens grotesques, qui gisaient avec des pos-tures fantastiques sur des matelas en loques... Ces membres déjetés, ces bouches béantes, ces yeux ouverts et vitreux, l'attirèrent... Il savait dans quels étranges cieux ils souffraient, et quels ténébreux enfers leur apprenaient le secret de nouvelles joies; ils étaient mieux que lui, emprisonné dans sa pensée. La mémoire, comme une horrible maladie, rongeait son âme; de temps à autre, il voyait les yeux de Basil Hallward fixés sur lui... Cependant, il ne pouvait rester là; la présence d'Adrien Singleton le gênait; il avait besoin d'être dans un lieu où personne ne sût qui il était; il aurait voulu s'échapper de lui-même...

– Je vais dans un autre endroit, dit-il au bout d'un instant.

– Sur le quai?...

– Oui...

– Cette folle y sera sûrement; on n'en veut plus ici...
Dorian leva les épaules.

– Je suis malade des femmes qui aiment: les femmes qui haïssent sont beaucoup plus intéressantes. D'ailleurs, cette drogue est encore meilleure...

– C'est tout à fait pareil...

– Je préfère cela. Venez boire quelque chose; j'en ai grand besoin.

–Moi, je n'ai besoin de rien, murmura le jeune homme.

– Ça ne fait rien.

Adrian Singleton rose up wearily and followed Dorian to the bar. A half-caste, in a ragged turban and a shabby ulster, grinned a hideous greeting as he thrust a bottle of brandy and two tumblers in front of them. The women sidled up and began to chatter. Dorian turned his back on them and said something in a low voice to Adrian Singleton.

A crooked smile, like a Malay crease, writhed across the face of one of the women. "We are very proud to-night," she sneered.

"For God's sake don't talk to me," cried Dorian, stamping his foot on the ground. "What do you want? Money? Here it is. Don't ever talk to me again."

Two red sparks flashed for a moment in the woman's sodden eyes, then flickered out and left them dull and glazed. She tossed her head and raked the coins off the counter with greedy fingers. Her companion watched her enviously.

"It's no use," sighed Adrian Singleton. "I don't care to go back. What does it matter? I am quite happy here."

"You will write to me if you want anything, won't you?" said Dorian, after a pause.

"Perhaps."

"Good night, then."

"Good night," answered the young man, passing up the steps and wiping his parched mouth with a handkerchief.

Dorian walked to the door with a look of pain in his face. As he drew the curtain aside, a hideous laugh broke from the painted lips of the woman who had taken his money. "There goes the devil's bargain!" she hiccoughed, in a hoarse voice.

"Curse you!" he answered, "don't call me that."

She snapped her fingers. "Prince Charming is what you like to be called, ain't it?" she yelled after him.

Adrien Singleton se leva paresseusement et suivit Dorian au bar. Un mulâtre, dans un turban déchiré et un ulster sale, grimaça un hideux salut en posant une bouteille de brandy et deux gobelets devant eux. Les femmes se rapprochèrent douce-ment, et se mirent à bavarder. Dorian leur tourna le dos, et, à voix basse, dit quelque chose à Adrien Singleton.

Un sourire pervers, comme un kriss malais, se tordit sur la face de l'une des femmes: – Il paraît que nous sommes bien fiers ce soir, ricana-t-elle.

– Ne me parlez pas, pour l'amour de Dieu, cria Dorian, frappant du pied. Que désirez-vous? de l'argent? en voilà! Ne me parlez plus...

Deux éclairs rouges traversèrent les yeux boursouflés de la femme, et s'éteignirent, les laissant vitreux et sombres. Elle hocha la tête et rafla la monnaie sur le comptoir avec des mains avides... Sa compagne la regardait envieusement...

– Ce n'est point la peine, soupira Adrien Singleton. Je ne me soucie pas de revenir? À quoi cela me servirait-il? Je suis tout à fait heureux maintenant...

– Vous m'écrirez si vous avez besoin de quelque chose, n'est-ce pas? dit Dorian un moment après.

– Peut-être!...

– Bonsoir, alors.

– Bonsoir... répondit le jeune homme, en remontant les marches, essuyant ses lèvres desséchées avec un mouchoir.

Dorian se dirigea vers la porte, la face douloureuse; comme il tirait le rideau, un rire ignoble jaillit des lèvres peintes de la femme qui avait pris l'argent. – C'est le marché du démon! hoqueta-t-elle d'une voix éraillée.

– Malédiction, cria-t-il, ne me dites pas cela! Elle fit claquer ses doigts...

– C'est le Prince Charmant que vous aimez être appelé, n'est-ce pas? glapit-elle der-rière lui.

The drowsy sailor leaped to his feet as she spoke, and looked wildly round. The sound of the shutting of the hall door fell on his ear. He rushed out as if in pursuit.

Dorian Gray hurried along the quay through the drizzling rain. His meeting with Adrian Singleton had strangely moved him, and he wondered if the ruin of that young life was really to be laid at his door, as Basil Hallward had said to him with such infamy of insult. He bit his lip, and for a few seconds his eyes grew sad. Yet, after all, what did it matter to him? One's days were too brief to take the burden of another's errors on one's shoulders. Each man lived his own life and paid his own price for living it. The only pity was one had to pay so often for a single fault. One had to pay over and over again, indeed. In her dealings with man, destiny never closed her accounts.

There are moments, psychologists tell us, when the passion for sin, or for what the world calls sin, so dominates a nature that every fibre of the body, as every cell of the brain, seems to be instinct with fearful impulses. Men and women at such moments lose the freedom of their will. They move to their terrible end as automatons move. Choice is taken from them, and conscience is either killed, or, if it lives at all, lives but to give rebellion its fascination and disobedience its charm. For all sins, as theologians weary not of reminding us, are sins of disobedience. When that high spirit, that morning star of evil, fell from heaven, it was as a rebel that he fell.

Le matelot assoupi, bondit sur ses pieds à ces paroles, et regarda autour de lui, sauva-gement. Il entendit le bruit de la porte du corridor se fermant... Il se précipita dehors en cou-rant.

Dorian Gray se hâtait le long des quais sous la bruine. Sa rencontre avec Adrien Singleton l'avait étrangement ému; il s'étonnait que la ruine de cette jeune vie fût réellement son fait, comme Basil Hallward le lui avait dit d'une manière si insultante. Il mordit ses lèvres et ses yeux s'attristèrent un moment. Après tout, qu'est-ce que cela pouvait lui faire?... La vie est trop courte pour supporter encore le fardeau des erreurs d'autrui. Chaque homme vivait sa propre vie, et la payait son prix pour la vivre... Le seul malheur était que l'on eût à payer si souvent pour une seule faute, car il fallait payer toujours et encore... Dans ses marchés avec les hommes, la Destinée ne ferme jamais ses comptes.

Les psychologues nous disent, quand la passion pour le vice, ou ce que les hommes appellent vice, domine notre nature, que chaque fibre du corps, chaque cellule de la cervelle, semblent être animées de mouvements effrayants; les hommes et les femmes, dans de tels moments, perdent le libre exercice de leur volonté; ils marchent vers une fin terrible comme des automates. Le choix leur est refusé et la conscience elle-même est morte, ou, si elle vit encore, ne vit plus que pour donner à la rébellion son attrait, et son charme à la désobéissance; car tous les péchés, comme les théologiens sont fatigués de nous le rappeler, sont des péchés de désobéissance. Quand cet Ange hautain, étoile du matin, tomba du ciel, ce fut en rebelle qu'il tomba!...

Callous, concentrated on evil, with stained mind, and soul hungry for rebellion, Dorian Gray hastened on, quickening his step as he went, but as he darted aside into a dim archway, that had served him often as a short cut to the ill-famed place where he was going, he felt himself suddenly seized from behind, and before be had time to defend himself, he was thrust back against the wall, with a brutal hand round his throat.

He struggled madly for life, and by a terrible effort wrenched the tightening fingers away. In a second he heard the click of a revolver, and saw the gleam of a polished barrel, pointing straight at his head, and the dusky form of a short, thick-set man facing him.

"What do you want?" he gasped.
"Keep quiet," said the man. "If you stir, I shoot you."

"You are mad. What have I done to you?"
"You wrecked the life of Sibyl Vane," was the answer, "and Sibyl Vane was my sister. She killed herself. I know it. Her death is at your door. I swore I would kill you in return. For years I have sought you. I had no clue, no trace. The two people who could have described you were dead. I knew nothing of you but the pet name she used to call you. I heard it to-night by chance. Make your peace with God, for to- night you are going to die."

Dorian Gray grew sick with fear. "I never knew her," he stammered. "I never heard of her. You are mad."

"You had better confess your sin, for as sure as I am James Vane, you are going to die." There was a horrible moment. Dorian did not know what to say or do. "Down on your knees!" growled the man. "I give you one minute to make your peace--no more. I go on board to-night for India, and I must do my job first. One minute. That's all."

Dorian's arms fell to his side. Paralysed with terror, he did not know what to do. Suddenly a wild hope flashed across his brain.

Endurci, concentré dans le mal, l'esprit souillé, l'âme assoiffée de révolte, Dorian Gray hâtait le pas de plus en plus... Comme il pénétrait sous une arcade sombre, il avait accoutumé souvent de prendre pour abréger son chemin vers l'endroit mal famé où il allait, il se sentit subitement saisi par derrière, et avant qu'il eût le temps de se défendre, il était violemment projeté contre le mur; une main brutale lui étreignait la gorge!...

Il se défendit follement, et par un effort désespéré, détacha de son cou les doigts qui l'étouffaient... Il entendit le déclic d'un revolver et aperçut la lueur d'un canon poli pointé vers sa tête, et la forme obscure d'un homme court et râblé...

– Que voulez-vous? balbutia-t-il.
– Restez tranquille! dit l'homme. Si vous bougez, je vous tue!...

– Vous êtes fou! Que vous ai-je fait?
– Vous avez perdu la vie de Sibyl Vane, et Sibyl Vane était ma sœur! Elle s'est tuée, je le sais... Mais sa mort est votre œuvre, et je jure que je vais vous tuer... Je vous ai cherché pendant des années, sans guide, sans trace. Les deux personnes qui vous connaissaient sont mortes. Je ne savais rien de vous, sauf le nom favori dont elle vous appelait. Par hasard, je l'ai entendu ce soir. Réconciliez-vous avec Dieu, car, ce soir, vous allez mourir!...

Dorian Gray faillit s'évanouir de terreur... – Je ne l'ai jamais connue, murmura-t-il, je n'ai jamais entendu parler d'elle, vous êtes fou...

– Vous feriez mieux de confesser votre péché, car aussi vrai que je suis James Vane, vous allez mourir! Le moment était terrible!... Dorian ne savait que faire, que dire!... – À genoux! cria l'homme. Vous avez encore une minute pour vous confesser, pas plus. Je pars demain pour les Indes et je dois d'abord régler cela... Une minute! Pas plus!...

Les bras de Dorian retombèrent. Paralysé de terreur, il ne pouvait penser... Soudain, une ardente espérance lui traversa l'esprit!...

"Stop," he cried. "How long ago is it since your sister died? Quick, tell me!"

"Eighteen years," said the man. "Why do you ask me? What do years matter?"

"Eighteen years," laughed Dorian Gray, with a touch of triumph in his voice. "Eighteen years! Set me under the lamp and look at my face!"

James Vane hesitated for a moment, not understanding what was meant. Then he seized Dorian Gray and dragged him from the archway.

Dim and wavering as was the wind-blown light, yet it served to show him the hideous error, as it seemed, into which he had fallen, for the face of the man he had sought to kill had all the bloom of boyhood, all the unstained purity of youth. He seemed little more than a lad of twenty summers, hardly older, if older indeed at all, than his sister had been when they had parted so many years ago. It was obvious that this was not the man who had destroyed her life.

He loosened his hold and reeled back. "My God! my God!" he cried, "and I would have murdered you!" Dorian Gray drew a long breath.

"You have been on the brink of committing a terrible crime, my man," he said, looking at him sternly. "Let this be a warning to you not to take vengeance into your own hands."

"Forgive me, sir," muttered James Vane. "I was deceived. A chance word I heard in that damned den set me on the wrong track."

"You had better go home and put that pistol away, or you may get into trouble," said Dorian, turning on his heel and going slowly down the street.

James Vane stood on the pavement in horror. He was trembling from head to foot. After a little while, a black shadow that had been creeping along the dripping wall moved out into the light and came close to him with stealthy footsteps. He felt a hand laid on his arm and looked round with a start. It was one of the women who had been drinking at the bar.

– Arrêtez! cria-t-il. Il y a combien de temps que votre sœur est morte? Vite, dites-moi!...

– Dix huit ans, dit l'homme. Pourquoi cette question? Le temps n'y fait rien...

– Dix-huit ans, répondit Dorian Gray, avec un rire triomphant... Dix-huit ans! Condui-sez-moi sous une lanterne et voyez mon visage!...

James Vane hésita un moment, ne comprenant pas ce que cela voulait dire, puis il saisit Dorian Gray et le tira hors de l'arcade...

Bien que la lumière de la lanterne fut indécise et vacillante, elle suffit cependant à lui montrer, lui sembla-t-il, l'erreur effroyable dans laquelle il était tombé, car la face de l'homme qu'il allait tuer avait toute la fraîcheur de l'adolescence et la pureté sans tache de la jeunesse. Il paraissait avoir un peu plus de vingt ans, à peine plus; il ne devait guère être plus vieux que sa sœur, lorsqu'il la quitta, il y avait tant d'années... Il devenait évident que ce n'était pas l'homme qui avait détruit sa vie...

Il le lâcha, et recula... – Mon Dieu! Mon Dieu, cria-t-il!... Et j'allais vous tuer! Dorian Gray respira...

– Vous avez failli commettre un crime horrible, mon ami, dit-il, le regardant sévère-ment. Que cela vous soit un avertissement de ne point chercher à vous venger vous-même.

– Pardonnez-moi, monsieur, murmura James Vane... On m'a trompé. Un mot que j'ai entendu dans cette maudite taverne m'a mis sur une fausse piste.

– Vous feriez mieux de rentrer chez vous et de serrer ce revolver qui pourrait vous atti-rer des ennuis, dit Dorian Gray en tournant les talons et descendant doucement la rue.

James Vane restait sur le trottoir, rempli d'horreur, tremblant de la tête aux pieds... Il ne vit pas une ombre noire, qui, depuis un instant, rampait le long du mur suintant, fut un moment dans la lumière, et s'approcha de lui à pas de loup... Il sentit une main qui se posait sur son bras, et se retourna en tressaillant... C'était une des femmes qui buvaient au bar.

"Why didn't you kill him?" she hissed out, putting haggard face quite close to his. "I knew you were following him when you rushed out from Daly's. You fool! You should have killed him. He has lots of money, and he's as bad as bad."

"He is not the man I am looking for," he answered, "and I want no man's money. I want a man's life. The man whose life I want must be nearly forty now. This one is little more than a boy. Thank God, I have not got his blood upon my hands."

The woman gave a bitter laugh. "Little more than a boy!" she sneered. "Why, man, it's nigh on eighteen years since Prince Charming made me what I am."

"You lie!" cried James Vane.

She raised her hand up to heaven. "Before God I am telling the truth," she cried.

"Before God?"

"Strike me dumb if it ain't so. He is the worst one that comes here. They say he has sold himself to the devil for a pretty face. It's nigh on eighteen years since I met him. He hasn't changed much since then. I have, though," she added, with a sickly leer.

"You swear this?"

"I swear it," came in hoarse echo from her flat mouth. "But don't give me away to him," she whined; "I am afraid of him. Let me have some money for my night's lodging."

He broke from her with an oath and rushed to the corner of the street, but Dorian Gray had disappeared. When he looked back, the woman had vanished also.

– Pourquoi ne l'avez-vous pas tué, siffla-t-elle, en approchant de lui sa face hagarde. Je savais que vous le suiviez quand vous vous êtes précipité de chez Daly. Fou que vous êtes! Vous auriez dû le tuer! Il a beaucoup d'argent, et il est aussi mauvais que mauvais!...

– Ce n'était pas l'homme que je cherchais, répondit-il, et je n'ai besoin de l'argent de personne. J'ai besoin de la vie d'un homme! L'homme que je veux tuer a près de quarante ans. Celui-là était à peine un adolescent. Dieu merci! Je n'ai pas souillé mes mains de son sang.

La femme eut un rire amer... – À peine un adolescent, ricana-t-elle... Savez-vous qu'il y a près de dix-huit ans que le Prince Charmant m'a fait ce que je suis?

– Vous mentez! cria James Vane.

Elle leva les mains au ciel. – Devant Dieu, je dis la vérité! s'écria-t-elle...

– Devant Dieu!...

– Que je devienne muette s'il n'en est ainsi. C'est le plus mauvais de ceux qui viennent ici. On dit qu'il s'est vendu au diable pour garder sa belle figure! Il y a près de dix-huit ans que je l'ai rencontré. Il n'a pas beaucoup changé depuis. C'est comme je vous le dis, ajouta-t-elle avec un regard mélancolique.

– Vous le jurez?...

– Je le jure, dirent ses lèvres en écho. Mais ne me trahissez pas, gémit-elle. Il me fait peur. Donnez-moi quelque argent pour trouver un logement cette nuit.

Il la quitta avec un juron, et se précipita au coin de la rue, mais Dorian Gray avait dis-paru... Quand il revint, la femme était partie aussi...

Chapter 17

A week later Dorian Gray was sitting in the conservatory at Selby Royal, talking to the pretty Duchess of Monmouth, who with her husband, a jaded-looking man of sixty, was amongst his guests. It was tea- time, and the mellow light of the huge, lace-covered lamp that stood on the table lit up the delicate china and hammered silver of the service at which the duchess was presiding. Her white hands were moving daintily among the cups, and her full red lips were smiling at something that Dorian had whispered to her. Lord Henry was lying back in a silk-draped wicker chair, looking at them. On a peach-coloured divan sat Lady Narborough, pretending to listen to the duke's description of the last Brazilian beetle that he had added to his collection. Three young men in elaborate smoking-suits were handing tea-cakes to some of the women. The house-party consisted of twelve people, and there were more expected to arrive on the next day.

"What are you two talking about?" said Lord Henry, strolling over to the table and putting his cup down. "I hope Dorian has told you about my plan for rechristening everything, Gladys. It is a delightful idea."

"But I don't want to be rechristened, Harry," rejoined the duchess, looking up at him with her wonderful eyes. "I am quite satisfied with my own name, and I am sure Mr. Gray should be satisfied with his."

Chapitre XVII

Une semaine plus lard, Dorian Gray était assis dans la serre de Selby Royal, parlant à la jolie duchesse de Monmouth, qui, avec son mari, un homme de soixante ans, à l'air fatigué, était parmi ses hôtes. C'était l'heure du thé, et la douce lumière de la grosse lampe couverte de dentelle qui reposait sur la table, faisait briller les chines délicats et l'argent repoussé du service; la duchesse présidait la réception. Ses mains blanches se mouvaient gentiment parmi les tasses, et ses lèvres d'un rouge sanglant riaient à quelque chose que Dorian lui soufflait. Lord Henry était étendu sur une chaise d'osier drapée de soie, les regardant. Sur un divan de couleur pêche, lady Narborough feignait d'écouter la description que lui faisait le duc du dernier scarabée brésilien dont il venait d'enrichir sa collection. Trois jeunes gens en des smokings recherchés offraient des gâteaux à quelques dames. La société était composée de douze personnes et l'on en attendait plusieurs autres pour le jour suivant.

– De quoi parlez-vous? dit lord Henry se penchant vers la table et y déposant sa tasse. J'espère que Dorian vous fait part de mon plan de rebaptiser toute chose, Gladys. C'est une idée charmante.

– Mais je n'ai pas besoin d'être rebaptisée, Harry, répliqua la duchesse, le regardant de ses beaux yeux. Je suis très satisfaite de mon nom, et je suis certaine que Mr Gray est content du sien.

"My dear Gladys, I would not alter either name for the world. They are both perfect. I was thinking chiefly of flowers. Yesterday I cut an orchid, for my button-hole. It was a marvellous spotted thing, as effective as the seven deadly sins. In a thoughtless moment I asked one of the gardeners what it was called. He told me it was a fine specimen of Robinsoniana, or something dreadful of that kind. It is a sad truth, but we have lost the faculty of giving lovely names to things. Names are everything. I never quarrel with actions. My one quarrel is with words. That is the reason I hate vulgar realism in literature. The man who could call a spade a spade should be compelled to use one. It is the only thing he is fit for."

"Then what should we call you, Harry?" she asked.

"His name is Prince Paradox," said Dorian.
"I recognize him in a flash," exclaimed the duchess.

"I won't hear of it," laughed Lord Henry, sinking into a chair. "From a label there is no escape! I refuse the title."

"Royalties may not abdicate," fell as a warning from pretty lips.

"You wish me to defend my throne, then?"
"Yes.
"I give the truths of to-morrow."

"I prefer the mistakes of to-day," she answered. "You disarm me, Gladys," he cried, catching the wilfulness of her mood.

"Of your shield, Harry, not of your spear."
"I never tilt against beauty," he said, with a wave of his hand.

"That is your error, Harry, believe me. You value beauty far too much."

— Ma chère Gladys, je ne voudrais changer aucun de vos deux noms pour tout au monde; ils sont tous deux parfaits... Je pensais surtout aux fleurs... Hier, je cueillis une orchi-dée pour ma boutonnière. C'était une adorable fleur tachetée, aussi perverse que les sept péchés capitaux. Distraitement, je demandais à l'un des jardiniers comment elle s'appelait. Il me répondit que c'était un beau spécimen de Robinsoniana ou quelque chose d'aussi affreux... C'est une triste vérité, mais nous avons perdu la faculté de donner de jolis noms aux objets. Les noms sont tout. Je ne me dispute jamais au sujet des faits; mon unique querelle est sur les mots: c'est pourquoi je hais le réalisme vulgaire en littérature. L'homme qui appellerait une bêche, une bêche, devrait être forcé d'en porter une; c'est la seule chose qui lui conviendrait...

— Alors, comment vous appellerons-nous, Harry, demanda-t-elle.

— Son nom est le prince Paradoxe, dit Dorian.

— Je le reconnais à ce trait, s'exclama la duchesse.

— Je ne veux rien entendre, dit lord Henry, s'asseyant dans un fauteuil. On ne peut se débarrasser d'une étiquette. Je refuse le titre.

— Les Majestés ne peuvent abdiquer, avertirent de jolies lèvres.

— Vous voulez que je défende mon trône, alors?...
— Oui.
— Je dirai les vérités de demain.

— Je préfère les fautes d'aujourd'hui, répondit la duchesse. — Vous me désarmez, Gladys, s'écria-t-il, imitant son opiniâtreté.

— De votre bouclier, Harry, non de votre lance...
— Je ne joute jamais contre la beauté, dit-il avec son inclinaison de main.

— C'est une erreur, croyez-moi. Vous mettez la beauté trop haut.

"How can you say that? I admit that I think that it is better to be beautiful than to be good. But on the other hand, no one is more ready than I am to acknowledge that it is better to be good than to be ugly."

"Ugliness is one of the seven deadly sins, then?" cried the duchess. "What becomes of your simile about the orchid?"

"Ugliness is one of the seven deadly virtues, Gladys. You, as a good Tory, must not underrate them. Beer, the Bible, and the seven deadly virtues have made our England what she is."

"You don't like your country, then?" she asked.

"I live in it."

"That you may censure it the better."

"Would you have me take the verdict of Europe on it?" he inquired.

"What do they say of us?"

"That Tartuffe has emigrated to England and opened a shop."

"Is that yours, Harry?"

"I give it to you."

"I could not use it. It is too true."

"You need not be afraid. Our countrymen never recognize a description."

"They are practical."

"They are more cunning than practical. When they make up their ledger, they balance stupidity by wealth, and vice by hypocrisy."

"Still, we have done great things."

"Great things have been thrust on us, Gladys."

"We have carried their burden."

"Only as far as the Stock Exchange."

She shook her head. "I believe in the race," she cried.

"It represents the survival of the pushing."

"It has development."

"Decay fascinates me more."

"What of art?" she asked.

"It is a malady."

"Love?"

"An illusion."

– Comment pouvez-vous dire cela? Je crois, je l'avoue, qu'il vaut mieux être beau que bon. Mais d'un autre côté, personne n'est plus disposé que je ne le suis à reconnaître qu'il vaut mieux être bon que laid.

– La laideur est alors un des sept péchés capitaux, s'écria la duchesse. Qu'advient-il de votre comparaison sur les orchidées?...

– La laideur est une des sept vertus capitales, Gladys. Vous, en bonne Tory, ne devez les mésestimer. La bière, la Bible et les sept vertus capitales ont fait notre Angleterre ce qu'elle est.

– Vous n'aimez donc pas votre pays?

– J'y vis.

– C'est que vous en censurez le meilleur!

– Voudriez-vous que je m'en rapportasse au verdict de l'Europe sur nous? interrogea-t-il.

– Que dit-elle de nous?

– Que Tartuffe a émigré en Angleterre et y a ouvert boutique.

– Est-ce de vous, Harry?

– Je vous le donne.

– Je ne puis m'en servir, c'est trop vrai.

– Vous n'avez rien à craindre; nos compatriotes ne se reconnaissent jamais dans une description.

– Ils sont pratiques.

– Ils sont plus rusés que pratiques. Quand ils établissent leur grand livre, ils balancent la stupidité par la fortune et le vice par l'hypocrisie.

– Cependant, nous avons fait de grandes choses.

– Les grandes choses nous furent imposées, Gladys.

– Nous en avons porté le fardeau.

– Pas plus loin que le Stock Exchange.

Elle secoua la tête. – Je crois dans la race, s'écria-t-elle.

– Elle représente les survivants de la poussée.

– Elle suit son développement.

– La décadence m'intéresse plus.

– Qu'est-ce que l'Art? demanda-t-elle.

– Une maladie.

– L'Amour?

– Une illusion.

"Religion?"

"The fashionable substitute for belief."

"You are a sceptic."

"Never! Scepticism is the beginning of faith."

"What are you?"

"To define is to limit."

"Give me a clue."

"Threads snap. You would lose your way in the labyrinth."

"You bewilder me. Let us talk of some one else."

"Our host is a delightful topic. Years ago he was christened Prince Charming."

"Ah! don't remind me of that," cried Dorian Gray.

"Our host is rather horrid this evening," answered the duchess, colouring. "I believe he thinks that Monmouth married me on purely scientific principles as the best specimen he could find of a modern butterfly."

"Well, I hope he won't stick pins into you, Duchess," laughed Dorian.

"Oh! my maid does that already, Mr. Gray, when she is annoyed with me."

"And what does she get annoyed with you about, Duchess?"

"For the most trivial things, Mr. Gray, I assure you. Usually because I come in at ten minutes to nine and tell her that I must be dressed by half-past eight."

"How unreasonable of her! You should give her warning."

"I daren't, Mr. Gray. Why, she invents hats for me. You remember the one I wore at Lady Hilstone's garden-party? You don't, but it is nice of you to pretend that you do. Well, she made if out of nothing. All good hats are made out of nothing."

- La religion?

- Une chose qui remplace élégamment la Foi.

- Vous êtes un sceptique.

- Jamais! Le scepticisme est le commencement de la Foi.

- Qu'êtes-vous?

- Définir est limiter.

- Donnez-moi un guide.

- Les fils sont brisés. Vous vous perdriez dans le labyrinthe.

- Vous m'égarez... Parlons d'autre chose.

- Notre hôte est un sujet délicieux. Il fut baptisé, il y a des ans, le Prince Charmant.

- Ah! Ne me faites pas souvenir de cela! s'écria Dorian Gray.

- Notre hôte est plutôt désagréable ce soir, remarqua avec enjouement la duchesse. Je crois qu'il pense que Monmouth ne m'a épousée, d'après ses principes scientifiques, que comme le meilleur spécimen qu'il a pu trouver du papillon moderne.

- J'espère du moins que l'idée ne lui viendra pas de vous transpercer d'une épingle, duchesse, dit Dorian en souriant.

- Oh! ma femme de chambre s'en charge... quand je l'ennuie...

- Et comment pouvez-vous l'ennuyer, duchesse?

- Pour les choses les plus triviales, je vous assure. Ordinairement, parce que j'arrive à neuf heures moins dix et que je lui confie qu'il faut que je sois habillée pour huit heures et demie.

- Quelle erreur de sa part!... Vous devriez la congédier.

- Je n'ose, Mr Gray. Pensez donc, elle m'invente des chapeaux. Vous souvenez-vous de celui que je portais au garden-party de Lady Hilstone?... Vous ne vous en souvenez pas, je le sais, mais c'est gentil de votre part de faire semblant de vous en souvenir. Eh bien! il a été fait avec rien; tous les jolis chapeaux sont faits de rien.

"Like all good reputations, Gladys," interrupted Lord Henry. "Every effect that one produces gives one an enemy. To be popular one must be a mediocrity."

"Not with women," said the duchess, shaking her head; "and women rule the world. I assure you we can't bear mediocrities. We women, as some one says, love with our ears, just as you men love with your eyes, if you ever love at all."

"It seems to me that we never do anything else," murmured Dorian.

"Ah! then, you never really love, Mr. Gray," answered the duchess with mock sadness.

"My dear Gladys!" cried Lord Henry. "How can you say that? Romance lives by repetition, and repetition converts an appetite into an art. Besides, each time that one loves is the only time one has ever loved. Difference of object does not alter singleness of passion. It merely intensifies it. We can have in life but one great experience at best, and the secret of life is to reproduce that experience as often as possible."

"Even when one has been wounded by it, Harry?" asked the duchess after a pause. "Especially when one has been wounded by it," answered Lord Henry.

The duchess turned and looked at Dorian Gray with a curious expression in her eyes. "What do you say to that, Mr. Gray?" she inquired.

Dorian hesitated for a moment. Then he threw his head back and laughed. "I always agree with Harry, Duchess." "Even when he is wrong?"

"Harry is never wrong, Duchess."
"And does his philosophy make you happy?"
"I have never searched for happiness. Who wants happiness? I have searched for pleasure."

"And found it, Mr. Gray?"
"Often. Too often."

— Comme les bonnes réputations, Gladys, interrompit lord Henry... Chaque effet que vous produisez vous donne un ennemi de plus. Pour être populaire, il faut être médiocre.

— Pas avec les femmes, fit la duchesse hochant la tête, et les femmes gouvernent le monde. Je vous assure que nous ne pouvons supporter les médiocrités. Nous autres femmes, comme on dit, aimons avec nos oreilles comme vous autres hommes, aimez avec vos yeux, si toutefois vous aimez jamais...

— Il me semble que nous ne faisons jamais autre chose, murmura Dorian.

— Ah! alors, vous n'avez jamais réellement aimé, Mr Gray, répondit la duchesse sur un ton de moquerie triste.

— Ma chère Gladys, s'écria lord Henry, comment pouvez-vous dire cela? La passion vit par sa répétition et la répétition convertit en art un penchant. D'ailleurs, chaque fois qu'on aime c'est la seule fois qu'on ait jamais aimé. La différence d'objet n'altère pas la sincérité de la passion; elle l'intensifie simplement. Nous ne pouvons avoir dans la vie au plus qu'une grande expérience, et le secret de la vie est de la reproduire le plus souvent possible.

— Même quand vous fûtes blessé par elle, Harry? demanda la duchesse après un si-lence. — Surtout quand on fut blessé par elle, répondit lord Henry.

Une curieuse expression dans l'œil, la duchesse, se tournant, regarda Dorian Gray: — Que dites-vous de cela, Mr Gray? interrogea-t-elle.

Dorian hésita un instant; il rejeta sa tête en arrière, et riant: — Je suis toujours d'accord avec Harry, Duchesse. — Même quand il a tort?

— Harry n'a jamais tort, Duchesse.

— Et sa philosophie vous rend heureux?

— Je n'ai jamais recherché le bonheur. Qui a besoin du bonheur?... Je n'ai cherché que le plaisir.

— Et vous l'avez trouvé, Mr Gray?

— Souvent, trop souvent...

The duchess sighed. "I am searching for peace," she said, "and if I don't go and dress, I shall have none this evening."

"Let me get you some orchids, Duchess," cried Dorian, starting to his feet and walking down the conservatory.

"You are flirting disgracefully with him," said Lord Henry to his cousin. "You had better take care. He is very fascinating."

"If he were not, there would be no battle."

"Greek meets Greek, then?"

"I am on the side of the Trojans. They fought for a woman."

"They were defeated."

"There are worse things than capture," she answered.

"You gallop with a loose rein."

"Pace gives life," was the riposte.

"I shall write it in my diary to-night."

"What?"

"That a burnt child loves the fire."

"I am not even singed. My wings are untouched."

"You use them for everything, except flight."

"Courage has passed from men to women. It is a new experience for us."

"You have a rival."

"Who?"

He laughed. "Lady Narborough," he whispered. "She perfectly adores him."

"You fill me with apprehension. The appeal to antiquity is fatal to us who are romanticists."

"Romanticists! You have all the methods of science."

"Men have educated us."

"But not explained you."

"Describe us as a sex," was her challenge.

"Sphinxes without secrets."

She looked at him, smiling. "How long Mr. Gray is!" she said. "Let us go and help him. I have not yet told him the colour of my frock."

La duchesse soupira... — Je cherche la paix, dit-elle, et si je ne vais pas m'habiller, je ne la trouverai pas ce soir.

— Laissez-moi vous cueillir quelques orchidées, duchesse, s'écria Dorian en se levant et marchant dans la serre...

— Vous flirtez de trop près avec lui, dit lord Henry à sa cousine. Faites attention. Il est fascinant...

— S'il ne l'était pas, il n'y aurait point de combat.

— Les Grecs affrontent les Grecs, alors?

— Je suis du côté des Troyens; ils combattaient pour une femme.

— Ils furent défaits...

— Il y a des choses plus tristes que la défaite, répondit-elle.

— Vous galopez, les rênes sur le cou...

— C'est l'allure qui nous fait vivre.

— J'écrirai cela dans mon journal ce soir.

— Quoi?

— Qu'un enfant brûlé aime le feu.

— Je ne suis pas même roussie; mes ailes sont intactes.

— Vous en usez pour tout, excepté pour la fuite.

— Le courage a passé des hommes aux femmes. C'est une nouvelle expérience pour nous.

— Vous avez une rivale.

— Qui?

— Lady Narborough, souffla-t-il en riant. Elle l'adore.

— Vous me remplissez de crainte. Le rappel de l'antique nous est fatal, à nous qui sommes romantiques.

— Romantiques! Vous avez toute la méthode de la science.

— Les hommes ont fait notre éducation.

— Mais ne vous ont pas expliquées...

— Décrivez-nous comme sexe, fut le défi.

— Des sphinges sans secrets.

Elle le regarda, souriante... — Comme Mr Gray est longtemps, dit-elle. Allons l'aider. Je ne lui ai pas dit la couleur de ma robe.

"Ah! you must suit your frock to his flowers, Gladys."

"That would be a premature surrender."

"Romantic art begins with its climax."

"I must keep an opportunity for retreat."

"In the Parthian manner?"

"They found safety in the desert. I could not do that."

"Women are not always allowed a choice," he answered, but hardly had he finished the sentence before from the far end of the conservatory came a stifled groan, followed by the dull sound of a heavy fall. Everybody started up. The duchess stood motionless in horror. And with fear in his eyes, Lord Henry rushed through the flapping palms to find Dorian Gray lying face downwards on the tiled floor in a deathlike swoon.

He was carried at once into the blue drawing-room and laid upon one of the sofas. After a short time, he came to himself and looked round with a dazed expression.

"What has happened?" he asked. "Oh! I remember. Am I safe here, Harry?" He began to tremble.

"My dear Dorian," answered Lord Henry, "you merely fainted. That was all. You must have overtired yourself. You had better not come down to dinner. I will take your place."

"No, I will come down," he said, struggling to his feet. "I would rather come down. I must not be alone."

He went to his room and dressed. There was a wild recklessness of gaiety in his manner as he sat at table, but now and then a thrill of terror ran through him when he remembered that, pressed against the window of the conservatory, like a white handkerchief, he had seen the face of James Vane watching him.

– Vous devriez assortir votre robe à ses fleurs, Gladys.

– Ce serait une reddition prématurée.

– L'Art romantique procède par gradation.

– Je me garderai une occasion de retraite.

– À la manière des Parthes?...

– Ils trouvèrent la sécurité dans le désert; je ne pourrais le faire.

– Il n'est pas toujours permis aux femmes de choisir, répondit-il... À peine avait-il fini cette menace que du fond de la serre arriva un gémissement étouf-fé, suivi de la chute sourde d'un corps lourd!... Chacun tressauta. La duchesse restait immo-bile d'horreur... Les yeux remplis de crainte, lord Henry se précipita parmi les palmes pen-dantes, et trouva Dorian Gray gisant la face contre le sol pavé de briques, évanoui, comme mort...

Il fut porté dans le salon bleu et déposé sur un sofa. Au bout de quelques minutes, il revint à lui, et regarda avec une expression effarée...

– Qu'est-il arrivé? demanda-t-il. Oh! je me souviens. Suis-je sauf ici, Harry?...

Un tremblement le prit... – Mon cher Dorian, répondit lord Henry, c'est une simple syncope, voilà tout. Vous devez vous être surmené. Il vaut mieux pour vous que vous ne veniez pas au dîner; je prendrai votre place.

– Non, j'irai dîner, dit-il se dressant. J'aime mieux descendre dîner. Je ne veux pas être seul!

Il alla dans sa chambre et s'y habilla. À table, il eut comme une sauvage et insouciante gaieté dans les manières; mais de temps à autre, un frisson de terreur le traversait, alors qu'il revoyait, plaquée comme un blanc mouchoir sur les vitres de la serre, la figure de James Vane, le guettant!...

Chapter 18

Chapitre XVIII

The next day he did not leave the house, and, indeed, spent most of the time in his own room, sick with a wild terror of dying, and yet indifferent to life itself. The consciousness of being hunted, snared, tracked down, had begun to dominate him. If the tapestry did but tremble in the wind, he shook. The dead leaves that were blown against the leaded panes seemed to him like his own wasted resolutions and wild regrets. When he closed his eyes, he saw again the sailor's face peering through the mist- stained glass, and horror seemed once more to lay its hand upon his heart.

But perhaps it had been only his fancy that had called vengeance out of the night and set the hideous shapes of punishment before him. Actual life was chaos, but there was something terribly logical in the imagination. It was the imagination that set remorse to dog the feet of sin. It was the imagination that made each crime bear its misshapen brood. In the common world of fact the wicked were not punished, nor the good rewarded. Success was given to the strong, failure thrust upon the weak. That was all. Besides, had any stranger been prowling round the house, he would have been seen by the servants or the keepers. Had any foot-marks been found on the flower-beds, the gardeners would have reported it. Yes, it had been merely fancy. Sibyl Vane's brother had not come back to kill him. He had sailed away in his ship to founder in some winter sea. From him, at any rate, he was safe. Why, the man did not know who he was, could not know who he was. The mask of youth had saved him.

Le lendemain, il ne sortit pas et passa la plus grande partie de la journée dans sa chambre, en proie avec une terreur folle de mourir, indifférent à la vie cependant... La crainte d'être surveillé, chassé, traqué, commençait à le dominer. Il tremblait quand un courant d'air remuait la tapisserie. Les feuilles mortes que le vent chassait contre les vitraux sertis de plomb lui semblaient pareilles à ses résolutions dissipées, à ses regrets ardents... Quand il fermait les yeux, il revoyait la figure du matelot le regardant à travers la vitre embuée, et l'horreur parais-sait avoir, une fois de plus, mis sa main sur son cœur!...

Mais peut-être, était-ce son esprit troublé qui avait suscité la vengeance des ténèbres, et placé devant ses yeux les hideuses formes du châtiment. La vie actuelle était un chaos, mais il y avait quelque chose de fatalement logique dans l'imagination. C'est l'imagination qui met le remords à la piste du péché... C'est l'imagination qui fait que le crime emporte avec lui d'obscures punitions. Dans le monde commun des faits, les méchants ne sont pas punis, ni les bons récompensés; le succès est donné aux forts, et l'insuccès aux faibles; c'est tout... D'ailleurs, si quelque étranger avait rôdé autour de la maison, les gardiens ou les do-mestiques l'auraient vu. Si des traces de pas avaient été relevées dans les parterres, les jardi-niers en auraient fait la remarque... Décidément c'était une simple illusion; le frère de Sibyl Vane n'était pas revenu pour le tuer. Il était parti sur son vaisseau pour sombrer dans quelque mer arctique... Pour lui, en tout cas, il était sauf... Cet homme ne savait qui il était, ne pouvait le savoir; le masque de la jeunesse l'avait sauvé.

And yet if it had been merely an illusion, how terrible it was to think that conscience could raise such fearful phantoms, and give them visible form, and make them move before one! What sort of life would his be if, day and night, shadows of his crime were to peer at him from silent corners, to mock him from secret places, to whisper in his ear as he sat at the feast, to wake him with icy fingers as he lay asleep! As the thought crept through his brain, he grew pale with terror, and the air seemed to him to have become suddenly colder. Oh! in what a wild hour of madness he had killed his friend! How ghastly the mere memory of the scene! He saw it all again. Each hideous detail came back to him with added horror. Out of the black cave of time, terrible and swathed in scarlet, rose the image of his sin. When Lord Henry came in at six o'clock, he found him crying as one whose heart will break.

It was not till the third day that he ventured to go out. There was something in the clear, pine-scented air of that winter morning that seemed to bring him back his joyousness and his ardour for life. But it was not merely the physical conditions of environment that had caused the change. His own nature had revolted against the excess of anguish that had sought to maim and mar the perfection of its calm. With subtle and finely wrought temperaments it is always so. Their strong passions must either bruise or bend. They either slay the man, or themselves die. Shallow sorrows and shallow loves live on. The loves and sorrows that are great are destroyed by their own plenitude. Besides, he had convinced himself that he had been the victim of a terror-stricken imagination, and looked back now on his fears with something of pity and not a little of contempt.

Et cependant, en supposant même que ce ne fut qu'une illusion, n'était-ce pas terrible de penser que la conscience pouvait susciter de pareils fantômes, leur donner des formes vi-sibles, et les faire se mouvoir!... Quelle sorte d'existence serait la sienne si, jours et nuits, les ombres de son crime le regardaient de tous les coins silencieux, le raillant de leurs cachettes, lui soufflant à l'oreille dans les fêtes, l'éveillant de leurs doigts glacés quand il dormirait!... À cette pensée rampant dans son esprit, il pâlit, et soudainement l'air lui parut se refroidir... Oh! quelle étrange heure de folie, celle où il avait tué son ami! Combien effroyable, la simple remembrance de cette scène! Il la voyait encore! Chaque détail hideux lui en revenait, augmenté d'horreur!... Hors de la caverne ténébreuse du temps, effrayante et drapée d'écarlate, surgissait l'image de son crime! Quand lord Henry vint vers six heures, il le trouva sanglotant comme si son cœur écla-tait!...

Ce ne fut que le troisième jour qu'il se hasarda à sortir. Il y avait quelque chose dans l'air clair, chargé de senteurs de pin de ce matin d'hiver, qui paraissait lui rapporter sa joie et son ardeur de vivre; mais ce n'était pas seulement les conditions physiques de l'ambiance qui avaient causé ce changement. Sa propre nature se révoltait contre cet excès d'angoisse qui avait cherché à gâter, à mutiler la perfection de son calme; il en est toujours ainsi avec les tempéraments subtils et finement trempés; leurs passions fortes doivent ou plier ou les meur-trir. Elles tuent l'homme si elles ne meurent pas elles-mêmes. Les chagrins médiocres et les amours bornées survivent. Les grandes amours et les vrais chagrins s'anéantissent par leur propre plénitude... Il s'était convaincu qu'il avait été la victime de son imagination frappée de terreur, et il songeait à ses terreurs avec compassion et quelque mépris.

After breakfast, he walked with the duchess for an hour in the garden and then drove across the park to join the shooting-party. The crisp frost lay like salt upon the grass. The sky was an inverted cup of blue metal. A thin film of ice bordered the flat, reed-grown lake.

At the corner of the pine-wood he caught sight of Sir Geoffrey Clouston, the duchess's brother, jerking two spent cartridges out of his gun. He jumped from the cart, and having told the groom to take the mare home, made his way towards his guest through the withered bracken and rough undergrowth.

"Have you had good sport, Geoffrey?" he asked.

"Not very good, Dorian. I think most of the birds have gone to the open. I dare say it will be better after lunch, when we get to new ground."

Dorian strolled along by his side. The keen aromatic air, the brown and red lights that glimmered in the wood, the hoarse cries of the beaters ringing out from time to time, and the sharp snaps of the guns that followed, fascinated him and filled him with a sense of delightful freedom. He was dominated by the carelessness of happiness, by the high indifference of joy.

Suddenly from a lumpy tussock of old grass some twenty yards in front of them, with black-tipped ears erect and long hinder limbs throwing it forward, started a hare. It bolted for a thicket of alders. Sir Geoffrey put his gun to his shoulder, but there was something in the animal's grace of movement that strangely charmed Dorian Gray, and he cried out at once, "Don't shoot it, Geoffrey. Let it live."

"What nonsense, Dorian!" laughed his companion, and as the hare bounded into the thicket, he fired. There were two cries heard, the cry of a hare in pain, which is dreadful, the cry of a man in agony, which is worse.

Après le déjeuner du matin, il se promena près d'une heure avec la duchesse dans le jardin, puis ils traversèrent le parc en voiture pour rejoindre la chasse. Un givre, craquant sous les pieds, était répandu sur le gazon comme du sable. Le ciel était une coupe renversée de métal bleu. Une légère couche de glace bordait la surface unie du lac entouré de roseaux...

Au coin d'un bois de sapins, il aperçut sir Geoffrey Clouston, le frère de la duchesse, extrayant de son fusil deux cartouches tirées. Il sauta à bas de la voiture et après avoir dit au groom de reconduire la jument au château, il se dirigea vers ses hôtes, à travers les branches tombées et les broussailles rudes.

– Avez-vous fait bonne chasse, Geoffrey? demanda-t-il.

– Pas très bonne, Dorian... Les oiseaux sont dans la plaine: je crois qu'elle sera meil-leure après le lunch, quand nous avancerons dans les terres...

Dorian flâna à côté de lui... L'air était vif et aromatique, les lueurs diverses qui bril-laient dans le bois, les cris rauques des rabatteurs éclatant de temps à autre, les détonations aiguës des fusils qui se succédaient, l'intéressèrent et le remplirent d'un sentiment de déli-cieuse liberté. Il fut emporté par l'insouciance du bonheur, par l'indifférence hautaine de la joie...

Soudain, d'une petite éminence gazonnée, à vingt pas devant eux, avec ses oreilles aux pointes noires dressées, et ses longues pattes de derrière étendues, partit un lièvre. Il se lança vers un bouquet d'aulnes. Sir Geoffrey épaula son fusil, mais il y avait quelque chose de si gracieux dans les mouvements de l'animal, que cela ravit Dorian qui s'écria: – Ne tirez pas, Geoffrey! Laissez-le vivre!...

– Quelle sottise, Dorian! dit son compagnon en riant, et comme le lièvre bondissait dans le fourré, il tira... On entendit deux cris, celui du lièvre blessé, ce qui est affreux, et celui d'un homme mortellement frappé, ce qui est autrement horrible!

"Good heavens! I have hit a beater!" exclaimed Sir Geoffrey. "What an ass the man was to get in front of the guns! Stop shooting there!" he called out at the top of his voice. "A man is hurt."

The head-keeper came running up with a stick in his hand.

"Where, sir? Where is he?" he shouted. At the same time, the firing ceased along the line.

"Here," answered Sir Geoffrey angrily, hurrying towards the thicket. "Why on earth don't you keep your men back? Spoiled my shooting for the day."

Dorian watched them as they plunged into the alder-clump, brushing the lithe swinging branches aside. In a few moments they emerged, dragging a body after them into the sunlight. He turned away in horror. It seemed to him that misfortune followed wherever he went. He heard Sir Geoffrey ask if the man was really dead, and the affirmative answer of the keeper. The wood seemed to him to have become suddenly alive with faces. There was the trampling of myriad feet and the low buzz of voices. A great copper-breasted pheasant came beating through the boughs overhead.

After a few moments--that were to him, in his perturbed state, like endless hours of pain--he felt a hand laid on his shoulder. He started and looked round.

"Dorian," said Lord Henry, "I had better tell them that the shooting is stopped for to-day. It would not look well to go on."

"I wish it were stopped for ever, Harry," he answered bitterly. "The whole thing is hideous and cruel. Is the man ... ?"

He could not finish the sentence.

"I am afraid so," rejoined Lord Henry. "He got the whole charge of shot in his chest. He must have died almost instantaneously. Come; let us go home."

— Mon Dieu! J'ai atteint un rabatteur, s'exclama sir Geoffrey. Quel âne, que cet homme qui se met devant les fusils! Cessez de tirer! cria-t-il de toute la force de ses pou-mons. Un homme est blessé!...

Le garde général arriva courant, un bâton à la main.

— Où, monsieur? cria-t-il, où est-il? Au même instant, le feu cessait sur toute la ligne.

— Ici, répondit furieusement sir Geoffrey, en se précipitant vers le fourré. Pourquoi ne maintenez-vous pas vos hommes en arrière?... Vous m'avez gâté ma chasse d'aujourd'hui...

Dorian les regarda entrer dans l'aunaie, écartant les branches... Au bout d'un instant, ils en sortirent, portant un corps dans le soleil. Il se retourna, terrifié... Il lui semblait que le malheur le suivait où il allait... Il entendit sir Geoffrey demander si l'homme était réellement mort, et l'affirmative réponse du garde. Le bois lui parut soudain hanté de figures vivantes; il y entendait comme le bruit d'une myriade de pieds et un sourd bourdonnement de voix... Un grand faisan à gorge dorée s'envola dans les branches au-dessus d'eux.

Après quelques instants qui lui parurent, dans son état de trouble, comme des heures sans fin de douleur, il sentit qu'une main se posait sur son épaule; il tressaillit et regarda autour de lui...

— Dorian, dit lord Henry, je ferai mieux d'annoncer que la chasse est close pour au-jourd'hui. Ce ne serait pas bien de la continuer.

— Je voudrais qu'elle fût close à jamais, Harry, répondit-il amèrement. Cette chose est odieuse et cruelle. Est-ce que cet homme est...

Il ne put achever...

— Je le crains, répliqua lord Henry. Il a reçu la charge entière dans la poitrine. Il doit être mort sur le coup. Allons, venez à la maison...

They walked side by side in the direction of the avenue for nearly fifty yards without speaking. Then Dorian looked at Lord Henry and said, with a heavy sigh, "It is a bad omen, Harry, a very bad omen."

"What is?" asked Lord Henry. "Oh! this accident, I suppose. My dear fellow, it can't be helped. It was the man's own fault. Why did he get in front of the guns? Besides, it is nothing to us. It is rather awkward for Geoffrey, of course. It does not do to pepper beaters. It makes people think that one is a wild shot. And Geoffrey is not; he shoots very straight. But there is no use talking about the matter."

Dorian shook his head. "It is a bad omen, Harry. I feel as if something horrible were going to happen to some of us. To myself, perhaps," he added, passing his hand over his eyes, with a gesture of pain.

The elder man laughed. "The only horrible thing in the world is ennui, Dorian. That is the one sin for which there is no forgiveness. But we are not likely to suffer from it unless these fellows keep chattering about this thing at dinner. I must tell them that the subject is to be tabooed. As for omens, there is no such thing as an omen. Destiny does not send us heralds. She is too wise or too cruel for that. Besides, what on earth could happen to you, Dorian? You have everything in the world that a man can want. There is no one who would not be delighted to change places with you."

"There is no one with whom I would not change places, Harry. Don't laugh like that. I am telling you the truth. The wretched peasant who has just died is better off than I am. I have no terror of death. It is the coming of death that terrifies me. Its monstrous wings seem to wheel in the leaden air around me. Good heavens! don't you see a man moving behind the trees there, watching me, waiting for me?"

Ils marchèrent côte à côte dans la direction de l'avenue pendant près de cinquante yards sans se parler... Enfin Dorian se tourna vers lord Henry et lui dit avec un soupir pro-fond: – C'est un mauvais présage, Harry, un bien mauvais présage!

– Quoi donc? interrogea lord Henry... Ah! cet accident, je crois. Mon cher ami, je n'y puis rien... C'est la faute de cet homme... Pourquoi se mettait-il devant les fusils? Ça ne nous regarde pas... C'est naturellement malheureux pour Geoffrey. Ce n'est pas bon de tirer les rabatteurs; ça fait croire qu'on est un mauvais fusil, et cependant Geoffrey ne l'est pas, car il tire fort bien... Mais pourquoi parler de cela?...

Dorian secoua la tête: – Mauvais présage, Harry!... J'ai idée qu'il va arriver quelque chose de terrible à l'un d'entre nous... À moi, peut-être... Il se passa la main sur les yeux, avec un geste douloureux...

Lord Henry éclata de rire... – La seule chose terrible au monde est l'ennui, Dorian. C'est le seul péché pour lequel il n'existe pas de pardon... Mais probablement, cette affaire ne nous amènera pas de désagré-ments, à moins que les rabatteurs n'en bavardent en dînant; je leur défendrai d'en parler... Quant aux présages, ça n'existe pas: la destinée ne nous envoie pas de hérauts; elle est trop sage... ou trop cruelle pour cela. D'ailleurs, que pourrait-il vous arriver, Dorian?... Vous avez tout ce que dans le monde un homme peut désirer. Quel est celui qui ne voudrait changer son existence contre la vôtre?...

– Il n'est personne avec qui je ne la changerais, Harry... Ne riez pas!... Je dis vrai... Le misérable paysan qui vient de mourir est plus heureux que moi. Je n'ai point la terreur de la mort. C'est la venue de la mort qui me terrifie!... Ses ailes monstrueuses semblent planer dans l'air lourd autour de moi!... Mon Dieu! Ne voyez-vous pas, derrière ces arbres, un homme qui me guette, qui m'attend!...

Lord Henry looked in the direction in which the trembling gloved hand was pointing. "Yes," he said, smiling, "I see the gardener waiting for you. I suppose he wants to ask you what flowers you wish to have on the table to-night. How absurdly nervous you are, my dear fellow! You must come and see my doctor, when we get back to town."

Dorian heaved a sigh of relief as he saw the gardener approaching. The man touched his hat, glanced for a moment at Lord Henry in a hesitating manner, and then produced a letter, which he handed to his master. "Her Grace told me to wait for an answer," he murmured.

Dorian put the letter into his pocket. "Tell her Grace that I am coming in," he said, coldly. The man turned round and went rapidly in the direction of the house.

"How fond women are of doing dangerous things!" laughed Lord Henry. "It is one of the qualities in them that I admire most. A woman will flirt with anybody in the world as long as other people are looking on."

"How fond you are of saying dangerous things, Harry! In the present instance, you are quite astray. I like the duchess very much, but I don't love her."

"And the duchess loves you very much, but she likes you less, so you are excellently matched."

"You are talking scandal, Harry, and there is never any basis for scandal."

"The basis of every scandal is an immoral certainty," said Lord Henry, lighting a cigarette. "You would sacrifice anybody, Harry, for the sake of an epigram."

"The world goes to the altar of its own accord," was the answer.

Lord Henry regarda dans la direction que lui indiquait la tremblante main gantée... – Oui, dit-il en riant... Je vois le jardinier qui vous attend. Je m'imagine qu'il a besoin de savoir quelles sont les fleurs que vous voulez mettre sur la table, ce soir... Vous êtes vrai-ment nerveux, mon cher! Il vous faudra voir le médecin, quand vous retournerez à la ville...

Dorian eut un soupir de soulagement en voyant s'approcher le jardinier. L'homme leva son chapeau, regarda hésitant du côté de lord Henry, et sortit une lettre qu'il tendit à son maître. – Sa Grâce m'a dit d'attendre une réponse, murmura-t-il.

Dorian mit la lettre dans sa poche. – Dites à Sa Grâce, que je rentre, répondit-il froidement. L'homme fit demi-tour, et courut dans la direction de la maison.

– Comme les femmes aiment à faire les choses dangereuses, remarqua en riant lord Henry. C'est une des qualités que j'admire le plus en elles. Une femme flirtera avec n'importe qui au monde, aussi longtemps qu'on la regardera...

– Comme vous aimez dire de dangereuses choses, Harry... Ainsi, en ce moment, vous vous égarez. J'estime beaucoup la duchesse, mais je ne l'aime pas.

– Et la duchesse vous aime beaucoup, mais elle vous estime moins, ce qui fait que vous êtes parfaitement appariés.

– Vous parlez scandaleusement, Harry, et il n'y a dans nos relations aucune base scan-daleuse.

– La base de tout scandale est une certitude immorale, dit lord Henry, allumant une ci-garette. – Vous sacrifiez n'importe qui, Harry, pour l'amour d'un épigramme.

– Les gens vont à l'autel de leur propre consentement, fut la réponse.

"I wish I could love," cried Dorian Gray with a deep note of pathos in his voice. "But I seem to have lost the passion and forgotten the desire. I am too much concentrated on myself. My own personality has become a burden to me. I want to escape, to go away, to forget. It was silly of me to come down here at all. I think I shall send a wire to Harvey to have the yacht got ready. On a yacht one is safe."

"Safe from what, Dorian? You are in some trouble. Why not tell me what it is? You know I would help you." "I can't tell you, Harry," he answered sadly. "And I dare say it is only a fancy of mine. This unfortunate accident has upset me. I have a horrible presentiment that something of the kind may happen to me."

"What nonsense!"
"I hope it is, but I can't help feeling it. Ah! here is the duchess, looking like Artemis in a tailor-made gown. You see we have come back, Duchess."

"I have heard all about it, Mr. Gray," she answered. "Poor Geoffrey is terribly upset. And it seems that you asked him not to shoot the hare. How curious!"

"Yes, it was very curious. I don't know what made me say it. Some whim, I suppose. It looked the loveliest of little live things. But I am sorry they told you about the man. It is a hideous subject."

"It is an annoying subject," broke in Lord Henry. "It has no psychological value at all. Now if Geoffrey had done the thing on purpose, how interesting he would be! I should like to know some one who had committed a real murder."

"How horrid of you, Harry!" cried the duchess. "Isn't it, Mr. Gray? Harry, Mr. Gray is ill again. He is going to faint." Dorian drew himself up with an effort and smiled.

– Je voudrais aimer! s'écria Dorian Gray avec une intonation profondément pathétique dans la voix. Mais il me semble que j'ai perdu la passion et oublié le désir. Je suis trop con-centré en moi-même. Ma personnalité m'est devenue un fardeau, j'ai besoin de m'évader, de voyager, d'oublier. C'est ridicule de ma part d'être venu ici. Je pense que je vais envoyer un télégramme à Harvey pour qu'on prépare le yacht. Sur un yacht, on est en sécurité...

– Contre quoi, Dorian?... Vous avez quelque ennui. Pourquoi ne pas me le dire? Vous savez que je vous aiderais. – Je ne puis vous le dire, Harry, répondit-il tristement. Et d'ailleurs ce n'est qu'une lu-bie de ma part. Ce malheureux accident m'a bouleversé. J'ai un horrible pressentiment que quelque chose de semblable ne m'arrive.

– Quelle folie!
– Je l'espère... mais je ne puis m'empêcher d'y penser... Ah! voici la duchesse, elle a l'air d'Arthémise dans un costume tailleur... Vous voyez que nous revenions, duchesse...

– J'ai appris ce qui est arrivé; Mr Gray, répondit-elle. Ce pauvre Geoffrey est tout à fait contrarié... Il paraîtrait que vous l'aviez conjuré de ne pas tirer ce lièvre. C'est curieux!

– Oui, c'est très curieux. Je ne sais pas ce qui m'a fait dire cela. Quelque caprice, je crois; ce lièvre avait l'air de la plus jolie des choses vivantes... Mais je suis fâché qu'on vous ait rapporté l'accident. C'est un odieux sujet...

– C'est un sujet ennuyant, interrompit lord Henry. Il n'a aucune valeur psychologique. Ah! si Geoffrey avait commis cette chose exprès, comme c'eut été intéressant!... J'aimerais connaître quelqu'un qui eût commis un vrai meurtre.

– Que c'est mal à vous de parler ainsi, cria la duchesse. N'est-ce pas, Mr Gray?... Har-ry!... Mr Gray est encore indisposé!... Il va se trouver mal!... Dorian se redressa avec un effort et sourit.

"It is nothing, Duchess," he murmured; "my nerves are dreadfully out of order. That is all. I am afraid I walked too far this morning. I didn't hear what Harry said. Was it very bad? You must tell me some other time. I think I must go and lie down. You will excuse me, won't you?"

They had reached the great flight of steps that led from the conservatory on to the terrace. As the glass door closed behind Dorian, Lord Henry turned and looked at the duchess with his slumberous eyes. "Are you very much in love with him?" he asked.

She did not answer for some time, but stood gazing at the landscape. "I wish I knew," she said at last.

He shook his head. "Knowledge would be fatal. It is the uncertainty that charms one. A mist makes things wonderful."

"One may lose one's way."
"All ways end at the same point, my dear Gladys."

"What is that?"
"Disillusion."
"It was my debut in life," she sighed.
"It came to you crowned."
"I am tired of strawberry leaves."
"They become you."
"Only in public."
"You would miss them," said Lord Henry.
"I will not part with a petal."
"Monmouth has ears."
"Old age is dull of hearing."
"Has he never been jealous?"
"I wish he had been."
He glanced about as if in search of something. "What are you looking for?" she inquired.

"The button from your foil," he answered. "You have dropped it."

She laughed. "I have still the mask."
"It makes your eyes lovelier," was his reply.

– Ce n'est rien, duchesse, murmura-t-il, mes nerfs sont surexcités; c'est tout... Je crains de ne pouvoir aller loin ce matin. Je n'ai pas entendu ce qu'Harry disait... Était-ce mal? Vous me le direz une autre fois. Je pense qu'il vaut mieux que j'aille me coucher. Vous m'en excuserez, n'est-ce pas?...

Ils avaient atteint les marches de l'escalier menant de la serre à la terrasse. Comme la porte vitrée se fermait derrière Dorian, lord Henry tourna vers la duchesse ses yeux fatigués. – L'aimez-vous beaucoup, demanda-t-il.

Elle ne fit pas une immédiate réponse, considérant le paysage... – Je voudrais bien le savoir... dit-elle enfin.

Il secoua la tête: – La connaissance en serait fatale. C'est l'incertitude qui vous charme. La brume fait plus merveilleuses les choses.

– On peut perdre son chemin.
– Tous les chemins mènent au même point, ma chère Gladys.

– Quel est-il?
– La désillusion.
– C'est mon début dans la vie, soupira-t-elle.
– Il vous vint couronné...
– Je suis fatigué des feuilles de fraisier.
– Elles vous vont bien.
– Seulement en public...
– Vous les regretterez.
– Je n'en perdrai pas un pétale.
– Monmouth a des oreilles.
– La vieillesse est dure d'oreille.
– N'a-t-il jamais été jaloux?
– Je voudrais qu'il l'eût été.
Il regarda autour de lui comme cherchant quelque chose... – Que cherchez-vous? demanda-t-elle.

– La mouche de votre fleuret, répondit-il... Vous l'avez laissée tomber.

– J'ai encore le masque, dit-elle en riant.
– Il fait vos yeux plus adorables!

She laughed again. Her teeth showed like white seeds in a scarlet fruit. Upstairs, in his own room, Dorian Gray was lying on a sofa, with terror in every tingling fibre of his body. Life had suddenly become too hideous a burden for him to bear. The dreadful death of the unlucky beater, shot in the thicket like a wild animal, had seemed to him to pre-figure death for himself also. He had nearly swooned at what Lord Henry had said in a chance mood of cynical jesting.

At five o'clock he rang his bell for his servant and gave him orders to pack his things for the night-express to town, and to have the brougham at the door by eight-thirty. He was determined not to sleep another night at Selby Royal. It was an ill-omened place. Death walked there in the sunlight. The grass of the forest had been spotted with blood.

Then he wrote a note to Lord Henry, telling him that he was going up to town to consult his doctor and asking him to entertain his guests in his absence. As he was putting it into the envelope, a knock came to the door, and his valet informed him that the head-keeper wished to see him. He frowned and bit his lip. "Send him in," he muttered, after some moments' hesitation.

As soon as the man entered, Dorian pulled his chequebook out of a drawer and spread it out before him.

"I suppose you have come about the unfortunate accident of this morning, Thornton?" he said, taking up a pen.

"Yes, sir," answered the gamekeeper.

"Was the poor fellow married? Had he any people dependent on him?" asked Dorian, looking bored. "If so, I should not like them to be left in want, and will send them any sum of money you may think necessary."

"We don't know who he is, sir. That is what I took the liberty of coming to you about."

"Don't know who he is?" said Dorian, listlessly. "What do you mean? Wasn't he one of your men?"

Elle rit à nouveau. Ses dents apparurent, tels de blancs pépins dans un fruit écarlate… Là-haut, dans sa chambre, Dorian Gray gisait sur un sofa, la terreur dans chaque fibre frissonnante de son corps. La vie lui était devenue subitement un fardeau trop lourd à porter. La mort terrible du rabatteur infortuné, tué dans le fourré comme un fauve, lui semblait préfigurer sa mort. Il s'était presque trouvé mal à ce que lord Henry avait dit, par hasard, en ma-nière de plaisanterie cynique.

À cinq heures, il sonna son valet et lui donna l'ordre de préparer ses malles pour l'express du soir, et de faire atteler le brougham pour huit heures et demie. Il était résolu à ne pas dormir une nuit de plus à Selby Royal; c'était un lieu de funèbre augure. La Mort y mar-chait dans le soleil. Le gazon de la forêt avait été taché de sang.

Puis il écrivit un mot à lord Henry, lui disant qu'il allait à la ville consulter un docteur, et le priant de divertir ses invités pendant son absence. Comme il le mettait dans l'enveloppe, on frappa à la porte, et son valet vint l'avertir que le garde principal désirait lui parler… Il fronça les sourcils et mordit ses lèvres: – Faites-le entrer, dit-il après un instant d'hésitation.

Comme l'homme entrait, Dorian tira un carnet de chèques de son tiroir et l'ouvrant devant lui:

– Je pense que vous venez pour le malheureux accident de ce matin, Thornton, dit-il, en prenant une plume.

– Oui, monsieur, dit le garde-chasse.

– Est-ce que le pauvre garçon était marié? Avait-il de la famille? demanda Dorian d'un air ennuyé. S'il en est ainsi, je ne la laisserai pas dans le besoin et je leur enverrai l'argent que vous jugerez nécessaire.

– Nous ne savons qui il est, monsieur. C'est pourquoi j'ai pris la liberté de venir vous voir.

– Vous ne savez qui il est, dit Dorian insoucieusement; que voulez-vous dire? N'était-il pas un de vos hommes?…

"No, sir. Never saw him before. Seems like a sailor, sir."

The pen dropped from Dorian Gray's hand, and he felt as if his heart had suddenly stopped beating. "A sailor?" he cried out. "Did you say a sailor?"

"Yes, sir. He looks as if he had been a sort of sailor; tattooed on both arms, and that kind of thing."

"Was there anything found on him?" said Dorian, leaning forward and looking at the man with startled eyes. "Anything that would tell his name?"

"Some money, sir--not much, and a six-shooter. There was no name of any kind. A decent-looking man, sir, but rough-like. A sort of sailor we think."

Dorian started to his feet. A terrible hope fluttered past him. He clutched at it madly. "Where is the body?" he exclaimed. "Quick! I must see it at once."

"It is in an empty stable in the Home Farm, sir. The folk don't like to have that sort of thing in their houses. They say a corpse brings bad luck."

"The Home Farm! Go there at once and meet me. Tell one of the grooms to bring my horse round. No. Never mind. I'll go to the stables myself. It will save time."

In less than a quarter of an hour, Dorian Gray was galloping down the long avenue as hard as he could go. The trees seemed to sweep past him in spectral procession, and wild shadows to fling themselves across his path. Once the mare swerved at a white gate-post and nearly threw him. He lashed her across the neck with his crop. She cleft the dusky air like an arrow. The stones flew from her hoofs.

— Non, monsieur; personne ne l'avait jamais vu; il a l'air d'un marin.

La plume tomba des doigts de Dorian, et il lui parut que son cœur avait soudainement cessé de battre – Un marin!... clama-t-il. Vous dites un marin?...

— Oui, monsieur... Il a vraiment l'air de quelqu'un qui a servi dans la marine. Il est ta-toué aux deux bras, notamment.

— A-t-on trouvé quelque chose sur lui, dit Dorian en se penchant vers l'homme et le re-gardant fixement. Quelque chose faisant connaître son nom?...

— Rien qu'un peu d'argent, et un revolver à six coups. Nous n'avons découvert aucun nom... L'apparence convenable, mais grossière. Une sorte de matelot, croyons-nous...

Dorian bondit sur ses pieds... Une espérance terrible le traversa... Il s'y cramponna fol-lement... – Où est le corps? s'écria-t-il. Vite, je veux le voir!

— Il a été déposé dans une écurie vide de la maison de ferme. Les gens n'aiment pas avoir ces sortes de choses dans leurs maisons. Ils disent qu'un cadavre apporte le malheur.

— La maison de ferme... Allez m'y attendre. Dites à un palefrenier de m'amener un cheval... Non, n'en faites rien... J'irai moi-même aux écuries. Ça économisera du temps.

Moins d'un quart d'heure après, Dorian Gray descendit au grand galop la longue ave-nue; les arbres semblaient passer devant lui comme une procession spectrale, et des ombres hostiles traversaient non chemin. Soudain, la jument broncha devant un poteau de barrière et le désarçonna presque. Il la cingla à l'encolure de sa cravache. Elle fendit l'air comme une flèche; les pierres volaient sous ses sabots...

At last he reached the Home Farm. Two men were loitering in the yard. He leaped from the saddle and threw the reins to one of them. In the farthest stable a light was glimmering. Something seemed to tell him that the body was there, and he hurried to the door and put his hand upon the latch.

There he paused for a moment, feeling that he was on the brink of a discovery that would either make or mar his life. Then he thrust the door open and entered.

On a heap of sacking in the far corner was lying the dead body of a man dressed in a coarse shirt and a pair of blue trousers. A spotted handkerchief had been placed over the face. A coarse candle, stuck in a bottle, sputtered beside it.

Dorian Gray shuddered. He felt that his could not be the hand to take the handkerchief away, and called out to one of the farm-servants to come to him.

"Take that thing off the face. I wish to see it," he said, clutching at the door-post for support.

When the farm-servant had done so, he stepped forward. A cry of joy broke from his lips. The man who had been shot in the thicket was James Vane.

He stood there for some minutes looking at the dead body. As he rode home, his eyes were full of tears, for he knew he was safe.

Enfin, il atteignit la maison de ferme. Deux hommes causaient dans la cour. Il sauta de la selle et remit les rênes à l'un deux. Dans l'écurie la plus écartée, une lumière brillait. Quelque chose lui dit que le corps était là; il se précipita vers la porte et mit la main au loquet...

Il hésita un moment, sentant qu'il était sur la pente d'une découverte qui referait ou gâ-terait à jamais sa vie... Puis il poussa la porte et entra.

Sur un amas de sacs, au fond, dans un coin, gisait le cadavre d'un homme habillé d'une chemise grossière et d'un pantalon bleu. Un mouchoir taché lui couvrait la face. Une chandelle commune, fichée à côté de lui dans une bouteille, grésillait...

Dorian Gray frissonna... Il sentit qu'il ne pourrait pas enlever lui-même le mouchoir... Il dit à un garçon de ferme de venir.

– Ôtez cette chose de la figure; je voudrais la voir, fit-il en s'appuyant au montant de la porte.

Quand le valet eût fait ce qu'il lui commandait, il s'avança... Un cri de joie jaillit de ses lèvres! L'homme qui avait été tué dans le fourré était James Vane!... Il resta encore quelques instants à considérer le cadavre...

Comme il reprenait en galopant le chemin de la maison, ses yeux étaient pleins de larmes, car il se savait la vie sauve...

Chapter 19

There is no use your telling me that you are going to be good," cried Lord Henry, dipping his white fingers into a red copper bowl filled with rose-water. "You are quite perfect. Pray, don't change."

Dorian Gray shook his head. "No, Harry, I have done too many dreadful things in my life. I am not going to do any more. I began my good actions yesterday."

"Where were you yesterday?"

"In the country, Harry. I was staying at a little inn by myself." "My dear boy," said Lord Henry, smiling, "anybody can be good in the country. There are no temptations there. That is the reason why people who live out of town are so absolutely uncivilized. Civilization is not by any means an easy thing to attain to. There are only two ways by which man can reach it. One is by being cultured, the other by being corrupt. Country people have no opportunity of being either, so they stagnate." "Culture and corruption," echoed Dorian. "I have known something of both. It seems terrible to me now that they should ever be found together. For I have a new ideal, Harry. I am going to alter. I think I have altered."

"You have not yet told me what your good action was. Or did you say you had done more than one?" asked his companion as he spilled into his plate a little crimson pyramid of seeded strawberries and, through a perforated, shell-shaped spoon, snowed white sugar upon them.

Chapitre XIX

— Pourquoi me dire que vous voulez devenir bon? s'écria lord Henry, trempant ses doigts blancs dans un bol de cuivre rouge rempli d'eau de rose. Vous êtes absolument parfait. Ne changez pas, de grâce...

Dorian Gray hocha la tête: — Non, Harry. J'ai fait trop de choses abominables dans ma vie; je n'en veux plus faire. J'ai commencé hier mes bonnes actions.

— Où étiez-vous hier?

— À la campagne, Harry... Je demeurais dans une petite auberge. — Mon cher ami, dit lord Henry en souriant, tout le monde peut être bon à la cam-pagne; on n'y trouve point de tentations... C'est pourquoi les gens qui vivent hors de la ville sont absolument incivilisés; la civilisation n'est d'aucune manière, une chose facile à atteindre. Il n'y a que deux façons d'y arriver: par la culture ou la corruption. Les gens de la campagne n'ont aucune occasion d'atteindre l'une ou l'autre; aussi stagnent-ils... — La culture ou la corruption, répéta Dorian... Je les ai un peu connues. Il me semble terrible, maintenant, que ces deux mots puissent se trouver réunis. Car j'ai un nouvel idéal, Harry. Je veux changer; je pense que je le suis déjà.

— Vous ne m'avez pas encore dit quelle était votre bonne action; ou bien me disiez-vous que vous en aviez fait plus d'une? demanda son compagnon pendant qu'il versait dans son assiette une petite pyramide cramoisie de fraises aromatiques, et qu'il la neigeait de sucre en poudre au moyen d'une cuiller tamisée en forme de coquille.

"I can tell you, Harry. It is not a story I could tell to any one else. I spared somebody. It sounds vain, but you understand what I mean. She was quite beautiful and wonderfully like Sibyl Vane. I think it was that which first attracted me to her. You remember Sibyl, don't you? How long ago that seems! Well, Hetty was not one of our own class, of course. She was simply a girl in a village. But I really loved her. I am quite sure that I loved her. All during this wonderful May that we have been having, I used to run down and see her two or three times a week. Yesterday she met me in a little orchard. The apple-blossoms kept tumbling down on her hair, and she was laughing. We were to have gone away together this morning at dawn. Suddenly I determined to leave her as flowerlike as I had found her."

"I should think the novelty of the emotion must have given you a thrill of real pleasure, Dorian," interrupted Lord Henry. "But I can finish your idyll for you. You gave her good advice and broke her heart. That was the beginning of your reformation."

"Harry, you are horrible! You mustn't say these dreadful things. Hetty's heart is not broken. Of course, she cried and all that. But there is no disgrace upon her. She can live, like Perdita, in her garden of mint and marigold."

— Je puis vous la dire, Harry. Ce n'est pas une histoire que je raconterai à tout le monde... J'ai épargné une femme. Cela semble vain, mais vous comprendrez ce que je veux dire... Elle était très belle et ressemblait étonnamment à Sibyl Vane. Je pense que c'est cela qui m'attira vers elle. Vous vous souvenez de Sibyl, n'est-ce pas? Comme cela me semble loin!... Hetty n'était pas de notre classe, naturellement; c'était une simple fille de village. Mais je l'aimais réellement; je suis sûr que je l'aimais. Pendant ce merveilleux mois de mai que nous avons eu, j'avais pris l'habitude d'aller la voir deux ou trois fois pas semaine. Hier, elle me rencontra dans un petit verger. Les fleurs de pommier lui couvraient les cheveux et elle riait. Nous devions partir ensemble ce matin à l'aube... Soudainement, je me décidai à la quitter, la laissant fleur comme je l'avais trouvée...

— J'aime à croire que la nouveauté de l'émotion doit vous avoir donné un frisson de vrai plaisir, Dorian, interrompit lord Henry. Mais je puis finir pour vous votre idylle. Vous lui avez donné de bons conseils et... brisé son cœur... C'était le commencement de votre réforme?

— Harry, vous êtes méchant! Vous ne devriez pas dire ces choses abominables. Le cœur d'Hetty n'est pas brisé; elle pleura, cela s'entend, et ce fut tout. Mais elle n'est point déshonorée; elle peut vivre, comme Perdita, dans son jardin où poussent la menthe et le souci.

"And weep over a faithless Florizel," said Lord Henry, laughing, as he leaned back in his chair. "My dear Dorian, you have the most curiously boyish moods. Do you think this girl will ever be really content now with any one of her own rank? I suppose she will be married some day to a rough carter or a grinning ploughman. Well, the fact of having met you, and loved you, will teach her to despise her husband, and she will be wretched. From a moral point of view, I cannot say that I think much of your great renunciation. Even as a beginning, it is poor. Besides, how do you know that Hetty isn't floating at the present moment in some starlit mill-pond, with lovely water-lilies round her, like Ophelia?"

"I can't bear this, Harry! You mock at everything, and then suggest the most serious tragedies. I am sorry I told you now. I don't care what you say to me. I know I was right in acting as I did. Poor Hetty! As I rode past the farm this morning, I saw her white face at the window, like a spray of jasmine. Don't let us talk about it any more, and don't try to persuade me that the first good action I have done for years, the first little bit of self-sacrifice I have ever known, is really a sort of sin. I want to be better. I am going to be better. Tell me something about yourself. What is going on in town? I have not been to the club for days."

"The people are still discussing poor Basil's disappearance."

"I should have thought they had got tired of that by this time," said Dorian, pouring himself out some wine and frowning slightly.

– Et pleurer sur un Florizel sans foi, ajouta lord Henry en riant et se renversant sur le dossier de sa chaise. Mon cher Dorian, vos manières sont curieusement enfantines... Pensez-vous que désormais, cette jeune fille se contentera de quelqu'un de son rang... Je suppose qu'elle se mariera quelque jour à un rude charretier ou à un paysan grossier; le fait de vous avoir rencontré, de vous avoir aimé, lui fera détester son mari, et elle sera malheureuse. Au point de vue moral, je ne puis dire que j'augure bien de votre grand renoncement... Pour un début, c'est pauvre... En outre savez-vous si le corps d'Hetty ne flotte pas à présent dans quelque étang de moulin, éclairé par les étoiles, entouré par des nénuphars, comme Ophélie?...

– Je ne veux penser à cela, Harry? Vous vous moquez de tout, et, de cette façon, vous suggérez les tragédies les plus sérieuses... Je suis désolé de vous en avertir, mais je ne fais plus attention à ce que vous me dites. Je sais que j'ai bien fait d'agir ainsi. Pauvre Hetty: Comme je me rendais à cheval à la ferme, ce matin, j'aperçus sa figure blanche à la fenêtre, comme un bouquet de jasmin. Ne parlons plus de cela, et n'essayez pas de me persuader que la première bonne action que j'aie faite depuis des années, le premier petit sacrifice de moi-même que je me connaisse, soit une sorte de péché. J'ai besoin d'être meilleur. Je deviens meilleur... Parlez-moi de vous. Que dit-on à la ville? Je n'ai pas été au club depuis plusieurs jours.

– On parle encore de la disparition de ce pauvre Basil.

– J'aurais cru qu'on finirait par s'en fatiguer, dit Dorian se versant un peu de vin, et fronçant légèrement les sourcils.

"My dear boy, they have only been talking about it for six weeks, and the British public are really not equal to the mental strain of having more than one topic every three months. They have been very fortunate lately, however. They have had my own divorce-case and Alan Campbell's suicide. Now they have got the mysterious disappearance of an artist. Scotland Yard still insists that the man in the grey ulster who left for Paris by the midnight train on the ninth of November was poor Basil, and the French police declare that Basil never arrived in Paris at all. I suppose in about a fortnight we shall be told that he has been seen in San Francisco. It is an odd thing, but every one who disappears is said to be seen at San Francisco. It must be a delightful city, and possess all the attractions of the next world."

"What do you think has happened to Basil?" asked Dorian, holding up his Burgundy against the light and wondering how it was that he could discuss the matter so calmly.

"I have not the slightest idea. If Basil chooses to hide himself, it is no business of mine. If he is dead, I don't want to think about him. Death is the only thing that ever terrifies me. I hate it."

"Why?" said the younger man wearily.

"Because," said Lord Henry, passing beneath his nostrils the gilt trellis of an open vinaigrette box, "one can survive everything nowadays except that. Death and vulgarity are the only two facts in the nineteenth century that one cannot explain away. Let us have our coffee in the music-room, Dorian. You must play Chopin to me. The man with whom my wife ran away played Chopin exquisitely. Poor Victoria! I was very fond of her. The house is rather lonely without her. Of course, married life is merely a habit, a bad habit. But then one regrets the loss even of one's worst habits. Perhaps one regrets them the most. They are such an essential part of one's personality."

— Mon cher ami, on n'a parlé de cela que pendant six semaines, et le public anglais n'a pas la force de supporter plus d'un sujet de conversation tous les trois mois. Il a été cependant assez bien partagé, récemment: il y a eu mon propre divorce, et le suicide d'Alan Campbell; à présent, c'est la disparition mystérieuse d'un artiste. On croit à Scotland-Yard que l'homme à l'ulster gris qui quitta Londres pour Paris, le neuf novembre, par le train de minuit, était ce pauvre Basil, et la police française déclare que Basil n'est jamais venu à Paris. J'aime à penser que dans une quinzaine, nous apprendrons qu'on l'a vu à San-Francisco. C'est une chose bizarre, mais on voit à San-Francisco toutes les personnes qu'on croit disparues. Ce doit être une ville délicieuse; elle possède toutes les attractions du monde futur...

— Que pensez-vous qu'il soit arrivé à Basil? demanda Dorian levant son verre de Bourgogne à la lumière et s'émerveillant lui-même du calme avec lequel il discutait ce sujet.

— Je n'en ai pas la moindre idée. Si Basil veut se cacher, ce n'est point là mon affaire. S'il est mort... je n'ai pas besoin d'y penser. La mort est la seule chose qui m'ait jamais terrifié. Je la hais!...

— Pourquoi, dit paresseusement l'autre.

— Parce que, répondit lord Henry en passant sous ses narines le treillis doré d'une boîte ouverte de vinaigrette, on survit à tout de nos jours, excepté à cela. La mort et la vulgarité sont les deux seules choses au dix-neuvième siècle que l'on ne peut expliquer... Allons prendre le café dans le salon, Dorian. Vous me jouerez du Chopin. Le gentleman avec qui ma femme est partie interprétait Chopin d'une manière exquise... Pauvre Victoria!... Je l'aimais beaucoup; la maison est un peu triste sans elle. La vie conjugale est simplement une habitude, une mauvaise habitude. Mais on regrette même la perte de ses mauvaises habitudes; peut être est-ce celles-là que l'on regrette le plus; elles sont une partie essentielle de la personnalité.

Dorian said nothing, but rose from the table, and passing into the next room, sat down to the piano and let his fingers stray across the white and black ivory of the keys. After the coffee had been brought in, he stopped, and looking over at Lord Henry, said, "Harry, did it ever occur to you that Basil was murdered?"

Lord Henry yawned. "Basil was very popular, and always wore a Waterbury watch. Why should he have been murdered? He was not clever enough to have enemies. Of course, he had a wonderful genius for painting. But a man can paint like Velasquez and yet be as dull as possible. Basil was really rather dull. He only interested me once, and that was when he told me, years ago, that he had a wild adoration for you and that you were the dominant motive of his art."

"I was very fond of Basil," said Dorian with a note of sadness in his voice. "But don't people say that he was murdered?"

"Oh, some of the papers do. It does not seem to me to be at all probable. I know there are dreadful places in Paris, but Basil was not the sort of man to have gone to them. He had no curiosity. It was his chief defect."

"What would you say, Harry, if I told you that I had murdered Basil?" said the younger man. He watched him intently after he had spoken.

"I would say, my dear fellow, that you were posing for a character that doesn't suit you. All crime is vulgar, just as all vulgarity is crime. It is not in you, Dorian, to commit a murder. I am sorry if I hurt your vanity by saying so, but I assure you it is true. Crime belongs exclusively to the lower orders. I don't blame them in the smallest degree. I should fancy that crime was to them what art is to us, simply a method of procuring extraordinary sensations."

Dorian ne dit rien, mais se levant de table, il passa dans la chambre voisine, s'assit au piano et laissa ses doigts errer sur les ivoires blancs et noirs des touches. Quand on apporta le café, il s'arrêta, et regardant lord Henry, lui dit: – Harry, ne vous est-il jamais, venu à l'idée que Basil avait été assassiné?

Lord Henry eut un bâillement: – Basil était très connu et portait toujours une montre Waterbury... Pourquoi l'aurait-on assassiné? Il n'était pas assez habile pour avoir des ennemis; je ne parle pas de son mer-veilleux talent de peintre; mais un homme peut peindre comme Velasquez et être aussi terne que possible. Basil était réellement un peu lourdaud... Il m'intéressa une fois, quand il me confia, il y a des années, la sauvage adoration qu'il avait pour vous et que vous étiez le motif dominant de son art.

– J'aimais beaucoup Basil, dit Dorian, avec une intonation triste dans la voix. Mais ne dit-on pas qu'il a été assassiné?

– Oui, quelques journaux... Cela ne me semble guère probable. Je sais qu'il y a quelques vilains endroits dans Paris, mais Basil n'était pas homme à les fréquenter. Il n'était pas curieux; c'était son défaut principal.

– Que diriez-vous, Harry, si je vous disais que j'ai assassiné Basil? dit Dorian en l'observant attentivement pendant qu'il parlait.

– Je vous dirais, mon cher ami, que vous posez pour un caractère qui ne vous va pas. Tout crime est vulgaire, comme toute vulgarité est crime. Ça ne vous siérait pas de commettre un meurtre. Je suis désolé de blesser peut-être votre vanité en parlant ainsi, mais je vous assure que c'est vrai. Le crime appartient exclusivement aux classes inférieures; je ne les blâme d'ailleurs nullement. J'imagine que le crime est pour elles ce que l'art est à nous, simplement une méthode de se procurer d'extraordinaires sensations.

"A method of procuring sensations? Do you think, then, that a man who has once committed a murder could possibly do the same crime again? Don't tell me that."

"Oh! anything becomes a pleasure if one does it too often," cried Lord Henry, laughing. "That is one of the most important secrets of life. I should fancy, however, that murder is always a mistake. One should never do anything that one cannot talk about after dinner. But let us pass from poor Basil. I wish I could believe that he had come to such a really romantic end as you suggest, but I can't. I dare say he fell into the Seine off an omnibus and that the conductor hushed up the scandal. Yes: I should fancy that was his end. I see him lying now on his back under those dull-green waters, with the heavy barges floating over him and long weeds catching in his hair. Do you know, I don't think he would have done much more good work. During the last ten years his painting had gone off very much."

Dorian heaved a sigh, and Lord Henry strolled across the room and began to stroke the head of a curious Java parrot, a large, grey-plumaged bird with pink crest and tail, that was balancing itself upon a bamboo perch. As his pointed fingers touched it, it dropped the white scurf of crinkled lids over black, glasslike eyes and began to sway backwards and forwards.

– Une méthode pour se procurer des sensations? Croyez-vous donc qu'un homme qui a commis un crime pourrait recommencer ce même crime? Ne me racontez pas cela!...

– Toute chose devient un plaisir quand on la fait trop souvent, dit en riant lord Henry. C'est là un des plus importants secrets de l'existence. Je croirais, cependant, que le meurtre est toujours une faute; on ne doit jamais rien commettre dont on ne puisse causer après dîner... Mais ne parlons plus du pauvre Basil. Je voudrais croire qu'il a pu avoir une fin aussi roman-tique que celle que vous supposez; mais je ne puis... Il a dû tomber d'un omnibus dans la Seine, et le conducteur n'en a point parlé... Oui, telle a été probablement sa fin... Je le vois très bien sur le dos, gisant sous les eaux vertes avec de lourdes péniches passant sur lui et de longues herbes dans les cheveux. Voyez-vous, je ne crois pas qu'il eût fait désormais une belle œuvre. Pendant les dix dernières années, sa peinture s'en allait beaucoup.

Dorian poussa un soupir, et lord Henry traversant la chambre, alla chatouiller la tête d'un curieux perroquet de Java, un gros oiseau au plumage gris, à la crête et à la queue vertes, qui se balançait sur un bambou. Comme ses doigts effilés le touchaient, il fit se mouvoir la dartre blanche de ses paupières clignotantes sur ses prunelles semblables à du verre noir et commença à se dandiner en avant et en arrière.

"Yes," he continued, turning round and taking his handkerchief out of his pocket; "his painting had quite gone off. It seemed to me to have lost something. It had lost an ideal. When you and he ceased to be great friends, he ceased to be a great artist. What was it separated you? I suppose he bored you. If so, he never forgave you. It's a habit bores have. By the way, what has become of that wonderful portrait he did of you? I don't think I have ever seen it since he finished it. Oh! I remember your telling me years ago that you had sent it down to Selby, and that it had got mislaid or stolen on the way. You never got it back? What a pity! it was really a masterpiece. I remember I wanted to buy it. I wish I had now. It belonged to Basil's best period. Since then, his work was that curious mixture of bad painting and good intentions that always entitles a man to be called a representative British artist. Did you advertise for it? You should."

"I forget," said Dorian. "I suppose I did. But I never really liked it. I am sorry I sat for it. The memory of the thing is hateful to me. Why do you talk of it? It used to remind me of those curious lines in some play--Hamlet, I think--how do they run?--

Like the painting of a sorrow, A face without a heart.

Yes: that is what it was like."
Lord Henry laughed. "If a man treats life artistically, his brain is his heart," he answered, sinking into an arm-chair.

Dorian Gray shook his head and struck some soft chords on the piano. "Like the painting of a sorrow,'" he repeated, "'a face without a heart.'"

The elder man lay back and looked at him with half-closed eyes. "By the way, Dorian," he said after a pause, "'what does it profit a man if he gain the whole world and lose--how does the quotation run?--his own soul'?"

– Oui, continua lord Henry se tournant et sortant son mouchoir de sa poche, sa peinture s'en allait tout à fait. Il me semblait avoir perdu quelque chose. Il avait perdu un idéal. Quand vous et lui cessèrent d'être grands amis, il cessa d'être un grand artiste. Qu'est-ce qui vous sépara?... Je crois qu'il vous ennuyait. Si cela fût, il ne vous oublia jamais. C'est une habitude qu'ont tous les fâcheux. À propos qu'est donc devenu cet admirable portrait qu'il avait peint d'après vous? Je crois ne point l'avoir revu depuis qu'il y mit la dernière main. Ah! oui, je me souviens que vous m'avez dit, il y a des années, l'avoir envoyé à Selby et qu'il fut égaré ou volé en route. Vous ne l'avez jamais retrouvé?... Quel malheur! C'était vraiment un chef-d'œuvre! Je me souviens que je voulais l'acheter. Je voudrais l'avoir acheté maintenant. Il appartenait à la meilleure époque de Basil. Depuis lors, ses œuvres montrèrent ce curieux mélange de mauvaise peinture et de bonnes intentions qui fait qu'un homme mérite d'être appelé un représentant de l'art anglais. Avez-vous mis des annonces pour le retrouver? Vous auriez dû en mettre.

– Je ne me souviens plus, dit Dorian. Je crois que oui. Mais je ne l'ai jamais aimé. Je regrette d'avoir posé pour ce portrait. Le souvenir de tout cela m'est odieux. Il me remet toujours en mémoire ces vers d'une pièce connue, Hamlet, je crois... Voyons, que disent-ils?...

Like the painting of a sorrow, A face without a heart.

« Oui, c'était tout à fait cela...
Lord Henry se mit à rire... – Si un homme traite sa vie en artiste, son cerveau c'est son cœur, répondit-il s'enfonçant dans un fauteuil.

Dorian Gray secoua la tête et plaqua quelques accords sur le piano. « Like the painting of a sorrow » répéta-t-il « a face without a heart. »

L'autre se renversa, le regardant les yeux à demi fermés... – À propos, Dorian, interrogea-t-il après une pose, quel profit y a-t-il pour un homme qui gagne le monde entier et perd – comment diable était-ce? – sa propre âme?

The music jarred, and Dorian Gray started and stared at his friend. "Why do you ask me that, Harry?"

"My dear fellow," said Lord Henry, elevating his eyebrows in surprise, "I asked you because I thought you might be able to give me an answer. That is all. I was going through the park last Sunday, and close by the Marble Arch there stood a little crowd of shabby-looking people listening to some vulgar street-preacher. As I passed by, I heard the man yelling out that question to his audience. It struck me as being rather dramatic. London is very rich in curious effects of that kind. A wet Sunday, an uncouth Christian in a mackintosh, a ring of sickly white faces under a broken roof of dripping umbrellas, and a wonderful phrase flung into the air by shrill hysterical lips--it was really very good in its way, quite a suggestion. I thought of telling the prophet that art had a soul, but that man had not. I am afraid, however, he would not have understood me."

"Don't, Harry. The soul is a terrible reality. It can be bought, and sold, and bartered away. It can be poisoned, or made perfect. There is a soul in each one of us. I know it."

"Do you feel quite sure of that, Dorian?"
"Quite sure."

Le piano sonnait faux... Dorian s'arrêta et regardant son ami : – Pourquoi me demandez-vous cela, Harry ?

– Mon cher ami, dit lord Henry, levant ses sourcils d'un air surpris, je vous le demande parce que je suppose que vous pouvez me faire une réponse. Voilà tout. J'étais au Parc di-manche dernier et près de l'Arche de Marbre se trouvait un rassemblement de gens mal vêtus qui écoutaient quelque vulgaire prédicateur de carrefour. Au moment où je passais, j'entendis cet homme proposant cette question à son auditoire. Elle me frappa comme étant assez drama-tique. Londres est riche en incidents de ce genre. « Un dimanche humide, un chrétien bizarre en mackintosh, un cercle de figures blanches et maladives sous un toit inégal de parapluies ruisselants, une phrase merveilleuse jeté au vent comme un cri par des lèvres hystériques, tout cela était là une chose vraiment belle dans son genre, et tout à fait suggestive. Je songeais à dire au prophète que l'art avait une âme, mais que l'homme n'en avait pas. Je crains, cependant, qu'il ne m'eût point compris.

– Non, Harry. L'âme est une terrible réalité. On peut l'acheter, la vendre, en trafiquer. On peut l'empoisonner ou la rendre parfaite. Il y a une âme en chacun de nous. Je le sais.

– En êtes-vous bien sûr, Dorian ?
– Absolument sûr.

"Ah! then it must be an illusion. The things one feels absolutely certain about are never true. That is the fatality of faith, and the lesson of romance. How grave you are! Don't be so serious. What have you or I to do with the superstitions of our age? No: we have given up our belief in the soul. Play me something. Play me a nocturne, Dorian, and, as you play, tell me, in a low voice, how you have kept your youth. You must have some secret. I am only ten years older than you are, and I am wrinkled, and worn, and yellow. You are really wonderful, Dorian. You have never looked more charming than you do to-night. You remind me of the day I saw you first. You were rather cheeky, very shy, and absolutely extraordinary. You have changed, of course, but not in appearance. I wish you would tell me your secret. To get back my youth I would do anything in the world, except take exercise, get up early, or be respectable.

– Ah! alors ce doit être une illusion. Les choses dont on est absolument sûr, ne sont jamais vraies. C'est la fatalité de la Foi et la leçon du Roman. Comme vous êtes grave! Ne soyez pas aussi sérieux. Qu'avons-nous de commun, vous et moi, avec les superstitions de notre temps? Rien... Nous sommes débarrassés de notre croyance à l'Âme... Jouez-moi quelque chose, Dorian. Jouez-moi un nocturne, et tout en jouant, dites-moi tout bas comment vous avez pu garder votre jeunesse. Vous devez avoir quelque secret. Je n'ai que dix ans de plus que vous et je suis flétri, usé, jauni. Vous êtes vraiment merveilleux, Dorian. Vous n'avez jamais été plus charmant à voir que ce soir. Vous me rappelez le premier jour que je vous ai vu. Vous étiez un peu plus joufflu et timide, tout à fait extraordinaire. Vous avez changé, certes, mais pas en apparence. Je voudrais bien que vous me disiez votre secret. Pour retrouver ma jeunesse, je ferais tout au monde, excepté de prendre de l'exercice; de me lever de bonne heure ou d'être respectable...

Youth! There is nothing like it. It's absurd to talk of the ignorance of youth. The only people to whose opinions I listen now with any respect are people much younger than myself. They seem in front of me. Life has revealed to them her latest wonder. As for the aged, I always contradict the aged. I do it on principle. If you ask them their opinion on something that happened yesterday, they solemnly give you the opinions current in 1820, when people wore high stocks, believed in everything, and knew absolutely nothing. How lovely that thing you are playing is! I wonder, did Chopin write it at Majorca, with the sea weeping round the villa and the salt spray dashing against the panes? It is marvellously romantic. What a blessing it is that there is one art left to us that is not imitative! Don't stop. I want music to-night. It seems to me that you are the young Apollo and that I am Marsyas listening to you. I have sorrows, Dorian, of my own, that even you know nothing of. The tragedy of old age is not that one is old, but that one is young. I am amazed sometimes at my own sincerity. Ah, Dorian, how happy you are! What an exquisite life you have had! You have drunk deeply of everything. You have crushed the grapes against your palate. Nothing has been hidden from you. And it has all been to you no more than the sound of music. It has not marred you. You are still the same."

"I am not the same, Harry."

Ô jeunesse! Rien ne te vaut! Quelle absurdité de parler de l'ignorance des jeunes gens! Les seuls hommes dont j'écoute les opinions avec respect sont ceux qui sont plus jeunes que moi. Ils me paraissent marcher devant moi. La vie leur a révélé ses dernières merveilles. Quant aux vieux, je les contredis toujours. Je le fais par principe. Si vous leur demandez leur opinion sur un événement d'hier, ils vous donnent gravement les opinions courantes en 1820, alors qu'on portait des bas longs... qu'on croyait à tout et qu'on ne savait absolument rien. Comme ce morceau que vous jouez-là est délicieux! J'imagine que Chopin a dû l'écrire à Majorque, pendant que la mer gémissait autour de sa villa et que l'écume salée éclaboussait les vitres? C'est exquisement romantique. C'est une grâce vraiment, qu'un art nous soit laissé qui n'est pas un art d'imitation! Ne vous arrêtez pas; j'ai besoin de musique ce soir. Il me semble que vous êtes le jeune Apollon et que je suis Marsyas vous écoutant. J'ai mes propres chagrins, Dorian, et dont vous n'en avez jamais rien su. Le drame de la vieillesse n'est pas qu'on est vieux, mais bien qu'on fût jeune. Je suis étonné quelquefois de ma propre sincérité. Ah! Dorian, que vous êtes heureux! Quelle vie exquise que la vôtre! Vous avez goûté longuement de toutes choses. Vous avez écrasé les raisins mûrs contre votre palais. Rien ne vous a été caché. Et tout cela vous fût comme le son d'une musique: vous n'en avez pas été atteint. Vous êtes toujours le même.

– Je ne suis pas le même, Harry.

"Yes, you are the same. I wonder what the rest of your life will be. Don't spoil it by renunciations. At present you are a perfect type. Don't make yourself incomplete. You are quite flawless now. You need not shake your head: you know you are. Besides, Dorian, don't deceive yourself. Life is not governed by will or intention. Life is a question of nerves, and fibres, and slowly built-up cells in which thought hides itself and passion has its dreams. You may fancy yourself safe and think yourself strong. But a chance tone of colour in a room or a morning sky, a particular perfume that you had once loved and that brings subtle memories with it, a line from a forgotten poem that you had come across again, a cadence from a piece of music that you had ceased to play-- I tell you, Dorian, that it is on things like these that our lives depend. Browning writes about that somewhere; but our own senses will imagine them for us.

There are moments when the odour of lilas blanc passes suddenly across me, and I have to live the strangest month of my life over again. I wish I could change places with you, Dorian. The world has cried out against us both, but it has always worshipped you. It always will worship you. You are the type of what the age is searching for, and what it is afraid it has found. I am so glad that you have never done anything, never carved a statue, or painted a picture, or produced anything outside of yourself! Life has been your art. You have set yourself to music. Your days are your sonnets."

Dorian rose up from the piano and passed his hand through his hair. "Yes, life has been exquisite," he murmured, "but I am not going to have the same life, Harry. And you must not say these extravagant things to me. You don't know everything about me. I think that if you did, even you would turn from me. You laugh. Don't laugh."

– Si, vous êtes le même. Je me figure ce que sera le restant de vos jours. Ne le gâtez par aucun renoncement. Vous êtes à présent un être accompli. Ne vous rendez pas incomplet. Vous êtes actuellement sans défaut... Ne hochez pas la tête; vous le savez bien. Cependant, ne vous faites pas illusion. La vie ne se gouverne pas par la volonté ou les intentions. C'est une question de nerfs, de fibres, de cellules lentement élaborées où se cache la pensée et où les passions ont leurs rêves. Vous pouvez vous croire sauvé et fort. Mais un ton de couleur entrevu dans la chambre, un ciel matinal, un certain parfum que vous avez aimé et qui vous apporte de subtiles ressouvenances, un vers d'un poème oublié qui vous revient en mémoire, une phrase musicale que vous ne jouez plus, c'est de tout cela, Dorian, je vous assure que dépend notre existence. Browning l'a écrit quelque part, mais nos sens nous le font imaginer aisément.

Il y a des moments où l'odeur du lilas blanc me pénètre et où je crois revivre le plus étrange mois de toute ma vie. Je voudrais pouvoir changer avec vous, Dorian. Le monde a hurlé contre nous deux, mais il vous a eu et vous aura toujours en adoration. Vous êtes le type que notre époque demande et qu'elle craint d'avoir trouvé. Je suis heureux que vous n'ayez jamais rien fait: ni modelé une statue, ni peint une toile, ni produit autre chose que vous-même!... Votre art, ce fut votre vie. Vous vous êtes mis vous-même en musique. Vos jours sont vos sonnets.

Dorian se leva du piano et passant la main dans sa chevelure: – Oui, murmura-t-il, la vie me fut exquise... Mais je ne veux plus vivre cette même vie, Harry. Et vous ne devriez pas me dire ces choses extravagantes. Vous ne me connaissez pas tout entier. Si vous saviez tout, je crois bien que vous vous éloigneriez de moi. Vous riez? Ne riez pas...

"Why have you stopped playing, Dorian? Go back and give me the nocturne over again. Look at that great, honey-coloured moon that hangs in the dusky air. She is waiting for you to charm her, and if you play she will come closer to the earth. You won't? Let us go to the club, then. It has been a charming evening, and we must end it charmingly. There is some one at White's who wants immensely to know you--young Lord Poole, Bournemouth's eldest son. He has already copied your neckties, and has begged me to introduce him to you. He is quite delightful and rather reminds me of you."

"I hope not," said Dorian with a sad look in his eyes. "But I am tired to-night, Harry. I shan't go to the club. It is nearly eleven, and I want to go to bed early."

"Do stay. You have never played so well as to-night. There was something in your touch that was wonderful. It had more expression than I had ever heard from it before."

"It is because I am going to be good," he answered, smiling. "I am a little changed already."

"You cannot change to me, Dorian," said Lord Henry. "You and I will always be friends."

"Yet you poisoned me with a book once. I should not forgive that. Harry, promise me that you will never lend that book to any one. It does harm."

– Pourquoi vous arrêtez-vous de jouer, Dorian? Remettez-vous au piano et jouez-moi encore ce Nocturne. Voyez cette large lune couleur de miel qui monte dans le ciel sombre. Elle attend que vous la charmiez. Si vous jouez, elle va se rapprocher de la terre... Vous ne voulez pas? Allons au club, alors. La soirée a été charmante, il faut bien la terminer. Il y a quelqu'un au White qui désire infiniment faire votre connaissance: le jeune lord Pool, l'aîné des fils de Bournemouth. Il copie déjà vos cravates et m'a demandé de vous être présenté. Il est tout à fait charmant, et me fait presque songer à vous.

– J'espère que non, dit Dorian avec un regard triste, mais je me sens fatigué ce soir, Harry; je n'irai pas club. Il est près de onze heures, et je désire me coucher de bonne heure.

– Restez... Vous n'avez jamais si bien joué que ce soir. Il y avait dans votre façon de jouer quelque chose de merveilleux. C'était d'un sentiment que je n'avais encore jamais entendu.

– C'est parce que je vais devenir bon, répondit-il en souriant. Je suis déjà un peu chan-gé.

– Vous ne pouvez changer avec moi, Dorian, dit lord Henry. Nous serons toujours deux amis.

– Pourtant, vous m'avez un jour empoisonné avec un livre. Je n'oublierai pas cela... Harry, promettez-moi de ne plus jamais prêter ce livre à personne. Il est malfaisant.

"My dear boy, you are really beginning to moralize. You will soon be going about like the converted, and the revivalist, warning people against all the sins of which you have grown tired. You are much too delightful to do that. Besides, it is no use. You and I are what we are, and will be what we will be. As for being poisoned by a book, there is no such thing as that. Art has no influence upon action. It annihilates the desire to act. It is superbly sterile. The books that the world calls immoral are books that show the world its own shame. That is all. But we won't discuss literature. Come round to-morrow. I am going to ride at eleven. We might go together, and I will take you to lunch afterwards with Lady Branksome. She is a charming woman, and wants to consult you about some tapestries she is thinking of buying. Mind you come. Or shall we lunch with our little duchess? She says she never sees you now. Perhaps you are tired of Gladys? I thought you would be. Her clever tongue gets on one's nerves. Well, in any case, be here at eleven."

"Must I really come, Harry?"

"Certainly. The park is quite lovely now. I don't think there have been such lilacs since the year I met you."

"Very well. I shall be here at eleven," said Dorian. "Good night, Harry." As he reached the door, he hesitated for a moment, as if he had something more to say. Then he sighed and went out.

— Mon cher ami, vous commencez à faire de la morale. Vous allez bientôt devenir comme les convertis et les revivalistes, prévenant tout le monde contre les péchés dont ils sont eux-mêmes fatigués. Vous êtes trop charmant pour faire cela. D'ailleurs, ça ne sert à rien. Nous sommes ce que nous sommes et serons ce que nous pourrons. Quant à être empoisonné par un livre, on ne vit jamais rien de pareil. L'art n'a aucune influence sur les actions; il annihile le désir d'agir, il est superbement stérile. Les livres que le monde appelle immoraux sont les livres qui lui montrent sa propre honte. Voilà tout. Mais ne discutons pas de littérature... Venez demain, je monte à cheval à onze heures. Nous pourrons faire une promenade ensemble et je vous mènerai ensuite déjeuner chez lady Branksome. C'est une femme charmante, elle désire vous consulter sur une tapisserie qu'elle voudrait acheter. Pensez-vous venir? Ou bien dé-jeunerons-nous avec notre petite duchesse? Elle dit qu'elle ne vous voit plus. Peut-être êtes-vous fatigué de Gladys? Je le pensais. Sa manière d'esprit vous donne sur les nerfs... Dans tous les cas, soyez ici à onze heures.

— Faut-il vraiment que je vienne, Harry?

— Certainement, le Parc est adorable en ce moment. Je crois qu'il n'y a jamais eu autant de lilas depuis l'année où j'ai fait votre connaissance.

— Très bien, je serai ici à onze heures, dit Dorian. Bonsoir, Harry... Arrivé à la porte, il hésita un moment comme s'il eût eu encore quelque chose à dire. Puis il soupira et sortit...

Chapter 20

Chapitre XX

It was a lovely night, so warm that he threw his coat over his arm and did not even put his silk scarf round his throat. As he strolled home, smoking his cigarette, two young men in evening dress passed him. He heard one of them whisper to the other, "That is Dorian Gray." He remembered how pleased he used to be when he was pointed out, or stared at, or talked about. He was tired of hearing his own name now. Half the charm of the little village where he had been so often lately was that no one knew who he was. He had often told the girl whom he had lured to love him that he was poor, and she had believed him. He had told her once that he was wicked, and she had laughed at him and answered that wicked people were always very old and very ugly. What a laugh she had!--just like a thrush singing. And how pretty she had been in her cotton dresses and her large hats! She knew nothing, but she had everything that he had lost.

Il faisait une nuit délicieuse, si douce, qu'il jeta son pardessus sur son bras, et ne mit même pas son foulard autour de son cou. Comme il se dirigeait vers la maison, fumant sa cigarette, deux jeunes gens en tenue de soirée passèrent près de lui. Il entendit l'un d'eux souffler à l'autre: « C'est Dorian Gray!... » Il se remémora sa joie de jadis alors que les gens se le désignaient, le regardaient, ou se parlaient de lui. Il était fatigué, maintenant, d'entendre prononcer son nom. La moitié du charme qu'il trouvait au petit village où il avait été si souvent dernièrement, venait de ce que personne ne l'y connaissait. Il avait souvent dit à la jeune fille dont il s'était fait aimer qu'il était pauvre, et elle l'avait cru; une fois, il lui avait dit qu'il était méchant; elle s'était mise à rire, et lui avait répondu que les méchants étaient toujours très vieux et très laids. Quel joli rire elle avait. On eût dit la chanson d'une grive!... Comme elle était gracieuse dans ses robes de cotonnade et ses grands chapeaux. Elle ne savait rien de la vie, mais elle possédait tout ce que lui avait perdu...

When he reached home, he found his servant waiting up for him. He sent him to bed, and threw himself down on the sofa in the library, and began to think over some of the things that Lord Henry had said to him.

Quand il atteignit son habitation, il trouva son domestique qui l'attendait... Il l'envoya se coucher, se jeta sur le divan de la bibliothèque, et commença à songer à quelques-unes des choses que lord Henry lui avait dites...

Was it really true that one could never change? He felt a wild longing for the unstained purity of his boyhood-- his rose-white boyhood, as Lord Henry had once called it. He knew that he had tarnished himself, filled his mind with corruption and given horror to his fancy; that he had been an evil influence to others, and had experienced a terrible joy in being so; and that of the lives that had crossed his own, it had been the fairest and the most full of promise that he had brought to shame. But was it all irretrievable? Was there no hope for him?

Ah! in what a monstrous moment of pride and passion he had prayed that the portrait should bear the burden of his days, and he keep the unsullied splendour of eternal youth! All his failure had been due to that. Better for him that each sin of his life had brought its sure swift penalty along with it. There was purification in punishment. Not "Forgive us our sins" but "Smite us for our iniquities" should be the prayer of man to a most just God.

Était-ce vrai que l'on ne pouvait jamais changer... Il se sentit un ardent et sauvage désir pour la pureté sans tache de son adolescence, son adolescence rose et blanche, comme lord Henry l'avait une fois appelée. Il se rendait compte qu'il avait terni son âme, corrompu son esprit, et qu'il s'était créé d'horribles remords; qu'il avait eu sur les autres une désastreuse influence, et qu'il y avait trouvé une mauvaise joie; que de toutes les vies qui avaient traversé la sienne et qu'il avait souillées, la sienne était encore la plus belle et la plus remplie de pro-messes... Tout cela était-il irréparable? N'était-il plus pour lui, d'espérance?...

Ah! quel effroyable moment d'orgueil et de passion, celui où il avait demandé que le portrait assumât le poids de ses jours, et qu'il gardât, lui, la splendeur impolluée de l'éternelle jeunesse! Tout son malheur était dû à cela! N'eût-il pas mieux valu que chaque péché de sa vie apportât avec lui sa rapide et sûre punition! Il y a une purification dans le châtiment. La prière de l'homme à un Dieu juste devrait être, non pas: « Pardonnez-nous nos péchés! » Mais: « Frappez-nous pour nos iniquités! »...

The curiously carved mirror that Lord Henry had given to him, so many years ago now, was standing on the table, and the white-limbed Cupids laughed round it as of old. He took it up, as he had done on that night of horror when be had first noted the change in the fatal picture, and with wild, tear-dimmed eyes looked into its polished shield. Once, some one who had terribly loved him had written to him a mad letter, ending with these idolatrous words: "The world is changed because you are made of ivory and gold. The curves of your lips rewrite history." The phrases came back to his memory, and he repeated them over and over to himself. Then he loathed his own beauty, and flinging the mirror on the floor, crushed it into silver splinters beneath his heel. It was his beauty that had ruined him, his beauty and the youth that he had prayed for. But for those two things, his life might have been free from stain. His beauty had been to him but a mask, his youth but a mockery. What was youth at best? A green, an unripe time, a time of shallow moods, and sickly thoughts. Why had he worn its livery? Youth had spoiled him.

Le miroir curieusement travaillé que lord Henry lui avait donné il y avait si longtemps, reposait sur la table, et les amours d'ivoire riaient autour comme jadis. Il le prit, ainsi qu'il l'avait fait, cette nuit d'horreur, alors qu'il avait pour la première fois, surpris un changement dans le fatal portrait, et jeta ses regards chargés de pleurs sur l'ovale poli. Une fois, quelqu'un qui l'avait terriblement aimé, lui avait écrit une lettre démentielle, finissant par ces mots idolâtres : « Le monde est changé parce que vous êtes fait d'ivoire et d'or. Les courbes de vos lèvres écrivent à nouveau l'histoire! » Cette phrase lui revint en mémoire, et il se la répéta plusieurs fois. Il prit soudain sa beauté en aversion, et jetant le miroir à terre, il en écrasa les éclats sous son talon!... C'était sa beauté qui l'avait perdu, cette beauté et cette jeunesse pour les-quelles il avait tant prié; car sans ces deux choses, sa vie aurait pu ne pas être tachée. Sa beauté ne lui avait été qu'un masque, sa jeunesse qu'une raillerie. Qu'était la jeunesse d'ailleurs? Un instant vert et prématuré, un temps d'humeurs fu-tiles, de pensées maladives... Pourquoi avait-il voulu porter sa livrée... La jeunesse l'avait perdu.

It was better not to think of the past. Nothing could alter that. It was of himself, and of his own future, that he had to think. James Vane was hidden in a nameless grave in Selby churchyard. Alan Campbell had shot himself one night in his laboratory, but had not revealed the secret that he had been forced to know. The excitement, such as it was, over Basil Hallward's disappearance would soon pass away. It was already waning. He was perfectly safe there. Nor, indeed, was it the death of Basil Hallward that weighed most upon his mind. It was the living death of his own soul that troubled him. Basil had painted the portrait that had marred his life. He could not forgive him that. It was the portrait that had done everything. Basil had said things to him that were unbearable, and that he had yet borne with patience. The murder had been simply the madness of a moment. As for Alan Campbell, his suicide had been his own act. He had chosen to do it. It was nothing to him.

A new life! That was what he wanted. That was what he was waiting for. Surely he had begun it already. He had spared one innocent thing, at any rate. He would never again tempt innocence. He would be good.

As he thought of Hetty Merton, he began to wonder if the portrait in the locked room had changed. Surely it was not still so horrible as it had been? Perhaps if his life became pure, he would be able to expel every sign of evil passion from the face. Perhaps the signs of evil had already gone away. He would go and look.

He took the lamp from the table and crept upstairs. As he unbarred the door, a smile of joy flitted across his strangely young-looking face and lingered for a moment about his lips. Yes, he would be good, and the hideous thing that he had hidden away would no longer be a terror to him. He felt as if the load had been lifted from him already.

Il valait mieux ne pas songer au passé! Rien ne le pouvait changer... C'était à lui-même, à son propre futur, qu'il fallait songer... James Vane était couché dans une tombe sans nom au cimetière de Selby; Alan Campbell s'était tué une nuit dans son laboratoire, sans révéler le secret qu'il l'avait forcé de connaître; l'émotion actuelle soulevée autour de la disparition de Basil Hallward, s'apaiserait bientôt: elle diminuait déjà. Il était parfaitement sauf à présent. Ce n'était pas, en vérité, la mort de Basil Hallward qui l'oppressait; c'était la mort vi-vante de son âme. Basil avait peint le portrait qui avait gâté sa vie; il ne pouvait pardonner cela: c'était le portrait qui avait tout fait... Basil lui avait dit des choses vraiment insupportables qu'il avait d'abord écoutées avec patience. Ce meurtre avait été la folie d'un moment, après tout... Quant à Alan Campbell, s'il s'était suicidé, c'est qu'il l'avait bien voulu... Il n'en était pas respon-sable.

Une vie nouvelle!... Voilà ce qu'il désirait; voilà ce qu'il attendait... Sûrement elle avait déjà commencé! Il venait d'épargner un être innocent, il ne tenterait jamais plus l'innocence; il serait bon...

Comme il pensait à Hetty Merton, il se demanda si le portrait de la chambre fermée n'avait pas changé. Sûrement il ne pouvait être aussi épouvantable qu'il l'avait été? Peut-être, si sa vie se purifiait, en arriverai-t-il à chasser de sa face tout signe de passion mauvaise! Peut-être les signes du mal étaient-ils déjà partis... S'il allait s'en assurer!...

Il prit la lampe sur la table et monta... Comme il débarrait la porte, un sourire de joie traversa sa figure étrangement jeune et s'attarda sur ses lèvres... Oui, il serait bon, et la chose hideuse qu'il cachait à tous les yeux ne lui serait plus un objet de terreur. Il lui sembla qu'il était déjà débarrassé de son fardeau.

He went in quietly, locking the door behind him, as was his custom, and dragged the purple hanging from the portrait. A cry of pain and indignation broke from him. He could see no change, save that in the eyes there was a look of cunning and in the mouth the curved wrinkle of the hypocrite. The thing was still loathsome--more loathsome, if possible, than before--and the scarlet dew that spotted the hand seemed brighter, and more like blood newly spilled. Then he trembled. Had it been merely vanity that had made him do his one good deed? Or the desire for a new sensation, as Lord Henry had hinted, with his mocking laugh? Or that passion to act a part that sometimes makes us do things finer than we are ourselves? Or, perhaps, all these? And why was the red stain larger than it had been? It seemed to have crept like a horrible disease over the wrinkled fingers. There was blood on the painted feet, as though the thing had dripped--blood even on the hand that had not held the knife. Confess? Did it mean that he was to confess? To give himself up and be put to death? He laughed. He felt that the idea was monstrous. Besides, even if he did confess, who would believe him? There was no trace of the murdered man anywhere. Everything belonging to him had been destroyed. He himself had burned what had been below-stairs. The world would simply say that he was mad. They would shut him up if he persisted in his story. . . . Yet it was his duty to confess, to suffer public shame, and to make public atonement. There was a God who called upon men to tell their sins to earth as well as to heaven. Nothing that he could do would cleanse him till he had told his own sin. His sin? He shrugged his shoulders. The death of Basil Hallward seemed very little to him. He was thinking of Hetty Merton. For it was an unjust mirror, this mirror of his soul that he was looking at. Vanity? Curiosity? Hypocrisy? Had there been nothing more in his renunciation than that? There had been something more. At least he thought so. But who could tell? . . . No. There had been nothing more. Through vanity he had spared her. In hypocrisy he had worn the mask of goodness. For curiosity's sake he had tried the denial of self. He recognized that now.

Il entra tranquillement, fermant la porte derrière lui, comme il avait accoutumé de le faire, et tira le rideau de pourpre qui cachait le portrait... Un cri d'horreur et d'indignation lui échappa... Il n'apercevait aucun changement, sinon qu'une lueur de ruse était dans les yeux, et que la ride torve de l'hypocrisie s'était ajoutée à la bouche!... La chose était encore plus abominable, plus abominable, s'il était possible, qu'avant; la tache écarlate qui couvrait la main paraissait plus éclatante; le sang nouvellement versé s'y voyait... Alors, il trembla... Était-ce simplement la vanité qui avait provoqué son bon mouvement de tout à l'heure, ou le désir d'une nouvelle sensation, comme le lui avait suggéré lord Henry, avec un rire moqueur? Oui, ce besoin de jouer un rôle qui nous fait faire des choses plus belles que nous-mêmes? Ou peut-être, tout ceci ensemble!... Pourquoi la tache rouge était-elle plus large qu'autrefois! Elle semblait s'être élargie comme la plaie d'une horrible maladie sur les doigts ridés!... Il y avait du sang sur les pieds du portrait comme si le sang avait dégoutté, sur eux! Même il y avait du sang sur la main qui n'avait pas tenu le couteau!... Confesser son crime? Savait-il ce que cela voulait dire, se confesser? C'était se livrer, et se livrer lui-même à la mort! Il se mit à rire... Cette idée était monstrueuse... D'ailleurs, s'il se confessait, qui le croirait? Il n'existait nulle trace de l'homme assassiné; tout ce qui lui avait appartenu était détruit; lui-même l'avait brûlé... Le monde dirait simplement qu'il devenait fou... On l'enfermerait s'il persistait dans son histoire... Cependant son devoir était de se confesser, de souffrir la honte devant tous, et de faire une expiation publique... Il y avait un Dieu qui forçait les hommes à dire leurs péchés sur cette terre aussi bien que dans le ciel. Quoi qu'il fît, rien ne pourrait le purifier jusqu'à ce qu'il eût avoué son crime... Son crime!... Il haussa les épaules. La vie de Basil Hallward lui importait peu; il pen-sait à Hetty Merton... Car c'était un miroir injuste, ce miroir de son âme qu'il contemplait... Vanité? Curiosité? Hypocrisie? N'y avait-il rien eu d'autre dans son renoncement? Il y avait lu quelque chose de plus. Il le pensait au moins. Mais qui pouvait le dire? Non, il n'y avait rien de plus... Par vanité, il l'avait épargnée; par hypocrisie, il avait porté le masque de la bonté; par curiosité, il avait essayé du renoncement... Il le reconnaissait maintenant.

But this murder--was it to dog him all his life? Was he always to be burdened by his past? Was he really to confess? Never. There was only one bit of evidence left against him. The picture itself-- that was evidence. He would destroy it. Why had he kept it so long? Once it had given him pleasure to watch it changing and growing old. Of late he had felt no such pleasure. It had kept him awake at night. When he had been away, he had been filled with terror lest other eyes should look upon it. It had brought melancholy across his passions. Its mere memory had marred many moments of joy. It had been like conscience to him. Yes, it had been conscience. He would destroy it.

He looked round and saw the knife that had stabbed Basil Hallward. He had cleaned it many times, till there was no stain left upon it. It was bright, and glistened. As it had killed the painter, so it would kill the painter's work, and all that that meant. It would kill the past, and when that was dead, he would be free. It would kill this monstrous soul-life, and without its hideous warnings, he would be at peace. He seized the thing, and stabbed the picture with it.

There was a cry heard, and a crash. The cry was so horrible in its agony that the frightened servants woke and crept out of their rooms. Two gentlemen, who were passing in the square below, stopped and looked up at the great house. They walked on till they met a policeman and brought him back. The man rang the bell several times, but there was no answer. Except for a light in one of the top windows, the house was all dark. After a time, he went away and stood in an adjoining portico and watched.

"Whose house is that, Constable?" asked the elder of the two gentlemen.

"Mr. Dorian Gray's, sir," answered the policeman.

Mais ce meurtre le poursuivrait-il toute sa vie? Serait-il toujours écrasé par son passé? Devait-il se confesser?... Jamais!... Il n'y avait qu'une preuve à relever contre lui. Cette preuve, c'était le portrait!... Il le détruirait! Pourquoi l'avait-il gardé tant d'années?... Il s'était donné le plaisir de surveiller son changement et sa vieillesse. Depuis bien longtemps, il n'avait ressenti ce plaisir... Il le tenait éveillé la nuit... Quand il partait de chez lui, il était rempli de la terreur que d'autres yeux que les siens puissent le voir. Il avait apporté une tris-tesse mélancolique sur ses passions. Sa simple souvenance lui avait gâté bien des moments de joie. Il lui avait été comme une conscience. Oui, il avait été la Conscience... Il le détruirait!...

Il regarda autour de lui, et aperçut le poignard avec lequel il avait frappé Basil Hall-ward. Il l'avait nettoyé bien des fois, jusqu'à ce qu'il ne fût plus taché. Il brillait... Comme il avait tué le peintre, il tuerait l'œuvre du peintre, et tout ce qu'elle signifiait... Il tuerait le passé, et quand ce passé serait mort, il serait libre!... Il tuerait le monstrueux portrait de son âme, et privé de ses hideux avertissements, il recouvrerait la paix. Il saisit le couteau, et en frappa le tableau!...

Il y eut un grand cri, et une chute... Ce cri d'agonie fut si horrible, que les domestiques effarés s'éveillèrent en sursaut et sortirent de leurs chambres!... Deux gentlemen, qui passaient au dessous, dans le square, s'arrêtèrent et regardèrent la grande maison. Ils marchèrent jusqu'à ce qu'ils eussent rencontré un policeman, et le ramenèrent avec eux. L'homme sonna plusieurs fois, mais on ne répondit pas. Excepté une lumière à une fenêtre des étages supérieurs, la maison était sombre... Au bout d'un instant, il s'en alla, se posta à côté sous une porte cochère, et attendit.

– À qui est cette maison, constable? demanda le plus âgé des deux gentlemen.

– À Mr Dorian Gray, Monsieur, répondit le policeman.

They looked at each other, as they walked away, and sneered. One of them was Sir Henry Ashton's uncle.

Inside, in the servants' part of the house, the half-clad domestics were talking in low whispers to each other. Old Mrs. Leaf was crying and wringing her hands. Francis was as pale as death.

After about a quarter of an hour, he got the coachman and one of the footmen and crept upstairs. They knocked, but there was no reply. They called out. Everything was still. Finally, after vainly trying to force the door, they got on the roof and dropped down on to the balcony. The windows yielded easily--their bolts were old.

When they entered, they found hanging upon the wall a splendid portrait of their master as they had last seen him, in all the wonder of his exquisite youth and beauty. Lying on the floor was a dead man, in evening dress, with a knife in his heart. He was withered, wrinkled, and loathsome of visage. It was not till they had examined the rings that they recognized who it was.

En s'en allant, ils se regardèrent l'un l'autre et ricanèrent: l'un d'eux était l'oncle de sir Henry Ashton...

Dans les communs de la maison, les domestiques à moitié habillés, se parlaient à voix basse; la vieille Mistress Leaf sanglotait en se tordant les mains; Francis était pâle comme un mort.

Au bout d'un quart d'heure, il monta dans la chambre, avec le cocher et un des laquais. Ils frappèrent sans qu'on leur répondit. Ils appelèrent; tout était silencieux. Enfin, après avoir essayé vainement de forcer la porte, ils grimpèrent sur le toit et descendirent par le balcon. Les fenêtres cédèrent aisément; leurs ferrures étaient vieilles...

Quand ils entrèrent, ils trouvèrent, pendu au mur, un splendide portrait de leur maître tel qu'ils l'avaient toujours connu, dans toute la splendeur de son exquise jeunesse et de sa beauté. Gisant sur le plancher, était un homme mort, en habit de soirée, un poignard au cœur!... Son visage était flétri, ridé, repoussant!... Ce ne fut qu'à ses bagues qu'ils purent reconnaître qui il était...

About This Dictionary

abbreviation	*abr*
adjective	*adj*
adverb	*adv*
article	*art*
auxiliary verb	*av*
conjunction	*con*
interjection	*int*
noun	*f(eminine), m(asculine),n*
numeral	*num*
particle	*part*
phrase	*phr*
prefix	*pfx*
preposition	*prp*
pronoun	*prn*
suffix	*sfx*
verb	*vb*
singular	*sg*
plural	*pl*

Word Order

The most common translations are generally given first. This resets by every new respective part of speech. Different parts of speech are divided by ";".

Translations

We made the decision to give the most common translation(s) of a word, and respectively the most common part(s) of speech. It does, however, not mean that this is the only possible translations or the only part of speech the word can be used for.

Lemmatization

The words in this book have been lemmatized. All inflections of a words have been grouped together, and linked back to their lemma, or dictionary form.

International Phonetic Alphabet (IPA)

The pronunciation of foreign vocabulary can be tricky. To help you get it right, we added IPA entries for each entry. If you already have a base understanding of the pronunciation, you will find the IPA pronunciation straightforward. For more information, please visit www.internationalphoneticalphabet.org

French-English Frequency Dictionary

Rank	French-*Part of Speech*	Translation
1	**de**-*prp*	of| from
2	**il**-*prn*	he, it
3	**et**-*con*	and
4	**le**-*art; prn*	the; it
5	**vous**-*prn*	you (form, pl)
6	**à**-*prp*	to
7	**je**-*prn*	I
8	**que**-*con; prn; prp; adj; adv*	that; that; than; which; how
9	**un**-*art; adj; num; prn*	a; one; one; one
10	**ne**-*adv*	not
11	**en**-*prp; adv*	in; thereof
12	**être**-*vb*	be| exist
13	**dans**-*prp; adv*	in; aboard
14	**ce**-*prn; adj*	this; that
15	**pas**-*adv; m*	not; step
16	**elle**-*prn*	she| it
17	**lui**-*prn*	him
18	**qui**-*prn*	which
19	**se**-*prn*	-self (reflexive marker)
20	**avoir**-*vb; m*	have; asset
21	**son**-*adj; m*	its; sound
22	**pour**-*prp*	for
23	**sur**-*prp*	on
24	**comme**-*con; prp; adj*	as; as; such as
25	**plus**-*adj; adv; m*	more; more; plus
26	**nous**-*prn*	we| us
27	**avec**-*prp*	with
28	**tout**-*adj; adv; m; prn*	all; all; all; all
29	**mais**-*con; adv*	but; probably
30	**dire**-*vb*	say| speak
31	**me**-*prn*	me| myself
32	**si**-*con; adv*	if; so
33	**on**-*prn*	we
34	**cela**-*prn*	it| that
35	**par**-*prp; m*	by; par
36	**chose**-*f*	thing
37	**quelque**-*adj; adv*	some; about
38	**faire**-*vb*	do
39	**vie**-*f*	life
40	**même**-*adj; adv*	same; even
41	**moi**-*prn; m*	me; ego
42	**ou**-*con*	or
43	**jamais**-*adv*	never| ever
44	**bien**-*adv; m; adj*	well| very; good; right
45	**mon**-*prn*	my
46	**homme**-*m*	man| person
47	**votre**-*adj; prn*	your; your
48	**être**-*vb*	be| exist
49	**quand**-*adv; con*	when; when
50	**rien**-*m; prn; adv*	nothing; anything; nix
51	**jeune**-*adj; m*	young; youth
52	**œil**-*m*	eye
53	**où**-*adv; prn; con*	where; that; wherein
54	**pouvoir**-*m; vb; av*	power; can; might
55	**aussi**-*adv; con*	also| as; and
56	**monde**-*m*	world
57	**toujours**-*adv*	always| still
58	**deux**-*num*	two
59	**encore**-*adv*	still| again
60	**puis**-*adv*	then
61	**portraire**-*adj*	port
62	**très**-*adv*	very
63	**vers**-*prp; adv; m*	to| towards; about; verse
64	**temps**-*m*	time
65	**répondre**-*vb*	answer
66	**trop**-*adv*	too| too much
67	**après**-*adv; prp*	after| next; after
68	**non**-*adv; part*	not; no
69	**oui**-*part; m*	yes; yea
70	**point**-*m*	point| item
71	**autre**-*prn; adj; adv*	other; another; else
72	**face**-*f*	face| front
73	**fois**-*f*	time
74	**sans**-*prp*	without
75	**voir**-*vb*	see| view
76	**dont**-*prn*	whose
77	**art**-*m*	art
78	**peu**-*adv; m; adj*	little; bit; few
79	**alors**-*adv*	then
80	**lèvre**-*f*	lip
81	**pourquoi**-*adv; con*	why; wherefore
82	**maintenant**-*adv*	now
83	**porter**-*vb*	wear| carry

84	**là**-*adv*	there
85	**femme**-*f*	woman
86	**âme**-*f*	soul
87	**leur**-*prn*	their
88	**quel**-*adj; prn*	what; what
89	**écrier**-*vb*	cry
90	**croire**-*vb*	believe| think
91	**cher**-*adj; m*	expensive| dear; dear
92	**devant**-*adv; prp; m*	before| past; before; front
93	**chambre**-*f*	room
94	**beauté**-*f*	beauty
95	**savoir**-*vb; m*	know; knowledge
96	**soir**-*m*	evening
97	**falloir**-*vb*	have to
98	**table**-*f*	table| calculator
99	**tête**-*f*	head| top
100	**moment**-*m*	time| moment
101	**sembler**-*vb*	seem| sound
102	**jour**-*m*	day
103	**air**-*m*	air
104	**moins**-*adv; m; prp*	less; minus; wanting
105	**main**-*f*	hand
106	**vouloir**-*vb*	want| wish
107	**heure**-*f*	time
108	**or**-*m*	gold
109	**ainsi**-*adv; con*	thus| thereby; as
110	**murmurer**-*vb*	murmur
111	**vraiment**-*adv*	really| actually
112	**personne**-*f; prn*	person; nobody
113	**cependant**-*con; adv*	however| yet; though
114	**bon**-*adj; m; adv*	good| well; voucher; then
115	**propre**-*adj; m*	own| clean; proper
116	**voix**-*f*	voice
117	**ami**-*m*	friend
118	**besoin**-*m*	need
119	**amour**-*m*	love
120	**gens**-*mpl*	people
121	**beaucoup**-*prn; adj; adv*	many; much; much
122	**mort**-*adj; f*	dead; death
123	**mieux**-*adv; adj*	better; adj
124	**regarder**-*vb*	look| watch
125	**sens**-*m*	direction
126	**plaisir**-*m*	pleasure
127	**peintre**-*m*	painter
128	**mettre**-*vb*	put| apply
129	**aimer**-*vb*	love| like
130	**contre**-*prp*	against
131	**celui**-*prn*	that
132	**vrai**-*adj; m*	true| real; right
133	**duchesse**-*f*	duchess
134	**demander**-*vb*	request| seek
135	**ah**-*int*	ah
136	**mère**-*f*	mother
137	**mal**-*m; adv; adj*	evil| wrong; amiss; untimely
138	**part**-*f*	share| part
139	**passion**-*f*	passion
140	**notre**-*prn*	our
141	**maison**-*f*	house| home
142	**car**-*m*	car
143	**pendant**-*adv*	during
144	**comment**-*adv*	how
145	**terrible**-*adj*	terrible
146	**chaque**-*adj; prn*	each; either
147	**fille**-*f*	daughter| girl
148	**grand**-*adj*	large| wide
149	**argent**-*m*	money
150	**charmant**-*adj; m*	charming| lovely; cunning
151	**sous**-*prp; adv; f*	under; underneath; cash
152	**autour**-*adv*	around
153	**près**-*adv*	near| by
154	**nom**-*m*	name
155	**seul**-*adj; m; adv*	only; only one; very
156	**horrible**-*adj*	horrible
157	**aucun**-*adj; prn*	no; none
158	**eux**-*prn*	them
159	**étrange**-*adj*	strange
160	**oh**-*int*	oh
161	**esprit**-*m*	mind| spirit
162	**raison**-*f*	reason| why
163	**donc**-*con; adv*	therefore; consequently
164	**souvent**-*adv*	often
165	**soit**-*con*	whether| either
166	**avant**-*adv; prp; adj; m*	before; before; front
167	**secret**-*adj; m*	secret| covert; secret

168	**chez**-*prp*	in| by	
169	**Monsieur**-*abr; m*	Mr.; sir	
170	**parler**-*vb*	speak| tell	
171	**jeunesse**-*f*	youth	
172	**nouveau**-*adj; m*	new| further; incoming	
173	**vieux**-*adj; m*	old| ancient; old man	
174	**simplement**-*adv*	simply	
175	**réellement**-*adv*	actually| true	
176	**depuis**-*adv; prp*	since; since	
177	**rire**-*m; vb*	laugh; laugh	
178	**penser**-*vb*	think| reflect	
179	**quoi**-*prn*	what	
180	**figure**-*f*	figure	
181	**œuvre**-*f*	work	
182	**crier**-*vb*	shout| shriek	
183	**dieu**-*m*	god	
184	**lorsque**-*prp*	during	
185	**an**-*m*	year	
186	**ici**-*adv*	here	
187	**parfaitement**-*adv*	perfectly| thoroughly	
188	**instant**-*m; adj*	moment| while; urgent	
189	**enfant**-*m*	child	
190	**entre**-*adv; prp*	between; between	
191	**absolument**-*adv*	absolutely	
192	**joie**-*f*	joy	
193	**enfin**-*adv*	finally| after all	
194	**tableau**-*m*	table| picture	
195	**corps**-*m*	body	
196	**petit**-*adj; m*	small| little; child	
197	**fils**-*m*	son	
198	**simple**-*adj*	simple; singles	
199	**passer**-*vb*	pass| spend	
200	**tant**-*adv*	so such	
201	**fleur**-*f*	flower	
202	**domestique**-*adj; m/f*	domestic; domestic	
203	**sorte**-*f*	kind| manner	
204	**théâtre**-*m*	theater| stage	
205	**mois**-*m*	month	
206	**dix**-*num*	ten	
207	**heureux**-*adj*	happy	
208	**aller**-*vb*	go| travel	
209	**peiner**-*vb*	labor| pain	
210	**expression**-*f*	expression	
211	**venir**-*vb*	come	

212	**côté**-*m*	side
213	**entrer**-*vb*	enter
214	**connaître**-*vb*	know
215	**pauvre**-*adj; m*	poor; poor person
216	**livre**-*m*	book
217	**être**-*vb*	be| exist
218	**nuit**-*f*	night
219	**bout**-*m*	end| toe
220	**beau**-*adj; m*	beautiful| nice; beautiful
221	**cœur**-*m*	heart| core
222	**trois**-*num*	three
223	**bras**-*m*	arm
224	**roman**-*m; adj*	novel; Romance
225	**prendre**-*vb*	take| have
226	**toile**-*f*	web
227	**artiste**-*m/f*	artist
228	**voilà**-*adv*	here
229	**assez**-*adv*	enough| quite
230	**existence**-*f*	existence| life
231	**lumière**-*f*	light| spotlight
232	**derrière**-*adv; m; prp*	behind; behind; behind
233	**terreur**-*f*	terror
234	**horreur**-*f*	horror
235	**soudain**-*adv; adj*	suddenly; sudden
236	**ailleurs**-*adv*	somewhere else
237	**devoir**-*m; vb; av*	duty; have to; must
238	**déjà**-*adv*	already
239	**asseoir**-*vb*	sit
240	**premier**-*adj*	first| prime
241	**mot**-*m*	word
242	**idée**-*f*	idea
243	**former**-*vb*	form| train
244	**doigt**-*m*	finger
245	**couleur**-*f*	color
246	**presque**-*adv; adj*	almost; all but
247	**charmer**-*vb*	charm| delight
248	**ciel**-*m*	sky| heaven
249	**coup**-*m*	blow| shot
250	**adolescent**-*m; adj*	teenager; adolescent
251	**pécher**-*vb*	sin
252	**sang**-*m*	blood
253	**matin**-*m*	morning
254	**chapitre**-*m*	chapter
255	**musique**-*f*	music
256	**plutôt**-*adv*	rather| quite

257	seulement-*adv; con*	only| just; only	
258	sourire-*m; vb*	smile; smile	
259	pied-*m*	foot| leg	
260	certainement-*adv*	definitely	
261	ouvrir-*vb*	open| start	
262	jouer-*vb*	play| act	
263	longtemps-*adv; adj*	for a long time; longtime	
264	jardin-*m*	garden	
265	gentleman-*m; adj*	gentleman; gentlemanly	
266	manière-*f*	way| form	
267	changer-*vb*	change| switch	
268	haut-*adj; m; adv*	high; top; in heaven	
269	dîner-*m; vb*	dinner; dine	
270	mauvais-*adj; m*	bad| ill; brute	
271	histoire-*f*	history| story	
272	conscience-*f*	consciousness| conscience	
273	londre-	London	
274	influence-*f*	influence	
275	merveilleux-*adj*	wonderful	
276	lequel-*prn*	which	
277	fou-*adj; m*	crazy; fool	
278	ni-*con; adv*	or; neither	
279	tard-*adv*	late	
280	ensemble-*adv; m; f*	together; ensemble; collection	
281	dessus-*adv*	over	
282	arrêter-*vb*	stop| quit	
283	combien-*adv*	how many	
284	mariage-*m*	marriage	
285	garçon-*m*	boy| lad	
286	entendre-*vb*	hear	
287	effet-*m*	effect	
288	pièce-*f; adv*	piece| room; apiece	
289	cheveu-*m*	hair	
290	question-*f*	question| issue	
291	honte-*f*	shame	
292	péché-*m*	sin| trespass	
293	année-*f*	year	
294	pari-*m*	bet| betting	
295	sûrement-*adv*	surely	
296	vivre-*vb*	live	
297	peur-*f*	fear| scare	
298	club-*m*	club	
299	travers-*m*	across	
300	droit-*adj; m; adv*	right; right; due	
301	rouge-*adj; m*	red; red	
302	long-*adj*	long	
303	paravent-*m*	screen	
304	huit-*num*	eight	
305	certes-*adv*	certainly	
306	sujet-*m; adj*	subject; prone	
307	prince-*m*	prince	
308	fin-*f; adj*	end; fine	
309	sir-*m*	sir	
310	souvenir-*m*	memory| souvenir	
311	crime-*m*	crime	
312	ceci-*prn; adj*	this; following	
313	secouer-*vb*	shake| rock	
314	bruit-*m*	noise| sound	
315	cinq-*num*	five	
316	propos-*m*	talk	
317	clef-*f; adj*	key; pivotal	
318	grâce-*f*	grace| favor	
319	façon-*f*	way| method	
320	mentir-*vb*	lie	
321	atelier-*m*	workshop| studio	
322	donner-*vb*	give| yield	
323	fauteuil-*m*	armchair	
324	sentir-*vb*	feel	
325	nature-*f*	nature	
326	sûr-*adj*	sure| safe	
327	espérer-*vb*	hope| expect	
328	soleil-*m*	sun	
329	possible-*adj; m*	possible; possible	
330	arriver-*vb*	arrive| happen	
331	père-*m*	father| dad	
332	larme-*f*	tear| drop	
333	fenêtre-*f*	window	
334	tourner-*vb*	turn| rotate	
335	impossible-*adj*	impossible	
336	expérience-*f*	experience	
337	désir-*m*	desire| wish	
338	placer-*vb*	place| put	
339	voici-*prp*	here is	
340	scène-*f*	scene	
341	trouver-*vb*	find| get	
342	oublier-*vb*	forget	
343	mode-*m; f*	mode; fashion	
344	doute-*m*	doubt	

345	**bas**-*adj; m*	low| base; bottom
346	**vérité**-*f*	truth
347	**sept**-*num*	seven
348	**réponse**-*f*	response
349	**curieux**-*adj; m*	curious; onlooker
350	**soie**-*f*	silk
351	**fond**-*m*	bottom
352	**parmi**-*prp*	among
353	**siècle**-*m*	century
354	**excepté**-*prp*	except
355	**vingt**-*num*	twenty
356	**moyen**-*m; adj*	means| medium; medium
357	**présent**-*adj; m*	present; present
358	**mémoire**-*m; f*	dissertation; memory
359	**chapeau**-*m*	hat
360	**peinture**-*f*	painting| paint
361	**lettre**-*f*	letter
362	**cheval**-*m*	horse
363	**rose**-*adj; f*	pink; rose
364	**attention**-*f*	attention
365	**hier**-*adv*	yesterday; yesterday
366	**rideau**-*m*	curtain
367	**réalité**-*f*	reality
368	**minute**-*f*	minute
369	**laisser**-*vb*	leave| let
370	**Angleterre**-*m*	England
371	**soupir**-*m*	sigh
372	**thé**-*m*	tea
373	**rester**-*vb*	stay| keep
374	**ci**-*adv*	this
375	**paraître**-*vb*	seem| appear
376	**désirer**-*vb*	desire| wish
377	**bouche**-*f*	mouth
378	**valet**-*m*	valet
379	**compte**-*m*	account
380	**coin**-*m*	corner| wedge
381	**revoir**-*vb*	revise
382	**frapper**-*vb*	hit| knock
383	**blanc**-*adj; m*	white| albescent; white
384	**rencontrer**-*vb*	meet| encounter
385	**retourner**-*vb*	return
386	**cou**-*m*	neck
387	**feu**-*m*	fire
388	**curiosité**-*f*	curiosity
389	**imagination**-*f*	imagination
390	**extraordinaire**-*adj*	extraordinary
391	**sérieux**-*adj; m*	serious; seriousness
392	**triste**-*adj*	sad
393	**apercevoir**-*vb*	see| perceive
394	**fatiguer**-*vb*	tire| stress
395	**horriblement**-*adv*	horribly
396	**forme**-*f*	form| shape
397	**salon**-*m*	lounge
398	**salle**-*f*	room
399	**tirer**-*vb*	take| draw
400	**tante**-*f*	aunt
401	**écarlate**-*adj*	scarlet
402	**silence**-*m*	silence| pause
403	**demi**-*adj; m*	half; half
404	**tressaillir**-*vb*	flinch
405	**loge**-*f*	lodge
406	**bibliothèque**-*f*	library
407	**sortir**-*vb*	exit| come out
408	**sentiment**-*m*	feeling| sense
409	**demi**-*adj; m*	half; half
410	**mari**-*m*	husband
411	**hideux**-*adj*	hideous
412	**quelquefois**-*adv*	sometimes
413	**abord**-*m*	first| start
414	**certain**-*adj*	certain
415	**ombre**-*m*	shadow
416	**caractère**-*m*	character| nature
417	**société**-*f*	society| association
418	**demain**-*adv; m*	tomorrow; tomorrow
419	**entièrement**-*adv*	entirely| quite
420	**folie**-*f*	madness| folly
421	**personnalité**-*f; abr*	personality; VIP
422	**supposer**-*vb*	assume| suppose
423	**cerveau**-*m*	brain| brains
424	**supporter**-*vb; m*	support| bear; supporter
425	**mourir**-*vb*	die| end
426	**commencer**-*vb*	start| begin
427	**bois**-*m*	wood| timber
428	**anglais**-*adj; m|mpl*	English; English
429	**véritable**-*adj*	true| real
430	**sourcil**-*m*	eyebrow
431	**idéal**-*adj; m*	ideal; ideal
432	**naturellement**-*adv*	naturally
433	**plusieurs**-*adj*	several| divers

434	**terriblement**-*adv*	terribly
435	**désormais**-*adv*	henceforth
436	**amoureux**-*adj; m*	in love; lover
437	**délicieux**-*adj*	delicious
438	**continuer**-*vb*	continue
439	**quant**-*adv*	about
440	**vert**-*adj; m*	green| young; putting green
441	**meilleur**-*m; adj*	best; better
442	**bientôt**-*adv*	soon| almost
443	**importer**-*vb*	import
444	**bonheur**-*m; adj*	happiness; welfare
445	**fâcher**-*vb*	upset
446	**jaune**-*adj; m*	yellow; yellow
447	**nul**-*adj; m; prn*	no| zero; zero; no one
448	**oncle**-*m*	uncle
449	**jeter**-*vb*	throw
450	**devenir**-*vb*	become| be
451	**regard**-*m*	look| gaze
452	**tuer**-*vb*	kill| murder
453	**comprendre**-*vb*	understand| include
454	**intérêt**-*m*	interest
455	**perdre**-*vb*	lose| waste
456	**pourpre**-*adj*	purple
457	**montrer**-*vb*	show
458	**répliquer**-*vb*	reply
459	**bleu**-*adj; m*	blue; blue
460	**terre**-*f*	earth| land
461	**affaire**-*f*	case| matter
462	**levant**-*adj;*	rising; east
463	**opérer**-*vb*	operate| carry out
464	**peindre**-*vb*	paint
465	**perle**-*f*	pearl| jewel
466	**calme**-*adj; m*	quiet| calm; calm
467	**lune**-*f*	moon
468	**hors**-*prp*	except
469	**dernier**-*adj; m*	last| latter; last
470	**couvert**-*adj; m*	covered; place
471	**figurer**-*vb*	figure
472	**vent**-*m*	wind
473	**vite**-*adv*	quickly| fast
474	**rêve**-*m*	dream
475	**chemin**-*m*	path| road
476	**apprendre**-*vb*	learn| teach
477	**folle**-*f*	madwoman
478	**oreille**-*f*	ear
479	**cigarette**-*f*	cigarette
480	**vulgaire**-*adj*	vulgar
481	**épauler**-*vb*	support
482	**parfait**-*adj*	perfect
483	**imaginer**-*vb*	imagine
484	**moderne**-*adj*	modern
485	**admirable**-*adj*	admirable
486	**cruauté**-*f*	cruelty
487	**chère**-*adj*	dear
488	**train**-*m*	train
489	**tragédie**-*f*	tragedy
490	**douleur**-*f*	pain
491	**aussitôt**-*adv*	immediately
492	**tel**-*adj*	such
493	**ville**-*f*	city
494	**retard**-*m*	delay
495	**craindre**-*vb*	fear
496	**pâle**-*adj*	pale
497	**soupirer**-*vb*	sigh
498	**attendre**-*vb*	expect| wait for
499	**empêcher**-*vb*	prevent| stop
500	**frère**-*m*	brother
501	**importance**-*f*	importance| significance
502	**sonner**-*vb*	ring| sound
503	**autant**-*con*	as far as
504	**feuille**-*f*	sheet| leaf
505	**divan**-*m*	couch
506	**loin**-*adv; adj*	far; distant
507	**tomber**-*vb*	fall| drop
508	**basse**-*adj; f*	low; bass
509	**parlant**-*adj*	speaking
510	**présence**-*f*	presence
511	**front**-*m*	front| forehead
512	**quoique**-*con; prp*	though; while
513	**pensée**-*f*	thought
514	**assurer**-*vb*	ensure| insure
515	**cheminer**-*vb*	plod
516	**hasard**-*m*	chance| accident
517	**exclamer**-*vb*	exclaim
518	**faute**-*f*	fault
519	**chacun**-*prn; adv*	each; apiece
520	**voiture**-*f*	car| vehicle
521	**piano**-*adv; m*	piano; piano
522	**cas**-*m*	case| event

523	longue-*adj*	long	568	prière-*f*	prayer
524	merci-*m; int*	thanks; thanks	569	semaine-*f*	week
525	lampe-*f*	lamp	570	large-*adj*	wide| large
526	rue-*f*	street	571	marbre-*adj; m*	marble; marble
527	six-*num*	six	572	fini-*adj; m*	finished| finite; finish
528	soi-*m; prn*	self; self	573	ivoire-*m*	ivory
529	oiseau-*m*	bird	574	onze-*num*	eleven
530	couteau-*m*	knife	575	classe-*f*	class| classroom
531	tragique-*adj*	tragic	576	cadavre-*m*	corpse| body
532	malade-*adj; m*	sick| invalid; patient	577	amitié-*f*	friendship
533	eh-*int*	eh	578	tacher-*vb*	stain| spot
534	fort-*adj; m; adv*	strong| loud; fort; highly	579	objet-*m*	object
535	lire-*vb; f*	read; lira	580	parc-*m*	park
536	guère-*adv*	little	581	cent-*m; num*	cent| hundred
537	partir-*vb*	depart| leave	582	rendre-*vb*	render| restore
538	lourd-*adj*	heavy	583	gros-*adj; m*	large| fat; fat man
539	désoler-*vb*	distress| grieve	584	chef-*m*	chief| leader
540	intelligence-*f*	intelligence| intellect	585	posé-*adj*	laid
541	étrangement-*adv*	strangely	586	promettre-*vb*	promise
542	habitude-*f*	habit	587	intellectuel-*adj; m*	intellectual; intellectual
543	découvrir-*vb*	discover	588	réel-*adj; m*	real| live; real
544	talent-*m*	talent| skill	589	chaise-*f*	chair
545	gravement-*adv*	seriously| gravely	590	chevelure-*f*	hair
546	juste-*adj; adv*	just| fair; just	591	pétale-*m*	petal
547	affreux-*adj*	frightful| dreadful	592	marcher-*vb*	walk| work
548	soirée-*f*	evening	593	exposer-*vb*	expose| exhibit
549	songer-*vb*	reflect| wonder	594	appeler-*vb*	call| appeal
550	jaloux-*adj*	jealous	595	miroir-*m*	mirror
551	plein-*adj*	full| fraught	596	parole-*f*	word| speech
552	ennui-*m*	boredom| trouble	597	briller-*vb*	shine| sparkle
553	hésiter-*vb*	hesitate	598	traverser-*vb*	cross| pass through
554	rappeler-*vb*	remind| call back	599	genre-*m*	kind| gender
555	quart-*m*	quarter	600	midi-*m; adj*	noon; midday
556	paupière-*f*	eyelid	601	libre-*adj*	free| open
557	pureté-*f*	purity	602	odeur-*f*	smell| odor
558	valoir-*vb*	be worth	603	revenir-*vb*	return| get back
559	remplir-*vb*	fill| fill in	604	vide-*adj; m*	empty; empty
560	sœur-*adj; f*	sister; sister	605	meurtre-*m*	murder
561	dos-*m*	back| reverse	606	dur-*adj*	hard| tough
562	neuf-*num*	nine	607	changement-*m*	change| changing
563	lentement-*adv*	slowly| leisurely	608	nécessaire-*adj*	necessary
564	dès-*prp*	from| since	609	parfois-*adv*	sometimes
565	fantastique-*adj*	fantastic	610	âge-*m*	age
566	exquis-*adj*	exquisite| delicious	611	froid-*adj; m*	cold| cool; cold
567	mur-*m*	wall	612	dehors-*adv; m*	outside| out; outside

613	**absurde**-*adj; m*	absurd; absurd
614	**robe**-*f*	dress| gown
615	**duc**-*m*	duke
616	**ordre**-*m*	order
617	**trait**-*m*	trait
618	**noir**-*adj; m*	black; black
619	**riche**-*adj; m/f*	rich; rich person
620	**roi**-*m*	king
621	**ton**-*adj; prn; m*	your; your; tone
622	**faux**-*adj*	false| fake
623	**signe**-*m*	sign
624	**brouillard**-*m*	fog
625	**étude**-*f*	study
626	**répéter**-*vb*	repeat| rehearse
627	**actrice**-*f*	actress
628	**échapper**-*vb*	escape
629	**mordre**-*vb*	bite| snap
630	**époque**-*f*	time| age
631	**minuit**-*m*	midnight
632	**envoyer**-*vb*	send| forward
633	**malheur**-*m*	misfortune
634	**épouser**-*vb*	marry
635	**entier**-*adj*	whole| full
636	**phrase**-*f*	phrase
637	**tort**-*m*	wrong| harm
638	**briser**-*vb*	break| shatter
639	**chagrin**-*m*	grief| heartache
640	**malgré**-*prp; adv*	despite; all the same
641	**public**-*adj; m*	public; public
642	**digne**-*adj*	worthy
643	**poser**-*vb*	pose| rest
644	**commun**-*adj*	common| joint
645	**chasse**-*f*	hunting| chase
646	**troisième**-*num*	third
647	**sensation**-*f*	sensation| feeling
648	**ouvert**-*adj*	open
649	**monstrueux**-*adj*	monstrous
650	**masquer**-*vb*	hide| mask
651	**lieu**-*m*	place| venue
652	**cadre**-*m*	framework| frame
653	**souffler**-*vb*	breathe| whisper
654	**position**-*f*	position
655	**connaissance**-*f*	knowledge| acquaintance
656	**escalier**-*m*	staircase| stairs

657	**pareil**-*adj; prn; m*	such| similar; the same; equal
658	**accident**-*m*	accident
659	**garder**-*vb*	keep| maintain
660	**action**-*f*	action| effort
661	**adorable**-*adj*	adorable
662	**émotion**-*f*	emotion
663	**singleton**-*m*	singleton
664	**cacher**-*vb*	hide| conceal
665	**silencieux**-*adj; m*	silent; silencer
666	**vain**-*adj*	vain
667	**cocher**-*vb; m*	check; coachman
668	**mouchoir**-*m*	handkerchief
669	**vice**-*m*	vice
670	**sombrer**-*vb*	sink
671	**jadis**-*adv*	once
672	**sombre**-*adj*	dark| gloomy
673	**fortune**-*f*	fortune| wealth
674	**extrêmement**-*adv*	extremely
675	**artistique**-*adj*	artistic
676	**regretter**-*vb*	regret| miss
677	**vertu**-*f*	virtue
678	**toutefois**-*con; adv*	however; nevertheless
679	**spectacle**-*m*	show| spectacle
680	**cri**-*m*	cry| scream
681	**eau**-*f*	water
682	**précipiter**-*vb*	precipitate
683	**square**-*m*	square
684	**reprendre**-*vb*	resume| retake
685	**étonnement**-*m; adv*	astonishment; surprisingly
686	**acte**-*m*	act| certificate
687	**ajouter**-*vb*	add
688	**gorge**-*f*	throat
689	**confesser**-*vb*	confess
690	**vin**-*m*	wine
691	**révéler**-*vb*	reveal| tell
692	**joli**-*adj*	pretty
693	**costume**-*m*	suit
694	**remarquer**-*vb*	notice| note
695	**conversation**-*f*	conversation| talk
696	**suivant**-*adj; prp; adv*	following; according to; as follows
697	**quatre**-*num*	four
698	**juif**-*adj*	Jewish
699	**reine**-*f*	queen

700	**mystère**-*m*	mystery	745	**hiver**-*m*	winter
701	**ordinaire**-*adj; m*	ordinary; ordinary	746	**magnifique**-*adj*	magnificent
702	**adorer**-*vb*	worship	747	**aimable**-*adj*	friendly| kind
703	**choix**-*m*	choice| selection	748	**volume**-*m*	volume| tonnage
704	**différence**-*f*	difference	749	**surprendre**-*vb*	surprise| catch
705	**pocher**-*vb*	poach	750	**mouvement**-*m*	movement| stir
706	**ligne**-*f*	line| design	751	**fatal**-*adj*	fatal
707	**intéresser**-*vb*	interest	752	**tournant**-*adj; m*	turning; turn
708	**humide**-*adj*	wet| damp	753	**rencontre**-*f*	meeting| match
709	**satisfaire**-*vb*	satisfy| please	754	**sien**-*prn*	one's own
710	**pays**-*m*	country	755	**vivement**-*adv*	deeply
711	**saisir**-*vb*	seize| grasp	756	**approcher**-*vb*	hang over
712	**ensuite**-*adv*	then| later	757	**incliner**-*vb*	tilt| incline
713	**moral**-*adj; m*	moral; morale	758	**tandis**-*con*	while
714	**café**-*m*	cafe| coffee	759	**quitter**-*vb*	leave| quit
715	**injuste**-*adj*	unfair| wrong	760	**doux**-*adj*	soft| sweet
716	**drame**-*m*	drama	761	**manquer**-*vb*	miss
717	**adoration**-*f*	worship	762	**dorer**-*vb*	brown
718	**adresser**-*vb*	address	763	**volonté**-*f*	will
719	**type**-*m*	type| guy	764	**français**-*adj; m|mpl*	French; French
720	**goût**-*m*	taste| flavor	765	**boire**-*vb*	drink
721	**travail**-*m*	work	766	**confession**-*f*	confession
722	**rêver**-*vb*	dream	767	**foi**-*f*	faith
723	**pardessus**-*m*	overcoat	768	**vanité**-*f*	vanity| pride
724	**somme**-*f*	sum	769	**manteau**-*m*	coat| mantle
725	**image**-*f*	image	770	**diriger**-*vb*	direct| run
726	**valeur**-*f*	value| worth	771	**aide**-*f*	aid| relief
727	**pur**-*adj*	pure| clean	772	**furieux**-*adj; m*	furious; madman
728	**détruire**-*vb*	destroy	773	**tempérament**-*m*	temperament| temper
729	**haïr**-*vb*	hate	774	**adolescence**-*f*	adolescence
730	**hall**-*m*	lobby| lounge	775	**marin**-*adj; m*	marine; marine
731	**pardon**-*m*	forgiveness	776	**théorie**-*f*	theory
732	**immobile**-*adj*	motionless| immobile	777	**parfaire**-*vb*	perfect
733	**doucement**-*adv*	gently| slowly	778	**visible**-*adj*	visible
734	**épaule**-*f*	shoulder	779	**orgueil**-*m*	pride
735	**sauvage**-*adj; m*	wild; savage	780	**semblable**-*adj; m*	similar; fellow creature
736	**dame**-*f*	lady	781	**coucher**-*vb; m*	sleep| lay down; sunset
737	**visage**-*m*	face	782	**habiller**-*vb*	dress
738	**étendre**-*vb*	extend| expand	783	**écrire**-*vb*	write
739	**erreur**-*f*	error| mistake	784	**passe**-*f*	pass
740	**expliquer**-*vb*	explain	785	**moindre**-*adj*	lesser
741	**soudainement**-*adv*	suddenly	786	**selon**-*prp; adv*	according to; as follows
742	**velours**-*m*	velvet	787	**quitte**-*adj*	quits
743	**ferme**-*f; adj*	farm; firm	788	**résolu**-*adj*	resolved
744	**splendide**-*adj*	splendid	789	**assassiner**-*vb*	murder

790	**différent**-*adj*	different	835	**royal**-*adj*	royal
791	**enquête**-*f*	survey| investigation	836	**corruption**-*f*	corruption
792	**préjugé**-*m*	prejudice	837	**relation**-*f*	relation
793	**monter**-*vb*	mount| climb	838	**interrompre**-*vb*	interrupt| stop
794	**romantique**-*adj; m/f*	romantic; romantic	839	**valise**-*f*	suitcase| case
795	**moitié**-*adv; f*	half; half	840	**léger**-*adj*	light| lightweight
796	**naissance**-*f*	birth| rise	841	**mien**-*adj*	mine
797	**orchidée**-*f*	orchid	842	**courage**-*m*	courage
798	**gâter**-*vb*	spoil| pamper	843	**compliment**-*m*	compliment
799	**mesurer**-*vb*	measure	844	**voile**-*f*	veil| sail
800	**enfance**-*f*	childhood	845	**plaire**-*vb*	please
801	**payer**-*vb*	pay	846	**ridicule**-*adj; m*	ridiculous; ridicule
802	**servir**-*vb*	serve| help	847	**éclater**-*vb*	burst| erupt
803	**tenir**-*vb*	hold| keep	848	**ennuyeux**-*adj*	boring| annoying
804	**guérir**-*vb*	cure| recover	849	**créature**-*f*	creature| being
805	**laideur**-*f*	ugliness	850	**indifférent**-*adj*	indifferent
806	**futur**-*adj; m*	future; future	851	**boîte**-*f*	box| can
807	**américain**-*adj*	American	852	**content**-*adj*	content| happy
808	**infini**-*adj; m*	infinite; infinity	853	**profondément**-*adv*	deeply| heavily
809	**obligé**-*adj*	obliged	854	**splendeur**-*f*	splendor
810	**satin**-*m*	satin| demon	855	**lanterne**-*vb*	lantern
811	**interroger**-*vb*	question| examine	856	**souiller**-*vb*	soil| defile
812	**frisson**-*m*	thrill| shivers	857	**héro**-*m*	hero
813	**tour**-*m; f*	turn; tower	858	**posséder**-*vb*	have| rejoice
814	**sauver**-*vb*	save	859	**commencement**-*m*	beginning| start
815	**attentivement**-*adv*	carefully	860	**lilas**-*adj; m*	lilac; lilac
816	**tapis**-*m*	carpet	861	**unique**-*adj*	unique
817	**étonner**-*vb*	surprise| wonder	862	**dédain**-*m*	disdain
818	**tasse**-*f*	cup	863	**cervelle**-*f*	brain| brains
819	**ardent**-*adj*	ardent| burning	864	**reculer**-*vb*	back| retreat
820	**verre**-*m*	glass	865	**rage**-*f*	rage| rabies
821	**endroit**-*m*	place| spot	866	**rang**-*m*	rank| row
822	**contenter**-*vb*	satisfy	867	**veine**-*f*	vein| luck
823	**parterre**-*m*	flower bed	868	**profond**-*adj; m*	deep| profound; deep
824	**impression**-*f*	printing| impression	869	**frissonner**-*vb*	shiver| tremble
825	**détail**-*m*	detail	870	**autrement**-*adv*	otherwise
826	**fardeau**-*m*	burden| charge	871	**édition**-*f*	edition
827	**prêter**-*vb*	lend| attribute	872	**fermer**-*vb*	close
828	**prix**-*m*	price| prize	873	**mille**-*num*	thousand
829	**lueur**-*f*	glow| light	874	**gazon**-*m*	grass| lawn
830	**naturel**-*adj; m*	natural; nature	875	**allumer**-*vb*	turn on| light up
831	**cruel**-*adj*	cruel	876	**romanesque**-*adj*	dreamy| fictional
832	**cache**-*m*	cover	877	**désespoir**-*m*	despair
833	**chercher**-*vb*	search| try	878	**tellement**-*adv*	so
834	**rentrer**-*vb*	return	879	**force**-*f*	force| power

880	**subtil**-*adj*	subtle	
881	**curieusement**-*adv*	funnily	
882	**plupart**-*f*	most	
883	**réserver**-*vb*	book| reserve	
884	**espérance**-*f*	hope| expectation	
885	**nez**-*m*	nose	
886	**poison**-*m*	poison	
887	**clair**-*adj*	clear| bright	
888	**inviter**-*vb*	invite| ask	
889	**sauf**-*prp; adj; con; adv*	except; safe; excepting; short of	
890	**direction**-*f*	direction| management	
891	**pitié**-*f*	pity	
892	**apparence**-*f*	appearance	
893	**illusion**-*f*	illusion	
894	**blesser**-*vb*	hurt| cut	
895	**tristesse**-*f*	sadness	
896	**honneur**-*m*	honor| credit	
897	**principe**-*m*	principle	
898	**méthode**-*f*	method	
899	**science**-*f*	science	
900	**philosophie**-*f*	philosophy	
901	**sofa**-*m*	sofa	
902	**trente**-*num*	thirty	
903	**malheureux**-*adj; m*	unfortunate| unhappy; unfortunate	
904	**glace**-*f*	ice| mirror	
905	**inutile**-*adj*	unnecessary| useless	
906	**baser**-*vb*	base	
907	**éclat**-*m*	eclat| brightness	
908	**do**-*m*	do	
909	**brutal**-*adj; m*	brutal; brute	
910	**conduire**-*vb*	lead| drive	
911	**pratique**-*f; adj*	practice; practical	
912	**denteler**-*vb*	indent	
913	**lendemain**-*m*	next day	
914	**pousser**-*vb*	push| drive	
915	**empoisonner**-*vb*	poison	
916	**humanité**-*f*	humanity	
917	**serrer**-*vb*	tighten| clamp	
918	**absence**-*f*	absence	
919	**aile**-*f*	wing| blade	
920	**dominer**-*vb*	dominate| control	
921	**remords**-*m*	remorse	
922	**auditoire**-*m*	audience	

923	**finement**-*adv*	finely
924	**exposition**-*f*	exposure| exhibition
925	**serrure**-*f*	lock
926	**travailler**-*vb*	work
927	**élever**-*vb*	raise| elevate
928	**suivre**-*vb*	follow
929	**violon**-*m*	violin
930	**grotesque**-*adj; m*	grotesque; grotesque
931	**marche**-*f*	walking
932	**occuper**-*vb*	occupy| hold
933	**égoïste**-*adj; m/f*	selfish; egoist
934	**tranquille**-*adj*	quiet
935	**étranger**-*adj; m*	foreign| overseas; foreigner
936	**vague**-*f; adj*	wave; vague
937	**essayer**-*vb*	try| attempt
938	**broder**-*vb*	embroider
939	**indéfinissable**-*adj*	indefinable
940	**apparaître**-*vb*	appear
941	**exercice**-*m*	exercise| fiscal year
942	**commettre**-*vb*	commit
943	**grec**-*adj; m*	Greek; Greek
944	**gris**-*adj; m*	gray; gray
945	**caprice**-*m*	fancy
946	**disparaître**-*vb*	disappear
947	**brute**-*f; adj*	brute; ruffian
948	**exprimer**-*vb*	express| voice
949	**pose**-*f*	pose
950	**offrir**-*vb*	offer| give
951	**symbole**-*m*	symbol
952	**voiler**-*vb*	veil| mask
953	**maître**-*m*	master| teacher
954	**intelligent**-*adj*	intelligent
955	**cour**-*f*	court
956	**auparavant**-*adv*	before
957	**prêt**-*adj; m*	ready| willing; loan
958	**innocent**-*adj; m*	innocent; innocent
959	**sympathie**-*f*	sympathy
960	**parfum**-*m*	perfume| fragrance
961	**divin**-*adj*	divine
962	**pourtant**-*con; adv*	yet| however; nevertheless
963	**demeurer**-*vb*	remain| dwell
964	**acheter**-*vb*	buy| take
965	**courant**-*adj; m*	current| running; current

966	**courbe**-*f*	curve| bending
967	**tristement**-*adv*	sadly
968	**oubli**-*m*	oversight| oblivion
969	**plat**-*adj; m*	flat; flat| dish
970	**église**-*f*	church
971	**événement**-*m*	event
972	**mince**-*adj*	thin| slim
973	**anéantir**-*vb*	annihilate| wreck
974	**énorme**-*adj*	huge| enormous
975	**convenable**-*adj*	suitable| appropriate
976	**ennuyer**-*vb*	bore| annoy
977	**brillant**-*adj; m*	brilliant| bright; gloss
978	**essayer**-*vb*	try| attempt
979	**excuser**-*vb*	excuse| forgive
980	**fixer**-*vb*	set| fix
981	**hôte**-*m*	host
982	**capable**-*adj*	capable| competent
983	**effrayant**-*adj*	scary| frightening
984	**journal**-*m*	newspaper| journal
985	**pathétique**-*adj; m*	pathetic; pathos
986	**politique**-*f; adj*	policy; political
987	**mêler**-*vb*	mix| mingle
988	**contempler**-*vb*	contemplate
989	**gauche**-*adj; f*	left; left
990	**favori**-*adj; m*	favorite; favorite
991	**manger**-*vb*	eat| feed
992	**plancher**-*m; vb*	floor; floor
993	**campagne**-*f*	campaign
994	**charbon**-*m*	coal
995	**tapisserie**-*f*	tapestry
996	**envers**-*m*	back| against
997	**hypocrisie**-*f*	hypocrisy
998	**orange**-*adj*	orange
999	**durant**-*prp*	during
1000	**geste**-*m*	gesture| movement
1001	**succéder**-*vb*	succeed
1002	**renoncement**-*m*	renunciation
1003	**mise**-*f*	setting
1004	**rubis**-*m*	ruby
1005	**bonté**-*f*	goodness
1006	**dangereux**-*adj*	dangerous
1007	**milieu**-*m*	medium
1008	**solitaire**-*adj; m/f*	solitary; loner
1009	**marier**-*vb*	marry
1010	**marguerite**-*f*	daisy
1011	**pourpoint**-*m*	doublet
1012	**arrière**-*adj; m*	rear| back; back
1013	**courir**-*vb*	run| race
1014	**suite**-*f*	suite| sequence
1015	**coupe**-*f*	cut
1016	**envahir**-*vb*	invade
1017	**appartenir**-*vb*	behove
1018	**davantage**-*adv*	further
1019	**paresseusement**-*adv*	lazily
1020	**rider**-*vb*	wrinkle| ruffle
1021	**exactement**-*adv*	exactly| accurately
1022	**écho**-*m*	echo
1023	**scientifique**-*adj; m/f*	scientific; scientist
1024	**compagnon**-*m*	companion
1025	**souffrir**-*vb*	suffer| experience
1026	**arbre**-*m*	tree| shaft
1027	**bar**-*m*	bar| bass
1028	**observer**-*vb*	observe| watch
1029	**con**-*m; adj*	cunt| prick; bloody
1030	**nonchalamment**-*adv*	casually
1031	**reconnaître**-*vb*	recognize| admit
1032	**forcer**-*vb*	force| compel
1033	**gracieux**-*adj*	gracious| graceful
1034	**intention**-*f*	intention| mind
1035	**gentil**-*adj; m*	nice| kind; gentile
1036	**champagne**-*m*	champagne
1037	**forêt**-*f*	forest
1038	**situation**-*f*	situation
1039	**mer**-*f*	sea
1040	**agir**-*vb*	act
1041	**appuyer**-*vb*	support| press
1042	**branche**-*f*	branch
1043	**noter**-*vb*	note
1044	**aise**-*adj; f*	pleased; pleasure
1045	**pro**-*m/f*	pro
1046	**orner**-*vb*	adorn
1047	**sage**-*adj; m*	wise; sage
1048	**balcon**-*m*	balcony
1049	**bague**-*f*	ring
1050	**vol**-*m*	flight| theft
1051	**toilette**-*f*	toilet
1052	**avenir**-*m*	future
1053	**chair**-*f*	flesh

1054	**aube**-*f*	dawn| blade	
1055	**consolation**-*f*	consolation| comforting	
1056	**particulièrement**-*adv*	particularly	
1057	**papier**-*m*	paper	
1058	**montre**-*f*	watch	
1059	**reposer**-*vb*	rest	
1060	**lièvre**-*m; adj*	hare; hare's	
1061	**riposter**-*vb*	hit back| retaliate	
1062	**senteur**-*f*	scent	
1063	**statue**-*f*	statue	
1064	**relier**-*vb*	connect	
1065	**opinion**-*f*	opinion	
1066	**inséparable**-*adj*	inseparable	
1067	**explication**-*f*	explanation| explication	
1068	**dé**-*pfx*	un-| in-	
1069	**résoudre**-*vb*	solve| resolve	
1070	**commune**-*f*	town	
1071	**instinct**-*m*	instinct	
1072	**description**-*f*	description| depiction	
1073	**consoler**-*vb*	console	
1074	**honteux**-*adj*	shameful| ashamed	
1075	**pénétrer**-*vb*	enter| penetrate	
1076	**sévère**-*adj*	severe| strict	
1077	**poitrine**-*f*	chest| bosom	
1078	**teindre**-*vb*	dye	
1079	**sable**-*m*	sand| grittiness	
1080	**titre**-*m*	title| headline	
1081	**chuter**-*vb*	tumble	
1082	**sommeil**-*m*	sleep| rest	
1083	**refuser**-*vb*	refuse	
1084	**fatalité**-*f*	fatality	
1085	**hôte**-*m*	host	
1086	**exercer**-*vb*	exercise| exert	
1087	**poème**-*m*	poem| epic	
1088	**saisi**-*adj*	grasped	
1089	**bourgogne**-*f*	Burgundy	
1090	**globe**-*m*	globe	
1091	**faible**-*adj; m*	low| weak; weakling	
1092	**signification**-*f*	meaning| notification	
1093	**guider**-*vb*	guide| steer	
1094	**vitre**-*f*	window	
1095	**permettre**-*vb*	allow| enable	
1096	**exister**-*vb*	exist	
1097	**tremblement**-*m*	trembling| tremor	
1098	**distinction**-*f*	distinction	
1099	**flamme**-*f*	flame	
1100	**moquer**-*vb*	mock	
1101	**étoile**-*f*	star| blaze	
1102	**union**-*f*	union	
1103	**poids**-*m*	weight	
1104	**hausser**-*vb*	raise| increase	
1105	**paie**-*f*	pay| payroll	
1106	**écouter**-*vb*	listen| hear	
1107	**détester**-*vb*	hate	
1108	**tache**-*f*	spot| stain	
1109	**antique**-*adj; m*	antique| ancient; antique	
1110	**obscur**-*adj*	obscure| dim	
1111	**bougie**-*f*	candle| spark plug	
1112	**déchirer**-*vb*	tear| rip	
1113	**surveiller**-*vb*	monitor| watch	
1114	**juger**-*vb*	judge| assess	
1115	**surface**-*f*	surface	
1116	**délicat**-*adj*	delicate	
1117	**escarboucle**-*f*	carbuncle	
1118	**second**-*adj; m*	second; second	
1119	**charger**-*vb*	load| charge	
1120	**amèrement**-*adv*	bitterly	
1121	**respiration**-*f*	breathing	
1122	**humain**-*adj; m*	human; human	
1123	**laid**-*adj*	ugly	
1124	**cynique**-*adj; m*	cynical; cynic	
1125	**visiter**-*vb*	visit| view	
1126	**raisonnable**-*adj*	reasonable	
1127	**brume**-*f*	mist	
1128	**modèle**-*adj; m*	model; model	
1129	**effroyable**-*adj*	frightful| appalling	
1130	**polir**-*vb*	polish| buff	
1131	**prêtre**-*m*	priest	
1132	**décider**-*vb*	decide| choose	
1133	**douloureux**-*adj*	painful	
1134	**informe**-*adj*	shapeless| unformed	
1135	**dégradation**-*f*	degradation| deterioration	
1136	**prier**-*vb*	pray	
1137	**compassion**-*f*	compassion	
1138	**hâter**-*vb*	hasten| accelerate	
1139	**danger**-*m*	danger	
1140	**psychologie**-*f*	psychology	
1141	**infiniment**-*adv*	infinitely	

1142	rougir-*vb*	blush	go red
1143	musical-*adj*	musical
1144	œuvre-*f*	work
1145	chance-*f*	chance	luck
1146	psychologique-*adj*	psychological
1147	membre-*m*	member
1148	taverne-*f*	tavern
1149	éclatant-*adj*	bright	brilliant
1150	cuir-*m*	leather
1151	éducation-*f*	education	upbringing
1152	loi-*f*	law
1153	mystérieux-*adj*	mysterious
1154	couvrir-*vb*	cover	coat
1155	poussière-*f*	dust
1156	mérite-*m*	merit	worth
1157	accompagner-*vb*	accompany	follow
1158	claire-*adj; adv*	clear; in plain
1159	suggérer-*vb*	suggest	imply
1160	sérieusement-*adv*	seriously	gravely
1161	singulier-*adj; m*	singular	strange; singular
1162	émouvoir-*vb*	move	stir
1163	canne-*f*	cane
1164	paradoxe-*m*	paradox
1165	fourrer-*vb*	stick
1166	sacrifice-*m*	sacrifice
1167	scandale-*m*	scandal
1168	maladie-*f*	disease	illness
1169	olive-*f*	olive
1170	ténèbre-*f*	darkness
1171	damer-*vb*	tamping
1172	complexe-*adj; m*	complex; complex
1173	vêtir-*vb*	clothe
1174	cause-*f*	cause	case
1175	tulipe-*f*	tulip
1176	journal-*m*	newspaper	journal
1177	entourer-*vb*	surround	enclose
1178	consister-*vb*	consist
1179	résultat-*m*	result	product
1180	nerveux-*adj*	nervous
1181	monstre-*m; adj*	monster; monstrous
1182	narine-*f*	nostril
1183	laboratoire-*m*	laboratory
1184	décor-*m*	decor
1185	plomb-*m*	lead	plumb
1186	envier-*vb*	envy
1187	instrument-*m*	instrument	implement
1188	dresser-*vb*	draw up	develop
1189	littérature-*f*	literature
1190	paysage-*m*	landscape
1191	génie-*m*	genius	genie
1192	surtout-*adv*	mainly	above all
1193	atteindre-*vb*	reach	achieve
1194	avancer-*vb*	advance	forward
1195	infâme-*adj*	infamous	vile
1196	matière-*f*	material
1197	miel-*m*	honey
1198	habit-*m*	habit
1199	terme-*m*	term
1200	fidélité-*f*	loyalty	fidelity
1201	déjeuner-*vb; m*	lunch; lunch
1202	partout-*adv*	everywhere	throughout
1203	haine-*f; adj*	hatred; heating
1204	gisant-*adj*	recumbent
1205	moue-*f*	pout
1206	agréable-*adj*	pleasant	nice
1207	tranquillement-*adv*	quietly
1208	gant-*m*	glove
1209	harmonie-*f*	harmony
1210	follement-*adv*	madly
1211	absent-*adj, m*	absent, absentee
1212	race-*f*	race	breed
1213	éventail-*m*	range
1214	réaliser-*vb*	realize	achieve
1215	ravir-*vb*	delight	ravish
1216	porte-*f*	door	gate
1217	effort-*m*	effort	stress
1218	vivant-*adj; m*	living	alive; living
1219	dessiner-*vb*	draw	design
1220	probablement-*adv*	probably
1221	retrouver-*vb*	find	meet
1222	triomphe-*m*	triumph
1223	gémissement-*m*	groan	whine
1224	confiance-*f*	confidence	faith
1225	pendule-*f*	pendulum
1226	défaire-*vb*	undo	defeat
1227	tombeau-*m*	tomb
1228	descendre-*vb*	descend	get off
1229	jaillir-*vb*	flow
1230	aversion-*f*	aversion

1231	**compagnie**-*f*	company		1276	**sou**-*m*	cent
1232	**réalisme**-*m*	realism		1277	**instinctivement**-*adv*	instinctively
1233	**rôle**-*m*	role		1278	**vilain**-*adj; m*	ugly; villein
1234	**froncer**-*vb*	frown		1279	**occasion**-*f*	opportunity| occasion
1235	**lire**-*vb; f*	read; lira		1280	**user**-*vb*	use
1236	**égal**-*adj; m*	equal| even; equal		1281	**rayon**-*m*	radius| ray
1237	**admiration**-*f*	admiration		1282	**pierre**-*f*	stone
1238	**accès**-*m*	access		1283	**manche**-*m; f*	handle; sleeve
1239	**quarante**-*num*	forty		1284	**trottoir**-*m*	sidewalk
1240	**mépris**-*m*	contempt		1285	**ressemblance**-*f*	resemblance| likeness
1241	**sordide**-*adj*	sordid| wretched		1286	**mardi**-*m*	Tuesday
1242	**fil**-*m*	thread| lead		1287	**légèrement**-*adv*	slightly| lightly
1243	**origine**-*f*	origin		1288	**faveur**-*f*	favor
1244	**gaz**-*m*	gas		1289	**baiser**-*m; vb*	kiss; fuck
1245	**cendre**-*f*	ash		1290	**aura**-*f*	aura
1246	**génial**-*adj*	great| brilliant		1291	**purement**-*adv*	purely
1247	**rude**-*adj*	rough		1292	**neuvième**-*num*	ninth
1248	**raconter**-*vb*	tell		1293	**frémir**-*vb*	tremble| shudder
1249	**palier**-*m*	bearing		1294	**vœu**-*m*	wish
1250	**jeu**-*m*	game		1295	**joyau**-*m*	jewel
1251	**plateau**-*m*	tray		1296	**finir**-*vb*	end| finish
1252	**traiter**-*vb*	treat| deal		1297	**amant**-*m*	lover
1253	**lever**-*vb; m*	lift| raise; rise		1298	**intensément**-*adv*	deeply
1254	**cinquante**-*num*	fifty		1299	**péril**-*m*	peril| distress
1255	**foyer**-*m*	home| fireplace		1300	**retour**-*m*	return
1256	**plafond**-*m*	ceiling| plafond		1301	**troublé**-*adj*	troubled
1257	**odieux**-*adj*	odious| heinous		1302	**arracher**-*vb*	snatch| extract
1258	**toucher**-*m; vb*	touch; touch		1303	**sinon**-*con; adv*	otherwise; or else
1259	**disparition**-*f*	disappearance		1304	**action**-*f*	action| effort
1260	**réputation**-*f*	reputation| name		1305	**soin**-*m*	care| carefulness
1261	**fumer**-*vb*	smoke		1306	**froidement**-*adv*	coldly
1262	**cuivre**-*m*	copper		1307	**adieu**-*m*	farewell
1263	**doré**-*adj*	golden| coated		1308	**fascination**-*f*	fascination
1264	**influencer**-*vb*	influence		1309	**ambre**-*m*	amber
1265	**état**-*m*	state| condition		1310	**boucle**-*f*	loop
1266	**genou**-*m*	knee		1311	**débarrasser**-*vb*	rid
1267	**parcourir**-*vb*	travel| run through		1312	**soucier**-*vb*	worry about
1268	**singulièrement**-*adv*	oddly		1313	**palais**-*m*	palace
1269	**matelot**-*m*	sailor		1314	**insupportable**-*adj*	unbearable| insupportable
1270	**printemps**-*m*	spring		1315	**condition**-*f*	condition
1271	**pleuvoir**-*vb*	rain		1316	**agonie**-*f*	agony
1272	**défaut**-*m*	fault| failing		1317	**spécimen**-*m*	specimen
1273	**siéger**-*vb*	sit		1318	**trembler**-*vb*	tremble| shake
1274	**chanson**-*f*	song		1319	**noble**-*adj; m/f*	noble; noble
1275	**roseau**-*m*	reed				

1320	**douter**-*vb*	doubt	
1321	**tu**-*prn*	you (coll)	
1322	**ré**-*m*	re	
1323	**éternité**-*f*	eternity| lifetime	
1324	**drôle**-*adj*	funny	
1325	**conscient**-*adj*	aware| conscious	
1326	**culture**-*f*	culture	
1327	**repas**-*m*	meal	
1328	**talon**-*m*	heel	
1329	**école**-*f*	school	
1330	**écraser**-*vb*	crush| overwrite	
1331	**couler**-*vb*	flow| cast	
1332	**papillon**-*m*	butterfly	
1333	**produire**-*vb*	produce	
1334	**fuite**-*f*	leakage	
1335	**élément**-*m*	element	
1336	**aider**-*vb*	help| support	
1337	**soufflant**-*adj; m*	amazing; gun	
1338	**coquille**-*f*	shell| typo	
1339	**animal**-*adj; m*	animal; animal	
1340	**renseignement**-*m*	inquiry	
1341	**contenir**-*vb*	contain| restrain	
1342	**bronzer**-*vb*	tan| brown	
1343	**auprès**-*adv*	nearby	
1344	**soixante**-*num*	sixty	
1345	**bière**-*f*	beer	
1346	**confier**-*vb*	entrust	
1347	**moralité**-*f*	morality	
1348	**volupté**-*f*	sensuousness	
1349	**nécessiter**-*vb*	require	
1350	**motif**-*m*	pattern| ground	
1351	**oser**-*vb*	dare	
1352	**mouche**-*f*	fly| spot	
1353	**apporter**-*vb*	bring	
1354	**poète**-*m*	poet	
1355	**villa**-*f*	villa	
1356	**causer**-*vb*	cause| chat	
1357	**flûte**-*f*	flute	
1358	**moquerie**-*f*	mockery	
1359	**affection**-*f*	affection| ailment	
1360	**suffire**-*vb*	suffice	
1361	**paver**-*vb*	pave	
1362	**promener**-*vb*	promenade	
1363	**conjugal**-*adj*	conjugal| marital	
1364	**terminer**-*vb*	finish| conclude	
1365	**situer**-*vb*	locate| situate	
1366	**couronner**-*vb*	top| enthrone	
1367	**monotonie**-*f*	monotony	
1368	**couronnement**-*m*	coronation| crowning	
1369	**parisien**-*adj*	Parisian	
1370	**fusil**-*m*	rifle	
1371	**salut**-*m; int*	salvation; hi	
1372	**gazer**-*vb*	zap| gas	
1373	**rare**-*adj*	rare	
1374	**ternir**-*vb*	tarnish	
1375	**défini**-*adj*	determinate	
1376	**spécialement**-*adv*	specially| notably	
1377	**abandonner**-*vb*	abandon| give up	
1378	**flétrir**-*vb*	wither	
1379	**nuance**-*f*	shade| nuance	
1380	**populaire**-*adj*	popular	
1381	**respectable**-*adj*	respectable	
1382	**chaleur**-*f*	heat	
1383	**abominable**-*adj*	abominable	
1384	**autrefois**-*adv*	once| in the past	
1385	**fascinant**-*adj*	fascinating	
1386	**auquel**-*pron*	which	
1387	**poli**-*adj*	polished| polite	
1388	**indifférence**-*f*	indifference	
1389	**rayon**-*m*	radius| ray	
1390	**saison**-*f*	season	
1391	**prouver**-*vb*	prove	
1392	**diable**-*m; adj*	devil; wretched	
1393	**maudire**-*vb*	curse	
1394	**misérable**-*adj; m/f*	miserable; wretch	
1395	**vénitien**-*adj*	Venetian	
1396	**préférer**-*vb; av*	prefer; would rather	
1397	**âpre**-*adj*	bitter	
1398	**destinée**-*f*	destiny	
1399	**italien**-*adj; m*	Italian; Italian	
1400	**égoïsme**-*m*	selfishness	
1401	**présager**-*vb*	predict| foresee	
1402	**vieillesse**-*f*	old age| old	
1403	**boutique**-*f*	shop| stall	
1404	**armure**-*f*	armor	
1405	**recevoir**-*vb*	receive| take	
1406	**rêne**-*f*	rein	
1407	**usage**-*m*	use| usage	
1408	**verser**-*vb*	pay| pour	
1409	**bouquet**-*m*	bouquet| bunch	

1410	**pire**-*adj*	worse	
1411	**convenir**-*vb*	admit| agree with	
1412	**spectateur**-*m*	spectator| onlooker	
1413	**fièvre**-*f*	fever	
1414	**fréquenter**-*vb*	patronize| frequent	
1415	**brûler**-*vb*	burn| burn off	
1416	**humeur**-*f*	mood| spirit	
1417	**inférieur**-*adj; m*	lower; inferior	
1418	**chanter**-*vb*	sing	
1419	**percevoir**-*vb*	levy	
1420	**galerie**-*f*	gallery	
1421	**charge**-*f*	load| charge	
1422	**éprouver**-*vb*	experience| test	
1423	**serpent**-*m*	snake	
1424	**nerveusement**-*adv*	nervously	
1425	**recommencer**-*vb*	restart| start again	
1426	**omnibus**-*m*	omnibus	
1427	**analyser**-*vb*	analyze	
1428	**début**-*m*	beginning| debut	
1429	**coussin**-*m*	cushion	
1430	**fibre**-*f*	fiber| staple	
1431	**vision**-*f*	vision	
1432	**assommer**-*vb*	knock| stun	
1433	**divers**-*adj*	various| several	
1434	**ciseler**-*vb*	chisel	
1435	**quelconque**-*adj; prn*	any; some or other	
1436	**grandeur**-*f*	size| magnitude	
1437	**pinceau**-*m*	brush	
1438	**sanglot**-*m*	sob	
1439	**voisin**-*m; adj*	neighbor; neighboring	
1440	**rapidement**-*adv*	quickly| rapidly	
1441	**pleurer**-*vb*	cry| mourn	
1442	**souffrance**-*f*	suffering	
1443	**important**-*adj*	important	
1444	**côte**-*f*	coast	
1445	**absolu**-*adj*	absolute| total	
1446	**jalousie**-*f*	jealousy	
1447	**frais**-*mpl; adj*	costs; fresh	
1448	**complètement**-*adv*	completely| fully	
1449	**fermé**-*adj*	closed| sealed	
1450	**fantôme**-*m; adj*	ghost; phantom	
1451	**arcade**-*f*	arcade	
1452	**famille**-*f*	family	
1453	**sortant**-*adj*	outgoing	
1454	**narcisse**-*m*	narcissus	
1455	**idiot**-*m; adj*	idiot; silly
1456	**opium**-*m*	opium
1457	**incruster**-*vb*	inlay| insert
1458	**déguiser**-*vb*	dissemble
1459	**décoration**-*f*	decoration
1460	**aspect**-*m*	aspect| appearance
1461	**démon**-*m*	daemon
1462	**habile**-*adj*	clever| skilful
1463	**cru**-*adj; m*	vintage| raw; vineyard
1464	**cesser**-*vb*	stop| desist
1465	**nuage**-*m*	cloud
1466	**comparaison**-*f*	comparison
1467	**mélancolique**-*adj; m/f*	melancholy; melancholiac
1468	**tombée**-*f*	fall
1469	**rosée**-*f*	dew
1470	**choisir**-*vb*	choose
1471	**grossier**-*adj*	coarse| rude
1472	**pavot**-*m*	poppy
1473	**attarder**-*vb*	linger
1474	**effrayer**-*vb*	scare| spook
1475	**augure**-*m*	omen
1476	**intonation**-*f*	intonation
1477	**violet**-*adj; m*	purple; purple
1478	**colorer**-*vb*	color
1479	**grave**-*adj*	serious| grave
1480	**marquer**-*vb*	mark| tag
1481	**intolérable**-*adj*	intolerable
1482	**abeille**-*f*	bee
1483	**double**-*adj; m*	double| twin; double
1484	**contraire**-*adj; m*	contrary; contrary
1485	**puissamment**-*adv*	mightily
1486	**brûlant**-*adj*	burning
1487	**assiette**-*f*	plate| dish
1488	**mener**-*vb*	lead| carry on
1489	**ironie**-*f*	irony
1490	**sortie**-*f*	output
1491	**obscurément**-*adv*	darkly
1492	**cochon**-*m; adj*	pig| swine; dirty
1493	**inévitable**-*adj*	inevitable
1494	**remuer**-*vb*	stir| move
1495	**conjurer**-*vb*	conjure
1496	**luxe**-*m*	luxury
1497	**exemple**-*m*	example| sample
1498	**tremblant**-*adj; adv*	trembling; trembling

1499	présenter-*vb*	present	offer
1500	glisser-*vb*	slip	run
1501	maladif-*adj*	sickly
1502	billet-*m*	ticket
1503	vulgarité-*f*	vulgarity
1504	corrompre-*vb*	corrupt	taint
1505	voleur-*m; adj*	thief; thievish
1506	justement-*adv*	rightly	exactly
1507	journée-*f*	day
1508	calice-*m*	chalice
1509	distinctif-*adj*	distinctive
1510	sincérité-*f*	sincerity	honesty
1511	ressembler-*vb*	look like
1512	chemise-*f*	shirt
1513	marchand-*m; adj*	dealer	seller; mercantile
1514	concerner-*vb*	concern
1515	embrasser-*vb*	embrace	kiss
1516	bêtise-*f*	foolishness
1517	répétition-*f*	repetition	rehearsal
1518	couche-*f*	layer	bed
1519	renverser-*vb*	reverse	turn
1520	insouciant-*adj*	carefree	careless
1521	dragon-*m*	dragon
1522	méchant-*adj; m*	wicked	bad; naughty child
1523	superficiel-*adj*	superficial
1524	merveilleusement-*adv*	wonderfully
1525	Christ-*m*	Christ
1526	religion-*f*	religion
1527	dossier-*m*	folder	file
1528	pardonner-*vb*	forgive	pardon
1529	numéro-*m*	number
1530	utile-*adj*	useful
1531	bouteille-*f*	bottle
1532	turquoise-*f; adj*	turquoise; turquoise
1533	virer-*vb*	transfer	turn
1534	labyrinthe-*m*	labyrinth
1535	style-*m*	style	design
1536	timbre-*m*	stamp
1537	intime-*adj*	intimate
1538	environ-*adv; prp; adj*	about; around; all but
1539	insister-*vb*	insist
1540	rabatteur-*m*	beater

1541	émeraude-*adj; f*	emerald; emerald
1542	hautement-*adv*	highly
1543	stupidité-*f*	stupidity
1544	herbe-*f*	grass	herb
1545	révélation-*f*	revelation
1546	plumer-*vb*	pluck
1547	nouveauté-*f*	novelty
1548	dégoût-*m*	disgust
1549	outre-*prp; f*	besides; skin
1550	fâcheux-*adj; m/f*	annoying; meddler
1551	croiser-*vb*	cross	pass
1552	timide-*adj*	shy
1553	tentation-*f*	temptation
1554	ranger-*m; vb*	ranger; put away
1555	punir-*vb*	punish	discipline
1556	peuple-*m*	common people
1557	pêcher-*vb; m*	fish; peach
1558	preuve-*f*	evidence	proof
1559	fané-*adj*	withered	dry
1560	déposer-*vb*	deposit	file
1561	colère-*f*	anger	passion
1562	drap-*m*	sheet
1563	costume-*m*	suit
1564	invisible-*adj*	invisible
1565	descendant-*adj; m*	descending; descendant
1566	acteur-*m*	actor
1567	sentimental-*adj*	sentimental
1568	ruine-*f*	ruin	doom
1569	insincère-*adj*	insincere
1570	admirer-*vb*	admire
1571	physique-*adj; f*	physical; physics
1572	corde-*f*	rope
1573	leçon-*f*	lesson
1574	novembre-*m*	November
1575	éclair-*m*	lightning
1576	représenter-*vb*	represent
1577	menacer-*vb*	threaten	lurk
1578	réalisation-*f*	realization	achievement
1579	dansant-*adj*	dancing
1580	danser-*vb*	dance
1581	subitement-*adv*	suddenly
1582	personnage-*m*	character	figure
1583	rai-*m*	streak
1584	idolâtrie-*f*	idolatry
1585	indignation-*f*	indignation

1586	**verger**-*m*	orchard
1587	**voie**-*f*	way| track
1588	**remarquable**-*adj*	remarkable
1589	**considérer**-*vb*	consider
1590	**graduellement**-*adv*	gradually
1591	**dessécher**-*vb*	dry out
1592	**cours**-*m*	course
1593	**couper**-*vb*	cut
1594	**profession**-*f*	profession
1595	**nappe**-*f*	tablecloth
1596	**poésie**-*f*	poetry| poem
1597	**avertissement**-*m*	warning
1598	**cravate**-*f*	tie
1599	**intéressant**-*adj*	interesting
1600	**éveiller**-*vb*	awaken
1601	**ricaner**-*vb*	sneer
1602	**précipitant**-*m*	precipitant
1603	**dedans**-*adv; prp; m*	in; in; inside
1604	**manqué**-*adj*	missed
1605	**gland**-*m*	glans
1606	**chèque**-*m*	check
1607	**vendre**-*vb*	sell
1608	**gentilhomme**-*m*	gentleman
1609	**création**-*f*	creation
1610	**dignité**-*f*	dignity
1611	**épouvantable**-*adj*	terrible| appalling
1612	**éternel**-*adj*	eternal
1613	**acquérir**-*vb*	acquire
1614	**iris**-*m*	iris
1615	**fidèle**-*adj; m/f*	faithful| loyal; stalwart
1616	**ému**-*adj*	affected
1617	**repartir**-*vb*	restart| redivide
1618	**foncé**-*adj*	dark
1619	**fête**-*f*	party
1620	**sécurité**-*f*	security
1621	**acide**-*adj; m*	acid| sour; acid
1622	**particulier**-*adj; m*	particular| individual; private person
1623	**acier**-*m*	steel
1624	**vestibule**-*m*	vestibule
1625	**propriété**-*f*	property
1626	**téméraire**-*adj*	rash
1627	**bah**-*int*	bah
1628	**puisque**-*con*	since
1629	**majordome**-*m*	butler
1630	**horloge**-*f*	clock
1631	**vermillon**-*m*	vermilion
1632	**roux**-*adj; m*	red; roux
1633	**inconscient**-*adj; m*	unconscious; unconscious
1634	**finalement**-*adv*	finally
1635	**duo**-*m*	duo
1636	**cruellement**-*adv*	cruelly
1637	**vôtre**-*pron*	yours
1638	**formel**-*adj*	formal
1639	**fer**-*m*	iron
1640	**rauque**-*adj*	hoarse
1641	**hésitation**-*f*	hesitation
1642	**diamant**-*m*	diamond
1643	**constamment**-*adv*	constantly
1644	**regret**-*m*	regret
1645	**fouler**-*vb*	tread
1646	**stupide**-*adj; m*	stupid; stupid
1647	**exquisément**-*adv*	exquisitely
1648	**abstrait**-*adj; m*	abstract; abstract
1649	**résolution**-*f*	resolution
1650	**facilement**-*adv*	easily
1651	**approbation**-*f*	approval| endorsement
1652	**farouche**-*adj*	fierce
1653	**jus**-*m*	juice
1654	**traité**-*m; adj*	treaty; processed
1655	**évident**-*adj*	obvious| evident
1656	**luxueux**-*adj*	luxurious
1657	**perfection**-*f*	perfection
1658	**sonnet**-*m*	sonnet
1659	**indigner**-*vb*	outrage
1660	**rapporter**-*vb*	report| relate
1661	**métal**-*m*	metal
1662	**encens**-*m*	incense
1663	**clamer**-*vb*	yell
1664	**évoquer**-*vb*	evoke| recall
1665	**proposer**-*vb*	propose| offer
1666	**service**-*m*	service| serving
1667	**absoudre**-*vb*	absolve
1668	**veiller**-*vb*	watch
1669	**dissimuler**-*vb*	conceal
1670	**revolver**-*m*	revolver
1671	**pris**-*adj*	taken
1672	**introduire**-*vb*	introduce| place
1673	**immoral**-*adj*	immoral

1674	**délicatement**-*adv*	delicately	1718	**altérer**-*vb*	alter
1675	**vilenie**-*f*	vileness	1719	**estimer**-*vb*	estimate
1676	**sensuel**-*adj*	sensual	1720	**accoutumer**-*vb*	accustom
1677	**nerf**-*m*	nerve	1721	**patte**-*f*	tab| leg
1678	**ennemi**-*m; adj*	enemy| hostile; inimical	1722	**amer**-*adj; m*	bitter; bitter
1679	**sac**-*m*	bag| sack	1723	**prononcer**-*vb*	pronounce
1680	**génération**-*f*	generation	1724	**amener**-*vb*	bring| lead
1681	**tas**-*m*	pile	1725	**fortement**-*adv*	strongly
1682	**tic**-*m*	tic	1726	**orchestre**-*m*	orchestra
1683	**ange**-*m*	angel	1727	**auditeur**-*m; adj*	auditor; auditorial
1684	**littéraire**-*adj*	literary	1728	**culte**-*m*	worship
1685	**dépendre**-*vb*	depend	1729	**cercle**-*m*	circle| ring
1686	**développement**-*m*	development	1730	**azur**-*m*	azure
1687	**troubler**-*vb*	disturb| trouble	1731	**duquel**-*prn; con*	whose; whereof
1688	**actuellement**-*adv*	currently| now	1732	**alentour**-*adj*	surrounding
1689	**pister**-*vb*	track	1733	**chien**-*m*	dog
1690	**vif**-*adj; m*	bright| lively; quick	1734	**jurer**-*vb*	swear
1691	**marché**-*m*	market	1735	**traire**-*vb*	milk
1692	**maussade**-*adj*	sulky| surly	1736	**aisément**-*adv*	easily
1693	**quereller**-*vb*	quarrel	1737	**dormir**-*vb*	sleep
1694	**jardinier**-*m*	gardener	1738	**trace**-*f*	trace| track
1695	**livrer**-*vb*	deliver	1739	**chasser**-*vb*	hunt| expel
1696	**merveille**-*f*	wonder| marvel	1740	**engagement**-*m*	commitment| engagement
1697	**espèce**-*f*	species| kind	1741	**lâcheté**-*f*	cowardice
1698	**contemporain**-*adj; m*	contemporary| coeval; contemporary	1742	**passant**-*adj; m*	elapsing; passer-by
1699	**attirer**-*vb*	attract| bring	1743	**penchant**-*m*	penchant
1700	**masse**-*f*	mass| body	1744	**mélodramatique**-*adj*	melodramatic
1701	**chant**-*m*	singing| song	1745	**renommer**-*vb*	rename| reappoint
1702	**joyeux**-*adj*	happy	1746	**jouissance**-*f*	enjoyment
1703	**myriade**-*f*	myriad	1747	**fiancé**-*m; adj*	fiance; engaged
1704	**avantage**-*m*	advantage	1748	**flot**-*m*	stream| flood
1705	**guetter**-*vb*	await	1749	**remettre**-*vb*	deliver| return
1706	**soulagement**-*m*	relief| solace	1750	**engager**-*vb*	engage
1707	**corridor**-*m*	corridor	1751	**machinalement**-*adv*	by rote
1708	**pendre**-*vb*	hang	1752	**épingler**-*vb*	pin
1709	**chaud**-*adj*	hot| warm	1753	**façade**-*f*	façade| front
1710	**parent**-*m; adj*	relative; kin	1754	**sottise**-*f*	folly| silliness
1711	**pareillement**-*adv*	likewise	1755	**torture**-*f*	torture
1712	**justice**-*f*	justice| law	1756	**relire**-*vb*	read back
1713	**être**-*vb*	be| exist	1757	**docteur**-*m*	doctor
1714	**mignon**-*adj*	cute| sweet	1758	**terrifier**-*vb*	terrify
1715	**phrase**-*f*	phrase	1759	**quinze**-*num*	fifteen
1716	**ignoble**-*adj*	despicable	1760	**envelopper**-*vb*	envelop| wrap up
1717	**perte**-*f*	loss| waste			

1761	**supérieur**-*adj; m*	upper; superior	
1762	**incorrigible**-*adj*	incorrigible	
1763	**vitrail**-*m*	stained glass	
1764	**concert**-*m*	concert	
1765	**osier**-*m*	wicker	
1766	**flirt**-*m*	flirting	
1767	**boucler**-*vb*	buckle| fasten	
1768	**paon**-*m*	peacock	
1769	**fraîcheur**-*f*	freshness| coolness	
1770	**bête**-*f; adj*	beast| idiot; stupid	
1771	**mansarde**-*f*	garret	
1772	**subir**-*vb*	undergo| suffer	
1773	**joindre**-*vb*	join| attach	
1774	**conserver**-*vb*	maintain	
1775	**malais**-*adj; m*	Malay; Malay	
1776	**nocturne**-*adj*	nocturnal	
1777	**anxiété**-*f*	anxiety	
1778	**peser**-*vb*	weigh	
1779	**écurie**-*f*	stable	
1780	**cellule**-*f*	cell	
1781	**bourdonnement**-*m*	buzz| hum	
1782	**chinois**-*adj; m*	Chinese; Chinese	
1783	**poindre**-*vb*	dawn	
1784	**ensevelir**-*vb*	bury	
1785	**héritier**-*m*	heir| heirdom	
1786	**commun**-*adj*	common| joint	
1787	**médiocre**-*adj; m/f*	poor| mediocre; second-rater	
1788	**fiction**-*f*	fiction	
1789	**audace**-*f; adj*	boldness; woodless	
1790	**vipère**-*f*	viper	
1791	**tribu**-*f*	tribe	
1792	**grommeler**-*vb*	grumble	
1793	**élégant**-*adj; m*	elegant; dandy	
1794	**prématuré**-*adj*	premature	
1795	**fournir**-*vb*	provide| afford	
1796	**répandre**-*vb*	spill| scatter	
1797	**palpitant**-*adj; m*	exciting; ticker	
1798	**endormir**-*vb*	put to sleep	
1799	**rudement**-*adv*	roughly| harshly	
1800	**attendrir**-*vb*	tenderize| pound	
1801	**dépense**-*f*	expenditure| expense	
1802	**rapide**-*adj; m*	fast| rapid; rapid	
1803	**seize**-*num*	sixteen	
1804	**reproduire**-*vb*	reproduce	

1805	**superbe**-*adj*	superb; stunner
1806	**cigare**-*m*	cigar
1807	**feuilleter**-*vb*	browse
1808	**miracle**-*m*	miracle
1809	**précieux**-*adj*	precious| valuable
1810	**ivrogne**-*m/f; adj*	drunkard; drunken
1811	**fatigue**-*f*	fatigue| exhaustion
1812	**sceptique**-*adj; m/f*	skeptical; skeptic
1813	**tique**-*f*	tick
1814	**ardeur**-*f; adj*	ardor| heat; vehement
1815	**affecter**-*vb*	affect| assign
1816	**fuir**-*vb*	flee| escape
1817	**passionner**-*vb*	fascinate
1818	**seigneur**-*m*	lord
1819	**indisposer**-*vb*	indispose
1820	**pause**-*f*	break| rest
1821	**faculté**-*f*	faculty| ability
1822	**bavarder**-*vb*	chat| talk
1823	**lotus**-*m*	lotus
1824	**appétit**-*m*	appetite
1825	**système**-*m*	system
1826	**conséquence**-*f*	consequence
1827	**allonger**-*vb*	lengthen
1828	**imparfait**-*adj; m*	imperfect; imperfect
1829	**ignorance**-*f*	ignorance
1830	**individualisme**-*m*	individualism
1831	**écarter**-*vb*	exclude
1832	**soupçonner**-*vb*	suspect
1833	**clarté**-*f*	clarity| lightness
1834	**charretier**-*m*	carter
1835	**essentiel**-*adj; m*	essential; main
1836	**vitreux**-*adj*	glassy
1837	**quiconque**-*prn*	whoever
1838	**ramper**-*vb*	crawl| trail
1839	**aiguë**-*adj*	acute| shrill
1840	**hôtel**-*m*	hotel
1841	**rappel**-*m*	reminder| encore
1842	**violence**-*f*	violence| force
1843	**critique**-*adj; f*	critical; review
1844	**prestigieux**-*adj*	prestigious
1845	**taire**-*vb*	hush up
1846	**procurer**-*vb*	obtain
1847	**timidement**-*adv*	timidly
1848	**embarrasser**-*vb*	embarrass| bother
1849	**candeur**-*f*	candor

1850	**collection**-*f*	collection	
1851	**précision**-*f*	precision| accuracy	
1852	**aromatique**-*adj*	aromatic	
1853	**épouse**-*f*	wife	
1854	**saint**-*adj; m*	saint; saint; St.	
1855	**ériger**-*vb*	erect	
1856	**fruit**-*m*	fruit	
1857	**ours**-*m*	bear	
1858	**boue**-*f*	mud	
1859	**bacchante**-*f*	bacchante	
1860	**amuser**-*vb*	amuse| entertain	
1861	**balancer**-*vb*	swing	
1862	**jument**-*f*	mare	
1863	**avouer**-*vb*	confess| admit	
1864	**arche**-*f*	ark	
1865	**unisson**-*m*	unison	
1866	**langue**-*f*	language	
1867	**pourboire**-*m*	tip| fee	
1868	**révérence**-*f*	reverence| bow	
1869	**retraite**-*f*	retirement	
1870	**mélancolie**-*f*	melancholy	
1871	**longuement**-*adv*	long	
1872	**transporter**-*vb*	transport| move	
1873	**palette**-*f*	palette| paddle	
1874	**sursaut**-*m*	start| spurt	
1875	**Ignoré**-*adJ*	unknown	
1876	**parquet**-*m*	parquet	
1877	**étonnant**-*adj*	surprising| astonishing	
1878	**perler**-*vb*	bead	
1879	**enfermer**-*f; vb*	lock; confine	
1880	**insistance**-*f*	insistence	
1881	**insensible**-*adj*	insensitive	
1882	**poche**-*f*	pocket	
1883	**réveiller**-*vb*	wake| awake	
1884	**murmure**-*m*	murmur	
1885	**dixième**-*num*	tenth	
1886	**châtiment**-*m*	punishment	
1887	**soulever**-*vb; m*	raise; bench press	
1888	**tige**-*f*	stem| spindle	
1889	**Pardieu!**-*int*	by god!	
1890	**réfléchir**-*vb*	reflect| think	
1891	**forcé**-*adj*	forced	
1892	**crème**-*adj; f*	cream; cream	
1893	**réunion**-*f*	meeting| reunion	
1894	**mesquin**-*adj*	mean| shabby	

1895	**pression**-*f*	pressure	
1896	**consulter**-*vb*	consult| search	
1897	**grecque**-*adj*	Greek	
1898	**dévotion**-*f*	devotion	
1899	**broderie**-*f*	embroidery	
1900	**fleurir**-*vb*	flower| flourish	
1901	**savamment**-*adv*	carefully	
1902	**malle**-*f*	trunk	
1903	**détestable**-*adj*	detestable	
1904	**page**-*f*	page	
1905	**paix**-*f*	peace	
1906	**tordre**-*vb*	twist| wring	
1907	**dérangement**-*m*	disturbance| inconvenience	
1908	**couloir**-*m*	corridor| hallway	
1909	**claquer**-*vb*	slam	
1910	**pavé**-*adj; m*	paved; pavement	
1911	**désert**-*m*	desert	
1912	**arme**-*f*	weapon	
1913	**béant**-*adj*	gaping	
1914	**martyre**-*m*	martyrdom	
1915	**brusquement**-*adv*	suddenly| sharply	
1916	**toit**-*m*	roof	
1917	**sauter**-*vb*	jump| skip	
1918	**tory**-*adj; m*	Tory; Tory	
1919	**cultiver**-*vb*	cultivate| grow	
1920	**orient**-*m*	east	
1921	**vente**-*f*	sale	
1922	**exagération**-*f*	exaggeration	
1923	**morceau**-*m*	piece| track	
1924	**poudre**-*f*	powder	
1925	**médiéval**-*adj*	medieval	
1926	**rejoindre**-*vb*	rejoin	
1927	**brise**-*f*	breeze| breath	
1928	**réussir**-*vb*	succeed| pass	
1929	**groupe**-*m*	group| band	
1930	**couverture**-*f*	coverage| cover	
1931	**humble**-*adj*	humble	
1932	**libérer**-*vb*	release| liberate	
1933	**bouger**-*vb*	move| budge	
1934	**brocard**-*m*	brocade	
1935	**accord**-*m*	agreement| deal	
1936	**éteindre**-*vb*	turn off| put out	
1937	**civilisation**-*f*	civilization	
1938	**profondeur**-*f*	depth| hollowness	

1939	**ardemment**-*adv*	ardently	
1940	**traîner**-*vb*	drag| trail	
1941	**fastidieux**-*adj*	tedious	
1942	**trou**-*m*	hole	
1943	**liberté**-*f*	freedom| liberty	
1944	**créer**-*vb*	create	
1945	**linceul**-*m*	shroud| grave clothes	
1946	**abaisser**-*vb*	lower| diminish	
1947	**étrangeté**-*f*	strangeness	
1948	**pénétrant**-*adj*	penetrating	
1949	**peinture**-*f*	painting| paint	
1950	**frissonnant**-*adj*	thrilled	
1951	**cave**-*f; adj*	cellar; hollow	
1952	**facile**-*adj*	easy| simple	
1953	**rêveusement**-*adv*	musingly	
1954	**comédie**-*f*	comedy	
1955	**sursauter**-*vb*	jump up	
1956	**prochain**-*adj; m*	next| upcoming; next	
1957	**céder**-*vb*	yield| cede	
1958	**pipe**-*f*	pipe	
1959	**optimisme**-*m*	optimism	
1960	**pouls**-*m*	pulse	
1961	**flèche**-*f*	arrow	
1962	**langage**-*m*	language	
1963	**dizaine**-*f*	about ten| decade	
1964	**crisper**-*vb*	tense	
1965	**épargner**-*vb*	save	
1966	**drapeau**-*m*	flag	
1967	**tiroir**-*m*	drawer	
1968	**brandy**-*m*	brandy	
1969	**fier**-*adj*	proud	
1970	**errer**-*vb*	wander	
1971	**musicien**-*m*	musician	
1972	**croquis**-*m*	sketch	
1973	**séduisant**-*adj*	attractive| seductive	
1974	**signifier**-*vb*	mean| imply	
1975	**habitué**-*adj; m*	accustomed; regular	
1976	**autoriser**-*vb*	authorize	
1977	**sympathiser**-*vb*	sympathize	
1978	**rougissant**-*adj*	reddening	
1979	**borner**-*vb*	restrict	
1980	**esclave**-*m; adj*	slave; enslaved	
1981	**grenade**-*f*	grenade	
1982	**rond**-*adj; m*	round; round	
1983	**capital**-*adj; m*	capital; capital	

1984	**gésir**-*vb*	lie	
1985	**opale**-*f*	opal	
1986	**imaginaire**-*adj*	imaginary	
1987	**brun**-*adj; m*	brown; brown	
1988	**irréalité**-*f*	unreality	
1989	**lassitude**-*f*	weariness	
1990	**contraction**-*f*	contraction	
1991	**impardonnable**-*adj*	unforgivable	
1992	**racheter**-*vb*	redeem	
1993	**ôter**-*vb*	remove	
1994	**monotone**-*adj*	monotone	
1995	**vieillir**-*vb*	age	
1996	**lourdaud**-*adj; m*	clumsy| heavy; oaf	
1997	**panneau**-*m*	panel| sign	
1998	**ressentir**-*vb*	feel| be affected by	
1999	**cire**-*f*	wax	
2000	**ramasser**-*vb*	pick up	
2001	**habitant**-*m; adj*	inhabitant; resident	
2002	**transformer**-*vb*	transform| change	
2003	**informé**-*adj*	informed	
2004	**exprès**-*adj; adv*	express; on purpose	
2005	**vanter**-*vb*	boast	
2006	**tenter**-*vb*	try| attempt	
2007	**dément**-*adj*	demented| insane	
2008	**moisissure**-*f*	mold| mouldiness	
2009	**contrarier**-*vb*	upset| thwart	
2010	**environs**-*npl*	surroundings	
2011	**aubour**-*adv*	around	
2012	**chimiste**-*m*	chemist	
2013	**juron**-*m*	oath| profanity	
2014	**lierre**-*m*	ivy	
2015	**projeter**-*vb*	project	
2016	**suprême**-*adj; m*	supreme; supreme	
2017	**surgir**-*vb*	arise| emerge	
2018	**reproche**-*m*	reproach| rebuke	
2019	**contraste**-*m*	contrast	
2020	**difficile**-*adj*	difficult	
2021	**quinzaine**-*f*	fortnight	
2022	**lambris**-*m*	paneling	
2023	**siffler**-*vb*	whistle| hiss	
2024	**tâcher**-*vb*	try	
2025	**gloire**-*f*	glory| fame	
2026	**simplicité**-*f*	simplicity	
2027	**modeler**-*vb*	shape| model	
2028	**aspirer**-*vb*	aspire| aspirate	

2029	**drogue**-*f*	drug	
2030	**japonais**-*adj; m|mpl*	Japanese; Japanese	
2031	**respirer**-*vb*	breathe	
2032	**décès**-*m*	death| demise	
2033	**purifier**-*vb*	purify	
2034	**démentiel**-*adj*	insane	
2035	**frêle**-*adj*	frail	
2036	**matériel**-*m; adj*	equipment| material; material	
2037	**agiter**-*vb*	shake| wave	
2038	**hasarder**-*vb*	hazard	
2039	**approuver**-*vb*	approve| endorse	
2040	**publique**-*adj*	public	
2041	**yacht**-*m*	yacht	
2042	**dicter**-*vb*	dictate	
2043	**détacher**-*vb*	detach| loose	
2044	**clinquant**-*adj; m*	tinsel; tinsel	
2045	**route**-*f*	road| way	
2046	**infortuné**-*adj*	unfortunate	
2047	**repoussant**-*adj*	repulsive	
2048	**emblème**-*m*	emblem	
2049	**rouler**-*vb*	roll	
2050	**respectabilité**-*f*	respectability	
2051	**problème**-*m*	problem| issue	
2052	**frotter**-*vb*	rub| scrub	
2053	**limpide**-*adj*	limpid	
2054	**conséquent**-*adj*	consequent	
2055	**imposer**-*vb*	impose	
2056	**héler**-*vb*	hail	
2057	**survenir**-*vb*	occur| arise	
2058	**village**-*m*	village	
2059	**actuel**-*adj*	current	
2060	**immoralité**-*f*	immorality	
2061	**nôtre**-*prn*	our	
2062	**composition**-*f*	composition	
2063	**lunch**-*m*	lunch	
2064	**proche**-*adj; adv; m*	near; near; neighbor	
2065	**dent**-*f*	tooth	
2066	**loup**-*m*	wolf	
2067	**arabesque**-*adj; f*	arabesque; arabesque	
2068	**séparer**-*vb*	separate| part	
2069	**camarade**-*m/f*	comrade| fellow	
2070	**doubler**-*vb*	double	
2071	**gouverner**-*vb*	govern| steer	
2072	**mystique**-*adj; m/f*	mystical; mystic	

2073	**repentir**-*m*	repentance	
2074	**invariablement**-*adv*	invariably	
2075	**démentir**-*vb*	deny| contradict	
2076	**sourd**-*adj*	deaf| dull	
2077	**hostile**-*adj*	hostile| opposed	
2078	**résister**-*vb*	resist	
2079	**améthyste**-*f*	amethyst	
2080	**préparer**-*vb*	prepare| make	
2081	**garde**-*f; adj*	custody| guard; guarding	
2082	**apprécier**-*vb*	appreciate| appraise	
2083	**fagotée**-*adj*	frumpy	
2084	**contrariété**-*f*	contrariety	
2085	**instruire**-*vb*	instruct| educate	
2086	**télégramme**-*m*	telegram	
2087	**rayonner**-*vb*	beam| radiate	
2088	**flamand**-*adj; m*	Flemish; Flemish	
2089	**tasser**-*vb*	pack	
2090	**deuil**-*m*	mourning	
2091	**radical**-*adj; m*	radical; radical	
2092	**expiation**-*f*	atonement	
2093	**bêche**-*f*	spade	
2094	**immonde**-*adj*	unclean	
2095	**imitation**-*f*	imitation	
2096	**farouchement**-*adv*	heatedly	
2097	**établir**-*vb*	establish	
2098	**inquiéter**-*vb*	worry| alarm	
2099	**observation**-*f*	observation| comment	
2100	**informer**-*vb*	inform| advise	
2101	**moulin**-*m*	mill	
2102	**qualité**-*f*	quality	
2103	**treillis**-*m*	lattice	
2104	**baisser**-*vb*	lower| fall	
2105	**vitalité**-*f*	vitality| vigor	
2106	**caressant**-*adj*	caressing	
2107	**hyacinthe**-*f*	hyacinth	
2108	**banal**-*adj*	banal	
2109	**admettre**-*vb*	admit| allow	
2110	**éthique**-*f; adj*	ethics; ethical	
2111	**grive**-*f*	thrush	
2112	**amusant**-*adj*	amusing	
2113	**purification**-*f*	purification	
2114	**renaissance**-*f*	renaissance| reawakening	
2115	**désappointement**-*m*	disappointment	
2116	**veston**-*m*	jacket	

2117	**insoucieusement**-*adv*	unconcernedly
2118	**iniquité**-*f*	iniquity
2119	**prussique**-*adj*	Prussian
2120	**rehausser**-*vb*	enhance
2121	**yard**-*m*	yard
2122	**distraitement**-*adv*	absentmindedly
2123	**intriguer**-*vb*	intrigue
2124	**mât**-*m*	mast
2125	**extraordinairement**-*adv*	extraordinarily
2126	**éviter**-*vb*	avoid| save
2127	**galoper**-*vb*	gallop
2128	**sermonner**-*vb*	lecture| sermonize
2129	**ouest**-*adj; m*	west; west
2130	**conseil**-*m*	board| council
2131	**ruban**-*m*	ribbon
2132	**tendre**-*adj; vb*	tender; tender
2133	**boursouflé**-*adj*	bloated
2134	**râpé**-*adj*	grated
2135	**étouffer**-*vb*	stifle| smother
2136	**solennellement**-*adv*	solemnly
2137	**organiser**-*vb*	organize| arrange
2138	**rêverie**-*f*	reverie
2139	**navire**-*m*	ship
2140	**ameublement**-*m*	furniture
2141	**givrer**-*vb*	frost
2142	**défendre**-*vb*	defend| uphold
2143	**rafale**-*f*	gust| flurry
2144	**épais**-*adj*	thick| heavy
2145	**concevoir**-*vb*	design| conceive
2146	**avertir**-*vb*	warn| inform
2147	**changeant**-*adj*	changing
2148	**coupable**-*adj; m/f*	guilty; culprit
2149	**possession**-*f*	possession
2150	**extase**-*f*	ecstasy
2151	**varier**-*vb*	vary
2152	**répartir**-*vb*	allocate| divide
2153	**étreindre**-*vb*	embrace| grasp
2154	**durer**-*vb*	last
2155	**courrier**-*m*	mail| courier
2156	**poignard**-*m*	dagger
2157	**embrasse**-*f*	embrace| kiss
2158	**récemment**-*adv*	recently
2159	**dramatique**-*adj*	dramatic
2160	**priver**-*vb*	deprive| deny
2161	**quête**-*f*	quest
2162	**augmenter**-*vb*	increase| raise
2163	**loquet**-*m*	latch
2164	**paquet**-*m*	package| pack
2165	**décrire**-*vb*	describe| depict
2166	**gondole**-*f*	gondola
2167	**rousseur**-*f*	redness
2168	**flétri**-*adj*	withered
2169	**glacer**-*vb*	glaze| freeze
2170	**fantaisie**-*f*	fancy
2171	**touchant**-*adj*	touching
2172	**charité**-*f*	charity
2173	**germe**-*m*	germ
2174	**tempête**-*f*	storm
2175	**multicolore**-*adj*	multicolored
2176	**secourir**-*vb*	rescue
2177	**marchander**-*vb*	haggle| bargain
2178	**hideur**-*f*	hideousness
2179	**épargne**-*f; adj*	saving; chary
2180	**ténébreux**-*adj*	gloomy
2181	**surpasser**-*vb*	surpass| excel
2182	**revêtir**-*vb*	don
2183	**troupe**-*f*	troop
2184	**mets**-*m*	dish
2185	**circuler**-*vb*	circulate
2186	**convaincre**-*vb*	convince
2187	**prénom**-*m*	first name
2188	**bêtises**-*f*	foolishness
2189	**légèreté**-*f*	lightness
2190	**révolter**-*vb*	appal| revolt
2191	**palpiter**-*vb*	throb| palpitate
2192	**désolation**-*f*	desolation
2193	**tyranniser**-*vb*	tyrannize
2194	**capuchon**-*m*	cap| hood
2195	**chimie**-*f*	chemistry
2196	**court**-*adj; m*	short| brief; court
2197	**enterrer**-*vb*	bury| shelve
2198	**spiritualité**-*f*	spirituality
2199	**queue**-*f*	tail| queue
2200	**pleinement**-*adv*	fully
2201	**accepter**-*vb*	accept
2202	**teinte**-*f*	hue
2203	**quai**-*m*	dock| quay
2204	**cinquième**-*adj*	fifth

2205	clocher-*m*	bell tower	
2206	fiancer-*vb*	betroth| fiance	
2207	pluie-*f*	rain	
2208	irréel-*adj*	unreal	
2209	gras-*adj; m*	fat; fat	
2210	farce-*f*	farce| joke	
2211	bord-*m*	edge| board	
2212	féliciter-*vb*	congratulate	
2213	innocence-*f*	innocence	
2214	célèbre-*adj*	celebrated| popular	
2215	Inde-*f*	India	
2216	guirlande-*f*	garland| string	
2217	proposition-*f*	proposal| proposition	
2218	languide-*adj*	languid	
2219	agate-*f*	agate	
2220	heureusement-*adv*	fortunately| happily	
2221	parlement-*m*	parliament	
2222	galop-*m*	gallop	
2223	cristal-*m*	crystal	
2224	mortuaire-*adj*	mortuary	
2225	gaiement-*adv*	gladly	
2226	rougeur-*f*	redness	
2227	caresser-*vb*	caress| stroke	
2228	héroïne-*f*	heroin	
2229	déterminé-*adj*	determined	
2230	manager-*m*	manager	
2231	fauve-*f; adj*	beast; tawny	
2232	gazette-*f*	gazette	
2233	faune-*f*	wildlife	
2234	futile-*adj*	futile| frivolous	
2235	désobliger-*vb*	disoblige	
2236	probable-*adj*	likely	
2237	cabinet-*m*	cabinet	
2238	abîmer-*vb*	spoil| ruin	
2239	disposer-*vb*	dispose| arrange	
2240	examiner-*vb*	examine	
2241	ovale-*adj; m*	oval; oval	
2242	rumeur-*f*	rumor	
2243	enfantin-*adj*	infantile	
2244	mûr-*adj*	mature| grown	
2245	collier-*m*	necklace	
2246	couder-*vb*	bend	
2247	composer-*vb*	compose| make up	
2248	voyant-*m; adj*	seer; clairvoyant	
2249	accroupir-*vb*	squat	

2250	voyage-*m*	travel| trip
2251	raire-*vb*	bellow
2252	parfumer-*vb*	perfume| flavor
2253	voltiger-*vb*	flit
2254	irrévocable-*adj*	irrevocable
2255	uniquement-*adv*	only
2256	sueur-*f*	sweat| sweating
2257	exact-*adj*	exact
2258	course-*f*	race| running
2259	cueillir-*vb*	pick| collect
2260	habitation-*f*	home| habitation
2261	muet-*adj; m*	silent; mute
2262	ruiner-*vb*	ruin| wreck
2263	social-*adj*	social
2264	placard-*m*	cupboard
2265	frange-*f*	fringe
2266	musc-*m*	musk
2267	voler-*vb*	fly| steal
2268	sangloter-*vb*	sob
2269	coudre-*vb*	sew| sew on
2270	succès-*m*	success
2271	vernir-*vb*	varnish
2272	atome-*m*	atom
2273	rarement-*adv*	rarely| hardly
2274	hanté-*adj*	haunted
2275	lion-*m*	lion
2276	susciter-*vb*	create| arouse
2277	vapeur-*m*	steam
2278	stupéfiant-*m; adj*	narcotic; amazing
2279	examen-*m*	examination| review
2280	effroi-*m*	terror
2281	pitoyable-*adj*	pitiful
2282	attrait-*m*	lure
2283	tromper-*vb*	deceive| mislead
2284	excuse-*f*	excuse
2285	sanglotant-*adv*	sobbing
2286	âgé-*adj*	old
2287	argile-*f*	clay
2288	perroquet-*m*	parrot
2289	compromettre-*vb*	compromise
2290	présentable-*adj*	presentable
2291	refléter-*vb*	reflect
2292	désordonner-*vb*	disorder
2293	rapport-*m*	report| ratio
2294	divorcer-*vb*	divorce

2295	**persuader**-*vb*	persuade
2296	**mimer**-*vb*	mimic| gesture
2297	**fiévreusement**-*vb*	feverishly
2298	**charme**-*m*	charm
2299	**colline**-*f*	hill
2300	**général**-*adj; m*	general; general
2301	**ébène**-*f*	ebony
2302	**ride**-*f*	wrinkle
2303	**généreux**-*adj*	generous| liberal
2304	**septième**-*num*	seventh
2305	**allumette**-*f*	match
2306	**douze**-*num*	twelve
2307	**désobéissance**-*f*	disobedience
2308	**ouvrage**-*m*	handiwork
2309	**inconsciemment**-*adv*	unconsciously
2310	**émaner**-*vb*	emanate
2311	**soulier**-*m*	shoe
2312	**aventure**-*f*	adventure
2313	**bambou**-*m*	bamboo
2314	**morbide**-*adj*	morbid
2315	**indécis**-*adj*	undecided
2316	**bizarre**-*adj*	weird| bizarre
2317	**intellectualité**-*f*	intellectuality
2318	**essence**-*f*	gasoline| essence
2319	**éclairer**-*vb*	light| enlighten
2320	**redevenir**-*vb*	become again
2321	**lent**-*adj*	slow
2322	**chemise**-*f*	shirt
2323	**trousseau**-*m*	trousseau
2324	**civiliser**-*vb*	civilize
2325	**bal**-*m*	ball
2326	**battre**-*vb*	beat| fight
2327	**effarer**-*vb*	flurry
2328	**mouvoir**-*vb*	move
2329	**luire**-*vb*	gleam| glisten
2330	**bol**-*m; m*	bowl; circumstance
2331	**combattre**-*vb*	combat| fight
2332	**dessous**-*adv; m; prp*	beneath; underside; under it
2333	**raillerie**-*f*	mockery
2334	**chaîne**-*f*	chain| string
2335	**enlever**-*vb*	remove| take off
2336	**direct**-*adj; adv*	direct; straight
2337	**geindre**-*vb*	whine| moan
2338	**angoisse**-*f*	anguish
2339	**crayon**-*m*	pencil
2340	**absurdement**-*adv*	absurdly
2341	**évêque**-*m*	bishop
2342	**hocher**-*vb*	shake
2343	**développer**-*vb; vb*	develop; adopt
2344	**aveugle**-*adj; m/f*	blinded; blind
2345	**caisse**-*f*	fund| register
2346	**recherche**-*f*	research| search
2347	**fibre**-*f*	fiber| staple
2348	**importuner**-*vb*	bother
2349	**volontiers**-*adv*	willingly
2350	**nombre**-*m*	number
2351	**bâiller**-*vb*	yawn
2352	**renversant**-*adj*	astounding
2353	**hostie**-*f*	host
2354	**désappointer**-*vb*	disappoint
2355	**meuble**-*m*	furniture| charge
2356	**carte**-*f*	map| card
2357	**fouet**-*m*	whip
2358	**étang**-*m*	pond
2359	**étage**-*m*	floor| stage
2360	**étain**-*m*	tin
2361	**relever**-*vb*	raise| pick up
2362	**blême**-*adj*	pale
2363	**stigmate**-*m*	stigma
2364	**ruse**-*f*	cunning| ruse
2365	**vaguement**-*adv*	vaguely
2366	**excellent**-*adj*	excellent
2367	**incomplet**-*adj*	incomplete
2368	**retirer**-*vb*	withdraw| pull
2369	**pointe**-*f*	tip
2370	**incroyable**-*adj*	incredible| amazing
2371	**distance**-*f*	distance| range
2372	**trahison**-*f*	treason
2373	**plaine**-*f*	plain
2374	**plaie**-*f*	wound
2375	**lambeau**-*m*	shred
2376	**poing**-*m*	fist
2377	**gentiment**-*adv*	kindly| gently
2378	**passager**-*m; adj*	passenger; passing
2379	**complimenter**-*vb*	compliment
2380	**sagesse**-*f*	wisdom
2381	**essuyer**-*vb*	wipe| dry
2382	**enfoncer**-*vb*	push| sink

2383	**source**-*f*	source| spring
2384	**gêner**-*vb*	hinder
2385	**bouton**-*m*	button
2386	**vomir**-*vb*	vomit
2387	**aîné**-*adj; m*	eldest; senior
2388	**afin**-*adv*	in order
2389	**individualité**-*f*	individuality
2390	**mai**-*m*	May
2391	**trappe**-*f; adj*	hatch| trap; cobwebby
2392	**hédonisme**-*m*	hedonism
2393	**mou**-*adj; m*	soft; slack
2394	**flûte**-*f*	flute
2395	**indien**-*adj*	Indian
2396	**jade**-*m*	jade
2397	**Nil**-*m*	Nile
2398	**java**-*f*	rave
2399	**fraise**-*f*	strawberry
2400	**épuiser**-*vb*	exhaust| drain
2401	**souper**-*m; vb*	supper; sup
2402	**bouleverser**-*vb*	upset| shake
2403	**nu**-*adj*	naked
2404	**refermer**-*vb*	close
2405	**Madame**-*f*	madame| Mrs
2406	**paysan**-*adj; m*	peasant; peasant
2407	**magie**-*f*	magic
2408	**palmes**-*npl*	fins| flippers
2409	**debout**-*adj*	standing
2410	**aspirant**-*adj; m*	aspirant; aspirant
2411	**prédicateur**-*m*	preacher
2412	**pin**-*m*	pine
2413	**pou**-*m*	louse
2414	**laurier**-*m*	laurel
2415	**pré**-*m*	meadow| pasture
2416	**plisser**-*vb*	wrinkle
2417	**camarade**-*m/f*	comrade| fellow
2418	**nacre**-*f*	pearl
2419	**olivâtre**-*adj*	olive
2420	**natte**-*f*	mat| braid
2421	**différemment**-*adv*	differently
2422	**saphir**-*m*	sapphire
2423	**compter**-*vb*	count| expect
2424	**interminable**-*adj*	endless
2425	**lointain**-*adj*	distant| far
2426	**été**-*m*	summer
2427	**néron**-*m*	Nero
2428	**bateau**-*m*	boat
2429	**majestueusement**-*adv*	majestically
2430	**sélection**-*f*	selection| team
2431	**amas**-*m*	heap
2432	**sol**-*m*	soil
2433	**lancer**-*vb*	launch
2434	**suc**-*m*	juice
2435	**laquer**-*vb*	lacquer
2436	**grappe**-*f*	cluster
2437	**étoffe**-*f*	fabric
2438	**grossièrement**-*adv*	roughly
2439	**bijou**-*m*	jewel
2440	**académie**-*f*	academy
2441	**réunir**-*vb*	gather| reunite
2442	**paradis**-*m*	paradise
2443	**exagérer**-*vb*	exaggerate
2444	**logique**-*f; adj*	logic; logical
2445	**stupéfaction**-*f*	stupefaction
2446	**pâlissant**-*adj*	fading
2447	**Florentin**-*adj*	florentine
2448	**ressusciter**-*vb*	resurrect
2449	**redresser**-*vb*	straighten| redress
2450	**balais**-*m*	broom
2451	**désillusion**-*f*	disillusionment
2452	**emmener**-*vb*	drive
2453	**inonder**-*vb*	flood| inundate
2454	**nullement**-*adv*	nothing
2455	**auberge**-*f*	hostel
2456	**psychologue**-*m/f*	psychologist
2457	**proie**-*f*	prey| decoy
2458	**proue**-*f*	bow| head
2459	**semer**-*vb*	sow
2460	**hirondelle**-*f*	swallow
2461	**métallique**-*adj*	metallic
2462	**sexe**-*m*	sex| gender
2463	**recherché**-*adj*	sought
2464	**chaos**-*m*	chaos
2465	**chape**-*f*	yoke
2466	**autel**-*m*	altar
2467	**espace**-*m*	space
2468	**épouvanter**-*vb*	terrify
2469	**plastron**-*m*	plastron
2470	**entrevoir**-*vb*	entrevoir
2471	**désespéré**-*adj*	desperate| hopeless

2472	**commander**-*vb*	order| command
2473	**faim**-*f*	hunger
2474	**nymphe**-*f*	nymph
2475	**clore**-*vb*	rule off
2476	**mauve**-*adj; f*	mauve; mallow
2477	**convenablement**-*adv*	properly
2478	**chêne**-*m*	oak
2479	**enveloppe**-*f*	envelope
2480	**passionnément**-*adv*	passionately
2481	**remémorer**-*vb*	remember
2482	**avis**-*m*	opinion| notice
2483	**poignée**-*f*	handle| handful
2484	**supplier**-*vb*	beg| entreat
2485	**habillé**-*adj*	dressed
2486	**vêtement**-*m*	garment
2487	**précédent**-*adj; m*	previous; precedent
2488	**principal**-*adj; m*	main; principal
2489	**récit**-*m*	story| recital
2490	**huitième**-*num*	eighth
2491	**annoncer**-*vb*	announce| advertise
2492	**gaspiller**-*vb*	waste| throw away
2493	**remarque**-*f*	remark| observation
2494	**serviette**-*f*	towel| napkin
2495	**pervers**-*adj*	perverse
2496	**tuteur**-*m*	guardian
2497	**logis**-*m*	dwelling
2498	**absorber**-*vb*	absorb
2499	**pittoresque**-*adj*	picturesque
2500	**perse**-*adj*	Persian
2501	**bouchon**-*m*	plug| cork
2502	**chocolat**-*m*	chocolate
2503	**pâleur**-*f*	pallor
2504	**odorant**-*adj*	fragrant
2505	**trouble**-*m; adj*	disorder| trouble; dim
2506	**intimité**-*f*	privacy
2507	**pomme**-*f*	apple
2508	**considérant**-*m; adv*	recital; bearing in mind
2509	**conjecture**-*f*	conjecture
2510	**dette**-*f*	debt
2511	**automne**-*m*	fall| autumn
2512	**juin**-*m*	June
2513	**soda**-*m*	soda
2514	**dominant**-*adj*	dominant
2515	**sot**-*m*	fool
2516	**banqueroute**-*f*	bankruptcy
2517	**peste**-*f*	plague
2518	**pagne**-*m*	loin cloth
2519	**tracer**-*vb*	draw| mark
2520	**subit**-*adj*	sudden
2521	**médaille**-*f*	medal
2522	**croyance**-*f*	belief
2523	**philanthropie**-*f*	philanthropy
2524	**atmosphère**-*f*	atmosphere
2525	**fixement**-*adv*	fixedly
2526	**égarer**-*vb*	mislead| stray
2527	**réformer**-*vb*	reform
2528	**avion**-*m*	aircraft
2529	**ronger**-*vb*	gnaw
2530	**difficilement**-*adv*	with difficulty
2531	**indiquer**-*vb*	indicate| show
2532	**avaler**-*vb*	swallow
2533	**maternel**-*adj*	maternal
2534	**pavillon**-*m*	flag
2535	**enfuir**-*vb*	run away
2536	**improviser**-*vb*	improvise
2537	**enguirlander**-*vb*	garland
2538	**reprocher**-*vb*	reproach| blame
2539	**marquant**-*adj*	outstanding| remarkable
2540	**broyer**-*vb; m*	grind; grinder
2541	**absolution**-*f*	absolution
2542	**ambiance**-*f*	ambience| environment
2543	**dissection**-*f*	dissection
2544	**placidité**-*f*	placidity
2545	**stérile**-*adj*	sterile| barren
2546	**détonation**-*f*	detonation
2547	**glacé**-*adj; m*	iced; glazed frost
2548	**logeur**-*m*	landlord
2549	**crédit**-*m*	credit
2550	**magique**-*adj*	magic
2551	**border**-*vb*	border| rim
2552	**rébarbatif**-*adj*	repulsive
2553	**exhiber**-*vb*	produce
2554	**courtois**-*adj*	courteous
2555	**respecter**-*vb*	respect| observe
2556	**affectation**-*f*	assignment| allocation
2557	**revivre**-*vb*	relive
2558	**consentement**-*m*	consent
2559	**porcelaine**-*f*	porcelain
2560	**palpitation**-*f*	palpitation| flutter

2561	refrain-*m*	refrain	
2562	illuminer-*vb*	illuminate| floodlight	
2563	affiche-*f*	poster| public notice	
2564	prétendre-*vb*	claim| pretend	
2565	nager-*vb*	swim	
2566	cadeau-*m*	gift	
2567	flagellation-*f*	flogging	
2568	inspirer-*vb*	inspire	
2569	choyer-*vb*	pamper	
2570	prudence-*f*	caution| prudence	
2571	raréfier-*vb*	rarefy	
2572	constater-*vb*	note	
2573	ensoleiller-*vb*	sun	
2574	moqueur-*m; adj*	mocker; derisive	
2575	blêmir-*vb*	pale	
2576	confusément-*adv*	confusedly	
2577	blâmer-*vb*	blame| censure	
2578	altesse-*f*	highness	
2579	hautain-*adj*	haughty	
2580	cuiller-*f*	spoon	
2581	tinter-*vb*	ring	
2582	audacieux-*adj*	bold	
2583	dater-*vb*	date	
2584	inutilité-*f*	uselessness	
2585	imprégner-*vb*	impregnate	
2586	restau-*m*	restaurant	
2587	reste-*m*	rest| remainder	
2588	chaudement-*adv*	warmly	
2589	écolier-*m*	schoolboy	
2590	grelotter-*vb*	shivering	
2591	textile-*adj; m*	textile; textile	
2592	intervenir-*vb*	intervene	
2593	oie-*f*	goose	
2594	éloigner-*vb*	drive away	
2595	perfide-*adj*	perfidious| false	
2596	vibrer-*vb*	vibrate| thrill	
2597	renom-*m*	renown	
2598	os-*m*	bone	
2599	naître-*vb*	be born	
2600	lecture-*f*	reading	
2601	te-*prn*	you	
2602	évader-*vb*	escape	
2603	bourdonner-*vb*	zoom	
2604	plaisanter-*vb*	joke| fun	
2605	pigeon-*m*	pigeon	

2606	ennuyant-*adj*	tiresome	
2607	réconcilier-*vb*	reconcile	
2608	imiter-*vb*	imitate| mimic	
2609	loque-*f*	pile of rags| wreck	
2610	mesure-*f*	measure| step	
2611	volumineux-*adj*	bulky	
2612	vinaigrer-*vb*	souse	
2613	divulguer-*vb*	disclose	
2614	droguer-*vb*	drug	
2615	étudier-*vb*	study| examine	
2616	piquer-*vb*	prick| sting	
2617	arrangement-*m*	arrangement| understanding	
2618	démoraliser-*vb*	demoralize	
2619	gronder-*vb*	scold| rumble	
2620	chapelet-*m*	beads| rosary	
2621	liguer-*vb*	gang up	
2622	exclusivement-*adv*	exclusively	
2623	couvercle-*m*	lid	
2624	bec-*m*	beak| spout	
2625	renfrogner-*vb*	frown	
2626	hébreu-*adj; m*	Hebrew; Hebrew	
2627	consommer-*vb*	consume| use	
2628	confusion-*f*	confusion	
2629	anémie-*f*	anemia	
2630	repos-*m*	rest| pause	
2631	énerver-*vb*	annoy| fret	
2632	indifféremment-*adv*	interchangeably	
2633	nommer-*vb*	appoint| name	
2634	charrette-*f*	cart	
2635	difforme-*adj*	misshapen	
2636	dépenser-*vb*	spend| outlay	
2637	évoluer-*vb*	evolve| change	
2638	fasciner-*vb*	fascinate	
2639	mélange-*m*	mixture	
2640	stagnation-*f*	stagnation	
2641	tapoter-*vb*	tap	
2642	frire-*vb*	fry	
2643	amateur-*adj; m*	amateur; amateur	
2644	désigner-*vb*	designate| nominate	
2645	cèdre-*m*	cedar	
2646	évanouir-*vb*	pass out	
2647	tacheter-*vb*	dapple	
2648	élite-*f*	elite	
2649	renonciation-*f*	waiver	

2650	**semis**-*m*	seedling	2693	**teinte**-*f*	hue
2651	**symboliste**-*f*	symbolist	2694	**détourner**-*vb*	divert| deflect
2652	**résonner**-*vb*	resonate| resound	2695	**défection**-*f*	defection
2653	**adapter**-*vb*	adapt| suit	2696	**raide**-*adj*	steep
2654	**volontaire**-*adj; m/f*	voluntary; voluntary	2697	**inconsidéré**-*adj*	inconsiderate
2655	**entretien**-*m*	maintenance| conversation	2698	**banque**-*f*	bank
2656	**organisme**-*m*	organization	2699	**lâche**-*m; adj*	coward; cowardly
2657	**oppressant**-*adj*	oppressive	2700	**lâcher**-*vb*	release| drop
2658	**oppresser**-*vb*	oppress	2701	**onyx**-*m*	onyx
2659	**parvenir**-*vb*	get through	2702	**pêche**-*f*	fishing
2660	**marionnette**-*f*	marionette	2703	**avènement**-*m*	advent
2661	**plante**-*f*	plant	2704	**irrésistible**-*adj*	irresistible
2662	**récompense**-*f*	reward| award	2705	**aviver**-*vb*	enliven
2663	**athénée**-*f*	Athenaeum	2706	**agenouiller**-*vb*	kneel
2664	**flirter**-*vb*	flirt| spoon	2707	**questionner**-*vb*	question
2665	**cigale**-*f*	cicada	2708	**intensifier**-*vb*	intensify
2666	**rôder**-*vb*	prowl| lurk	2709	**péruvien**-*adj*	Peruvian
2667	**sixte**-*num*	sixth	2710	**amiral**-*m*	admiral
2668	**atténuer**-*vb*	mitigate| ease	2711	**trempé**-*adj*	hardened
2669	**anxieux**-*adj*	anxious| worried	2712	**déprimer**-*vb*	depress| damp
2670	**assise**-*f*	course	2713	**poupée**-*f*	doll| puppet
2671	**party**-*f*	party	2714	**échouer**-*vb*	fail| defeat
2672	**trône**-*m*	throne	2715	**ample**-*adj*	ample
2673	**spirituel**-*adj*	spiritual	2716	**étrier**-*m*	stirrup
2674	**fantaisiste**-*adj; m/f*	fanciful; joker	2717	**insolence**-*f*	insolence
2675	**ornement**-*m*	ornament	2718	**bile**-*f*	bile
2676	**rafler**-*vb*	grab	2719	**bouclier**-*m*	shield
2677	**darwinisme**-*m*	Darwinism	2720	**misère**-*f*	misery
2678	**seller**-*vb*	saddle	2721	**paralyser**-*vb*	paralyze| cripple
2679	**sitôt**-*adv*	soon	2722	**écumer**-*vb*	skim| froth
2680	**surpris**-*adj*	surprised	2723	**bis**-*m; adv; adj*	bis; twice; repeat
2681	**fumisterie**-*f*	humbug	2724	**rebelle**-*m/f; adj*	rebel; rebellious
2682	**misanthrope**-*m; adj*	misanthrope; misanthropic	2725	**estamper**-*vb*	stamp
2683	**pyramide**-*f*	pyramid	2726	**rattacher**-*vb*	link
2684	**survivre**-*vb*	survive	2727	**convenu**-*adj*	agreed
2685	**rayer**-*vb*	strike	2728	**plaisanterie**-*f*	joke
2686	**maniement**-*m*	handling	2729	**rédiger**-*vb*	rewrite
2687	**faner**-*vb*	ted	2730	**fouetter**-*vb*	whip| scourge
2688	**cadenasser**-*vb*	padlock	2731	**habituer**-*vb*	accustom| get used to
2689	**camer**-*vb*	dope	2732	**lotir**-*vb*	parcel out
2690	**parer**-*vb*	parry| ward off	2733	**badaud**-*m*	stroller
2691	**familiariser**-*vb*	familiarize	2734	**voyager**-*vb*	travel
2692	**parme**-*m*	parma	2735	**vigne**-*f*	vine
			2736	**opposer**-*vb*	oppose| put up

2737	**personnellement-**_adv_	personally	
2738	**cérémonial-**_m_	ceremonial	
2739	**éloge-**_m_	eulogy| praise	
2740	**draperie-**_f_	drapery	
2741	**barrière-**_f_	barrier| fence	
2742	**éleveur-**_m_	farmer	
2743	**titan-**_m_	titan	
2744	**noircir-**_vb_	blacken	
2745	**moite-**_adj_	moist	
2746	**affaiblir-**_vb_	weaken| reduce	
2747	**diviser-**_vb_	divide| partition	
2748	**cardinal-**_adj; m_	cardinal; cardinal	
2749	**cuisine-**_f_	kitchen| cuisine	
2750	**violette-**_f_	violet	
2751	**écrasant-**_adj_	crushing| overwhelming;	
2752	**emplir-**_vb_	fill	
2753	**lépreux-**_adj; m_	leper; leper	
2754	**fuser-**_vb_	gush	
2755	**écœurer-**_vb_	disgust	
2756	**couardise-**_f_	cowardice	
2757	**réflecteur-**_m; adj_	reflector; reflective	
2758	**conquérir-**_vb_	conquer	
2759	**pilier-**_m_	pillar| pier	
2760	**suffocant-**_adj_	sultry	
2761	**raboteux-**_adj_	rugged	
2762	**puissance-**_f_	power| strength	
2763	**gouttière-**_f_	gutter	
2764	**affirmer-**_vb_	assert| assure	
2765	**dialogue-**_m_	dialogue	
2766	**revue-**_m_	review	
2767	**carnation-**_m_	complexion	
2768	**inclinaison-**_f_	tilt	
2769	**fiévreux-**_adj_	feverish| hectic	
2770	**artificialité-**_f_	artificialty	
2771	**voûte-**_f_	vault	
2772	**silencieusement-**_adv_	silently	
2773	**incarner-**_vb_	embody| personify	
2774	**écaille-**_f_	scale	
2775	**morose-**_adj_	morose	
2776	**saccadé-**_adj_	jerky	
2777	**défunt-**_adj; m_	late; deceased person	
2778	**partager-**_vb_	share| divide	
2779	**rompre-**_vb_	break| break up	
2780	**ancien-**_adj; m; pfx_	former| ancient; former; ex-	
2781	**chevalet-**_m_	easel	
2782	**floraison-**_f_	flowering	
2783	**évaluer-**_vb_	assess| rate	
2784	**pincer-**_vb_	pinch| pluck	
2785	**appréciation-**_f_	appreciation	
2786	**conducteur-**_m_	driver| conductor	
2787	**emporter-**_vb_	take| take away	
2788	**poursuivre-**_vb_	continue| pursue	
2789	**aigu-**_adj_	acute| shrill	
2790	**harnais-**_m_	harness	
2791	**Bible-**_f_	Bible	
2792	**mordiller-**_vb_	nibble	
2793	**diabolique-**_adj_	diabolical| devilish	
2794	**volute-**_f_	volute	
2795	**puritanisme-**_m_	Puritanism	
2796	**débarrer-**_vb_	unbar	
2797	**télé-**_abr; f_	TV; telly	
2798	**hommage-**_m_	tribute	
2799	**substitution-**_f_	substitution	
2800	**vivacité-**_f_	vivacity	
2801	**série-**_f_	series| set	
2802	**dégrader-**_vb_	degrade| deteriorate	
2803	**tare-**_f_	stigma	
2804	**porteur-**_m; adj_	carrier| holder; supporting	
2805	**soumission-**_f_	submission| tender	
2806	**animer-**_vb_	animate| conduct	
2807	**taux-**_m_	rate	
2808	**procession-**_f_	procession	
2809	**gratifier-**_vb_	gratify	
2810	**commerce-**_m_	trade| business	
2811	**surface-**_f_	surface	
2812	**isoler-**_vb_	isolate| separate	
2813	**morne-**_adj_	gloomy	
2814	**métier-**_m_	trade| job	
2815	**douceur-**_f_	sweetness| softness	
2816	**désastre-**_m_	disaster	
2817	**clignotant-**_adj; m_	blinking; turn signal	
2818	**fanatique-**_adj; m/f_	fanatic; fanatic	
2819	**flotter-**_vb_	float| hover	
2820	**berger-**_m_	shepherd	
2821	**accentuer-**_vb_	accentuate	

2822	**incapable**-*adj*	unable| incapable	
2823	**guise**-*f*	way	
2824	**garnir**-*vb*	line	
2825	**ostensoir**-*m*	monstrance	
2826	**aphorisme**-*m*	aphorism	
2827	**chaperon**-*m*	chaperon| coping	
2828	**intimement**-*adv*	intimately	
2829	**seuil**-*m*	threshold| sill	
2830	**nouvellement**-*adv*	newly	
2831	**acrobate**-*m/f*	acrobat	
2832	**priseur**-*m*	auctioneer	
2833	**marteau**-*m*	hammer	
2834	**bénéfice**-*m*	profit| income	
2835	**bond**-*m*	leap| jump	
2836	**messe**-*f*	mass	
2837	**affiner**-*vb*	refine	
2838	**silhouetter**-*vb*	outline	
2839	**faiblir**-*vb*	weaken	
2840	**totalement**-*adv*	totally	
2841	**grimper**-*vb*	climb| soar	
2842	**mélodieux**-*adj*	melodious	
2843	**séduire**-*vb*	seduce| attract	
2844	**bonnet**-*m*	cap	
2845	**anachorète**-*m*	anchorite	
2846	**receler**-*vb*	harbor	
2847	**lugubre**-*adj*	dismal| lugubrious	
2848	**broncher**-*vb*	stumble	
2849	**alourdir**-*vb*	increase	
2850	**mépriser**-*vb*	despise| disregard	
2851	**miniature**-*adj; f*	miniature; miniature	
2852	**colporter**-*vb*	peddle	
2853	**poudrer**-*vb*	powder	
2854	**ordinairement**-*adv*	usually	
2855	**tragiquement**-*adv*	tragically	
2856	**dryade**-*f*	dryad	
2857	**tartan**-*m*	tartan	
2858	**commissaire**-*m*	commissioner	
2859	**émerveiller**-*vb*	amaze	
2860	**délirant**-*adj*	delirious	
2861	**déguisement**-*m*	disguise	
2862	**excitation**-*f*	excitation| anticipation	
2863	**perçant**-*adj*	piercing| shrill	
2864	**trivial**-*adj*	trivial	
2865	**aulne**-*m*	alder	
2866	**vengeance**-*f*	vengeance	
2867	**défiler**-*vb*	pass	
2868	**boisson**-*f*	drink	
2869	**surnom**-*m*	nickname	
2870	**presser**-*vb*	press| squeeze	
2871	**crever**-*vb*	die| burst	
2872	**démontrer**-*vb*	demonstrate| reveal	
2873	**puéril**-*adj*	childish	
2874	**employé**-*m*	employee	
2875	**redire**-*vb*	repeat	
2876	**crâner**-*vb*	show off	
2877	**obscurcir**-*vb*	obscure	
2878	**tabernacle**-*m*	tabernacle	
2879	**amarre**-*f*	mooring line	
2880	**étoffer**-*vb*	enrich	
2881	**rêveur**-*m; adj*	dreamer; dreamy	
2882	**fraisier**-*m*	strawberry	
2883	**panégyrique**-*adj; m*	panegyric; panegyric	
2884	**ignorer**-*vb*	ignore	
2885	**bref**-*adj; adv*	short| brief; in short	
2886	**paletot**-*m*	jacket	
2887	**vallée**-*f*	valley	
2888	**ricain**-*adj*	Yank	
2889	**spiritualiser**-*vb*	spiritualize	
2890	**étudiant**-*adj; m*	student; student	
2891	**obésité**-*f*	obesity	
2892	**suppléer**-*vb*	compensate	
2893	**cachette**-*f; adj*	hiding place| cache; hideaway	
2894	**définition**-*f*	definition	
2895	**amasser**-*vb*	amass| pile	
2896	**émanciper**-*vb*	emancipate	
2897	**replonger**-*vb*	relapse	
2898	**rajeunir**-*vb*	rejuvenate	
2899	**notamment**-*adv*	in particular	
2900	**empire**-*m*	empire	
2901	**pâte**-*f*	paste	
2902	**note**-*f*	note	
2903	**enflammer**-*vb*	ignite| inflame	
2904	**braver**-*vb*	brave	
2905	**bourgeois**-*adj; m*	bourgeois; bourgeois	
2906	**enthousiaste**-*adj; m*	enthusiastic; enthusiast	
2907	**horizon**-*m*	horizon	
2908	**accourir**-*vb*	come running	
2909	**brave**-*adj; m*	brave| good; brave	
2910	**prêcher**-*vb*	preach| sermonize	

2911	déshonneur-*m*	disgrace	
2912	écumant-*adj*	foaming	
2913	banquier-*m*	banker	
2914	illustré-*adj*	illustrated	
2915	élastique-*adj; m; f*	elastic; rubber band; elasticy	
2916	réclamer-*vb*	claim	
2917	préfixe-*m*	prefix	
2918	chromatique-*adj*	chromatic	
2919	suicide-*m*	suicide	
2920	pâquerette-*f*	daisy	
2921	gale-*f*	scabies	
2922	funèbre-*adj*	funeral	
2923	coiffer-*vb*	style	
2924	envieusement-*adv*	enviously	
2925	dédaigneux-*adj*	disdainful	
2926	saluer-*vb*	greet	
2927	gars-*m*	guy	
2928	persan-*adj; m*	Persian; Persian	
2929	prodigieux-*adj*	prodigious	
2930	préoccuper-*vb*	concern| preoccupy	
2931	disputer-*vb*	compete| fight	
2932	pressoir-*m*	press	
2933	emprisonner-*vb*	imprison| trap	
2934	énergie-*f*	energy	
2935	comédien-*m*	actor	
2936	immédiat-*adj*	immediate	
2937	cylindrique-*adj*	cylindrical	
2938	coffre-*m*	safe| trunk	
2939	impassible-*adj*	impassive	
2940	chevreau-*m*	goat	
2941	terne-*adj*	dull| drab	
2942	flanc-*m*	flank	
2943	argot-*m*	slang	
2944	mériter-*vb*	deserve| earn	
2945	étrangler-*vb*	strangle| choke	
2946	dauphin-*m*	dolphin	
2947	dépendance-*f*	dependence| outbuilding	
2948	sale-*adj*	dirty| nasty	
2949	panacher-*vb*	blend	
2950	planant-*adj*	hovering	
2951	éponger-*vb*	mop up| sponge	
2952	craintif-*adj*	fearful	
2953	dépasser-*vb*	exceed| surpass	
2954	trahir-*vb*	betray	
2955	ministériel-*adj*	ministerial	
2956	mausolée-*m*	mausoleum	
2957	insatisfait-*adj*	unsatisfied	
2958	crevé-*adj*	flat| all in| tired	
2959	païen-*adj; m*	pagan; pagan	
2960	carrément-*adv*	downright	
2961	scénique-*adj*	scenic	
2962	ravi-*adj*	delighted	
2963	syncope-*f*	syncope	
2964	géorgien-*adj*	Georgian	
2965	automate-*m*	automaton	
2966	déposant-*le; adj*	depositor; relaxing	
2967	iriser-*vb*	make iridescent	
2968	retenir-*vb*	retain| hold	
2969	mondain-*adj; m*	worldly; man about town	
2970	sicilien-*m; adj*	Sicilian; Sicilian	
2971	sauvagement-*adv*	savagely	
2972	soucieux-*adj*	concerned	
2973	poil-*m*	hair	
2974	pavaner-*vb*	strut around	
2975	romain-*adj*	Roman	
2976	secrétaire-*m/f*	secretary	
2977	méfier-*vb*	beware	
2978	effrayer-*vb*	scare| spook	
2979	récompenser-*vb*	reward	
2980	abuser-*vb*	abuse| impose	
2981	présider-*vb*	preside	
2982	santé-*f*	health	
2983	adversaire-*adj; m/f*	opponent; opponent	
2984	retomber-*vb*	drop| relapse	
2985	ganter-*vb*	glove	
2986	attraction-*f*	attraction| pull	
2987	peigner-*vb*	comb	
2988	héritage-*m*	heritage| legacy	
2989	défigurer-*vb*	disfigure	
2990	sommelier-*m*	wine waiter	
2991	glorieux-*adj*	glorious	
2992	terrestre-*adj*	terrestrial| earthly	
2993	affinité-*f*	affinity	
2994	bruyant-*adj*	noisy	
2995	achever-*vb*	finish| conclude	
2996	tiare-*f*	tiara	
2997	extérieur-*adj; m*	outside| exterior; outside	
2998	communiquer-*vb*	communicate| transmit	

2999	dessin-*m*	drawing| design
3000	envahissement-*m*	encroachment
3001	blasphémer-*vb*	blaspheme
3002	romantisme-*m*	romanticism
3003	façonner-*vb*	shape| fashion
3004	écouler-*vb*	sell
3005	multiforme-*adj*	multiform
3006	acuité-*f*	acuity
3007	révolu-*adj*	gone
3008	archaïsme-*m*	archaism
3009	mésestimer-*vb*	underestimate
3010	dalmatique-*adj*	dalmat
3011	révolte-*f*	revolt| mutiny
3012	témoignage-*m*	testimony| witness
3013	logement-*m*	housing| accommodation
3014	notion-*f*	notion
3015	spiritualisation-*f*	spiritualisation
3016	accusé-*adj; m*	accused; accused
3017	triangulaire-*adj*	triangular
3018	ressaisir-*vb*	catch
3019	destin-*m*	destiny
3020	obscurité-*f*	darkness| obscurity
3021	souche-*f*	strain| stump
3022	refaire-*vb*	redo| repair
3023	assortir-*vb*	set
3024	faucon-*m*	falcon
3025	carillon-*m*	carillon
3026	diminuer-*vb*	decrease| reduce
3027	éminence-*f*	eminence| height
3028	poussiéreux-*adj*	dusty
3029	fleuve-*m*	river| stream
3030	deuxième-*num*	second
3031	verdict-*m*	verdict
3032	soulager-*vb*	relieve| alleviate
3033	programme-*m*	program| agenda
3034	attacher-*vb*	attach| fasten
3035	fructueux-*adj*	successful
3036	roussir-*vb*	scorch| brown
3037	glaiseux-*adj*	clayey
3038	ricaneur-*m*	sneerer
3039	abdiquer-*vb*	abdicate
3040	escorter-*vb*	escort
3041	promesse-*f*	promise
3042	mélodie-*f*	melody

3043	imbécile-*m/f; adj*	imbecile; stupid
3044	piqué-*m; adj*	dive; stung
3045	saler-*vb*	salt
3046	individu-*m*	individual
3047	malheureusement-*adv*	unfortunately| unhappily
3048	trébuchant-*adj*	stumbling
3049	habituel-*adj*	usual| regular
3050	mauresque-*adj*	Moorish
3051	successif-*adj*	successive
3052	police-*f*	police
3053	coûter-*vb*	cost
3054	puberté-*f*	puberty
3055	affamer-*vb*	starve
3056	convertir-*vb*	convert
3057	brumeux-*adj*	misty
3058	gothique-*adj; m*	Gothic; Gothic
3059	délabrer-*vb*	decay
3060	aborder-*vb*	approach| tackle
3061	pompe-*f*	pump| pomp
3062	fiançailles-*fpl*	engagement
3063	pain-*m*	bread
3064	inquiet-*adj*	worried| concerned
3065	crête-*f*	peak
3066	pané-*adj*	breaded
3067	obsédant-*adj*	obsessive
3068	cramponner-*vb*	staple
3069	piètre-*adj*	poor| mediocre
3070	vélin-*m*	vellum
3071	haletant-*adj*	panting
3072	démoder-*vb*	go out of style
3073	sûreté-*f*	safety
3074	vieillissant-*adj*	aging
3075	supplice-*m*	torture| ordeal
3076	attrister-*vb*	sadden
3077	vibrant-*adj*	vibrant
3078	exploiter-*vb*	exploit| operate
3079	dédaignable-*adj*	despised
3080	emprunter-*vb*	borrow
3081	harmonie-*f*	harmony
3082	surexciter-*vb*	overexcite
3083	rocher-*m; vb*	rock; spit
3084	flacon-*m*	bottle
3085	dépouiller-*vb*	strip| skin
3086	stupeur-*f*	stupor

3087	**pérorer**-*vb*	hold forth	
3088	**stéréotypé**-*adj*	stereotyped	
3089	**torche**-*f*	torch	
3090	**forain**-*m*	showman	
3091	**craie**-*f*	chalk	
3092	**moulure**-*f*	molding	
3093	**martyr**-*m; adj*	martyr; martyred	
3094	**litière**-*f*	litter	
3095	**débonnaire**-*adj*	easy-going	
3096	**conter**-*vb*	tell	
3097	**cerise**-*adj; f*	cherry; cherry	
3098	**fourmi**-*f*	ant	
3099	**dénommer**-*vb*	name	
3100	**utilité**-*f*	utility| value	
3101	**affubler**-*vb*	deck out	
3102	**notable**-*adj; m*	notable| worthy; worthy	
3103	**magenta**-*adj*	magenta	
3104	**dissemblable**-*adj*	dissimilar	
3105	**préface**-*f*	preface	
3106	**embuer**-*vb*	mist	
3107	**décrocher**-*vb*	unhook	
3108	**boucher**-*m; vb*	butcher; plug	
3109	**mutiler**-*vb*	mutilate| maim	
3110	**aisé**-*adj*	easy| fluent	
3111	**infliger**-*vb*	impose| mete	
3112	**roche**-*f*	rock	
3113	**cantonner**-*vb*	quarter	
3114	**tentative**-*f*	attempt| bid	
3115	**contrepartie**-*f*	obverse	
3116	**verdure**-*f*	greenery| greenness	
3117	**pêcheur**-*m*	fisherman	
3118	**concentrer**-*vb*	focus| concentrate	
3119	**vitesse**-*f*	speed	
3120	**aiguiser**-*vb*	whet| hone	
3121	**démêler**-*vb*	untangle| tease	
3122	**populeux**-*adj*	populous	
3123	**vénus**-*f*	venus shell	
3124	**copier**-*vb; adj*	copy; copying	
3125	**pervertir**-*vb*	pervert	
3126	**canneler**-*vb*	groove	
3127	**affaisser**-*vb*	subside	
3128	**symboliser**-*vb*	symbolize	
3129	**destiner**-*vb*	destine| mean	
3130	**souverain**-*adj; m*	sovereign; sovereign	
3131	**hurler**-*vb*	scream| howl	

3132	**dénuder**-*vb*	denude	
3133	**tambouriner**-*vb*	drum	
3134	**citron**-*adj; m*	lemon; lemon	
3135	**peau**-*f*	skin	
3136	**haleter**-*vb*	gasp	
3137	**indépendant**-*adj; m*	independent; independent	
3138	**araignée**-*f*	spider	
3139	**ouater**-*vb*	quilt	
3140	**placidement**-*adv*	placidly	
3141	**comique**-*adj; m/f*	comic; comic	
3142	**meeting**-*m*	meeting	
3143	**peler**-*vb*	peel| rind	
3144	**rageur**-*adj*	furious	
3145	**superbement**-*adv*	magnificently	
3146	**fouiller**-*vb*	search| ransack	
3147	**brocart**-*m; adj*	brocade; brocaded	
3148	**fiasco**-*m*	fiasco| failure	
3149	**octogone**-*m*	octagon	
3150	**traînant**-*adj*	shuffling	
3151	**embraser**-*vb*	kindle	
3152	**commençant**-*adj*	starting	
3153	**tri**-*m*	sorting	
3154	**smoking**-*m*	tuxedo	
3155	**fratricide**-*adj; m*	fratricidal; fratricide	
3156	**siroter**-*vb*	sip	
3157	**reflet**-*m*	reflection	
3158	**rustaud**-*m*	rustic	
3159	**cabriolet**-*m*	convertible	
3160	**pollen**-*m*	pollen	
3161	**opiacer**-*vb*	opiate	
3162	**extraire**-*vb*	extract| draw	
3163	**ponctualité**-*f*	punctuality	
3164	**étonnamment**-*adv*	surpisingly	
3165	**cosmopolite**-*adj; m*	cosmopolitan; cosmopolitan	
3166	**hérissé**-*adj*	bristly	
3167	**déformer**-*vb*	deform| distort	
3168	**publier**-*vb*	publish| publicize	
3169	**intervention**-*f*	intervention| speech	
3170	**avidement**-*adv*	greedily	
3171	**élargir**-*vb*	broaden| stretch	
3172	**potin**-*m*	titbit	
3173	**gramme**-*m*	gram| ounce	
3174	**déduire**-*vb*	deduct| deduce	

3175	pressant-*adj*	pressing	
3176	nonchalant-*adj*	nonchalant	
3177	cage-*f*	cage| shaft	
3178	perplexe-*adj*	puzzled	
3179	involontaire-*adj*	involuntary	
3180	sincère-*adj*	sincere| genuine	
3181	camp-*m*	camp	
3182	douteux-*adj*	doubtful	
3183	sensoriel-*adj*	sensory	
3184	éloquent-*adj*	eloquent	
3185	refroidir-*vb*	cool	
3186	accroire-*vb*	believ	
3187	dimanche-*m*	Sunday	
3188	malédiction-*f*	curse	
3189	asphodèle-*m*	asphodel	
3190	soutenir-*vb*	support| back	
3191	morgue-*f*	morgue	
3192	pastille-*f*	pellet| chip	
3193	pernicieux-*adj*	pernicious	
3194	poste-*m; f*	position; post	
3195	poster-*vb*	post| poster	
3196	rossignol-*m*	nightingale	
3197	creuser-*vb*	dig	
3198	étalage-*m*	display	
3199	ramener-*vb*	bring back	
3200	étaler-*vb*	spread out| display	
3201	vital-*adj*	vital	
3202	dérégler-*vb*	disturb	
3203	rempart-*m*	rampart	
3204	cannelle-*f*	cinnamon	
3205	pèlerin-*m*	pilgrim	
3206	consommation-*f*	consumption	
3207	psychique-*adj*	psychic	
3208	turc-*adj; m*	Turkish; Turkish	
3209	fourrure-*f*	fur	
3210	abolir-*vb*	abolish| lift	
3211	Israélite-*nn*	Israelite	
3212	chauve-*adj*	bald	
3213	foudre-*f*	lightning	
3214	reniement-*m*	denial	
3215	gamin-*m; adj*	kid; kiddy	
3216	parure-*f*	set	
3217	ressort-*m*	spring| resilience	
3218	péniche-*f*	barge| houseboat	
3219	brisant-*adj; m*	breaking; breaker	

3220	hautbois-*m*	oboe
3221	onduler-*vb*	wave
3222	naissant-*adj*	nascent
3223	replacer-*vb*	replace
3224	fainéant-*adj; m*	lazy; lounger
3225	hagard-*adj*	haggard
3226	crise-*f*	crisis| attack
3227	générosité-*f*	generosity
3228	plongeur-*m*	diver
3229	grenat-*m*	garnet
3230	goûter-*vb*	taste
3231	poupe-*f*	stern| stern-post
3232	bavard-*adj; m*	talkative; chatterbox
3233	babiller-*vb*	prattle on
3234	inconnu-*m; adj*	unknown; unfamiliar
3235	suffisant-*adj*	sufficient
3236	embaumer-*vb*	embalm
3237	ecclésiastique-*adj; m*	ecclesiastical; churchman
3238	découper-*vb*	carve| clip
3239	vaincre-*vb*	overcome| defeat
3240	prisonnier-*m; adj*	prisoner; captive
3241	chaste-*adj*	chaste
3242	sympathique-*adj*	sympathetic
3243	verrouiller-*vb*	lock on
3244	raffinement-*m*	refinement| sophistication
3245	rassemblement-*m*	gathering| rally
3246	vaciller-*vb*	sway
3247	ascétisme-*m*	asceticism
3248	communion-*f*	Communion
3249	voleter-*vb*	flutter
3250	répercuter-*vb*	reverberate
3251	reproduction-*f*	reproduction
3252	blanchir-*vb*	whiten| launder
3253	habiter-*vb*	live in| inhabit
3254	doctrine-*f*	doctrine
3255	traduire-*vb*	translate| transpose
3256	croissance-*f*	growth| growing
3257	encadrer-*vb*	frame
3258	vaisseau-*m*	vessel
3259	écheveau-*m*	skein
3260	baroque-*adj; m*	baroque; baroque
3261	grainer-*vb*	grain
3262	deviner-*vb*	guess| divine

3263	**trousser**-*vb*	truss
3264	**couver**-*vb*	smolder| brood
3265	**plan**-*m; adj*	plan; plane
3266	**plaquer**-*vb*	stick| tackle
3267	**passereau**-*m*	sparrow
3268	**piétiner**-*vb*	trample on
3269	**pli**-*m*	fold| ply
3270	**plier**-*vb*	bend
3271	**insincérité**-*m*	insincerity
3272	**faste**-*adj*	splendor
3273	**abaissement**-*m*	lowering
3274	**rechercher**-*vb*	search| look for
3275	**appréciable**-*adj*	appreciable
3276	**confection**-*f*	making
3277	**maussaderie**-*f*	sulkiness
3278	**belge**-*adj*	Belgian
3279	**inscrire**-*vb*	enroll| list
3280	**viande**-*f*	meat
3281	**tambour**-*m*	drum
3282	**transformation**-*f*	transformation
3283	**dernièrement**-*adv*	recently| at last
3284	**intact**-*adj*	intact| unspoiled
3285	**crapaud**-*m*	toad
3286	**gémir**-*vb*	moan| wail
3287	**moraliste**-*m*	moralist
3288	**bismuth**-*m*	bismuth
3289	**chancelant**-*adj*	tottering
3290	**exécrable**-*adj*	execrable
3291	**lacé**-*adj*	laced
3292	**alterner**-*vb*	alternate
3293	**palefrenier**-*m*	groom
3294	**connaisseur**-*m*	connoisseur
3295	**lame**-*f*	blade
3296	**pistache**-*f*	pistachio
3297	**laps**-*m*	lapse
3298	**lard**-*m*	bacon
3299	**chaperonner**-*vb*	chaperon
3300	**laver**-*vb*	wash| launder
3301	**adorateur**-*m; adj*	adorer; worshipful
3302	**campanile**-*m*	campanile
3303	**brunir**-*vb*	brown
3304	**divertir**-*vb*	entertain
3305	**criminel**-*adj; m*	criminal; criminal
3306	**désastreux**-*adj*	disastrous
3307	**heaume**-*m*	helmet
3308	**esquif**-*m*	skiff
3309	**comporter**-*vb*	include| have
3310	**bénir**-*vb*	bless
3311	**distiller**-*vb*	distill
3312	**bulletin**-*m*	newsletter
3313	**idéalité**-*f*	ideality
3314	**protecteur**-*adj; m*	protective; protector
3315	**croissant**-*adj; m*	growing; crescent
3316	**cynisme**-*m*	cynicism
3317	**survivant**-*m; adj*	survivor; surviving
3318	**rattraper**-*vb*	catch up| make up
3319	**advenir**-*vb*	happen
3320	**coursier**-*m*	steed| messenger
3321	**luisant**-*adj*	shiny
3322	**polo**-*m*	polo
3323	**pont**-*m*	bridge
3324	**cil**-*m*	eyelash
3325	**massif**-*adj; m*	massive; massif
3326	**respect**-*m*	respect
3327	**port**-*m*	port| harbor
3328	**surveillance**-*f*	surveillance
3329	**empresser**-*vb*	hasten
3330	**maladresse**-*f*	clumsiness
3331	**survivance**-*f*	survival
3332	**délicatesse**-*f*	delicacy| sensitivity
3333	**Achille**-*m*	Achilles
3334	**primitif**-*adj; m*	primitive; primitive
3335	**fuyant**-*adj*	elusive| receding
3336	**cité**-*f; adj*	city-state; city
3337	**qualifier**-*vb*	qualify
3338	**entonner**-*vb*	intone
3339	**farder**-*vb*	make up
3340	**mousse**-*f*	foam| moss
3341	**gardien**-*m*	keeper| guardian
3342	**complaire**-*vb*	wallow
3343	**percer**-*vb*	drill| pierce
3344	**jovialement**-*adv*	jovially
3345	**dandysme**-*m*	dandyism
3346	**notoire**-*adj*	notorious
3347	**franc**-*adj; m*	frank; franc
3348	**franchir**-*vb*	cross| pass
3349	**encolure**-*f*	neck
3350	**flambant**-*adj*	brand-new
3351	**inconscience**-*f*	unconsciousness
3352	**bûche**-*f*	log

3353	**lagune**-*f*	lagoon	3397	**repoussé**-*adj*	postponed| rejected
3354	**accrocher**-*vb*	hang	3398	**apeurer**-*vb*	frighten
3355	**savant**-*adj; m*	learned; scholar	3399	**désarmer**-*vb*	disarm
3356	**échantillon**-*m*	sample	3400	**enrichir**-*vb*	enrich
3357	**inopiné**-*adj*	stray	3401	**spasme**-*m*	spasm
3358	**éveil**-*m*	awakening	3402	**dessert**-*m*	dessert
3359	**étroit**-*adj*	narrow| close	3403	**pointu**-*adj*	sharp
3360	**souriant**-*adj*	smiling	3404	**conception**-*f*	design| designing
3361	**exotique**-*adj*	exotic	3405	**airain**-*m*	brass
3362	**échecs**-*npl*	chess	3406	**discordant**-*adj*	discordant
3363	**jacobin**-*m*	Jacobin	3407	**fendre**-*vb*	split| slit
3364	**déplaisant**-*adj*	unpleasant| distasteful	3408	**convive**-*m*	guest
3365	**apoplectique**-*adj*	apoplectic	3409	**traquer**-*vb*	track| track down
3366	**couronne**-*f*	crown	3410	**corbeille**-*f*	basket
3367	**legs**-*m*	legacy	3411	**domaine**-*m*	field| domain
3368	**irritable**-*adj*	irritable| prickly	3412	**lourdement**-*adv*	heavily
3369	**défier**-*vb*	challenge| defy	3413	**magasin**-*m*	store| shop
3370	**béryl**-*m*	beryl	3414	**rasseoir**-*vb*	sit down
3371	**détraquer**-*vb*	break down	3415	**continuité**-*f*	continuity
3372	**monologuer**-*vb*	soliloquize	3416	**bain**-*m*	bath
3373	**épanouir**-*vb*	light up	3417	**baie**-*f*	bay
3374	**hochement**-*m*	nod	3418	**séducteur**-*m; adj*	seducer; seductive
3375	**stance**-*f*	stave	3419	**subtilité**-*f*	subtlety
3376	**autobiographique**-*adj*	autobiographical	3420	**tournée**-*f*	tour| touring
3377	**censure**-*f*	censorship	3421	**abricot**-*adj; m*	apricot; apricot
3378	**employer**-*vb*	use| employ	3422	**vaste**-*adj*	vast| wide
3379	**ombelle**-*f*	umbel	3423	**métaphore**-*f*	metaphor
3380	**ermite**-*m*	hermit	3424	**barbare**-*adj; m*	barbaric; barbarian
3381	**encyclopédie**-*f*	encyclopedia	3425	**quotidien**-*adj; m*	daily; daily
3382	**jumelle**-*adj; f*	twin; twin	3426	**tombe**-*f*	grave| tomb
3383	**extravagant**-*adj*	extravagant	3427	**émousser**-*vb*	blunt
3384	**clou**-*m*	nail	3428	**obstiner**-*vb*	be stubborn
3385	**moissonner**-*vb*	reap	3429	**accuser**-*vb*	accuse| blame
3386	**risquer**-*vb*	risk| venture	3430	**baptême**-*m*	baptism
3387	**risque**-*m*	risk| hazard	3431	**rafraîchir**-*vb*	refresh
3388	**signer**-*vb*	sign	3432	**élaborer**-*vb*	elaborate| design
3389	**tendresse**-*f*	tenderness| kindness	3433	**combler**-*vb*	fill in| make up
3390	**hâté**-*adj*	rushed	3434	**installer**-*vb*	install| set
3391	**dissiper**-*vb*	dispel| clear	3435	**vase**-*m; f*	vase; mud
3392	**baudrier**-*m*	sling	3436	**prolonger**-*vb*	extend| prolong
3393	**alléguer**-*vb*	allege	3437	**infuser**-*vb*	infuse
3394	**replier**-*vb*	replicate| fold up	3438	**architectural**-*adj*	architectural
3395	**violacé**-*adj*	purple	3439	**insulte**-*f*	insult
3396	**prétentieux**-*adj*	pretentious| snooty	3440	**lucratif**-*adj*	lucrative
			3441	**appareil**-*m*	apparatus

3442	**provenir**-*vb*	result	
3443	**figurine**-*f*	figurine	
3444	**invraisemblable**-*adj*	unlikely| incredible	
3445	**statuette**-*f*	small statue	
3446	**enseignement**-*m*	education| teaching	
3447	**baptiser**-*vb*	baptize	
3448	**exciter**-*vb*	excite| arouse	
3449	**fourneau**-*m*	furnace	
3450	**million**-*m*	million	
3451	**lisse**-*adj*	smooth| sleek	
3452	**calomnie**-*f*	calumny	
3453	**joufflu**-*adj*	chubby	
3454	**bourdon**-*m*	bee| drone	
3455	**confronter**-*vb*	confront	
3456	**vaniteusement**-*adj*	vainly	
3457	**chasseur**-*m; adj*	hunter; gunner's	
3458	**raccommoder**-*vb*	mend	
3459	**douloureusement**-*adv*	painfully	
3460	**myope**-*adj; m/f*	short-sighted; myope	
3461	**monceau**-*m*	heap	
3462	**affligeant**-*adj*	woeful	
3463	**retentir**-*vb*	sound| resound	
3464	**religieux**-*adj; m*	religious; religious	
3465	**réticence**-*f*	reluctance	
3466	**analogue**-*adj*	similar	
3467	**désespérer**-*vb*	despair	
3468	**ouverture**-*f*	opening	
3469	**déranger**-*vb*	disturb| disrupt	
3470	**prunelle**-*f*	sloe	
3471	**blancheur**-*f*	whiteness	
3472	**soupçon**-*m*	suspicion| soupcon	
3473	**tyrannie**-*f*	tyranny	
3474	**collectionner**-*vb*	collect	
3475	**auteur**-*m*	author	
3476	**accumuler**-*vb*	accumulate	
3477	**gredin**-*m*	rascal	
3478	**plaque**-*m*	plate	
3479	**rampant**-*adj*	crawling	
3480	**fructifier**-*vb*	fructify	
3481	**manque**-*m*	lack	
3482	**marqueterie**-*f*	marquetry	
3483	**somptueux**-*adj*	sumptuous| magnificent	
3484	**nervosité**-*f*	nervousness	
3485	**antinomie**-*f*	antinomy	
3486	**griller**-*vb*	grill| toast	
3487	**sainteté**-*f*	holiness	
3488	**obscène**-*adj*	obscene	
3489	**surmener**-*vb*	overwork	
3490	**rejeter**-*vb*	reject| dismiss	
3491	**monnayeur**-*m*	coin slot	
3492	**indolence**-*f*	indolence	
3493	**suinter**-*vb*	ooze	
3494	**affaiblissant**-*adj*	weakening	
3495	**blouse**-*f*	gown| blouse	
3496	**vautour**-*m*	vulture	
3497	**bagarre**-*f*	fight| brawl	
3498	**cerne**-*m*	circle	
3499	**filet**-*m*	net| fillet	
3500	**fragile**-*adj*	fragile	
3501	**complet**-*adj; m*	full| complete; suit	
3502	**hard**-*adj*	hard-porn	
3503	**dramatiquement**-*adv*	dramatically	
3504	**prostré**-*adj*	prostrate	
3505	**transparence**-*f*	transparency	
3506	**souci**-*m*	worry| care	
3507	**sanglant**-*adj*	bloody	
3508	**languissamment**-*adv*	languishingly	
3509	**supposition**-*f*	assumption| guess	
3510	**exemplaire**-*m; adj*	copy; exemplary	
3511	**nénuphar**-*m*	nenuphar	
3512	**familial**-*adj*	family	
3513	**rapprocher**-*vb*	bring closer	
3514	**progrès**-*m*	progress	
3515	**orgueilleux**-*adj*	proud	
3516	**déterminer**-*vb*	determine	
3517	**vieillard**-*m*	old man	
3518	**insanité**-*f*	insanity	
3519	**confondre**-*vb*	confound| mix	
3520	**allemand**-*adj; m|mpl*	German; German	
3521	**bande**-*f*	band| strip	
3522	**comparable**-*adj*	comparable	
3523	**lutter**-*vb*	fight| combat	
3524	**flasque**-*f*	flask	
3525	**enfer**-*m*	hell	
3526	**aveuglement**-*m*	blindness	
3527	**enrouler**-*vb*	wrap	

3528	suspendre-*vb*	suspend| hang
3529	cuve-*f*	tank
3530	tourneur-*m*	turner
3531	entraîner-*vb*	train| drive
3532	lors-*adv*	then| while
3533	lover-*vb*	coil
3534	attaquer-*vb*	attack
3535	dérèglement-*m*	disturbance
3536	siphon-*m*	siphon
3537	mexicain-*adj*	Mexican
3538	flamboyer-*vb*	blaze
3539	consentir-*vb*	consent
3540	sacré-*adj*	sacred
3541	distinguer-*vb*	distinguish
3542	gravir-*vb*	climb| ascend
3543	adonner-*vb*	indulge
3544	ornière-*f*	rut
3545	barbe-*f*	beard
3546	barder-*vb*	bard
3547	grimaçant-*adj*	grimacing
3548	sculpture-*f*	sculpture| sculpting
3549	racine-*f*	root
3550	référer-*vb*	refer
3551	microscope-*m*	microscope
3552	broussailleux-*adj*	bushy
3553	étinceler-*vb*	sparkle| flash
3554	saturnien-*adj*	saturnine
3555	polychrome-*adj*	polychrome
3556	résumer-*vb*	summarize| resume
3557	masque-*m*	mask
3558	frise-*f*	frieze
3559	fresque-*f*	fresco
3560	carnage-*m*	carnage
3561	périmer-*vb*	expire
3562	hein-*int*	right
3563	gâteau-*m*	cake
3564	éclabousser-*vb*	splash
3565	truculent-*adj*	earthy
3566	déplaire-*vb*	displease
3567	résulter-*vb*	result
3568	revêche-*adj*	surly
3569	enchère-*f*	bid| raise
3570	gouttelette-*f*	droplet
3571	dépit-*m*	spite
3572	technique-*adj; f*	technical; technique
3573	paille-*f*	straw
3574	vainement-*adv*	in vain
3575	fatidique-*adj*	fateful
3576	vierge-*adj; f*	virgin; virgin
3577	fouillis-*m*	mess
3578	attouchement-*m*	touching
3579	torve-*adj*	grim
3580	laque-*f*	lacquer
3581	infanterie-*f*	infantry
3582	mortellement-*adv*	fatally| mortally
3583	dague-*f*	dagger
3584	vaisselle-*f*	dishes
3585	prophétiser-*vb*	prophesy
3586	immédiatement-*adv*	immediately
3587	alternatif-*adj*	alternative
3588	suggestion-*f*	suggestion
3589	annihiler-*vb*	annihilate
3590	gilet-*m*	vest
3591	extasié-*adj*	ecstatic
3592	mule-*f*	mule
3593	musicalement-*adv*	musically
3594	dogue-*m*	mastiff
3595	baril-*m*	barrel| crater
3596	pointer-*vb*	point
3597	décisif-*adj*	decisive
3598	pécheur-*m*	sinner
3599	maîtresse-*f*	mistress
3600	servilité-*f*	servility
3601	affoler-*vb*	panic
3602	conclure-*vb*	conclude
3603	coloris-*m*	color
3604	granit-*m*	granite
3605	centaure-*m*	centaur
3606	originel-*adj*	original
3607	mangeoire-*f*	manger
3608	flaque-*f*	puddle
3609	unir-*vb*	unite
3610	objecter-*vb*	object
3611	autobiographie-*f*	autobiography
3612	liaison-*f*	link| affair
3613	marque-*f*	brand
3614	grise-*adj*	grey
3615	négligemment-*adv*	carelessly
3616	bruyamment-*adv*	loud

3617	**grimer**-*vb*	make up| disguise	
3618	**apaiser**-*vb*	appease| soothe	
3619	**contralto**-*m; adj*	contralto; alto	
3620	**feindre**-*vb*	pretend| put on	
3621	**réduire**-*vb*	reduce| decrease	
3622	**emphatique**-*adj*	rotund	
3623	**invitation**-*f*	invitation	
3624	**cornu**-*adj*	horned	
3625	**plumage**-*m*	plumage	
3626	**original**-*adj; m*	original; original	
3627	**canon**-*m*	gun	
3628	**claquemurer**-*vb*	coop up	
3629	**momentané**-*adj*	momentary	
3630	**symphonique**-*adj*	symphonic	
3631	**luth**-*m*	lute	
3632	**déblayer**-*vb*	clear	
3633	**corner**-*m; vb*	corner; honk	
3634	**compatriote**-*m/f*	compatriot	
3635	**rosaire**-*m*	rosary	
3636	**décorer**-*vb*	decorate	
3637	**lutte**-*f*	fight| struggle	
3638	**viable**-*adj*	viable	
3639	**console**-*f*	console	
3640	**établi**-*adj*	established	
3641	**fameux**-*adj*	famous	
3642	**redingote**-*f*	frock coat	
3643	**inscrit**-*m/f; adj*	registered voter/student; enrolled	
3644	**étourdir**-*vb*	stun| surprise	
3645	**ménage**-*m*	household| housework	
3646	**plastique**-*adj; m*	plastic; plastic	
3647	**flâner**-*vb*	stroll| loiter	
3648	**assumer**-*vb*	assume	
3649	**violent**-*adj*	violent| severe	
3650	**chrétien**-*adj; m*	Christian; Christian	
3651	**fâcherie**-*f*	miff	
3652	**gaieté**-*f*	cheerfulness	
3653	**richesse**-*f*	wealth| richness	
3654	**fougueux**-*adj*	fiery| spirited	
3655	**sélénite**-*m*	selenite	
3656	**étage**-*m*	floor| stage	
3657	**sacrifier**-*vb*	sacrifice	
3658	**capricieux**-*adj*	capricious| whimsical	
3659	**formation**-*f*	training| formation	
3660	**corde**-*f*	rope	
3661	**libéral**-*adj*	liberal	
3662	**octogonal**-*adj*	octagonal	
3663	**tâche**-*f*	task	
3664	**épilogue**-*m*	epilogue	
3665	**turpitude**-*f*	turpitude	
3666	**médecin**-*m; adj*	doctor; doctoral	
3667	**plissé**-*adj*	pleated	
3668	**postérieur**-*adj; m*	posterior; posterior	
3669	**procéder**-*vb*	proceed	
3670	**picorer**-*vb*	peck	
3671	**protestation**-*f*	protest| outcry	
3672	**mensonge**-*m*	lie	
3673	**support**-*m*	support| bracket	
3674	**ancêtre**-*m/f*	ancestor	
3675	**oreiller**-*m*	pillow	
3676	**alternativement**-*adv*	alternately	
3677	**contrôler**-*vb*	control| monitor	
3678	**grimace**-*f*	grimace	
3679	**miner**-*vb*	undermine	
3680	**lanière**-*f*	strap	
3681	**abréger**-*vb*	shorten	
3682	**charnu**-*adj*	fleshy	
3683	**zèle**-*m*	zeal	
3684	**ceinturer**-*vb*	engirdle	
3685	**dandy**-*m; adj*	dandy; foppish	
3686	**spécial**-*adj*	special	
3687	**théâtral**-*adj*	theatrical	
3688	**reconstituer**-*vb*	reconstruct| put together	
3689	**autrui**-*npl*	others	
3690	**Guinée**-*f*	Guinea	
3691	**profusion**-*f*	profusion	
3692	**carrière**-*f*	career	
3693	**dérision**-*f*	derision| mockery	
3694	**défi**-*m*	challenge	
3695	**schéma**-*m*	schema| diagram	
3696	**colonie**-*f*	colony	
3697	**endurant**-*adj*	tough	
3698	**consacrer**-*vb*	devote| spare	
3699	**dais**-*m*	canopy	
3700	**ombrelle**-*f*	umbrella	
3701	**griffonner**-*vb*	scribble	
3702	**proportion**-*f*	proportion| rate	
3703	**railler**-*vb*	mock	
3704	**incohérence**-*f*	inconsistency	

3705	groom-*m*	bellhop| page	
3706	ultime-*adj*	ultimate	
3707	rival-*adj; m*	rival; rival	
3708	froisser-*vb*	offend| crease	
3709	astucieux-*adj*	clever| astute	
3710	improviste-*adv*	unexpectedly	
3711	stock-*m*	stock	
3712	privilège-*m*	privilege	
3713	boursoufler-*vb*	bloat| blister	
3714	bougonner-*vb*	grumble	
3715	monnaie-*f*	currency	
3716	maritime-*adj*	maritime	
3717	embellir-*vb*	embellish	
3718	énoncer-*vb*	enunciate	
3719	obtenir-*vb*	get| obtain	
3720	barre-*f*	bar	
3721	délivrer-*vb*	issue| deliver	
3722	flexible-*adj*	flexible	
3723	peignoir-*m*	robe	
3724	insuffler-*vb*	infuse	
3725	suintant-*adj*	oozing	
3726	incident-*adj; m*	incident; incident	
3727	maladivement-*adv*	morbidly	
3728	darder-*vb*	dart	
3729	cimetière-*m*	graveyard	
3730	impatienter-*vb*	annoy	
3731	présage-*m*	presage	
3732	brièveté-*f*	brevity	
3733	mulâtre-*adj; m*	mulatto; mulatto	
3734	proférer-*vb*	utter	
3735	céleste-*adj*	celestial| unworldly	
3736	échanger-*vb*	exchange| trade	
3737	charpentier-*m*	carpenter	
3738	effeuiller-*VB*	pick out	
3739	promenade-*f*	walk	
3740	tailler-*vb*	cut| carve	
3741	apprenti-*m*	apprentice| novice	
3742	rimer-*vb*	rhyme	
3743	couvent-*m*	convent	
3744	omelette-*f*	omelette	
3745	humiliation-*f*	humiliation	
3746	boucherie-*f*	butchery	
3747	grain-*m*	grain	
3748	menu-*m; adj*	menu; small	
3749	facturer-*vb*	charge	
3750	adroitement-*adv*	neatly	
3751	mentionner-*vb*	mention	
3752	matériau-*m*	material	
3753	ranimer-*vb*	revive| rekindle	
3754	abîme-*m*	abyss| gulf	
3755	poudreuse-*f*	powder	
3756	amical-*adj*	friendly	
3757	liqueur-*f*	liqueur	
3758	profit-*m*	profit| advantage	
3759	impliquer-*vb*	involve| implicate	
3760	affronter-*vb*	confront	
3761	menton-*m*	chin	
3762	parsemer-*vb*	sprinkle	
3763	malabar-*m*	bruiser	
3764	déshonorer-*vb*	dishonor	
3765	menthe-*f*	mint	
3766	meurtrier-*m; adj*	murderer; murderous	
3767	fleuret-*m*	drill bit	
3768	exhumer-*vb*	exhume	
3769	poteau-*m*	post| pole	
3770	célibataire-*adj; m/f*	single| bachelor; single	
3771	comté-*m*	county	
3772	improvisation-*f*	improvisation	
3773	divinité-*f*	divinity	
3774	proscrire-*vb*	proscribe	
3775	malfaisant-*adj*	evil	
3776	compliqué-*adj*	complicated| difficult	
3777	limiter-*vb*	limit| restrict	
3778	prévenir-*vb*	warn| inform	
3779	quatrième-*num*	fourth	
3780	nouille-*f; adj*	noodle| dope; dumb	
3781	responsabilité-*f*	responsibility	
3782	laiteux-*adj*	milky	
3783	enquérir-*vb*	inquire	
3784	poignant-*adj*	poignant	
3785	gemme-*f*	gem	
3786	attente-*f*	waiting| expectation	
3787	river-*vb*	rivet	
3788	enchâsser-*vb*	enshrine	
3789	salade-*f*	salad	
3790	langoureux-*adj*	languorous	
3791	paisiblement-*adv*	peacefully	
3792	compréhension-*f*	comprehension	
3793	décidément-*adv*	decidedly	
3794	date-*f*	date	

3795	barricader-*vb*	barricade	3840	spectral-*adj*	spectral
3796	différer-*vb*	differ| vary	3841	disgracieux-*adj*	unsightly
3797	chausser-*vb*	fit	3842	gorge-*f*	throat
3798	borné-*adj*	limited| narrow	3843	crampon-*m; adj*	clamp; climbing
3799	attitude-*f*	attitude| outlook	3844	attache-*f*	clip
3800	comparer-*vb*	compare| confront	3845	alchimiste-*adj; m*	alchemist; alchemist
3801	tabouret-*m*	stool	3846	bégaiement-*m*	stuttering
3802	subjuguer-*vb*	subjugate	3847	saisissant-*adj*	striking
3803	adorablement-*adv*	adorably	3848	contredire-*vb*	contradict
3804	casque-*m*	helmet	3849	fétide-*adj*	fetid| rank
3805	manier-*vb*	handle| use	3850	poirier-*m*	pear tree| handstand
3806	gazonner-*vb*	grass	3851	hanter-*vb*	haunt| spook
3807	reliure-*f*	binding	3852	triomphant-*adj*	triumphant
3808	insuffisance-*f*	insufficiency	3853	orgie-*f*	orgy
3809	porphyre-*m*	porphyry	3854	reparaître-*vb*	reappear
3810	redoutable-*adj*	formidable| dreadful	3855	foulard-*m*	scarf| foulard
3811	dûment-*adv*	duly	3856	chuchoter-*vb*	whisper
3812	baume-*m*	balm| balsam	3857	satyre-*m*	Satyr
3813	étendard-*m*	standard	3858	phase-*f*	phase
3814	mare-*f*	pond	3859	racontar-*vb*	gossip
3815	avance-*f*	advance| lead	3860	savate-*f*	slipper
3816	phénomène-*m*	phenomenon	3861	habillement-*m*	clothing
3817	nœud-*m*	node| knot	3862	briqueterie-*f*	brick factory
3818	enrouer-*vb*	to go hoarse	3863	grondement-*m*	roar
3819	jaquette-*f*	jacket	3864	marron-*adj; m*	brown; brown
3820	décourager-*vb*	discourage	3865	innombrable-*adj*	innumerable
3821	matérialiste-*m; adj*	materialist; materialistic	3866	empereur-*m*	emperor
3822	ruelle-*f*	alley	3867	injustice-*f*	injustice| unfairness
3823	effacer-*vb*	delete	3868	expédier-*vb*	send| dispatch
3824	boite-*f*	club	3869	pelisse-*f*	pelisse
3825	vibration-*f*	vibration| pulse	3870	pétrifier-*vb*	petrify| stone
3826	mouiller-*vb*	wet| anchor	3871	déclic-*m*	click
3827	renverse-*f*	inverse	3872	déclin-*m*	decline
3828	civil-*adj*	civil	3873	carrefour-*m*	crossroads
3829	lieue-*f*	league	3874	gerber-*vb*	throw up
3830	plonger-*vb*	dive| plunge	3875	spéculation-*f*	speculation
3831	espionnage-*m*	espionage	3876	dormeur-*m*	sleeper
3832	inappréciable-*adj*	invaluable	3877	idylle-*f*	idyll
3833	marchandise-*f*	commodity	3878	arpenter-*vb*	survey
3834	impulsion-*f*	pulse| impetus	3879	tonnerre-*m*	thunder
3835	température-*f*	temperature	3880	ferrer-*vb*	shoe
3836	regagner-*vb*	regain	3881	joujou-*m*	toy
3837	décrier-*vb*	decry	3882	lèpre-*f*	leprosy
3838	télégraphier-*vb*	telegraph	3883	orbite-*f*	orbit
3839	pauvreté-*f*	poverty	3884	prosaïque-*adj*	prosaic

3885	faucher-*vb*	mow| reap
3886	rictus-*m*	grin
3887	récitation-*f*	recitation
3888	pommier-*m*	apple
3889	aristocratie-*f*	aristocracy
3890	grimacer-*vb*	wince
3891	astrakan-*m*	astrakhan
3892	grisâtre-*adj*	greyish
3893	gagner-*vb*	win| earn
3894	Chine-*f*	China
3895	tapir-*m*	tapir
3896	universel-*adj; m*	universal; universal
3897	baigner-*vb*	bathe| wash
3898	esclavage-*m*	slavery
3899	lunettes-*msf*	glasses
3900	cogner-*vb*	knock| bang
3901	ouvrier-*m*	worker
3902	atteler-*vb*	harness
3903	acanthe-*f*	acanthus
3904	bestial-*adj*	bestial
3905	dérouler-*vb*	unwind| roll
3906	ferrure-*f*	fitting
3907	industrialisme-*m*	industrialism
3908	justifier-*vb*	justify
3909	faisan-*m*	pheasant
3910	expérimental-*adj*	experimental
3911	tourmenter-*vb*	torment| plague
3912	durcir-*vb*	harden
3913	piriforme-*adj*	pear-shaped
3914	bondé-*adj*	crowded
3915	nourrir-*vb*	feed| nourish
3916	applaudir-*vb*	applaud| cheer
3917	refleurir-*vb*	flower again
3918	objection-*f*	objection
3919	carreau-*m*	tile
3920	insolent-*adj*	insolent| cheeky
3921	resurgir-*vb*	resurface
3922	démocratie-*f*	democracy
3923	joueur-*m*	player
3924	dock-*m*	dock
3925	ambassadeur-*m; adj*	ambassador; ambassadorial
3926	proposant-*m*	applicant
3927	revers-*m*	reverse| back
3928	insatiable-*adj*	insatiable

3929	diplomate-*m/f*	diplomat
3930	réverbère-*m*	street lamp
3931	sifflant-*adj*	whistling
3932	district-*m*	district
3933	ficher-*vb*	file
3934	épaissir-*vb*	thicken
3935	don-*m*	gift| donation
3936	enjouement-*m*	playfulness
3937	comptoir-*m*	counter
3938	nègre-*adj; m*	Negro; nigger
3939	publiquement-*adv*	publicly
3940	mention-*f*	mention
3941	malséant-*adj*	improper
3942	commandement-*m*	command
3943	aboyer-*vb*	bark
3944	recommander-*vb*	recommend
3945	faillir-*vb*	fail to honor commitment
3946	Londonien-*m*	Londoner
3947	fuseler-*vb*	taper
3948	assister-*vb*	assist
3949	sentinelle-*f*	sentinel
3950	fauconnerie-*f*	falconry
3951	linge-*m*	washing
3952	débauche-*f*	debauchery
3953	protéger-*vb*	protect| safeguard
3954	tapageur-*adj*	noisy
3955	ordonner-*vb*	order| direct
3956	endurer-*vb*	endure| undergo
3957	panthère-*f*	panther
3958	endurcir-*vb*	harden
3959	fardé-*adj*	painted
3960	transpercer-*vb*	pierce| penetrate
3961	distraire-*vb*	distract
3962	placide-*adj*	placid
3963	discutable-*adj*	questionable| debatable
3964	découvert-*adj; m*	discovered; overdraft
3965	dépose-*f*	removal
3966	manchette-*f*	cuff
3967	innocenter-*vb*	clear| find not guilty
3968	recourber-*vb*	recurve
3969	maintenir-*vb*	maintain| sustain
3970	définir-*vb*	define
3971	futilité-*f*	futility

3972	**imprévu**-*adj; m*	unexpected; contingency	
3973	**fléchir**-*vb*	flex	
3974	**ère**-*f*	era	
3975	**famé**-*adj*	repute	
3976	**nourriture**-*f*	food| feed	
3977	**interpréter**-*vb*	interpret	
3978	**calomnier**-*vb*	slander	
3979	**salir**-*vb*	soil| smear	
3980	**assassin**-*m; adj*	assassin; bloodthirsty	
3981	**poignet**-*m*	wrist	
3982	**refouler**-*vb*	repress	
3983	**boutique**-*f*	shop| stall	
3984	**braconner**-*vb*	poach	
3985	**prophète**-*m*	prophet	
3986	**râper**-*vb*	grate	
3987	**bossu**-*m; adj*	hunchback; hunchbacked	
3988	**rayonnement**-*m*	influence| radiance	
3989	**mécompte**-*m*	miscalculation	
3990	**épreuve**-*f*	test| trial	
3991	**myosotis**-*m*	forget-me-not	
3992	**libellule**-*f*	dragonfly	
3993	**emmêler**-*vb*	entangle	
3994	**dégradé**-*m*	gradient	
3995	**enrager**-*vb*	annoy| enrage	
3996	**trottiner**-*vb*	scurrying	
3997	**rugby**-*m*	rugby	
3998	**congé**-*m*	leave	
3999	**discorder**-*vb*	conflict	
4000	**insensibilité**-*f*	insensitivity	
4001	**trancher**-*vb*	settle| slice	
4002	**espion**-*m*	spy	
4003	**décemment**-*adv*	decently	
4004	**sobriété**-*f*	sobriety	
4005	**épier**-*vb*	spy	
4006	**payer**-*vb*	pay	
4007	**gouvernant**-*adj*	governing	
4008	**victoire**-*f*	victory| win	
4009	**dogme**-*m*	dogma	
4010	**gamme**-*f*	range	
4011	**provoquer**-*vb*	provoke	
4012	**multiplier**-*vb*	multiply	
4013	**corsage**-*m*	blouse| corsage	
4014	**recréer**-*vb*	recreate	

4015	**décliner**-*vb*	decline| refuse
4016	**décomposer**-*vb*	decompose
4017	**dévorant**-*adj*	ravenous
4018	**admirablement**-*adv*	admirably
4019	**hôpital**-*m*	hospital
4020	**discuter**-*vb*	discuss
4021	**ibis**-*m*	ibis
4022	**tablier**-*m*	apron
4023	**duel**-*m*	duel
4024	**ravager**-*vb*	ravage| destroy
4025	**patience**-*f*	patience
4026	**animalité**-*f*	animality
4027	**image**-*f*	image
4028	**illustre**-*adj*	illustrious| illustrated
4029	**violer**-*vb*	violate| breach
4030	**vil**-*adj*	vile| base
4031	**plénitude**-*f*	fullness
4032	**sucer**-*vb*	suck| suck out
4033	**chrysolithe**-*f*	chrysolite
4034	**combinant**-*adj*	combined
4035	**recueillir**-*vb*	collect| gather
4036	**chandelle**-*f*	candle
4037	**palpable**-*adj*	palpable
4038	**parade**-*f*	parade
4039	**boule**-*f*	ball
4040	**jasmin**-*m*	jasmine
4041	**striduler**-*vb*	chirrup
4042	**gomme**-*f*	gum
4043	**boudeur**-*adj*	mopey
4044	**quadrige**-*f*	quadriga
4045	**réitérer**-*vb*	reiterate
4046	**agacer**-*vb*	annoy| aggravate
4047	**irréparable**-*adj*	irreparable
4048	**express**-*m*	express
4049	**menteur**-*m; adj*	liar| lying; lying
4050	**épice**-*f*	spice
4051	**profanation**-*f*	desecration
4052	**superstition**-*f*	superstition
4053	**commission**-*f*	commission| board
4054	**excéder**-*vb*	exceed
4055	**rosette**-*f*	rosette
4056	**parangon**-*m*	paragon
4057	**hollandais**-*adj; mpl*	Dutch; Dutch
4058	**topaze**-*f*	topaz
4059	**invectiver**-*vb*	abuse

4060	serviteur-*m*	servant	
4061	dévorer-*vb*	devour| eat up	
4062	vivifier-*vb*	vivify	
4063	concept-*m*	concept	
4064	décacheter-*vb*	unseal	
4065	séjour-*m*	stay| visit	
4066	garni-*m*	furnished room	
4067	enivrer-*vb*	intoxicate| get drunk	
4068	satiné-*adj*	satin	
4069	satire-*f*	satire	
4070	attachement-*m*	attachment	
4071	froncement-*m*	frown	
4072	considérable-*adj*	considerable| significant	
4073	apparition-*f*	appearance	
4074	désirable-*adj*	desirable| likeable	
4075	terrasser-*vb*	crush	
4076	incomparable-*adj*	incomparable	
4077	mousseline-*f*	muslin	
4078	suffoquant-*adj*	stifling	
4079	lorgnette-*f*	lorgnette	
4080	affectionner-*vb*	be fond of	
4081	cartouche-*f*	cartridge	
4082	centraliser-*vb*	centralize	
4083	joliesse-*f*	grace	
4084	politicien-*m*	politician	
4085	oblique-*adj; f*	oblique; oblique	
4086	cortège-*m*	procession	
4087	proportionner-*vb*	proportion	
4088	tringle-*f*	rod	
4089	élégance-*f*	elegance	
4090	brisée-*f; adj*	blink; broken	
4091	insolite-*adj*	unusual	
4092	chatouiller-*vb*	tickle	
4093	agent-*m; adj*	agent; cooperative	
4094	abattre-*vb*	down| slaughter	
4095	altruiste-*adj; m/f*	altruistic; altruist	
4096	sucre-*m*	sugar	
4097	opiniâtreté-*f*	obstinacy	
4098	scepticisme-*m*	skepticism	
4099	inutilement-*adv*	uselessly	
4100	préparation-*f*	preparation	
4101	noblesse-*f*	nobility	
4102	boutonner-*vb*	button	
4103	florin-*m*	florin	
4104	caractéristique-*adj; f*	characteristic; characteristic	
4105	minutieux-*adj*	thorough	
4106	singe-*m*	monkey	
4107	étincelant-*adj*	sparkling	
4108	mouvant-*adj*	shifting	
4109	crucifixion-*f*	crucifixion	
4110	infecter-*vb*	infect	
4111	exploitation-*f*	exploitation	
4112	jarretière-*f*	garter	
4113	lorgner-*vb*	ogle	
4114	polichinelle-*m*	bun	
4115	vermouth-*m*	vermouth	
4116	cousin-*m*	cousin	
4117	geler-*vb*	freeze	
4118	rigide-*adj*	rigid| inflexible	
4119	vulgairement-*adv*	vulgarly	
4120	frémissant-*adj*	trembling	
4121	grille-*f*	grid| gate	
4122	stéréotyper-*vb*	stereotype	
4123	niais-*m; adj*	simpleton; simple	
4124	pallium-*m*	pallium	
4125	fluide-*adj; m*	fluid; fluid	
4126	maigre-*adj*	lean| meager; lean	
4127	gingembre-*m*	ginger	
4128	présentation-*f*	presentation	
4129	rash-*m*	rash	
4130	reportage-*m*	report	
4131	consumer-*vb*	consume	
4132	désagrégation-*f*	disintegration	
4133	iridescent-*adj; m*	iridescent; iridescence	
4134	artificiel-*adj*	artificial	
4135	millième-*num*	thousandth	
4136	clématite-*f*	clematis	
4137	idolâtre-*adj; m*	idolatrous; idolater	
4138	populace-*f*	populace| mob	
4139	étendue-*m*	extent	
4140	acceptation-*f*	acceptance	
4141	poliment-*adv*	politely	
4142	blackbouler-*vb*	blackball	
4143	griffe-*f*	claw	
4144	lécher-*vb*	lick	
4145	standard-*adj; m*	standard; standard	
4146	mobile-*adj*	mobile	
4147	rituel-*adj; m*	ritual; ritual	

4148	champion-*adj; m*	champion; champion	
4149	jalouse-*adj*	jealous	
4150	ivrognerie-*f*	drunkenness	
4151	historien-*m; adj*	historian; historical	
4152	combat-*m*	combat	
4153	abondance-*f*	abundance	
4154	parapluie-*f*	umbrella	
4155	inéluctable-*adj*	inevitable| ineluctable	
4156	béant-*adj*	gaping	
4157	empreinte-*f*	footprint	
4158	percher-*vb*	perch| hang	
4159	gradation-*f*	gradation	
4160	contorsion-*f*	contortion	
4161	richard-*m*	nob	
4162	cingler-*vb*	scathe	
4163	tangible-*adj*	tangible	
4164	tube-*m*	tube| hit	
4165	sensitif-*adj*	sensory	
4166	sonore-*f; adj*	sound; acoustic	
4167	coroner-*m*	coroner	
4168	anniversaire-*adj; m*	anniversary; anniversary	
4169	cariatide-*f*	caryatid	
4170	apparier-*vb*	pair	
4171	macération-*f*	maceration	
4172	directement-*adv*	directly| right	
4173	filigraner-*vb*	watermark	
4174	prélude-*m*	prelude	
4175	fortuné-*adj*	wealthy	
4176	caverne-*f*	cave	
4177	magnifier-*vb*	exalt	
4178	flamboyant-*adj*	flamboyant	
4179	milan-*m*	kite	
4180	quiétude-*f*	quietude	
4181	blond-*adj; m*	blond; blonde	
4182	énormément-*adv*	enormously	
4183	ravissant-*adj*	delightful	
4184	indiscret-*adj*	indiscreet	
4185	contribuer-*vb*	contribute	
4186	hoqueter-*vb*	hiccup	
4187	utilement-*adv*	usefully	
4188	cravache-*f*	whip	
4189	stagner-*vb*	stagnate	
4190	coter-*vb*	mark	
4191	furieusement-*adv*	furiously	
4192	tresser-*vb*	braid| twine	

4193	gigantesque-*adj*	gigantic	
4194	entrelacer-*vb*	interlace	
4195	assoupir-*vb*	dull	
4196	ruisseler-*vb*	stream	
4197	buisson-*m*	bush	
4198	chérir-*vb*	cherish	
4199	intervalle-*m*	interval	
4200	insuccès-*m*	failure	
4201	chiure-*m*	flyspeck	
4202	mante-*f*	mantis	
4203	lanterne-*vb*	lantern	
4204	exiger-*vb*	require| demand	
4205	matinée-*f*	morning	
4206	chaîne-*f*	chain| string	
4207	vinaigrette-*f*	vinaigrette	
4208	accabler-*vb*	overwhelm	
4209	insultant-*adj*	insulting	
4210	cirque-*m*	circus	
4211	arranger-*vb*	arrange	
4212	encensoir-*m*	censer	
4213	ruisselant-*adj*	streaming	
4214	sournoisement-*adv*	slyly	
4215	craintivement-*adv*	fearfully	
4216	effleurer-*vb*	touch	
4217	affranchir-*vb*	enfranchise| frank	
4218	redescendre-*vb*	come down	
4219	âne-*m*	donkey	
4220	songerie-*f*	dream	
4221	monument-*m*	monument	
4222	acheminer-*vb*	route	
4223	balustrade-*f*	balustrade	
4224	créateur-*m*	creator	
4225	dispute-*f*	dispute| argument	
4226	converser-*vb*	converse	
4227	limite-*f*	limit	
4228	retrousser-*vb*	roll up	
4229	pépite-*f*	nugget	
4230	tempe-*f*	temple	
4231	spinelle-*f*	spinel	
4232	venger-*vb*	revenge	
4233	persister-*vb*	persist| continue	
4234	allure-*f*	look| pace	
4235	mine-*f*	mine| lead	
4236	léguer-*vb*	will	
4237	centrer-*vb*	center	

4238	**désagréable**-*adj*	unpleasant
4239	**convulsivement**-*adv*	convulsively
4240	**abject**-*adj*	abject
4241	**églantier**-*m*	eglantine
4242	**imposé**-*adj*	imposed
4243	**exhibition**-*f*	display
4244	**retenue**-*f*	restraint
4245	**contour**-*m*	contour| outline
4246	**charnel**-*adj*	carnal
4247	**bâillement**-*m*	yawning
4248	**verset**-*m*	verse
4249	**majeur**-*adj; m*	major| middle finger; major
4250	**foudroyer**-*vb*	blast
4251	**centre**-*m*	center| focus
4252	**contemplation**-*f*	contemplation
4253	**étroitement**-*adv*	closely
4254	**attraper**-*vb*	catch| seize
4255	**rebaptiser**-*vb*	rename
4256	**accidentel**-*adj*	accidental| incidental
4257	**demeure**-*f*	residence| abode
4258	**décadence**-*f*	decadence| decay
4259	**reconduire**-*vb*	renew
4260	**verrou**-*m*	lock
4261	**idolâtrer**-*vb*	idolize
4262	**buvard**-*m*	blotter
4263	**poétique**-*adj*	poetic
4264	**illégal**-*adj*	illegal
4265	**professeur**-*m*	professor| teacher
4266	**lister**-*vb*	list
4267	**mitaine**-*f*	mitten
4268	**séraphin**-*m*	seraph
4269	**ratisser**-*vb*	rake| comb
4270	**fermeté**-*f*	firmness
4271	**gaze**-*adj; f*	gauze; gauze
4272	**défaillir**-*vb*	faint
4273	**jeûne**-*m*	fasting
4274	**profiter**-*vb*	benefit| avail
4275	**pépin**-*m*	seed
4276	**embrocher**-*vb*	skewer
4277	**excès**-*adj; m; mpl*	excess; excess; debauchery
4278	**évidence**-*f*	evidence
4279	**temple**-*m*	temple
4280	**lacet**-*m*	shoelace
4281	**anglomanie**-*f*	anglomania
4282	**platine**-*m; f*	platinum; deck
4283	**recouvrer**-*vb*	recover
4284	**obséder**-*vb*	obsess
4285	**efficacité**-*f*	efficiency
4286	**bourdonnant**-*adj*	buzzing
4287	**ring**-*m*	ring
4288	**acquiescer**-*vb*	acquiesce
4289	**désapprouver**-*vb*	disapprove
4290	**séparation**-*f*	separation
4291	**narcotique**-*adj; m*	narcotic; narcotic
4292	**matinal**-*adj*	morning
4293	**fantoche**-*m; adj*	puppet; tinpot
4294	**fantomatiquement**-*adv*	ghostly
4295	**charitable**-*adj*	charitable
4296	**éloquemment**-*adv*	eloquently
4297	**recourir**-*vb*	resort
4298	**cinnamome**-*m*	cinamon
4299	**pianiste**-*f*	pianist
4300	**ordonnance**-*f*	order
4301	**puritain**-*m; adj*	Puritan; puritanical
4302	**biologie**-*f*	biology
4303	**scrutateur**-*m; adj*	scrutineer; searching
4304	**précis**-*adj; m*	precise; abstract
4305	**trésor**-*m*	treasure| treasury
4306	**coutume**-*f*	custom| practice
4307	**glapir**-*vb*	yelp
4308	**ambassade**-*f*	embassy
4309	**mutilation**-*f*	mutilation
4310	**éterniser**-*vb*	eternize
4311	**décharger**-*vb*	discharge| unload
4312	**prison**-*f*	prison
4313	**amazone**-*f*	amazon
4314	**combiner**-*vb*	combine| compound
4315	**souhaiter**-*vb*	wish| hope
4316	**tanière**-*f*	lair
4317	**normal**-*adj*	normal
4318	**appartement**-*m*	apartment
4319	**sapin**-*m*	pine
4320	**écrouler**-*vb*	collapse
4321	**courber**-*vb*	bend
4322	**figurant**-*m*	extra| dummy
4323	**irritant**-*adj*	irritant
4324	**brailler**-*vb*	bawl| scream

4325	enserrer-*vb*	grip	
4326	malentendu-*m*	misunderstanding	
4327	péridot-*m*	peridot	
4328	céruse-*f*	ceruse	
4329	approfondir-*vb*	deepen	
4330	recouvrer-*vb*	recover	
4331	métaphysique-*adj; f*	metaphysical; metaphysics	
4332	frayer-*vb*	spawn	
4333	rusé-*adj*	cunning	
4334	paragraphe-*m*	paragraph	
4335	collège-*m*	college	
4336	proverbe-*m*	proverb| saying	
4337	acajou-*m*	mahogany	
4338	stérilité-*f*	sterility	
4339	boiserie-*f*	wood trim	
4340	musique-*f*	music	
4341	surmonter-*vb*	overcome| rise above	
4342	résistance-*f*	resistance| strength	
4343	transmettre-*vb*	transmit| convey	
4344	constant-*adj*	constant	
4345	trompe-*f*	trunk	
4346	éclaircir-*vb*	clear| lighten	
4347	élancer-*vb*	leap	
4348	dépouille-*f*	clearance	
4349	couple-*m*	couple| pair	
4350	mysticisme-*m*	mysticism	
4351	bâton-*m*	stick| baton	
4352	fond-*m*	bottom	
4353	médisance-*f*	gossiping	
4354	impétueux-*adj*	impetuous	
4355	plombé-*adj*	leaden	
4356	arc-*m*	arc| longbow	
4357	onctueux-*adj*	smooth	
4358	régler-*vb*	adjust| settle	
4359	déliquescence-*f*	deliquescence	
4360	brique-*f*	brick	
4361	vaguer-*vb*	wander	
4362	bouillotte-*f*	hot-water bag	
4363	enturbanné-*m*	raghead	
4364	compléter-*vb*	complete| complement	
4365	désarçonner-*vb*	unseat	
4366	ban-*m*	round of applause	
4367	sacrer-*vb*	consecrate| crown	
4368	lemme-*m*	lemma	

4369	partant-*adv; m*	thus; starter
4370	honorable-*adj*	honorable
4371	bâtir-*vb*	build| erect
4372	tressauter-*vb*	jump
4373	témoigner-*vb*	testify| give evidence
4374	hâtivement-*adv*	hastily
4375	rétrograder-*vb*	demote| downgrade
4376	réitération-*f*	reiteration
4377	fragment-*m*	fragment| piece
4378	reddition-*f*	surrender
4379	craquer-*vb*	crack| creak
4380	vermeil-*adj; m*	red; blushing
4381	croître-*vb*	grow
4382	fumant-*adj*	smoking
4383	rébellion-*f*	rebellion| rebel
4384	souvenance-*f*	memory
4385	précoce-*adj*	precocious
4386	rentraire-*vb*	redeem
4387	implorant-*adj*	imploring
4388	col-*m*	collar| pass
4389	inquisiteur-*m; adj*	inquisitor; inquisitive
4390	cor-*m*	horn
4391	héraut-*m*	herald
4392	impatience-*f*	impatience
4393	caractériser-*vb*	characterize
4394	mercredi-*m*	Wednesday
4395	secondaire-*adj; m*	secondary; high-school
4396	show-*m*	show
4397	Japon-*m*	Japan
4398	surprenant-*adj*	surprising
4399	avide-*adj*	eager| greedy
4400	articuler-*vb*	articulate
4401	bureau-*m*	office| desk
4402	pénombre-*f*	penumbra
4403	antidote-*m*	antidote
4404	constable-*m*	constable
4405	bruine-*f*	drizzle
4406	expier-*vb*	atone for
4407	cithare-*f*	zither
4408	canapé-*m*	couch
4409	réparer-*vb*	repair
4410	plastique-*adj; m*	plastic; plastic
4411	émouvant-*adj*	moving| touching
4412	ouvrager-*vb*	tool
4413	rebelle-*m/f; adj*	rebel; rebellious

4414	**voisinage**-*m*	neighborhood| neighbors	
4415	**nitrique**-*adj*	nitric	
4416	**carnet**-*m*	book	
4417	**incarnation**-*f*	incarnation	
4418	**catholique**-*adj; m/f*	Catholic; Catholic	
4419	**sustenter**-*vb*	sustain	
4420	**exception**-*f*	exception	
4421	**victime**-*f*	victim	
4422	**chèvrefeuille**-*m*	honeysuckle	
4423	**méditatif**-*adj*	meditative	
4424	**médiocrité**-*f*	mediocrity	
4425	**accusation**-*f*	charge| accusation	
4426	**scarabée**-*m*	beetle	
4427	**grotesquement**-*adv*	grotesquely	
4428	**réconfort**-*m*	comfort| reassurance	
4429	**titanesque**-*adj*	titanic	
4430	**enseigner**-*vb*	teach| educate	
4431	**censurer**-*vb*	censor	
4432	**chimique**-*adj*	chemical	
4433	**carmin**-*adj; m*	carmine; carmine	
4434	**languir**-*vb*	languish	
4435	**librement**-*adv*	freely	
4436	**académicien**-*m*	academician	
4437	**stabilité**-*f*	stability| steadiness	
4438	**philosophique**-*adj*	philosophical	
4439	**disposition**-*f*	provision| disposal	
4440	**incertitude**-*f*	uncertainty	
4441	**arbuste**-*m*	shrub	
4442	**suggestif**-*adj*	suggestive	
4443	**foncer**-*vb*	charge	
4444	**préférable**-*adj*	preferable	
4445	**reclus**-*m*	recluse	
4446	**élire**-*vb*	elect	
4447	**conçu**-*adj*	designed	
4448	**octobre**-*m*	October	
4449	**paresseux**-*adj; m*	lazy; sloth	
4450	**disque**-*m*	disk| discus	
4451	**aristocratique**-*adj*	aristocratic	
4452	**émoi**-*m*	stir| emotion	
4453	**impuissance**-*f*	impotence| helplessness	
4454	**bottine**-*f*	bootie	
4455	**gré**-*m*	will	
4456	**diversité**-*f*	diversity	
4457	**turban**-*m*	turban	
4458	**remplacer**-*vb*	replace| change	
4459	**conquérant**-*m*	conqueror	
4460	**orgue**-*m*	organ	
4461	**permanent**-*adj; m*	permanent; permanent	
4462	**incompatible**-*adj*	incompatible	
4463	**esquisse**-*f*	sketch	
4464	**efforcer**-*vb*	strive	
4465	**dégager**-*vb*	free	
4466	**britannique**-*adj*	British	
4467	**vagabonder**-*vb*	wander	
4468	**armorial**-*adj*	armorial	
4469	**nettoyer**-*vb*	clean| clear	
4470	**côtelette**-*f*	chop	
4471	**remettant**-*m*	remitter	
4472	**transfigurer**-*vb*	transfigure	
4473	**difficulté**-*f*	difficulty	
4474	**adultère**-*m; adj*	adultery; adulterous	
4475	**inexpérimenté**-*adj*	inexperienced	
4476	**fosse**-*f*	pit| grave	
4477	**légume**-*m*	vegetable	
4478	**ingérence**-*f*	interference	
4479	**lustrer**-*vb*	polish	
4480	**nid**-*m*	nest	
4481	**spiral**-*adj*	spiral	
4482	**épigramme**-*f*	epigram	
4483	**ébattre**-*vb*	frolic	
4484	**capitaine**-*m*	captain	
4485	**embrumer**-*vb*	fog	
4486	**inventer**-*vb*	invent| make up	
4487	**repaire**-*m*	den	
4488	**frémissement**-*m*	shudder	
4489	**crocus**-*m*	crocus	
4490	**chandelier**-*m*	candlestick	
4491	**pleurs**-*npl*	tears	
4492	**investigation**-*f*	investigation| inquiry	
4493	**aristocrate**-*m/f*	aristocrat	
4494	**cachemire**-*m*	cashmere	
4495	**soumettre**-*vb*	submit| refer	
4496	**évidemment**-*adv*	obviously	
4497	**isolé**-*adj; m*	isolated| insulated; isolated person	
4498	**douairière**-*f*	dowager	
4499	**témoin**-*m*	witness	
4500	**hilarité**-*f*	hilarity	
4501	**lisière**-*f*	edge	

4502	**félicitation**-*f*	congratulation
4503	**majesté**-*f*	majesty
4504	**four**-*m*	oven
4505	**soigneux**-*adj*	careful
4506	**captieux**-*adj*	misleading
4507	**jaunir**-*vb*	yellow
4508	**revendiquer**-*vb*	claim
4509	**charmeur**-*m; adj*	charmer; charming
4510	**jarre**-*f*	jar
4511	**piédestal**-*m*	pedestal
4512	**photographie**-*f*	photography
4513	**piazza**-*f*	piazza
4514	**cadence**-*f*	pace
4515	**neige**-*f*	snow
4516	**accomplir**-*vb*	accomplish
4517	**étreinte**-*f*	embrace
4518	**flatter**-*vb*	flatter| gratify
4519	**impérial**-*adj*	imperial
4520	**délicieusement**-*adv*	deliciously
4521	**projet**-*m*	project
4522	**citation**-*f*	quote| summons
4523	**punition**-*f*	punishment
4524	**ébaucher**-*vb*	sketch
4525	**impollué**-*adj*	unpolluted
4526	**philanthrope**-*m*	philanthropist
4527	**parodie**-*f*	parody| skit
4528	**lac**-*m*	lake
4529	**las**-*adj*	tired
4530	**mentalement**-*adv*	mentally
4531	**souris**-*f*	mouse
4532	**économiser**-*vb*	save| conserve
4533	**lin**-*m*	linen
4534	**traqué**-*adj*	hunted
4535	**lié**-*adj*	linked
4536	**solaire**-*adj*	solar
4537	**lot**-*m*	lot| prize
4538	**furtivement**-*adv*	furtively
4539	**alliance**-*f*	alliance
4540	**huiler**-*vb*	oil
4541	**pile**-*f*	battery| pile
4542	**relief**-*m*	relief
4543	**trébucher**-*vb*	stumble| stagger
4544	**jovialité**-*f*	joviality
4545	**seoir**-*vb*	suit
4546	**philistin**-*adj; m*	Philistine; Philistine
4547	**cailler**-*vb*	curdle| clot
4548	**fumé**-*adj*	smoked
4549	**pinacle**-*m*	pinnacle
4550	**cotonnade**-*f*	cotton fabric
4551	**irréprochable**-*adj*	unexceptionable
4552	**bouillonnant**-*adj*	gushing
4553	**criard**-*adj; m*	garish; screamer
4554	**caillou**-*m*	pebble
4555	**caillot**-*m*	clot
4556	**congédier**-*vb*	dismiss| discharge
4557	**centenaire**-*adj; m/f*	centenary; centenary
4558	**manufacture**-*f*	factory
4559	**floral**-*adj*	floral
4560	**immiscer**-*vb*	interfere
4561	**attribut**-*m; adj*	attribute; predicate
4562	**évanoui**-*adj*	unconscious
4563	**enfouir**-*vb*	bury
4564	**nombreux**-*adj*	numerous
4565	**remporter**-*vb*	win| take
4566	**fumeux**-*adj*	smoky
4567	**étui**-*m*	case
4568	**scandaleusement**-*adv*	grossly
4569	**remontrance**-*f*	remonstrance
4570	**préfiguration**-*f*	prefiguration
4571	**actif**-*adj; m*	active| working; assets
4572	**fébrilement**-*adv*	feverishly
4573	**blessure**-*f*	injury
4574	**sacrement**-*m*	sacrament
4575	**physionomie**-*f*	physiognomy
4576	**noix**-*f; adj*	nut; walnut
4577	**enlaidir**-*vb*	spoil
4578	**inédit**-*adj*	novel
4579	**nord**-*m; adj*	north; northern
4580	**dégoutter**-*vb*	drip
4581	**grouillement**-*m*	swarming
4582	**creuset**-*m*	crucible
4583	**creux**-*adj; m*	hollow| sunken; hollow
4584	**pécuniaire**-*adj*	pecuniary
4585	**plaindre**-*vb*	complain| pity
4586	**obélisque**-*m*	obelisk
4587	**libertinage**-*m*	libertinism
4588	**fonder**-*vb*	base| set up
4589	**persienne**-*f*	louver
4590	**déception**-*f*	disappointment

4591	**gouverne**-*f*	steering
4592	**divinement**-*f*	divinely
4593	**lapis**-*m*	lapis
4594	**privé**-*adj*	private
4595	**matelas**-*m*	mattress
4596	**vestige**-*m*	vestige
4597	**bagage**-*m*	luggage
4598	**onde**-*f*	wave
4599	**renfermer**-*vb*	contain
4600	**planer**-*vb*	plane
4601	**engendrer**-*vb*	generate| give rise to
4602	**ricanement**-*m*	sneer
4603	**infidèle**-*adj*	unfaithful
4604	**refuge**-*m*	refuge| shelter
4605	**errant**-*adj; m*	wandering; wanderer
4606	**sherry**-*m*	sherry
4607	**adriatique**-*adj*	Adriatic
4608	**plant**-*m*	plant| seedling
4609	**jean**-*m*	jeans
4610	**planter**-*vb*	plant
4611	**reconnaissance**-*f*	recognition
4612	**chasuble**-*f*	chasuble
4613	**endosser**-*vb*	endorse
4614	**rai**-*m*	streak
4615	**proclamer**-*vb*	proclaim
4616	**crépuscule**-*adj; m*	dusk; dusk
4617	**flexion**-*f*	flexion
4618	**aloès**-*m*	aloe
4619	**jet**-*m*	jet| stream
4620	**mimique**-*f*	mimic
4621	**concorde**-*f*	concord| amity
4622	**lévrier**-*m*	greyhound
4623	**exil**-*m*	exile
4624	**étirer**-*vb*	stretch
4625	**scrupuleux**-*adj*	scrupulous
4626	**sabot**-*m*	shoe| hoof
4627	**dôme**-*m*	dome
4628	**soucoupe**-*f*	saucer
4629	**mécontentement**-*m*	discontent
4630	**modération**-*f*	moderation
4631	**sec**-*adj*	dry| dried
4632	**sphinx**-*m*	sphinx
4633	**dégoûtant**-*adj*	disgusting
4634	**remonter**-*vb*	ascend| reassemble
4635	**pupille**-*f*	pupil
4636	**rouiller**-*vb*	rust
4637	**égard**-*m*	respect
4638	**réminiscence**-*f*	reminiscence
4639	**entreprendre**-*vb*	undertake| initiate
4640	**accueil**-*m*	welcome
4641	**pondre**-*vb*	lay
4642	**châle**-*m*	shawl
4643	**ensanglanter**-*vb*	cover in blood
4644	**attaquant**-*m*	attacker
4645	**terrasse**-*f*	terrace
4646	**pétulant**-*adj*	lively
4647	**également**-*adv*	also| equally
4648	**humilité**-*f*	humility
4649	**vergue**-*f*	yard
4650	**professionnel**-*adj; m*	professional; professional
4651	**redemander**-*vb*	ask again
4652	**minauder**-*vb*	simper
4653	**obligation**-*f*	obligation| bond
4654	**cornaline**-*f*	cornelian
4655	**accompagnement**-*m*	accompaniment
4656	**intolérablement**-*adv*	intolerably
4657	**dandiner**-*vb*	waddle
4658	**actualité**-*f*	actuality
4659	**ondée**-*f*	rain shower
4660	**raisin**-*m*	grape
4661	**balayer**-*vb*	sweep| scan
4662	**crocodile**-*m*	crocodile
4663	**cloison**-*f*	partition
4664	**mander**-*vb*	send for
4665	**hospitalier**-*adj*	hospital
4666	**véritablement**-*adv*	truly| actually
4667	**élégamment**-*adv*	elegantly
4668	**carotide**-*f*	carotid
4669	**ver**-*m*	worm
4670	**ivresse**-*f*	drunkenness
4671	**gâcher**-*vb*	spoil| ruin
4672	**via**-*prp*	via
4673	**invétérer**-*vb*	ingrain
4674	**emballer**-*vb*	pack| package
4675	**grognement**-*m*	grunt
4676	**troyen**-*adj*	Trojan
4677	**déclarer**-*vb*	declare

4678	**déclamer**-*vb*	declaim	
4679	**effigie**-*f*	effigy	
4680	**cribler**-*vb*	sift| riddle	
4681	**fauconnier**-*m*	falconer	
4682	**sautant**-*adj*	jumping	
4683	**portique**-*m*	portico	
4684	**incivilisé**-*adj*	uncivilised	
4685	**réflexion**-*f*	reflection| thinking	
4686	**enduire**-*vb*	coat	
4687	**pantalon**-*m*	pants	
4688	**étiqueter**-*vb*	label| brand	
4689	**ralenti**-*m*	slow motion	
4690	**neveu**-*m*	nephew	
4691	**apparent**-*adj*	apparent| obvious	
4692	**fulgurant**-*adj*	lightning	
4693	**immortalité**-*f*	immortality	
4694	**entamer**-*vb*	start| launch	
4695	**mélodrame**-*m*	melodrama	
4696	**prêteur**-*m*	lender	
4697	**responsable**-*adj; m/f*	responsible; person responsible	
4698	**torpide**-*adj*	torpid	
4699	**malveillant**-*adj*	malicious	
4700	**degré**-*m*	degree	
4701	**châtain**-*adj*	chestnut	
4702	**sein**-*m*	breast| fold	
4703	**talent**-*m*	talent| skill	
4704	**dépêche**-*f*	dispatch| telegram	
4705	**tonner**-*vb*	thunder	
4706	**niaiserie**-*m*	silliness	
4707	**nain**-*adj; m*	dwarf; dwarf	
4708	**marotte**-*f*	fad	
4709	**mannequin**-*m*	model| dummy	
4710	**vitrer**-*vb*	glaze	
4711	**férocement**-*adv*	ferociously	
4712	**prose**-*f*	prose	
4713	**avertisseur**-*m*	warning device	
4714	**éreintement**-*m*	exhaustion	
4715	**remercier**-*vb*	thank	
4716	**aspiration**-*f*	aspiration	
4717	**tôt**-*adv*	early| soon	
4718	**mandoline**-*f*	mandolin	
4719	**départ**-*m*	departure| starting	
4720	**armé**-*adj*	armed	
4721	**inégal**-*adj*	unequal	
4722	**dissertation**-*f*	dissertation	
4723	**écart**-*m*	gap| difference	
4724	**attirant**-*adj*	attractive| appealing	
4725	**avenu**-*adj*	void	
4726	**champ**-*m*	field	
4727	**tamiser**-*vb*	sift	
4728	**déclassé**-*adj*	declassed	
4729	**théologien**-*m*	theologian	
4730	**enfler**-*vb*	swell| inflate	
4731	**confortablement**-*adv*	comfortably	
4732	**pimpant**-*adj*	dapper	
4733	**sifflet**-*m*	whistle	
4734	**subalterne**-*adj; m*	subordinate; subordinate	
4735	**reçu**-*adj; m*	received; receipt	
4736	**puissant**-*adj*	powerful| strong	
4737	**gourd**-*adj*	numb	
4738	**fée**-*f; adj*	fairy; pixy	
4739	**mûre**-*f*	blackberry	
4740	**inorganique**-*adj*	inorganic	
4741	**violemment**-*adv*	violently	
4742	**sonorité**-*f*	tone	
4743	**sixième**-*num*	sixth	
4744	**friandise**-*f*	delicacy| treat	
4745	**féru**-*adj*	keen	
4746	**régiment**-*m*	regiment	
4747	**sociologique**-*adj*	sociological	
4748	**tardif**-*adj*	late	
4749	**sillonner**-*vb*	furrow	
4750	**ducal**-*adj*	ducal	
4751	**préparé**-*adj*	prepared	
4752	**frontal**-*adj*	frontal	
4753	**retiré**-*adj*	withdrawn| retired	
4754	**prostitué**-*m*	(male) prostitute	
4755	**fronton**-*m*	pediment	
4756	**psychologiste**-*f*	psychologist	
4757	**satisfaction**-*f*	satisfaction	
4758	**modifier**-*vb*	change	
4759	**brosser**-*vb*	brush	
4760	**oratoire**-*adj*	oratorical	
4761	**mouette**-*f*	seagull	
4762	**pente**-*f; adj*	slope| incline; heavy	
4763	**effectivement**-*adv*	effectively	
4764	**arctique**-*adj*	Arctic	
4765	**convenance**-*f*	convenience	

4766	diplomatie-*f*	diplomacy	4810	renfoncer-*vb*	strenghten
4767	restaurer-*vb*	restore	4811	effiler-*vb*	taper
4768	majorité-*f*	majority	4812	heurter-*vb*	hit| offend
4769	amiante-*f*	asbestos	4813	intense-*adj*	intense
4770	parenté-*f*	relationship| kindred	4814	épieu-*m*	spear
4771	château-*m*	castle| chateau	4815	faquin-*m*	rascal
4772	pénible-*adj*	painful| hard	4816	losange-*m*	diamond
4773	dahlia-*m*	dahlia	4817	antilope-*f*	antelope
4774	démence-*f*	dementia| madness	4818	tonique-*adj; f*	tonic; tonic
4775	aveu-*m*	confession	4819	soudoyer-*vb*	bribe| tamper
4776	jonc-*m*	rush	4820	archevêque-*m*	Archbishop
4777	entracte-*m; adj*	intermission; entr'acte	4821	aventurier-*m; adj*	adventurer; aggressive
4778	faillite-*f*	bankruptcy	4822	compagne-*f*	companion
4779	loquace-*adj*	talkative	4823	tiers-*m*	third
4780	trafiquer-*vb*	traffic	4824	modernité-*f*	modernity
4781	laquais-*m; adj*	lackey; menial	4825	doctrinaire-*adj; m*	doctrinaire; bigot
4782	espagnol-*adj; m|mpl*	Spanish; Spanish	4826	tunisien-*adj; m*	Tunisian; Tunisian
			4827	chèrement-*adv*	dearly
4783	couturière-*f*	seamstress	4828	treize-*num*	thirteen
4784	pelé-*adj*	bare	4829	scander-*vb*	chant
4785	absurdité-*f*	absurdity	4830	inattendu-*adj*	unexpected
4786	épanouissement-*m*	blossoming	4831	bourbeux-*adj*	muddy
4787	débuter-*vb*	start| enter	4832	démissionner-*vb*	resign| step down
4788	pressentiment-*m*	feeling	4833	menaçant-*adj*	threatening| menacing
4789	certitude-*f*	certainty	4834	joute-*f*	joust
4790	briquer-*vb*	polish	4835	époux-*m*	husband| spouse
4791	insulter-*vb*	insult| offend	4836	manifestement-*adv*	obviously
4792	infernal-*adj; m*	infernal; fiend	4837	Chine-*f*	China
4793	prétention-*f*	pretension	4838	chic-*adj; m*	chic| stylish; chic
4794	exaucer-*vb*	grant	4839	portion-*f*	portion
4795	grésiller-*vb*	sizzle	4840	insensé-*adj; m*	senseless; madman
4796	embarquer-*vb*	embark	4841	brochée-*adj*	pinned
4797	trotter-*vb*	trot	4842	sanitaire-*adj*	sanitary; sanitation
4798	applaudissement-*m*	cheering	4843	contourner-*vb*	get around
4799	émigrer-*vb*	emigrate	4844	géant-*adj; m*	giant; giant
4800	collégien-*m*	schoolboy	4845	loyauté-*f*	loyalty
4801	annonce-*f*	ad| announcement	4846	juge-*m*	judge| beak
4802	pourriture-*f*	decay| rot	4847	soif-*f*	thirst
4803	nappe-*f*	tablecloth	4848	insouciance-*f*	recklessness
4804	trouvaille-*f*	find	4849	égaler-*vb*	match
4805	graisseux-*adj*	greasy	4850	échec-*m*	failure| check
4806	regrettable-*adj*	regrettable| unfortunate	4851	banquette-*f*	bench| seat
4807	héréditaire-*adj*	hereditary	4852	affirmatif-*adj*	affirmative
4808	mœurs-*fpl*	manners	4853	reposant-*adj*	relaxing
4809	refus-*m*	refusal| rejection	4854	décoratif-*adj*	decorative

4855	**filé**-*adj*	thready	
4856	**fatalement**-*adv*	inevitably	
4857	**soufre**-*m*	sulfur	
4858	**inaccoutumé**-*adj*	unaccustomed	
4859	**penché**-*adj*	leaning	
4860	**ocre**-*f; adj*	ocher; tan	
4861	**natal**-*adj*	native	
4862	**règle**-*f*	rule	
4863	**battement**-*m*	beat| beating	
4864	**tarder**-*vb*	delay	
4865	**magnificence**-*f*	magnificence	
4866	**tailleur**-*m*	tailor	
4867	**passionnel**-*adj*	passionate	
4868	**régent**-*m*	regent	
4869	**trirème**-*f*	trireme	
4870	**protester**-*vb*	protest	
4871	**louche**-*f; adj*	ladle; shady	
4872	**âprement**-*adv*	hotly| bitterly	
4873	**vétuste**-*adj*	decrepit	
4874	**gobelet**-*m*	cup	

4875	**excessif**-*adj*	excessive| overdone	
4876	**portrait**-*m*	portrait	
4877	**réception**-*f*	reception| desk	
4878	**hâler**-*vb*	tan	
4879	**préalable**-*adj*	prior	
4880	**jonquille**-*f*	daffodil	
4881	**seigneurie**-*f*	lordship	
4882	**piailler**-*vb*	squeal	
4883	**maniérisme**-*m*	mannerism	
4884	**nation**-*f*	nation	
4885	**hystérique**-*adj*	hysterical	
4886	**humilier**-*vb*	humiliate	
4887	**dérangeant**-*adj*	unpalatable	
4888	**arbitraire**-*adj*	arbitrary	
4889	**brésilien**-*adj*	Brazilian	
4890	**graisseux**-*adj*	greasy	
4891	**perceptible**-*adj*	perceptible	
4892	**aurore**-*f*	dawn	
4893	**rouleau**-*m*	roller| roll	
4894	**convoquer**-*vb*	convene| call	

French-English Alphabetical Dictionary

French-*Part of Speech*	Translation	[IPA]
à-*prp*	to	[a]
abaissement-*m*	lowering	[gʁene]
abaisser-*vb*	lower| diminish	[abese]
abandonner-*vb*	abandon| give up	[abɑ̃dɔne]
abattre-*vb*	down| slaughter	[abatʁ]
abdiquer-*vb*	abdicate	[glɛzø]
abeille-*f*	bee	[abɛj]
abîme-*m*	abyss| gulf	[abim]
abîmer-*vb*	spoil| ruin	[abime]
abject-*adj*	abject	[abʒɛkt]
abolir-*vb*	abolish| lift	[abɔliʁ]
abominable-*adj*	abominable	[abɔminabl]
abondance-*f*	abundance	[abɔ̃dɑ̃s]
abord-*m*	first| start	[abɔʁ]
aborder-*vb*	approach| tackle	[abɔʁde]
aboyer-*vb*	bark	[abwaje]
abréger-*vb*	shorten	[abʁeʒe]
abricot-*adj; m*	apricot; apricot	[diskɔʁdɑ̃]
absence-*f*	absence	[apsɑ̃s]
absent-*adj; m*	absent; absentee	[apsɑ̃]
absolu-*adj*	absolute| total	[apsɔly]
absolument-*adv*	absolutely	[apsɔlymɑ̃]
absolution-*f*	absolution	[apsɔlysjɔ̃]
absorber-*vb*	absorb	[apsɔʁbe]
absoudre-*vb*	absolve	[apsudʁ]
abstrait-*adj; m*	abstract; abstract	[apstʁɛ]
absurde-*adj; m*	absurd; absurd	[apsyʁd]
absurdement-*adv*	absurdly	[apsyʁdəmɑ̃]
absurdité-*f*	absurdity	[apsyʁdite]
abuser-*vb*	abuse| impose	[abyze]
académicien-*m*	academician	[akademisjɛ̃]
académie-*f*	academy	[akademi]
acajou-*m*	mahogany	[akaʒu]
acanthe-*f*	acanthus	[akɑ̃t]
accabler-*vb*	overwhelm	[akable]
accentuer-*vb*	accentuate	[aksɑ̃tɥe]
acceptation-*f*	acceptance	[aksɛptasjɔ̃]
accepter-*vb*	accept	[aksɛpte]
accès-*m*	access	[aksɛ]
accident-*m*	accident	[aksidɑ̃]
accidentel-*adj*	accidental| incidental	[aksidɑ̃tɛl]
accompagnement-*m*	accompaniment	[akɔ̃paɲmɑ̃]
accompagner-*vb*	accompany| follow	[akɔ̃paɲe]
accomplir-*vb*	accomplish	[akɔ̃pliʁ]
accord-*m*	agreement| deal	[akɔʁ]
accourir-*vb*	come running	[akuʁiʁ]
accoutumer-*vb*	accustom	[akutyme]
accrocher-*vb*	hang	[akʁɔʃe]
accroire-*vb*	believ	[akʁwaʁ]
accroupir-*vb*	squat	[akʁupiʁ]
accueil-*m*	welcome	[akœj]
accumuler-*vb*	accumulate	[akymyle]
accusation-*f*	charge| accusation	[akyzasjɔ̃]
accusé-*adj; m*	accused; accused	[tʁijɑ̃gylɛʁ]
accuser-*vb*	accuse| blame	[akyze]
acheminer-*vb*	route	[aʃmine]
acheter-*vb*	buy| take	[aʃte]
achever-*vb*	finish| conclude	[aʃve]
Achille-*m*	Achilles	[syʁvivɑ̃s]
acide-*adj; m*	acid| sour; acid	[asid]
acier-*m*	steel	[asje]
acquérir-*vb*	acquire	[akeʁiʁ]
acquiescer-*vb*	acquiesce	[akjese]
acrobate-*m/f*	acrobat	[akʁɔbat]
acte-*m*	act| certificate	[akt]
acteur-*m*	actor	[aktœʁ]
actif-*adj; m*	active| working; assets	[aktif]
action-*f*	action| effort	[aksjɔ̃]
actrice-*f*	actress	[aktʁis]
actualité-*f*	actuality	[aktɥalite]
actuel-*adj*	current	[aktɥɛl]
actuellement-*adv*	currently| now	[aktɥɛlmɑ̃]
acuité-*f*	acuity	[aʁkaism]
adapter-*vb*	adapt| suit	[adapte]
adieu-*m*	farewell	[adjø]
admettre-*vb*	admit| allow	[admɛtʁ]
admirable-*adj*	admirable	[admiʁabl]

admirablement-*adv*	admirably	[admiʁabləmã]	
admiration-*f*	admiration	[admiʁasjɔ̃]	
admirer-*vb*	admire	[admiʁe]	
adolescence-*f*	adolescence	[adɔlesãs]	
adolescent-*m; adj*	teenager; adolescent	[adɔlesã]	
adonner-*vb*	indulge	[adɔne]	
adorable-*adj*	adorable	[adɔʁabl]	
adorablement-*adv*	adorably	[adɔʁabləmã]	
adorateur-*m; adj*	adorer; worshipful	[adɔʁatœʁ]	
adoration-*f*	worship	[adɔʁasjɔ̃]	
adorer-*vb*	worship	[adɔʁe]	
adresser-*vb*	address	[adʁese]	
adriatique-*adj*	Adriatic	[adʁijatik]	
adroitement-*adv*	neatly	[adʁwatmã]	
adultère-*m; adj*	adultery; adulterous	[adyltɛʁ]	
advenir-*vb*	happen	[advəniʁ]	
adversaire-*adj; m/f*	opponent; opponent	[advɛʁsɛʁ]	
affaiblir-*vb*	weaken| reduce	[afebliʁ]	
affaiblissant-*adj*	weakening	[afeblisã]	
affaire-*f*	case| matter	[afɛʁ]	
affaisser-*vb*	subside	[pɛʁvɛʁtiʁ]	
affamer-*vb*	starve	[afame]	
affectation-*f*	assignment| allocation	[afɛktasjɔ̃]	
affecter-*vb*	affect| assign	[afɛkte]	
affection-*f*	affection| ailment	[afɛksjɔ̃]	
affectionner-*vb*	be fond of	[afɛksjɔne]	
affiche-*f*	poster| public notice	[afiʃ]	
affiner-*vb*	refine	[afine]	
affinité-*f*	affinity	[tjaʁ]	
affirmatif-*adj*	affirmative	[afiʁmatif]	
affirmer-*vb*	assert| assure	[afiʁme]	
affligeant-*adj*	woeful	[afliʒã]	
affoler-*vb*	panic	[afɔle]	
affranchir-*vb*	enfranchise| frank	[afʁãʃiʁ]	
affreux-*adj*	frightful| dreadful	[afʁø]	
affronter-*vb*	confront	[afʁɔ̃te]	
affubler-*vb*	deck out	[afyble]	
afin-*adv*	in order	[afɛ̃]	
agacer-*vb*	annoy| aggravate	[agase]	
agate-*f*	agate	[agat]	
âge-*m*	age	[aʒ]	
âgé-*adj*	old	[aʒe]	
agenouiller-*vb*	kneel	[aʒnuje]	
agent-*m; adj*	agent; cooperative	[aʒã]	
agir-*vb*	act	[aʒiʁ]	
agiter-*vb*	shake| wave	[aʒite]	
agonie-*f*	agony	[agɔni]	
agréable-*adj*	pleasant| nice	[agʁeabl]	
ah-*int*	ah	[a]	
aide-*f*	aid| relief	[ɛd]	
aider-*vb*	help| support	[ede]	
aigu-*adj*	acute| shrill	[egy]	
aiguë-*adj*	acute| shrill	[egy]	
aiguiser-*vb*	whet| hone	[egize]	
aile-*f*	wing| blade	[ɛl]	
ailleurs-*adv*	somewhere else	[ajœʁ]	
aimable-*adj*	friendly| kind	[ɛmabl]	
aimer-*vb*	love| like	[eme]	
aîné-*adj; m*	eldest; senior	[ene]	
ainsi-*adv; con*	thus| thereby; as	[ɛ̃si]	
air-*m*	air	[ɛʁ]	
airain-*m*	brass	[ɛʁɛ̃]	
aise-*adj; f*	pleased; pleasure	[ɛz]	
aisé-*adj*	easy| fluent	[eze]	
aisément-*adv*	easily	[ezemã]	
ajouter-*vb*	add	[aʒute]	
alchimiste-*adj; m*	alchemist; alchemist	[alʃimist]	
alentour-*adj*	surrounding	[alãtuʁ]	
alléguer-*vb*	allege	[bodʁije]	
allemand-*adj; m|mpl*	German; German	[almã]	
aller-*vb*	go| travel	[ale]	
alliance-*f*	alliance	[aljãs]	
allonger-*vb*	lengthen	[alɔ̃ʒe]	
allumer-*vb*	turn on| light up	[alyme]	
allumette-*f*	match	[alymɛt]	
allure-*f*	look| pace	[alyʁ]	
aloès-*m*	aloe	[alɔɛs]	
alors-*adv*	then	[alɔʁ]	
alourdir-*vb*	increase	[aluʁdiʁ]	
altérer-*vb*	alter	[alteʁe]	

French	English	IPA
alternatif-*adj*	alternative	[altɛʁnatif]
alternativement-*adv*	alternately	[altɛʁnativmã]
alterner-*vb*	alternate	[lase]
altesse-*f*	highness	[altɛs]
altruiste-*adj; m/f*	altruistic; altruist	[altʁɥist]
amant-*m*	lover	[amã]
amarre-*f*	mooring line	[amaʁ]
amas-*m*	heap	[ama]
amasser-*vb*	amass| pile	[amase]
amateur-*adj; m*	amateur; amateur	[amatœʁ]
amazone-*f*	amazon	[amazon]
ambassade-*f*	embassy	[ãbasad]
ambassadeur-*m; adj*	ambassador; ambassadorial	[ãbasadœʁ]
ambiance-*f*	ambience| environment	[ãbjãs]
ambre-*m*	amber	[ãbʁ]
âme-*f*	soul	[am]
amener-*vb*	bring| lead	[amne]
amer-*adj; m*	bitter; bitter	[amɛʁ]
amèrement-*adv*	bitterly	[amɛʁmã]
américain-*adj*	American	[ameʁikɛ̃]
améthyste-*f*	amethyst	[ametist]
ameublement-*m*	furniture	[amœbləmã]
ami-*m*	friend	[ami]
amiante-*f*	asbestos	[amjãt]
amical-*adj*	friendly	[amikal]
amiral-*m*	admiral	[amiʁal]
amitié-*f*	friendship	[amitje]
amour-*m*	love	[amuʁ]
amoureux-*adj; m*	in love; lover	[amuʁø]
ample-*adj*	ample	[ãpl]
amusant-*adj*	amusing	[amyzã]
amuser-*vb*	amuse| entertain	[amyze]
an-*m*	year	[ã]
anachorète-*m*	anchorite	[anakɔʁet]
analogue-*adj*	similar	[analɔg]
analyser-*vb*	analyze	[analize]
ancêtre-*m/f*	ancestor	[ãsɛtʁ]
ancien-*adj; m; pfx*	former| ancient; former; ex-	[ãsjɛ̃]
âne-*m*	donkey	[an]
anéantir-*vb*	annihilate| wreck	[aneãtiʁ]
anémie-*f*	anemia	[anemi]
ange-*m*	angel	[ãʒ]
anglais-*adj; m/mpl*	English; English	[ãglɛ]
Angleterre-*m*	England	[ãglətɛʁ]
anglomanie-*f*	anglomania	[ãglɔmani]
angoisse-*f*	anguish	[ãgwas]
animal-*adj; m*	animal; animal	[animal]
animalité-*f*	animality	[animalite]
animer-*vb*	animate| conduct	[anime]
année-*f*	year	[ane]
annihiler-*vb*	annihilate	[aniile]
anniversaire-*adj; m*	anniversary; anniversary	[anivɛʁsɛʁ]
annonce-*f*	ad| announcement	[anɔ̃s]
annoncer-*vb*	announce| advertise	[anɔ̃se]
antidote-*m*	antidote	[ãtidɔt]
antilope-*f*	antelope	[ãtilɔp]
antinomie-*f*	antinomy	[ãtinɔmi]
antique-*adj; m*	antique| ancient; antique	[ãtik]
anxiété-*f*	anxiety	[ãksjete]
anxieux-*adj*	anxious| worried	[ãksjø]
apaiser-*vb*	appease| soothe	[apeze]
apercevoir-*vb*	see| perceive	[apɛʁsəvwaʁ]
apeurer-*vb*	frighten	[apœʁe]
aphorisme-*m*	aphorism	[afɔʁism]
apoplectique-*adj*	apoplectic	[ʒakɔbɛ̃]
apparaître-*vb*	appear	[apaʁɛtʁ]
appareil-*m*	apparatus	[apaʁɛj]
apparence-*f*	appearance	[apaʁãs]
apparent-*adj*	apparent| obvious	[apaʁã]
apparier-*vb*	pair	[apaʁje]
apparition-*f*	appearance	[apaʁisjɔ̃]
appartement-*m*	apartment	[apaʁtəmã]
appartenir-*vb*	behove	[apaʁtəniʁ]
appeler-*vb*	call| appeal	[aple]
appétit-*m*	appetite	[apeti]
applaudir-*vb*	applaud| cheer	[aplodiʁ]
applaudissement-*m*	cheering	[aplodismã]
apporter-*vb*	bring	[apɔʁte]

French	English	IPA	French	English	IPA
appréciable-*adj*	appreciable	[abɛsmɑ̃]	arpenter-*vb*	survey	[aʁpɑ̃te]
appréciation-*f*	appreciation	[apʁesjasjɔ̃]	arracher-*vb*	snatch| extract	[aʁaʃe]
apprécier-*vb*	appreciate| appraise	[apʁesje]	arrangement-*m*	arrangement| understanding	[aʁɑ̃ʒmɑ̃]
apprendre-*vb*	learn| teach	[apʁɑ̃dʁ]	arranger-*vb*	arrange	[aʁɑ̃ʒe]
apprenti-*m*	apprentice| novice	[apʁɑ̃ti]	arrêter-*vb*	stop| quit	[aʁete]
approbation-*f*	approval| endorsement	[apʁɔbasjɔ̃]	arrière-*adj; m*	rear| back; back	[aʁjɛʁ]
approcher-*vb*	hang over	[apʁɔʃe]	arriver-*vb*	arrive| happen	[aʁive]
approfondir-*vb*	deepen	[apʁɔfɔ̃diʁ]	art-*m*	art	[aʁ]
approuver-*vb*	approve| endorse	[apʁuve]	articuler-*vb*	articulate	[aʁtikyle]
appuyer-*vb*	support| press	[apɥije]	artificialité-*f*	artificialty	[aʁtifisjalite]
âpre-*adj*	bitter	[apʁ]	artificiel-*adj*	artificial	[aʁtifisjɛl]
âprement-*adv*	hotly| bitterly	[apʁəmɑ̃]	artiste-*m/f*	artist	[aʁtist]
après-*adv; prp*	after| next; after	[apʁɛ]	artistique-*adj*	artistic	[aʁtistik]
arabesque-*adj; f*	arabesque; arabesque	[aʁabɛsk]	ascétisme-*m*	asceticism	[eklezjastik]
araignée-*f*	spider	[tɑ̃buʁine]	aspect-*m*	aspect| appearance	[aspɛ]
arbitraire-*adj*	arbitrary	[aʁbitʁɛʁ]	asphodèle-*m*	asphodel	[sɑ̃sɔʁjɛl]
arbre-*m*	tree| shaft	[aʁbʁ]	aspirant-*adj; m*	aspirant; aspirant	[aspiʁɑ̃]
arbuste-*m*	shrub	[aʁbyst]	aspiration-*f*	aspiration	[aspiʁasjɔ̃]
arc-*m*	arc| longbow	[aʁk]	aspirer-*vb*	aspire| aspirate	[aspiʁe]
arcade-*f*	arcade	[aʁkad]	assassin-*m; adj*	assassin; bloodthirsty	[asasɛ̃]
archaïsme-*m*	archaism	[dalmatik]	assassiner-*vb*	murder	[asasine]
arche-*f*	ark	[aʁʃ]	asseoir-*vb*	sit	[aswaʁ]
archevêque-*m*	Archbishop	[aʁʃəvɛk]	assez-*adv*	enough| quite	[ase]
architectural-*adj*	architectural	[aʁʃitɛktyʁal]	assiette-*f*	plate| dish	[asjɛt]
arctique-*adj*	Arctic	[aʁktik]	assise-*f*	course	[asiz]
ardemment-*adv*	ardently	[aʁdamɑ̃]	assister-*vb*	assist	[asiste]
ardent-*adj*	ardent| burning	[aʁdɑ̃]	assommer-*vb*	knock| stun	[asɔme]
ardeur-*f; adj*	ardor| heat; vehement	[aʁdœʁ]	assortir-*vb*	set	[asɔʁtiʁ]
argent-*m*	money	[aʁʒɑ̃]	assoupir-*vb*	dull	[asupiʁ]
argile-*f*	clay	[aʁʒil]	assumer-*vb*	assume	[asyme]
argot-*m*	slang	[aʁgo]	assurer-*vb*	ensure| insure	[asyʁe]
aristocrate-*m/f*	aristocrat	[aʁistɔkʁat]	astrakan-*m*	astrakhan	[astʁakɑ̃]
aristocratie-*f*	aristocracy	[aʁistɔkʁasi]	astucieux-*adj*	clever| astute	[astysjø]
aristocratique-*adj*	aristocratic	[aʁistɔkʁatik]	atelier-*m*	workshop| studio	[atəlje]
arme-*f*	weapon	[aʁm]	athénée-*f*	Athenaeum	[atene]
armé-*adj*	armed	[aʁme]	atmosphère-*f*	atmosphere	[atmɔsfɛʁ]
armorial-*adj*	armorial	[aʁmɔʁjal]	atome-*m*	atom	[atom]
armure-*f*	armor	[aʁmyʁ]	attache-*f*	clip	[ataʃ]
aromatique-*adj*	aromatic	[aʁɔmatik]	attachement-*m*	attachment	[ataʃmɑ̃]
			attacher-*vb*	attach| fasten	[ataʃe]
			attaquant-*m*	attacker	[atakɑ̃]
			attaquer-*vb*	attack	[atake]
			attarder-*vb*	linger	[ataʁde]

atteindre-*vb*	reach| achieve	[atɛ̃dʁ]	
atteler-*vb*	harness	[atle]	
attendre-*vb*	expect| wait for	[atɑ̃dʁ]	
attendrir-*vb*	tenderize| pound	[atɑ̃dʁiʁ]	
attente-*f*	waiting| expectation	[atɑ̃t]	
attention-*f*	attention	[atɑ̃sjɔ̃]	
attentivement-*adv*	carefully	[atɑ̃tivmɑ̃]	
atténuer-*vb*	mitigate| ease	[atenɥe]	
attirant-*adj*	attractive| appealing	[atiʁɑ̃]	
attirer-*vb*	attract| bring	[atiʁe]	
attitude-*f*	attitude| outlook	[atityd]	
attouchement-*m*	touching	[atuʃmɑ̃]	
attraction-*f*	attraction| pull	[atʁaksjɔ̃]	
attrait-*m*	lure	[atʁɛ]	
attraper-*vb*	catch| seize	[atʁape]	
attribut-*m; adj*	attribute; predicate	[atʁiby]	
attrister-*vb*	sadden	[atʁiste]	
aube-*f*	dawn| blade	[ob]	
auberge-*f*	hostel	[obɛʁʒ]	
aubour-*adv*	around	[obuʁ]	
aucun-*adj; prn*	no; none	[okɛ̃]	
audace-*f; adj*	boldness; woodless	[odas]	
audacieux-*adj*	bold	[odasjø]	
auditeur-*m; adj*	auditor; auditorial	[oditœʁ]	
auditoire-*m*	audience	[oditwaʁ]	
augmenter-*vb*	increase| raise	[ɔgmɑ̃te]	
augure-*m*	omen	[ogyʁ]	
aulne-*m*	alder	[oln]	
auparavant-*adv*	before	[opaʁavɑ̃]	
auprès-*adv*	nearby	[opʁɛ]	
auquel-*pron*	which	[okɛl]	
aura-*f*	aura	[ɔʁa]	
aurore-*f*	dawn	[ɔʁɔʁ]	
aussi-*adv; con*	also| as; and	[osi]	
aussitôt-*adv*	immediately	[osito]	
autant-*con*	as far as	[otɑ̃]	
autel-*m*	altar	[otɛl]	
auteur-*m*	author	[otœʁ]	
autobiographie-*f*	autobiography	[otobjɔgʁafi]	
autobiographique-*adj*	autobiographical	[stɑ̃s]	
automate-*m*	automaton	[depozɑ̃]	
automne-*m*	fall| autumn	[ɔtɔn]	
autoriser-*vb*	authorize	[ɔtɔʁize]	
autour-*adv*	around	[otuʁ]	
autre-*prn; adj; adv*	other; another; else	[otʁ]	
autrefois-*adv*	once| in the past	[otʁəfwa]	
autrement-*adv*	otherwise	[otʁəmɑ̃]	
autrui-*npl*	others	[otʁɥi]	
avaler-*vb*	swallow	[avale]	
avance-*f*	advance| lead	[avɑ̃s]	
avancer-*vb*	advance| forward	[avɑ̃se]	
avant-*adv; prp; adj; m*	before; before; front	[avɑ̃]	
avantage-*m*	advantage	[avɑ̃taʒ]	
avec-*prp*	with	[avɛk]	
avènement-*m*	advent	[avɛnmɑ̃]	
avenir-*m*	future	[avniʁ]	
aventure-*f*	adventure	[avɑ̃tyʁ]	
aventurier-*m; adj*	adventurer; aggressive	[avɑ̃tyʁje]	
avenu-*adj*	void	[avny]	
aversion-*f*	aversion	[avɛʁsjɔ̃]	
avertir-*vb*	warn| inform	[avɛʁtiʁ]	
avertissement-*m*	warning	[avɛʁtismɑ̃]	
avertisseur-*m*	warning device	[avɛʁtisœʁ]	
aveu-*m*	confession	[avø]	
aveugle-*adj; m/f*	blinded; blind	[avœgl]	
aveuglement-*m*	blindness	[avœgləmɑ̃]	
avide-*adj*	eager| greedy	[avid]	
avidement-*adv*	greedily	[avidmɑ̃]	
avion-*m*	aircraft	[avjɔ̃]	
avis-*m*	opinion| notice	[avi]	
aviver-*vb*	enliven	[avive]	
avoir-*vb; m*	have; asset	[avwaʁ]	
avouer-*vb*	confess| admit	[avwe]	
azur-*m*	azure	[azyʁ]	

B

babiller-*vb*	prattle on	[babije]	
bacchante-*f*	bacchante	[bakɑ̃t]	
badaud-*m*	stroller	[bado]	

bagage-*m*	luggage	[baɡaʒ]
bagarre-*f*	fight| brawl	[baɡaʁ]
bague-*f*	ring	[baɡ]
bah-*int*	bah	[ba]
baie-*f*	bay	[bɛ]
baigner-*vb*	bathe| wash	[beɲe]
bâillement-*m*	yawning	[bajmã]
bâiller-*vb*	yawn	[baje]
bain-*m*	bath	[bɛ̃]
baiser-*m; vb*	kiss; fuck	[beze]
baisser-*vb*	lower| fall	[bese]
bal-*m*	ball	[bal]
balais-*m*	broom	[balɛ]
balancer-*vb*	swing	[balãse]
balayer-*vb*	sweep| scan	[baleje]
balcon-*m*	balcony	[balkɔ̃]
balustrade-*f*	balustrade	[balystʁad]
bambou-*m*	bamboo	[bãbu]
ban-*m*	round of applause	[bã]
banal-*adj*	banal	[banal]
bande-*f*	band| strip	[bãd]
banque-*f*	bank	[bãk]
banqueroute-*f*	bankruptcy	[bãkʁut]
banquette-*f*	bench| seat	[bãkɛt]
banquier-*m*	banker	[bãkje]
baptême-*m*	baptism	[batɛm]
baptiser-*vb*	baptize	[batize]
bar-*m*	bar| bass	[baʁ]
barbare-*adj; m*	barbaric; barbarian	[baʁbaʁ]
barbe-*f*	beard	[baʁb]
barder-*vb*	bard	[baʁde]
baril-*m*	barrel| crater	[baʁil]
baroque-*adj; m*	baroque; baroque	[baʁɔk]
barre-*f*	bar	[baʁ]
barricader-*vb*	barricade	[baʁikade]
barrière-*f*	barrier| fence	[baʁjɛʁ]
bas-*adj; m*	low| base; bottom	[ba]
baser-*vb*	base	[baze]
basse-*adj; f*	low; bass	[bas]
bateau-*m*	boat	[bato]
bâtir-*vb*	build| erect	[batiʁ]
bâton-*m*	stick| baton	[batɔ̃]
battement-*m*	beat| beating	[batmã]
battre-*vb*	beat| fight	[batʁ]

baudrier-*m*	sling	[ate]
baume-*m*	balm| balsam	[bom]
bavard-*adj; m*	talkative; chatterbox	[bavaʁ]
bavarder-*vb*	chat| talk	[bavaʁde]
béant-*adj*	gaping	[beã]
béant-*adj*	gaping	[beã]
beau-*adj; m*	beautiful| nice; beautiful	[bo]
beaucoup-*prn; adj; adv*	many; much; much	[boku]
beauté-*f*	beauty	[bote]
bec-*m*	beak| spout	[bɛk]
bêche-*f*	spade	[bɛʃ]
bégaiement-*m*	stuttering	[beɡɛmã]
belge-*adj*	Belgian	[bɛlʒ]
bénéfice-*m*	profit| income	[benefis]
bénir-*vb*	bless	[beniʁ]
berger-*m*	shepherd	[bɛʁʒe]
béryl-*m*	beryl	[apɔplɛktik]
besoin-*m*	need	[bəzwɛ̃]
bestial-*adj*	bestial	[bɛstjal]
bête-*f; adj*	beast| idiot; stupid	[bɛt]
bêtise-*f*	foolishness	[betiz]
bêtises-*f*	foolishness	[betiz]
Bible-*f*	Bible	[bibl]
bibliothèque-*f*	library	[biblijɔtɛk]
bien-*adv; m; adj*	well| very; good; right	[bjɛ̃]
bientôt-*adv*	soon| almost	[bjɛ̃to]
bière-*f*	beer	[bjɛʁ]
bijou-*m*	jewel	[biʒu]
bile-*f*	bile	[bil]
billet-*m*	ticket	[bijɛ]
biologie-*f*	biology	[bjɔlɔʒi]
bis-*m; adv; adj*	bis; twice; repeat	[bis]
bismuth-*m*	bismuth	[mɔʁalist]
bizarre-*adj*	weird| bizarre	[bizaʁ]
blackbouler-*vb*	blackball	[blakbule]
blâmer-*vb*	blame| censure	[blame]
blanc-*adj; m*	white| albescent; white	[blã]
blancheur-*f*	whiteness	[blãʃœʁ]
blanchir-*vb*	whiten| launder	[blãʃiʁ]
blasphémer-*vb*	blaspheme	[blasfeme]
blême-*adj*	pale	[blɛm]
blêmir-*vb*	pale	[blemiʁ]

blesser-*vb*	hurt| cut	[blese]	**bourdon**-*m*	bee| drone	[buʁdɔ̃]
blessure-*f*	injury	[blesyʁ]	**bourdonnant**-*adj*	buzzing	[buʁdɔnã]
bleu-*adj; m*	blue; blue	[blø]	**bourdonnement**-*m*	buzz| hum	[buʁdɔnmã]
blond-*adj; m*	blond; blonde	[blɔ̃]	**bourdonner**-*vb*	zoom	[buʁdɔne]
blouse-*f*	gown| blouse	[bluz]	**bourgeois**-*adj; m*	bourgeois; bourgeois	[buʁʒwa]
boire-*vb*	drink	[bwaʁ]	**bourgogne**-*f*	Burgundy	[buʁgɔɲ]
bois-*m*	wood| timber	[bwa]	**boursouflé**-*adj*	bloated	[buʁsufle]
boiserie-*f*	wood trim	[bwazʁi]	**boursoufler**-*vb*	bloat| blister	[buʁsufle]
boisson-*f*	drink	[bwasɔ̃]	**bout**-*m*	end| toe	[bu]
boite-*f*	club	[bwat]	**bouteille**-*f*	bottle	[butɛj]
boîte-*f*	box| can	[bwat]	**boutique**-*f*	shop| stall	[butik]
bol-*m; m*	bowl; circumstance	[bɔl]	**boutique**-*f*	shop| stall	[butik]
bon-*adj; m; adv*	good| well; voucher; then	[bɔ̃]	**bouton**-*m*	button	[butɔ̃]
bond-*m*	leap| jump	[bɔ̃]	**boutonner**-*vb*	button	[butɔne]
bondé-*adj*	crowded	[bɔ̃de]	**braconner**-*vb*	poach	[bʁakɔne]
bonheur-*m; adj*	happiness; welfare	[bɔnœʁ]	**brailler**-*vb*	bawl| scream	[bʁaje]
bonnet-*m*	cap	[bɔnɛ]	**branche**-*f*	branch	[bʁãʃ]
bonté-*f*	goodness	[bɔ̃te]	**brandy**-*m*	brandy	[bʁãdi]
bord-*m*	edge| board	[bɔʁ]	**bras**-*m*	arm	[bʁa]
border-*vb*	border| rim	[bɔʁde]	**brave**-*adj; m*	brave| good; brave	[bʁav]
borné-*adj*	limited| narrow	[bɔʁne]	**braver**-*vb*	brave	[bʁave]
borner-*vb*	restrict	[bɔʁne]	**bref**-*adj; adv*	short| brief; in short	[bʁɛf]
bossu-*m; adj*	hunchback; hunchbacked	[bɔsy]	**brésilien**-*adj*	Brazilian	[bʁeziljɛ̃]
bottine-*f*	bootie	[bɔtin]	**brièveté**-*f*	brevity	[bʁijɛvte]
bouche-*f*	mouth	[buʃ]	**brillant**-*adj; m*	brilliant| bright; gloss	[bʁijã]
boucher-*m; vb*	butcher; plug	[buʃe]	**briller**-*vb*	shine| sparkle	[bʁije]
boucherie-*f*	butchery	[buʃʁi]	**brique**-*f*	brick	[bʁik]
bouchon-*m*	plug| cork	[buʃɔ̃]	**briquer**-*vb*	polish	[bʁike]
boucle-*f*	loop	[bukl]	**briqueterie**-*f*	brick factory	[bʁiktəʁi]
boucler-*vb*	buckle| fasten	[bukle]	**brisant**-*adj; m*	breaking; breaker	[bʁizã]
bouclier-*m*	shield	[buklije]	**brise**-*f*	breeze| breath	[bʁiz]
boudeur-*adj*	mopey	[budœʁ]	**brisée**-*f; adj*	blink; broken	[bʁize]
boue-*f*	mud	[bu]	**briser**-*vb*	break| shatter	[bʁize]
bouger-*vb*	move| budge	[buʒe]	**britannique**-*adj*	British	[bʁitanik]
bougie-*f*	candle| spark plug	[buʒi]	**brocard**-*m*	brocade	[bʁɔkaʁ]
bougonner-*vb*	grumble	[bugɔne]	**brocart**-*m; adj*	brocade; brocaded	[plasidmã]
bouillonnant-*adj*	gushing	[bujɔnã]	**brochée**-*adj*	pinned	[bʁɔʃe]
bouillotte-*f*	hot-water bag	[bujɔt]	**broder**-*vb*	embroider	[bʁɔde]
boule-*f*	ball	[bul]	**broderie**-*f*	embroidery	[bʁɔdʁi]
bouleverser-*vb*	upset| shake	[bulvɛʁse]	**broncher**-*vb*	stumble	[bʁɔ̃ʃe]
bouquet-*m*	bouquet| bunch	[bukɛ]	**bronzer**-*vb*	tan| brown	[bʁɔ̃ze]
bourbeux-*adj*	muddy	[buʁbø]			

brosser-*vb*	brush	[bʁɔse]	
brouillard-*m*	fog	[bʁujaʁ]	
broussailleux-*adj*	bushy	[bʁusajø]	
broyer-*vb; m*	grind; grinder	[bʁwaje]	
bruine-*f*	drizzle	[bʁɥin]	
bruit-*m*	noise| sound	[bʁɥi]	
brûlant-*adj*	burning	[bʁylɑ̃]	
brûler-*vb*	burn| burn off	[bʁyle]	
brume-*f*	mist	[bʁym]	
brumeux-*adj*	misty	[bʁymø]	
brun-*adj; m*	brown; brown	[bʁɛ̃]	
brunir-*vb*	brown	[kɑ̃panil]	
brusquement-*adv*	suddenly| sharply	[bʁyskəmɑ̃]	
brutal-*adj; m*	brutal; brute	[bʁytal]	
brute-*f; adj*	brute; ruffian	[bʁyt]	
bruyamment-*adv*	loud	[bʁɥijamɑ̃]	
bruyant-*adj*	noisy	[bʁɥijɑ̃]	
bûche-*f*	log	[byʃ]	
buisson-*m*	bush	[bɥisɔ̃]	
bulletin-*m*	newsletter	[byltɛ̃]	
bureau-*m*	office| desk	[byʁo]	
buvard-*m*	blotter	[byvaʁ]	

C

cabinet-*m*	cabinet	[kabinɛ]	
cabriolet-*m*	convertible	[kabʁijɔlɛ]	
cache-*m*	cover	[kaʃ]	
cachemire-*m*	cashmere	[kaʃmiʁ]	
cacher-*vb*	hide| conceal	[kaʃe]	
cachette-*f; adj*	hiding place| cache; hideaway	[kaʃɛt]	
cadavre-*m*	corpse| body	[kadavʁ]	
cadeau-*m*	gift	[kado]	
cadenasser-*vb*	padlock	[kadnase]	
cadence-*f*	pace	[kadɑ̃s]	
cadre-*m*	framework| frame	[kadʁ]	
café-*m*	cafe| coffee	[kafe]	
cage-*f*	cage| shaft	[kaʒ]	
cailler-*vb*	curdle| clot	[kaje]	
caillot-*m*	clot	[kajo]	
calllou-*m*	pebble	[kaju]	
caisse-*f*	fund| register	[kɛs]	

calice-*m*	chalice	[kalis]	
calme-*adj; m*	quiet| calm; calm	[kalm]	
calomnie-*f*	calumny	[kalɔmni]	
calomnier-*vb*	slander	[kalɔmnje]	
camarade-*m/f*	comrade| fellow	[kamaʁad]	
camarade-*m/f*	comrade| fellow	[kamaʁad]	
camer-*vb*	dope	[kame]	
camp-*m*	camp	[kɑ̃]	
campagne-*f*	campaign	[kɑ̃paɲ]	
campanile-*m*	campanile	[ʃapʁone]	
canapé-*m*	couch	[kanape]	
candeur-*f*	candor	[kɑ̃dœʁ]	
canne-*f*	cane	[kan]	
canneler-*vb*	groove	[kanle]	
cannelle-*f*	cinnamon	[deʁegle]	
canon-*m*	gun	[kanɔ̃]	
cantonner-*vb*	quarter	[kɑ̃tɔne]	
capable-*adj*	capable| competent	[kapabl]	
capitaine-*m*	captain	[kapitɛn]	
capital-*adj; m*	capital; capital	[kapital]	
caprice-*m*	fancy	[kapʁis]	
capricieux-*adj*	capricious| whimsical	[kapʁisjø]	
captieux-*adj*	misleading	[kapsjø]	
capuchon-*m*	cap| hood	[kapyʃɔ̃]	
car-*m*	car	[kaʁ]	
caractère-*m*	character| nature	[kaʁaktɛʁ]	
caractériser-*vb*	characterize	[kaʁakteʁize]	
caractéristique-*adj; f*	characteristic; characteristic	[kaʁakteʁistik]	
cardinal-*adj; m*	cardinal; cardinal	[kaʁdinal]	
caressant-*adj*	caressing	[kaʁesɑ̃]	
caresser-*vb*	caress| stroke	[kaʁese]	
cariatide-*f*	caryatid	[kaʁjatid]	
carillon-*m*	carillon	[kaʁijɔ̃]	
carmin-*adj; m*	carmine; carmine	[kaʁmɛ̃]	
carnage-*m*	carnage	[kaʁnaʒ]	
carnation-*f*	complexion	[kaʁnasjɔ̃]	
carnet-*m*	book	[kaʁnɛ]	
carotide-*f*	carotid	[kaʁɔtid]	
carreau-*m*	tile	[kaʁo]	
carrefour-*m*	crossroads	[kaʁfuʁ]	
carrément-*adv*	downright	[kaʁemɑ̃]	
carrière-*f*	career	[kaʁjɛʁ]	
carte-*f*	map| card	[kaʁt]	

cartouche-f	cartridge	[kaʁtuʃ]	**cesser**-vb	stop| desist	[sese]
cas-m	case| event	[ka]	**chacun**-prn; adv	each; apiece	[ʃakɛ̃]
casque-m	helmet	[kask]	**chagrin**-m	grief| heartache	[ʃagʁɛ̃]
catholique-adj; m/f	Catholic; Catholic	[katɔlik]	**chaîne**-f	chain| string	[ʃɛn]
cause-f	cause| case	[koz]	**chaîne**-f	chain| string	[ʃɛn]
causer-vb	cause| chat	[koze]	**chair**-f	flesh	[ʃɛʁ]
cave-f; adj	cellar; hollow	[kav]	**chaise**-f	chair	[ʃɛz]
caverne-f	cave	[kavɛʁn]	**châle**-m	shawl	[ʃal]
ce-prn; adj	this; that	[sə]	**chaleur**-f	heat	[ʃalœʁ]
ceci-prn; adj	this; following	[səsi]	**chambre**-f	room	[ʃɑ̃bʁ]
céder-vb	yield| cede	[sede]	**champ**-m	field	[ʃɑ̃]
cèdre-m	cedar	[sɛdʁ]	**champagne**-m	champagne	[ʃɑ̃paɲ]
ceinturer-vb	engirdle	[sɛ̃tyʁe]	**champion**-adj; m	champion; champion	[ʃɑ̃pjɔ̃]
cela-prn	it| that	[səla]	**chance**-f	chance| luck	[ʃɑ̃s]
célèbre-adj	celebrated| popular	[selɛbʁ]	**chancelant**-adj	tottering	[bismyt]
céleste-adj	celestial| unworldly	[selɛst]	**chandelier**-m	candlestick	[ʃɑ̃dəlje]
célibataire-adj; m/f	single| bachelor; single	[selibatɛʁ]	**chandelle**-f	candle	[ʃɑ̃dɛl]
cellule-f	cell	[selyl]	**changeant**-adj	changing	[ʃɑ̃ʒɑ̃]
celui-prn	that	[səlɥi]	**changement**-m	change| changing	[ʃɑ̃ʒmɑ̃]
cendre-f	ash	[sɑ̃dʁ]	**changer**-vb	change| switch	[ʃɑ̃ʒe]
censure-f	censorship	[otobjɔgʁafik]	**chanson**-f	song	[ʃɑ̃sɔ̃]
			chant-m	singing| song	[ʃɑ̃]
censurer-vb	censor	[sɑ̃syʁe]	**chanter**-vb	sing	[ʃɑ̃te]
cent-m; num	cent| hundred	[sɑ̃]	**chaos**-m	chaos	[kao]
centaure-m	centaur	[sɑ̃tɔʁ]	**chape**-f	yoke	[ʃap]
centenaire-adj; m/f	centenary; centenary	[sɑ̃tnɛʁ]	**chapeau**-m	hat	[ʃapo]
			chapelet-m	beads| rosary	[ʃaplɛ]
centraliser-vb	centralize	[sɑ̃tʁalize]	**chaperon**-m	chaperon| coping	[ʃapʁɔ̃]
centre-m	center| focus	[sɑ̃tʁ]	**chaperonner**-vb	chaperon	[laps]
centrer-vb	center	[sɑ̃tʁe]			
cependant-con; adv	however| yet; though	[səpɑ̃dɑ̃]	**chapitre**-m	chapter	[ʃapitʁ]
cercle-m	circle| ring	[sɛʁkl]	**chaque**-adj; prn	each; either	[ʃak]
cérémonial-m	ceremonial	[seʁemɔnjal]	**charbon**-m	coal	[ʃaʁbɔ̃]
cerise-adj; f	cherry; cherry	[səʁiz]	**charge**-f	load| charge	[ʃaʁʒ]
cerne-m	circle	[sɛʁn]	**charger**-vb	load| charge	[ʃaʁʒe]
certain-adj	certain	[sɛʁtɛ̃]	**charitable**-adj	charitable	[ʃaʁitabl]
certainement-adv	definitely	[sɛʁtɛnmɑ̃]	**charité**-f	charity	[ʃaʁite]
			charmant-adj; m	charming| lovely; cunning	[ʃaʁmɑ̃]
certes-adv	certainly	[sɛʁt]			
certitude-f	certainty	[sɛʁtityd]	**charme**-m	charm	[ʃaʁm]
céruse-f	ceruse	[seʁyz]	**charmer**-vb	charm| delight	[ʃaʁme]
cerveau-m	brain| brains	[sɛʁvo]	**charmeur**-m; adj	charmer; charming	[ʃaʁmœʁ]
cervelle-f	brain| brains	[sɛʁvɛl]			

charnel-*adj*	carnal	[ʃaʁnɛl]	**Chine**-*f*	China	[ʃin]
charnu-*adj*	fleshy	[ʃaʁny]	**Chine**-*f*	China	[ʃin]
charpentier-*m*	carpenter	[ʃaʁpɑ̃tje]	**chinois**-*adj; m*	Chinese; Chinese	[ʃinwa]
charretier-*m*	carter	[ʃaʁtje]	**chiure**-*m*	flyspeck	[ʃjyʁ]
charrette-*f*	cart	[ʃaʁɛt]	**chocolat**-*m*	chocolate	[ʃɔkɔla]
chasse-*f*	hunting| chase	[ʃas]	**choisir**-*vb*	choose	[ʃwaziʁ]
chasser-*vb*	hunt| expel	[ʃase]	**choix**-*m*	choice| selection	[ʃwa]
chasseur-*m; adj*	hunter; gunner's	[ʃasœʁ]	**chose**-*f*	thing	[ʃoz]
			choyer-*vb*	pamper	[ʃwaje]
chaste-*adj*	chaste	[ʃast]	**chrétien**-*adj; m*	Christian; Christian	[kʁetjɛ̃]
chasuble-*f*	chasuble	[ʃazybl]			
châtain-*adj*	chestnut	[ʃatɛ̃]	**Christ**-*m*	Christ	[kʁist]
château-*m*	castle| chateau	[ʃato]	**chromatique**-*adj*	chromatic	[kʁɔmatik]
châtiment-*m*	punishment	[ʃatimɑ̃]			
chatouiller-*vb*	tickle	[ʃatuje]	**chrysolithe**-*f*	chrysolite	[kʁizɔlit]
chaud-*adj*	hot| warm	[ʃo]	**chuchoter**-*vb*	whisper	[ʃyʃɔte]
chaudement-*adv*	warmly	[ʃodmɑ̃]	**chuter**-*vb*	tumble	[ʃyte]
			ci-*adv*	this	[si]
chausser-*vb*	fit	[ʃose]	**ciel**-*m*	sky| heaven	[sjɛl]
chauve-*adj*	bald	[ʃov]	**cigale**-*f*	cicada	[sigal]
chef-*m*	chief| leader	[ʃɛf]	**cigare**-*m*	cigar	[sigaʁ]
chemin-*m*	path| road	[ʃəmɛ̃]	**cigarette**-*f*	cigarette	[sigaʁɛt]
cheminer-*vb*	plod	[ʃəmine]	**cil**-*m*	eyelash	[sil]
chemise-*f*	shirt	[ʃəmiz]	**cimetière**-*m*	graveyard	[simtjɛʁ]
chemise-*f*	shirt	[ʃəmiz]	**cingler**-*vb*	scathe	[sɛ̃gle]
chêne-*m*	oak	[ʃɛn]	**cinnamome**-*m*	cinamon	[sinamom]
chèque-*m*	check	[ʃɛk]	**cinq**-*num*	five	[sɛ̃k]
cher-*adj; m*	expensive| dear; dear	[ʃɛʁ]	**cinquante**-*num*	fifty	[sɛ̃kɑ̃t]
chercher-*vb*	search| try	[ʃɛʁʃe]	**cinquième**-*adj*	fifth	[sɛ̃kjɛm]
chère-*adj*	dear	[ʃɛʁ]	**circuler**-*vb*	circulate	[siʁkyle]
chèrement-*adv*	dearly	[ʃɛʁmɑ̃]	**cire**-*f*	wax	[siʁ]
			cirque-*m*	circus	[siʁk]
chérir-*vb*	cherish	[ʃeʁiʁ]	**ciseler**-*vb*	chisel	[sizle]
cheval-*m*	horse	[ʃəval]	**citation**-*f*	quote| summons	[sitasjɔ̃]
chevalet-*m*	easel	[ʃəvalɛ]	**cité**-*f; adj*	city-state; city	[site]
chevelure-*f*	hair	[ʃəvlyʁ]	**cithare**-*f*	zither	[sitaʁ]
cheveu-*m*	hair	[ʃəvø]	**citron**-*adj; m*	lemon; lemon	[sitʁɔ̃]
chevreau-*m*	goat	[ʃəvʁo]	**civil**-*adj*	civil	[sivil]
chèvrefeuille-*m*	honeysuckle	[ʃɛvʁəfœj]	**civilisation**-*f*	civilization	[sivilizasjɔ̃]
			civiliser-*vb*	civilize	[sivilize]
chez-*prp*	in| by	[ʃe]	**clair**-*adj*	clear| bright	[klɛʁ]
chic-*adj; m*	chic| stylish; chic	[ʃik]	**claire**-*adj; adv*	clear; in plain	[klɛʁ]
chien-*m*	dog	[ʃjɛ̃]	**clamer**-*vb*	yell	[klame]
chimie-*f*	chemistry	[ʃimi]	**claquemurer**-*vb*	coop up	[klakmyʁe]
chimique-*adj*	chemical	[ʃimik]			
chimiste-*m*	chemist	[ʃimist]			

claquer-*vb*	slam	[klake]	
clarté-*f*	clarity| lightness	[klaʀte]	
classe-*f*	class| classroom	[klas]	
clef-*f; adj*	key; pivotal	[kle]	
clématite-*f*	clematis	[klematit]	
clignotant-*adj; m*	blinking; turn signal	[kliɲɔtã]	
clinquant-*adj; m*	tinsel; tinsel	[klɛ̃kã]	
clocher-*m*	bell tower	[klɔʃe]	
cloison-*f*	partition	[klwazɔ̃]	
clore-*vb*	rule off	[klɔʀ]	
clou-*m*	nail	[klu]	
club-*m*	club	[klœb]	
cocher-*vb; m*	check; coachman	[kɔʃe]	
cochon-*m; adj*	pig| swine; dirty	[kɔʃɔ̃]	
cœur-*m*	heart| core	[kœʀ]	
coffre-*m*	safe| trunk	[kɔfʀ]	
cogner-*vb*	knock| bang	[kɔɲe]	
coiffer-*vb*	style	[kwafe]	
coin-*m*	corner| wedge	[kwɛ̃]	
col-*m*	collar| pass	[kɔl]	
colère-*f*	anger| passion	[kɔlɛʀ]	
collection-*f*	collection	[kɔlɛksjɔ̃]	
collectionner-*vb*	collect	[kɔlɛksjɔne]	
collège-*m*	college	[kɔlɛʒ]	
collégien-*m*	schoolboy	[kɔleʒjɛ̃]	
collier-*m*	necklace	[kɔlje]	
colline-*f*	hill	[kɔlin]	
colonie-*f*	colony	[kɔlɔni]	
colorer-*vb*	color	[kɔlɔʀe]	
coloris-*m*	color	[kɔlɔʀi]	
colporter-*vb*	peddle	[kɔlpɔʀte]	
combat-*m*	combat	[kɔ̃ba]	
combattre-*vb*	combat| fight	[kɔ̃batʀ]	
combien-*adv*	how many	[kɔ̃bjɛ̃]	
combinant-*adj*	combined	[kɔ̃binã]	
combiner-*vb*	combine| compound	[kɔ̃bine]	
combler-*vb*	fill in| make up	[kɔ̃ble]	
comédie-*f*	comedy	[kɔmedi]	
comédien-*m*	actor	[kɔmedjɛ̃]	
comique-*adj; m/f*	comic; comic	[kɔmik]	
commandement-*m*	command	[kɔmãdmã]	
commander-*vb*	order| command	[kɔmãde]	
comme-*con; prp; adj*	as; as; such as	[kɔm]	
commençant-*adj*	starting	[kɔmãsã]	
commencement-*m*	beginning| start	[kɔmãsmã]	
commencer-*vb*	start| begin	[kɔmãse]	
comment-*adv*	how	[kɔmã]	
commerce-*m*	trade| business	[kɔmɛʀs]	
commettre-*vb*	commit	[kɔmɛtʀ]	
commissaire-*m*	commissioner	[kɔmisɛʀ]	
commission-*f*	commission| board	[kɔmisjɔ̃]	
commun-*adj*	common| joint	[kɔmɛ̃]	
commun-*adj*	common| joint	[kɔmɛ̃]	
commune-*f*	town	[kɔmyn]	
communion-*f*	Communion	[kɔmynjɔ̃]	
communiquer-*vb*	communicate| transmit	[kɔmynike]	
compagne-*f*	companion	[kɔ̃paɲ]	
compagnie-*f*	company	[kɔ̃paɲi]	
compagnon-*m*	companion	[kɔ̃paɲɔ̃]	
comparable-*adj*	comparable	[kɔ̃paʀabl]	
comparaison-*f*	comparison	[kɔ̃paʀɛzɔ̃]	
comparer-*vb*	compare| confront	[kɔ̃paʀe]	
compassion-*f*	compassion	[kɔ̃pasjɔ̃]	
compatriote-*m/f*	compatriot	[kɔ̃patʀijɔt]	
complaire-*vb*	wallow	[kɔ̃plɛʀ]	
complet-*adj; m*	full| complete; suit	[kɔ̃plɛ]	
complètement-*adv*	completely| fully	[kɔ̃plɛtmã]	
compléter-*vb*	complete| complement	[kɔ̃plete]	
complexe-*adj; m*	complex; complex	[kɔ̃plɛks]	
compliment-*m*	compliment	[kɔ̃plimã]	
complimenter-*vb*	compliment	[kɔ̃plimãte]	
compliqué-*adj*	complicated| difficult	[kɔ̃plike]	
comporter-*vb*	include| have	[kɔ̃pɔʀte]	
composer-*vb*	compose| make up	[kɔ̃poze]	
composition-*f*	composition	[kɔ̃pozisjɔ̃]	
compréhension-*f*	comprehension	[kɔ̃pʀeãsjɔ̃]	

comprendre-*vb*	understand| include	[kɔ̃pʀɑ̃dʀ]
compromettre-*vb*	compromise	[kɔ̃pʀɔmɛtʀ]
compte-*m*	account	[kɔ̃t]
compter-*vb*	count| expect	[kɔ̃te]
comptoir-*m*	counter	[kɔ̃twaʀ]
comté-*m*	county	[kɔ̃te]
con-*m; adj*	cunt| prick; bloody	[kɔ̃]
concentrer-*vb*	focus| concentrate	[kɔ̃sɑ̃tʀe]
concept-*m*	concept	[kɔ̃sɛpt]
conception-*f*	design| designing	[kɔ̃sɛpsjɔ̃]
concerner-*vb*	concern	[kɔ̃sɛʀne]
concert-*m*	concert	[kɔ̃sɛʀ]
concevoir-*vb*	design| conceive	[kɔ̃səvwaʀ]
conclure-*vb*	conclude	[kɔ̃klyʀ]
concorde-*f*	concord| amity	[kɔ̃kɔʀd]
conçu-*adj*	designed	[kɔ̃sy]
condition-*f*	condition	[kɔ̃disjɔ̃]
conducteur-*m*	driver| conductor	[kɔ̃dyktœʀ]
conduire-*vb*	lead| drive	[kɔ̃dɥiʀ]
confection-*f*	making	[apʀesjabl]
confesser-*vb*	confess	[kɔ̃fese]
confession-*f*	confession	[kɔ̃fesjɔ̃]
confiance-*f*	confidence| faith	[kɔ̃fjɑ̃s]
confier-*vb*	entrust	[kɔ̃fje]
confondre-*vb*	confound| mix	[kɔ̃fɔ̃dʀ]
confortablement-*adv*	comfortably	[kɔ̃fɔʀtabləmɑ̃]
confronter-*vb*	confront	[kɔ̃fʀɔ̃te]
confusément-*adv*	confusedly	[kɔ̃fyzemɑ̃]
confusion-*f*	confusion	[kɔ̃fyzjɔ̃]
congé-*m*	leave	[kɔ̃ʒe]
congédier-*vb*	dismiss| discharge	[kɔ̃ʒedje]
conjecture-*f*	conjecture	[kɔ̃ʒɛktyʀ]
conjugal-*adj*	conjugal| marital	[kɔ̃ʒygal]
conjurer-*vb*	conjure	[kɔ̃ʒyʀe]
connaissance-*f*	knowledge| acquaintance	[kɔnɛsɑ̃s]
connaisseur-*m*	connoisseur	[kɔnɛsœʀ]
connaître-*vb*	know	[kɔnɛtʀ]
conquérant-*m*	conqueror	[kɔ̃keʀɑ̃]
conquérir-*vb*	conquer	[kɔ̃keʀiʀ]
consacrer-*vb*	devote| spare	[kɔ̃sakʀe]
conscience-*f*	consciousness| conscience	[kɔ̃sjɑ̃s]
conscient-*adj*	aware| conscious	[kɔ̃sjɑ̃]
conseil-*m*	board| council	[kɔ̃sɛj]
consentement-*m*	consent	[kɔ̃sɑ̃tmɑ̃]
consentir-*vb*	consent	[kɔ̃sɑ̃tiʀ]
conséquence-*f*	consequence	[kɔ̃sekɑ̃s]
conséquent-*adj*	consequent	[kɔ̃sekɑ̃]
conserver-*vb*	maintain	[kɔ̃sɛʀve]
considérable-*adj*	considerable| significant	[kɔ̃sideʀabl]
considérant-*m; adv*	recital; bearing in mind	[kɔ̃sideʀɑ̃]
considérer-*vb*	consider	[kɔ̃sideʀe]
consister-*vb*	consist	[kɔ̃siste]
consolation-*f*	consolation| comforting	[kɔ̃sɔlasjɔ̃]
console-*f*	console	[kɔ̃sɔl]
consoler-*vb*	console	[kɔ̃sɔle]
consommation-*f*	consumption	[kɔ̃sɔmasjɔ̃]
consommer-*vb*	consume| use	[kɔ̃sɔme]
constable-*m*	constable	[kɔ̃stabl]
constamment-*adv*	constantly	[kɔ̃stamɑ̃]
constant-*adj*	constant	[kɔ̃stɑ̃]
constater-*vb*	note	[kɔ̃state]
consulter-*vb*	consult| search	[kɔ̃sylte]
consumer-*vb*	consume	[kɔ̃syme]
contemplation-*f*	contemplation	[kɔ̃tɑ̃plasjɔ̃]
contempler-*vb*	contemplate	[kɔ̃tɑ̃ple]
contemporain-*adj; m*	contemporary| coeval; contemporary	[kɔ̃tɑ̃pɔʀɛ̃]
contenir-*vb*	contain| restrain	[kɔ̃tniʀ]
content-*adj*	content| happy	[kɔ̃tɑ̃]
contenter-*vb*	satisfy	[kɔ̃tɑ̃te]
conter-*vb*	tell	[kɔ̃te]
continuer-*vb*	continue	[kɔ̃tinɥe]
continuité-*f*	continuity	[kɔ̃tinɥite]
contorsion-*f*	contortion	[kɔ̃tɔʀsjɔ̃]
contour-*m*	contour| outline	[kɔ̃tuʀ]
contourner-*vb*	get around	[kɔ̃tuʀne]
contraction-*f*	contraction	[kɔ̃tʀaksjɔ̃]

contraire-*adj; m*	contrary; contrary	[kɔ̃tʀɛʀ]	costume-*m*	suit	[kɔstym]
contralto-*m; adj*	contralto; alto	[kɔ̃tʀalto]	côte-*f*	coast	[kot]
			côté-*m*	side	[kote]
contrarier-*vb*	upset| thwart	[kɔ̃tʀaʀje]	côtelette-*f*	chop	[kɔtlɛt]
contrariété-*f*	contrariety	[kɔ̃tʀaʀjete]	coter-*vb*	mark	[kɔte]
contraste-*m*	contrast	[kɔ̃tʀast]	cotonnade-*f*	cotton fabric	[kɔtɔnad]
contre-*prp*	against	[kɔ̃tʀ]	cou-*m*	neck	[ku]
contredire-*vb*	contradict	[kɔ̃tʀədiʀ]	couardise-*f*	cowardice	[kwaʀdiz]
contrepartie-*f*	obverse	[dekʀɔʃe]	couche-*f*	layer| bed	[kuʃ]
contribuer-*vb*	contribute	[kɔ̃tʀibɥe]	coucher-*vb; m*	sleep| lay down; sunset	[kuʃe]
contrôler-*vb*	control| monitor	[kɔ̃tʀole]	couder-*vb*	bend	[kude]
convaincre-*vb*	convince	[kɔ̃vɛ̃kʀ]	coudre-*vb*	sew| sew on	[kudʀ]
convenable-*adj*	suitable| appropriate	[kɔ̃vənabl]	couler-*vb*	flow| cast	[kule]
			couleur-*f*	color	[kulœʀ]
convenablement-*adv*	properly	[kɔ̃vənabləmɑ̃]	couloir-*m*	corridor| hallway	[kulwaʀ]
convenance-*f*	convenience	[kɔ̃vənɑ̃s]	coup-*m*	blow| shot	[ku]
convenir-*vb*	admit| agree with	[kɔ̃vəniʀ]	coupable-*adj; m/f*	guilty; culprit	[kupabl]
convenu-*adj*	agreed	[kɔ̃vəny]	coupe-*f*	cut	[kup]
conversation-*f*	conversation| talk	[kɔ̃vɛʀsasjɔ̃]	couper-*vb*	cut	[kupe]
converser-*vb*	converse	[kɔ̃vɛʀse]	couple-*m*	couple| pair	[kupl]
convertir-*vb*	convert	[kɔ̃vɛʀtiʀ]	cour-*f*	court	[kuʀ]
convive-*m*	guest	[kɔ̃viv]	courage-*m*	courage	[kuʀaʒ]
convoquer-*vb*	convene| call	[kɔ̃vɔke]	courant-*adj; m*	current| running; current	[kuʀɑ̃]
convulsivement-*adv*	convulsively	[kɔ̃vylsivmɑ̃]	courbe-*f*	curve| bending	[kuʀb]
copier-*vb; adj*	copy; copying	[kɔpje]	courber-*vb*	bend	[kuʀbe]
coquille-*f*	shell| typo	[kɔkij]	courir-*vb*	run| race	[kuʀiʀ]
cor-*m*	horn	[kɔʀ]	couronne-*f*	crown	[kuʀɔn]
corbeille-*f*	basket	[kɔʀbɛj]	couronnement-*m*	coronation| crowning	[kuʀɔnmɑ̃]
corde-*f*	rope	[kɔʀd]			
corde-*f*	rope	[kɔʀd]	couronner-*vb*	top| enthrone	[kuʀɔne]
cornaline-*f*	cornelian	[kɔʀnalin]	courrier-*m*	mail| courier	[kuʀje]
corner-*m; vb*	corner; honk	[kɔʀne]	cours-*m*	course	[kuʀ]
cornu-*adj*	horned	[kɔʀny]	course-*f*	race| running	[kuʀs]
coroner-*m*	coroner	[kɔʀɔnɛʀ]	coursier-*m*	steed| messenger	[kuʀsje]
corps-*m*	body	[kɔʀ]	court-*adj; m*	short| brief; court	[kuʀ]
corridor-*m*	corridor	[kɔʀidɔʀ]	courtois-*adj*	courteous	[kuʀtwa]
corrompre-*vb*	corrupt| taint	[kɔʀɔ̃pʀ]	cousin-*m*	cousin	[kuzɛ̃]
corruption-*f*	corruption	[kɔʀypsjɔ̃]	coussin-*m*	cushion	[kusɛ̃]
corsage-*m*	blouse| corsage	[kɔʀsaʒ]	couteau-*m*	knife	[kuto]
cortège-*m*	procession	[kɔʀtɛʒ]	coûter-*vb*	cost	[kute]
cosmopolite-*adj; m*	cosmopolitan; cosmopolitan	[pɔ̃ktɥalite]	coutume-*f*	custom| practice	[kutym]
			couturière-*f*	seamstress	[kutyʀjɛʀ]
costume-*m*	suit	[kɔstym]	couvent-*m*	convent	[kuvɑ̃]

couver-*vb*	smolder| brood	[kuve]
couvercle-*m*	lid	[kuvɛʀkl]
couvert-*adj; m*	covered; place	[kuvɛʀ]
couverture-*f*	coverage| cover	[kuvɛʀtyʀ]
couvrir-*vb*	cover| coat	[kuvʀiʀ]
craie-*f*	chalk	[kʀɛ]
craindre-*vb*	fear	[kʀɛ̃dʀ]
craintif-*adj*	fearful	[ministeʀjɛl]
craintivement-*adv*	fearfully	[kʀɛ̃tivmã]
crampon-*m; adj*	clamp; climbing	[kʀɑ̃pɔ̃]
cramponner-*vb*	staple	[kʀɑ̃pɔne]
crâner-*vb*	show off	[kʀane]
crapaud-*m*	toad	[kʀapo]
craquer-*vb*	crack| creak	[kʀake]
cravache-*f*	whip	[kʀavaʃ]
cravate-*f*	tie	[kʀavat]
crayon-*m*	pencil	[kʀɛjɔ̃]
créateur-*m*	creator	[kʀeatœʀ]
création-*f*	creation	[kʀeasjɔ̃]
créature-*f*	creature| being	[kʀeatyʀ]
crédit-*m*	credit	[kʀedi]
créer-*vb*	create	[kʀee]
crème-*adj; f*	cream; cream	[kʀɛm]
crépuscule-*adj; m*	dusk; dusk	[kʀepyskyl]
crête-*f*	peak	[kʀɛt]
creuser-*vb*	dig	[kʀøze]
creuset-*m*	crucible	[kʀøzɛ]
creux-*adj; m*	hollow| sunken; hollow	[kʀø]
crevé-*adj*	flat| all in| tired	[kʀəve]
crever-*vb*	die| burst	[kʀəve]
cri-*m*	cry| scream	[kʀi]
criard-*adj; m*	garish; screamer	[kʀijaʀ]
cribler-*vb*	sift| riddle	[kʀible]
crier-*vb*	shout| shriek	[kʀije]
crime-*m*	crime	[kʀim]
criminel-*adj; m*	criminal; criminal	[kʀiminɛl]
crise-*f*	crisis| attack	[kʀiz]
crisper-*vb*	tense	[kʀispe]
cristal-*m*	crystal	[kʀistal]
critique-*adj; f*	critical; review	[kʀitik]
crocodile-*m*	crocodile	[kʀɔkɔdil]

crocus-*m*	crocus	[kʀɔky]
croire-*vb*	believe| think	[kʀwaʀ]
croiser-*vb*	cross| pass	[kʀwaze]
croissance-*f*	growth| growing	[kʀwasɑ̃s]
croissant-*adj; m*	growing; crescent	[kʀwasã]
croître-*vb*	grow	[kʀwatʀ]
croquis-*m*	sketch	[kʀɔki]
croyance-*f*	belief	[kʀwajɑ̃s]
cru-*adj; m*	vintage| raw; vineyard	[kʀy]
cruauté-*f*	cruelty	[kʀyote]
crucifixion-*f*	crucifixion	[kʀysifiksjɔ̃]
cruel-*adj*	cruel	[kʀyɛl]
cruellement-*adv*	cruelly	[kʀyɛlmã]
cueillir-*vb*	pick| collect	[kœjiʀ]
cuiller-*f*	spoon	[kyje]
cuir-*m*	leather	[kɥiʀ]
cuisine-*f*	kitchen| cuisine	[kɥizin]
cuivre-*m*	copper	[kɥivʀ]
culte-*m*	worship	[kylt]
cultiver-*vb*	cultivate| grow	[kyltive]
culture-*f*	culture	[kyltyʀ]
curieusement-*adv*	funnily	[kyʀjøzmã]
curieux-*adj; m*	curious; onlooker	[kyʀjø]
curiosité-*f*	curiosity	[kyʀjozite]
cuve-*f*	tank	[kyv]
cylindrique-*adj*	cylindrical	[silɛ̃dʀik]
cynique-*adj; m*	cynical; cynic	[sinik]
cynisme-*m*	cynicism	[sinism]

D

dague-*f*	dagger	[dag]
dahlia-*m*	dahlia	[dalja]
dais-*m*	canopy	[dɛ]
dalmatique-*adj*	dalmatic	[akyze]
dame-*f*	lady	[dam]
damer-*vb*	tamping	[dame]
dandiner-*vb*	waddle	[dɑ̃dine]
dandy-*m; adj*	dandy; foppish	[dɑ̃di]
dandysme-*m*	dandyism	[ʒɔvjalmã]
danger-*m*	danger	[dɑ̃ʒe]

dangereux-*adj* dangerous [dɑ̃ʒʁø]

dans-*prp; adv* in; aboard [dɑ̃]

dansant-*adj* dancing [dɑ̃sɑ̃]

danser-*vb* dance [dɑ̃se]

darder-*vb* dart [daʁde]

darwinisme-*m* Darwinism [daʁwinism]

date-*f* date [dat]

dater-*vb* date [date]

dauphin-*m* dolphin [dofɛ̃]

davantage-*adv* further [davɑ̃taʒ]

de-*prp* of| from [də]

dé-*pfx* un-| in- [de]

débarrasser-*vb* rid [debaʁase]

débarrer-*vb* unbar [debaʁe]

débauche-*f* debauchery [deboʃ]

déblayer-*vb* clear [debleje]

débonnaire-*adj* easy-going [debɔnɛʁ]

debout-*adj* standing [dəbu]

début-*m* beginning| debut [deby]

débuter-*vb* start| enter [debyte]

décacheter-*vb* unseal [dekaʃte]

décadence-*f* decadence| decay [dekadɑ̃s]

décemment-*adv* decently [desamɑ̃]

déception-*f* disappointment [desɛpsjɔ̃]

décès-*m* death| demise [desɛ]

décharger-*vb* discharge| unload [deʃaʁʒe]

déchirer-*vb* tear| rip [deʃiʁe]

décidément-*adv* decidedly [desidemɑ̃]

décider-*vb* decide| choose [deside]

décisif-*adj* decisive [desizif]

déclamer-*vb* declaim [deklame]

déclarer-*vb* declare [deklaʁe]

déclassé-*adj* declassed [deklase]

déclic-*m* click [deklik]

déclin-*m* decline [deklɛ̃]

décliner-*vb* decline| refuse [dekline]

décomposer-*vb* decompose [dekɔ̃poze]

décor-*m* decor [dekɔʁ]

décoratif-*adj* decorative [dekɔʁatif]

décoration-*f* decoration [dekɔʁasjɔ̃]

décorer-*vb* decorate [dekɔʁe]

découper-*vb* carve| clip [dekupe]

décourager-*vb* discourage [dekuʁaʒe]

découvert-*adj; m* discovered; overdraft [dekuvɛʁ]

découvrir-*vb* discover [dekuvʁiʁ]

décrier-*vb* decry [dekʁije]

décrire-*vb* describe| depict [dekʁiʁ]

décrocher-*vb* unhook [pʁefas]

dédaignable-*adj* despised [dedɛɲabl]

dédaigneux-*adj* disdainful [dedɛɲø]

dédain-*m* disdain [dedɛ̃]

dedans-*adv; prp; m* in; in; inside [dədɑ̃]

déduire-*vb* deduct| deduce [dedɥiʁ]

défaillir-*vb* faint [defajiʁ]

défaire-*vb* undo| defeat [defɛʁ]

défaut-*m* fault| failing [defo]

défection-*f* defection [defɛksjɔ̃]

défendre-*vb* defend| uphold [defɑ̃dʁ]

défi-*m* challenge [defi]

défier-*vb* challenge| defy [defje]

défigurer-*vb* disfigure [defigyʁe]

défiler-*vb* pass [defile]

défini-*adj* determinate [defini]

définir-*vb* define [definiʁ]

définition-*f* definition [definisjɔ̃]

déformer-*vb* deform| distort [defɔʁme]

défunt-*adj; m* late; deceased person [defɛ̃]

dégager-*vb* free [degaʒe]

dégoût-*m* disgust [degu]

dégoûtant-*adj* disgusting [degutɑ̃]

dégoutter-*vb* drip [degute]

dégradation-*f* degradation| deterioration [degʁadasjɔ̃]

dégradé-*m* gradient [degʁade]

dégrader-*vb* degrade| deteriorate [degʁade]

degré-*m* degree [dəgʁe]

déguisement-*m* disguise [degizmɑ̃]

déguiser-*vb* dissemble [degize]

dehors-*adv; m* outside| out; outside [dəɔʁ]

déjà-*adv* already [deʒa]

déjeuner-*vb; m* lunch; lunch [deʒœne]

délabrer-*vb* decay [syksesif]

délicat-*adj* delicate [delika]

délicatement-adv	delicately	[delikatmɑ̃]	
délicatesse-f	delicacy| sensitivity	[delikatɛs]	
délicieusement-adv	deliciously	[delisjøzmɑ̃]	
délicieux-adj	delicious	[delisjø]	
déliquescence-f	deliquescence	[delikesɑ̃s]	
délirant-adj	delirious	[deliʁɑ̃]	
délivrer-vb	issue| deliver	[delivʁe]	
demain-adv; m	tomorrow; tomorrow	[dəmɛ̃]	
demander-vb	request| seek	[dəmɑ̃de]	
démêler-vb	untangle| tease	[demele]	
démence-f	dementia| madness	[demɑ̃s]	
dément-adj	demented| insane	[demɑ̃]	
démentiel-adj	insane	[demɑ̃sjɛl]	
démentir-vb	deny| contradict	[demɑ̃tiʁ]	
demeure-f	residence| abode	[dəmœʁ]	
demeurer-vb	remain| dwell	[dəmœʁe]	
demi-adj; m	half; half	[dəmi]	
demi-adj; m	half; half	[dəmi]	
démissionner-vb	resign| step down	[demisjɔne]	
démocratie-f	democracy	[demɔkʁasi]	
démoder-vb	go out of style	[demɔde]	
démon-m	daemon	[demɔ̃]	
démontrer-vb	demonstrate| reveal	[demɔ̃tʁe]	
démoraliser-vb	demoralize	[demɔʁalize]	
dénommer-vb	name	[denɔme]	
dent-f	tooth	[dɑ̃]	
denteler-vb	indent	[dɑ̃tle]	
dénuder-vb	denude	[denyde]	
départ-m	departure| starting	[depaʁ]	
dépasser-vb	exceed| surpass	[depase]	
dépêche-f	dispatch| telegram	[depɛʃ]	
dépendance-f	dependence| outbuilding	[depɑ̃dɑ̃s]	
dépendre-vb	depend	[depɑ̃dʁ]	
dépense-f	expenditure| expense	[depɑ̃s]	
dépenser-vb	spend| outlay	[depɑ̃se]	
dépit-m	spite	[depi]	
déplaire-vb	displease	[deplɛʁ]	
déplaisant-adj	unpleasant| distasteful	[deplɛzɑ̃]	
déposant-le; adj	depositor; relaxing	[iʁize]	
dépose-f	removal	[depoz]	

déposer-vb	deposit| file	[depoze]
dépouille-f	clearance	[depuj]
dépouiller-vb	strip| skin	[depuje]
déprimer-vb	depress| damp	[depʁime]
depuis-adv; prp	since; since	[dəpɥi]
dérangeant-adj	unpalatable	[deʁɑ̃ʒɑ̃]
dérangement-m	disturbance| inconvenience	[deʁɑ̃ʒmɑ̃]
déranger-vb	disturb| disrupt	[deʁɑ̃ʒe]
dérèglement-m	disturbance	[deʁɛɡləmɑ̃]
dérégler-vb	disturb	[etalaʒ]
dérision-f	derision| mockery	[deʁizjɔ̃]
dernier-adj; m	last| latter; last	[dɛʁnje]
dernièrement-adv	recently| at last	[dɛʁnjɛʁmɑ̃]
dérouler-vb	unwind| roll	[deʁule]
derrière-adv; m; prp	behind; behind; behind	[dɛʁjɛʁ]
dès-prp	from| since	[dɛ]
désagréable-adj	unpleasant	[dezagʁeabl]
désagrégation-f	disintegration	[dezagʁegasjɔ̃]
désappointement-m	disappointment	[dezapwɛ̃tmɑ̃]
désappointer-vb	disappoint	[dezapwɛ̃te]
désapprouver-vb	disapprove	[dezapʁuve]
désarçonner-vb	unseat	[dezaʁsɔne]
désarmer-vb	disarm	[dezaʁme]
désastre-m	disaster	[dezastʁ]
désastreux-adj	disastrous	[dezastʁø]
descendant-adj; m	descending; descendant	[desɑ̃dɑ̃]
descendre-vb	descend| get off	[desɑ̃dʁ]
description-f	description| depiction	[deskʁipsjɔ̃]
désert-m	desert	[dezɛʁ]
désespéré-adj	desperate| hopeless	[dezɛspeʁe]
désespérer-vb	despair	[dezɛspeʁe]
désespoir-m	despair	[dezɛspwaʁ]
déshonneur-m	disgrace	[dezɔnœʁ]
déshonorer-vb	dishonor	[dezɔnɔʁe]

désigner-*vb*	designate| nominate	[deziɲe]	
désillusion-*f*	disillusionment	[dezilyzjɔ̃]	
désir-*m*	desire| wish	[deziʁ]	
désirable-*adj*	desirable| likeable	[deziʁabl]	
désirer-*vb*	desire| wish	[deziʁe]	
désobéissance-*f*	disobedience	[dezɔbeisɑ̃s]	
désobliger-*vb*	disoblige	[dezɔbliʒe]	
désolation-*f*	desolation	[dezɔlasjɔ̃]	
désoler-*vb*	distress| grieve	[dezɔle]	
désordonner-*vb*	disorder	[dezɔʁdɔne]	
désormais-*adv*	henceforth	[dezɔʁmɛ]	
dessécher-*vb*	dry out	[deseʃe]	
dessert-*m*	dessert	[desɛʁ]	
dessin-*m*	drawing| design	[desɛ̃]	
dessiner-*vb*	draw| design	[desine]	
dessous-*adv; m; prp*	beneath; underside; under it	[dəsu]	
dessus-*adv*	over	[dəsy]	
destin-*m*	destiny	[dɛstɛ̃]	
destinée-*f*	destiny	[dɛstine]	
destiner-*vb*	destine| mean	[dɛstine]	
détacher-*vb*	detach| loose	[detaʃe]	
détail-*m*	detail	[detaj]	
déterminé-*adj*	determined	[detɛʁmine]	
déterminer-*vb*	determine	[detɛʁmine]	
détestable-*adj*	detestable	[detɛstabl]	
détester-*vb*	hate	[detɛste]	
détonation-*f*	detonation	[detɔnasjɔ̃]	
détourner-*vb*	divert| deflect	[detuʁne]	
détraquer-*vb*	break down	[detʁake]	
détruire-*vb*	destroy	[detʁɥiʁ]	
dette-*f*	debt	[dɛt]	
deuil-*m*	mourning	[dœj]	
deux-*num*	two	[dø]	
deuxième-*num*	second	[døzjɛm]	
devant-*adv; prp; m*	before| past; before; front	[dəvɑ̃]	
développement-*m*	development	[devlɔpmɑ̃]	
développer-*vb; vb*	develop; adopt	[devlɔpe]	
devenir-*vb*	become| be	[dəvəniʁ]	
deviner-*vb*	guess| divine	[dəvine]	
devoir-*m; vb; av*	duty; have to; must	[dəvwaʁ]	
dévorant-*adj*	ravenous	[devɔʁɑ̃]	
dévorer-*vb*	devour| eat up	[devɔʁe]	
dévotion-*f*	devotion	[devɔsjɔ̃]	
diable-*m; adj*	devil; wretched	[djabl]	
diabolique-*adj*	diabolical| devilish	[djabɔlik]	
dialogue-*m*	dialogue	[djalɔg]	
diamant-*m*	diamond	[djamɑ̃]	
dicter-*vb*	dictate	[dikte]	
dieu-*m*	god	[djø]	
différemment-*adv*	differently	[difeʁamɑ̃]	
différence-*f*	difference	[difeʁɑ̃s]	
différent-*adj*	different	[difeʁɑ̃]	
différer-*vb*	differ| vary	[difeʁe]	
difficile-*adj*	difficult	[difisil]	
difficilement-*adv*	with difficulty	[difisilmɑ̃]	
difficulté-*f*	difficulty	[difikylte]	
difforme-*adj*	misshapen	[difɔʁm]	
digne-*adj*	worthy	[diɲ]	
dignité-*f*	dignity	[diɲite]	
dimanche-*m*	Sunday	[dimɑ̃ʃ]	
diminuer-*vb*	decrease| reduce	[diminɥe]	
dîner-*m; vb*	dinner; dine	[dine]	
diplomate-*m/f*	diplomat	[diplɔmat]	
diplomatie-*f*	diplomacy	[diplɔmasi]	
dire-*vb*	say| speak	[diʁ]	
direct-*adj; adv*	direct; straight	[diʁɛkt]	
directement-*adv*	directly| right	[diʁɛktəmɑ̃]	
direction-*f*	direction| management	[diʁɛksjɔ̃]	
diriger-*vb*	direct| run	[diʁiʒe]	
discordant-*adj*	discordant	[lis]	
discorder-*vb*	conflict	[diskɔʁde]	
discutable-*adj*	questionable| debatable	[diskytabl]	
discuter-*vb*	discuss	[diskyte]	
disgracieux-*adj*	unsightly	[disgʁasjø]	
disparaître-*vb*	disappear	[dispaʁɛtʁ]	
disparition-*f*	disappearance	[dispaʁisjɔ̃]	
disposer-*vb*	dispose| arrange	[dispoze]	
disposition-*f*	provision| disposal	[dispozisjɔ̃]	
dispute-*f*	dispute| argument	[dispyt]	

disputer-*vb*	compete| fight	[dispyte]	
disque-*m*	disk| discus	[disk]	
dissection-*f*	dissection	[disɛksjɔ̃]	
dissemblable-*adj*	dissimilar	[maʒãta]	
dissertation-*f*	dissertation	[disɛʀtasjɔ̃]	
dissimuler-*vb*	conceal	[disimyle]	
dissiper-*vb*	dispel| clear	[disipe]	
distance-*f*	distance| range	[distãs]	
distiller-*vb*	distill	[bʀyniʀ]	
distinctif-*adj*	distinctive	[distɛ̃ktif]	
distinction-*f*	distinction	[distɛ̃ksjɔ̃]	
distinguer-*vb*	distinguish	[distɛ̃ge]	
distraire-*vb*	distract	[distʀɛʀ]	
distraitement-*adv*	absentmindedly	[distʀɛtmã]	
district-*m*	district	[distʀikt]	
divan-*m*	couch	[divã]	
divers-*adj*	various| several	[divɛʀ]	
diversité-*f*	diversity	[divɛʀsite]	
divertir-*vb*	entertain	[divɛʀtiʀ]	
divin-*adj*	divine	[divɛ̃]	
divinement-*f*	divinely	[divinmã]	
divinité-*f*	divinity	[divinite]	
diviser-*vb*	divide| partition	[divize]	
divorcer-*vb*	divorce	[divɔʀse]	
divulguer-*vb*	disclose	[divylge]	
dix-*num*	ten	[dis]	
dixième-*num*	tenth	[dizjɛm]	
dizaine-*f*	about ten| decade	[dizɛn]	
do-*m*	do	[do]	
dock-*m*	dock	[dɔk]	
docteur-*m*	doctor	[dɔktœʀ]	
doctrinaire-*adj; m*	doctrinaire; bigot	[dɔktʀinɛʀ]	
doctrine-*f*	doctrine	[dɔktʀin]	
dogme-*m*	dogma	[dɔgm]	
dogue-*m*	mastiff	[dɔg]	
doigt-*m*	finger	[dwa]	
domaine-*m*	field| domain	[dɔmɛn]	
dôme-*m*	dome	[dom]	
domestique-*adj; m/f*	domestic; domestic	[dɔmɛstik]	
dominant-*adj*	dominant	[dɔminã]	
dominer-*vb*	dominate| control	[dɔmine]	
don-*m*	gift| donation	[dɔ̃]	
donc-*con; adv*	therefore; consequently	[dɔ̃k]	
donner-*vb*	give| yield	[dɔne]	
dont-*prn*	whose	[dɔ̃]	
doré-*adj*	golden| coated	[dɔʀe]	
dorer-*vb*	brown	[dɔʀe]	
dormeur-*m*	sleeper	[dɔʀmœʀ]	
dormir-*vb*	sleep	[dɔʀmiʀ]	
dos-*m*	back| reverse	[do]	
dossier-*m*	folder| file	[dosje]	
douairière-*f*	dowager	[dwɛʀjɛʀ]	
double-*adj; m*	double| twin; double	[dubl]	
doubler-*vb*	double	[duble]	
doucement-*adv*	gently| slowly	[dusmã]	
douceur-*f*	sweetness| softness	[dusœʀ]	
douleur-*f*	pain	[dulœʀ]	
douloureusement-*adv*	painfully	[duluʀøzmã]	
douloureux-*adj*	painful	[duluʀø]	
doute-*m*	doubt	[dut]	
douter-*vb*	doubt	[dute]	
douteux-*adj*	doubtful	[dutø]	
doux-*adj*	soft| sweet	[du]	
douze-*num*	twelve	[duz]	
dragon-*m*	dragon	[dʀagɔ̃]	
dramatique-*adj*	dramatic	[dʀamatik]	
dramatiquement-*adv*	dramatically	[dʀamatikmã]	
drame-*m*	drama	[dʀam]	
drap-*m*	sheet	[dʀa]	
drapeau-*m*	flag	[dʀapo]	
draperie-*f*	drapery	[dʀapʀi]	
dresser-*vb*	draw up| develop	[dʀese]	
drogue-*f*	drug	[dʀɔg]	
droguer-*vb*	drug	[dʀɔge]	
droit-*adj; m; adv*	right; right; due	[dʀwa]	
drôle-*adj*	funny	[dʀol]	
dryade-*f*	dryad	[dʀijad]	
duc-*m*	duke	[dyk]	
ducal-*adj*	ducal	[dykal]	
duchesse-*f*	duchess	[dyʃɛs]	
duel-*m*	duel	[dɥɛl]	

dûment-*adv*	duly	[dymɑ̃]
duo-*m*	duo	[dɥo]
duquel-*prn; con*	whose; whereof	[dykɛl]
dur-*adj*	hard| tough	[dyʁ]
durant-*prp*	during	[dyʁɑ̃]
durcir-*vb*	harden	[dyʁsiʁ]
durer-*vb*	last	[dyʁe]

E

eau-*f*	water	[o]
ébattre-*vb*	frolic	[ebatʁ]
ébaucher-*vb*	sketch	[eboʃe]
ébène-*f*	ebony	[ebɛn]
écaille-*f*	scale	[ekaj]
écarlate-*adj*	scarlet	[ekaʁlat]
écart-*m*	gap| difference	[ekaʁ]
écarter-*vb*	exclude	[ekaʁte]
ecclésiastique-*adj; m*	ecclesiastical; churchman	[ɑ̃bome]
échanger-*vb*	exchange| trade	[eʃɑ̃ʒe]
échantillon-*m*	sample	[eʃɑ̃tijɔ̃]
échapper-*vb*	escape	[eʃape]
échec-*m*	failure| check	[eʃɛk]
échecs-*npl*	chess	[inɔpine]
écheveau-*m*	skein	[eʃvo]
écho-*m*	echo	[eko]
échouer-*vb*	fail| defeat	[eʃwe]
éclabousser-*vb*	splash	[eklabuse]
éclair-*m*	lightning	[eklɛʁ]
éclaircir-*vb*	clear| lighten	[eklɛʁsiʁ]
éclairer-*vb*	light| enlighten	[ekleʁe]
éclat-*m*	eclat| brightness	[ekla]
éclatant-*adj*	bright| brilliant	[eklatɑ̃]
éclater-*vb*	burst| erupt	[eklate]
écœurer-*vb*	disgust	[ekœʁe]
école-*f*	school	[ekɔl]
écolier-*m*	schoolboy	[ekɔlje]
économiser-*vb*	save| conserve	[ekɔnɔmize]
écouler-*vb*	sell	[ekule]
écouter-*vb*	listen| hear	[ekute]
écrasant-*adj*	crushing| overwhelming;	[ekʁazɑ̃]
écraser-*vb*	crush| overwrite	[ekʁaze]
écrier-*vb*	cry	[ekʁije]

écrire-*vb*	write	[ekʁiʁ]
écrouler-*vb*	collapse	[ekʁule]
écumant-*adj*	foaming	[ekymɑ̃]
écumer-*vb*	skim| froth	[ekyme]
écurie-*f*	stable	[ekyʁi]
édition-*f*	edition	[edisjɔ̃]
éducation-*f*	education| upbringing	[edykasjɔ̃]
effacer-*vb*	delete	[efase]
effarer-*vb*	flurry	[efaʁe]
effectivement-*adv*	effectively	[efɛktivmɑ̃]
effet-*m*	effect	[efɛ]
effeuiller-*VB*	pick out	[efœje]
efficacité-*f*	efficiency	[efikasite]
effigie-*f*	effigy	[efiʒi]
effiler-*vb*	taper	[efile]
effleurer-*vb*	touch	[eflœʁe]
efforcer-*vb*	strive	[efɔʁse]
effort-*m*	effort| stress	[efɔʁ]
effrayant-*adj*	scary| frightening	[efʁɛjɑ̃]
effrayer-*vb*	scare| spook	[efʁeje]
effrayer-*vb*	scare| spook	[efʁeje]
effroi-*m*	terror	[efʁwa]
effroyable-*adj*	frightful| appalling	[efʁwajabl]
égal-*adj; m*	equal| even; equal	[egal]
également-*adv*	also| equally	[egalmɑ̃]
égaler-*vb*	match	[egale]
égard-*m*	respect	[egaʁ]
égarer-*vb*	mislead| stray	[egaʁe]
églantier-*m*	eglantine	[eglɑ̃tje]
église-*f*	church	[egliz]
égoïsme-*m*	selfishness	[egɔism]
égoïste-*adj; m/f*	selfish; egoist	[egɔist]
eh-*int*	eh	[e]
élaborer-*vb*	elaborate| design	[elabɔʁe]
élancer-*vb*	leap	[elɑ̃se]
élargir-*vb*	broaden| stretch	[elaʁʒiʁ]
élastique-*adj; m; f*	elastic; rubber band; elasticy	[elastik]
élégamment-*adv*	elegantly	[elegamɑ̃]
élégance-*f*	elegance	[elegɑ̃s]
élégant-*adj; m*	elegant; dandy	[elegɑ̃]
élément-*m*	element	[elemɑ̃]

élever-*vb*	raise| elevate	[elve]
éleveur-*m*	farmer	[elvœʁ]
élire-*vb*	elect	[eliʁ]
élite-*f*	elite	[elit]
elle-*prn*	she| it	[ɛl]
éloge-*m*	eulogy| praise	[elɔʒ]
éloigner-*vb*	drive away	[elwaɲe]
éloquemment-*adv*	eloquently	[elɔkamã]
éloquent-*adj*	eloquent	[elɔkã]
émanciper-*vb*	emancipate	[emãsipe]
émaner-*vb*	emanate	[emane]
emballer-*vb*	pack| package	[ãbale]
embarquer-*vb*	embark	[ãbaʁke]
embarrasser-*vb*	embarrass| bother	[ãbaʁase]
embaumer-*vb*	embalm	[gʁəna]
embellir-*vb*	embellish	[ãbeliʁ]
emblème-*m*	emblem	[ãblɛm]
embraser-*vb*	kindle	[ãbʁaze]
embrasse-*f*	embrace| kiss	[ãbʁas]
embrasser-*vb*	embrace| kiss	[ãbʁase]
embrocher-*vb*	skewer	[ãbʁɔʃe]
embrumer-*vb*	fog	[ãbʁyme]
embuer-*vb*	mist	[ãbɥe]
émeraude-*adj; f*	emerald; emerald	[emʁod]
émerveiller-*vb*	amaze	[emɛʁveje]
émigrer-*vb*	emigrate	[emigʁe]
éminence-*f*	eminence| height	[eminãs]
emmêler-*vb*	entangle	[ãmele]
emmener-*vb*	drive	[ãmne]
émoi-*m*	stir| emotion	[emwa]
émotion-*f*	emotion	[emɔsjɔ̃]
émousser-*vb*	blunt	[abʁiko]
émouvant-*adj*	moving| touching	[emuvã]
émouvoir-*vb*	move| stir	[emuvwaʁ]
empêcher-*vb*	prevent| stop	[ãpeʃe]
empereur-*m*	emperor	[ãpʁœʁ]
emphatique-*adj*	rotund	[ãfatik]
empire-*m*	empire	[ãpiʁ]
emplir-*vb*	fill	[ãpliʁ]
employé-*m*	employee	[ãplwaje]
employer-*vb*	use| employ	[ãplwaje]
empoisonner-*vb*	poison	[ãpwazɔne]
emporter-*vb*	take| take away	[ãpɔʁte]
empreinte-*f*	footprint	[ãpʁɛ̃t]
empresser-*vb*	hasten	[ãpʁese]
emprisonner-*vb*	imprison| trap	[ãpʁizɔne]
emprunter-*vb*	borrow	[ãpʁɛ̃te]
ému-*adj*	affected	[emy]
en-*prp; adv*	in; thereof	[ã]
encadrer-*vb*	frame	[ãkadʁe]
encens-*m*	incense	[ãsã]
encensoir-*m*	censer	[ãsãswaʁ]
enchâsser-*vb*	enshrine	[ãʃase]
enchère-*f*	bid| raise	[ãʃɛʁ]
encolure-*f*	neck	[dãdism]
encore-*adv*	still| again	[ãkɔʁ]
encyclopédie-*f*	encyclopedia	[ãsiklɔpedi]
endormir-*vb*	put to sleep	[ãdɔʁmiʁ]
endosser-*vb*	endorse	[ãdose]
endroit-*m*	place| spot	[ãdʁwa]
enduire-*vb*	coat	[ãdɥiʁ]
endurant-*adj*	tough	[ãdyʁã]
endurcir-*vb*	harden	[ãdyʁsiʁ]
endurer-*vb*	endure| undergo	[ãdyʁe]
énergie-*f*	energy	[enɛʁʒi]
énerver-*vb*	annoy| fret	[enɛʁve]
enfance-*f*	childhood	[ãfãs]
enfant-*m*	child	[ãfã]
enfantin-*adj*	infantile	[ãfãtɛ̃]
enfer-*m*	hell	[ãfɛʁ]
enfermer-*f; vb*	lock; confine	[ãfɛʁme]
enfin-*adv*	finally| after all	[ãfɛ̃]
enflammer-*vb*	ignite| inflame	[ãflame]
enfler-*vb*	swell| inflate	[ãfle]
enfoncer-*vb*	push| sink	[ãfɔ̃se]
enfouir-*vb*	bury	[ãfwiʁ]
enfuir-*vb*	run away	[ãfɥiʁ]
engagement-*m*	commitment| engagement	[ãgaʒmã]
engager-*vb*	engage	[ãgaʒe]
engendrer-*vb*	generate| give rise to	[ãʒãdʁe]
enguirlander-*vb*	garland	[ãgiʁlãde]
enivrer-*vb*	intoxicate| get drunk	[ãnivʁe]
enjouement-*m*	playfulness	[ãʒumã]

enlaidir-*vb*	spoil	[ãlediʁ]	
enlever-*vb*	remove| take off	[ãlve]	
ennemi-*m; adj*	enemy| hostile; inimical	[ɛnmi]	
ennui-*m*	boredom| trouble	[ãnɥi]	
ennuyant-*adj*	tiresome	[ãnɥijã]	
ennuyer-*vb*	bore| annoy	[ãnɥije]	
ennuyeux-*adj*	boring| annoying	[ãnɥijø]	
énoncer-*vb*	enunciate	[enɔ̃se]	
énorme-*adj*	huge| enormous	[enɔʁm]	
énormément-*adv*	enormously	[enɔʁmemã]	
enquérir-*vb*	inquire	[ãkeʁiʁ]	
enquête-*f*	survey| investigation	[ãkɛt]	
enrager-*vb*	annoy| enrage	[ãʁaʒe]	
enrichir-*vb*	enrich	[ãʁiʃiʁ]	
enrouer-*vb*	to go hoarse	[ãʁwe]	
enrouler-*vb*	wrap	[ãʁule]	
ensanglanter-*vb*	cover in blood	[ãsãglãte]	
enseignement-*m*	education| teaching	[ãsɛɲmã]	
enseigner-*vb*	teach| educate	[ãseɲe]	
ensemble-*adv; m; f*	together; ensemble; collection	[ãsãbl]	
enserrer-*vb*	grip	[ãseʁe]	
ensevelir-*vb*	bury	[ãsəvliʁ]	
ensoleiller-*vb*	sun	[ãsɔleje]	
ensuite-*adv*	then| later	[ãsɥit]	
entamer-*vb*	start| launch	[ãtame]	
entendre-*vb*	hear	[ãtãdʁ]	
enterrer-*vb*	bury| shelve	[ãteʁe]	
enthousiaste-*adj; m*	enthusiastic; enthusiast	[ãtuzjast]	
entier-*adj*	whole| full	[ãtje]	
entièrement-*adv*	entirely| quite	[ãtjɛʁmã]	
entonner-*vb*	intone	[aʃil]	
entourer-*vb*	surround| enclose	[ãtuʁe]	
entracte-*m; adj*	intermission; entr'acte	[ãtʁakt]	
entraîner-*vb*	train| drive	[ãtʁene]	
entre-*adv; prp*	between; between	[ãtʁ]	
entrelacer-*vb*	interlace	[ãtʁəlase]	
entreprendre-*vb*	undertake| initiate	[ãtʁəpʁãdʁ]	
entrer-*vb*	enter	[ãtʁe]	

entretien-*m*	maintenance| conversation	[ãtʁətjɛ̃]	
entrevoir-*vb*	entrevoir	[ãtʁəvwaʁ]	
enturbanné-*m*	raghead	[ãtyʁbane]	
envahir-*vb*	invade	[ãvaiʁ]	
envahissement-*m*	encroachment	[myltifɔʁm]	
enveloppe-*f*	envelope	[ãvlɔp]	
envelopper-*vb*	envelop| wrap up	[ãvlɔpe]	
envers-*m*	back| against	[ãvɛʁ]	
envier-*vb*	envy	[ãvje]	
envieusement-*adv*	enviously	[ãvjøzmã]	
environ-*adv; prp; adj*	about; around; all but	[ãviʁɔ̃]	
environs-*npl*	surroundings	[ãviʁɔ̃]	
envoyer-*vb*	send| forward	[ãvwaje]	
épais-*adj*	thick| heavy	[epɛ]	
épaissir-*vb*	thicken	[epesiʁ]	
épanouir-*vb*	light up	[epanwiʁ]	
épanouissement-*m*	blossoming	[epanwismã]	
épargne-*f; adj*	saving; chary	[epaʁɲ]	
épargner-*vb*	save	[epaʁɲe]	
épaule-*f*	shoulder	[epol]	
épauler-*vb*	support	[epole]	
épice-*f*	spice	[epis]	
épier-*vb*	spy	[epje]	
épieu-*m*	spear	[epjø]	
épigramme-*f*	epigram	[epigʁam]	
épilogue-*m*	epilogue	[epilɔg]	
épingler-*vb*	pin	[epɛ̃gle]	
éponger-*vb*	mop up| sponge	[epɔ̃ʒe]	
époque-*f*	time| age	[epɔk]	
épouse-*f*	wife	[epuz]	
épouser-*vb*	marry	[epuze]	
épouvantable-*adj*	terrible| appalling	[epuvãtabl]	
épouvanter-*vb*	terrify	[epuvãte]	
époux-*m*	husband| spouse	[epu]	
épreuve-*f*	test| trial	[epʁœv]	
éprouver-*vb*	experience| test	[epʁuve]	
épuiser-*vb*	exhaust| drain	[epɥize]	
ère-*f*	era	[ɛʁ]	
éreintement-*m*	exhaustion	[eʁɛ̃tmã]	

ériger-*vb*	erect	[eʁiʒe]	
ermite-*m*	hermit	[ɛʁmit]	
errant-*adj; m*	wandering; wanderer	[eʁɑ̃]	
errer-*vb*	wander	[eʁe]	
erreur-*f*	error| mistake	[eʁœʁ]	
escalier-*m*	staircase| stairs	[ɛskalje]	
escarboucle-*f*	carbuncle	[ɛskaʁbukl]	
esclavage-*m*	slavery	[ɛsklavaʒ]	
esclave-*m; adj*	slave; enslaved	[ɛsklav]	
escorter-*vb*	escort	[ɛskɔʁte]	
espace-*m*	space	[ɛspas]	
espagnol-*adj; m|mpl*	Spanish; Spanish	[ɛspaɲɔl]	
espèce-*f*	species| kind	[ɛspɛs]	
espérance-*f*	hope| expectation	[ɛspeʁɑ̃s]	
espérer-*vb*	hope| expect	[ɛspeʁe]	
espion-*m*	spy	[ɛspjɔ̃]	
espionnage-*m*	espionage	[ɛspjɔnaʒ]	
esprit-*m*	mind| spirit	[ɛspʁi]	
esquif-*m*	skiff	[ɛskif]	
esquisse-*f*	sketch	[ɛskis]	
essayer-*vb*	try| attempt	[eseje]	
essayer-*vb*	try| attempt	[eseje]	
essence-*f*	gasoline| essence	[esɑ̃s]	
essentiel-*adj; m*	essential; main	[esɑ̃sjɛl]	
essuyer-*vb*	wipe| dry	[esɥije]	
estamper-*vb*	stamp	[ɛstɑ̃pe]	
estimer-*vb*	estimate	[ɛstime]	
et-*con*	and	[e]	
établi-*adj*	established	[etabli]	
établir-*vb*	establish	[etabliʁ]	
étage-*m*	floor| stage	[etaʒ]	
étage-*m*	floor| stage	[etaʒ]	
étain-*m*	tin	[etɛ̃]	
étalage-*m*	display	[peʁnisjø]	
étaler-*vb*	spread out| display	[etale]	
étang-*m*	pond	[etɑ̃]	
état-*m*	state| condition	[eta]	
été-*m*	summer	[ete]	
éteindre-*vb*	turn off| put out	[etɛ̃dʁ]	
étendard-*m*	standard	[etɑ̃daʁ]	
étendre-*vb*	extend| expand	[etɑ̃dʁ]	
étendue-*m*	extent	[etɑ̃dy]	
éternel-*adj*	eternal	[etɛʁnɛl]	
éterniser-*vb*	eternize	[etɛʁnize]
éternité-*f*	eternity| lifetime	[etɛʁnite]
éthique-*f; adj*	ethics; ethical	[etik]
étincelant-*adj*	sparkling	[etɛ̃slɑ̃]
étinceler-*vb*	sparkle| flash	[etɛ̃sle]
étiqueter-*vb*	label| brand	[etikte]
étirer-*vb*	stretch	[etiʁe]
étoffe-*f*	fabric	[etɔf]
étoffer-*vb*	enrich	[etɔfe]
étoile-*f*	star| blaze	[etwal]
étonnamment-*adv*	surpisingly	[etɔnamɑ̃]
étonnant-*adj*	surprising| astonishing	[etɔnɑ̃]
étonnement-*m; adv*	astonishment; surprisingly	[etɔnmɑ̃]
étonner-*vb*	surprise| wonder	[etɔne]
étouffer-*vb*	stifle| smother	[etufe]
étourdir-*vb*	stun| surprise	[etuʁdiʁ]
étrange-*adj*	strange	[etʁɑ̃ʒ]
étrangement-*adv*	strangely	[etʁɑ̃ʒmɑ̃]
étranger-*adj; m*	foreign| overseas; foreigner	[etʁɑ̃ʒe]
étrangeté-*f*	strangeness	[etʁɑ̃ʒte]
étrangler-*vb*	strangle| choke	[etʁɑ̃gle]
être-*vb*	be| exist	[ɛtʁ]
être-*vb*	be| exist	[ɛtʁ]
être-*vb*	be| exist	[ɛtʁ]
être-*vb*	be| exist	[ɛtʁ]
étreindre-*vb*	embrace| grasp	[etʁɛ̃dʁ]
étreinte-*f*	embrace	[etʁɛ̃t]
étrier-*m*	stirrup	[etʁije]
étroit-*adj*	narrow| close	[etʁwa]
étroitement-*adv*	closely	[etʁwatmɑ̃]
étude-*f*	study	[etyd]
étudiant-*adj; m*	student; student	[etydjɑ̃]
étudier-*vb*	study| examine	[etydje]
étui-*m*	case	[etɥi]
eux-*prn*	them	[ø]
évader-*vb*	escape	[evade]
évaluer-*vb*	assess| rate	[evalɥe]
évanoui-*adj*	unconscious	[evanwi]
évanouir-*vb*	pass out	[evanwiʁ]

éveil-m	awakening	[evɛj]	existence-f	existence| life	[ɛgzistɑ̃s]
éveiller-vb	awaken	[eveje]	exister-vb	exist	[ɛgziste]
événement-m	event	[evɛnmɑ̃]	exotique-adj	exotic	[ɛgzɔtik]
éventail-m	range	[evɑ̃taj]	expédier-vb	send| dispatch	[ɛkspedje]
évêque-m	bishop	[evɛk]	expérience-f	experience	[ɛkspeʁjɑ̃s]
évidemment-adv	obviously	[evidamɑ̃]	expérimental-adj	experimental	[ɛkspeʁimɑ̃tal]
évidence-f	evidence	[evidɑ̃s]	expiation-f	atonement	[ɛkspjasjɔ̃]
évident-adj	obvious| evident	[evidɑ̃]	expier-vb	atone for	[ɛkspje]
éviter-vb	avoid| save	[evite]	explication-f	explanation| explication	[ɛksplikasjɔ̃]
évoluer-vb	evolve| change	[evɔlɥe]	expliquer-vb	explain	[ɛksplike]
évoquer-vb	evoke| recall	[evɔke]	exploitation-f	exploitation	[ɛksplwatasjɔ̃]
exact-adj	exact	[ɛgzakt]	exploiter-vb	exploit| operate	[ɛksplwate]
exactement-adv	exactly| accurately	[ɛgzaktəmɑ̃]	exposer-vb	expose| exhibit	[ɛkspoze]
exagération-f	exaggeration	[ɛgzaʒeʁasjɔ̃]	exposition-f	exposure| exhibition	[ɛkspozisjɔ̃]
exagérer-vb	exaggerate	[ɛgzaʒeʁe]	exprès-adj; adv	express; on purpose	[ɛkspʁɛs]
examen-m	examination| review	[ɛgzamɛ̃]	express-m	express	[ɛkspʁɛs]
examiner-vb	examine	[ɛgzamine]	expression-f	expression	[ɛkspʁesjɔ̃]
exaucer-vb	grant	[ɛgzose]	exprimer-vb	express| voice	[ɛkspʁime]
excéder-vb	exceed	[ɛksede]	exquis-adj	exquisite| delicious	[ɛkski]
excellent-adj	excellent	[ɛksɛlɑ̃]	exquisément-adv	exquisitely	[ɛkskizemɑ̃]
excepté-prp	except	[ɛksɛpte]	extase-f	ecstasy	[ɛkstaz]
exception-f	exception	[ɛksɛpsjɔ̃]	extasié-adj	ecstatic	[ɛkstazje]
excès-adj; m; mpl	excess; excess; debauchery	[ɛksɛ]	extérieur-adj; m	outside| exterior; outside	[ɛksteʁjœʁ]
excessif-adj	excessive| overdone	[ɛksesif]	extraire-vb	extract| draw	[ɛkstʁɛʁ]
excitation-f	excitation| anticipation	[ɛksitasjɔ̃]	extraordinaire-adj	extraordinary	[ɛkstʁaɔʁdinɛʁ]
exciter-vb	excite| arouse	[ɛksite]	extraordinairement-adv	extraordinarily	[ɛkstʁaɔʁdinɛʁmɑ̃]
exclamer-vb	exclaim	[ɛksklame]	extravagant-adj	extravagant	[ɛkstʁavagɑ̃]
exclusivement-adv	exclusively	[ɛksklyzivmɑ̃]	extrêmement-adv	extremely	[ɛkstʁemmɑ̃]
excuse-f	excuse	[ɛkskyz]			
excuser-vb	excuse| forgive	[ɛkskyze]	**F**		
exécrable-adj	execrable	[ɛgzekʁabl]			
exemplaire-m; adj	copy; exemplary	[ɛgzɑ̃plɛʁ]	façade-f	façade| front	[fasad]
exemple-m	example| sample	[ɛgzɑ̃pl]	face-f	face| front	[fas]
exercer-vb	exercise| exert	[ɛgzɛʁse]	fâcher-vb	upset	[faʃe]
exercice-m	exercise| fiscal year	[ɛgzɛʁsis]	fâcherie-f	miff	[faʃʁi]
exhiber-vb	produce	[ɛgzibe]	fâcheux-adj; m/f	annoying; meddler	[faʃø]
exhibition-f	display	[ɛgzibisjɔ̃]			
exhumer-vb	exhume	[ɛgzyme]			
exiger-vb	require| demand	[ɛgziʒe]			
exil-m	exile	[ɛgzil]			

facile-*adj*	easy	simple	[fasil]
facilement-*adv*	easily	[fasilmã]
façon-*f*	way	method	[fasõ]
façonner-*vb*	shape	fashion	[fasɔne]
facturer-*vb*	charge	[faktyʁe]
faculté-*f*	faculty	ability	[fakylte]
fagotée-*adj*	frumpy	[fagɔte]
faible-*adj; m*	low	weak; weakling	[fɛbl]
faiblir-*vb*	weaken	[fɛbliʁ]
faillir-*vb*	fail to honor commitment	[fajiʁ]
faillite-*f*	bankruptcy	[fajit]
faim-*f*	hunger	[fɛ̃]
fainéant-*adj; m*	lazy; lounger	[feneã]
faire-*vb*	do	[fɛʁ]
faisan-*m*	pheasant	[fəzã]
falloir-*vb*	have to	[falwaʁ]
famé-*adj*	repute	[fame]
fameux-*adj*	famous	[famø]
familial-*adj*	family	[familjal]
familiariser-*vb*	familiarize	[familjaʁize]
famille-*f*	family	[famij]
fanatique-*adj; m/f*	fanatic; fanatic	[fanatik]
fané-*adj*	withered	dry	[fane]
faner-*vb*	ted	[fane]
fantaisie-*f*	fancy	[fãtezi]
fantaisiste-*adj; m/f*	fanciful; joker	[fãtezist]
fantastique-*adj*	fantastic	[fãtastik]
fantoche-*m; adj*	puppet; tinpot	[fãtɔʃ]
fantomatique ment-*adv*	ghostly	[fãtɔmatikmã]
fantôme-*m; adj*	ghost; phantom	[fãtom]
faquin-*m*	rascal	[fakɛ̃]
farce-*f*	farce	joke	[faʁs]
fardé-*adj*	painted	[faʁde]
fardeau-*m*	burden	charge	[faʁdo]
farder-*vb*	make up	[ãtɔne]
farouche-*adj*	fierce	[faʁuʃ]
farouchement-*adv*	heatedly	[faʁuʃmã]
fascinant-*adj*	fascinating	[fasinã]

fascination-*f*	fascination	[fasinasjõ]
fasciner-*vb*	fascinate	[fasine]
faste-*adj*	splendor	[fast]
fastidieux-*adj*	tedious	[fastidjø]
fatal-*adj*	fatal	[fatal]
fatalement-*adv*	inevitably	[fatalmã]
fatalité-*f*	fatality	[fatalite]
fatidique-*adj*	fateful	[fatidik]
fatigue-*f*	fatigue	exhaustion	[fatig]
fatiguer-*vb*	tire	stress	[fatige]
faucher-*vb*	mow	reap	[foʃe]
faucon-*m*	falcon	[fokõ]
fauconnerie-*f*	falconry	[fokɔnʁi]
fauconnier-*m*	falconer	[fokɔnje]
faune-*f*	wildlife	[fon]
faute-*f*	fault	[fot]
fauteuil-*m*	armchair	[fotœj]
fauve-*f; adj*	beast; tawny	[fov]
faux-*adj*	false	fake	[fo]
faveur-*f*	favor	[favœʁ]
favori-*adj; m*	favorite; favorite	[favɔʁi]
fébrilement-*adv*	feverishly	[febʁilmã]
fée-*f; adj*	fairy; pixy	[fe]
feindre-*vb*	pretend	put on	[fɛ̃dʁ]
félicitation-*f*	congratulation	[felisitasjõ]
féliciter-*vb*	congratulate	[felisite]
femme-*f*	woman	[fam]
fendre-*vb*	split	slit	[fãdʁ]
fenêtre-*f*	window	[fənɛtʁ]
fer-*m*	iron	[fɛʁ]
ferme-*f; adj*	farm; firm	[fɛʁm]
fermé-*adj*	closed	sealed	[fɛʁme]
fermer-*vb*	close	[fɛʁme]
fermeté-*f*	firmness	[fɛʁməte]
férocement-*adv*	ferociously	[feʁɔsmã]
ferrer-*vb*	shoe	[feʁe]
ferrure-*f*	fitting	[feʁyʁ]
féru-*adj*	keen	[feʁy]
fête-*f*	party	[fɛt]
fétide-*adj*	fetid	rank	[fetid]
feu-*m*	fire	[fø]
feuille-*f*	sheet	leaf	[fœj]

French	English	IPA	French	English	IPA
feuilleter-*vb*	browse	[fœjte]	flâner-*vb*	stroll| loiter	[flane]
fiançailles-*fpl*	engagement	[fjɑ̃saj]	flaque-*f*	puddle	[flak]
fiancé-*m; adj*	fiance; engaged	[fjɑ̃se]	flasque-*f*	flask	[flask]
fiancer-*vb*	betroth| fiance	[fijɑ̃se]	flatter-*vb*	flatter| gratify	[flate]
fiasco-*m*	fiasco| failure	[fjasko]	flèche-*f*	arrow	[flɛʃ]
fibre-*f*	fiber| staple	[fibʁ]	fléchir-*vb*	flex	[fleʃiʁ]
fibre-*f*	fiber| staple	[fibʁ]	flétri-*adj*	withered	[fletʁi]
ficher-*vb*	file	[fiʃe]	flétrir-*vb*	wither	[fletʁiʁ]
fiction-*f*	fiction	[fiksjɔ̃]	fleur-*f*	flower	[flœʁ]
fidèle-*adj; m/f*	faithful| loyal; stalwart	[fidɛl]	fleuret-*m*	drill bit	[flœʁɛ]
fidélité-*f*	loyalty| fidelity	[fidelite]	fleurir-*vb*	flower| flourish	[flœʁiʁ]
			fleuve-*m*	river| stream	[flœv]
fier-*adj*	proud	[fjɛʁ]	flexible-*adj*	flexible	[flɛksibl]
fièvre-*f*	fever	[fjɛvʁ]	flexion-*f*	flexion	[flɛksjɔ̃]
fiévreusement -*vb*	feverishly	[fjevʁøzmɑ̃]	flirt-*m*	flirting	[flœʁt]
			flirter-*vb*	flirt| spoon	[flœʁte]
fiévreux-*adj*	feverish| hectic	[fjevʁø]	floraison-*f*	flowering	[flɔʁɛzɔ̃]
figurant-*m*	extra| dummy	[figyʁɑ̃]	floral-*adj*	floral	[flɔʁal]
figure-*f*	figure	[figyʁ]	Florentin-*adj*	florentine	[flɔʁɑ̃tɛ̃]
figurer-*vb*	figure	[figyʁe]	florin-*m*	florin	[flɔʁɛ̃]
figurine-*f*	figurine	[figyʁin]	flot-*m*	stream| flood	[flo]
fil-*m*	thread| lead	[fil]	flotter-*vb*	float| hover	[flɔte]
filé-*adj*	thready	[file]	fluide-*adj; m*	fluid; fluid	[flɥid]
filet-*m*	net| fillet	[filɛ]	flûte-*f*	flute	[flyt]
filigraner-*vb*	watermark	[filigʁane]	flûte-*f*	flute	[flyt]
fille-*f*	daughter| girl	[fij]	foi-*f*	faith	[fwa]
fils-*m*	son	[fis]	fois-*f*	time	[fwa]
fin-*f; adj*	end; fine	[fɛ̃]	folie-*f*	madness| folly	[fɔli]
finalement- *adv*	finally	[finalmɑ̃]	folle-*f*	madwoman	[fɔl]
			follement-*adv*	madly	[fɔlmɑ̃]
finement-*adv*	finely	[finmɑ̃]	foncé-*adj*	dark	[fɔ̃se]
fini-*adj; m*	finished| finite; finish	[fini]	foncer-*vb*	charge	[fɔ̃se]
			fond-*m*	bottom	[fɔ̃]
finir-*vb*	end| finish	[finiʁ]	fond-*m*	bottom	[fɔ̃]
fixement-*adv*	fixedly	[fiksəmɑ̃]	fonder-*vb*	base| set up	[fɔ̃de]
fixer-*vb*	set| fix	[fikse]	forain-*m*	showman	[fɔʁɛ̃]
flacon-*m*	bottle	[flakɔ̃]	force-*f*	force| power	[fɔʁs]
flagellation-*f*	flogging	[flaʒelasjɔ̃]	forcé-*adj*	forced	[fɔʁse]
flamand-*adj; m*	Flemish; Flemish	[flamɑ̃]	forcer-*vb*	force| compel	[fɔʁse]
			forêt-*f*	forest	[fɔʁɛ]
flambant-*adj*	brand-new	[flɑ̃bɑ̃]	formation-*f*	training| formation	[fɔʁmasjɔ̃]
flamboyant- *adj*	flamboyant	[flɑ̃bwajɑ̃]	forme-*f*	form| shape	[fɔʁm]
			formel-*adj*	formal	[fɔʁmɛl]
flamboyer-*vb*	blaze	[flɑ̃bwaje]	former-*vb*	form| train	[fɔʁme]
flamme-*f*	flame	[flam]			
flanc-*m*	flank	[flɑ̃]			

fort-*adj; m; adv*	strong| loud; fort; highly	[fɔʁ]	
fortement-*adv*	strongly	[fɔʁtəmã]	
fortune-*f*	fortune| wealth	[fɔʁtyn]	
fortuné-*adj*	wealthy	[fɔʁtyne]	
fosse-*f*	pit| grave	[fos]	
fou-*adj; m*	crazy; fool	[fu]	
foudre-*f*	lightning	[fudʁ]	
foudroyer-*vb*	blast	[fudʁwaje]	
fouet-*m*	whip	[fwɛ]	
fouetter-*vb*	whip| scourge	[fwete]	
fougueux-*adj*	fiery| spirited	[fugø]	
fouiller-*vb*	search| ransack	[fuje]	
fouillis-*m*	mess	[fuji]	
foulard-*m*	scarf| foulard	[fulaʁ]	
fouler-*vb*	tread	[fule]	
four-*m*	oven	[fuʁ]	
fourmi-*f*	ant	[fuʁmi]	
fourneau-*m*	furnace	[fuʁno]	
fournir-*vb*	provide| afford	[fuʁniʁ]	
fourrer-*vb*	stick	[fuʁe]	
fourrure-*f*	fur	[fuʁyʁ]	
foyer-*m*	home| fireplace	[fwaje]	
fragile-*adj*	fragile	[fʁaʒil]	
fragment-*m*	fragment| piece	[fʁagmã]	
fraîcheur-*f*	freshness| coolness	[fʁɛʃœʁ]	
frais-*mpl; adj*	costs; fresh	[fʁɛ]	
fraise-*f*	strawberry	[fʁɛz]	
fraisier-*m*	strawberry	[fʁezje]	
franc-*adj; m*	frank; franc	[fʁã]	
français-*adj; m|mpl*	French; French	[fʁãsɛ]	
franchir-*vb*	cross| pass	[fʁãʃiʁ]	
frange-*f*	fringe	[fʁãʒ]	
frapper-*vb*	hit| knock	[fʁape]	
fratricide-*adj; m*	fratricidal; fratricide	[ɔktɔgɔn]	
frayer-*vb*	spawn	[fʁeje]	
frêle-*adj*	frail	[fʁɛl]	
frémir-*vb*	tremble| shudder	[fʁemiʁ]	
frémissant-*adj*	trembling	[fʁemisã]	
frémissement-*m*	shudder	[fʁemismã]	
fréquenter-*vb*	patronize| frequent	[fʁekãte]	
frère-*m*	brother	[fʁɛʁ]	
fresque-*f*	fresco	[fʁɛsk]	
friandise-*f*	delicacy| treat	[fʁijãdiz]	
frire-*vb*	fry	[fʁiʁ]	
frise-*f*	frieze	[fʁiz]	
frisson-*m*	thrill| shivers	[fʁisɔ̃]	
frissonnant-*adj*	thrilled	[fʁisɔnã]	
frissonner-*vb*	shiver| tremble	[fʁisɔne]	
froid-*adj; m*	cold| cool; cold	[fʁwa]	
froidement-*adv*	coldly	[fʁwadmã]	
froisser-*vb*	offend| crease	[fʁwase]	
froncement-*m*	frown	[fʁɔ̃smã]	
froncer-*vb*	frown	[fʁɔ̃se]	
front-*m*	front| forehead	[fʁɔ̃]	
frontal-*adj*	frontal	[fʁɔ̃tal]	
fronton-*m*	pediment	[fʁɔ̃tɔ̃]	
frotter-*vb*	rub| scrub	[fʁɔte]	
fructifier-*vb*	fructify	[fʁyktifje]	
fructueux-*adj*	successful	[glɛzø]	
fruit-*m*	fruit	[fʁɥi]	
fuir-*vb*	flee| escape	[fɥiʁ]	
fuite-*f*	leakage	[fɥit]	
fulgurant-*adj*	lightning	[fylgyʁã]	
fumant-*adj*	smoking	[fymã]	
fumé-*adj*	smoked	[fyme]	
fumer-*vb*	smoke	[fyme]	
fumeux-*adj*	smoky	[fymø]	
fumisterie-*f*	humbug	[fymistəʁi]	
funèbre-*adj*	funeral	[fynɛbʁ]	
furieusement-*adv*	furiously	[fyʁjøzmã]	
furieux-*adj; m*	furious; madman	[fyʁjø]	
furtivement-*adv*	furtively	[fyʁtivmã]	
fuseler-*vb*	taper	[fyzle]	
fuser-*vb*	gush	[fyze]	
fusil-*m*	rifle	[fyzi]	
futile-*adj*	futile| frivolous	[fytil]	
futilité-*f*	futility	[fytilite]	
futur-*adj; m*	future; future	[fytyʁ]	
fuyant-*adj*	elusive| receding	[fɥijã]	

G

gâcher-*vb*	spoil| ruin	[gaʃe]	
gagner-*vb*	win| earn	[gaɲe]	

371

gaiement-*adv*	gladly	[gemã]	
gaieté-*f*	cheerfulness	[gete]	
gale-*f*	scabies	[gal]	
galerie-*f*	gallery	[galʁi]	
galop-*m*	gallop	[galo]	
galoper-*vb*	gallop	[galɔpe]	
gamin-*m; adj*	kid; kiddy	[gamɛ̃]	
gamme-*f*	range	[gam]	
gant-*m*	glove	[gã]	
ganter-*vb*	glove	[sɔməlje]	
garçon-*m*	boy| lad	[gaʁsɔ̃]	
garde-*f; adj*	custody| guard; guarding	[gaʁd]	
garder-*vb*	keep| maintain	[gaʁde]	
gardien-*m*	keeper| guardian	[gaʁdjɛ̃]	
garni-*m*	furnished room	[gaʁni]	
garnir-*vb*	line	[gaʁniʁ]	
gars-*m*	guy	[ga]	
gaspiller-*vb*	waste| throw away	[gaspije]	
gâteau-*m*	cake	[gato]	
gâter-*vb*	spoil| pamper	[gate]	
gauche-*adj; f*	left; left	[goʃ]	
gaz-*m*	gas	[gaz]	
gaze-*adj; f*	gauze; gauze	[gaz]	
gazer-*vb*	zap| gas	[gaze]	
gazette-*f*	gazette	[gazɛt]	
gazon-*m*	grass| lawn	[gazɔ̃]	
gazonner-*vb*	grass	[gazɔne]	
géant-*adj; m*	giant; giant	[ʒeã]	
geindre-*vb*	whine| moan	[ʒɛ̃dʁ]	
geler-*vb*	freeze	[ʒəle]	
gémir-*vb*	moan| wail	[ʒemiʁ]	
gémissement-*m*	groan| whine	[ʒemismã]	
gemme-*f*	gem	[ʒɛm]	
gêner-*vb*	hinder	[ʒene]	
général-*adj; m*	general; general	[ʒeneʁal]	
génération-*f*	generation	[ʒeneʁasjɔ̃]	
généreux-*adj*	generous| liberal	[ʒeneʁø]	
générosité-*f*	generosity	[ʒeneʁozite]	
génial-*adj*	great| brilliant	[ʒenjal]	
génie-*m*	genius| genie	[ʒeni]	
genou-*m*	knee	[ʒənu]	
genre-*m*	kind| gender	[ʒãʁ]	
gens-*mpl*	people	[ʒã]	

gentil-*adj; m*	nice| kind; gentile	[ʒãti]	
gentilhomme-*m*	gentleman	[ʒãtijɔm]	
gentiment-*adv*	kindly| gently	[ʒãtimã]	
gentleman-*m; adj*	gentleman; gentlemanly	[dʒɛntləman]	
géorgien-*adj*	Georgian	[ɔtɔmat]	
gerber-*vb*	throw up	[ʒɛʁbe]	
germe-*m*	germ	[ʒɛʁm]	
gésir-*vb*	lie	[ʒeziʁ]	
geste-*m*	gesture| movement	[ʒɛst]	
gigantesque-*adj*	gigantic	[ʒigãtɛsk]	
gilet-*m*	vest	[ʒilɛ]	
gingembre-*m*	ginger	[ʒɛ̃ʒãbʁ]	
gisant-*adj*	recumbent	[ʒizã]	
givrer-*vb*	frost	[ʒivʁe]	
glace-*f*	ice| mirror	[glas]	
glacé-*adj; m*	iced; glazed frost	[glase]	
glacer-*vb*	glaze| freeze	[glase]	
glaiseux-*adj*	clayey	[tʁijãgylɛʁ]	
gland-*m*	glans	[glã]	
glapir-*vb*	yelp	[glapiʁ]	
glisser-*vb*	slip| run	[glise]	
globe-*m*	globe	[glɔb]	
gloire-*f*	glory| fame	[glwaʁ]	
glorieux-*adj*	glorious	[glɔʁjø]	
gobelet-*m*	cup	[gɔblɛ]	
gomme-*f*	gum	[gɔm]	
gondole-*f*	gondola	[gɔ̃dɔl]	
gorge-*f*	throat	[gɔʁʒ]	
gorge-*f*	throat	[gɔʁʒ]	
gothique-*adj; m*	Gothic; Gothic	[gɔtik]	
gourd-*adj*	numb	[guʁ]	
goût-*m*	taste| flavor	[gu]	
goûter-*vb*	taste	[gute]	
gouttelette-*f*	droplet	[gutlɛt]	
gouttière-*f*	gutter	[gutjɛʁ]	
gouvernant-*adj*	governing	[guvɛʁnã]	
gouverne-*f*	steering	[guvɛʁn]	
gouverner-*vb*	govern| steer	[guvɛʁne]	
grâce-*f*	grace| favor	[gʁas]	
gracieux-*adj*	gracious| graceful	[gʁasjø]	
gradation-*f*	gradation	[gʁadasjɔ̃]	

graduellement -adv	gradually	[gʁadyɛlmã]
grain-m	grain	[gʁɛ̃]
grainer-vb	grain	[ʁepɛʁkyte]
graisseux-adj	greasy	[gʁɛsø]
graisseux-adj	greasy	[gʁɛsø]
gramme-m	gram| ounce	[gʁam]
grand-adj	large| wide	[gʁã]
grandeur-f	size| magnitude	[gʁãdœʁ]
granit-m	granite	[gʁanit]
grappe-f	cluster	[gʁap]
gras-adj; m	fat; fat	[gʁa]
gratifier-vb	gratify	[gʁatifje]
grave-adj	serious| grave	[gʁav]
gravement-adv	seriously| gravely	[gʁavmã]
gravir-vb	climb| ascend	[gʁaviʁ]
gré-m	will	[gʁe]
grec-adj; m	Greek; Greek	[gʁɛk]
grecque-adj	Greek	[gʁɛk]
gredin-m	rascal	[gʁədɛ̃]
grelotter-vb	shivering	[gʁəlɔte]
grenade-f	grenade	[gʁənad]
grenat-m	garnet	[ɔ̃dyle]
grésiller-vb	sizzle	[gʁezije]
griffe-f	claw	[gʁif]
griffonner-vb	scribble	[gʁifɔne]
grille-f	grid| gate	[gʁij]
griller-vb	grill| toast	[gʁije]
grimaçant-adj	grimacing	[gʁimasã]
grimace-f	grimace	[gʁimas]
grimacer-vb	wince	[gʁimase]
grimer-vb	make up| disguise	[gʁime]
grimper-vb	climb| soar	[gʁɛ̃pe]
gris-adj; m	gray; gray	[gʁi]
grisâtre-adj	greyish	[gʁizatʁ]
grise-adj	grey	[gʁiz]
grive-f	thrush	[gʁiv]
grognement-m	grunt	[gʁɔɲmã]
grommeler-vb	grumble	[gʁɔmle]
grondement-m	roar	[gʁɔ̃dmã]
gronder-vb	scold| rumble	[gʁɔ̃de]
groom-m	bellhop| page	[gʁum]
gros-adj; m	large| fat; fat man	[gʁo]
grossier-adj	coarse| rude	[gʁosje]
grossièrement-adv	roughly	[gʁosjɛʁmã]
grotesque-adj; m	grotesque; grotesque	[gʁɔtɛsk]
grotesquement-adv	grotesquely	[gʁɔtɛskəmã]
grouillement-m	swarming	[gʁujmã]
groupe-m	group| band	[gʁup]
guère-adv	little	[gɛʁ]
guérir-vb	cure| recover	[geʁiʁ]
guetter-vb	await	[gete]
guider-vb	guide| steer	[gide]
Guinée-f	Guinea	[gine]
guirlande-f	garland| string	[giʁlãd]
guise-f	way	[giz]

H

habile-adj	clever| skilful	[abil]
habillé-adj	dressed	[abije]
habillement-m	clothing	[abijmã]
habiller-vb	dress	[abije]
habit-m	habit	[abi]
habitant-m; adj	inhabitant; resident	[abitã]
habitation-f	home| habitation	[abitasjɔ̃]
habiter-vb	live in| inhabit	[abite]
habitude-f	habit	[abityd]
habitué-adj; m	accustomed; regular	[abitɥe]
habituel-adj	usual| regular	[abitɥɛl]
habituer-vb	accustom| get used to	[abitɥe]
hagard-adj	haggard	[agaʁ]
haine-f; adj	hatred; heating	[ɛn]
haïr-vb	hate	[aiʁ]
hâler-vb	tan	[ale]
haletant-adj	panting	[altã]
haleter-vb	gasp	[alte]
hall-m	lobby| lounge	[ol]
hanté-adj	haunted	[ãte]
hanter-vb	haunt| spook	[ãte]
hard-adj	hard-porn	[aʁd]
harmonie-f	harmony	[aʁmɔni]
harmonie-f	harmony	[aʁmɔni]
harnais-m	harness	[aʁnɛ]
hasard-m	chance| accident	[azaʁ]

hasarder-*vb*	hazard	[azaʁde]
hâté-*adj*	rushed	[mwasɔne]
hâter-*vb*	hasten	accelerate	[ate]
hâtivement-*adv*	hastily	[ativmã]
hausser-*vb*	raise	increase	[ose]
haut-*adj; m; adv*	high; top; in heaven	[o]
hautain-*adj*	haughty	[otɛ̃]
hautbois-*m*	oboe	[paʁʁ]
hautement-*adv*	highly	[otmã]
heaume-*m*	helmet	[om]
hébreu-*adj; m*	Hebrew; Hebrew	[ebʁø]
hédonisme-*m*	hedonism	[edɔnism]
hein-*int*	right	[ɛ̃]
héler-*vb*	hail	[ele]
héraut-*m*	herald	[eʁo]
herbe-*f*	grass	herb	[ɛʁb]
héréditaire-*adj*	hereditary	[eʁeditɛʁ]
hérissé-*adj*	bristly	[eʁise]
héritage-*m*	heritage	legacy	[eʁitaʒ]
héritier-*m*	heir	heirdom	[eʁitje]
héro-*m*	hero	[eʁo]
héroïne-*f*	heroin	[eʁɔin]
hésitation-*f*	hesitation	[ezitasjɔ̃]
hésiter-*vb*	hesitate	[ezite]
heure-*f*	time	[œʁ]
heureusement-*adv*	fortunately	happily	[øʁøzmã]
heureux-*adj*	happy	[øʁø]
heurter-*vb*	hit	offend	[œʁte]
hideur-*f*	hideousness	[idœʁ]
hideux-*adj*	hideous	[idø]
hier-*adv*	yesterday; yesterday	[ijɛʁ]
hilarité-*f*	hilarity	[ilaʁite]
hirondelle-*f*	swallow	[iʁɔ̃dɛl]
histoire-*f*	history	story	[istwaʁ]
historien-*m; adj*	historian; historical	[istɔʁjɛ̃]
hiver-*m*	winter	[ivɛʁ]
hochement-*m*	nod	[mɔnɔlɔge]
hocher-*vb*	shake	[ɔʃe]
hollandais-*adj; mpl*	Dutch; Dutch	[ɔlɑ̃dɛ]
hommage-*m*	tribute	[ɔmaʒ]

homme-*m*	man	person	[ɔm]
honneur-*m*	honor	credit	[ɔnœʁ]
honorable-*adj*	honorable	[ɔnɔʁabl]
honte-*f*	shame	[ɔ̃t]
honteux-*adj*	shameful	ashamed	[ɔ̃tø]
hôpital-*m*	hospital	[ɔpital]
hoqueter-*vb*	hiccup	[ɔkte]
horizon-*m*	horizon	[ɔʁizɔ̃]
horloge-*f*	clock	[ɔʁlɔʒ]
horreur-*f*	horror	[ɔʁœʁ]
horrible-*adj*	horrible	[ɔʁibl]
horriblement-*adv*	horribly	[ɔʁibləmã]
hors-*prp*	except	[ɔʁ]
hospitalier-*adj*	hospital	[ɔspitalje]
hostie-*f*	host	[ɔsti]
hostile-*adj*	hostile	opposed	[ɔstil]
hôte-*m*	host	[ot]
hôte-*m*	host	[ot]
hôtel-*m*	hotel	[otɛl]
huiler-*vb*	oil	[ɥile]
huit-*num*	eight	[ɥit]
huitième-*num*	eighth	[ɥitjɛm]
humain-*adj; m*	human; human	[ymɛ̃]
humanité-*f*	humanity	[ymanite]
humble-*adj*	humble	[ɛ̃bl]
humeur-*f*	mood	spirit	[ymœʁ]
humide-*adj*	wet	damp	[ymid]
humiliation-*f*	humiliation	[ymiljasjɔ̃]
humilier-*vb*	humiliate	[ymilje]
humilité-*f*	humility	[ymilite]
hurler-*vb*	scream	howl	[yʁle]
hyacinthe-*f*	hyacinth	[jasɛ̃t]
hypocrisie-*f*	hypocrisy	[ipɔkʁizi]
hystérique-*adj*	hysterical	[isteʁik]

I

ibis-*m*	ibis	[ibis]
ici-*adv*	here	[isi]
idéal-*adj; m*	ideal; ideal	[ideal]
idéalité-*f*	ideality	[distile]
idée-*f*	idea	[ide]
idiot-*m; adj*	idiot; silly	[idjo]
idolâtre-*adj; m*	idolatrous; idolater	[idɔlatʁ]

idolâtrer-*vb*	idolize	[idɔlatʁe]	
idolâtrie-*f*	idolatry	[idɔlatʁi]	
idylle-*f*	idyll	[idil]	
ignoble-*adj*	despicable	[iɲɔbl]	
ignorance-*f*	ignorance	[iɲɔʁãs]	
ignoré-*adj*	unknown	[iɲɔʁe]	
ignorer-*vb*	ignore	[iɲɔʁe]	
il-*prn*	he, it	[il]	
illégal-*adj*	illegal	[ilegal]	
illuminer-*vb*	illuminate| floodlight	[ilymine]	
illusion-*f*	illusion	[ilyzjɔ̃]	
illustre-*adj*	illustrious| illustrated	[ilystʁ]	
illustré-*adj*	illustrated	[ilystʁe]	
image-*f*	image	[imaʒ]	
image-*f*	image	[imaʒ]	
imaginaire-*adj*	imaginary	[imaʒinɛʁ]	
imagination-*f*	imagination	[imaʒinasjɔ̃]	
imaginer-*vb*	imagine	[imaʒine]	
imbécile-*m/f; adj*	imbecile; stupid	[ɛ̃besil]	
imitation-*f*	imitation	[imitasjɔ̃]	
imiter-*vb*	imitate| mimic	[imite]	
immédiat-*adj*	immediate	[imedja]	
immédiatement-*adv*	immediately	[imedjatmã]	
immiscer-*vb*	interfere	[imise]	
immobile-*adj*	motionless| immobile	[imɔbil]	
immonde-*adj*	unclean	[imɔ̃d]	
immoral-*adj*	immoral	[imɔʁal]	
immoralité-*f*	immorality	[imɔʁalite]	
immortalité-*f*	immortality	[imɔʁtalite]	
impardonnable-*adj*	unforgivable	[ɛ̃paʁdɔnabl]	
imparfait-*adj; m*	imperfect; imperfect	[ɛ̃paʁfɛ]	
impassible-*adj*	impassive	[ɛ̃pasibl]	
impatience-*f*	impatience	[ɛ̃pasjãs]	
impatienter-*vb*	annoy	[ɛ̃pasjãte]	
impérial-*adj*	imperial	[ɛ̃peʁjal]	
impétueux-*adj*	impetuous	[ɛ̃petɥø]	
impliquer-*vb*	involve| implicate	[ɛ̃plike]	
implorant-*adj*	imploring	[ɛ̃plɔʁã]	
impollué-*adj*	unpolluted	[ɛ̃pɔlɥe]	
importance-*f*	importance| significance	[ɛ̃pɔʁtãs]	
important-*adj*	important	[ɛ̃pɔʁtã]	
importer-*vb*	import	[ɛ̃pɔʁte]	
importuner-*vb*	bother	[ɛ̃pɔʁtyne]	
imposé-*adj*	imposed	[ɛ̃poze]	
imposer-*vb*	impose	[ɛ̃poze]	
impossible-*adj*	impossible	[ɛ̃pɔsibl]	
imprégner-*vb*	impregnate	[ɛ̃pʁeɲe]	
impression-*f*	printing| impression	[ɛ̃pʁesjɔ̃]	
imprévu-*adj; m*	unexpected; contingency	[ɛ̃pʁevy]	
improvisation-*f*	improvisation	[ɛ̃pʁovizasjɔ̃]	
improviser-*vb*	improvise	[ɛ̃pʁovize]	
improviste-*adv*	unexpectedly	[ɛ̃pʁovist]	
impuissance-*f*	impotence| helplessness	[ɛ̃pɥisãs]	
impulsion-*f*	pulse| impetus	[ɛ̃pylsjɔ̃]	
inaccoutumé-*adj*	unaccustomed	[inakutyme]	
inappréciable-*adj*	invaluable	[inapʁesjabl]	
inattendu-*adj*	unexpected	[inatãdy]	
incapable-*adj*	unable| incapable	[ɛ̃kapabl]	
incarnation-*f*	incarnation	[ɛ̃kaʁnasjɔ̃]	
incarner-*vb*	embody| personify	[ɛ̃kaʁne]	
incertitude-*f*	uncertainty	[ɛ̃sɛʁtityd]	
incident-*adj; m*	incident; incident	[ɛ̃sidã]	
incivilisé-*adj*	uncivilised	[ɛ̃sivilize]	
inclinaison-*f*	tilt	[ɛ̃klinɛzɔ̃]	
incliner-*vb*	tilt| incline	[ɛ̃kline]	
incohérence-*f*	inconsistency	[ɛ̃kɔeʁãs]	
incomparable-*adj*	incomparable	[ɛ̃kɔ̃paʁabl]	
incompatible-*adj*	incompatible	[ɛ̃kɔ̃patibl]	
incomplet-*adj*	incomplete	[ɛ̃kɔ̃plɛ]	
inconnu-*m; adj*	unknown; unfamiliar	[ɛ̃kɔny]	
inconsciemment-*adv*	unconsciously	[ɛ̃kɔ̃sjamã]	
inconscience-*f*	unconsciousness	[ɛ̃kɔ̃sjãs]	
inconscient-*adj; m*	unconscious; unconscious	[ɛ̃kɔ̃sjã]	
inconsidéré-*adj*	inconsiderate	[ɛ̃kɔ̃sideʁe]	
incorrigible-*adj*	incorrigible	[ɛ̃kɔʁiʒibl]	
incroyable-*adj*	incredible| amazing	[ɛ̃kʁwajabl]	
incruster-*vb*	inlay| insert	[ɛ̃kʁyste]	

Inde-*f*	India	[ɛ̃d]	**ingérence**-*f*	interference	[ɛ̃ʒeʀɑ̃s]
indécis-*adj*	undecided	[ɛ̃desi]	**iniquité**-*f*	iniquity	[inikite]
indéfinissable-*adj*	indefinable	[ɛ̃definisabl]	**injuste**-*adj*	unfair| wrong	[ɛ̃ʒyst]
indépendant-*adj; m*	independent; independent	[ɛ̃depɑ̃dɑ̃]	**injustice**-*f*	injustice| unfairness	[ɛ̃ʒystis]
			innocence-*f*	innocence	[inɔsɑ̃s]
indien-*adj*	Indian	[ɛ̃djɛ̃]	**innocent**-*adj; m*	innocent; innocent	[inɔsɑ̃]
indifféremment-*adv*	interchangeably	[ɛ̃difeʀamɑ̃]	**innocenter**-*vb*	clear| find not guilty	[inɔsɑ̃te]
indifférence-*f*	indifference	[ɛ̃difeʀɑ̃s]	**innombrable**-*adj*	innumerable	[inɔ̃bʀabl]
indifférent-*adj*	indifferent	[ɛ̃difeʀɑ̃]	**inonder**-*vb*	flood| inundate	[inɔ̃de]
indignation-*f*	indignation	[ɛ̃diɲasjɔ̃]	**inopiné**-*adj*	stray	[lagyn]
indigner-*vb*	outrage	[ɛ̃diɲe]	**inorganique**-*adj*	inorganic	[inɔʀganik]
indiquer-*vb*	indicate| show	[ɛ̃dike]			
indiscret-*adj*	indiscreet	[ɛ̃diskʀɛ]	**inquiet**-*adj*	worried| concerned	[ɛ̃kjɛ]
indisposer-*vb*	indispose	[ɛ̃dispoze]	**inquiéter**-*vb*	worry| alarm	[ɛ̃kjete]
individu-*m*	individual	[ɛ̃dividy]	**inquisiteur**-*m; adj*	inquisitor; inquisitive	[ɛ̃kizitœʀ]
individualisme-*m*	individualism	[ɛ̃dividɥalism]	**insanité**-*f*	insanity	[ɛ̃sanite]
individualité-*f*	individuality	[ɛ̃dividɥalite]	**insatiable**-*adj*	insatiable	[ɛ̃sasjabl]
indolence-*f*	indolence	[ɛ̃dɔlɑ̃s]	**insatisfait**-*adj*	unsatisfied	[senik]
industrialisme-*m*	industrialism	[ɛ̃dystʀijalism]	**inscrire**-*vb*	enroll| list	[ɛ̃skʀiʀ]
inédit-*adj*	novel	[inedi]	**inscrit**-*m/f; adj*	registered voter/student; enrolled	[ɛ̃skʀi]
inégal-*adj*	unequal	[inegal]			
inéluctable-*adj*	inevitable| ineluctable	[inelyktabl]	**insensé**-*adj; m*	senseless; madman	[ɛ̃sɑ̃se]
inévitable-*adj*	inevitable	[inevitabl]	**insensibilité**-*f*	insensitivity	[ɛ̃sɑ̃sibilite]
			insensible-*adj*	insensitive	[ɛ̃sɑ̃sibl]
inexpérimenté-*adj*	inexperienced	[inɛkspeʀimɑ̃te]	**inséparable**-*adj*	inseparable	[ɛ̃sepaʀabl]
infâme-*adj*	infamous| vile	[ɛ̃fam]	**insincère**-*adj*	insincere	[ɛ̃sɛ̃sɛʀ]
infanterie-*f*	infantry	[ɛ̃fɑ̃tʀi]	**insincérité**-*m*	insincerity	[ɛ̃sɛ̃seʀite]
infecter-*vb*	infect	[ɛ̃fɛkte]	**insistance**-*f*	insistence	[ɛ̃sistɑ̃s]
inférieur-*adj; m*	lower; inferior	[ɛ̃feʀjœʀ]	**insister**-*vb*	insist	[ɛ̃siste]
			insolence-*f*	insolence	[ɛ̃sɔlɑ̃s]
infernal-*adj; m*	infernal; fiend	[ɛ̃fɛʀnal]	**insolent**-*adj*	insolent| cheeky	[ɛ̃sɔlɑ̃]
infidèle-*adj*	unfaithful	[ɛ̃fidɛl]	**insolite**-*adj*	unusual	[ɛ̃sɔlit]
infini-*adj; m*	infinite; infinity	[ɛ̃fini]	**insouciance**-*f*	recklessness	[ɛ̃susjɑ̃s]
infiniment-*adv*	infinitely	[ɛ̃finimɑ̃]	**insouciant**-*adj*	carefree| careless	[ɛ̃susjɑ̃]
infliger-*vb*	impose| mete	[ɛ̃fliʒe]	**insoucieusement**-*adv*	unconcernedly	[ɛ̃susjøzmɑ̃]
influence-*f*	influence	[ɛ̃flyɑ̃s]			
influencer-*vb*	influence	[ɛ̃flyɑ̃se]	**inspirer**-*vb*	inspire	[ɛ̃spiʀe]
informe-*adj*	shapeless| unformed	[ɛ̃fɔʀm]	**installer**-*vb*	install| set	[ɛ̃stale]
informé-*adj*	informed	[ɛ̃fɔʀme]	**instant**-*m; adj*	moment| while; urgent	[ɛ̃stɑ̃]
informer-*vb*	inform| advise	[ɛ̃fɔʀme]			
infortuné-*adj*	unfortunate	[ɛ̃fɔʀtyne]	**instinct**-*m*	instinct	[ɛ̃stɛ̃]
infuser-*vb*	infuse	[ɛ̃fyze]			

instinctivement-*adv*	instinctively	[ɛ̃stɛ̃ktivmɑ̃]	
instruire-*vb*	instruct| educate	[ɛ̃stʁɥiʁ]	
instrument-*m*	instrument| implement	[ɛ̃stʁymɑ̃]	
insuccès-*m*	failure	[ɛ̃syksɛ]	
insuffisance-*f*	insufficiency	[ɛ̃syfizɑ̃s]	
insuffler-*vb*	infuse	[ɛ̃syfle]	
insultant-*adj*	insulting	[ɛ̃syltɑ̃]	
insulte-*f*	insult	[ɛ̃sylt]	
insulter-*vb*	insult| offend	[ɛ̃sylte]	
insupportable-*adj*	unbearable| insupportable	[ɛ̃sypɔʁtabl]	
intact-*adj*	intact| unspoiled	[ɛ̃takt]	
intellectualité-*f*	intellectuality	[ɛ̃telɛktɥalite]	
intellectuel-*adj; m*	intellectual; intellectual	[ɛ̃telɛktɥɛl]	
intelligence-*f*	intelligence| intellect	[ɛ̃teliʒɑ̃s]	
intelligent-*adj*	intelligent	[ɛ̃teliʒɑ̃]	
intense-*adj*	intense	[ɛ̃tɑ̃s]	
intensément-*adv*	deeply	[ɛ̃tɑ̃semɑ̃]	
intensifier-*vb*	intensify	[ɛ̃tɑ̃sifje]	
intention-*f*	intention| mind	[ɛ̃tɑ̃sjɔ̃]	
intéressant-*adj*	interesting	[ɛ̃teʁesɑ̃]	
intéresser-*vb*	interest	[ɛ̃teʁese]	
intérêt-*m*	interest	[ɛ̃teʁɛ]	
interminable-*adj*	endless	[ɛ̃tɛʁminabl]	
interpréter-*vb*	interpret	[ɛ̃tɛʁpʁete]	
interroger-*vb*	question| examine	[ɛ̃teʁɔʒe]	
interrompre-*vb*	interrupt| stop	[ɛ̃teʁɔ̃pʁ]	
intervalle-*m*	interval	[ɛ̃tɛʁval]	
intervenir-*vb*	intervene	[ɛ̃tɛʁvəniʁ]	
intervention-*f*	intervention| speech	[ɛ̃tɛʁvɑ̃sjɔ̃]	
intime-*adj*	intimate	[ɛ̃tim]	
intimement-*adv*	intimately	[ɛ̃timmɑ̃]	
intimité-*f*	privacy	[ɛ̃timite]	
intolérable-*adj*	intolerable	[ɛ̃tɔleʁabl]	
intolérablement-*adv*	intolerably	[ɛ̃tɔleʁabləmɑ̃]	
intonation-*f*	intonation	[ɛ̃tɔnasjɔ̃]	
intriguer-*vb*	intrigue	[ɛ̃tʁige]	
introduire-*vb*	introduce| place	[ɛ̃tʁɔdɥiʁ]	
inutile-*adj*	unnecessary| useless	[inytil]	
inutilement-*adv*	uselessly	[inytilmɑ̃]	
inutilité-*f*	uselessness	[inytilite]	
invariablement-*adv*	invariably	[ɛ̃vaʁjabləmɑ̃]	
invectiver-*vb*	abuse	[ɛ̃vɛktive]	
inventer-*vb*	invent| make up	[ɛ̃vɑ̃te]	
investigation-*f*	investigation| inquiry	[ɛ̃vɛstigasjɔ̃]	
invétérer-*vb*	ingrain	[ɛ̃veteʁe]	
invisible-*adj*	invisible	[ɛ̃vizibl]	
invitation-*f*	invitation	[ɛ̃vitasjɔ̃]	
inviter-*vb*	invite| ask	[ɛ̃vite]	
involontaire-*adj*	involuntary	[nɔ̃ʃalɑ̃]	
invraisemblable-*adj*	unlikely| incredible	[ɛ̃vʁɛsɑ̃blabl]	
iridescent-*adj; m*	iridescent; iridescence	[iʁidesɑ̃]	
iris-*m*	iris	[iʁis]	
iriser-*vb*	make iridescent	[gɑ̃te]	
ironie-*f*	irony	[iʁɔni]	
irréalité-*f*	unreality	[iʁealite]	
irréel-*adj*	unreal	[iʁeɛl]	
irréparable-*adj*	irreparable	[iʁepaʁabl]	
irréprochable-*adj*	unexceptionable	[iʁepʁɔʃabl]	
irrésistible-*adj*	irresistible	[iʁezistibl]	
irrévocable-*adj*	irrevocable	[iʁevɔkabl]	
irritable-*adj*	irritable| prickly	[iʁitabl]	
irritant-*adj*	irritant	[iʁitɑ̃]	
isolé-*adj; m*	isolated| insulated; isolated person	[izɔle]	
isoler-*vb*	isolate| separate	[izɔle]	
Israélite-*nn*	Israelite	[vɛʁse]	
italien-*adj; m*	Italian; Italian	[italjɛ̃]	
ivoire-*m*	ivory	[ivwaʁ]	
ivresse-*f*	drunkenness	[ivʁɛs]	
ivrogne-*m/f; adj*	drunkard; drunken	[ivʁɔɲ]	
ivrognerie-*f*	drunkenness	[ivʁɔɲʁi]	

J

jacobin-*m*	Jacobin	[eʃɛk]
jade-*m*	jade	[ʒad]
jadis-*adv*	once	[ʒadis]

jaillir-*vb*	flow	[ʒajiʁ]
jalouse-*adj*	jealous	[ʒaluz]
jalousie-*f*	jealousy	[ʒaluzi]
jaloux-*adj*	jealous	[ʒalu]
jamais-*adv*	never| ever	[ʒamɛ]
Japon-*m*	Japan	[ʒapɔ̃]
japonais-*adj; m|mpl*	Japanese; Japanese	[ʒapɔnɛ]
jaquette-*f*	jacket	[ʒakɛt]
jardin-*m*	garden	[ʒaʁdɛ̃]
jardinier-*m*	gardener	[ʒaʁdinje]
jarre-*f*	jar	[ʒaʁ]
jarretière-*f*	garter	[ʒaʁtjɛʁ]
jasmin-*m*	jasmine	[ʒasmɛ̃]
jaune-*adj; m*	yellow; yellow	[ʒon]
jaunir-*vb*	yellow	[ʒoniʁ]
java-*f*	rave	[ʒava]
je-*prn*	I	[ʒə]
jean-*m*	jeans	[dʒin]
jet-*m*	jet| stream	[ʒɛ]
jeter-*vb*	throw	[ʒəte]
jeu-*m*	game	[ʒø]
jeune-*adj; m*	young; youth	[ʒœn]
jeûne-*m*	fasting	[ʒøn]
jeunesse-*f*	youth	[ʒœnɛs]
joie-*f*	joy	[ʒwa]
joindre-*vb*	join| attach	[ʒwɛ̃dʁ]
joli-*adj*	pretty	[ʒɔli]
joliesse-*f*	grace	[ʒɔljɛs]
jonc-*m*	rush	[ʒɔ̃]
jonquille-*f*	daffodil	[ʒɔ̃kij]
jouer-*vb*	play| act	[ʒwe]
joueur-*m*	player	[ʒwœʁ]
joufflu-*adj*	chubby	[ʒufly]
jouissance-*f*	enjoyment	[ʒwisãs]
joujou-*m*	toy	[ʒuʒu]
jour-*m*	day	[ʒuʁ]
journal-*m*	newspaper| journal	[ʒuʁnal]
journal-*m*	newspaper| journal	[ʒuʁnal]
journée-*f*	day	[ʒuʁne]
joute-*f*	joust	[ʒut]
jovialement-*adv*	jovially	[faʁde]
jovialité-*f*	joviality	[ʒɔvjalite]
joyau-*m*	jewel	[ʒwajo]

joyeux-*adj*	happy	[ʒwajø]
juge-*m*	judge| beak	[ʒyʒ]
juger-*vb*	judge| assess	[ʒyʒe]
juif-*adj*	Jewish	[ʒɥif]
juin-*m*	June	[ʒɥɛ̃]
jumelle-*adj; f*	twin; twin	[ʒymɛl]
jument-*f*	mare	[ʒymã]
jurer-*vb*	swear	[ʒyʁe]
juron-*m*	oath| profanity	[ʒyʁɔ̃]
jus-*m*	juice	[ʒy]
juste-*adj; adv*	just| fair; just	[ʒyst]
justement-*adv*	rightly| exactly	[ʒystəmã]
justice-*f*	justice| law	[ʒystis]
justifier-*vb*	justify	[ʒystifje]

L

là-*adv*	there	[la]
laboratoire-*m*	laboratory	[labɔʁatwaʁ]
labyrinthe-*m*	labyrinth	[labiʁɛ̃t]
lac-*m*	lake	[lak]
lacé-*adj*	laced	[lase]
lacet-*m*	shoelace	[lasɛ]
lâche-*m; adj*	coward; cowardly	[laʃ]
lâcher-*vb*	release| drop	[laʃe]
lâcheté-*f*	cowardice	[laʃte]
lagune-*f*	lagoon	[ãkɔlyʁ]
laid-*adj*	ugly	[lɛ]
laideur-*f*	ugliness	[lɛdœʁ]
laisser-*vb*	leave| let	[lese]
laiteux-*adj*	milky	[lɛtø]
lambeau-*m*	shred	[lãbo]
lambris-*m*	paneling	[lãbʁi]
lame-*f*	blade	[lam]
lampe-*f*	lamp	[lãp]
lancer-*vb*	launch	[lãse]
langage-*m*	language	[lãgaʒ]
langoureux-*adj*	languorous	[lãguʁø]
langue-*f*	language	[lãg]
languide-*adj*	languid	[lãgid]
languir-*vb*	languish	[lãgiʁ]
languissamment-*adv*	languishingly	[lãgisamã]
lanière-*f*	strap	[lanjɛʁ]
lanterne-*vb*	lantern	[lãtɛʁn]

lanterne-*vb*	lantern	[lɑ̃tɛʁn]	**lié**-*adj*	linked	[lje]
lapis-*m*	lapis	[lapis]	**lierre**-*m*	ivy	[ljɛʁ]
laps-*m*	lapse	[altɛʁne]	**lieu**-*m*	place| venue	[ljø]
laquais-*m; adj*	lackey; menial	[lakɛ]	**lieue**-*f*	league	[ljø]
laque-*f*	lacquer	[lak]	**lièvre**-*m; adj*	hare; hare's	[ljɛvʁ]
laquer-*vb*	lacquer	[lake]	**ligne**-*f*	line| design	[liɲ]
lard-*m*	bacon	[laʁ]	**liguer**-*vb*	gang up	[lige]
large-*adj*	wide| large	[laʁʒ]	**lilas**-*adj; m*	lilac; lilac	[lila]
larme-*f*	tear| drop	[laʁm]	**limite**-*f*	limit	[limit]
las-*adj*	tired	[la]	**limiter**-*vb*	limit| restrict	[limite]
lassitude-*f*	weariness	[lasityd]	**limpide**-*adj*	limpid	[lɛ̃pid]
laurier-*m*	laurel	[loʁje]	**lin**-*m*	linen	[lɛ̃]
laver-*vb*	wash| launder	[lave]	**linceul**-*m*	shroud| grave clothes	[lɛ̃sœl]
le-*art; prn*	the; it	[lə]	**linge**-*m*	washing	[lɛ̃ʒ]
lécher-*vb*	lick	[leʃe]	**lion**-*m*	lion	[ljɔ̃]
leçon-*f*	lesson	[ləsɔ̃]	**liqueur**-*f*	liqueur	[likœʁ]
lecture-*f*	reading	[lɛktyʁ]	**lire**-*vb; f*	read; lira	[liʁ]
léger-*adj*	light| lightweight	[leʒe]	**lire**-*vb; f*	read; lira	[liʁ]
légèrement-*adv*	slightly| lightly	[leʒɛʁmɑ̃]	**lisière**-*f*	edge	[lizjɛʁ]
légèreté-*f*	lightness	[leʒɛʁte]	**lisse**-*adj*	smooth| sleek	[lis]
legs-*m*	legacy	[lɛg]	**lister**-*vb*	list	[liste]
léguer-*vb*	will	[lege]	**litière**-*f*	litter	[litjɛʁ]
légume-*m*	vegetable	[legym]	**littéraire**-*adj*	literary	[liteʁɛʁ]
lemme-*m*	lemma	[lɛm]	**littérature**-*f*	literature	[liteʁatyʁ]
lendemain-*m*	next day	[lɑ̃dmɛ̃]	**livre**-*m*	book	[livʁ]
lent-*adj*	slow	[lɑ̃]	**livrer**-*vb*	deliver	[livʁe]
lentement-*adv*	slowly| leisurely	[lɑ̃tmɑ̃]	**loge**-*f*	lodge	[lɔʒ]
lèpre-*f*	leprosy	[lɛpʁ]	**logement**-*m*	housing| accommodation	[lɔʒmɑ̃]
lépreux-*adj; m*	leper; leper	[lepʁø]	**logeur**-*m*	landlord	[lɔʒœʁ]
lequel-*prn*	which	[ləkɛl]	**logique**-*f; adj*	logic; logical	[lɔʒik]
lettre-*f*	letter	[lɛtʁ]	**logis**-*m*	dwelling	[lɔʒi]
leur-*prn*	their	[lœʁ]	**loi**-*f*	law	[lwa]
levant-*adj;*	rising; east	[ləvɑ̃]	**loin**-*adv; adj*	far; distant	[lwɛ̃]
lever-*vb; m*	lift| raise; rise	[ləve]	**lointain**-*adj*	distant| far	[lwɛ̃tɛ̃]
lèvre-*f*	lip	[lɛvʁ]	**Londonien**-*m*	Londoner	[lɔ̃dɔnjɛ̃]
lévrier-*m*	greyhound	[levʁije]	**londre**-	London	[lɔ̃dʁ]
liaison-*f*	link| affair	[ljɛzɔ̃]	**long**-*adj*	long	[lɔ̃]
libellule-*f*	dragonfly	[libelyl]	**longtemps**-*adv; adj*	for a long time; longtime	[lɔ̃tɑ̃]
libéral-*adj*	liberal	[libeʁal]	**longue**-*adj*	long	[lɔ̃g]
libérer-*vb*	release| liberate	[libeʁe]	**longuement**-*adv*	long	[lɔ̃gmɑ̃]
liberté-*f*	freedom| liberty	[libɛʁte]			
libertinage-*m*	libertinism	[libɛʁtinaʒ]	**loquace**-*adj*	talkative	[lɔkas]
libre-*adj*	free| open	[libʁ]	**loque**-*f*	pile of rags| wreck	[lɔk]
librement-*adv*	freely	[libʁəmɑ̃]	**loquet**-*m*	latch	[lɔkɛ]

lorgner-vb	ogle	[lɔʁɲe]	
lorgnette-f	lorgnette	[lɔʁɲɛt]	
lors-adv	then| while	[lɔʁ]	
lorsque-prp	during	[lɔʁsk]	
losange-m	diamond	[lɔzɑ̃ʒ]	
lot-m	lot| prize	[lo]	
lotir-vb	parcel out	[lɔtiʁ]	
lotus-m	lotus	[lɔtys]	
louche-f; adj	ladle; shady	[luʃ]	
loup-m	wolf	[lu]	
lourd-adj	heavy	[luʁ]	
lourdaud-adj; m	clumsy| heavy; oaf	[luʁdo]	
lourdement-adv	heavily	[luʁdəmɑ̃]	
lover-vb	coil	[lɔve]	
loyauté-f	loyalty	[lwajote]	
lucratif-adj	lucrative	[lykʁatif]	
lueur-f	glow| light	[lɥœʁ]	
lugubre-adj	dismal| lugubrious	[lygybʁ]	
lui-prn	him	[lɥi]	
luire-vb	gleam| glisten	[lɥiʁ]	
luisant-adj	shiny	[lɥizɑ̃]	
lumière-f	light| spotlight	[lymjɛʁ]	
lunch-m	lunch	[lɛ̃ʃ]	
lune-f	moon	[lyn]	
lunettes-msf	glasses	[lynɛt]	
lustrer-vb	polish	[lystʁe]	
luth-m	lute	[lyt]	
lutte-f	fight| struggle	[lyt]	
lutter-vb	fight| combat	[lyte]	
luxe-m	luxury	[lyks]	
luxueux-adj	luxurious	[lyksɥø]	

M

macération-f	maceration	[maseʁasjɔ̃]	
machinalement-adv	by rote	[maʃinalmɑ̃]	
Madame-f	madame| Mrs	[madam]	
magasin-m	store| shop	[magazɛ̃]	
magenta-adj	magenta	[mulʁ]	
magie-f	magic	[maʒi]	
magique-adj	magic	[maʒik]	
magnificence-f	magnificence	[maɲifisɑ̃s]	

magnifier-vb	exalt	[maɲifje]	
magnifique-adj	magnificent	[maɲifik]	
mai-m	May	[mɛ]	
maigre-adj	lean| meager; lean	[mɛgʁ]	
main-f	hand	[mɛ̃]	
maintenant-adv	now	[mɛ̃tnɑ̃]	
maintenir-vb	maintain| sustain	[mɛ̃tniʁ]	
mais-con; adv	but; probably	[mɛ]	
maison-f	house| home	[mɛzɔ̃]	
maître-m	master| teacher	[mɛtʁ]	
maîtresse-f	mistress	[mɛtʁɛs]	
majesté-f	majesty	[maʒɛste]	
majestueusement-adv	majestically	[maʒɛstɥøzmɑ̃]	
majeur-adj; m	major| middle finger; major	[maʒœʁ]	
majordome-m	butler	[maʒɔʁdɔm]	
majorité-f	majority	[maʒɔʁite]	
mal-m; adv; adj	evil| wrong; amiss; untimely	[mal]	
malabar-m	bruiser	[malabaʁ]	
malade-adj; m	sick| invalid; patient	[malad]	
maladie-f	disease| illness	[maladi]	
maladif-adj	sickly	[maladif]	
maladivement-adv	morbidly	[maladivmɑ̃]	
maladresse-f	clumsiness	[maladʁɛs]	
malais-adj; m	Malay; Malay	[malɛ]	
malédiction-f	curse	[malediksjɔ̃]	
malentendu-m	misunderstanding	[malɑ̃tɑ̃dy]	
malfaisant-adj	evil	[malfəzɑ̃]	
malgré-prp; adv	despite; all the same	[malgʁe]	
malheur-m	misfortune	[malœʁ]	
malheureusement-adv	unfortunately| unhappily	[maløʁøzmɑ̃]	
malheureux-adj; m	unfortunate| unhappy; unfortunate	[maløʁø]	
malle-f	trunk	[mal]	
malséant-adj	improper	[malseɑ̃]	
malveillant-adj	malicious	[malvejɑ̃]	
manager-m	manager	[manadʒɛʁ, manadʒœʁ]	
manche-m; f	handle; sleeve	[mɑ̃ʃ]	
manchette-f	cuff	[mɑ̃ʃɛt]	

mander-*vb*	send for	[mãde]	
mandoline-*f*	mandolin	[mãdɔlin]	
mangeoire-*f*	manger	[mãʒwaʁ]	
manger-*vb*	eat| feed	[mãʒe]	
maniement-*m*	handling	[manimã]	
manier-*vb*	handle| use	[manje]	
manière-*f*	way| form	[manjɛʁ]	
maniérisme-*m*	mannerism	[manjeʁism]	
manifestement-*adv*	obviously	[manifɛstəmã]	
mannequin-*m*	model| dummy	[mankɛ̃]	
manque-*m*	lack	[mãk]	
manqué-*adj*	missed	[mãke]	
manquer-*vb*	miss	[mãke]	
mansarde-*f*	garret	[mãsaʁd]	
mante-*f*	mantis	[mãt]	
manteau-*m*	coat| mantle	[mãto]	
manufacture-*f*	factory	[manyfaktyʁ]	
marbre-*adj; m*	marble; marble	[maʁbʁ]	
marchand-*m; adj*	dealer| seller; mercantile	[maʁʃã]	
marchander-*vb*	haggle| bargain	[maʁʃãde]	
marchandise-*f*	commodity	[maʁʃãdiz]	
marche-*f*	walking	[maʁʃ]	
marché-*m*	market	[maʁʃe]	
marcher-*vb*	walk| work	[maʁʃe]	
mardi-*m*	Tuesday	[maʁdi]	
mare-*f*	pond	[maʁ]	
marguerite-*f*	daisy	[maʁgəʁit]	
mari-*m*	husband	[maʁi]	
mariage-*m*	marriage	[maʁjaʒ]	
marier-*vb*	marry	[maʁje]	
marin-*adj; m*	marine; marine	[maʁɛ̃]	
marionnette-*f*	marionette	[maʁjɔnɛt]	
maritime-*adj*	maritime	[maʁitim]	
marotte-*f*	fad	[maʁɔt]	
marquant-*adj*	outstanding| remarkable	[maʁkã]	
marque-*f*	brand	[maʁk]	
marquer-*vb*	mark| tag	[maʁke]	
marqueterie-*f*	marquetry	[maʁkətʁi]	
marron-*adj; m*	brown; brown	[maʁɔ̃]	
marteau-*m*	hammer	[maʁto]	
martyr-*m; adj*	martyr; martyred	[maʁtiʁ]	
martyre-*m*	martyrdom	[maʁtiʁ]	
masque-*m*	mask	[mask]	
masquer-*vb*	hide| mask	[maske]	
masse-*f*	mass| body	[mas]	
massif-*adj; m*	massive; massif	[masif]	
mât-*m*	mast	[ma]	
matelas-*m*	mattress	[matla]	
matelot-*m*	sailor	[matlo]	
matérialiste-*m; adj*	materialist; materialistic	[mateʁjalist]	
matériau-*m*	material	[mateʁjo]	
matériel-*m; adj*	equipment| material; material	[mateʁjɛl]	
maternel-*adj*	maternal	[matɛʁnɛl]	
matière-*f*	material	[matjɛʁ]	
matin-*m*	morning	[matɛ̃]	
matinal-*adj*	morning	[matinal]	
matinée-*f*	morning	[matine]	
maudire-*vb*	curse	[modiʁ]	
mauresque-*adj*	Moorish	[ʁikanœʁ]	
mausolée-*m*	mausoleum	[mozɔle]	
maussade-*adj*	sulky| surly	[mosad]	
maussaderie-*f*	sulkiness	[kɔ̃fɛksjɔ̃]	
mauvais-*adj; m*	bad| ill; brute	[movɛ]	
mauve-*adj; f*	mauve; mallow	[mov]	
me-*prn*	me| myself	[mə]	
méchant-*adj; m*	wicked| bad; naughty child	[meʃã]	
mécompte-*m*	miscalculation	[mekɔ̃t]	
mécontentement-*m*	discontent	[mekɔ̃tãtmã]	
médaille-*f*	medal	[medaj]	
médecin-*m; adj*	doctor; doctoral	[medsɛ̃]	
médiéval-*adj*	medieval	[medjeval]	
médiocre-*adj; m/f*	poor| mediocre; second-rater	[medjɔkʁ]	
médiocrité-*f*	mediocrity	[medjɔkʁite]	
médisance-*f*	gossiping	[medizãs]	
méditatif-*adj*	meditative	[meditatif]	
meeting-*m*	meeting	[mitiŋ]	
méfier-*vb*	beware	[mefje]	
meilleur-*m; adj*	best; better	[mɛjœʁ]	
mélancolie-*f*	melancholy	[melãkɔli]	
mélancolique-*adj; m/f*	melancholy; melancholiac	[melãkɔlik]	

mélange-*m*	mixture	[melɑ̃ʒ]	**métaphore**-*f*	metaphor	[metafɔʁ]
mêler-*vb*	mix| mingle	[mele]	**métaphysique**-*adj; f*	metaphysical; metaphysics	[metafizik]
mélodie-*f*	melody	[melɔdi]			
mélodieux-*adj*	melodious	[melɔdjø]	**méthode**-*f*	method	[metɔd]
mélodramatique-*adj*	melodramatic	[melɔdʁamatik]	**métier**-*m*	trade| job	[metje]
			mets-*m*	dish	[mɛ]
mélodrame-*m*	melodrama	[melɔdʁam]	**mettre**-*vb*	put| apply	[mɛtʁ]
membre-*m*	member	[mɑ̃bʁ]	**meuble**-*m*	furniture| charge	[mœbl]
même-*adj; adv*	same; even	[mɛm]	**meurtre**-*m*	murder	[mœʁtʁ]
mémoire-*m; f*	dissertation; memory	[memwaʁ]	**meurtrier**-*m; adj*	murderer; murderous	[mœʁtʁije]
menaçant-*adj*	threatening| menacing	[mənasɑ̃]	**mexicain**-*adj*	Mexican	[mɛksikɛ̃]
menacer-*vb*	threaten| lurk	[mənase]	**microscope**-*m*	microscope	[mikʁɔskɔp]
ménage-*m*	household| housework	[menaʒ]	**midi**-*m; adj*	noon; midday	[midi]
			miel-*m*	honey	[mjɛl]
mener-*vb*	lead| carry on	[məne]	**mien**-*adj*	mine	[mjɛ̃]
mensonge-*m*	lie	[mɑ̃sɔ̃ʒ]	**mieux**-*adv; adj*	better; adj	[mjø]
mentalement-*adv*	mentally	[mɑ̃talmɑ̃]	**mignon**-*adj*	cute| sweet	[miɲɔ̃]
menteur-*m; adj*	liar| lying; lying	[mɑ̃tœʁ]	**milan**-*m*	kite	[milɑ̃]
			milieu-*m*	medium	[miljø]
menthe-*f*	mint	[mɑ̃t]	**mille**-*num*	thousand	[mil]
mention-*f*	mention	[mɑ̃sjɔ̃]	**millième**-*num*	thousandth	[miljɛm]
mentionner-*vb*	mention	[mɑ̃sjɔne]	**million**-*m*	million	[miljɔ̃]
mentir-*vb*	lie	[mɑ̃tiʁ]	**mimer**-*vb*	mimic| gesture	[mime]
menton-*m*	chin	[mɑ̃tɔ̃]	**mimique**-*f*	mimic	[mimik]
menu-*m; adj*	menu; small	[məny]	**minauder**-*vb*	simper	[minode]
mépris-*m*	contempt	[mepʁi]	**mince**-*adj*	thin| slim	[mɛ̃s]
mépriser-*vb*	despise| disregard	[mepʁize]	**mine**-*f*	mine| lead	[min]
mer-*f*	sea	[mɛʁ]	**miner**-*vb*	undermine	[mine]
merci-*m; int*	thanks; thanks	[mɛʁsi]	**miniature**-*adj; f*	miniature; miniature	[minjatyʁ]
mercredi-*m*	Wednesday	[mɛʁkʁədi]			
mère-*f*	mother	[mɛʁ]	**ministériel**-*adj*	ministerial	[ɛ̃satisfɛ]
mérite-*m*	merit| worth	[meʁit]	**minuit**-*m*	midnight	[minɥi]
mériter-*vb*	deserve| earn	[meʁite]	**minute**-*f*	minute	[minyt]
merveille-*f*	wonder| marvel	[mɛʁvɛj]	**minutieux**-*adj*	thorough	[minysjø]
merveilleusement-*adv*	wonderfully	[mɛʁvɛjøzmɑ̃]	**miracle**-*m*	miracle	[miʁakl]
			miroir-*m*	mirror	[miʁwaʁ]
merveilleux-*adj*	wonderful	[mɛʁvɛjø]	**misanthrope**-*m; adj*	misanthrope; misanthropic	[mizɑ̃tʁɔp]
mésestimer-*vb*	underestimate	[mezɛstime]	**mise**-*f*	setting	[miz]
mesquin-*adj*	mean| shabby	[mɛskɛ̃]	**misérable**-*adj; m/f*	miserable; wretch	[mizeʁabl]
messe-*f*	mass	[mɛs]			
mesure-*f*	measure| step	[məzyʁ]	**misère**-*f*	misery	[mizɛʁ]
mesurer-*vb*	measure	[məzyʁe]	**mitaine**-*f*	mitten	[mitɛn]
métal-*m*	metal	[metal]	**mobile**-*adj*	mobile	[mɔbil]
métallique-*adj*	metallic	[metalik]	**mode**-*m; f*	mode; fashion	[mɔd]

modèle-*adj; m*	model; model	[mɔdɛl]	**morbide**-*adj*	morbid	[mɔʁbid]
modeler-*vb*	shape| model	[mɔdle]	**morceau**-*m*	piece| track	[mɔʁso]
modération-*f*	moderation	[mɔdeʁasjõ]	**mordiller**-*vb*	nibble	[mɔʁdije]
moderne-*adj*	modern	[mɔdɛʁn]	**mordre**-*vb*	bite| snap	[mɔʁdʁ]
modernité-*f*	modernity	[mɔdɛʁnite]	**morgue**-*f*	morgue	[asfɔdɛl]
modifier-*vb*	change	[mɔdifje]	**morne**-*adj*	gloomy	[mɔʁn]
mœurs-*fpl*	manners	[mœʁ]	**morose**-*adj*	morose	[mɔʁoz]
moi-*prn; m*	me; ego	[mwa]	**mort**-*adj; f*	dead; death	[mɔʁ]
moindre-*adj*	lesser	[mwɛ̃dʁ]	**mortellement**-*adv*	fatally| mortally	[mɔʁtɛlmã]
moins-*adv; m; prp*	less; minus; wanting	[mwɛ̃]	**mortuaire**-*adj*	mortuary	[mɔʁtɥɛʁ]
mois-*m*	month	[mwa]	**mot**-*m*	word	[mo]
moisissure-*f*	mold| mouldiness	[mwazisyʁ]	**motif**-*m*	pattern| ground	[mɔtif]
moissonner-*vb*	reap	[sãsyʁ]	**mou**-*adj; m*	soft; slack	[mu]
moite-*adj*	moist	[mwat]	**mouche**-*f*	fly| spot	[muʃ]
moitié-*adv; f*	half; half	[mwatje]	**mouchoir**-*m*	handkerchief	[muʃwaʁ]
moment-*m*	time| moment	[mɔmã]	**moue**-*f*	pout	[mu]
momentané-*adj*	momentary	[mɔmãtane]	**mouette**-*f*	seagull	[mwɛt]
mon-*prn*	my	[mõ]	**mouiller**-*vb*	wet| anchor	[muje]
monceau-*m*	heap	[mõso]	**moulin**-*m*	mill	[mulɛ̃]
mondain-*adj; m*	worldly; man about town	[mõdɛ̃]	**moulure**-*f*	molding	[steʁeɔtipe]
monde-*m*	world	[mõd]	**mourir**-*vb*	die| end	[muʁiʁ]
monnaie-*f*	currency	[mɔnɛ]	**mousse**-*f*	foam| moss	[mus]
monnayeur-*m*	coin slot	[mɔnɛjœʁ]	**mousseline**-*f*	muslin	[muslin]
monologuer-*vb*	soliloquize	[beʁil]	**mouvant**-*adj*	shifting	[muvã]
monotone-*adj*	monotone	[mɔnɔtɔn]	**mouvement**-*m*	movement| stir	[muvmã]
monotonie-*f*	monotony	[mɔnɔtɔni]	**mouvoir**-*vb*	move	[muvwaʁ]
Monsieur-*abr; m*	Mr.; sir	[məsjø]	**moyen**-*m; adj*	means| medium; medium	[mwajɛ̃]
monstre-*m; adj*	monster; monstrous	[mõstʁ]	**muet**-*adj; m*	silent; mute	[mɥɛ]
monstrueux-*adj*	monstrous	[mõstʁyø]	**mulâtre**-*adj; m*	mulatto; mulatto	[mylatʁ]
monter-*vb*	mount| climb	[mõte]	**mule**-*f*	mule	[myl]
montre-*f*	watch	[mõtʁ]	**multicolore**-*adj*	multicolored	[myltikɔlɔʁ]
montrer-*vb*	show	[mõtʁe]	**multiforme**-*adj*	multiform	[akɥite]
monument-*m*	monument	[mɔnymã]	**multiplier**-*vb*	multiply	[myltiplije]
moquer-*vb*	mock	[mɔke]	**mur**-*m*	wall	[myʁ]
moquerie-*f*	mockery	[mɔkʁi]	**mûr**-*adj*	mature| grown	[myʁ]
moqueur-*m; adj*	mocker; derisive	[mɔkœʁ]	**mûre**-*f*	blackberry	[myʁ]
moral-*adj; m*	moral; morale	[mɔʁal]	**murmure**-*m*	murmur	[myʁmyʁ]
moraliste-*m*	moralist	[mosadʁi]	**murmurer**-*vb*	murmur	[myʁmyʁe]
moralité-*f*	morality	[mɔʁalite]	**musc**-*m*	musk	[mysk]
			musical-*adj*	musical	[myzikal]
			musicalement-*adv*	musically	[myzikalmã]

musicien-m	musician	[myzisjɛ̃]	
musique-f	music	[myzik]	
musique-f	music	[myzik]	
mutilation-f	mutilation	[mytilasjɔ̃]	
mutiler-vb	mutilate| maim	[mytile]	
myope-adj; m/f	short-sighted; myope	[mjɔp]	
myosotis-m	forget-me-not	[mjozɔti]	
myriade-f	myriad	[miʁjad]	
mystère-m	mystery	[mistɛʁ]	
mystérieux-adj	mysterious	[misteʁjø]	
mysticisme-m	mysticism	[mistisism]	
mystique-adj; m/f	mystical; mystic	[mistik]	

N

nacre-f	pearl	[nakʁ]
nager-vb	swim	[naʒe]
nain-adj; m	dwarf; dwarf	[nɛ̃]
naissance-f	birth| rise	[nɛsɑ̃s]
naissant-adj	nascent	[nɛsɑ̃]
naître-vb	be born	[nɛtʁ]
nappe-f	tablecloth	[nap]
nappe-f	tablecloth	[nap]
narcisse-m	narcissus	[naʁsis]
narcotique-adj; m	narcotic; narcotic	[naʁkɔtik]
narine-f	nostril	[naʁin]
natal-adj	native	[natal]
nation-f	nation	[nasjɔ̃]
natte-f	mat| braid	[nat]
nature-f	nature	[natyʁ]
naturel-adj; m	natural; nature	[natyʁɛl]
naturellement-adv	naturally	[natyʁɛlmɑ̃]
navire-m	ship	[naviʁ]
ne-adv	not	[nə]
nécessaire-adj	necessary	[nesesɛʁ]
nécessiter-vb	require	[nesesite]
négligemment-adv	carelessly	[negliʒamɑ̃]
nègre-adj; m	Negro; nigger	[nɛgʁ]
neige-f	snow	[nɛʒ]
nénuphar-m	nenuphar	[nenyfaʁ]
nerf-m	nerve	[nɛʁ]

néron-m	Nero	[neʁɔ̃]
nerveusement-adv	nervously	[nɛʁvøzmɑ̃]
nerveux-adj	nervous	[nɛʁvø]
nervosité-f	nervousness	[nɛʁvozite]
nettoyer-vb	clean| clear	[netwaje]
neuf-num	nine	[nœf]
neuvième-num	ninth	[nœvjɛm]
neveu-m	nephew	[nəvø]
nez-m	nose	[ne]
ni-con; adv	or; neither	[ni]
niais-m; adj	simpleton; simple	[njɛ]
niaiserie-m	silliness	[njɛzʁi]
nid-m	nest	[ni]
Nil-m	Nile	[nil]
nitrique-adj	nitric	[nitʁik]
noble-adj; m/f	noble; noble	[nɔbl]
noblesse-f	nobility	[nɔblɛs]
nocturne-adj	nocturnal	[nɔktyʁn]
nœud-m	node| knot	[nø]
noir-adj; m	black; black	[nwaʁ]
noircir-vb	blacken	[nwaʁsiʁ]
noix-f; adj	nut; walnut	[nwa]
nom-m	name	[nɔ̃]
nombre-m	number	[nɔ̃bʁ]
nombreux-adj	numerous	[nɔ̃bʁø]
nommer-vb	appoint| name	[nɔme]
non-adv; part	not; no	[nɔ̃]
nonchalamment-adv	casually	[nɔ̃ʃalamɑ̃]
nonchalant-adj	nonchalant	[pʁesɑ̃]
nord-m; adj	north; northern	[nɔʁ]
normal-adj	normal	[nɔʁmal]
notable-adj; m	notable| worthy; worthy	[nɔtabl]
notamment-adv	in particular	[nɔtamɑ̃]
note-f	note	[nɔt]
noter-vb	note	[nɔte]
notion-f	notion	[nosjɔ̃]
notoire-adj	notorious	[nɔtwaʁ]
notre-prn	our	[nɔtʁ]
nôtre-prn	our	[notʁ]
nouille-f; adj	noodle| dope; dumb	[nuj]
nourrir-vb	feed| nourish	[nuʁiʁ]
nourriture-f	food| feed	[nuʁityʁ]

nous-*prn*	we| us	[nu]
nouveau-*adj; m*	new| further; incoming	[nuvo]
nouveauté-*f*	novelty	[nuvote]
nouvellement-*adv*	newly	[nuvɛlmã]
novembre-*m*	November	[nɔvãbʁ]
nu-*adj*	naked	[ny]
nuage-*m*	cloud	[nyaʒ]
nuance-*f*	shade| nuance	[nyãs]
nuit-*f*	night	[nɥi]
nul-*adj; m; prn*	no| zero; zero; no one	[nyl]
nullement-*adv*	nothing	[nylmã]
numéro-*m*	number	[nymeʁo]
nymphe-*f*	nymph	[nɛ̃f]

O

obélisque-*m*	obelisk	[ɔbelisk]
obésité-*f*	obesity	[ɔbezite]
objecter-*vb*	object	[ɔbʒɛkte]
objection-*f*	objection	[ɔbʒɛksjɔ̃]
objet-*m*	object	[ɔbʒɛ]
obligation-*f*	obligation| bond	[ɔbligasjɔ̃]
obligé-*adj*	obliged	[ɔbliʒe]
oblique-*adj; f*	oblique; oblique	[ɔblik]
obscène-*adj*	obscene	[ɔpsɛn]
obscur-*adj*	obscure| dim	[ɔpskyʁ]
obscurcir-*vb*	obscure	[ɔpskyʁsiʁ]
obscurément-*adv*	darkly	[ɔpskyʁemã]
obscurité-*f*	darkness| obscurity	[ɔpskyʁite]
obsédant-*adj*	obsessive	[pane]
obséder-*vb*	obsess	[ɔpsede]
observation-*f*	observation| comment	[ɔpsɛʁvasjɔ̃]
observer-*vb*	observe| watch	[ɔpsɛʁve]
obstiner-*vb*	be stubborn	[ɔpstine]
obtenir-*vb*	get| obtain	[ɔptəniʁ]
occasion-*f*	opportunity| occasion	[ɔkazjɔ̃]
occuper-*vb*	occupy| hold	[ɔkype]
ocre-*f; adj*	ocher; tan	[ɔkʁ]
octobre-*m*	October	[ɔktɔbʁ]
octogonal-*adj*	octagonal	[ɔktɔgɔnal]

octogone-*m*	octagon	[bʁɔkaʁ]
odeur-*f*	smell| odor	[ɔdœʁ]
odieux-*adj*	odious| heinous	[ɔdjø]
odorant-*adj*	fragrant	[ɔdɔʁã]
œil-*m*	eye	[œj]
œuvre-*f*	work	[œvʁ]
œuvre-*f*	work	[œvʁ]
offrir-*vb*	offer| give	[ɔfʁiʁ]
oh-*int*	oh	[o]
oie-*f*	goose	[wa]
oiseau-*m*	bird	[wazo]
olivâtre-*adj*	olive	[ɔlivatʁ]
olive-*f*	olive	[ɔliv]
ombelle-*f*	umbel	[ɔ̃bɛl]
ombre-*m*	shadow	[ɔ̃bʁ]
ombrelle-*f*	umbrella	[ɔ̃bʁɛl]
omelette-*f*	omelette	[ɔmlɛt]
omnibus-*m*	omnibus	[ɔmnibys]
on-*prn*	we	[ɔ̃]
oncle-*m*	uncle	[ɔ̃kl]
onctueux-*adj*	smooth	[ɔ̃ktɥø]
onde-*f*	wave	[ɔ̃d]
ondée-*f*	rain shower	[ɔ̃de]
onduler-*vb*	wave	[obwa]
onyx-*m*	onyx	[ɔni]
onze-*num*	eleven	[ɔ̃z]
opale-*f*	opal	[ɔpal]
opérer-*vb*	operate| carry out	[ɔpeʁe]
opiacer-*vb*	opiate	[ʁysto]
opiniâtreté-*f*	obstinacy	[ɔpinjatʁəte]
opinion-*f*	opinion	[ɔpinjɔ̃]
opium-*m*	opium	[ɔpjɔm]
opposer-*vb*	oppose| put up	[ɔpoze]
oppressant-*adj*	oppressive	[ɔpʁesã]
oppresser-*vb*	oppress	[ɔpʁese]
optimisme-*m*	optimism	[ɔptimism]
or-*m*	gold	[ɔʁ]
orange-*adj*	orange	[ɔʁãʒ]
oratoire-*adj*	oratorical	[ɔʁatwaʁ]
orbite-*f*	orbit	[ɔʁbit]
orchestre-*m*	orchestra	[ɔʁkɛstʁ]
orchidée-*f*	orchid	[ɔʁʃide]
ordinaire-*adj; m*	ordinary; ordinary	[ɔʁdinɛʁ]

ordinairement -adv — usually — [ɔʁdinɛʁmɑ̃]

ordonnance-f — order — [ɔʁdɔnɑ̃s]

ordonner-vb — order| direct — [ɔʁdɔne]

ordre-m — order — [ɔʁdʁ]

oreille-f — ear — [ɔʁɛj]

oreiller-m — pillow — [ɔʁeje]

organiser-vb — organize| arrange — [ɔʁganize]

organisme-m — organization — [ɔʁganism]

orgie-f — orgy — [ɔʁʒi]

orgue-m — organ — [ɔʁg]

orgueil-m — pride — [ɔʁgœj]

orgueilleux-adj — proud — [ɔʁgœjø]

orient-m — east — [ɔʁjɑ̃]

original-adj; m — original; original — [ɔʁiʒinal]

origine-f — origin — [ɔʁiʒin]

originel-adj — original — [ɔʁiʒinɛl]

ornement-m — ornament — [ɔʁnəmɑ̃]

orner-vb — adorn — [ɔʁne]

ornière-f — rut — [ɔʁnjɛʁ]

os-m — bone — [ɔs]

oser-vb — dare — [oze]

osier-m — wicker — [ozje]

ostensoir-m — monstrance — [ɔstɑ̃swaʁ]

ôter-vb — remove — [ote]

ou-con — or — [u]

où-adv; prn; con — where; that; wherein — [u]

ouater-vb — quilt — [aʁene]

oubli-m — oversight| oblivion — [ubli]

oublier-vb — forget — [ublije]

ouest-adj; m — west; west — [wɛst]

oui-part; m — yes; yea — [wi]

ours-m — bear — [uʁs]

outre-prp; f — besides; skin — [utʁ]

ouvert-adj — open — [uvɛʁ]

ouverture-f — opening — [uvɛʁtyʁ]

ouvrage-m — handiwork — [uvʁaʒ]

ouvrager-vb — tool — [uvʁaʒe]

ouvrier-m — worker — [uvʁije]

ouvrir-vb — open| start — [uvʁiʁ]

ovale-adj; m — oval; oval — [ɔval]

P

page-f — page — [paʒ]

pagne-m — loin cloth — 0

paie-f — pay| payroll — [pɛ]

païen-adj; m — pagan; pagan — [pajɛ̃]

paille-f — straw — [paj]

pain-m — bread — [pɛ̃]

paisiblement- adv — peacefully — [peziblǝmɑ̃]

paix-f — peace — [pɛ]

palais-m — palace — [palɛ]

pâle-adj — pale — [pal]

palefrenier-m — groom — [palɛfʁǝnje]

paletot-m — jacket — [palto]

palette-f — palette| paddle — [palɛt]

pâleur-f — pallor — [palœʁ]

palier-m — bearing — [palje]

pâlissant-adj — fading — [palisɑ̃]

pallium-m — pallium — [paljɔm]

palmes-npl — fins| flippers — [palm]

palpable-adj — palpable — [palpabl]

palpitant-adj; m — exciting; ticker — [palpitɑ̃]

palpitation-f — palpitation| flutter — [palpitasjɔ̃]

palpiter-vb — throb| palpitate — [palpite]

panacher-vb — blend — [panaʃe]

pané-adj — breaded — [delabʁe]

panégyrique- adj; m — panegyric; panegyric — [paneʒiʁik]

panneau-m — panel| sign — [pano]

pantalon-m — pants — [pɑ̃talɔ̃]

panthère-f — panther — [pɑ̃tɛʁ]

paon-m — peacock — [pɑ̃]

papier-m — paper — [papje]

papillon-m — butterfly — [papijɔ̃]

pâquerette-f — daisy — [pakʁɛt]

paquet-m — package| pack — [pakɛ]

par-prp; m — by; par — [paʁ]

parade-f — parade — [paʁad]

paradis-m — paradise — [paʁadi]

paradoxe-m — paradox — [paʁadɔks]

paragraphe-m — paragraph — [paʁagʁaf]

paraître-vb — seem| appear — [paʁɛtʁ]

paralyser-vb — paralyze| cripple — [paʁalize]

parangon-m — paragon — [paʁɑ̃gɔ̃]

parapluie-f — umbrella — [paʁaplɥi]

paravent-*m*	screen	[paʁavã]	
parc-*m*	park	[paʁk]	
parcourir-*vb*	travel| run through	[paʁkuʁiʁ]	
pardessus-*m*	overcoat	[paʁdəsy]	
Pardieu!-*int*	by god!	[paʁdjø!]	
pardon-*m*	forgiveness	[paʁdɔ̃]	
pardonner-*vb*	forgive| pardon	[paʁdɔne]	
pareil-*adj; prn; m*	such| similar; the same; equal	[paʁɛj]	
pareillement-*adv*	likewise	[paʁɛjmã]	
parent-*m; adj*	relative; kin	[paʁã]	
parenté-*f*	relationship| kindred	[paʁãte]	
parer-*vb*	parry| ward off	[paʁe]	
paresseusement-*adv*	lazily	[paʁesøzmã]	
paresseux-*adj; m*	lazy; sloth	[paʁesø]	
parfaire-*vb*	perfect	[paʁfɛʁ]	
parfait-*adj*	perfect	[paʁfɛ]	
parfaitement-*adv*	perfectly| thoroughly	[paʁfɛtmã]	
parfois-*adv*	sometimes	[paʁfwa]	
parfum-*m*	perfume| fragrance	[paʁfɛ̃]	
parfumer-*vb*	perfume| flavor	[paʁfyme]	
pari-*m*	bet| betting	[paʁi]	
parisien-*adj*	Parisian	[paʁizjɛ̃]	
parlant-*adj*	speaking	[paʁlã]	
parlement-*m*	parliament	[paʁləmã]	
parler-*vb*	speak| tell	[paʁle]	
parme-*m*	parma	[paʁm]	
parmi-*prp*	among	[paʁmi]	
parodie-*f*	parody| skit	[paʁɔdi]	
parole-*f*	word| speech	[paʁɔl]	
parquet-*m*	parquet	[paʁkɛ]	
parsemer-*vb*	sprinkle	[paʁsəme]	
part-*f*	share| part	[paʁ]	
partager-*vb*	share| divide	[paʁtaʒe]	
partant-*adv; m*	thus; starter	[paʁtã]	
parterre-*m*	flower bed	[paʁtɛʁ]	
particulier-*adj; m*	particular| individual; private person	[paʁtikylje]	
particulièrement-*adv*	particularly	[paʁtikyljɛʁmã]	
partir-*vb*	depart| leave	[paʁtiʁ]	
partout-*adv*	everywhere| throughout	[paʁtu]	
party-*f*	party	[paʁti]	
parure-*f*	set	[ʁanimã]	
parvenir-*vb*	get through	[paʁvəniʁ]	
pas-*adv; m*	not; step	[pa]	
passager-*m; adj*	passenger; passing	[pasaʒe]	
passant-*adj; m*	elapsing; passer-by	[pasã]	
passe-*f*	pass	[pas]	
passer-*vb*	pass| spend	[pase]	
passereau-*m*	sparrow	[pasʁo]	
passion-*f*	passion	[pasjɔ̃]	
passionnel-*adj*	passionate	[pasjɔnɛl]	
passionnément-*adv*	passionately	[pasjɔnemã]	
passionner-*vb*	fascinate	[pasjɔne]	
pastille-*f*	pellet| chip	[pastij]	
pâte-*f*	paste	[pat]	
pathétique-*adj; m*	pathetic; pathos	[patetik]	
patience-*f*	patience	[pasjãs]	
patte-*f*	tab| leg	[pat]	
paupière-*f*	eyelid	[popjɛʁ]	
pause-*f*	break| rest	[poz]	
pauvre-*adj; m*	poor; poor person	[povʁ]	
pauvreté-*f*	poverty	[povʁate]	
pavaner-*vb*	strut around	[pavane]	
pavé-*adj; m*	paved; pavement	[pave]	
paver-*vb*	pave	[pave]	
pavillon-*m*	flag	[pavijɔ̃]	
pavot-*m*	poppy	[pavo]	
payer-*vb*	pay	[peje]	
payer-*vb*	pay	[peje]	
pays-*m*	country	[pei]	
paysage-*m*	landscape	[peizaʒ]	
paysan-*adj; m*	peasant; peasant	[peizã]	
peau-*f*	skin	[po]	
péché-*m*	sin| trespass	[peʃe]	
pêche-*f*	fishing	[pɛʃ]	
pécher-*vb*	sin	[peʃe]	
pêcher-*vb; m*	fish; peach	[peʃe]	
pécheur-*m*	sinner	[peʃœʁ]	
pêcheur-*m*	fisherman	[pɛʃœʁ]	
pécuniaire-*adj*	pecuniary	[pekynjɛʁ]	
peigner-*vb*	comb	[peɲe]	

peignoir-*m*	robe	[pɛɲwaʁ]
peindre-*vb*	paint	[pɛ̃dʁ]
peiner-*vb*	labor| pain	[pene]
peintre-*m*	painter	[pɛ̃tʁ]
peinture-*f*	painting| paint	[pɛ̃tyʁ]
peinture-*f*	painting| paint	[pɛ̃tyʁ]
pelé-*adj*	bare	[pəle]
peler-*vb*	peel| rind	[pəle]
pèlerin-*m*	pilgrim	[pɛlʁɛ̃]
pelisse-*f*	pelisse	[pəlis]
penchant-*m*	penchant	[pɑ̃ʃɑ̃]
penché-*adj*	leaning	[pɑ̃ʃe]
pendant-*adv*	during	[pɑ̃dɑ̃]
pendre-*vb*	hang	[pɑ̃dʁ]
pendule-*f*	pendulum	[pɑ̃dyl]
pénétrant-*adj*	penetrating	[penetʁɑ̃]
pénétrer-*vb*	enter| penetrate	[penetʁe]
pénible-*adj*	painful| hard	[penibl]
péniche-*f*	barge| houseboat	[peniʃ]
pénombre-*f*	penumbra	[penɔ̃bʁ]
pensée-*f*	thought	[pɑ̃se]
penser-*vb*	think| reflect	[pɑ̃se]
pente-*f; adj*	slope| incline; heavy	[pɑ̃t]
pépin-*m*	seed	[pepɛ̃]
pépite-*f*	nugget	[pepit]
perçant-*adj*	piercing| shrill	[pɛʁsɑ̃]
perceptible-*adj*	perceptible	[pɛʁsɛptibl]
percer-*vb*	drill| pierce	[pɛʁse]
percevoir-*vb*	levy	[pɛʁsəvwaʁ]
percher-*vb*	perch| hang	[pɛʁʃe]
perdre-*vb*	lose| waste	[pɛʁdʁ]
père-*m*	father| dad	[pɛʁ]
perfection-*f*	perfection	[pɛʁfɛksjɔ̃]
perfide-*adj*	perfidious| false	[pɛʁfid]
péridot-*m*	peridot	[peʁido]
péril-*m*	peril| distress	[peʁil]
périmer-*vb*	expire	[peʁime]
perle-*f*	pearl| jewel	[pɛʁl]
perler-*vb*	bead	[pɛʁle]
permanent-*adj; m*	permanent; permanent	[pɛʁmanɑ̃]
permettre-*vb*	allow| enable	[pɛʁmɛtʁ]
pernicieux-*adj*	pernicious	[mɔʁg]
pérorer-*vb*	hold forth	[vibʁɑ̃]

perplexe-*adj*	puzzled	[pɛʁplɛks]
perroquet-*m*	parrot	[peʁɔkɛ]
persan-*adj; m*	Persian; Persian	[pɛʁsɑ̃]
perse-*adj*	Persian	[pɛʁs]
persienne-*f*	louver	[pɛʁsjɛn]
persister-*vb*	persist| continue	[pɛʁsiste]
personnage-*m*	character| figure	[pɛʁsɔnaʒ]
personnalité-*f; abr*	personality; VIP	[pɛʁsɔnalite]
personne-*f; prn*	person; nobody	[pɛʁsɔn]
personnellement-*adv*	personally	[pɛʁsɔnɛlmɑ̃]
persuader-*vb*	persuade	[pɛʁsɥade]
perte-*f*	loss| waste	[pɛʁt]
péruvien-*adj*	Peruvian	[peʁyvjɛ̃]
pervers-*adj*	perverse	[pɛʁvɛʁ]
pervertir-*vb*	pervert	[veny]
peser-*vb*	weigh	[pəze]
peste-*f*	plague	[pɛst]
pétale-*m*	petal	[petal]
petit-*adj; m*	small| little; child	[pəti]
pétrifier-*vb*	petrify| stone	[petʁifje]
pétulant-*adj*	lively	[petylɑ̃]
peu-*adv; m; adj*	little; bit; few	[pø]
peuple-*m*	common people	[pœpl]
peur-*f*	fear| scare	[pœʁ]
phase-*f*	phase	[faz]
phénomène-*m*	phenomenon	[fenɔmɛn]
philanthrope-*m*	philanthropist	[filɑ̃tʁɔp]
philanthropie-*f*	philanthropy	[filɑ̃tʁɔpi]
philistin-*adj; m*	Philistine; Philistine	[filistɛ̃]
philosophie-*f*	philosophy	[filɔzɔfi]
philosophique-*adj*	philosophical	[filɔzɔfik]
photographie-*f*	photography	[fɔtɔgʁafi]
phrase-*f*	phrase	[fʁaz]
phrase-*f*	phrase	[fʁaz]
physionomie-*f*	physiognomy	[fizjɔnɔmi]
physique-*adj; f*	physical; physics	[fizik]
piailler-*vb*	squeal	[pjele]
pianiste-*f*	pianist	[pjanist]
piano-*adv; m*	piano; piano	[pjano]
piazza-*f*	piazza	[pjadza]

French	English	IPA
picorer-*vb*	peck	[pikɔʁe]
pièce-*f; adv*	piece| room; apiece	[pjɛs]
pied-*m*	foot| leg	[pje]
piédestal-*m*	pedestal	[pjedɛstal]
pierre-*f*	stone	[pjɛʁ]
piétiner-*vb*	trample on	[pjetine]
piètre-*adj*	poor| mediocre	[pjɛtʁ]
pigeon-*m*	pigeon	[piʒɔ̃]
pile-*f*	battery| pile	[pil]
pilier-*m*	pillar| pier	[pilje]
pimpant-*adj*	dapper	[pɛ̃pɑ̃]
pin-*m*	pine	[pɛ̃]
pinacle-*m*	pinnacle	[pinakl]
pinceau-*m*	brush	[pɛ̃so]
pincer-*vb*	pinch| pluck	[pɛ̃se]
pipe-*f*	pipe	[pip]
piqué-*m; adj*	dive; stung	[pike]
piquer-*vb*	prick| sting	[pike]
pire-*adj*	worse	[piʁ]
piriforme-*adj*	pear-shaped	[piʁifɔʁm]
pistache-*f*	pistachio	[pistaʃ]
pister-*vb*	track	[piste]
pitié-*f*	pity	[pitje]
pitoyable-*adj*	pitiful	[pitwajabl]
pittoresque-*adj*	picturesque	[pitɔʁɛsk]
placard-*m*	cupboard	[plakaʁ]
placer-*vb*	place| put	[plase]
placide-*adj*	placid	[plasid]
placidement-*adv*	placidly	[wate]
placidité-*f*	placidity	[plasidite]
plafond-*m*	ceiling| plafond	[plafɔ̃]
plaie-*f*	wound	[plɛ]
plaindre-*vb*	complain| pity	[plɛ̃dʁ]
plaine-*f*	plain	[plɛn]
plaire-*vb*	please	[plɛʁ]
plaisanter-*vb*	joke| fun	[plɛzɑ̃te]
plaisanterie-*f*	joke	[plɛzɑ̃tʁi]
plaisir-*m*	pleasure	[pleziʁ]
plan-*m; adj*	plan; plane	[plɑ̃]
planant-*adj*	hovering	[planɑ̃]
plancher-*m; vb*	floor; floor	[plɑ̃ʃe]
planer-*vb*	plane	[plane]
plant-*m*	plant| seedling	[plɑ̃]
plante-*f*	plant	[plɑ̃t]
planter-*vb*	plant	[plɑ̃te]
plaque-*m*	plate	[plak]
plaquer-*vb*	stick| tackle	[plake]
plastique-*adj; m*	plastic; plastic	[plastik]
plastique-*adj; m*	plastic; plastic	[plastik]
plastron-*m*	plastron	[plastʁɔ̃]
plat-*adj; m*	flat; flat| dish	[pla]
plateau-*m*	tray	[plato]
platine-*m; f*	platinum; deck	[platin]
plein-*adj*	full| fraught	[plɛ̃]
pleinement-*adv*	fully	[plɛnmɑ̃]
plénitude-*f*	fullness	[plenityd]
pleurer-*vb*	cry| mourn	[plœʁe]
pleurs-*npl*	tears	[plœʁ]
pleuvoir-*vb*	rain	[pløvwaʁ]
pli-*m*	fold| ply	[pli]
plier-*vb*	bend	[plije]
plissé-*adj*	pleated	[plise]
plisser-*vb*	wrinkle	[plise]
plomb-*m*	lead| plumb	[plɔ̃]
plombé-*adj*	leaden	[plɔ̃be]
plonger-*vb*	dive| plunge	[plɔ̃ʒe]
plongeur-*m*	diver	[plɔ̃ʒœʁ]
pluie-*f*	rain	[plɥi]
plumage-*m*	plumage	[plymaʒ]
plumer-*vb*	pluck	[plyme]
plupart-*f*	most	[plypaʁ]
plus-*adj; adv; m*	more; more; plus	[ply]
plusieurs-*adj*	several| divers	[plyzjœʁ]
plutôt-*adv*	rather| quite	[plyto]
poche-*f*	pocket	[pɔʃ]
pocher-*vb*	poach	[pɔʃe]
poème-*m*	poem| epic	[pɔɛm]
poésie-*f*	poetry| poem	[pɔezi]
poète-*m*	poet	[pɔɛt]
poétique-*adj*	poetic	[pɔetik]
poids-*m*	weight	[pwa]
poignant-*adj*	poignant	[pwaɲɑ̃]
poignard-*m*	dagger	[pwaɲaʁ]
poignée-*f*	handle| handful	[pwaɲe]
poignet-*m*	wrist	[pwaɲɛ]

poil-*m*	hair	[pwal]	
poindre-*vb*	dawn	[pwɛ̃dʁ]	
poing-*m*	fist	[pwɛ̃]	
point-*m*	point| item	[pwɛ̃]	
pointe-*f*	tip	[pwɛ̃t]	
pointer-*vb*	point	[pwɛ̃te]	
pointu-*adj*	sharp	[pwɛ̃ty]	
poirier-*m*	pear tree| handstand	[pwaʁje]	
poison-*m*	poison	[pwazɔ̃]	
poitrine-*f*	chest| bosom	[pwatʁin]	
poli-*adj*	polished| polite	[pɔli]	
police-*f*	police	[pɔlis]	
polichinelle-*m*	bun	[pɔliʃinɛl]	
poliment-*adv*	politely	[pɔlimã]	
polir-*vb*	polish| buff	[pɔliʁ]	
politicien-*m*	politician	[pɔlitisjɛ̃]	
politique-*f; adj*	policy; political	[pɔlitik]	
pollen-*m*	pollen	[pɔlɛn]	
polo-*m*	polo	[pɔlo]	
polychrome-*adj*	polychrome	[pɔlikʁom]	
pomme-*f*	apple	[pɔm]	
pommier-*m*	apple	[pɔmje]	
pompe-*f*	pump| pomp	[pɔ̃p]	
ponctualité-*f*	punctuality	[ɔpjase]	
pondre-*vb*	lay	[pɔ̃dʁ]	
pont-*m*	bridge	[pɔ̃]	
populace-*f*	populace| mob	[pɔpylas]	
populaire-*adj*	popular	[pɔpylɛʁ]	
populeux-*adj*	populous	[pɔpylø]	
porcelaine-*f*	porcelain	[pɔʁsəlɛn]	
porphyre-*m*	porphyry	[pɔʁfiʁ]	
port-*m*	port| harbor	[pɔʁ]	
porte-*f*	door| gate	[pɔʁt]	
porter-*vb*	wear| carry	[pɔʁte]	
porteur-*m; adj*	carrier| holder; supporting	[pɔʁtœʁ]	
portion-*f*	portion	[pɔʁsjɔ̃]	
portique-*m*	portico	[pɔʁtik]	
portraire-*adj*	port	[pɔʁtʁɛʁ]	
portrait-*m*	portrait	[pɔʁtʁɛ]	
pose-*f*	pose	[poz]	
posé-*adj*	laid	[poze]	
poser-*vb*	pose| rest	[poze]	
position-*f*	position	[pozisjɔ̃]	
posséder-*vb*	have| rejoice	[pɔsede]	
possession-*f*	possession	[pɔsesjɔ̃]	
possible-*adj; m*	possible; possible	[pɔsibl]	
poste-*m; f*	position; post	[pɔst]	
poster-*vb*	post| poster	[pɔste]	
postérieur-*adj; m*	posterior; posterior	[pɔsteʁjœʁ]	
poteau-*m*	post| pole	[pɔto]	
potin-*m*	titbit	[pɔtɛ̃]	
pou-*m*	louse	[pu]	
poudre-*f*	powder	[pudʁ]	
poudrer-*vb*	powder	[pudʁe]	
poudreuse-*f*	powder	[pudʁøz]	
pouls-*m*	pulse	[pu]	
poupe-*f*	stern| stern-post	[pup]	
poupée-*f*	doll| puppet	[pupe]	
pour-*prp*	for	[puʁ]	
pourboire-*m*	tip| fee	[puʁbwaʁ]	
pourpoint-*m*	doublet	[puʁpwɛ̃]	
pourpre-*adj*	purple	[puʁpʁ]	
pourquoi-*adv; con*	why; wherefore	[puʁkwa]	
pourriture-*f*	decay| rot	[puʁityʁ]	
poursuivre-*vb*	continue| pursue	[puʁsɥivʁ]	
pourtant-*con; adv*	yet| however; nevertheless	[puʁtã]	
pousser-*vb*	push| drive	[puse]	
poussière-*f*	dust	[pusjɛʁ]	
poussiéreux-*adj*	dusty	[pusjeʁø]	
pouvoir-*m; vb; av*	power; can; might	[puvwaʁ]	
pratique-*f; adj*	practice; practical	[pʁatik]	
pré-*m*	meadow| pasture	[pʁe]	
préalable-*adj*	prior	[pʁealabl]	
précédent-*adj; m*	previous; precedent	[pʁesedã]	
prêcher-*vb*	preach| sermonize	[pʁeʃe]	
précieux-*adj*	precious| valuable	[pʁesjø]	
précipitant-*m*	precipitant	[pʁesipitã]	
précipiter-*vb*	precipitate	[pʁesipite]	
précis-*adj; m*	precise; abstract	[pʁesi]	
précision-*f*	precision| accuracy	[pʁesizjɔ̃]	
précoce-*adj*	precocious	[pʁekɔs]	
prédicateur-*m*	preacher	[pʁedikatœʁ]	
préface-*f*	preface	[disãblabl]	

préférable-*adj*	preferable	[pʁefeʁabl]
préférer-*vb; av*	prefer; would rather	[pʁefeʁe]
préfiguration-*f*	prefiguration	[pʁefigyʁasjɔ̃]
préfixe-*m*	prefix	[pʁefiks]
préjugé-*m*	prejudice	[pʁeʒyʒe]
prélude-*m*	prelude	[pʁelyd]
prématuré-*adj*	premature	[pʁematyʁe]
premier-*adj*	first| prime	[pʁəmje]
prendre-*vb*	take| have	[pʁɑ̃dʁ]
prénom-*m*	first name	[pʁenɔ̃]
préoccuper-*vb*	concern| preoccupy	[pʁeɔkype]
préparation-*f*	preparation	[pʁepaʁasjɔ̃]
préparé-*adj*	prepared	[pʁepaʁe]
préparer-*vb*	prepare| make	[pʁepaʁe]
près-*adv*	near| by	[pʁɛ]
présage-*m*	presage	[pʁezaʒ]
présager-*vb*	predict| foresee	[pʁezaʒe]
présence-*f*	presence	[pʁezɑ̃s]
présent-*adj; m*	present; present	[pʁezɑ̃]
présentable-*adj*	presentable	[pʁezɑ̃tabl]
présentation-*f*	presentation	[pʁezɑ̃tasjɔ̃]
présenter-*vb*	present| offer	[pʁezɑ̃te]
présider-*vb*	preside	[pʁezide]
presque-*adv; adj*	almost; all but	[pʁɛsk]
pressant-*adj*	pressing	[kɔsmɔpɔlit]
pressentiment-*m*	feeling	[pʁesɑ̃timɑ̃]
presser-*vb*	press| squeeze	[pʁese]
pression-*f*	pressure	[pʁesjɔ̃]
pressoir-*m*	press	[pʁeswaʁ]
prestigieux-*adj*	prestigious	[pʁɛstiʒjø]
prêt-*adj; m*	ready| willing; loan	[pʁɛ]
prétendre-*vb*	claim| pretend	[pʁetɑ̃dʁ]
prétentieux-*adj*	pretentious| snooty	[pʁetɑ̃sjø]
prétention-*f*	pretension	[pʁetɑ̃sjɔ̃]
prêter-*vb*	lend| attribute	[pʁete]
prêteur-*m*	lender	[pʁɛtœʁ]
prêtre-*m*	priest	[pʁɛtʁ]
preuve-*f*	evidence| proof	[pʁœv]
prévenir-*vb*	warn| inform	[pʁevəniʁ]
prier-*vb*	pray	[pʁije]
prière-*f*	praycr	[pʁijɛʁ]
primitif-*adj; m*	primitive; primitive	[pʁimitif]
prince-*m*	prince	[pʁɛ̃s]
principal-*adj; m*	main; principal	[pʁɛ̃sipal]
principe-*m*	principle	[pʁɛ̃sip]
printemps-*m*	spring	[pʁɛ̃tɑ̃]
pris-*adj*	taken	[pʁi]
priseur-*m*	auctioneer	[pʁizœʁ]
prison-*f*	prison	[pʁizɔ̃]
prisonnier-*m; adj*	prisoner; captive	[pʁizɔnje]
privé-*adj*	private	[pʁive]
priver-*vb*	deprive| deny	[pʁive]
privilège-*m*	privilege	[pʁivilɛʒ]
prix-*m*	price| prize	[pʁi]
pro-*m/f*	pro	[pʁo]
probable-*adj*	likely	[pʁɔbabl]
probablement-*adv*	probably	[pʁɔbabləmɑ̃]
problème-*m*	problem| issue	[pʁɔblɛm]
procéder-*vb*	proceed	[pʁɔsede]
procession-*f*	procession	[pʁɔsesjɔ̃]
prochain-*adj; m*	next| upcoming; next	[pʁɔʃɛ̃]
proche-*adj; adv; m*	near; near; neighbor	[pʁɔʃ]
proclamer-*vb*	proclaim	[pʁɔklame]
procurer-*vb*	obtain	[pʁɔkyʁe]
prodigieux-*adj*	prodigious	[pʁɔdiʒjø]
produire-*vb*	produce	[pʁɔdɥiʁ]
profanation-*f*	desecration	[pʁɔfanasjɔ̃]
proférer-*vb*	utter	[pʁɔfeʁe]
professeur-*m*	professor| teacher	[pʁɔfesœʁ]
profession-*f*	profession	[pʁɔfesjɔ̃]
professionnel-*adj; m*	professional; professional	[pʁɔfesjɔnɛl]
profit-*m*	profit| advantage	[pʁɔfi]
profiter-*vb*	benefit| avail	[pʁɔfite]
profond-*adj; m*	deep| profound; deep	[pʁɔfɔ̃]
profondément-*adv*	deeply| heavily	[pʁɔfɔ̃demɑ̃]
profondeur-*f*	depth| hollowness	[pʁɔfɔ̃dœʁ]
profusion-*f*	profusion	[pʁɔfyzjɔ̃]
programme-*m*	program| agenda	[pʁɔgʁam]
progrès-*m*	progress	[pʁɔgʁɛ]
proie-*f*	prey| decoy	[pʁwa]
projet-*m*	project	[pʁɔʒɛ]

projeter-*vb*	project	[pʀɔʒte]
prolonger-*vb*	extend| prolong	[pʀɔlɔ̃ʒe]
promenade-*f*	walk	[pʀɔmnad]
promener-*vb*	promenade	[pʀɔmne]
promesse-*f*	promise	[pʀɔmɛs]
promettre-*vb*	promise	[pʀɔmɛtʀ]
prononcer-*vb*	pronounce	[pʀɔnɔ̃se]
prophète-*m*	prophet	[pʀɔfɛt]
prophétiser-*vb*	prophesy	[pʀɔfetize]
proportion-*f*	proportion| rate	[pʀɔpɔʀsjɔ̃]
proportionner-*vb*	proportion	[pʀɔpɔʀsjɔne]
propos-*m*	talk	[pʀɔpo]
proposant-*m*	applicant	[pʀɔpozã]
proposer-*vb*	propose| offer	[pʀɔpoze]
proposition-*f*	proposal| proposition	[pʀɔpozisjɔ̃]
propre-*adj; m*	own| clean; proper	[pʀɔpʀ]
propriété-*f*	property	[pʀɔpʀijete]
prosaïque-*adj*	prosaic	[pʀɔzaik]
proscrire-*vb*	proscribe	[pʀɔskʀiʀ]
prose-*f*	prose	[pʀoz]
prostitué-*m*	(male) prostitute	[pʀɔstitɥe]
prostré-*adj*	prostrate	[pʀɔstʀe]
protecteur-*adj; m*	protective; protector	[pʀɔtɛktœʀ]
protéger-*vb*	protect| safeguard	[pʀɔteʒe]
protestation-*f*	protest| outcry	[pʀɔtɛstasjɔ̃]
protester-*vb*	protest	[pʀɔtɛste]
proue-*f*	bow| head	[pʀu]
prouver-*vb*	prove	[pʀuve]
provenir-*vb*	result	[pʀɔvəniʀ]
proverbe-*m*	proverb| saying	[pʀɔvɛʀb]
provoquer-*vb*	provoke	[pʀɔvɔke]
prudence-*f*	caution| prudence	[pʀydãs]
prunelle-*f*	sloe	[pʀynɛl]
prussique-*adj*	Prussian	[pʀysik]
psychique-*adj*	psychic	[psiʃik]
psychologie-*f*	psychology	[psikɔlɔʒi]
psychologique-*adj*	psychological	[psikɔlɔʒik]
psychologiste-*f*	psychologist	[psikɔlɔʒist]
psychologue-*m/f*	psychologist	[psikɔlɔg]
puberté-*f*	puberty	[pybɛʀte]
public-*adj; m*	public; public	[pyblik]
publier-*vb*	publish| publicize	[pyblije]
publique-*adj*	public	[pyblik]
publiquement-*adv*	publicly	[pyblikmã]
puéril-*adj*	childish	[pyeʀil]
puis-*adv*	then	[pɥi]
puisque-*con*	since	[pɥisk]
puissamment-*adv*	mightily	[pɥisamã]
puissance-*f*	power| strength	[pɥisãs]
puissant-*adj*	powerful| strong	[pɥisã]
punir-*vb*	punish| discipline	[pyniʀ]
punition-*f*	punishment	[pynisjɔ̃]
pupille-*f*	pupil	[pypij]
pur-*adj*	pure| clean	[pyʀ]
purement-*adv*	purely	[pyʀmã]
pureté-*f*	purity	[pyʀte]
purification-*f*	purification	[pyʀifikasjɔ̃]
purifier-*vb*	purify	[pyʀifje]
puritain-*m; adj*	Puritan; puritanical	[pyʀitɛ̃]
puritanisme-*m*	Puritanism	[pyʀitanism]
pyramide-*f*	pyramid	[piʀamid]

Q

quadrige-*f*	quadriga	[kadʀiʒ]
quai-*m*	dock| quay	[kɛ]
qualifier-*vb*	qualify	[kalifje]
qualité-*f*	quality	[kalite]
quand-*adv; con*	when; when	[kã]
quant-*adv*	about	[kã]
quarante-*num*	forty	[kaʀãt]
quart-*m*	quarter	[kaʀ]
quatre-*num*	four	[katʀ]
quatrième-*num*	fourth	[katʀijɛm]
que-*con; prn; prp; adj; adv*	that; that; than; which; how	[kə]
quel-*adj; prn*	what; what	[kɛl]
quelconque-*adj; prn*	any; some or other	[kɛlkɔ̃k]
quelque-*adj; adv*	some; about	[kɛlk]
quelquefois-*adv*	sometimes	[kɛlkəfwa]
quereller-*vb*	quarrel	[kəʀele]
question-*f*	question| issue	[kɛstjɔ̃]

questionner-*vb*	question	[kɛstjɔne]
quête-*f*	quest	[kɛt]
queue-*f*	tail| queue	[kø]
qui-*prn*	which	[ki]
quiconque-*prn*	whoever	[kikɔ̃k]
quiétude-*f*	quietude	[kjetyd]
quinzaine-*f*	fortnight	[kɛ̃zɛn]
quinze-*num*	fifteen	[kɛ̃z]
quitte-*adj*	quits	[kit]
quitter-*vb*	leave| quit	[kite]
quoi-*prn*	what	[kwa]
quoique-*con; prp*	though; while	[kwakə]
quotidien-*adj; m*	daily; daily	[kɔtidjɛ̃]

R

rabatteur-*m*	beater	[ʁabatœʁ]
raboteux-*adj*	rugged	[ʁabɔtø]
raccommoder-*vb*	mend	[ʁakɔmɔde]
race-*f*	race| breed	[ʁas]
racheter-*vb*	redeem	[ʁaʃte]
racine-*f*	root	[ʁasin]
racontar-*vb*	gossip	[ʁakɔ̃taʁ]
raconter-*vb*	tell	[ʁakɔ̃te]
radical-*adj; m*	radical; radical	[ʁadikal]
rafale-*f*	gust| flurry	[ʁafal]
raffinement-*m*	refinement| sophistication	[ʁafinmã]
rafler-*vb*	grab	[ʁafle]
rafraîchir-*vb*	refresh	[ʁafʁeʃiʁ]
rage-*f*	rage| rabies	[ʁaʒ]
rageur-*adj*	furious	[ʁaʒœʁ]
rai-*m*	streak	[ʁɛ]
rai-*m*	streak	[ʁɛ]
raide-*adj*	steep	[ʁɛd]
railler-*vb*	mock	[ʁaje]
raillerie-*f*	mockery	[ʁajʁi]
raire-*vb*	bellow	[ʁɛʁ]
raisin-*m*	grape	[ʁezɛ̃]
raison-*f*	reason| why	[ʁɛzɔ̃]
raisonnable-*adj*	reasonable	[ʁɛzɔnabl]

rajeunir-*vb*	rejuvenate	[ʁaʒœniʁ]
ralenti-*m*	slow motion	[ʁalɑ̃ti]
ramasser-*vb*	pick up	[ʁamase]
ramener-*vb*	bring back	[ʁamne]
rampant-*adj*	crawling	[ʁɑ̃pɑ̃]
ramper-*vb*	crawl| trail	[ʁɑ̃pe]
rang-*m*	rank| row	[ʁɑ̃]
ranger-*m; vb*	ranger; put away	[ʁɑ̃ʒe]
ranimer-*vb*	revive| rekindle	[ʁanime]
râpé-*adj*	grated	[ʁape]
râper-*vb*	grate	[ʁape]
rapide-*adj; m*	fast| rapid; rapid	[ʁapid]
rapidement-*adv*	quickly| rapidly	[ʁapidmã]
rappel-*m*	reminder| encore	[ʁapɛl]
rappeler-*vb*	remind| call back	[ʁaple]
rapport-*m*	report| ratio	[ʁapɔʁ]
rapporter-*vb*	report| relate	[ʁapɔʁte]
rapprocher-*vb*	bring closer	[ʁapʁɔʃe]
rare-*adj*	rare	[ʁaʁ]
raréfier-*vb*	rarefy	[ʁaʁefje]
rarement-*adv*	rarely| hardly	[ʁaʁmã]
rash-*m*	rash	[ʁaʃ]
rassemblement-*m*	gathering| rally	[ʁasɑ̃bləmã]
rasseoir-*vb*	sit down	[ʁaswaʁ]
ratisser-*vb*	rake| comb	[ʁatise]
rattacher-*vb*	link	[ʁataʃe]
rattraper-*vb*	catch up| make up	[ʁatʁape]
rauque-*adj*	hoarse	[ʁok]
ravager-*vb*	ravage| destroy	[ʁavaʒe]
ravi-*adj*	delighted	[sɛ̃kɔp]
ravir-*vb*	delight| ravish	[ʁaviʁ]
ravissant-*adj*	delightful	[ʁavisã]
rayer-*vb*	strike	[ʁeje]
rayon-*m*	radius| ray	[ʁejɔ̃]
rayon-*m*	radius| ray	[ʁejɔ̃]
rayonnement-*m*	influence| radiance	[ʁejɔnmã]
rayonner-*vb*	beam| radiate	[ʁejɔne]
ré-*m*	re	[ʁe]
réalisation-*f*	realization| achievement	[ʁealizasjɔ̃]
réaliser-*vb*	realize| achieve	[ʁealize]
réalisme-*m*	realism	[ʁealism]
réalité-*f*	reality	[ʁealite]

rebaptiser-*vb*	rename	[ʁəbatize]	
rébarbatif-*adj*	repulsive	[ʁebaʁbatif]	
rebelle-*m/f; adj*	rebel; rebellious	[ʁəbɛl]	
rebelle-*m/f; adj*	rebel; rebellious	[ʁəbɛl]	
rébellion-*f*	rebellion| rebel	[ʁebeljõ]	
receler-*vb*	harbor	[ʁəsle]	
récemment-*adv*	recently	[ʁesamã]	
réception-*f*	reception| desk	[ʁesɛpsjõ]	
recevoir-*vb*	receive| take	[ʁəsəvwaʁ]	
recherche-*f*	research| search	[ʁəʃɛʁʃ]	
recherché-*adj*	sought	[ʁəʃɛʁʃe]	
rechercher-*vb*	search| look for	[ʁəʃɛʁʃe]	
récit-*m*	story| recital	[ʁesi]	
récitation-*f*	recitation	[ʁesitasjõ]	
réclamer-*vb*	claim	[ʁeklame]	
reclus-*m*	recluse	[ʁəkly]	
recommander-*vb*	recommend	[ʁəkɔmãde]	
recommencer-*vb*	restart| start again	[ʁəkɔmãse]	
récompense-*f*	reward| award	[ʁekõpãs]	
récompenser-*vb*	reward	[ʁekõpãse]	
réconcilier-*vb*	reconcile	[ʁekõsilje]	
reconduire-*vb*	renew	[ʁəkõdɥiʁ]	
réconfort-*m*	comfort| reassurance	[ʁekõfɔʁ]	
reconnaissance-*f*	recognition	[ʁəkɔnɛsãs]	
reconnaître-*vb*	recognize| admit	[ʁəkɔnɛtʁ]	
reconstituer-*vb*	reconstruct| put together	[ʁəkõstitɥe]	
recourber-*vb*	recurve	[ʁəkuʁbe]	
recourir-*vb*	resort	[ʁəkuʁiʁ]	
recouvrer-*vb*	recover	[ʁəkuvʁe]	
recouvrer-*vb*	recover	[ʁəkuvʁe]	
recréer-*vb*	recreate	[ʁəkʁee]	
reçu-*adj; m*	received; receipt	[ʁəsy]	
recueillir-*vb*	collect| gather	[ʁəkœjiʁ]	
reculer-*vb*	back| retreat	[ʁəkyle]	
reddition-*f*	surrender	[ʁedisjõ]	
redemander-*vb*	ask again	[ʁədəmãde]	
redescendre-*vb*	come down	[ʁədesãdʁ]	
redevenir-*vb*	become again	[ʁədəvəniʁ]	
rédiger-*vb*	rewrite	[ʁediʒe]	
redingote-*f*	frock coat	[ʁədɛ̃gɔt]	
redire-*vb*	repeat	[ʁədiʁ]	
redoutable-*adj*	formidable| dreadful	[ʁədutabl]	
redresser-*vb*	straighten| redress	[ʁədʁese]	
réduire-*vb*	reduce| decrease	[ʁedɥiʁ]	
réel-*adj; m*	real| live; real	[ʁeɛl]	
réellement-*adv*	actually| true	[ʁeɛlmã]	
refaire-*vb*	redo| repair	[ʁəfɛʁ]	
référer-*vb*	refer	[ʁefeʁe]	
refermer-*vb*	close	[ʁəfɛʁme]	
réfléchir-*vb*	reflect| think	[ʁefleʃiʁ]	
réflecteur-*m; adj*	reflector; reflective	[ʁeflɛktœʁ]	
reflet-*m*	reflection	[ʁəflɛ]	
refléter-*vb*	reflect	[ʁəflete]	
refleurir-*vb*	flower again	[ʁəflœʁiʁ]	
réflexion-*f*	reflection| thinking	[ʁeflɛksjõ]	
réformer-*vb*	reform	[ʁefɔʁme]	
refouler-*vb*	repress	[ʁəfule]	
refrain-*m*	refrain	[ʁəfʁɛ̃]	
refroidir-*vb*	cool	[ʁəfʁwadiʁ]	
refuge-*m*	refuge| shelter	[ʁəfyʒ]	
refus-*m*	refusal| rejection	[ʁəfy]	
refuser-*vb*	refuse	[ʁəfyze]	
regagner-*vb*	regain	[ʁəgaɲe]	
regard-*m*	look| gaze	[ʁəgaʁ]	
regarder-*vb*	look| watch	[ʁəgaʁde]	
régent-*m*	regent	[ʁeʒã]	
régiment-*m*	regiment	[ʁeʒimã]	
règle-*f*	rule	[ʁɛgl]	
régler-*vb*	adjust| settle	[ʁegle]	
regret-*m*	regret	[ʁəgʁɛ]	
regrettable-*adj*	regrettable| unfortunate	[ʁəgʁetabl]	
regretter-*vb*	regret| miss	[ʁəgʁete]	
rehausser-*vb*	enhance	[ʁəose]	
reine-*f*	queen	[ʁɛn]	
réitération-*f*	reiteration	[ʁeiteʁasjõ]	
réitérer-*vb*	reiterate	[ʁeiteʁe]	
rejeter-*vb*	reject| dismiss	[ʁəʒəte]	
rejoindre-*vb*	rejoin	[ʁəʒwɛ̃dʁ]	
relation-*f*	relation	[ʁəlasjõ]	
relever-*vb*	raise| pick up	[ʁələve]	

relief-*m*	relief	[ʁəljɛf]	**repaire-***m*	den	[ʁəpɛʁ]
relier-*vb*	connect	[ʁəlje]	**répandre-***vb*	spill| scatter	[ʁepɑ̃dʁ]
religieux-*adj; m*	religious; religious	[ʁəliʒjø]	**reparaître-***vb*	reappear	[ʁəpaʁɛtʁ]
			réparer-*vb*	repair	[ʁepaʁe]
religion-*f*	religion	[ʁəliʒjɔ̃]	**repartir-***vb*	restart| redivide	[ʁəpaʁtiʁ]
relire-*vb*	read back	[ʁəliʁ]	**répartir-***vb*	allocate| divide	[ʁepaʁtiʁ]
reliure-*f*	binding	[ʁəljyʁ]	**repas-***m*	meal	[ʁəpa]
remarquable-*adj*	remarkable	[ʁəmaʁkabl]	**repentir-***m*	repentance	[ʁəpɑ̃tiʁ]
remarque-*f*	remark| observation	[ʁəmaʁk]	**répercuter-***vb*	reverberate	[asetism]
remarquer-*vb*	notice| note	[ʁəmaʁke]	**répéter-***vb*	repeat| rehearse	[ʁepete]
remémorer-*vb*	remember	[ʁəmemɔʁe]	**répétition-***f*	repetition| rehearsal	[ʁepetisjɔ̃]
remercier-*vb*	thank	[ʁəmɛʁsje]	**replacer-***vb*	replace	[ʁəplase]
remettant-*m*	remitter	[ʁəmɛtɑ̃]	**replier-***vb*	replicate| fold up	[ʁəplije]
remettre-*vb*	deliver| return	[ʁəmɛtʁ]	**répliquer-***vb*	reply	[ʁeplike]
réminiscence-*f*	reminiscence	[ʁeminisɑ̃s]	**replonger-***vb*	relapse	[ʁəplɔ̃ʒe]
remonter-*vb*	ascend| reassemble	[ʁəmɔ̃te]	**répondre-***vb*	answer	[ʁepɔ̃dʁ]
remontrance-*f*	remonstrance	[ʁəmɔ̃tʁɑ̃s]	**réponse-***f*	response	[ʁepɔ̃s]
remords-*m*	remorse	[ʁəmɔʁ]	**reportage-***m*	report	[ʁəpɔʁtaʒ]
rempart-*m*	rampart	[ʁɑ̃paʁ]	**repos-***m*	rest| pause	[ʁəpo]
remplacer-*vb*	replace| change	[ʁɑ̃plase]	**reposant-***adj*	relaxing	[ʁəpozɑ̃]
remplir-*vb*	fill| fill in	[ʁɑ̃pliʁ]	**reposer-***vb*	rest	[ʁəpoze]
remporter-*vb*	win| take	[ʁɑ̃pɔʁte]	**repoussant-***adj*	repulsive	[ʁəpusɑ̃]
remuer-*vb*	stir| move	[ʁəmɥe]	**repoussé-***adj*	postponed| rejected	[alege]
renaissance-*f*	renaissance| reawakening	[ʁənɛsɑ̃s]	**reprendre-***vb*	resume| retake	[ʁəpʁɑ̃dʁ]
			représenter-*vb*	represent	[ʁəpʁezɑ̃te]
rencontre-*f*	meeting| match	[ʁɑ̃kɔ̃tʁ]	**reproche-***m*	reproach| rebuke	[ʁəpʁɔʃ]
rencontrer-*vb*	meet| encounter	[ʁɑ̃kɔ̃tʁe]	**reprocher-***vb*	reproach| blame	[ʁəpʁɔʃe]
rendre-*vb*	render| restore	[ʁɑ̃dʁ]	**reproduction-***f*	reproduction	[ʁəpʁɔdyksjɔ̃]
rêne-*f*	rein	[ʁɛn]	**reproduire-***vb*	reproduce	[ʁəpʁɔdɥiʁ]
renfermer-*vb*	contain	[ʁɑ̃fɛʁme]	**réputation-***f*	reputation| name	[ʁepytasjɔ̃]
renfoncer-*vb*	strenghten	[ʁɑ̃fɔ̃se]	**réserver-***vb*	book| reserve	[ʁezɛʁve]
renfrogner-*vb*	frown	[ʁɑ̃fʁɔɲe]	**résistance-***f*	resistance| strength	[ʁezistɑ̃s]
reniement-*m*	denial	[isʁaelit]	**résister-***vb*	resist	[ʁeziste]
renom-*m*	renown	[ʁənɔ̃]	**résolu-***adj*	resolved	[ʁezɔly]
renommer-*vb*	rename| reappoint	[ʁənɔme]	**résolution-***f*	resolution	[ʁezɔlysjɔ̃]
renoncement-*m*	renunciation	[ʁənɔ̃smɑ̃]	**résonner-***vb*	resonate| resound	[ʁezɔne]
			résoudre-*vb*	solve| resolve	[ʁezudʁ]
renonciation-*f*	waiver	[ʁənɔ̃sjasjɔ̃]	**respect-***m*	respect	[ʁɛspɛ]
renseignement-*m*	inquiry	[ʁɑ̃sɛɲmɑ̃]	**respectabilité-***f*	respectability	[ʁɛspɛktabilite]
rentraire-*vb*	redeem	[ʁɑ̃tʁɛʁ]	**respectable-***adj*	respectable	[ʁɛspɛktabl]
rentrer-*vb*	return	[ʁɑ̃tʁe]			
renversant-*adj*	astounding	[ʁɑ̃vɛʁsɑ̃]	**respecter-***vb*	respect| observe	[ʁɛspɛkte]
renverse-*f*	inverse	[ʁɑ̃vɛʁs]	**respiration-***f*	breathing	[ʁɛspiʁasjɔ̃]
renverser-*vb*	reverse| turn	[ʁɑ̃vɛʁse]	**respirer-***vb*	breathe	[ʁɛspiʁe]

responsabilité-f	responsibility	[ʀɛspɔ̃sabilite]
responsable-adj; m/f	responsible; person responsible	[ʀɛspɔ̃sabl]
ressaisir-vb	catch	[ʀəseziʀ]
ressemblance-f	resemblance| likeness	[ʀəsãblãs]
ressembler-vb	look like	[ʀəsãble]
ressentir-vb	feel| be affected by	[ʀəsãtiʀ]
ressort-m	spring| resilience	[ʀəsɔʀ]
ressusciter-vb	resurrect	[ʀesysite]
restau-m	restaurant	[ʀɛsto]
restaurer-vb	restore	[ʀɛstɔʀe]
reste-m	rest| remainder	[ʀɛst]
rester-vb	stay| keep	[ʀɛste]
résultat-m	result| product	[ʀezylta]
résulter-vb	result	[ʀezylte]
résumer-vb	summarize| resume	[ʀezyme]
resurgir-vb	resurface	[ʀəsyʀʒiʀ]
retard-m	delay	[ʀətaʀ]
retenir-vb	retain| hold	[ʀətəniʀ]
retentir-vb	sound| resound	[ʀətãtiʀ]
retenue-f	restraint	[ʀətəny]
réticence-f	reluctance	[ʀetisãs]
retiré-adj	withdrawn| retired	[ʀətiʀe]
retirer-vb	withdraw| pull	[ʀətiʀe]
retomber-vb	drop| relapse	[ʀətɔ̃be]
retour-m	return	[ʀətuʀ]
retourner-vb	return	[ʀətuʀne]
retraite-f	retirement	[ʀətʀɛt]
rétrograder-vb	demote| downgrade	[ʀetʀɔgʀade]
retrousser-vb	roll up	[ʀətʀuse]
retrouver-vb	find| meet	[ʀətʀuve]
réunion-f	meeting| reunion	[ʀeynjɔ̃]
réunir-vb	gather| reunite	[ʀeyniʀ]
réussir-vb	succeed| pass	[ʀeysiʀ]
rêve-m	dream	[ʀɛv]
revêche-adj	surly	[ʀəvɛʃ]
réveiller-vb	wake| awake	[ʀeveje]
révélation-f	revelation	[ʀevelasjɔ̃]
révéler-vb	reveal| tell	[ʀevele]
revendiquer-vb	claim	[ʀəvãdike]
revenir-vb	return| get back	[ʀəvəniʀ]
rêver-vb	dream	[ʀeve]
réverbère-m	street lamp	[ʀevɛʀbɛʀ]

révérence-f	reverence| bow	[ʀeveʀãs]
rêverie-f	reverie	[ʀevʀi]
revers-m	reverse| back	[ʀəvɛʀ]
revêtir-vb	don	[ʀəvetiʀ]
rêveur-m; adj	dreamer; dreamy	[ʀevœʀ]
rêveusement-adv	musingly	[ʀevøzmã]
revivre-vb	relive	[ʀəvivʀ]
revoir-vb	revise	[ʀəvwaʀ]
révolte-f	revolt| mutiny	[ʀevɔlt]
révolter-vb	appal| revolt	[ʀevɔlte]
révolu-adj	gone	[ʀevɔly]
revolver-m	revolver	[ʀevɔlvɛʀ]
revue-m	review	[ʀəvy]
ricain-adj	Yank	[ʀikɛ̃]
ricanement-m	sneer	[ʀikanmã]
ricaner-vb	sneer	[ʀikane]
ricaneur-m	sneerer	[fʀyktɥø]
richard-m	nob	[ʀiʃaʀ]
riche-adj; m/f	rich; rich person	[ʀiʃ]
richesse-f	wealth| richness	[ʀiʃɛs]
rictus-m	grin	[ʀikty]
ride-f	wrinkle	[ʀid]
rideau-m	curtain	[ʀido]
rider-vb	wrinkle| ruffle	[ʀide]
ridicule-adj; m	ridiculous; ridicule	[ʀidikyl]
rien-m; prn; adv	nothing; anything; nix	[ʀjɛ̃]
rigide-adj	rigid| inflexible	[ʀiʒid]
rimer-vb	rhyme	[ʀime]
ring-m	ring	[ʀiŋ]
riposter-vb	hit back| retaliate	[ʀipɔste]
rire-m; vb	laugh; laugh	[ʀiʀ]
risque-m	risk| hazard	[ʀisk]
risquer-vb	risk| venture	[ʀiske]
rituel-adj; m	ritual; ritual	[ʀitɥɛl]
rival-adj; m	rival; rival	[ʀival]
river-vb	rivet	[ʀive]
robe-f	dress| gown	[ʀɔb]
roche-f	rock	[ʀɔʃ]
rocher-m; vb	rock; spit	[ʀɔʃe]
rôder-vb	prowl| lurk	[ʀode]
roi-m	king	[ʀwa]
rôle-m	role	[ʀol]
romain-adj	Roman	[ʀɔmɛ̃]

roman-*m; adj*	novel; Romance	[ʁɔmɑ̃]	
romanesque-*adj*	dreamy| fictional	[ʁɔmanɛsk]	
romantique-*adj; m/f*	romantic; romantic	[ʁɔmɑ̃tik]	
romantisme-*m*	romanticism	[ʁɔmɑ̃tism]	
rompre-*vb*	break| break up	[ʁɔ̃pʁ]	
rond-*adj; m*	round; round	[ʁɔ̃]	
ronger-*vb*	gnaw	[ʁɔ̃ʒe]	
rosaire-*m*	rosary	[ʁozɛʁ]	
rose-*adj; f*	pink; rose	[ʁoz]	
roseau-*m*	reed	[ʁozo]	
rosée-*f*	dew	[ʁoze]	
rosette-*f*	rosette	[ʁozɛt]	
rossignol-*m*	nightingale	[ʁɔsiɲɔl]	
rouge-*adj; m*	red; red	[ʁuʒ]	
rougeur-*f*	redness	[ʁuʒœʁ]	
rougir-*vb*	blush| go red	[ʁuʒiʁ]	
rougissant-*adj*	reddening	[ʁuʒisɑ̃]	
rouiller-*vb*	rust	[ʁuje]	
rouleau-*m*	roller| roll	[ʁulo]	
rouler-*vb*	roll	[ʁule]	
rousseur-*f*	redness	[ʁusœʁ]	
roussir-*vb*	scorch| brown	[ʁusiʁ]	
route-*f*	road| way	[ʁut]	
roux-*adj; m*	red; roux	[ʁu]	
royal-*adj*	royal	[ʁwajal]	
ruban-*m*	ribbon	[ʁybɑ̃]	
rubis-*m*	ruby	[ʁybi]	
rude-*adj*	rough	[ʁyd]	
rudement-*adv*	roughly| harshly	[ʁydmɑ̃]	
rue-*f*	street	[ʁy]	
ruelle-*f*	alley	[ʁyɛl]	
rugby-*m*	rugby	[ʁygbi]	
ruine-*f*	ruin| doom	[ʁɥin]	
ruiner-*vb*	ruin| wreck	[ʁɥine]	
ruisselant-*adj*	streaming	[ʁɥislɑ̃]	
ruisseler-*vb*	stream	[ʁɥisle]	
rumeur-*f*	rumor	[ʁymœʁ]	
ruse-*f*	cunning| ruse	[ʁyz]	
rusé-*adj*	cunning	[ʁyze]	
rustaud-*m*	rustic	[fʁatʁisid]	

S

sable-*m*	sand| grittiness	[sabl]	
sabot-*m*	shoe| hoof	[sabo]	
sac-*m*	bag| sack	[sak]	
saccadé-*adj*	jerky	[sakade]	
sacré-*adj*	sacred	[sakʁe]	
sacrement-*m*	sacrament	[sakʁəmɑ̃]	
sacrer-*vb*	consecrate| crown	[sakʁe]	
sacrifice-*m*	sacrifice	[sakʁifis]	
sacrifier-*vb*	sacrifice	[sakʁifje]	
sage-*adj; m*	wise; sage	[saʒ]	
sagesse-*f*	wisdom	[saʒɛs]	
saint-*adj; m*	saint; saint; St.	[sɛ̃]	
sainteté-*f*	holiness	[sɛ̃tte]	
saisi-*adj*	grasped	[sezi]	
saisir-*vb*	seize| grasp	[seziʁ]	
saisissant-*adj*	striking	[sezisɑ̃]	
saison-*f*	season	[sɛzɔ̃]	
salade-*f*	salad	[salad]	
sale-*adj*	dirty| nasty	[sal]	
saler-*vb*	salt	[sale]	
salir-*vb*	soil| smear	[saliʁ]	
salle-*f*	room	[sal]	
salon-*m*	lounge	[salɔ̃]	
saluer-*vb*	greet	[salɥe]	
salut-*m; int*	salvation; hi	[saly]	
sang-*m*	blood	[sɑ̃]	
sanglant-*adj*	bloody	[sɑ̃glɑ̃]	
sanglot-*m*	sob	[sɑ̃glo]	
sanglotant-*adv*	sobbing	[sɑ̃glɔtɑ̃]	
sangloter-*vb*	sob	[sɑ̃glɔte]	
sanitaire-*adj*	sanitary; sanitation	[sanitɛʁ]	
sans-*prp*	without	[sɑ̃]	
santé-*f*	health	[sɑ̃te]	
saphir-*m*	sapphire	[safiʁ]	
sapin-*m*	pine	[sapɛ̃]	
satin-*m*	satin| demon	[satɛ̃]	
satiné-*adj*	satin	[satine]	
satire-*f*	satire	[satiʁ]	
satisfaction-*f*	satisfaction	[satisfaksjɔ̃]	
satisfaire-*vb*	satisfy| please	[satisfɛʁ]	
saturnien-*adj*	saturnine	[satyʁnjɛ̃]	
satyre-*m*	Satyr	[satiʁ]	
sauf-*prp; adj; con; adv*	except; safe; excepting; short of	[sof]	
sautant-*adj*	jumping	[sotɑ̃]	

sauter-*vb*	jump	skip	[sote]
sauvage-*adj; m*	wild; savage	[sovaʒ]
sauvagement-*adv*	savagely	[sovaʒmã]
sauver-*vb*	save	[sove]
savamment-*adv*	carefully	[savamã]
savant-*adj; m*	learned; scholar	[savã]
savate-*f*	slipper	[savat]
savoir-*vb; m*	know; knowledge	[savwaʁ]
scandale-*m*	scandal	[skãdal]
scandaleusement-*adv*	grossly	[skãdaløzmã]
scander-*vb*	chant	[skãde]
scarabée-*m*	beetle	[skaʁabe]
scène-*f*	scene	[sɛn]
scénique-*adj*	scenic	[ʁavi]
scepticisme-*m*	skepticism	[sɛptisism]
sceptique-*adj; m/f*	skeptical; skeptic	[sɛptik]
schéma-*m*	schema	diagram	[ʃema]
science-*f*	science	[sjãs]
scientifique-*adj; m/f*	scientific; scientist	[sjãtifik]
scrupuleux-*adj*	scrupulous	[skʁypylø]
scrutateur-*m; adj*	scrutineer; searching	[skʁytatœʁ]
sculpture-*f*	sculpture	sculpting	[skyltyʁ]
se-*prn*	-self (reflexive marker)	[sə]
sec-*adj*	dry	dried	[sɛk]
second-*adj; m*	second; second	[səgɔ̃]
secondaire-*adj; m*	secondary; high-school	[səgɔ̃dɛʁ]
secouer-*vb*	shake	rock	[səkwe]
secourir-*vb*	rescue	[səkuʁiʁ]
secret-*adj; m*	secret	covert; secret	[səkʁɛ]
secrétaire-*m/f*	secretary	[səkʁetɛʁ]
sécurité-*f*	security	[sekyʁite]
séducteur-*m; adj*	seducer; seductive	[sedyktœʁ]
séduire-*vb*	seduce	attract	[sedɥiʁ]
séduisant-*adj*	attractive	seductive	[sedɥizã]
seigneur-*m*	lord	[sɛɲœʁ]
seigneurie-*f*	lordship	[sɛɲœʁi]
sein-*m*	breast	fold	[sɛ̃]
seize-*num*	sixteen	[sɛz]

séjour-*m*	stay	visit	[seʒuʁ]
sélection-*f*	selection	team	[selɛksjɔ̃]
sélénite-*m*	selenite	[selenit]
seller-*vb*	saddle	[sele]
selon-*prp; adv*	according to; as follows	[səlɔ̃]
semaine-*f*	week	[səmɛn]
semblable-*adj; m*	similar; fellow creature	[sãblabl]
sembler-*vb*	seem	sound	[sãble]
semer-*vb*	sow	[səme]
semis-*m*	seedling	[səmi]
sens-*m*	direction	[sãs]
sensation-*f*	sensation	feeling	[sãsasjɔ̃]
sensitif-*adj*	sensory	[sãsitif]
sensoriel-*adj*	sensory	[ɛ̃vɔlɔ̃tɛʁ]
sensuel-*adj*	sensual	[sãsɥɛl]
senteur-*f*	scent	[sãtœʁ]
sentiment-*m*	feeling	sense	[sãtimã]
sentimental-*adj*	sentimental	[sãtimãtal]
sentinelle-*f*	sentinel	[sãtinɛl]
sentir-*vb*	feel	[sãtiʁ]
seoir-*vb*	suit	[swaʁ]
séparation-*f*	separation	[sepaʁasjɔ̃]
séparer-*vb*	separate	part	[sepaʁe]
sept-*num*	seven	[sɛt]
septième-*num*	seventh	[sɛtjɛm]
séraphin-*m*	seraph	[seʁafɛ̃]
série-*f*	series	set	[seʁi]
sérieusement-*adv*	seriously	gravely	[seʁjøzmã]
sérieux-*adj; m*	serious; seriousness	[seʁjø]
sermonner-*vb*	lecture	sermonize	[sɛʁmɔne]
serpent-*m*	snake	[sɛʁpã]
serrer-*vb*	tighten	clamp	[seʁe]
serrure-*f*	lock	[seʁyʁ]
service-*m*	service	serving	[sɛʁvis]
serviette-*f*	towel	napkin	[sɛʁvjɛt]
servilité-*f*	servility	[sɛʁvilite]
servir-*vb*	serve	help	[sɛʁviʁ]
serviteur-*m*	servant	[sɛʁvitœʁ]
seuil-*m*	threshold	sill	[sœj]
seul-*adj; m; adv*	only; only one; very	[sœl]

seulement-adv; con	only| just; only	[sœlmã]	**sixte-**num	sixth	[sikst]
sévère-adj	severe| strict	[seveʁ]	**smoking-**m	tuxedo	[smɔkiŋ]
sexe-m	sex| gender	[sɛks]	**sobriété-**f	sobriety	[sɔbʁijete]
sherry-m	sherry	[ʃeʁi]	**social-**adj	social	[sɔsjal]
show-m	show	[ʃo]	**société-**f	society| association	[sɔsjete]
si-con; adv	if; so	[si]	**sociologique-**adj	sociological	[sɔsjɔlɔʒik]
sicilien-m; adj	Sicilian; Sicilian	[sisiljɛ̃]	**soda-**m	soda	[sɔda]
siècle-m	century	[sjɛkl]	**sœur-**adj; f	sister; sister	[sœʁ]
siéger-vb	sit	[sjeʒe]	**sofa-**m	sofa	[sɔfa]
sien-prn	one's own	[sjɛ̃]	**soi-**m; prn	self; self	[swa]
sifflant-adj	whistling	[siflã]	**soie-**f	silk	[swa]
siffler-vb	whistle| hiss	[sifle]	**soif-**f	thirst	[swaf]
sifflet-m	whistle	[siflɛ]	**soigneux-**adj	careful	[swaɲø]
signe-m	sign	[siɲ]	**soin-**m	care| carefulness	[swɛ̃]
signer-vb	sign	[siɲe]	**soir-**m	evening	[swaʁ]
signification-f	meaning| notification	[siɲifikasjɔ̃]	**soirée-**f	evening	[swaʁe]
signifier-vb	mean| imply	[siɲifje]	**soit-**con	whether| either	[swa]
silence-m	silence| pause	[silãs]	**soixante-**num	sixty	[swasãt]
silencieusement-adv	silently	[silãsjøzmã]	**sol-**m	soil	[sɔl]
silencieux-adj; m	silent; silencer	[silãsjø]	**solaire-**adj	solar	[sɔlɛʁ]
silhouetter-vb	outline	[silwete]	**soleil-**m	sun	[sɔlɛj]
sillonner-vb	furrow	[sijɔne]	**solennellement-**adv	solemnly	[sɔlanɛlmã]
simple-adj	simple; singles	[sɛ̃pl]	**solitaire-**adj; m/f	solitary; loner	[sɔlitɛʁ]
simplement-adv	simply	[sɛ̃pləmã]	**sombre-**adj	dark| gloomy	[sɔ̃bʁ]
simplicité-f	simplicity	[sɛ̃plisite]	**sombrer-**vb	sink	[sɔ̃bʁe]
sincère-adj	sincere| genuine	[sɛ̃sɛʁ]	**somme-**f	sum	[sɔm]
sincérité-f	sincerity| honesty	[sɛ̃seʁite]	**sommeil-**m	sleep| rest	[sɔmɛj]
singe-m	monkey	[sɛ̃ʒ]	**sommelier-**m	wine waiter	[afinite]
singleton-m	singleton	[sɛ̃glətɔ̃]	**somptueux-**adj	sumptuous| magnificent	[sɔ̃ptɥø]
singulier-adj; m	singular| strange; singular	[sɛ̃gylje]	**son-**adj; m	its; sound	[sɔ̃]
singulièrement-adv	oddly	[sɛ̃gyljeʁmã]	**songer-**vb	reflect| wonder	[sɔ̃ʒe]
sinon-con; adv	otherwise; or else	[sinɔ̃]	**songerie-**f	dream	[sɔ̃ʒʁi]
siphon-m	siphon	[sifɔ̃]	**sonner-**vb	ring| sound	[sɔne]
sir-m	sir	[siʁ]	**sonnet-**m	sonnet	[sɔnɛ]
siroter-vb	sip	[siʁɔte]	**sonore-**f; adj	sound; acoustic	[sɔnɔʁ]
sitôt-adv	soon	[sito]	**sonorité-**f	tone	[sɔnɔʁite]
situation-f	situation	[sitɥasjɔ̃]	**sordide-**adj	sordid| wretched	[sɔʁdid]
situer-vb	locate| situate	[sitɥe]	**sortant-**adj	outgoing	[sɔʁtã]
six-num	six	[sis]	**sorte-**f	kind| manner	[sɔʁt]
sixième-num	sixth	[sizjɛm]	**sortie-**f	output	[sɔʁti]
			sortir-vb	exit| come out	[sɔʁtiʁ]
			sot-m	fool	[so]

sottise-f	folly| silliness	[sɔtiz]	
sou-m	cent	[su]	
souche-f	strain| stump	[suʃ]	
souci-m	worry| care	[susi]	
soucier-vb	worry about	[susje]	
soucieux-adj	concerned	[susjø]	
soucoupe-f	saucer	[sukup]	
soudain-adv; adj	suddenly; sudden	[sudɛ̃]	
soudainement -adv	suddenly	[sudɛnmɑ̃]	
soudoyer-vb	bribe| tamper	[sudwaje]	
soufflant-adj; m	amazing; gun	[suflɑ̃]	
souffler-vb	breathe| whisper	[sufle]	
souffrance-f	suffering	[sufʁɑ̃s]	
souffrir-vb	suffer| experience	[sufʁiʁ]	
soufre-m	sulfur	[sufʁ]	
souhaiter-vb	wish| hope	[swete]	
souiller-vb	soil| defile	[suje]	
soulagement- m	relief| solace	[sulaʒmɑ̃]	
soulager-vb	relieve| alleviate	[sulaʒe]	
soulever-vb; m	raise; bench press	[sulve]	
soulier-m	shoe	[sulje]	
soumettre-vb	submit| refer	[sumɛtʁ]	
soumission-f	submission| tender	[sumisjɔ̃]	
soupçon-m	suspicion| soupcon	[supsɔ̃]	
soupçonner-vb	suspect	[supsɔne]	
souper-m; vb	supper; sup	[supe]	
soupir-m	sigh	[supiʁ]	
soupirer-vb	sigh	[supiʁe]	
source-f	source| spring	[suʁs]	
sourcil-m	eyebrow	[suʁsil]	
sourd-adj	deaf| dull	[suʁ]	
souriant-adj	smiling	[suʁjɑ̃]	
sourire-m; vb	smile; smile	[suʁiʁ]	
souris-f	mouse	[suʁi]	
sournoisement -adv	slyly	[suʁnwazmɑ̃]	
sous-prp; adv; f	under; underneath; cash	[su]	
soutenir-vb	support| back	[sutniʁ]	
souvenance-f	memory	[suvənɑ̃s]	
souvenir-m	memory| souvenir	[suvəniʁ]	
souvent-adv	often	[suvɑ̃]	
souverain-adj; m	sovereign; sovereign	[suvʁɛ̃]	
spasme-m	spasm	[spasm]	
spécial-adj	special	[spesjal]	
spécialement- adv	specially| notably	[spesjalmɑ̃]	
spécimen-m	specimen	[spesimɛn]	
spectacle-m	show| spectacle	[spɛktakl]	
spectateur-m	spectator| onlooker	[spɛktatœʁ]	
spectral-adj	spectral	[spɛktʁal]	
spéculation-f	speculation	[spekylasjɔ̃]	
sphinx-m	sphinx	[sfɛ̃ks]	
spinelle-f	spinel	[spinɛl]	
spiral-adj	spiral	[spiʁal]	
spiritualisation -f	spiritualisation	[spiʁityalizasjɔ̃]	
spiritualiser-vb	spiritualize	[spiʁityalize]	
spiritualité-f	spirituality	[spiʁityalite]	
spirituel-adj	spiritual	[spiʁityɛl]	
splendeur-f	splendor	[splɑ̃dœʁ]	
splendide-adj	splendid	[splɑ̃did]	
square-m	square	[skwaʁ]	
stabilité-f	stability| steadiness	[stabilite]	
stagnation-f	stagnation	[stagnasjɔ̃]	
stagner-vb	stagnate	[staɲe]	
stance-f	stave	[ɔʃmɑ̃]	
standard-adj; m	standard; standard	[stɑ̃daʁ]	
statue-f	statue	[staty]	
statuette-f	small statue	[statyɛt]	
stéréotypé-adj	stereotyped	[peʁɔʁe]	
stéréotyper-vb	stereotype	[steʁeɔtipe]	
stérile-adj	sterile| barren	[steʁil]	
stérilité-f	sterility	[steʁilite]	
stigmate-m	stigma	[stigmat]	
stock-m	stock	[stɔk]	
striduler-vb	chirrup	[stʁidyle]	
stupéfaction-f	stupefaction	[stypefaksjɔ̃]	
stupéfiant-m; adj	narcotic; amazing	[stypefjɑ̃]	
stupeur-f	stupor	[stypœʁ]	
stupide-adj; m	stupid; stupid	[stypid]	
stupidité-f	stupidity	[stypidite]	
style-m	style| design	[stil]	
subalterne- adj; m	subordinate; subordinate	[sybaltɛʁn]	

subir-*vb*	undergo| suffer	[sybiʁ]	
subit-*adj*	sudden	[sybi]	
subitement-*adv*	suddenly	[sybitmã]	
subjuguer-*vb*	subjugate	[sybʒyge]	
substitution-*f*	substitution	[sypstitysjõ]	
subtil-*adj*	subtle	[syptil]	
subtilité-*f*	subtlety	[syptilite]	
suc-*m*	juice	[syk]	
succéder-*vb*	succeed	[syksede]	
succès-*m*	success	[syksɛ]	
successif-*adj*	successive	[abdike]	
sucer-*vb*	suck| suck out	[syse]	
sucre-*m*	sugar	[sykʁ]	
sueur-*f*	sweat| sweating	[sɥœʁ]	
suffire-*vb*	suffice	[syfiʁ]	
suffisant-*adj*	sufficient	[syfizã]	
suffocant-*adj*	sultry	[syfɔkã]	
suffoquant-*adj*	stifling	[syfɔkã]	
suggérer-*vb*	suggest| imply	[sygʒeʁe]	
suggestif-*adj*	suggestive	[sygʒɛstif]	
suggestion-*f*	suggestion	[sygʒɛstjõ]	
suicide-*m*	suicide	[sɥisid]	
suintant-*adj*	oozing	[sɥɛ̃tã]	
suinter-*vb*	ooze	[sɥɛ̃te]	
suite-*f*	suite| sequence	[sɥit]	
suivant-*adj; prp; adv*	following; according to; as follows	[sɥivã]	
suivre-*vb*	follow	[sɥivʁ]	
sujet-*m; adj*	subject; prone	[syʒɛ]	
superbe-*adj*	superb; stunner	[sypɛʁb]	
superbement-*adv*	magnificently	[sypɛʁbəmã]	
superficiel-*adj*	superficial	[sypɛʁfisjɛl]	
supérieur-*adj; m*	upper; superior	[sypeʁjœʁ]	
superstition-*f*	superstition	[sypɛʁstisjõ]	
suppléer-*vb*	compensate	[syplee]	
supplice-*m*	torture| ordeal	[syplis]	
supplier-*vb*	beg| entreat	[syplije]	
support-*m*	support| bracket	[sypɔʁ]	
supporter-*vb; m*	support| bear; supporter	[sypɔʁte]	
supposer-*vb*	assume| suppose	[sypoze]	
supposition-*f*	assumption| guess	[sypozisjõ]	
suprême-*adj; m*	supreme; supreme	[sypʁɛm]	
sur-*prp*	on	[syʁ]	
sûr-*adj*	sure| safe	[syʁ]	
sûrement-*adv*	surely	[syʁmã]	
sûreté-*f*	safety	[syʁte]	
surexciter-*vb*	overexcite	[syʁɛksite]	
surface-*f*	surface	[syʁfas]	
surface-*f*	surface	[syʁfas]	
surgir-*vb*	arise| emerge	[syʁʒiʁ]	
surmener-*vb*	overwork	[syʁməne]	
surmonter-*vb*	overcome| rise above	[syʁmõte]	
surnom-*m*	nickname	[syʁnõ]	
surpasser-*vb*	surpass| excel	[syʁpase]	
surprenant-*adj*	surprising	[syʁpʁənã]	
surprendre-*vb*	surprise| catch	[syʁpʁãdʁ]	
surpris-*adj*	surprised	[syʁpʁi]	
sursaut-*m*	start| spurt	[syʁso]	
sursauter-*vb*	jump up	[syʁsote]	
surtout-*adv*	mainly| above all	[syʁtu]	
surveillance-*f*	surveillance	[syʁvɛjãs]	
surveiller-*vb*	monitor| watch	[syʁveje]	
survenir-*vb*	occur| arise	[syʁvəniʁ]	
survivance-*f*	survival	[idealite]	
survivant-*m; adj*	survivor; surviving	[syʁvivã]	
survivre-*vb*	survive	[syʁvivʁ]	
susciter-*vb*	create| arouse	[sysite]	
suspendre-*vb*	suspend| hang	[syspãdʁ]	
sustenter-*vb*	sustain	[systãte]	
symbole-*m*	symbol	[sɛ̃bɔl]	
symboliser-*vb*	symbolize	[sɛ̃bɔlize]	
symboliste-*f*	symbolist	[sɛ̃bɔlist]	
sympathie-*f*	sympathy	[sɛ̃pati]	
sympathique-*adj*	sympathetic	[sɛ̃patik]	
sympathiser-*vb*	sympathize	[sɛ̃patize]	
symphonique-*adj*	symphonic	[sɛ̃fɔnik]	
syncope-*f*	syncope	[ʒeɔʁʒjɛ̃]	
système-*m*	system	[sistɛm]	

T

tabernacle-*m*	tabernacle	[tabɛʁnakl]

table-*f*	table| calculator	[tabl]	**tel**-*adj*	such	[tɛl]
tableau-*m*	table| picture	[tablo]	**télé**-*abr; f*	TV; telly	[tele]
tablier-*m*	apron	[tablije]	**télégramme**-*m*	telegram	[telegʁam]
tabouret-*m*	stool	[tabuʁɛ]	**télégraphier**-*vb*	telegraph	[telegʁafje]
tache-*f*	spot| stain	[taʃ]			
tâche-*f*	task	[taʃ]	**tellement**-*adv*	so	[tɛlmɑ̃]
tacher-*vb*	stain| spot	[taʃe]	**téméraire**-*adj*	rash	[temeʁɛʁ]
tâcher-*vb*	try	[taʃe]	**témoignage**-*m*	testimony| witness	[temwaɲaʒ]
tacheter-*vb*	dapple	[taʃte]	**témoigner**-*vb*	testify| give evidence	[temwaɲe]
tailler-*vb*	cut| carve	[taje]	**témoin**-*m*	witness	[temwɛ̃]
tailleur-*m*	tailor	[tajœʁ]	**tempe**-*f*	temple	[tɑ̃p]
taire-*vb*	hush up	[tɛʁ]	**tempérament**-*m*	temperament| temper	[tɑ̃peʁamɑ̃]
talent-*m*	talent| skill	[talɑ̃]			
talent-*m*	talent| skill	[talɑ̃]	**température**-*f*	temperature	[tɑ̃peʁatyʁ]
talon-*m*	heel	[talɔ̃]	**tempête**-*f*	storm	[tɑ̃pɛt]
tambour-*m*	drum	[tɑ̃buʁ]	**temple**-*m*	temple	[tɑ̃pl]
tambouriner-*vb*	drum	[afese]	**temps**-*m*	time	[tɑ̃]
			tendre-*adj; vb*	tender; tender	[tɑ̃dʁ]
tamiser-*vb*	sift	[tamize]	**tendresse**-*f*	tenderness| kindness	[tɑ̃dʁɛs]
tandis-*con*	while	[tɑ̃di]	**ténèbre**-*f*	darkness	[tenɛbʁ]
tangible-*adj*	tangible	[tɑ̃ʒibl]	**ténébreux**-*adj*	gloomy	[tenebʁø]
tanière-*f*	lair	[tanjɛʁ]	**tenir**-*vb*	hold| keep	[təniʁ]
tant-*adv*	so such	[tɑ̃]	**tentation**-*f*	temptation	[tɑ̃tasjɔ̃]
tante-*f*	aunt	[tɑ̃t]	**tentative**-*f*	attempt| bid	[tɑ̃tativ]
tapageur-*adj*	noisy	[tapaʒœʁ]	**tenter**-*vb*	try| attempt	[tɑ̃te]
tapir-*m*	tapir	[tapiʁ]	**terme**-*m*	term	[tɛʁm]
tapis-*m*	carpet	[tapi]	**terminer**-*vb*	finish| conclude	[tɛʁmine]
tapisserie-*f*	tapestry	[tapisʁi]	**terne**-*adj*	dull| drab	[tɛʁn]
tapoter-*vb*	tap	[tapɔte]	**ternir**-*vb*	tarnish	[tɛʁniʁ]
tard-*adv*	late	[taʁ]	**terrasse**-*f*	terrace	[teʁas]
tarder-*vb*	delay	[taʁde]	**terrasser**-*vb*	crush	[teʁase]
tardif-*adj*	late	[taʁdif]	**terre**-*f*	earth| land	[tɛʁ]
tare-*f*	stigma	[taʁ]	**terrestre**-*adj*	terrestrial| earthly	[teʁɛstʁ]
tartan-*m*	tartan	[taʁtɑ̃]	**terreur**-*f*	terror	[teʁœʁ]
tas-*m*	pile	[ta]	**terrible**-*adj*	terrible	[teʁibl]
tasse-*f*	cup	[tas]	**terriblement**-*adv*	terribly	[teʁibləmɑ̃]
tasser-*vb*	pack	[tase]			
taux-*m*	rate	[to]	**terrifier**-*vb*	terrify	[teʁifje]
taverne-*f*	tavern	[tavɛʁn]	**tête**-*f*	head| top	[tɛt]
te-*prn*	you	[tə]	**textile**-*adj; m*	textile; textile	[tɛkstil]
technique-*adj; f*	technical; technique	[tɛknik]	**thé**-*m*	tea	[te]
			théâtral-*adj*	theatrical	[teatʁal]
teindre-*vb*	dye	[tɛ̃dʁ]	**théâtre**-*m*	theater| stage	[teatʁ]
teinte-*f*	hue	[tɛ̃t]	**théologien**-*m*	theologian	[teɔlɔʒjɛ̃]
teinte-*f*	hue	[tɛ̃t]	**théorie**-*f*	theory	[teɔʁi]

tiare-*f*	tiara	[ãvaismã]	**tourner**-*vb*	turn| rotate	[tuʁne]
tic-*m*	tic	[tik]	**tourneur**-*m*	turner	[tuʁnœʁ]
tiers-*m*	third	[tjɛʁ]	**tout**-*adj; adv; m; prn*	all; all; all; all	[tu]
tige-*f*	stem| spindle	[tiʒ]			
timbre-*m*	stamp	[tɛ̃bʁ]	**toutefois**-*con; adv*	however; nevertheless	[tutfwa]
timide-*adj*	shy	[timid]			
timidement-*adv*	timidly	[timidmã]	**trace**-*f*	trace| track	[tʁas]
tinter-*vb*	ring	[tɛ̃te]	**tracer**-*vb*	draw| mark	[tʁase]
tique-*f*	tick	[tik]	**traduire**-*vb*	translate| transpose	[tʁadɥiʁ]
tirer-*vb*	take| draw	[tiʁe]	**trafiquer**-*vb*	traffic	[tʁafike]
tiroir-*m*	drawer	[tiʁwaʁ]	**tragédie**-*f*	tragedy	[tʁaʒedi]
titan-*m*	titan	[titã]	**tragique**-*adj*	tragic	[tʁaʒik]
titanesque-*adj*	titanic	[titanɛsk]	**tragiquement**-*adv*	tragically	[tʁaʒikmã]
titre-*m*	title| headline	[titʁ]			
toile-*f*	web	[twal]	**trahir**-*vb*	betray	[tʁaiʁ]
toilette-*f*	toilet	[twalɛt]	**trahison**-*f*	treason	[tʁaizɔ̃]
toit-*m*	roof	[twa]	**train**-*m*	train	[tʁɛ̃]
tombe-*f*	grave| tomb	[tɔ̃b]	**traînant**-*adj*	shuffling	[tʁɛnã]
tombeau-*m*	tomb	[tɔ̃bo]	**traîner**-*vb*	drag| trail	[tʁene]
tombée-*f*	fall	[tɔ̃be]	**traire**-*vb*	milk	[tʁɛʁ]
tomber-*vb*	fall| drop	[tɔ̃be]	**trait**-*m*	trait	[tʁɛ]
ton-*adj; prn; m*	your; your; tone	[tɔ̃]	**traité**-*m; adj*	treaty; processed	[tʁete]
tonique-*adj; f*	tonic; tonic	[tɔnik]	**traiter**-*vb*	treat| deal	[tʁete]
tonner-*vb*	thunder	[tɔne]	**trancher**-*vb*	settle| slice	[tʁãʃe]
tonnerre-*m*	thunder	[tɔnɛʁ]	**tranquille**-*adj*	quiet	[tʁãkil]
topaze-*f*	topaz	[tɔpaz]	**tranquillement**-*adv*	quietly	[tʁãkilmã]
torche-*f*	torch	[tɔʁʃ]			
tordre-*vb*	twist| wring	[tɔʁdʁ]	**transfigurer**-*vb*	transfigure	[tʁãsfigyʁe]
torpide-*adj*	torpid	[tɔʁpid]	**transformation**-*f*	transformation	[tʁãsfɔʁmasjɔ̃]
tort-*m*	wrong| harm	[tɔʁ]			
torture-*f*	torture	[tɔʁtyʁ]	**transformer**-*vb*	transform| change	[tʁãsfɔʁme]
torve-*adj*	grim	[tɔʁv]	**transmettre**-*vb*	transmit| convey	[tʁãsmɛtʁ]
tory-*adj; m*	Tory; Tory	[tɔʁi]	**transparence**-*f*	transparency	[tʁãspaʁãs]
tôt-*adv*	early| soon	[to]	**transpercer**-*vb*	pierce| penetrate	[tʁãspɛʁse]
totalement-*adv*	totally	[tɔtalmã]	**transporter**-*vb*	transport| move	[tʁãspɔʁte]
touchant-*adj*	touching	[tuʃã]	**trappe**-*f; adj*	hatch| trap; cobwebby	[tʁap]
toucher-*m; vb*	touch; touch	[tuʃe]			
toujours-*adv*	always| still	[tuʒuʁ]	**traqué**-*adj*	hunted	[tʁake]
tour-*m; f*	turn; tower	[tuʁ]	**traquer**-*vb*	track| track down	[tʁake]
tourmenter-*vb*	torment| plague	[tuʁmãte]	**travail**-*m*	work	[tʁavaj]
tournant-*adj; m*	turning; turn	[tuʁnã]	**travailler**-*vb*	work	[tʁavaje]
			travers-*m*	across	[tʁavɛʁ]
tournée-*f*	tour| touring	[tuʁne]	**traverser**-*vb*	cross| pass through	[tʁavɛʁse]
			trébuchant-*adj*	stumbling	[tʁebyʃã]
			trébucher-*vb*	stumble| stagger	[tʁebyʃe]
			treillis-*m*	lattice	[tʁɛji]

treize-*num*	thirteen	[tʁɛz]	**truculent**-*adj*	earthy	[tʁykylɑ̃]
tremblant-*adj; adv*	trembling; trembling	[tʁɑ̃blɑ̃]	**tu**-*prn*	you (coll)	[ty]
tremblement-*m*	trembling| tremor	[tʁɑ̃bləmɑ̃]	**tube**-*m*	tube| hit	[tyb]
			tuer-*vb*	kill| murder	[tɥe]
trembler-*vb*	tremble| shake	[tʁɑ̃ble]	**tulipe**-*f*	tulip	[tylip]
trempé-*adj*	hardened	[tʁɑ̃pe]	**tunisien**-*adj; m*	Tunisian; Tunisian	[tynizjɛ̃]
trente-*num*	thirty	[tʁɑ̃t]	**turban**-*m*	turban	[tyʁbɑ̃]
très-*adv*	very	[tʁɛ]	**turc**-*adj; m*	Turkish; Turkish	[tyʁk]
trésor-*m*	treasure| treasury	[tʁezɔʁ]	**turpitude**-*f*	turpitude	[tyʁpityd]
tressaillir-*vb*	flinch	[tʁesajiʁ]	**turquoise**-*f; adj*	turquoise; turquoise	[tyʁkwaz]
tressauter-*vb*	jump	[tʁɛsote]			
tresser-*vb*	braid| twine	[tʁese]	**tuteur**-*m*	guardian	[tytœʁ]
tri-*m*	sorting	[tʁi]	**type**-*m*	type| guy	[tip]
triangulaire-*adj*	triangular	[fʁyktɥø]	**tyrannie**-*f*	tyranny	[tiʁani]
			tyranniser-*vb*	tyrannize	[tiʁanize]
tribu-*f*	tribe	[tʁiby]			
tringle-*f*	rod	[tʁɛ̃gl]			
triomphant-*adj*	triumphant	[tʁijɔ̃fɑ̃]			

U

triomphe-*m*	triumph	[tʁijɔ̃f]	**ultime**-*adj*	ultimate	[yltim]
trirème-*f*	trireme	[tʁiʁɛm]	**un**-*art; adj; num; prn*	a; one; one; one	[ɛ̃]
triste-*adj*	sad	[tʁist]			
tristement-*adv*	sadly	[tʁistəmɑ̃]	**union**-*f*	union	[ynjɔ̃]
tristesse-*f*	sadness	[tʁistɛs]	**unique**-*adj*	unique	[ynik]
trivial-*adj*	trivial	[tʁivjal]	**uniquement**-*adv*	only	[ynikmɑ̃]
trois-*num*	three	[tʁwa]			
troisième-*num*	third	[tʁwazjɛm]	**unir**-*vb*	unite	[yniʁ]
trompe-*f*	trunk	[tʁɔ̃p]	**unisson**-*m*	unison	[ynisɔ̃]
tromper-*vb*	deceive| mislead	[tʁɔ̃pe]	**universel**-*adj; m*	universal; universal	[ynivɛʁsɛl]
trône-*m*	throne	[tʁon]			
trop-*adv*	too| too much	[tʁo]	**usage**-*m*	use| usage	[yzaʒ]
trotter-*vb*	trot	[tʁɔte]	**user**-*vb*	use	[yze]
trottiner-*vb*	scurrying	[tʁɔtine]	**utile**-*adj*	useful	[ytil]
trottoir-*m*	sidewalk	[tʁɔtwaʁ]	**utilement**-*adv*	usefully	[ytilmɑ̃]
trou-*m*	hole	[tʁu]	**utilité**-*f*	utility| value	[ytilite]
trouble-*m; adj*	disorder| trouble; dim	[tʁubl]			

V

troublé-*adj*	troubled	[tʁuble]	**vaciller**-*vb*	sway	[vasije]
troubler-*vb*	disturb| trouble	[tʁuble]	**vagabonder**-*vb*	wander	[vagabɔ̃de]
troupe-*f*	troop	[tʁup]	**vague**-*f; adj*	wave; vague	[vag]
trousseau-*m*	trousseau	[tʁuso]	**vaguement**-*adv*	vaguely	[vagmɑ̃]
trousser-*vb*	truss	[tʁuse]			
trouvaille-*f*	find	[tʁuvaj]	**vaguer**-*vb*	wander	[vage]
trouver-*vb*	find| get	[tʁuve]	**vain**-*adj*	vain	[vɛ̃]
troyen-*adj*	Trojan	[tʁwajɛ̃]	**vaincre**-*vb*	overcome| defeat	[vɛ̃kʁ]
			vainement-*adv*	in vain	[vɛnmɑ̃]

vaisseau-*m*	vessel	[vɛso]	
vaisselle-*f*	dishes	[vɛsɛl]	
valet-*m*	valet	[valɛ]	
valeur-*f*	value| worth	[valœʁ]	
valise-*f*	suitcase| case	[valiz]	
vallée-*f*	valley	[vale]	
valoir-*vb*	be worth	[valwaʁ]	
vanité-*f*	vanity| pride	[vanite]	
vaniteusement -*adj*	vainly	[vanitøzmã]	
vanter-*vb*	boast	[vãte]	
vapeur-*m*	steam	[vapœʁ]	
varier-*vb*	vary	[vaʁje]	
vase-*m; f*	vase; mud	[vaz]	
vaste-*adj*	vast| wide	[vast]	
vautour-*m*	vulture	[votuʁ]	
veiller-*vb*	watch	[veje]	
veine-*f*	vein| luck	[vɛn]	
vélin-*m*	vellum	[ɔpsedã]	
velours-*m*	velvet	[vəluʁ]	
vendre-*vb*	sell	[vãdʁ]	
vengeance-*f*	vengeance	[vãʒãs]	
venger-*vb*	revenge	[vãʒe]	
venir-*vb*	come	[vəniʁ]	
vénitien-*adj*	Venetian	[venisjɛ̃]	
vent-*m*	wind	[vã]	
vente-*f*	sale	[vãt]	
vénus-*f*	venus shell	[kɔ̃tʁəpaʁti]	
ver-*m*	worm	[vɛʁ]	
verdict-*m*	verdict	[vɛʁdikt]	
verdure-*f*	greenery| greenness	[vɛʁdyʁ]	
verger-*m*	orchard	[vɛʁʒe]	
vergue-*f*	yard	[vɛʁg]	
véritable-*adj*	true| real	[veʁitabl]	
véritablement-*adv*	truly| actually	[veʁitabləmã]	
vérité-*f*	truth	[veʁite]	
vermeil-*adj; m*	red; blushing	[vɛʁmɛj]	
vermillon-*m*	vermilion	[vɛʁmijɔ̃]	
vermouth-*m*	vermouth	[vɛʁmut]	
vernir-*vb*	varnish	[vɛʁniʁ]	
verre-*m*	glass	[vɛʁ]	
verrou-*m*	lock	[veʁu]	
verrouiller-*vb*	lock on	[veʁuje]	

vers-*prp; adv; m*	to| towards; about; verse	[vɛʁ]	
verser-*vb*	pay| pour	[vɛʁse]	
verset-*m*	verse	[vɛʁsɛ]	
vert-*adj; m*	green| young; putting green	[vɛʁ]	
vertu-*f*	virtue	[vɛʁty]	
vestibule-*m*	vestibule	[vɛstibyl]	
vestige-*m*	vestige	[vɛstiʒ]	
veston-*m*	jacket	[vɛstɔ̃]	
vêtement-*m*	garment	[vɛtmã]	
vêtir-*vb*	clothe	[vetiʁ]	
vétuste-*adj*	decrepit	[vetyst]	
via-*prp*	via	[vja]	
viable-*adj*	viable	[vjabl]	
viande-*f*	meat	[vjɑ̃d]	
vibrant-*adj*	vibrant	[vjejisã]	
vibration-*f*	vibration| pulse	[vibʁasjɔ̃]	
vibrer-*vb*	vibrate| thrill	[vibʁe]	
vice-*m*	vice	[vis]	
victime-*f*	victim	[viktim]	
victoire-*f*	victory| win	[viktwaʁ]	
vide-*adj; m*	empty; empty	[vid]	
vie-*f*	life	[vi]	
vieillard-*m*	old man	[vjɛjaʁ]	
vieillesse-*f*	old age| old	[vjɛjɛs]	
vieillir-*vb*	age	[vjejiʁ]	
vieillissant-*adj*	aging	[velɛ̃]	
vierge-*adj; f*	virgin; virgin	[vjɛʁʒ]	
vieux-*adj; m*	old| ancient; old man	[vjø]	
vif-*adj; m*	bright| lively; quick	[vif]	
vigne-*f*	vine	[viɲ]	
vil-*adj*	vile| base	[vil]	
vilain-*adj; m*	ugly; villein	[vilɛ̃]	
vilenie-*f*	vileness	[vilni]	
villa-*f*	villa	[vila]	
village-*m*	village	[vilaʒ]	
ville-*f*	city	[vil]	
vin-*m*	wine	[vɛ̃]	
vinaigrer-*vb*	souse	[vinegʁe]	
vinaigrette-*f*	vinaigrette	[vinɛgʁɛt]	
vingt-*num*	twenty	[vɛ̃]	
violacé-*adj*	purple	[vjɔlase]	
violemment-*adv*	violently	[vjɔlamã]	
violence-*f*	violence| force	[vjɔlãs]	

violent-*adj*	violent| severe	[vjɔlã]
violer-*vb*	violate| breach	[vjɔle]
violet-*adj; m*	purple; purple	[vjɔlɛ]
violette-*f*	violet	[vjɔlɛt]
violon-*m*	violin	[vjɔlɔ̃]
vipère-*f*	viper	[vipɛʁ]
virer-*vb*	transfer| turn	[viʁe]
visage-*m*	face	[vizaʒ]
visible-*adj*	visible	[vizibl]
vision-*f*	vision	[vizjɔ̃]
visiter-*vb*	visit| view	[vizite]
vital-*adj*	vital	[vital]
vitalité-*f*	vitality| vigor	[vitalite]
vite-*adv*	quickly| fast	[vit]
vitesse-*f*	speed	[vitɛs]
vitrail-*m*	stained glass	[vitʁaj]
vitre-*f*	window	[vitʁ]
vitrer-*vb*	glaze	[vitʁe]
vitreux-*adj*	glassy	[vitʁø]
vivacité-*f*	vivacity	[vivasite]
vivant-*adj; m*	living| alive; living	[vivã]
vivement-*adv*	deeply	[vivmã]
vivifier-*vb*	vivify	[vivifje]
vivre-*vb*	live	[vivʁ]
vœu-*m*	wish	[vø]
voici-*prp*	here is	[vwasi]
voie-*f*	way| track	[vwa]
voilà-*adv*	here	[vwala]
voile-*f*	veil| sail	[vwal]
voiler-*vb*	veil| mask	[vwale]
voir-*vb*	see| view	[vwaʁ]
voisin-*m; adj*	neighbor; neighboring	[vwazɛ̃]
voisinage-*m*	neighborhood| neighbors	[vwazinaʒ]
voiture-*f*	car| vehicle	[vwatyʁ]
voix-*f*	voice	[vwa]
vol-*m*	flight| theft	[vɔl]

voler-*vb*	fly| steal	[vɔle]
voleter-*vb*	flutter	[vɔlte]
voleur-*m; adj*	thief; thievish	[vɔlœʁ]
volontaire-*adj; m/f*	voluntary; voluntary	[vɔlɔ̃tɛʁ]
volonté-*f*	will	[vɔlɔ̃te]
volontiers-*adv*	willingly	[vɔlɔ̃tje]
voltiger-*vb*	flit	[vɔltiʒe]
volume-*m*	volume| tonnage	[vɔlym]
volumineux-*adj*	bulky	[vɔlyminø]
volupté-*f*	sensuousness	[vɔlypte]
volute-*f*	volute	[vɔlyt]
vomir-*vb*	vomit	[vɔmiʁ]
votre-*adj; prn*	your; your	[vɔtʁ]
vôtre-*pron*	yours	[votʁ]
vouloir-*vb*	want| wish	[vulwaʁ]
vous-*prn*	you (form, pl)	[vu]
voûte-*f*	vault	[vut]
voyage-*m*	travel| trip	[vwajaʒ]
voyager-*vb*	travel	[vwajaʒe]
voyant-*m; adj*	seer; clairvoyant	[vwajã]
vrai-*adj; m*	true| real; right	[vʁɛ]
vraiment-*adv*	really| actually	[vʁɛmã]
vulgaire-*adj*	vulgar	[vylgɛʁ]
vulgairement-*adv*	vulgarly	[vylgɛʁmã]
vulgarité-*f*	vulgarity	[vylgaʁite]

Y

yacht-*m*	yacht	[jɔt]
yard-*m*	yard	[jaʁd]

Z

zèle-*m*	zeal	[zɛl]

Contact, Further Reading & Resources

For more tools, tips & tricks visit our site www.mostusedwords.com. We publish various language learning resources.

We hope that you will find this bilingual book a truly handy tool. If you like it, please let others know about it, so they can enjoy it too. Or leave a review/comment online, e.g. on social media, blogs or on forums.

Frequency Dictionaries

The most common 2.500 words in any language account for roughly 90% of all spoken language and 80% of all written texts.

We listed all these essential words and more for you in our Frequency Dictionaries. The books range from the most common 2.500 words to the most common 10.000 words.

In addition, we give you word usage through dual language example sentences and phonetic spelling of foreign words by help of the International Phonetic Alphabet (IPA).

We are always working hard to add more languages to our selection. Currently we have frequency dictionaries available for the following languages: French, Italian, Swedish, Spanish, German, Dutch, Romanian, Finnish, Russian, Portuguese and more. Please visit https://store.mostusedwords.com/frequency-dictionaries for more information.

Bilingual books

We're creating a selection of dual language books. Our selection is ever expanding.

Current bilingual books available are in English, Spanish, Portuguese, Italian, French, and German.

For more information, check https://store.mostusedwords.com/bilingual-books. Check back regularly for new books and languages.

Other language learning methods

You'll find reviews of other 3rd party language learning applications, software, audio courses, and apps. There are so many available, and some are (much) better than others.

Check out our reviews at www.mostusedwords.com/reviews.

Contact

If you have any questions, you can contact us through e-mail info@mostusedwords.com.

73305158R00222